赵省伟 主编
| 第十九辑 |
找寻遗失在西方的中国史

东方历史评论·影像

西洋镜

《远东》杂志记录的晚清 1876—1878（上）

邱丽媛 李姝姝 邹静 译

SPH 南方出版传媒 广东人民出版社
·广州·

图书在版编目（CIP）数据

《远东》杂志记录的晚清 1876—1878/ 赵省伟主编；
邱丽媛，李姝姝，邹静译． — 广州：广东人民出版社，
2020.7
  （西洋镜）
  ISBN 978-7-218-14275-3

Ⅰ．①远… Ⅱ．①赵… ②邱… ③李… ④邹… Ⅲ．
①中国历史－史料－清后期 Ⅳ．① K252.06

中国版本图书馆 CIP 数据核字（2020）第 081338 号

XIYANGJING: YUANDONG ZAZHI JILU DE WANQING 1876—1878
西洋镜：《远东》杂志记录的晚清 1876—1878
赵省伟 主编　邱丽媛 李姝姝 邹静 译　　　　版权所有　翻印必究

出 版 人：	肖风华
责任编辑：	刘　宇
责任技编：	吴彦斌　周星奎
封面设计：	朗月行
出版发行：	广东人民出版社
地　　址：	广州市海珠区新港西路 204 号 2 号楼（邮政编码：510300）
电　　话：	（020）85716809（总编室）
传　　真：	（020）85716872
网　　址：	http://www.gdpph.com
印　　刷：	北京博海升彩色印刷有限公司
开　　本：	787mm×1092mm　1/16
印　　张：	42　字　数：786 千
版　　次：	2020 年 7 月第 1 版
印　　次：	2020 年 7 月第 1 次印刷
定　　价：	288.00 元（全二册）

如发现印装质量问题，影响阅读，请与出版社（020-85716849）联系调换。
售书热线：（020）85716826

出版说明

2010年，英国著名东方摄影史学家泰瑞·贝内特在他的《中国摄影史：西方摄影师1861—1879》中，以多个章节介绍了《远东》(The Far East)杂志及其摄影师，引起了国内摄影史学界对《远东》杂志的兴趣。作为中国早期摄影史的博物馆级作品，中国最早使用照片作为插图的杂志之一，我们希望五年的整理可以给大家的学习研究提供一些参考。

一、本书资料主要来自1876年7月至1878年12月"新系列"(New Series)《远东》杂志中关于中国的报道，共收录150余幅图片、近46万字的原刊报道，并在文末展示这期间杂志刊载的有关日本题材的照片。

二、编排上以杂志的原刊卷数为章，按杂志刊载的时间先后顺序，以年代为节，每篇报道独立为题。标题使用中、外两种文字，外文均照原刊录入。为保证印刷整齐精美，图片色调做了统一处理。

三、由于能力有限，书中个别地名、人名无法查出者，采用音译并注明原文。

四、由于原作者与我们所处立场、思考方式与观察角度不同，书中很多观点跟我们的认识有一定出入，为保留原文风貌，均未作删改。这不代表我们赞同他们的观点，相信读者能够自行鉴别。

五、由于时间仓促，统筹出版过程中难免出现疏漏、错讹，恳请广大读者批评指正。

最后，感谢马幼垣先生授权使用《读中国近代海军史札记之一：沈葆桢照片真伪考》一文，以及这篇文章的原刊载方香港《九州学林》。感谢饶伟新先生、香港中文大学卜永坚教授以及江西师范大学赵海涛老师给予的诸多帮助。

"西洋镜"编辑组

中国最早采用照片的杂志之一

2016年华辰影像春季拍卖会上，《远东》杂志新系列仅卷三（共五卷）就拍得207000元，令不少人惊叹不已。其实作为中国最早采用照片的出版物之一、中国早期摄影史乃至亚洲摄影史研究不可多得的范本，以及欧美各大博物馆和图书馆争相收藏的宠儿，《远东》早在2010年已经开始在摄影圈子火了一把[1]。

《远东》杂志于1870年5月由约翰·莱蒂·布莱克（John Reddie Black）在日本横滨创刊发行，于1878年12月停刊，共计发行5卷25期。杂志创刊伊始系双周刊，1873年7月开始改为月刊。杂志内容既有报刊的时效性，又辅以海量的原版照片，共刊载了20余位摄影师的750余幅作品，是研究19世纪中国摄影史最重要的原始刊物之一。

《远东》杂志可分为两个系列。系列一（First Series）于1870年5月在日本横滨创刊发行。虽然主编布莱克的办刊初衷是希望介绍中国、日本以及其他远东国家的历史文化与社会习俗等，但由于种种原因，当时的杂志基本围绕日本展开。1875年7月至1876年6月，因布莱克的身体原因，杂志曾中断发行。后来，布莱克移居上海，于1876年7月重新出版了《远东》杂志，并将其命名为"新系列"以示区别。"新系列"《远东》杂志刊载内容以中国为主，刊登了大量关于中国自然风景、人文建筑、风土民情和历史人物的照片和文章，涉及北京、上海、天津、广东、厦门、重庆、宁波、镇江、香港、澳门等地，并穿插了一些关于日本的内容。根据《远东》杂志中的一则广告记载，1876年9月该"新系列"杂志的订户大约是300人。但由于其刊载的中国历史文化和风土民情的内容和照片是西方人了解中国的重要途径之一，这本杂志受到了对华感兴趣的西方人士的欢迎，1877至1878年间，其发行量增加到了1000份。

与以往报纸杂志采用版画制作插图的方式不同，《远东》杂志采用在页面上手工粘贴原版照片进行视觉化报道的方式，这是中国出版印刷史和图像传播史上从插图向照片转型的重要证据。因此要全面地了解《远东》杂志，必须了解为其拍摄照片的摄影师，正是这些摄影师的摄影活动和照片让杂志变得丰满起来。他们包括杂志主编约翰·莱蒂·布莱克、托马斯·查尔德（Thomas Child）、洛伦佐·菲斯勒（Lorenzo F. Fisler）、威廉·桑德斯（William Saunders）、圣朱利安·休·爱德华兹（St. Julian Hugh Edwards）、沃森（J.C. Watson）少校等一系列在中国摄影史上占有重要地位的西方摄影师。除此之外，杂志也展现了当时中国本土摄影师的摄影水平，刊登了部分中国本土摄影师的作

---

[1] 2010年，英国著名东方摄影史学家泰瑞·贝内特在他的《中国摄影史：西方摄影师1861—1879》一书中，用多个章节介绍了《远东》杂志及其摄影师，引起了国内摄影史学界对《远东》杂志的兴趣。——编者注

品，其中，公泰（Kung Tai）是杂志中唯一被提及的中国摄影师。

主编约翰·莱蒂·布莱克（1826—1880）曾是一位记者、撰稿人，他爱好摄影，还拥有不错的摄影技术。其中，《远东》杂志中收录了布莱克在中国拍摄的大部分照片。《远东》杂志1877年1月刊刊登了他拍摄的《上海西城门与城墙》（仪凤门）。这张照片作为他最重要的代表作，流传甚广。然而目前关于他在远东地区的摄影和出版活动的研究还很少。

托马斯·查尔德（1841—1898），1841年出生于英国一个建筑世家，1869年成为一名非职业摄影师，1870年5月以驻京燃气工程师的身份被清朝海关总税务司聘用。1874年他的妻子和三个孩子也来到北京，1889年他们一同回到英格兰，住在伦敦南部的乡村，1898年死于意外。

查尔德是19世纪中叶北京最重要、最活跃的西方摄影师之一，也是早期来华的顶级摄影师。他热爱摄影，在北京的居所附近改装了一间摄影室，兼拍人像，同时销售摄影耗材。作为唯一一位学习过早期摄影技术的职业摄影师，其摄影作品在构图、光线运用、照片的印制等方面都达到了很高的水平。若非在海关总税务司有全职工作，他绝对可以称得上是首位驻京"商业摄影师"。

查尔德对北京及其周边的风景进行了全面的描绘，尤其是北京的皇家园林，这是史无前例的，他也因此而成名。从目前的资料来看，查尔德的拍摄重心为北京的清代官方建筑，尚未涉及私人住宅。专业、高超的摄影技术，使得他拍摄的风景照片销量可观。《远东》杂志在1877年7月刊的封面上印了查尔德作品的广告清单，标题是"北京及近郊风物——托马斯·查尔德摄。"随后的1877年8月刊、12月刊和1878年1月刊选用了他的4幅作品。英国《图片报》（*The Graphic*）及《伦敦新闻画报》也刊载过他的作品。

威廉·桑德斯（1832—1892）是19世纪在华活动的最出色的摄影师之一。1832年8月27日生于英国伦敦的伍尔维奇（Woolwich），1860年曾到过上海，并找了份造船匠的工作。但不久，他发现自己对摄影更感兴趣，便返回英国学习摄影，学成后又回到上海。1862年1月27日，他在上海开设了泰森照相馆，并在《航务商业日报》（*The Daily Shipping and Commercial News*）上刊登广告进行宣传。泰森照相馆位于西方人经常光顾的上海礼查饭店[1]旁，主要业务有拍摄全景照、人像照、名片小照、洗印翻印底片、出售照片、出售照相器材等。它在此经营了二十五年之久，于1888年毁于大火。

桑德斯还拍摄了宁波和上海两地英法军队与太平军交战的照片。1862年8月他曾旅居日本，拍摄了大量关于日本风物的照片。当时江户不允许外国人进入，因此他所拍

---

[1]19世纪和20世纪上半叶上海重要的外资旅馆，1959年后改名为浦江饭店。——编者注

摄的幕府将军的顾问班子以及江户和周边风物的照片尤为珍贵。1863 年 5 月桑德斯还在报纸上刊登提供手工上色照片的广告，他可能也是中国第一位提供照片手工上色服务的摄影师。随着名气越来越大，《伦敦新闻画报》还刊登了几张以他的照片为母版制作的版画。1866 年，桑德斯与商业摄影师哈里逊·丁摩尔一同到了北京，拍摄了 80 张关于明皇陵、南口、圆明园、皇宫、天坛祈年殿与祭坛等北京风物的照片。

从 1876 年 11 月到 1878 年 6 月，《远东》杂志刊登了桑德斯的不少摄影作品。在《远东》杂志 1876 年 11 月刊中，主编布莱克特意对桑德斯及另外一名摄影师洛伦佐·菲斯勒表示感谢。布莱克曾提到："桑德斯先生的新摄影棚里设备完备，环境舒适。他已经在上海从业多年，在清朝和日本各地拍摄的景物图片和肖像照十分出名。自从他的助手施托斯（Stoss）先生从欧洲来到清朝以后，他们的摄影技术又有显著的提升。《远东》杂志上的肖像照大多都是桑德斯先生拍摄的，他十分热情地帮助编辑承担拍摄工作。仅凭这一点，我们就足以确定他拍摄的肖像照肯定具有极高的价值。"这里顺带提一下，桑德斯的助手共有两位，一位是格里菲斯，一位是施托斯。19 世纪 80 年代中期，施托斯开始担任菲斯勒的助手，在 1877 年到 1881 年间，他一直为桑德斯服务。

洛伦佐·菲斯勒（1841—1918），美国商业摄影师。在当时很长时间内，他是上海仅有的能和桑德斯一较高下的摄影师，曾为《远东》杂志拍摄过很多独家照片。

菲斯勒于 1841 年生于美国新泽西州的卡姆登。1863 年初，菲斯勒可能收到过上海纽曼照相馆的工作邀请。拿到护照后，菲斯勒于 1863 年 3 月 19 日乘美国轮船"塔里斯曼"号（Talisman）启程。当时正值美国南北战争时期，船在出海后被"阿拉巴马"号（Alabama）海盗船截获。1875 年，菲斯勒要求美国驻上海总领事出面解决此事。在陈述词中，菲斯勒曾详细谈到纽曼照相馆的工作邀请。据此推断，菲斯勒确实加入了纽曼照相馆。菲斯勒最终到达上海的时间为 1864 年七八月间。1866 年，他在上海开设了自己的菲斯勒照相馆（Photographic Studio of L.F. Fisler & Co.），直至 1884 年，他才与较他年轻 21 岁的中国妻子返回美国新泽西州。菲斯勒的照相馆从 1864 年经营到 1884 年，是当时上海地区唯一能与桑德斯的泰森照相馆相抗衡的商业影楼。但与泰森照相馆的固定经营地址不同，菲斯勒的照相馆没有一个长期固定的地址，总是在搬迁。

《远东》杂志刊登过菲斯勒的作品，但文中很少提到他。1876 年 8 月刊，曾提到他与桑德斯作为杂志摄影师一同前去拍摄吴淞铁路在上海的通车典礼："我们派驻当地的摄影师桑德斯和菲斯勒已经为火车拍了照片。"他还为英国驻华公使威妥玛拍摄过肖像："公使十分高兴地同意著名摄影师菲斯勒先生为他拍一张坐姿照刊登在我们的刊物上。"

《远东》杂志 1876 年 9 月刊刊登了由菲斯勒所拍摄的李鸿章肖像照片，并为此表示感谢："读者看到的这张照片是去年菲斯勒在北方时为李鸿章拍摄的。难能可贵的是，这张照片展现的是这位伟大人物日常生活的形象，并不是官场的形象。感谢菲斯勒善意地允许我们刊登这张照片。"这张照片也是目前留存下来的菲斯勒拍摄的最著名的照片。1876年12月刊，在文中最后一次提到菲斯勒，对他和桑德斯的热忱帮助表示了答谢，并特地对他们专门为杂志拍摄照片表示感激。1877年，菲斯勒还为在上海召开的第一届传教士大会拍摄了相关照片。

圣朱利安·休·爱德华兹（1838—1903），19世纪厦门最重要的一名摄影师。爱德华兹在厦门进行了长达三十七年之久的摄影工作。但他另有很多工作，摄影仅是他的副业，因此他的摄影作品内容仅限于厦门和台湾地区的风景和人物。爱德华兹一度家产颇丰，曾在西班牙和美国公使馆内任职，他是位庄园主，同时还是自由记者、业余鸟类学家、一家当地报社的代理商、邮商，当然，他还经营着一家照相馆。同时，他是个累犯，曾因非法走私中国劳工而被判入狱。他还走私鸦片、经营赌场、行贿、勒索、伪造钱币，数罪并犯，逃逸法外。他的人生既丰富多彩，又极具争议。

他于1861年抵达厦门，便开始从事摄影活动，开设了当地第一家照相馆，同时也是首位在台湾进行摄影活动的摄影师。1862年5月1日，爱德华兹来到厦门的美国领事馆，以美国人身份注册登记，取得了在厦门的居住权。爱德华兹能流利的说英语、法语、德语和西班牙语，他还会说一些马来西亚语和中国方言。1865年5、6月间，他就开始了对台湾土著的拍摄。1867年2月12日，爱德华兹因非法走私中国劳工，被美国驻厦门领事李仙得处以1000美元的罚款（在当时这并不是一笔小数目），并被关押进领事监狱一年。尽管他四处求助，但终未能避免牢狱之灾。刑满释放时，他已是债台高筑。1869年年末，爱德华兹以摄影师的身份陪同李仙得在台湾岛内旅行。1873年4月，他成为美国驻厦门领事馆的代理职员，并在此工作了十年。

《远东》杂志1876年10月刊中刊登了爱德华兹拍摄的几张台湾和厦门的照片："爱德华兹先生居住在这个港口多年。这位杰出的摄影师送给我们很多关于这个港口及这片地域的风景照片。这些照片清楚地展示了那里的秀美。他还送给我们一些台湾的精美照片。本期我们从他寄给我们的照片中至少复印了四张。"1878年1月，《远东》杂志又刊登了他的作品，并对他表示感谢："我们在此感谢爱德华兹先生。他是位来自厦门的聪敏的摄影艺术家，给我们提供了厦门和台湾的照片，使我们能够在本期和接下来的几期中将它们展示出来。"《远东》杂志1878年1月刊和4月刊的封面上还刊登了爱德华兹在台湾和厦门拍摄照片的广告。作为插图，爱德华兹的作品也时常出现在很多报刊文章中。1880年5月8日，英国《图片报》发表了一幅依据其摄影作品制作的版画《中国厦门鼓浪屿的新共济会堂》。

沃森少校（1834—1908）是位摄影爱好者，他在宁波协助当地政府管理洋枪队多年，最著名的事迹是协助清朝政府镇压太平天国起义。

1859年，沃森从澳大利亚悉尼来到中国，于1862年加入了华尔的"常胜军"，担任第四军团上尉，后来被提拔为少校。在戈登担任"常胜军"首领之后，沃森又成为戈登的卫队成员。太平天国起义失败后,他与另一位军官库克(Cooke)上校留了下来,领导宁波的这支中英混合洋枪队,继续为清朝效力。这在《远东》杂志1878年10月刊中有所记录:"他们仍然受库克上校和沃森少校统领。自从十四年前常胜军解散后这两位将领就一直和士兵们在一起。"他长期担任洋枪队队长,向宁波的官员建言献策。1880年,他成为宁波治安法官及警司司长。1885年,中法战争时,沃森镇压了宁波城内的囚犯暴动。1888年,沃森被清朝政府授予了四品官衔。在1894—1895年中日甲午战争期间,沃森在维持当地局势稳定方面表现不俗。但在一次意外冲突中,他不幸负伤,导致失明。1904年,他再次被清朝政府褒奖。沃森共在清朝四十六年,曾帮助宁波铺设了第一条电报线。1908年1月9日他在宁波去世,享年74岁。据记载,1908年1月24日在他的葬礼上,英国领事、海关官员、当地政府官员以及外侨都到场吊唁。

沃森少校对摄影很感兴趣。他是19世纪70至80年代唯一一名在宁波居住的摄影师,作为一位掌握摄影技术的军人,他在宁波供职期间有机会拍摄到了大量的自然风光和人文作品,也是最早拍摄中国军队和宁波地区的摄影师之一。《远东》杂志1877年7月刊曾刊登了他的两幅作品,并对他表示了感谢:"《余姚城》和《中英混合部队》两幅图均由沃森少校拍摄。感谢他热情地将底片寄给了我们。"

囿于资料,关于《远东》杂志的其他摄影师及其摄影活动不能在此一一列举。但通过以上内容可看出,正是处于各行各业的摄影师在不同地区的摄影活动赋予了《远东》杂志斑斓多姿的色彩,成就了它在中国摄影史上的地位。

"西洋镜"编辑组

读中国近代海军史札记之一：沈葆桢照片真伪考 [1]

马幼垣

福州船政局是中国近代海军的发源地。左宗棠（1812—1885）的发轫，法国人日意格（Prosper Marie Giquel, 1835—1886）的经理固然十分重要，倘无沈葆桢（1820—1879）的筹策和营运，福州船政局是很难创出一番成绩的。其后沈葆桢在两江总督兼南洋大臣任内仍留意海防事宜，合而观之，就是一份完整的筹海个人记录。在清朝洋务运动的总成绩单上，这也是不可多得的佳例。

述其事，念其人，若沈葆桢有照片存世，当可使读者倍增亲切。最近二十余年，内地的有关刊物不时刊登同一张指像主为沈葆桢的照片（可上溯出两个同源而稍异的版本，即下文排列出来的"甲照"和"己照"）。例子包括（编号以便随后置评）：

1. 福建省博物馆《福建文博》编辑部，《中法战争闽台战场专辑》（此为《福建文博》，1985年1期），页12。
2. 林庆元，《福建船政局史稿》（福州：福建人民出版社，1986），书首插图页2。
3. 沈传经，《福州船政局》（成都：四川人民出版社，1987），书首插图（无页码）。
4. 姜鸣，《中国近代海军史事日志（1860—1911）》（北京：三联书店，1994），页21。
5. 海军司令部《近代中国海军》编辑部，《近代中国海军》（北京：海潮出版社，1994），书首插图（无页码）。
6. 《福建船政学校校志（1866—1996）》（厦门：鹭江出版社，1996），书首插图（无页码）。
7. 林庆元，《福建船政局史稿》修订本（福州：福建人民出版社，1999），页42。
8. 陈贞寿，《图说中国海军史（古代—1955）》（福州：福建教育出版社，2002），上册，页171、199（两张的像主截然不同，分明是两个人）。
9. 陈悦，《北洋海军舰船志》（北京：现代舰船杂志社，2006），页9。
10. 陈悦，《缔造艰难——福建船政的诞生》，《现代舰船》，313期（2007年12月），页45。

这张照片见于内地以外的刊物者，同样不难举例：

11. 在久（笔名），《沈葆桢——台湾建设的先驱》，《台湾画刊》，1978年4月号，页18。
12. 陈远建，《台湾三百年》（台北：户外生活杂志社，1981），页52。
13. 戚嘉林，《台湾史》修本（台北：自印本，1998），册2，页835。

---

[1] 原载香港：《九州学林》，2008夏季刊，第20辑。

14. 钱钢，《大清海军与李鸿章》（香港：中华书局，2004），页12。此书封面声明这是"一九八九年版《海葬》修订本"。《海葬》版本很多，港、台版都有，这部修订本添了很多仅较邮票稍大，印得乌漆漆的插图。（大概是防人复制吧，但谁会复制印得如此细小复粗劣的插图！）按钱钢的背景和他的资料来源，此书虽在香港出版也未必能算是内地以外的刊物。

15. 林呈蓉，《牡丹社事件的真相》（台北：博扬文化事业公司，2006），页113、123（两张照片的像主截然不同，分明是两个人）。

那十多处声称像主为沈葆桢的照片，由于来源、处理手法、复制技术、用纸等因之别，印出来的成品质量参差不齐，有涂改致像主面貌变异者[1、3、8（见于页199者）]，有印得模糊不清者（4、5、7），有不同程度删削者（4、5、6、7、9、10、11），更有同一作者却后出转劣者（《福建船政局史稿》修订本之7中竟较收入该书初版之2印得劣多了，且有删削）。既有此乱局，即使能自近年内地和台湾的刊物再多找到些例子，甚至上溯至20世纪50年代的出版者，也无法确认谁最先定这张照片的像主为沈葆桢。因为绝大多数引用者只是随手袭用，复制又复制，史源未能交代，也交代不出来。上述诸例仅有两处对此略作说明。沈传经（1926— ）说他用的沈葆桢照片得自福建社会科学院历史研究所的戴学稷。但这是鸣谢，解释不了史源。《福建文博》的专号说那张沈葆桢的照片采自《台湾画刊》，但出版地、卷期、年月均无说明，同样教人失望（我查过20世纪20年代东京出版的《台湾》月刊，性质根本不合，也查过七八十年代台北出刊的《台湾（画刊）》，只找到上列为11的一张删得只剩头部和胸部的沈葆桢照片，即仅为《福建文博》所用的全身照的一部分，故并非《福建文博》所据者）。

要确定见于上述（以及类似的）例子的像主是否为沈葆桢，除追源溯始外别无他法。

在内地治海军史中，陈悦（1978— ）是新一代的佼佼者，资料掌握的丰富已难有出其右者，更重要的是治学不固执，勇于修正。2008年5月我去香港。陈悦来函，谓2007年某家拍卖行在香港拟拍1876年8月出版的《远东》杂志，内有那张常被用作沈葆桢真像的照片，图下以中、英文注称此人为徐润芝参将。提供照片给他的朋友没有抄录册中必有的解释文字。

陈悦和其他对海军史有兴趣的朋友谈及此事，有人说照片中的像主是轮船招商局的徐润（1838—1911），因他以润立和雨之为字号。我认为不太可能。其一，徐润未曾为参将，指他为参将在其自订年谱内是找不到证据的。其二，到1876年8月，徐润已经在轮船招商局当了好几年的会办。《远东》怎会弃这个威风得多，且能切实反映徐润权势与职责的头衔，而采难以证实（即使确有其事），又平凡得很的参将衔？我虽答应陈悦去找这期杂志的原物，但真的谈不上有信心。从书名去看，这是为满足西方人士对东方的好奇而出版的杂志。这类刊物很快便会成为明日黄花。一百三十多年后的今日往何处去找？况且孤零零的一册也值得公开拍卖，足见其时价不菲。我当时想托舍弟泰来在藏书够丰富的普林斯顿大学图书馆碰碰运气。我回来后，第一件事便是查看夏威夷大学有无这套杂志。竟不得了，按电脑所示馆藏得很齐，却正巧缺了1876年。次日我去图书馆找到原物，喜见整套无缺。刊于1876年8月者是新系列1∶2。那张众人以为像主是沈葆桢的照片（"甲照"）在p.38的相对页（照片页都没有页码）。

照片下注谓"Hsü-jun-chih Tsang-chiang—A Chinese Colonel of Infantry 徐润芝参将"。这与该册目录页之记此照片为"Chinese Military Officer"是相配的。同样题作"Chinese Military Officer"的照片说明迟至p.47才出现。这条说明虽不算短，却以中国陆军当时的状态为主，与像主有关的只是开头几句：

甲照

"The portrait opposed to page 38 is that of Hü（误，应作 Hsü）Jun-chih, a colonel of infantry in the Chinese army. He is now stationed in the neighbourhood of Peking, and has a fair reputation for bravery. The badge upon his breast and the rosary round his neck denote his rank in the army."这几句浅近的英文不用耗神和浪费资源去翻译，点出像主是官阶为参将的陆军军官徐润芝就够了。至于徐润芝的生平事迹，除非遇到天赐良机，不必费劲去寻觅了。参将这类中级军官在清朝数目繁多，倘无特别行事是很难留下个人记录的。

《远东》为何要刊登一个几乎无事可述之人的照片，这当然是要回答的问题。如上所述，这类杂志的卖点在于满足西方人士对东方事物的好奇感，故有刊载样本人物照片的必要。在《远东》新系列其他各期不时见到广州少妇、北京少妇、四川家庭、台湾土著、路人吵架、蒙古兵、乞丐、冬天渡冰河情景、尼姑之类不必记下像主姓名的照片（不同背景和阶层的日本民众照片数目更多，有关中国的照片集中在新系列各期），以及《远东》系列一中遍布各期的日本（主）和中国（副）风景照片，同样都是为了向西方人士作介绍。在解说这张徐润芝照片时，《远东》声明他穿的是反映官阶的官服，作用同样在于提供样本，显然重点不在此君本身有多少可述之事。

另外或许有人会问，《远东》有无可能误植徐润芝之名于沈葆桢的照片上？这是不必要的顾虑。这期《远东》出版时（1876年8月），沈葆桢出任两江总督兼南洋大臣已一年多了。对于这个等级的重臣,一份在日本横滨刊行已经几年的期刊总不致错认至此极端程度。这点随后还会讲得清楚些。

这就带出另一个问题来。如果"甲照"那个丰满而无须的像主是光绪初年驻守北京地区的参将徐润芝,那么沈葆桢究竟有无照片或画像存世?答案是有的,而且可选用者不止一张。

内地以外的刊物有两张刊行几年,早为人所知的沈葆桢画像。其中"乙照",见林崇墉(1907—1983),《沈葆桢与福州船政》(台北:联经出版事业公司,1987年)的书首插图部分(无页码)。林书虽出版了20余年,内地学者却很少引用此照,8(见于页171者)是罕见之一例。

乙照

这本书是林崇墉的遗稿,不算真的写完,起码未作最后修订。书首的各张插图或为原稿的一部分,或为出版社所添入已不可知。那张沈葆桢像("乙照")当是画像,而非摄影品。问题在于书中没有交代其来源,也许只能视为家族流传之物。

"丙照"收入庞百腾(David Pong),《沈葆桢评传——中国近代化的尝试》[Shen Pao-chen and China's Modernization in the Nineteenth Century (Cambridge: Cambridge University Press, 1994)]的书首。这幅画像的来源亦同样不详,但看来是博物馆或纪念馆的展览品。迄今尚未见有内地和台湾学者自这本由世界顶尖大学的出版社刊行已十多年之书取用这幅画像。两岸学界同样裹足不前之程度由此可见。

三照取舍起来,难易程度有别。"甲照"的像主身份已明,自然可以不管了。"乙照""丙照"之间如何定夺则颇费思量,因为两照的像主不无分别。这不是年纪和胖瘦之异("乙照"之人看来较胖,颧骨没有那样明显,年纪也大些),而且两像主的不同较易指认。"丙照"的像主,眼神异常锐利,炯炯有神,"乙照"像主的眼神则难说有何特殊之处。不同意的也许会说年纪大了,或因疾病,眼神可以有明显的改变。当然画师功力不足也画不出传神的眼神来。这就得留意一项不会受年纪、胖瘦和健康影响的分别来("乙照"画得并不差,不能强说其画师功力不足)。"丙照"像主的鼻子尖挺(颧骨高

丙照

耸也助产生鼻子尖挺的视觉效应),"乙照"像主的鼻子则横扁得多!凭此,不难得出"乙照"和"丙照"的像主不是同一个人的结论。然而倘若两照的像主确是同一人,其中就必有一张像的真实程度存在问题(这点随后再讲)。除非乙、丙两照画的都不是沈葆桢,不然"丙照"那个瘦削的像主是沈葆桢的可能性应较"乙照"高多了。

刊登"乙照"和"丙照"的那两本书在中国内地以外唾手可得,连旅行之人也能提供。我在结束香港之行前便扫描了给陈悦。找得那期《远东》原物后,我又把徐润芝照片的说明传真过去。看了这些资料以后,陈悦也倾向相信"丙照"那个瘦削,颧骨高耸,目光炯炯,鼻子尖挺,留些胡子(他的山羊须尤其令人注目)的像主才是沈葆桢。

因为迄今仍未见有描写沈葆桢容貌的文字记录,这样指认还未算满意。陈悦随后说见于"紫光阁功臣像"中的沈葆桢正符合个子瘦削、两颧高、鼻子挺等特征。那时正值陈悦公私两忙之际,一时未来得及给我那张画像,幸学生黄海星已在香港替我自彭鸿年的《紫光阁功臣小像并湘军平定粤匪战图》(光绪庚子年点石斋刊本)找到那张沈葆桢画像("丁照"),面貌特征正与所见"丙照"相同。

佐证尚不止此。关于沈葆桢容貌的描写并不构成论据之不足,因其健康长期不佳是毋庸置疑的事实。沈葆桢痼疾繁多,经常为病痛所苦,仅其《沈文肃公政书》(光绪庚辰吴门节署刊本)中的记录已有不少:卷3,页110下;卷5,页70上;卷6,页74上至75上;卷7,页45上至46下,56上至57上,77上至78上,126上至127下。

"丙照""丁照"的容貌和沈葆桢长期健康不佳的记录,三者是相吻合的。

这里有一不能排除的可能,即"乙照"是家族所传之物。那么如何解释乙、丙两照像主体格和容貌之差异?假如"乙照"画的确也是沈葆桢,合理的解释当是家族要求把像主画得够健康,够丰满,因而颧骨也就没有那样显露,鼻子亦变得横扁了。这样说并非纯凭推理。台湾省立博物馆(在台北)藏有一幅沈葆桢夫妇(沈妻为林则徐之女)的双人画像("戊照"):

此画像中的沈葆桢,

丁照

戊照

面貌和体格与"乙照"中的不能说不相似。画师满足家族的要求当是合理的解释。

此外尚有一旁枝而相关之事需照料。庞百腾（1939—）的书由陈俱译为《沈葆桢评传——中国近代化的尝试》，由上海古籍出版社于 2000 年刊行。这个译者——说不定是编辑部出的主意——竟扔了独见原书的珍贵"丙照"，而采用徐润芝的照片来设计封面。这分明是弃珍珠，选鱼目的荒谬行径！大概彼等以为"丙照"太陌生了，为安全计乃代之以在内地刊物习见的徐润芝照片！难道他们没有和庞百腾商量一下便单方面采取行动？

另还有两件性质相同而上面仅讲了一半的事待澄清。陈贞寿（1926—）的《图说中国海军史》（8）和林呈蓉的《牡丹社事件的真相》（15）同样把"甲照"（陈书页 199，林书页 113）以及"乙照"（陈书页 171，林书页 123）都收入书中，并指照中之人均为沈葆桢。两照的像主面貌和体格明显俱异，不管他们分别是谁，根本绝无可能是同一个人。如此滥收，除了不察之失外，尚有奉行堆砌主义，以为照片收得愈多就会愈妙的毛病在后面。可惜陈贞寿近年出版的近代史图录全是这心态带出来的产品。陈贞寿和林呈蓉都不明白贵精不贵多的道理。

沈葆桢的真相确认了，问题仍未全部解决，起码还得找出为何会长期将徐润芝误认为沈葆桢的原因。考证忌一厢情愿，先立结论，才去寻找证据，很易就会弄出证误为是的笑话来。考证更不可强求，机缘与功力同样重要。错指徐润芝为沈葆桢就是这种考证过程的例子。

我不治台湾史，但因翻阅《远东》时发觉这套期刊竟有独得的 1874 年（同治十三年，明治七年）牡丹社事件的资料，以及此事件与中日海军的密切联系，而这又非治台湾史者熟悉的研究角度，似值得探研，遂多找些书来看。一经追查始知校图书馆藏的 19 世纪后半期西方人士写的台湾史地书籍殊多。我

乙照

很快就在法国驻华外交官于雅乐（Camilla Clément Imbault-Huart，1857—1897）的《台湾岛之历史与地志》[*L'ile Formose: Histoire et Description* (Paris：Ernest Leroux, 1893)] 内看到那张徐润芝照片（"己照"在 pp.142—143 之间）。图下却毫不含糊地指像主为沈葆桢（Chen Pao-tchen, Commissaire imperial à Formose en 1874）！

"甲照"和"己照"虽是采用冲印自同一底片（那时用的是玻璃板）的照片，二者却有明显的异同：（一）台灯和墙上挂的字幅，"己照"都清楚得多。（二）像主左侧的室内背景，"己照"也多了不少。（三）"己照"删去像主的右脚，两脚前的地板也就收不进照片内。（四）在"甲照"中，像主两脚清楚可见，照片内连两脚前的地板也包括不少。（五）两照中所见像主衣服的褶皱完全一样，丝毫无别。何以会有这些异同很易解释。于书中的那张照片并非取自早十七年出版的《远东》，而是两书先后采不同方法来利用冲印自同一底片的照片；《远东》每册用原照片来粘贴（这点随后会说清楚），于书则用买来的一张照片来制版。而两者均称为原始照片。有了这认识，就可以看看两书所载的照片如何分别衍生出日后那些广泛流传、品质却参差殊极的所谓沈葆桢照片来。

前面开列的十五个例子当中，制作粗劣者占大多数。称得上清晰的只有 9、10、12、13 四张。但其中 9 和 10 仅保留像主的头部和胸部，并非全照。若不论品质，全照尚不算少，计有 1、2、3、8（见于页 199 那一张）、12、13、14、15（页 113 者）。倘要求清晰和齐全两条件具备，合格者只有 12、13 两张了。这情形是可以解释的。

12 和 13 两张直接（或相当直接地）依据于雅乐书。台湾史这行业在台湾人强马壮，历时已久，他们已多次参考早期的西方相关著述。其中一本就是近年有复制本流通的于雅乐书。12 和 13 印得漂亮，又无删减，原因就在此。用上面所讲的《远东》和于书的两张照片的区别来作判断准则，除 12、13 外，1、2、3、14、15 也可归入源出于书的一组。1、2、3、14、15 之所以印得差，主要因所用的照片经多次转手，严重失真。但不管复制后的品质如何，源自于书的照片都逃不出承袭误指像主为沈葆桢的命运。

3 和 8（页 199 者）够特别，因为保留了像主两脚和脚前的地板，故可判断为出于《远东》。但为何连这两张也指像主是沈葆桢呢？这两张品质不高（3 尤劣），当是转手次数多，致使像主是徐润芝的记录丢失。

那些仅采用头部和胸部者（有时连胸部亦仅存部分而已）的照片，虽然无法断定其出于《远东》或于书，看来还是属于书系统的可能性较高。

若非陈悦的朋友眼利，在拍卖行留意到注明像主是徐润芝的那张照片，无人敢怀疑出版得那么早的于书的准确程度。

了解于雅乐书这类 19 世纪后半期刊物用作插图的照片通常是怎样来的，有助于重构那张照片两个版本的来龙去脉。这里正是可容查探的机会。

于书刊为插图的照片（地图和画出来的版画不算）的确不少，且分为两组，一组（十三张）注明得自巴黎的伯特德（Berthaud）店（那张所谓沈葆桢的照片即包括在这组内），另一组（十七张）则没有交代来源，两组共计三十张。多年后，长期旅华的英人必麒麟（William Alexander Pickering，1840—1912）在其《历险台湾》[Pioneering in Formosa（London：Hurst and Blackett，1898）]书中也用了十六张照片作插图（全未说明来源）。两书作者和出版地既均异，又相去五年，却同样讲台湾历史和风物，所用照片理应不同。岂料必书中的十六张照片竟有六张早见于书（伯特德组者四张，未注来源者两张），这个比例相当高。能否指责必麒麟抄袭？不管那时的复印技术可弄出什么层次的成品来，必麒麟绝对没有自于书取用那些插图。于书在p.181刊出一张打狗（今高雄）港的海港照片（在不注明来源的一组），这张照片也收入必书p.28。但两者有一很明显的分别。见于于书的照片是椭圆形的，即四角都被删去了。后出的必刊登的是长方形的，四角俱存，旁边事物也保留了不少。此外，照片下的说明文字也有简繁之异。于书仅简单地说："台湾南部的高雄港。（Vue de Ta-Kaw, Formose méridionale.）"，必麒麟说的则详细多了："台湾南部的高雄——艾伦斯公司的房子和仓库。（Takao, South-Side – Messrs. Ellen & Co.'s House and Godowns.）"前刊者注释简而照片有删节，后印者解释全而图亦全，两者分明各出自独立的来源。这证明见于19世纪末那类介绍地方文化风物之书的照片，若非声明是作者自己拍摄的，就大有可能是买回来的。买来的照片就带出一问题来。卖者一旦将照片的标贴弄错（商店远在巴黎也增加出错的可能），买者根本无法知道，后人沿用，差错就会照抄下去。看来指徐润芝为沈葆桢之误就是这样开始和沿袭的。

此事也可另换角度去看。于雅乐书是现在所知最早指像主为沈葆桢之例（所以上文说自近年内地和台湾的刊物中再多找例子并不重要）。于书1893年的出版年份本身就带有不轻的权威，再加上于雅乐是法国驻华的外交官，又是沈葆桢的后辈时人，他所说的话无人敢质疑。但这只是表面的情形。于雅乐1880年来华时，沈葆桢已死，而那期《远东》出版时沈仍在世。更重要的是，于雅乐并没有参考过那期的《远东》。于书中有一份长达五十四页的参考书目（中、日、西、葡、荷、法、英文资料），其中没有《远东》（两者的出版时间相去十七年，不能说时间上不容许他找来看）。看来于雅乐根本不知道有像主是徐润芝这一说，那么他指像主是沈葆桢的依据就是卖照片给他的人所提供的标贴了。

如要找那张徐润芝照片的源头，远在天边，近在眼前，《远东》就是。上文说过，《远东》是很特殊的刊物：文字是印出来的，照片则全是逐张用原物粘贴上去的，整套期刊没有一处例外。当时有用照片来制版，然后印刷的技术，但没有用照片大量复制照片的技术。如果《远东》没有拥有所用照片的全部底片，而是按杂志所需的数量随意冲印的话，那么每期每张照片都不知要买多少份才够贴用，杂志成本早成天文数字了。很明显，《远东》所用的照片全是自己拍摄，或安排他人拍摄而能随意使用底片。还有，《远东》选用的照片不少都附有足够的说明，资料的详细程度往往不是供应照片者所能提供的。

合理的解释是《远东》要求拍照者（纵使不是特派员）顺便搜集资料和采访。换言之，"甲照"以及"己照"的像主为徐润芝绝对无误。刊登过的照片很少有再用的机会，底片遂卖给别人，这就是十多年后于雅乐可自巴黎伯特德处买到那张照片的原因。或者《远东》停刊后（该杂志于1878年停刊），社内的底片辗转流入伯特德那类商店里去，结果都是一样的。

当然也得考虑失误难以避免，以及《远东》处理错误的诚信程度，如果日后提供照片的商店会误贴标签，《远东》同样有犯错的可能（尽管可能性不高）。错失固然无法保证全无，《远东》的诚信程度则是可靠的。该刊新系列4:2（1878年2月）那期刊出一张注明是高雄海港的照片。出版方旋即发觉那张原来是厦门港的照片，不单摄影师误贴了标签，编辑也因正在等候高雄港的照片，遂不细察便将其作为高雄的照片刊了出来。他们迅即在下一期，新系列4:3（1878年3月），作更正启事，并另外刊登一张正确的高雄港照片。一切够快捷，够老实，是崇高的敬业精神。自《远东》刊登那张徐润芝照片至其停刊，中间差不多有两年的时间，从未见该杂志发布那张照片像主身份的修订声明。重复更换角度去看，得出来的结论始终是一样的：采自《远东》的"甲照"（以及根据于书的"己照"）的像主是驻守北京地区的中级军官徐润芝，不是历任船政大臣、两江总督的林则徐女婿沈葆桢。

追查沈葆桢的真像，过程的确很复杂，得提要说明以便读者理解。"丙照"最正确，是能提供足够细节的沈葆桢真像（"丁照"受形式所限，只是个轮廓而已）。"己照"（以及更简单的"戊照"）画的即使确是沈葆桢，像真程度仍不可靠。"甲照"和"己照"的像主是徐润芝，不是沈葆桢。那两张都是照片，而非绘画，根本不可能把经常百病缠身者拍摄成健康、丰满之人（那时的摄影技术和工具都很简陋，仅能办得到忠实地把事物摄入镜头）。

有确认沈葆桢真像的必要是陈悦引起我注意的。在随后的追查过程中，我们逐点讨论，互通资料，故若真的找对了答案，成绩是和陈悦共享的。这当然不是指陈悦必然同意我说的所有细节（他并未看过这篇文稿）。要是提出来的答案根本不正确，错失由我单独负责。

马幼垣，广东番禺人，1940年生于香港，美国耶鲁大学博士，美国夏威夷大学荣誉教授。主要研究领域为中国古典小说和海军史，在水浒学方面的研究尤其出名。代表作有《中国小说史集稿》《水浒论衡》等。

目录

上 册

001 前言
　　 INTRODUCTION

第一卷
1876年 7—12月

>>> **1876 年 7 月**

004　中日文化研究
　　 CHINA AND JAPAN FIELDS FOR LITERARY RESEARCH

014　上海市
　　 SHANGHAI CITY

018　上海城内的中式茶楼——湖心亭
　　 HU-SING TING——CHINESE TEA-HOUSE, SHANGHAI CITY

020　上海城隍庙附近的花园
　　 GARDEN NEAR THE CH'ÊN HWANG TEMPLE-SHANGHAI CITY

022　清朝独轮车
　　 CHINESE WHEELBARROW CONVEYANCES

024　董家渡流动的补鞋匠
　　 ITINERANT COBBLER, TUNG KIA TU

026　上海商人的老婆
　　 MERCHANT'S WIFE, SHANGHAI

028　上海租界的藤椅和竹席店
　　 BASKET-CHAIR AND MATTING-SHOP, SHANGHAI FOREIGN SETTLEMENT

029　清朝本地报纸选摘
　　 THE PERIOD. JOTTINGS OF THE MONTH, FROM THE LOCAL PAPERS. CHINA

>>> **1876 年 8 月**

036　威妥玛
　　 THOMAS F. WADE , K.C.B

041　清朝的蚊子及如何对付它们
　　 CHINESE MOSQUITOS, AND HOW TO REPEL THEM

044　从火轮船公司栈桥南望上海外滩
　　 THE RIVER FRONT, SHANGHAI; LOOKING SOUTH; FROM THE P.Q.S.N.CO.'S LANDING STAGE

046　陆军参将徐润芝
　　 HU-JUN-CHIN TASANG-CHIANG——A CHINESE COLONEL OF JNFANTRY

048　安徽巡抚裕禄
　　 YU-LU——LIEUT.-GOVERNOR OF NANKIN

049　等活儿的苦力
　　 COOLIES WAITING FOR EMPLOYMENT

050　清朝商铺
　　 CHINESE SHAOPS

051　本地报纸选摘
　　 THE PERIOD

054　香港《德臣西报》选摘
　　 THE FOLLOWING IS FROM THE CHINA MAIL: HONGKONG

>>> 1876 年 9 月

056　远东地区的风俗习惯（一）
　　　MANNERS AND CUSTOMS IN THE FAR EAST

059　李鸿章阁下
　　　HIS EXCELLENCY LI HUNG-CHUNG

062　李鸿章阁下
　　　HIS EXCELLENCY LI HUNG-CHANG

064　清朝戏曲演员
　　　GROUP OF CHINESE ACTORS

065　清朝新郎与新娘
　　　A CHINESE BRIDE AND BRIDEGROOM

066　上海外滩的丽如银行和中央饭店
　　　THE ORIENTAL BANK AND CENTRAL HOTEL, ON THE BUND, SHANGHAI

>>> 1876 年 10 月

067　远东地区的风俗习惯（二）：澳门的葬礼仪式
　　　MANNERS AND CUSTOMS IN THE FAR EAST: NO.2 CEREMONIES OBSERVED ON THE OCCASION OF DEATHS AND FUNERALS

071　清朝戏曲
　　　CHINESE THEATRICALS

079　清朝海关总税务司赫德
　　　ROBERT HART: INSPECTOR-GENERAL OF IMPERIAL CUSTOMS, CHINA

082　关于李鸿章的补叙
　　　SUPPLEMENTARY NOTE ON LI HUNG-CHANG

084　插图说明
　　　THE ILLUSTRATIONS

086　祭祀的纸人
　　　GROUP OF FIGURES AT THE ANNUAL CELEBRATION OF THE WORSHIP OF THE DEAD

088　广东路戏园子的戏台
　　　STAGE OF THE CHINESE THEATRE, CANTON ROAD, SHANGHAI

>>> 1876 年 11 月

091　远东地区的风俗习惯（三）：澳门人的种种迷信
　　　MANNERS AND CUSTOMS IN THE FAR EAST: NO.3 VARIOUS SUPERSTITIONS OF THE CHINESE AT MACAO

093　远东地区的风俗习惯（四）：游行
　　　MANNERS AND CUSTOMS IN THE FAR EAST: NO.4 PROCESSIONS

095　日本驻清公使森有礼
　　　HIS EXCELLENCY JUJOI MORI ARINORI, JAPANESE MINISTER TO CHINA

098　苏州河堤
　　　THE MOUND, SOORHOW CREEK

100　苏州河上游河岸
　　　UP THE NORTHERN RIVER

101　戴枷锁的犯人
　　　THE CANGUE

>>> 1876 年 12 月

102　远东地区的风俗习惯（五）：澳门的宴会和节日
　　　MANNERS AND CUSTOMS IN THE FAR EAST: NO.5 FEASTS AND FESTIVALS OF THE CHINESE IN MACAO

	105	卫三畏 SAMUEL WELLS WILLIAMS, L.L.D
	111	斐理雅女士 MISS LYDIA MARY FAY
	115	"纽卡斯尔"号甲板上的船员 THE CREW AND DECK OF H.M.S. "NEWCASTLE," AT WOOSUNG
	116	苏州宝塔山附近的码头 THE LANDING PLACE OF HU CHU, PAGODA HILL; NEAR SOOCHOW

第二卷 1877年 1—6月

>>> 1877年1月

- 118 远东地区的风俗习惯（六）：澳门的中国医术
  MANNERS AND CUSTOMS IN THE FAR EAST : NO.6 CHINESE MEDICAL PRACTICE AT MACAO
- 119 远东地区的风俗习惯（七）：主要的宗教仪式与活动
  MANNERS AND CUSTOMS IN THE FAR EAST NO.7 PRINCIPAL CEREMONIALS OF WORSHIP AND RELIGIOUS ACTS
- 121 上海孔庙
  THE TEMPLE OF CONFUCIUS, SHANGHAI
- 123 徐家汇与徐光启
  SI-KA-WEI AND SU KWANG-CHI
- 125 上海领事麦华陀
  WALTER HENRY MEDHURST, ESQ. LATE H. B. M. CONSUL AT SHANGHAI
- 128 福州船政正监督日意格
  PROSPER GIQUEL—DIRECTOR IN CHIEF OF FOOCHOW ARSENAL
- 132 上海孔庙
  THE TEMPLE OF CONFUCIUS, SHANGHAI
- 134 上海西城门
  THE WEST GATE, SHANGHAI
- 135 徐家汇法国天主教堂的部分建筑
  PART OF THE FRENCH MONASTERY, AT SIKAWEI
- 137 戏班子
  THEATRICAL GROUP

>>> 1877年2月

- 138 远东地区的风俗习惯（八）：澳门的服饰、吸食鸦片、清朝妇女裹足现象以及其他主题
  MANNERS AND CUSTOMS IN THE "FAR EAST" NO.8 CHINESE DRESS IN MACAO. OPIUM SMOKING. COMPRESSION OF THE FEET OF FEMALES; AND OTHER CHARACTERISTICS
- 140 远东地区的风俗习惯（九）：澳门的饮食
  MANNERS AND CUSTOMS IN THE "FAR EAST" NO.9 ON THE FOOD OF THE CHINESE IN MACAO
- 140 远东地区的风俗习惯（十）：水上人家与澳门家庭
  MANNERS AND CUSTOMS IN THE "FAR EAST" NO.10 THE FLOATING POPULATION. DOMESTIC USAGES IN MACAO
- 141 听众
  THE LISTENER
- 146 清朝当地的报纸
  VERNACULAR NEWSPAPERS IN THE "FAR EAST"
- 150 华北地区主教禄赐悦理
  BISHOP RUSSELL, OF NORTH CHINA
- 152 穷人的住所
  DWELLINGS OF THE POOR

154	黄浦江上官府的征税船	
	MANDARIN TAX BOAT ON THE WHAMPO	
155	流动的小吃摊	
	ITINERANT RESTAURANT	

>>> 1877 年 3 月

156	抛锚地随记：中国台湾与琉球	
	RAMBLING NOTES. ADRIFT AND AT ANCHOR: FORMOSA AND LIU KIU	
160	清朝人有没有成为工程师的能力	
	THE CHINESE; THEIR CAPABILITIES AS ENGINEERS	
168	讣（父或母亡故的公告）	
	THE FU DEATH ANNOUNCEMENT OF A PARENT	
170	插图说明	
	THE ILLUSTRATIONS	
171	巴夏礼	
	HARRY S. PARKES	
173	上海海关大楼	
	THE CUSTOMS HOUSE, SHANGHAI	

>>> 1877 年 4 月

176	华尔	
	WARD	
176	华尔祠堂落成	
	ERECTION OF A MEMORIAL HALL TO WARD	
180	闲话清朝（一）	
	CHIT-CHAT ABOUT CHINA, FOR HOME READERS	
184	皇太后书法	
	CAIIGRAPHY OF THE EMPRESSES DOWAGER	
185	福州王妃墓	
	THE PRINEECSS，GRAVE, FOOCHOW	
186	上海滩上游	
	UPPER SECTIONS OF THE SHANGHAI ANCHORAGE	
187	外滩公园对面的建筑	
	BUILDINGS IN SHANGHAI FROM THE PUBLIC GARDEN	
188	前任香港总督坚尼地	
	H. E. SIR ARTHUR, E. KENNEDY, C. B., G. C. M. G.: LATE GOVERNOR OF HONGKONG	
189	《新报》故事一则	
	A STORY OF SUN PAO	

>>> 1877 年 5 月

190	闲话清朝（二）	
	CHIT-CHAT ABOUT CHINA, FOR HOME READERS: NO.2	
195	华尔、白齐文及常胜军传（一）	
	WARD, BURGEVINE, AND THE EVER-CONQUERING LEGION: MEMOIR, IN 3 PARTS, BY D. J. MACGOWAN, M. D. PART 1	
202	龙华塔	
	LONG-HWA PAGODA	
203	新书推荐	
	LITERARY NOTICE	

203	上海跑马场的看台
	THE GRAND STAND, SHANGHAI RACE-COURSE

>>> 1877 年 6 月

206	闲话清朝（三）
	CHIT-CHAT ABOUT CHINA, FOR HOME READERS: NO.3
208	《清朝人的社会生活》摘要
	THE EXCERPT OF SOCIAL LIFE OF THE CHINESE
209	华尔、白齐文及常胜军传（二）
	MEMOIR OF WARD, BURGEVINE, AND THE EVER-CONQUERING LEGION
214	一年回顾
	RETROSPECT
222	传教士大会人员合影
	THE MONASTERY ON THE PBOENIR MOUNTAIN
224	凤凰山的修道院
	THE MONASTERY ON THE PBOENIR MOUNTAIN
225	上海英国租界内的纪念十字架
	MONUMENTAL CROSS, IN THE BRITISH CONSULAR GROUNDS, SHANGHAI
226	卜罗德铜像
	THE STATUE OF PROTET

第三卷
1877 年 7—12 月

>>> 1877 年 7 月

228	宜昌之旅
	THE WAY TO ICHANG
232	清朝
	CHINA
237	华尔、白齐文及常胜军传（三）
	MEMOIR OF WARD, AND BURGEVINE, AND OF THE EVER-CONQUERING LEGION
242	插图说明
	THE ILLUSTRATIONS

>>> 1877 年 8 月

244	华尔、白齐文及常胜军传（四）
	MEMOIR OF WARD AND BURGEVINE, AND OF THE EVER-CONQUERING LEGION
252	方若望
	MONSEIGNEUR VERROLLES
253	上海公园中的凤尾兰
	YUCCA GLORIOSA, IN THE PUBLIC GARDEN, SHANGHAI
254	董先生
	MR. TUNG KIOH CHIN
255	插图说明
	THE ILLUSTRATIONS

>>> 1877 年 9 月

258	参观"神像"
	A VISIT TO THE "JOSSES"
260	华尔、白齐文及常胜军传（五）
	MEMOIR OF WARD AND BURGEVINE, AND OF THE EVER-CONQUERING LEGION

270	董先生
	TUNG KIOH-CHIH
274	插图说明
	THE ILLUSTRATIONS
276	四川重庆
	CHUNGKING, SZECHUEN
278	四川的一户人家
	A SZECHUEN FAMILY
280	禹王碑
	THE TABLET OF YU

>>> 1877 年 10 月

282	华尔、白齐文及常胜军传（六）
	MEMOIR OF WARD AND BURGEVINE, AND OF THE EVER-CONQUERING LEGION
295	李仙得
	LE GENDRE
305	插图说明
	THE ILLUSTRATIONS

下 册

>>> 1877 年 11 月

309	英国皇家亚洲文会北中国支会
	NORTH CHINA BRANCH OF THE ROYAL ASIATIC SOCIETY
311	李仙得
	LE GENDRE
317	华尔、白齐文及常胜军传（七）
	MEMOIR OF WARD AND BURGEVINE, AND OF THE EVER-CONQUERING LEGION
327	北方的饥荒
	THE FAMINE IN THE NORTH
329	台湾岛土著
	ABORIGINES OF TAI WAN
332	厦门附近的三宝寺
	THE FOAMING CASCADE, AMOG PROBINCE AND LAM-POO-TOO MIAN
334	争吵的苦力
	COOLIES QUARRELLING
335	台湾岛热兰遮城
	FORT ZELANDIA, FORMOSA

>>> 1877 年 12 月

337	清朝皇帝的婚礼
	THE MARRIAGE OF THE EMPEROR OF CHINA
345	朱子故居
	THE RESEDENCE OF CHU FU-TSZE
348	北京的马车
	THE PEKINGESE CAR
350	北方冬天河流上的雪橇
	SLEDGES USED ON THE NORTHERN RIVERS, IN WINTER

351	一位北京女士 A PEKINGESE LADY
352	清朝的尼姑 A CHINESE NUN
353	扬子江边的安庆 AN-CHING, ON THE RIVER YANGTSZE
354	虹口铁桥 IRON BRIDGE AT HONGKEW

第四卷 1878年 1—7月

>>> 1878 年 1 月

356	郑成功父子 JUNG CHUNG-GOONG AND HIS FATHER
366	苏州园林 THE PLEASURE GARDENS OF SOOCHOW
370	中美贸易 AMERICAN COMMERCE WITH CHINA
379	鼓浪屿和厦门 KOOLANSOO AND AMOY
381	厦门赛马场的神像 IDOL AT THE RACE COURSE, AMOY
382	台湾的糖厂和马车 SUGAR FACTORY AND CARTS, TAI WAN
384	香港律师伍廷芳先生 MR.FG CHOY OF HONGKONG, BARRISTER
386	清朝的万里长城 THE GREAT WALL OF CHINA

>>> 1878 年 2 月

388	从九江到芜湖 FROM KIUKIANG TO WUHU
394	中美贸易 AMERICAN COMMERCE WITH CHINA
404	骗子 TRICKSTERS
407	英国驻上海总领事罗伯逊 DANIEL BROOKE ROBERTSON, C. B., H. B. M. CONSUL-GENERAL AT SHANGHAE
410	台湾高雄 TAKAO, TAI WAN
412	苏州北寺塔 PAGODA AT SOOCHOW
414	苏州外城 OUTSIDE THE WALL, SOOCHOW
415	苏州香炉 THE CENSER, SOOCHOW
416	福建土楼——全族人居住的地方 CIRCULAR HOUSE, INHABITED BY THE MEMBERS OF ONE CLAN. FUHKIEN PROVINCE

008 | 西洋镜

《远东》杂志记录的晚清 1876—1878（上）

>>> 1878 年 3 月

418　中美贸易
　　AMERICAN COMMERCE WITH CHINA

428　收复台湾
　　THE CONQUEST OF TAI WAN

436　官方承认的乞丐
　　IMPERIALLY LICENSED BEGGAR

439　台湾高雄
　　TAKAO, TAI WAN

440　北京的白塔
　　MARBLE PAGODA, PEKING

>>> 1878 年 4 月

443　中美贸易
　　AMERICAN COMMERCE WITH CHINA

451　鲍若瑟
　　PERE BOYER

453　买到高官的广州商人
　　A CANTON MERCHANT WHO HAS PURCHASED A MANDARIN'S BUTTON

455　广州妇女
　　CANTONESE WOMAN

456　上海的外国公墓
　　THE FOREIGN CEMETERY, SHANGHAI

>>> 1878 年 5 月

458　中美贸易
　　AMERICAN COMMERCE WITH CHINA

468　清朝妇女的缠足
　　FOOT BINDING OF FEMALES IN CHINA

474　苏州服饰
　　CHINESE COSTUMES, SOOCHOW

476　人力车
　　A JINRIKESHA

478　街上的冷饮摊
　　THE STREET ICED-DRINK STALL

479　洋泾浜的清朝商铺
　　CHINESE SHOPS-ON THE YANG-KING-PANG

480　灵门
　　THE GATE OF THE COFFIN

>>> 1878 年 6 月

481　中美贸易
　　AMERICAN COMMERCE WITH CHINA

489　广州
　　CANTON

494　冯道台
　　FENG, TAO-T'AI

498	冯焌光葬礼的入口门廊	
	FENG'S FUNERAL OBSEQUIES, THE ENTRANCE PORCH	
500	灵门	
	THE GATE OF THE COFFIN	
501	祭坛	
	THE SACRIFICIAL ALTAR	
502	上海法国租界的圣约翰教堂	
	S. JOSEPH CHURCH, FRENCH CONCESSION	
502	唐景星（廷枢）先生	
	MR. TONG KING SING	

第五卷 1878年 7—12月

>>> 1878年7月

506	上海道台冯焌光
	THE LATE FÊNG TSÜN-KWANG
509	祖先崇拜
	ANCESTRAL WORSHIP
518	中美贸易
	AMERICAN COMMERCE WITH CHINA
524	聚众吸食鸦片
	OPIUM-SMOKING IN A PRIVATE HOUSE
526	做零工的针线娘
	ITINERANT SEWING WOMAN
528	上海公济医院
	THE SHANGHAI GENERAL HOSPITAL
529	河南路大桥
	THE HONAN ROAD BRIDGE
530	黄鹤楼
	WUCHANG PAGODA

>>> 1878年8月

531	九江的传说
	LEGENDS OF KIUKIANG
534	祖先崇拜
	ANCESTRAL WORSHIP
541	中美贸易
	AMERICAN COMMERCE WITH CHINA

>>> 1878年9月

548	中美贸易
	AMERICAN COMMERCE WITH CHINA
554	上海关帝庙门前的守门石卫
	THE GATE-KEEPER OF THE KUAN-FU-TSZE TEMPLE
555	上海关帝庙
	THE KUAN-FU-TSZE MIANU.SHANGHAI CITY
556	登州府
	TUNG-CHOW-FOO
558	芝罘
	CHEFOO

559	囚笼 THE PUNISHMENT OF THE CAGE	
560	清朝私塾 A CHINESE SCHOOL	

>>> 1878年10月

561	中美贸易 AMERICAN COMMERCE WITH CHINA	
580	宁波附近的瀑布 WATER FALL, NEAR NINGPO	
582	宁波的中英大炮 THE ANGLO CHINESE ARTILLERY NINGPO	
583	安庆道台及其家人 THE TAOTAI OF ANCHING AND HIS FAMILY	
584	镇江 AT CHINKIANG	
585	上海金利源码头 THE KIN LEE YUEN WHARF, SHANGHAI	

>>> 1878年11月

586	中美贸易 AMERICAN COMMERCE WITH CHINA	
598	九江传说 LEGENDS OF KIUKIANG	
601	清朝官兵 CHINESE SOLDIERS AND OFFICER	
603	苏州河上游 ON THE SOOCHOW CREEK	
604	清朝戏服 CHINESE STAGE COSTUME	

>>> 1878年12月

607	中美贸易 AMERICAN COMMERCE WITH CHINA	
615	插图说明 THE ILLUSTRATIONS	

附 录

>>> 1876年7月至1878年12月《远东》杂志中的日本题材图片

前言

在"新系列"《远东》杂志即将发行之际，主编想对之前提供过帮助的人士，及未来有教于我之人表示感谢。

1870年5月，他萌生在日本创办一份远东画刊的想法。当月最后一天，第一期杂志问世。虽然当时只是半月刊，但他很快发现这是一项非常艰巨的任务。多亏社会各界的慷慨帮助，他才克服了各种困难，将杂志办了下去。为求有益于读者，从一创刊，主编每期皆殚精竭虑，亲笔撰文。尽管外界评论常不免苛责，但杂志也取得了不小的进步。只是现在插图还存在不少问题，不过广大读者并没有埋怨，仍然给予了宝贵的支持。尤其是英国、美国等地读者，总是给予很高的评价，令主编感慨不已！

1873年6月，主编决定改变杂志风格，并将其改为月刊。于是，《远东》第四卷第一期样式焕然一新。这一期附有一段前言，以下是前言的节选部分：

从本期开始，《远东》杂志将改变出版方式。虽说摄影师、编辑和主编极力扩大杂志的影响力，但他们从来都没想到这份半月刊会有如此大的影响力，被如此多的人精心收藏。对此，他们感到十分骄傲。令编辑更为兴奋的是，几乎所有新订阅的读者都会讨要前几期《远东》，可惜第一期已经停版，现在已是高价难求。

在这种情形下，编辑决定改进《远东》的版式，将半月刊改为月刊，可能整体还要进行升级改版。杂志仍沿用先前已经广为人知的名称，仍旧包含丰富的日本新闻事件，以满足日本本土读者需求，同时将更加着重发展自身特点。

迄今为止，我们对于投稿者仅仅是口头感谢，而非实际的报酬，尤其是发行收入欠佳不足以支付稿酬时。今后我们希望这种状况可以得到改善，以期吸引更多对日本有真知灼见的人来投稿。从而让我们能更好地传播事实、历史及其他知识，以便在日本长足发展。

杂志一直顺利出版至1875年10月，后面曾一度延期出版，直至暂时停刊。从1875年7月到1876年6月，杂志出现断档。仅发行的几期并未标价，也没有统算发行量。复刊后，主编对杂志充满了信心，杂志前景也更加振奋人心。

起初，主编是通过通讯员获取符合本刊特色的有关中国的照片和文章。虽然这些通讯员对本刊有过很多承诺，但往往不能兑现。当时，主编也不便离开日本，亲往中国搜集资料。后来,主编终于有机会常驻上海,这使得他对中国题材的付出十倍于之前。未来,中国题材将会和日本题材平分秋色。最新一期,由于主编离开日本,而他又不想延期发行,所以本期只安排了中国主题的照片。

本刊后面将继续刊发日本、中国的风景照及各民族人物照,将更多注重东亚的普遍特点,略微减少地域色彩。

尽管照片是这份杂志的主要特色,也是吸引众多读者订阅的主要原因,但在接下来发行的杂志中,主编将尽力加重文学的分量,以期为本地文学发展尽一分力量。

在上海发行的杂志简介和样张反响非常好,这为我们事业的成功奠定了坚实的基础。日本、中国香港以及其他通商口岸城市的潜在订阅者的数量也在增加。相信在不远的将来,《远东》的发行量很可能超越这些地区的其他英文报纸、杂志,成为当地最大的英文媒介。自这份小刊物面世以来,一直仰仗读者垂爱。本刊不求完美,因为完美可望而不可即,但主编会一直奋斗在追求完美的路上,直到实现它。

第一卷
1876年
7—12月

Vol.1

1876
7月

JULY

中日文化研究
CHINA AND JAPAN FIELDS FOR LITERARY RESEARCH

我们都听说过这样一个故事，一位贵公子因为极度无聊空虚而自杀，因为他从日复一日只是穿衣更衣的生活中找不到任何意义。虽然我们生活的这个时代充满了压力，劳动强度比较大，可是想要快乐也不是不可能。书籍的倍增、读者群体的大量增加让阅读变得更加容易，交通工具的发展也让四处旅行变得更加便利。阅读和旅行都是避免无聊的好方法，带给人们新的能量和崭新的生活。

过去只有少数特权人士才能光顾的欧洲旅游胜地，现在到处都是人，于是人们开始抱怨找到一个既喜欢又没游人的地方太难了。实际上，这种愚蠢而又让人反感的论调已经蔓延到全球各地。不幸的是我们一些最有才华的作家也持此论调。他们表现出一种优越感，对游客们粗俗的破坏行为表示厌恶。其实游客们也只是寻求健康和快乐，那些冷嘲热讽者也会为了同样的目的做同样的事情。我觉得这些冷嘲热讽，还有旅行者们做的一些更加糟糕的事情都应该被写下来并且摒弃掉。但是这个问题有趣的地方在于冷嘲热讽者和粗俗游客都喜欢往对方身上泼脏水，而且方法都一样。米勒（Milor）总是让人觉得他的探险之旅高大荣耀，如果他诽谤贾尔斯·斯克罗金斯（Giles Scroggins），小丑式的贾尔斯·斯克罗金斯也会同样对待他。

也许有人会说这就是人性，哪里都这样。如果真的是这样，那为什么人性不能像其他事物一样被教育、劝诫和控制，以便消除人性的弱点呢？我认为人性的这种抗拒性不会影响人性向善。但是我个人的经验是，如果旅行是我们拥有的最佳权利，让它成为我们顶级的娱乐是非常可能的。我不认为一个整天晃来晃去、认为世界只为他存在、傲视一切的人，能够从中发现深层的欢乐。

三十五年前，我还没有要去东方大陆看一看的想法。那时，我只是一个毛头小伙子，和同龄人一样，富有洞察力，充满激情。我和一个比我大一两岁的小伙伴在苏格兰进行了一次短程的徒步旅行。当时那些地区还没有火车，游客也没有现在这么多。我和我的同伴都刚从伦敦的一家会计学校毕业。你们可能不相信，我们俩和所有年轻人一样，精力充沛，有些羞怯或虚荣，只是我们两个更不愿意与人交流。

到达美丽的卡特琳湖（Loch Katrine）之后，我们登上小轮船开始横穿湖面。小轮船和我们现在的轮船没什么两样，而船头是最惬意的地方。一大群游客聚集在船头兴高采烈地交流着各自的见闻：去过哪些地方，看过什么样的景色，以及又要去哪里。

我们两个年轻人不想和他们搅和在一起，就在船尾不停地走来走去。后来，一个肌肉结实、脚步轻盈、头发蓬乱的苏格兰高地人上了船，情况才发生了变化。这个人普普通通，看上去有点粗俗，他完全不把我们当陌生人，立刻和我们搭讪起来。起初，这令我们非常气恼，我和朋友可不想让船头的那些先生女士们看到我们在和这样一个人交谈。

然而，不过几分钟的工夫，这个苏格兰人就把我俩吸引住了，这就是所谓的天赋吧。他知识丰富，对眼前的美景饱含感情，引导着年轻的我们欣赏每块石头、每座小岛、每处岬角、每座山峰、每条峡谷所散发出的无穷魅力。我敢断言是他教会了我，也许还有我的同伴怎样去旅行。此前，我们这对年轻快乐，或者可以说是朝气蓬勃的步行者跋山涉水，背着背包每天走上 15 到 25 英里[1]，参观那些他人认为必去的地方，但却丝毫没有关心过这些地方的历史，也从来没想过这些地方的一砖一瓦具有怎样重大的历史价值。举个例子，我们经过斯康宫[2]的时候，因为觉得获得参观许可太麻烦，于是根本就没有进去游览。我们也不去看基莱（Killiekrankie）山口[3]，因为它太偏远了。

但是这个粗野的苏格兰高地人用他丰富多彩的奇闻轶事唤醒了我们的心，完美地点燃了我们心中的激情。正如我曾经说过的那样，我认为这种激情赋予了我新的想法，教会了我怎样去旅行。他的谈话让我终身受益。当我四处旅行时，我从来没有忘记过他以及他带给我的快乐。但是如果那时我和我的同伴骄傲地转身离去，根本没有注意到他或是根本不去跟他讲话，那情况又会怎样呢？

还有一个例子可以说明同样的道理。那艘船上有一个吹笛者。从船启动之初，他就开始吹奏他自认为与周围环境非常和谐的旋律。我们的苏格兰兄弟并不觉得曲子悦耳，问我们能否听得出吹奏的是什么曲子？我们都说听不出来。然后他让那个吹笛者吹一些南方人更熟悉的曲子，我们就一直听，觉得曲子非常好听。接着，我们让那个吹笛者吹奏了几首我们比较熟悉的曲子。我一抬头，不经意间看到前方船头上的几个人向我们投来厌恶的眼神。一位绅士走到船尾来，问我在这无比喧嚣的环境中真的能听到音乐吗？

在苏格兰兄弟的热情影响下，可能还因为面前这位绅士的语气有点激怒了我，于是我回答道："当然听得到，而且我还非常喜欢！"

---

[1] 1 英里 ≈ 1.609 千米。——译者注
[2] 1580 年在修道院遗迹处修建的宫殿，苏格兰历代国王举行加冕仪式的地方，现在是曼斯菲尔德伯爵夫妇的府邸。——译者注
[3] 基莱战役的发生地。此役英格兰军队被以苏格兰高地人为主力的詹姆斯二世党人打败。——译者注

"难道你能听出一点点曲调来吗？"

"曲调？当然听得出来！"我回答道。

现在我们也成了焦点，不过不是让人羡慕的那种。前边船头的人都到船尾来瞧发生了什么事。我变成了我们这几个人的发言人，我想我一定要坚持到底才对。他们竟然以吹笛者无法吹奏舒心的乐曲吸引他们为由，想驱赶吹笛者离开，说白了就是嫌苏格兰高地的旋律让他们精神难以安宁。我大笑着表达惊讶之情，他们简直是太荒唐了！就在几分钟前，我还幸福地沉浸在风笛的迷人旋律中，正如我刚才所说，我的确是听得出旋律的。

"他现在吹奏的是什么曲子？"一个持怀疑态度的人问道。

那位苏格兰兄弟边跟着吹笛者的旋律哼唱，边回答说是"易上当的小孩"（*Hieland laddie*）或是一首别的非常熟悉的曲子。

船头那儿的几个人大声叫嚷着："什么？他吹奏的是你说的那首曲子吗？"

"现在，让他吹……"总之就是几首大家都知道的名曲。吹笛者按他们说的吹出了那首曲子，从这一刻起，一切都变了。船头上的那些人，无论是先生还是女士都跟我们一样，对耳边的音乐充满了兴趣，其中一个人说："我从未想到风笛也能奏出那些乐曲。"当然，吹笛者收到的小费远比他预想的要多得多。

从此以后，我和我的同伴再也无法也不愿意脱离同行的其他游客了。在接下来的三天中，我们发现已经离不开他们了，那三天充满了快乐的回忆。直到巴洛赫（Balloch），我们才不得不跟他们说再见。他们要去西部岛屿和高地开辟一条新的旅游线路，我俩则要回伦敦继续我们的劳苦生活了，不过我们中途访问了格拉斯哥。[1]

从那以后，体谅其他旅行者成了贯穿我整个旅行生涯中的一个重要的原则。他们和我一样，希望放松精神，强身健体，看到世界更加壮观的一面，获得更多的知识和快乐。为什么我们不能一起享受快乐呢？为什么要认为他人会毁掉自己的快乐？他们的所作所为和我们别无二致，同样只是为了玩得开心而已。抛开这样的无稽之谈吧！当今世界如此之小，各大名胜古迹都摩肩接踵，人潮涌动。世界的美好之处正在于人与人之间的互动。为什么我们不能敞开心怀，去感受它呢？

现在回到正题，我一直说，欧洲踏出来的老路已经被无数的人走过了，东西南北，几乎都有人走过，许多人甚至走了一遍又一遍。但是东方，更确切地说是远东，相对来说仍是一块等待发现和探索的新大陆。虽然印度也确实存在很多可看的东西，值得费尽千辛万苦前去一探究竟，但它还是很难吸引我。正如最近威尔士亲王在访问印度时所展示的那样，印度有一种只在它的几个港口和非洲的一些荒野才能看到的运动。只有少数

---

[1] 苏格兰第一大城市，英国第四大城市。——译者注

游客很喜欢这项运动，这项运动的危险性我就不再多说了，不过这正是这项运动的魅力所在。可是这项运动很难组织，花销昂贵。实际上，这类运动只适合那些时间和金钱都充裕的人。他们有足够的社会影响力，以获取充足的资金，否则根本不可能满足自己的欲望。

一个纯粹的旅行者，如果恰巧季节合适，他会发现印度永远不缺少吸引人的东西。从散发着肉桂香味的锡兰岛到偏远的喜马拉雅山，从缅甸到孟买，几乎每个地方都是旅游胜地。通过关于威尔士亲王访问印度的报道，人们大概了解了那片壮丽土地上的景观，虽然有些地方被描述得令人作呕。不过，这些只是印度王公特意为印度未来的统治者准备的。那些普通游客只能参观当地的普通地区，看不到威尔士亲王眼中那般光彩壮丽的景象。这些旅行者们出发前会准备笔记，记录一下需要看些什么，这些东西为什么特别有趣，然后默默地从一个地方走到另一个地方。尽管旅途艰难（主要是炎热和由此引发的其他不适），但沿途的风景会让他们觉得不虚此行。

提起我的印度之旅，不得不承认我还是非常幸运的。11月份，我到达锡兰，当时也没想要去访问女王陛下统治的其他地方。但是我有大把的时间，似乎是运气建议我应该去访问马德拉斯[1]。到那儿后发现那里有如此多吸引人的东西，于是我决定尽可能地多看看。不过我去的季节不对，只能在山中躲避炎热的天气。次年10月份我下了山，前往西北的省份，到达了位于印度河附近的卡拉奇[2]，来年1月份到了孟买，2月离开。所以算下来，我在印度只待了十六个月，并根据季节调整我的旅行计划。在这么短的时间内，我连它的百分之一或者是千分之一都没有看完，但是我会毫不犹豫地说，在印度的这段经历是我一生中最有趣的经历之一。

然而，在更遥远的地方，还有一片更有魅力的土地，那里气候宜人，别具特色，其他任何国家都无法与之媲美。我指的正是清朝和日本。称它们为未知领域并不恰当，只不过它们不适合所有的旅行者，因为除了条约规定的几个通商口岸，其他地方还不对外国人开放。但是外国游客可以申办护照，有了护照护身，一切困难迎刃而解。到目前为止，已经有很多西方人到访过清朝和日本的内陆了，而且人数还在逐年增加。

中国拥有4000多年悠久的历史，万世一系的日本天皇的统治延续了2500多年，这些无疑激起了西方人浓厚的兴趣。我们现在谈论旧世界、新世界，但是在远东，人们的眼里世界其他的国家又是什么样子的呢？我们也谈论文明，但是与中国、日本的文明比起来，我们的文明是什么呢？当罗马还不是一个国家的时候，中国和日本已经以国家

[1] 1996年被官方改名为金奈，印度第四大城市。——译者注
[2] 巴基斯坦第一大城市，位于印度河三角洲西北部。——译者注

的形式存在了。当英国被恺撒入侵，英国人刚刚摆脱野蛮状态的时候，中国和日本已经拥有了艺术、科学、法律、哲学和稳定的政府。历史上，中国很早就发明了火药、罗盘、印刷术。虽然日本并不像它的邻居中国一样出土了众多文物，记录古代历史的相关文献也没有那么可信，但毫无疑问，它很快便开始向中华文明学习，正如现今日本快速吸收西方文明一样。

这两个国家都注重礼仪，谦恭、温和。毫无疑问，日本人是世界上最有礼貌的民族之一。遗憾的是，日本人有点肤浅，优柔寡断、反复无常，他们不可靠，所以他们并不是理想的生意伙伴。不过，除此之外，他们还是很讨人喜欢的。

中国和日本有很多与众不同的地方，值得我们关注和学习。它们不但有令人赏心悦目的风景名胜，也有充满智慧的文化知识。很多研究这两个国家语言及历史的学者已经将他们的调查成果公开出版，如德庇时[1]、包令[2]、密迪乐[3]、罗伯特·马礼逊[4]、卫三畏[5]、理雅各[6]等人。这些调查成果连载在报纸、杂志上，在香港和其他通商口岸出版发行，让读者意识到自己对这两个国家的了解实在太少，还有很多领域有待他们发掘。

令人惋惜的是，由詹姆斯·萨默斯[7]编著的《中日论丛》（The Chinese and Japanese Repository）在伦敦出版后并没有引起巨大的反响。书中有很多非常有价值、引人入胜的文章。只有极少数读者看过先前的版本，因此我认为这些文章非常值得再版。

《中日释疑》（Notes and Queries on China and Japan）一书同样也包含了丰富的资料，对学者和普通大众都很有价值。《中国评论》（The China Review）这份报纸一定程度上类似于《中日释疑》，但是它同样没有被充分利用。最新一期的《中国评论》相较之前在某些方面有很大的提高，编辑精心提供了有关中国问题的丰富的文章和论文。只要迅速浏览几页，读者便会被其中丰富的信息和探险家们的调查成果深深地吸引。

---

[1] 德庇时（John Francis Davis，1795—1890），香港第二任总督，兼任英国驻华公使，代表作有《中华帝国及其居民概论》《贤文书》等。——译者注

[2] 包令（J. Bowring，1792—1872），1849年任英国驻广州领事、驻华商务监督，1854年任香港总督兼驻华公使，第二次鸦片战争的主要挑起者。——译者注

[3] 密迪乐（Thomas Taylor Meadows，1815—1868），曾任英国驻上海、宁波领事，曾造访过太平军控制下的南京，著有《中国人及其叛乱》等书。——译者注

[4] 罗伯特·马礼逊（Robert Marrison，1782—1834），西方派到中国内地的第一位基督新教传教士，编辑出版了第一部英汉字典《华英字典》，首次把《圣经》译成中文。——译者注

[5] 详见第105—110页。——译者注

[6] 理雅各（James Legge，1815—1897），近代英国著名汉学家，伦敦布道会传教士，第一个系统研究、翻译中国古代经典的人，曾任香港英华书院校长。——译者注

[7] 詹姆斯·萨默斯（J. Summers，1828—1891），曾任香港圣保罗书院教授、伦敦大学国王学院中国语言专业教授，1863年7月在伦敦创办了《中日论丛》。——译者注

我还应该提一下旧版的《中国杂志》(The China Magazine)。跟《远东》杂志一样，它也是一份月刊画刊，大约三四年前在香港出版发行，经营者是令人敬仰的兰登·戴维斯（T. Langdon Davies）先生，刊载了大量优秀的文章和照片。

《远东》还有广阔的领域需要探索。回顾过去六年来发表过的文章，那些关于日本的文章，深深吸引了对日本和日本人有所了解的读者。日本最伟大的英雄丰臣秀吉传（The History of its Greatest Hero Taiko Sama）、天皇宗谱（The Geneology of the Mikados）、德川将军传（The Story of the Tokugawa Shoguns）、岛原起义（The Insurrection at Shimabara）、驱逐基督徒（The Destruction of the Christians），以及大量的日本故事、短篇小说和戏剧作品被翻译过来，使得这份报纸具有了丰富的内在价值，不单只靠图片吸引大众。而且，随着中国题材的加入，中日文学与照片将共同出现在这份杂志上。对此，我满怀期待。

如果有一位学者投身于日本文学研究，那么就会有两位学者选择致力于中国文学研究。中国文学和日本文学，不能说孰优孰劣，因为这取决于读者的观点和倾向性。痴迷日本的学者会忽略中国，反之亦然。但是对于那些足不出户、对中国和日本知之甚少的广大读者来说，他们更喜欢兼具中国和日本主题的杂志。

很久很久以前，中国就有了航海家和探险家。有人声称早在公元499年，中国的航海家（一位佛教徒）就发现了美洲。关于僧人慧深（Hwei-shin）描述的扶桑国是日本还是现在的墨西哥，也曾引起过非常激烈的争论。由利兰[1]先生编著，伦敦杜鲁伯（Trubner）公司出版的《扶桑：公元5世纪中国僧人发现了美洲》(Fusang, Or the Discovery of America by Chinese Buddhist Priests in the Fifth Century) 一书认为扶桑就是美洲。人们非常好奇能不能找到相关证据。如果扶桑真的是美洲，那么中国人为什么没有利用这一发现？他们的船成功穿越太平洋并不足为奇。相反，联想到船只的规模、航海者的进取心与贸易冲动，人们产生了疑惑，为什么找不到更多中国航海者与南北美洲西海岸交流的记载？

中国有很多伟大的哲学家。很多汉学家从孔子和孟子那里获取了最宝贵的精华。他们的思想宛如一座宝藏，可待挖掘的部分还有很多。

关于诗歌，只有少数几个外国人能够提供一些信息。诗歌是中国成就最高、最受推崇的文学形式之一。中国诗歌展现出这个国家充满诗意的一面，中国人创作或吟唱对仗工整的诗句，以此表达内心的想法。中国古代的文人和贵族妇女都懂得鉴赏诗，也会写诗。没

---

[1] 利兰（Charles Godfrey Leland，1824—1903），美国记者、民俗学者，游历途中在世界范围内收集了大量的民间传说，他曾以歌谣的形式对旧上海地区的洋泾浜英语有较为详细的描述。——译者注

有什么比在朋友的扇子上或者其他日常物件上写下几行诗句或者一段饱含诗意的感悟更令人骄傲了。

诗歌通常很难翻译。上海的司登得[1]先生对中国诗歌尤其感兴趣，他曾将中国的浪漫诗和伤感诗自由地翻译成流畅、轻快的英语诗歌。这表明尽管气候条件不尽相同，但是人类拥有普遍适用的规则、习惯和思维模式。

"中央之国"的迷信仍旧存在于中国。人们每天都在连续不断地重复某些迷信行为。不过，有一个事实值得注意：中国人迷信的很多东西，我们过去也曾经迷信过，甚至现在仍然迷信着。难道可以据此认定中国人是唯灵论者吗？如果真是这样的话，那么我们也可以说欧洲人和美洲人也是唯灵论者了。

在1875年9月和10月出版的《中国评论》中，刊登了一系列与中国民间传说有关的文章，非常有趣和富有启发性。这些文章都是匿名发表，内含大量暗示信息，可以让思维活跃的读者们思考。在上面提到的一篇文章中，有一段艾德[2]博士关于招魂的记述，发表于《中日释疑》，原文如下：

招魂依然存在于中国士大夫阶层。他们祈求神仙显灵，通过文字与其交流，以此来占卜特定事情的凶吉、考试成败、子嗣延续等问题。神仙所使用的笔必须由朝东的桃树新枝制成。在截取桃树新枝之前，请愿者口中必须念诵四句话："机笔灵灵，日有精神，我今取尔，用事指明。"念完以后，他就把一个合成字刻在树背上。这个合成字由两部分组成，上半部分表示云雨，下半部分表示神仙，整个字表示被召唤的神仙就住在云里。其余的字"妙夺天机"暗示了笔要在神仙的控制下实现与人的交流。当这个合成字被刻到桃树树干上时，请愿者要从东面长有钩状树梢的树枝上折下一条嫩枝，插到一块6英寸长的木头上。

招仙时，这块木头要放置在仙婆的手中。每个想要笔仙显灵的人都要斋戒沐浴，穿着干净衣服。招仙的厅堂内要摆放两张长桌，其中一张长桌上摆放着酒、水果、糕点等供品，另一张长桌上放着用竹杖碾得均匀光滑的朱砂，以便能够在朱砂中留下字迹。所有这些准备工作都要在黄昏前完成。在黄昏时分，请愿者要递给大王菩萨一张请愿书，向大王菩萨表示供品已准备妥当，请求他将云游大仙送到请愿人的家中。请愿者把自己的名字和住址小心翼翼地呈上去，以免出现任何差错，并把这张请愿书和许多金纸送到

---

[1] 司登得（George Carter Stent, 1833—1884），英国人，编纂有《汉英合璧相连字汇》（*A Chinese and English Pocket Dictionary*），在汉英字典编纂史上具有重要意义。——译者注
[2] 艾德（Ernest John Eitel, 1838—1908），德国传教士，曾撰写了大量关于中国佛教的文章。——译者注

大王菩萨的神殿内焚烧掉。回家之前,请愿者要把写在请愿书上的地址写在另外一张纸上,然后把这张纸贴到门柱子上。

傍晚,请愿者需派两三个人到门口烧金纸后再磕几个头,表示迎接笔仙进门。把笔仙迎到长桌前,桌旁放上一把椅子,然后点燃香和蜡烛。此时,仙婆走过来,将笔杆放于两手中,桃树嫩枝尾部接触撒满朱砂的桌面。她将两手伸至桌前向笔仙敬拜:"神力无边的笔仙,如果您到了,就请在这张桌子上写下一个'到'字。"于是这支神奇的笔就开始移动,"到"字便清楚地出现在朱砂上。随后周围的人请仙婆坐到一张大扶椅上,同时恭请笔仙坐到另一张椅子上。

接着,在场的人在两位神仙面前磕头下跪,有人帮着倒酒,有人烧金纸。然后仙婆手握神笔上前,此时所有人齐声说:"笔仙大王,您尊姓大名,位居何职,所生哪朝?"只见那神笔便立刻开始移动,将答案写到朱砂上。之后仙婆的几个随从便一个一个地提问,但是每个问题都要写在一张纸上,与金纸一起烧掉。烧成灰烬之后,神笔就把答案隐晦地写下来,并且每句话都跟着一个"成"字,这个字一落笔,众人便大声读出这些字。

如果有人不是很明白答案的意思,神笔就会再次移动并写出一句不同的话,直到那人读懂为止。只要这些人理解了一句话,神笔就再次移动,在朱砂上写下"是也"二字。一轮结束之后,就要用竹杖把桌子上的朱砂碾得平滑一些,同时众人要对笔仙说一些恭维的话,赞扬他的智慧。对此,神笔写下"见笑"二字作为回应。如果有谁表现不当,不够敬畏,笔仙就会写下严厉的斥责之词。笔移动的方式很特别,明显不是由双手握笔的仙婆控制的。仙婆只是跟随灵笔无意识地运动。这样的对话一直不间断地持续到午夜(这个时候阳气开始活跃)。然后笔仙结束对话并在桌子上写下如下几个字:"蒙诸君厚礼,我今要请别而去。"众人回应:"圣仙请留步。"但是笔仙似乎急着要走,于是匆匆留下"请去"二字,众人又说:"如有不恭疏忽,还请圣仙恕罪。"接着,所有的人走向门口焚烧金纸,磕头恭送笔仙。

在中国的底层社会还存在另一种形式的迷信,那就是通晓迷魂法的人。不管这些人是不是利用催眠术通灵,或者只是个骗子,他们在中国南方随处可见。老百姓都很相信他们。他们很像恩多时期在扫罗王面前召唤塞缪尔的巫婆,或者是加拉加斯的布鲁托克拉神庙中的牧师,可以在熟睡中给病人开药。他们在某些方面也像那些可以解释奥尔诺斯河中的神谕、召唤死者的灵魂的人。(见史密斯《古代神谕词典》)

事实上,据我所知,在中国,通晓迷魂法的人在与死者交流方面是有一定积极作用的。中国人的家族观念很深,他们认为人即便在死后,也不会离开他的家人。所以,中国人认为虽然祖宗活在阴间,但他们还是会继续庇护活着的后代子孙。因此,一些家庭问题,譬如家庭成员患病而不知所措、家庭中的一桩婚事是否合适、坟墓的选址能否让死者安息等等，中国人首先想咨询的是他们的祖宗。

现在中国人也觉得让鬼魂显灵，接受他们的盘问并非易事。于是，妇女群体中出现了一个职业，召唤鬼魂的灵媒。这些妇人在广州被称作"神婆"，在广东的其他地方被称作"仙婆"。如果有家庭遇到了上述那些难题，迫切需要帮助，他们就会把仙婆请到家里作法。家中不需要提前准备什么，也不需要供奉什么，只需要在司命灶君的壁龛中点上几根香。在中国，家家户户厨房的墙上都有一个司命灶君的壁龛。仙婆到家后，她的几个女侍从便会将她迎到一间昏暗幽静的屋子里。这一过程不允许男人，尤其是文人在场；中国的经典著作，尤其是《大学》不能放在屋子里，以免吓到仙婆。如果不遵守这些禁忌，仙婆就会说鬼魂无法显灵。如果一一遵守这些禁忌，仙婆会先了解这户人家遇到的困难、被召唤的祖宗的名字和性别。一旦确定了这些细节，她就会蹲在一张矮板凳上，头触膝，然后用一种低沉、谨慎的语调祷告：

"三姐，四姐。"

"哦！"

"带我至阴曹地府之门！"

"你要到阴间做什么？说吧！"

"我只找我的亲人，有句话要对我的亲人讲。之后快快带我返回，我谦逊地祈求。"

仙婆重复第三遍，在她快说完第三句话的时候，她的手臂突然垂下来，看似麻木，全身一阵抖动，满头冷汗。随后，她很快进入睡眠状态，这个时候可以问她问题。

有人会问："你看见了什么？"

她答道："我什么都看不见，又黑又冷。"

过一会儿，人们又问道："你现在看见了什么？"

她回答："现在亮点了。是的，在远处，我看见了宝塔、楼宇、宫廷、房屋。"

"你看到人了吗？"

"没有，我看不清楚。啊，现在我看见他们了，有男人和女人，他们的脸蜡黄，一个人向我走来，要跟我说话。"

"那个人什么样？"

接下来仙婆便开始描述对方的衣着和长相，所说细节与雇主对所召唤死者的记忆完全一致。确定死者身份以后，雇主就可以向先祖灵魂询问家中面临的具体困难。鬼魂不会显身，只有仙婆才能看到他并与他对话。仙婆就像一个翻译，以鬼魂的身份用非常不自然的尖锐的声音回答所有问题。当雇主得到满意的答复之后，周围的人就会在仙婆的耳边大喊三声她的名字，把她唤醒。很快，她的身体便开始颤抖，手臂相继恢复知觉，她自己也会站起来，但是一开始一言不发，就像是一个睡得很沉的人突然被叫醒一样，当她发现自己当时的处境时，她会表现出异常惊讶的样子。完事之后，仙婆理直气壮地向雇主索要酬劳。雇主不同，酬劳也不同，少则五分银子，多则五两甚至更多。当仙婆发出咯咯的笑声时，我猜她是在嘲笑那些人如此好骗吧。

我认为上文提到的那段咒语是对一位被称为"七姊"的神仙说的。"七姊"与"织女"指的是同一位神仙，也有人认为"七姊"和"昴星"所指相同。我认为后一种解释最可取，因为"昴宿星"在中文口语中叫"七姑星"。

除了我接触到的上述话题之外，还有很多关于中国的传说、宗教、神话，中国人的性格、现状等。令我高兴的是，还有更多的杂志将会专门介绍这些内容，它将向那些认为远东历史十分神秘的人们传递关于远东国家和人民的知识。

S.

上海市
SHANGHAI CITY

时隔十二年，我再次来到了上海。我从未对清朝的一成不变有过如此深刻的印象。与我们的祖父辈、父辈生活的时代相比，现代文明正处在一个日新月异的时代。当你离开一个地方五到十年，然后再回到那里，会有物是人非之感。进入大城市之后，看到无数的贸易中心与现代的外国人聚居区毗邻，你会有种很奇怪的感觉。尽管时间已经过去了十二年之久，上海还是老样子，没有一点新的东西。1876年6月的上海和1864年6月没什么区别，不论是寺庙、商店还是茶坊，看起来还和之前一样破旧，好像从未发生什么变化。街道、公路、每个人以及他们的衣着看起来都和我上次访问时一模一样。

毫无疑问，当墙中的睡美人从百年沉睡中苏醒过来时，她会觉得周围的一切都是假的。她会觉得自己只是像往常一样晚上按时躺下，睡至第二天清晨醒过来。或许当她寻找亲戚和佣人的时候，却发现自己置身于陌生人当中。虽然人是陌生的，但是人的衣着、举止和一切外在的还都是老样子。她也许会用同样的工具、装饰品、香水来建造布置她的卫生间；她也许会用同样的筷子，从同样的瓷器中食用同样的食物；她也许会走过同一条街道的同一条人行横道，去同一家商店，用同样的钱在同一个柜台向同一个店小二购买同一种物品。这一切都和她沉睡之前别无二致。

事实上，从未踏足中国土地的人完全无法想象其停滞不前的程度。展望亚洲最古老的中华帝国与西方最年轻的美利坚合众国，我们看到，费城目前正在举办美国建国百年纪念活动，一百年间的沧桑巨变历历在目；而中国在这一百年间停滞不前，毫无变化。百年前的中国和现在相比毫无二致，在此我们可以反向思考，百年前的费城，乃至美国大大小小的城镇及其居民又会是一幅什么光景呢？

如果读者朋友愿意和我一起在城中漫步，我将向其讲述1864年我初到这座城市时记录下的第一印象。我相信，这一印象应该和读者如今（1876年）获得的感受相差无几。

1864年的圣灵降临节，我第一次来到上海。我写作本文的时间是1876年的圣灵降临节之后一天（休息日）。（1864年）圣灵降临节那天，和朋友一吃完中饭后，我就开始穿梭于老上海迷宫般的街巷。当我们靠近老城墙时，那种感觉让我联想到新西兰达尼丁[1]人回到"老烟城"（爱丁堡的绰号）郊区时的情景。他们亲切地向爱丁堡打着招呼："亲爱的爱丁堡，我闻到了你的芳香！"上海老城四周是高高的城墙，城墙外环绕着一条臭水沟。在过去，那肯定是一条护城河，慢慢地河道里的脏东西越积越多，就变成臭水沟了。

---

[1]新西兰奥塔戈区的首府，是南岛第二大城市，也是新西兰第四大城市。——译者注

上海散发着各种气味，就像散发着各种味道的科隆（Cologne）街一样，让自己看起来像个天堂。来上海之前，我们充满了期待，但到达后，我们发现眼前的一切都令人厌恶，到处弥漫着刺鼻的味道。我们加快脚步前行，努力摆脱周围的一切。在这些城门中，有好几个建有瓮城，一个比一个破旧，你对任何一座城门都产生不了丝毫好感。

然而，进城后，我们发现城内的景象与城外的景象截然不同。虽然有人告诉我们说清朝的城市看起来都一个样，但上海是我们访问的第一个城市。我们立刻对周围的一切产生了浓厚的兴趣，不再为上文提到的景象而烦恼。城内的街道宽约 6—12 英尺[1]，12 英尺宽的街道很少。在那些宽敞的街道上，商店非常华丽，生意红火。街道边非常拥挤，有时候连两个人舒舒服服地并排走都不可能。不同阶层、年龄、长相的男女老少汇集于此，边走边聊。扛着各种货物的苦力、搬水工、拾荒者和摊贩们是活动于这条街上的另一个群体。在这个城市里，有很多人生活在社会底层。这些人似乎从来不讲究卫生，他们患皮肤病的概率相对要大很多。这种景象让人心情沉重。

这里的商店和我们国家的大不相同，有杂货店、精品店、经销店、饭馆、糖果店等，非常容易判断它是做什么生意的。同类的商店看起来差不多，主要区别在于店铺规模的大小。有些店铺很大，没有窗口，柜台面向大街；柜台前有一道结实、精雕细琢的石栏杆，栏杆和柜台之间的距离只能供顾客通过。有些商店，柜台与街道的角度设置得非常好，例如丝绸和布匹店内通常都设有座椅供顾客休息或者聊天。很显然，这些顾客都有大把时间。

城市里也有不少乞丐，随处可见盲人和其他不幸之人。这里的几个小广场，还有一两处空地都非常吸引市民和外国人。对于乞丐来说，这些地方是他们的栖息地。我们来到了人工湖中央一间很有清朝风味的茶坊。它为人们提供了一处可以呼吸新鲜空气的地方，虽然这里的空气也不怎么新鲜。

在一个广场上，我们看到一群热情的听众聚精会神地围在滔滔不绝的说书人周围听故事。另一个广场上，一大群人聚在一起围成了一个圈，圈内有三个江湖艺人正在动作娴熟地表演各种技艺，就跟伦敦街头的表演者们一样自然。广场的另一头，一个老汉坐在桌子前面，桌子上摆着一个西洋镜，两个放大镜装在匣子上，顾客只要花很少的钱就可以看完所有的画片。画片和工具看上去很脏，由此可见西洋镜是多么受欢迎。他旁边还有一个普通的西洋镜，尽管都是些非常普通的英国照片，不过仍然很有吸引力。空地被卖甜食、糕点一类的摊贩占满了。远处偏僻的一角，宽敞的走廊下一名男子正对着周围衣着褴褛但笑容洋溢的人群滔滔不绝地说着什么，他还不时地敲打着一面茶碟大小的铜锣。

一条污浊的臭水沟贯穿整个城市。不幸的是，我们发现那条臭水沟竟然有好几码宽。

---

[1] 1 英尺 ≈ 0.3048 米。——译者注

眼中所见，鼻中所闻，令人难以忍受，简直糟糕透了！而主干道上很多商铺的后门与后窗恰巧正对着那条令人作呕的臭水沟。那臭水沟肯定会滋生热病以及各种以污垢和瘴气为母体的疾病，清朝人不生这些疾病才怪。这也是亚洲人与欧洲人的不同之处。我们没有像法国传教士一样深入城市另一头的董家渡（Tung-ka-doo），不过我们参观了一些寺庙。所有的寺庙都非常肮脏，令人不舒服。

不得不承认我们对当地居民更感兴趣。商铺里买东西的小脚女人走起路来一扭一扭地，时不时和周围的姐妹们聊点闲话。男人们精气十足、勤勤恳恳。大多数商铺都出售时下流行的手帕。停下来看一看这些手工活、工具，以及具体的使用方法是件很有趣的事。手工艺品的制作过程并不是秘密，所有的过程都在作坊里公开进行，每个人都能看见。如此笨拙而又简单的工具能够完成这么优秀的作品，常常令我们赞叹不已。

我们观察过很多匠人——木匠、打家具的匠人、铁匠、石匠、珠宝抛光师傅、车工、象牙雕工等。不过最令我们惊奇的还要数那些年龄在7—12岁的小姑娘。她们把绸缎固定在绷子上，用金丝线在上面刺绣。除了绸缎本身的一点纹路，缎子事先基本上没有图案。

我们走了一路，始终都有令人生厌的乞丐和野狗。出城以后，城墙外面有乞丐乞讨，方法老套。其中一家人坐在地上，面前铺着一张纸，上面写着汉字，四角压着石头。这家人是在逃难，他们并不觉得乞讨很低贱。

另一个家庭因家人去世而陷入了巨大的悲痛之中。这应该是一户家道中落的大户人家，纸上记载着他们家族衰落的故事。一张大纸上画着一幅巨型肖像，画中人应该是一位高官，是维系家族兴盛的主要力量。一个孩子天真地站在妈妈跟前，懵懂地看着身边往来的路人、驻足观看的围观者以及周围的一切。孩子的母亲坐在地上，深深地埋着头，一副痛不欲生的样子。女人的母亲在她头上别了一个奇怪的东西，这可能是表示哀悼用的吧。女人的母亲也低着头，不过并不像儿媳低得那么厉害，她用手绢遮住了眼睛。这两位妇人从不抬头。家庭中的另一位成员——老妇人的丈夫也低着头，但他有时候会抬眼看一看有没有人给予施舍。通过观察这家人受到的慷慨捐助，我们得出结论：在这个国家，非常小的捐赠也是一种慷慨的仁慈。一个铜板可能只相当于千分之一美元或十分之一美分那么多。一次捐赠一两个铜板是很平常的事。有时乞丐太多了，我们就扔给他们十个或二十个铜子儿。这些小小的施舍就令他们非常满足，这很出乎我们的预料。他们小心翼翼地分配这些施舍，看起来也很有意思。

对于那些没见过乞丐住处的人来说，这些不幸的人们究竟怎么生活，简直就是个谜。他们的住处简直就不是人待的地方。实际上，对他们来说，栖身之处能有四堵墙、一个屋顶，就已经算是幸事了。很多人住的地方充其量只能算是草棚。

这些穷人常常会将草棚建在河边泥泞的斜坡上，几乎挨着紧急水位线。棚子长6—8英尺，宽4—6英尺，高3英尺，就像一个大点儿的狗窝，入口很小，只能爬进去。然而，这样的草棚还是给拖家带口的人住的。单身汉的住处就像一个大点儿的坟堆，他们只能爬进去，直直地躺下，根本不能蜷缩身子。虽然这样的地方不可能用作他用，只能给人休息，但是他们怎么度过冬天，怎么抵挡疾病？想到这些令人不寒而栗。在清朝，很少有人关心穷苦人的死活，我们不止一次看到有人死在大街上，清朝官员给出的结论是"饿死"。我们认为清朝迫切地需要慈善救助，可是贫困和不幸的人数非常庞大，很难救助所有人。

有一个社会阶层我们还没有提到，在城里闲逛的时候，我们遇到过他们。他们是强势、严肃、受人尊敬的乡绅。他们拥有特权，可以佩戴官员特有的顶珠。他们无一例外地都坐在四个苦力抬着的轿子里，身旁跟着一群无精打采的家仆。还有一些肥得流油的家伙坐在轿子里，由两个苦力抬着，但是没有家仆跟随。尽管这些人总是选择宽敞的道路出行，但是仍然给其他行人带来了诸多不便。为了给这些大人物让路，行人们经常要退到街道两侧的商店旁边，有时甚至要退到商店里去；如果不让路，还有可能被抓起来。

总之，上海之行令我们感慨万千。街道上拥挤不堪，人多得就像蚁丘上勤劳的蚂蚁一样。商铺里生意很好，所有的店铺都挤满了顾客。每个人看上去都心满意足，喜气洋洋。让人惊讶的是他们从不讲究个人和环境卫生。不过，他们的穿着还比较干净，有些男人穿的还很阔气。对于大多数外国人来说，在人群中挤来挤去令他们非常不舒服，他们总想逃离，生怕把不洁之物带到他们干净的家里。

J. R. B.

上海城内的中式茶楼——湖心亭

HU-SING TING—CHINESE TEA-HOUSE, SHANGHAI CITY

　　湖心亭的茶楼是老上海最有名、最具特色的地方。如照片所示，它位于一处方形人工湖的中央，一段九曲桥将其与岸上连接了起来。清朝人生活的地方到处都脏兮兮的，令人很不舒服。私人住宅也存在这个问题，只不过程度不同。茶楼地板很脏，一层供奉着一张变旧发黄的佛像挂画（还可能是古代圣人的画像）。一条狭窄的、约两英尺宽的楼梯通往楼上。楼上是一间大屋子，这是整个上海难得的一块空间，最多可以容纳四五十人。屋子里摆放着大大小小的桌子。小桌子只能坐一两个人，大桌子约三英尺见方，可以坐四个人，客人太多的话，八个人挤挤也能凑合。桌椅都使用同一种图案，估计是几千年前时兴的样式，就这么一代代传了下来。

　　每天下午，市民们会到楼上喝茶、聊天、吃点心，享受徐徐清风。聚在这儿的顾客看起来社会地位都不低，他们打扮得干净得体，与周围肮脏的环境形成巨大的反差。他们要把这个地方弄成一个舒适的会所，就像欧陆理性主义者[1]们钟情于喧嚣但很有序的咖啡馆一样。实际上，在清朝乡镇拥挤狭窄的街道上，茶室随处可见。人们喜欢聚在一起，喝一杯茶，讨论一下当天的新闻或者是别人的绯闻。归根到底，人终究还是群居动物。

---

[1] 一种哲学方法，建立在承认人的推理可以作为知识来源的理论基础上。一般认为随着笛卡尔的理论而产生。——译者注

上海城内的中式茶楼——湖心亭

HU-SING TING—CHINESE TEA-HOUSE, SHANGHAI CITY

上海城隍庙附近的花园

GARDEN NEAR THE CH'ÊN HWANG TEMPLE——SHANGHAI CITY

　　湖心亭茶楼附近有座城隍庙。城隍庙本身没有什么特别之处，不过附属的花园倒是吸引了众多游客。读者可以通过照片欣赏一下这座漂亮的小花园。

　　小花园大部分被街头艺人占用了。观众中基本上没有身份高贵的人，大都是些无知的贫苦百姓，虽说给不了几个钱，但是至少可以捧个场，聚拢人气。清朝人落后的意识严重阻碍他们的幸福。成千上万的人想要找到工作，但事实上，找到一份长期工作却并非易事。表面原因是因为清朝人口过剩，而问题的关键其实在于人口增加的同时，其他一切却停滞不前。在欧美国家，人口增长的速度远大于清朝，但是对劳动力的需求却是以更快的速度在增长。科技与文化的持续发展推动了劳动力市场的发展——无论是体力劳动者还是脑力劳动者都是如此，但是清朝人的生活水平却停滞不前。

　　如果有人想对清朝城市的闲散人群做一个调查，看看这些人究竟多么渴望得到一份工作，那么他可以招一个苦力伺候他，帮他搬行李。我敢保证，他马上就会成为人群中的焦点。街头那些杂技便会被众人抛在脑后，每个人都迫不及待地试图抓住机会，挣为数不多的几个钱。一旦有人受到幸运之神垂青，得到这份工作，其余的人便会渐渐散去，重新回到杂耍场。那位找到活儿的苦力，一边艰难地行走，一边盘算着自己能挣多少钱，怎么去花这笔钱。

上海城隍庙附近的花园
GARDEN NEAR THE CH'ÊN HWANG TEMPLE——SHANGHAI CITY

清朝独轮车

CHINESE WHEELBARROW CONVEYANCES

  第一次来到清朝的"老外"会好奇和愉快地观察周围的一切。这里的商业活动跟世界其他地方的一样如火如荼，但是，他又很不屑这些商业活动的开展方式。一切商业活动的推进都非常缓慢费力，基本上见不到欧洲人视为不可或缺的电气设备。但是他很快又会发现，尽管某些方法极其简单，但却非常有效，即便是见惯了西式便捷设备的外国人也会觉得很不错。

  独轮车或许是吸引外国人眼球的第一件东西。它简陋的结构容易令人心生不屑。但是当他观察一下这种推车，发现它们十分轻便、承重能力良好，这种不屑就会被好奇和有趣所取代。看看车夫那副样子，他们会觉得自己只需要花一点钱就可以坐上一辆更舒服的车子兜上一圈。或者他们更愿意在遍布车辙的道路上步行——在这种路上，步行和坐车的速度差不多。

  手推车既可以载客，也可以运输货物。车夫费尽力气，挣到的工钱却少得可怜。在清朝，车夫为生存而苦苦挣扎。他们花上很多天，走上很多路，运送沉重的货物，比如说二百多斤重的东西，却仅能挣口饭吃。这并不罕见，你不愿意干，便会有上百人拥来抢着干。在清朝，穷人的生活的确很艰辛，苦力们的表情始终沉重而又麻木。与之形成鲜明对比的是，日本苦力却总是一副乐天知命的神情。

清朝独轮车
CHINESE WHEELBARROW CONVEYANCES

董家渡流动的补鞋匠
ITINERANT COBBLER, TUNG KIA TU

还有一个苦苦挣扎的社会阶层。噢！梅休（Mayhew）兄弟针对"清朝劳动力与穷人"做过调查，并进行了世界性的报道。如果清朝本土的慈善家能够意识到这件事情的重要性，进行调查后将报告提交给政府，并在民间广泛宣传报道，无疑会取得更好的效果。

在外国人聚居的地方，当地的清朝人逐渐熟知外国人的生活方式与行政体系。于是，经常会有清朝人直率地批评自己的政府——口头上说爱民如子，关心民众的福祉，实际上各级地方官僚所做的无非就是镇压、掠夺，毫无公正可言。但是那些遭受最沉重压迫的人却从来不会说这些。他们艰难地生活着，只要能够勉强糊口，就不会为这些事情烦恼。所有的国家或多或少都存在这种现象，只是清朝更突出罢了。

那个穷鞋匠挑着一根竹竿，竹竿两头是两个筐子，筐子里放着补鞋所需要的材料，还挂着一个竹凳。穷鞋匠每天往返于自个儿家和做买卖的地方。有很多顾客光顾他的小摊。男人们脱下他们的厚底鞋，站在旁边，等待鞋匠修补。有时鞋匠还会上门补鞋，他们坐在雇主门外，快速把鞋补好。虽然他挣得很少，但花费也不大，吃饱饭是没问题的。有份足以谋生的手艺，总是令人高兴的。他不大引人注意，跟其他清朝人一样，满身脏兮兮的。在这一方面，清朝倒称得上是一个自由的国家。他的性格恐怕和其他地方的人区别不大，我们没必要到他家去一探究竟。但是我们想起了那首有趣的歌谣：

"我是一个补鞋匠，我的名字叫迪基·霍尔（Dicky Hall）。我有点野蛮，因为我住在货摊上。"

我们只有在路过货摊的时候，才会注意到他。我想，欧洲鞋匠的货摊恐怕要比这个穷鞋匠的家好得多。

董家渡流动的补鞋匠
ITINERANT COBBLER, TUNG KIA TU

上海商人的老婆
MERCHANT'S WIFE, SHANGHAI

　　我们相信照片上的妇人应该就是生活中的样子。她的外貌让我们更坚信这一看法。外国人很少有机会参观清朝人的内院，因此只有极少数外国人能够辨认出清朝上层社会的妇女。在接下来的几期《远东》中，我们将对清朝人的家庭生活做更多的介绍。现在，我们先来关注一下眼前的这位妇人。她究竟是不是一个美人，还是留给读者自己判断，但她的服装着实令人艳羡。她身穿绸缎绣花长袍冬衣，外罩绣工精细的毛皮斗篷，手上戴着戒指，脚踝上还戴着玉镯或银镯。她的脚趾挤进那狭小的鞋子里，从不示人。

　　她的优雅，反映出清朝人畸形的审美观。他们居然认为，那些蹒跚的小脚女人比那些健步行走的姐妹们更加迷人。在我们看来，她们的小脚就像是插在昂贵套子里的山羊蹄子，但是清朝男人不这样认为。大多数有钱的清朝男人对小脚情有独钟，就像外面世界的男人喜欢有着干净双脚和漂亮脚踝的女性一样。在我们外国人当中，有个别人可能会因为对方漂亮的双脚而选择她作为伴侣，但是，清朝男人几乎没有人愿意娶一个大脚女人做老婆。好吧，萝卜白菜，各有所爱！日本的妇女仍旧喜欢将自己的牙齿染黑，尽管宫廷里的女士们已经不再这么做了。不同的国家青睐不同的事物，就让清朝人自得其乐吧。世界的迷人之处就在于它的丰富性吧！

上海商人的老婆
MERCHANT'S WIFE, SHANGHAI

上海租界的藤椅和竹席店

BASKET-CHAIR AND MATTING-SHOP, SHANGHAI FOREIGN SETTLEMENT

这是上海租界内的一家藤椅店。上海外国租界内的许多街道都被清朝商贩占领了，其中有些人生意还做得比较大。

图中的这家商店位于河南路，专营一些本土的竹制品以及柳条制品，没有什么特别之处。这些竹制品以及柳条制品，例如椅子、桌子、躺椅、笼子、箱子、席子等，极具东方特色，销量可观。盛夏时节，竹制躺椅几乎家家必备，因此，制作商会雇佣大量的人手。

我们希望拍摄到更多具有特色的店铺，以满足读者的兴趣。不过，这些店铺内光线太暗，完全没有办法拍摄。接下来我们肯定能找到一些合适的店铺进行拍摄，让国内的读者朋友看到它们的样子。

上海租界的藤椅和竹席店
BASKET-CHAIR AND MATTING-SHOP, SHANGHAI FOREIGN SETTLEMENT

清朝本地报纸选摘

THE PERIOD. JOTTINGS OF THE MONTH, FROM THE LOCAL PAPERS. CHINA

整个6月，大家一直期待英国驻华公使威妥玛访问上海。6月25日星期日，他如期抵达上海。据说他随身带了英国使馆的档案，不管交涉结果如何，他都要在上海待几个月。对他就云南事件提出的要求，总理衙门试图敷衍了事，威妥玛只好离开了北京。

最后，虽然清朝政府不得不请求他重新回到谈判桌上，但结果究竟会如何，大家意见不一。一些人认为非常有可能爆发战争；也有人认为，由于清朝境内动荡不安，麻烦不断，他们肯定会在最后一刻接受所有的条件。与此同时，为了配合威妥玛的谈判，英国政府已经从印度调兵来华，英国海军与威妥玛随时保持着联络。

* * * * * *

英国成立了以格维讷[1]、贝德禄[2]和达文波[3]为首的云南事件调查委员会，调查马嘉理被杀事件的真相。完成任务后他们已经返回，现在已经抵达香港，预计7月3日乘法国邮船到达上海。

* * * * * *

关于清朝和北德意志帝国之间关系的文章频繁见于各种报纸。《德臣西报》（The China Mail）[4]称德国公使巴兰德（Von Brandt）认为解决安南事件（Anna Affair）必须满足以下三项附加条件：

1. 开放温州、芜湖、宜昌三地为通商口岸。
2. 废除厘金税。
3. 降低关税。

《晋源西报》（The Shanghai Courier And China Gazette）对这件事进行了完整的报道，并且突出了它的重要性：

众所周知，在与清朝政府谈判时，德国政府提出的主要要求之一就是全面废除厘金税。

---

[1] 格维讷（Thomas George Grosvenor），此时为英国驻华公使馆参赞，1882—1885年以参赞署理英国驻华公使。——译者注
[2] 贝德禄（Edward Colborne Baber，1843—1890），又名巴伯，1866年来华，1877年任驻重庆代理领事，1880—1881年任英国驻华公使馆汉务参赞，1885—1886年任英国驻朝鲜总领事，著有《华西旅行考察记》。——译者注
[3] 达文波（Arthur Davenport，1836—1916），曾任英国驻烟台领事，1877年4月任英国驻芜湖领事，1877—1880年任英国驻上海代理领事。——译者注
[4] 又名《中国邮报》，香港第二份报纸，也是香港发行时间最长、影响力最大的报纸。——译者注

毫无疑问，在一个外国人来看，对制成品乱征税非常不利于贸易发展。例如一大包衬衫衣料从入境口岸运至等待销售的城市，按清朝现行的厘金税，途中一定会遭到各种关税压榨。

如果德国政府成功促使清朝政府废除针对外国商品征收的厘金税，并确保这一政策在今后能顺利执行，那么我们将会拍手叫好。但是，这种试图彻底废除厘金税的想法不仅难以实现，还极有可能引发一场危机。厘金作为国家的一种税收制度，在中国已经存在了上千年，出现的时间甚至比基督诞生都要早。清朝政府绝不可能仅凭德国使臣的要求，就在一周之内废除这项税收制度。

1852年，太平天国运动爆发后，清朝政府又大范围征收"筹防"（Chou-fang）——战争税。战争税也是厘金的一项。税收从未消失过，只是规模不同而已。据说转口税最初是为了修建京杭大运河而征收的。国家的常规收入主要是盐税与田赋，其他的杂税都有专门的用途。过去，清朝政府每年的总开支是6000万英镑，其中北京的支出只有1200万英镑，剩下的用于各省支出。1833年，为了平定回族和苗族地区的叛乱，政府出现了1000万英镑的财政赤字。不幸的是，那时清朝境内又发生了一系列的旱灾和洪灾，所以政府不得不在一些省份大量增加赋税。

现在，清朝尚未从太平天国运动中恢复，还需要支付英国的战争赔款，云南、甘肃、喀什等地回族的叛乱尚未平息。所以，要求清朝政府全面废除厘金税，这一激进、严厉的要求短期内很难实现。实质上，以这种方式介入清朝政府和民众之间，只会无功而返。

当然，如果外国商品能够很好地流通起来，那自然再好不过了。但是，要求清朝政府放弃根植于这片土地的税收制度，就好像是暹罗大使在觐见英国女王时，请求女王取消英国的水费，或者减征英国国内的所得税。无论如何，整件事情的原则是正确的，虽然困难重重，但我们要想尽办法实现这一目的。

* * * * *

5月29日星期一，上海租界委员会（The Foreign Community Of Shanghai）在熙华德[1]先生离沪赴京之前，为其举办了一场告别演讲。天祥洋行（Adamson, Bell & CO.）的贝尔（F. H. Bell）发表了如下演讲：

致美国驻清朝杰出的特使和全权公使，尊敬的熙华德先生：

先生，在您离开我们前往北京之际，我们祝您仕途亨通。同时，我们也向您表达诚

---

[1] 熙华德（George Frederick Sward, 1840—1910），1861年被林肯总统任命为美国驻上海领事，1863年升为总领事。他在上海任职15年之久，促使英美租界合并，形成了上海公共租界。1876年1月被任命为美国驻华公使，同年4月向光绪皇帝递交了国书。——译者注

挚的谢意以及依依不舍的离别之情。

我们是上海租界委员会的代表。作为您的同胞,我们向您致以我们最真挚的感谢,感谢您在美国驻上海总领事任职期间对外国同胞的体恤,感谢您为建立外国事务办公机构所付出的努力。目前上海公共租界内市政工作的成功很大程度上归功于您。作为在上海生活的外国人,我们见证了您带来的巨大福利,我们将会永远铭记您卓越的功绩。毋庸置疑,您到北京任职,将会拥有更大的发展空间,获得更多与清朝政府位高权重者密切来往的机会。

衷心地恭贺您升迁!唯一的遗憾是,我们长久建立起来的友谊将面临离别的考验。出于对您的无上尊敬,我们恳请您接受我们的告别致辞以及稍后送给您的荣誉证书。

虽然我们不愿与您分别,可还是不得不说再见,祝愿您和您爱的人健康、幸福、成功。

谢谢!

随后熙华德做了深情的演说,他说感谢委员会的关心和问候。在他北京任职期间,美国公使馆的大门会永远为上海租界的客人敞开。他希望,大家在赞扬或是批评他之前,不要抱有先入为主的成见,而是要听其言、观其行,继续观察他的所作所为,然后得出自己的判断。最后,他希望为他送行的朋友给予他的接班人——新任总领事迈尔·迈尔斯(Myrl Myers)友善的帮助和爱护。

* * * * *

目前,清朝驻伦敦公使馆事宜暂时搁置。

* * * * *

新任西班牙公使伊巴理(De Espana)已经抵达北京。

* * * * *

大臣文祥被称为"清朝政府的内斯特"(Nestor)[1],他的死是清朝政府的一个重大损失。他忠诚廉洁,思维缜密,无所畏惧,特立独行,在政府中很有发言权。他对外国人没有好感,因此处理外交事务或者与外国人有关的事情时,常带有偏见。即便如此,他总是很尊重对方。这一点,和他打交道的人都能感觉到。目前,他的去世带来的损失将无法挽回。威妥玛和文祥的交情比较深厚,对于文祥之死,想必他非常关切。据说,文祥拒绝升迁至宗人府,放弃在军机处成为地位仅次于恭亲王的机会,死时两袖清风,深受清朝人和外国人的称颂。正如《华洋通闻》(The Celestial Empire)[2]所说:

---

[1] 荷马史诗《伊利亚特》中贤明的长老,特洛伊战争爆发前,奥德修斯曾向他求教。——译者注
[2] 1874年4月,葡萄牙人陆芮罗(Pedro Loureiro)在上海创办的英文报纸。英国人巴尔福(F. H. Balfour)担任主编,不久他便购买了产权。——译者注

已故大臣文祥家素清寒，情操绝人，这一点正说明他为人正直清廉。尽管身居高位，大权在握，但他却从不贪赃枉法，生活、穿着都异常简朴，对朝廷忠心耿耿。

沈葆桢、水师统帅彭玉麟对朝廷也是忠心耿耿。每年年底的时候，彭玉麟都会留下最基本的必要开支，然后将剩余的银两统统上交给朝廷。据说，因为官场腐败严重，他不太喜欢做官，经常申请辞官。如果要他彻查腐败官员，恐怕朝廷中一半的职位都要空出来。由于不能彻查腐败，忠实履行自己的职责，他无时无刻不想着早日告老还乡。清朝人都尊他为清廉的典范。人们谈论彭玉麟、曾国藩时，其热情远超谈论天子或其他威严的皇亲国戚。

* * * * *

华北旱情严重，可能会颗粒无收。饥荒注定无法避免，百姓都陷入绝望之中。天子在北京城内已经多次祈雨，却徒劳无功。城里时常发生火灾，不过并不严重。

* * * * *

南京、苏州、宁波、福州、上海以及其他的一些城市发生了群体性的恐慌事件。清朝人一向很珍视自己的辫子，辫子被剪在他们看来是天大的不幸。然而，据说当地的一些清朝人突然发现自己的辫子在毫不知情的情况下被剪掉了，这引发了极大的恐慌。正如记录的那样，受害者的数量巨大且波及的地域很广，这是无可置疑的。但是辫子是如何神不知鬼不觉地剪掉的，无论是本国人还是外国人都无法做出令人信服的解释。

* * * * *

在奉天，一座长90英尺、宽79英尺的罗马天主教堂正在建设中。

* * * * *

《华洋通闻》通讯员从奉天传来消息说：

如果自甘贫困和折磨可以证明宗教某些方面的真理，那么那天我们在街上所看到的一幕让我们认识到佛教远远优于基督教。在烈日下，一位年轻、机智、外貌英俊的和尚蹲在一个笼子里。又长又尖的铁钉布满了笼子四周，铁钉都朝内刺向和尚的头部和身体，大概不到一英寸那么深。他把他的左手搭在两根钉子上，但是由于钉子上有一块手绢，所以钉子没有刺破他的皮肤。当我走上前时，他睁开眼睛试图看我，但是因为他一转头就会碰到那些尖尖的铁钉，所以无法转头看我。他不分昼夜地待在那里，只能由别人从笼子外面给他喂食。他的双手显得很无力，但他会一直待到募集到足够修建寺庙的钱为止。其他一些苦行的方式更加痛苦。如果说苦行真能证明宗教自身的真理性，那么这一行为恰好证明了佛教是最具真理、最好的宗教。

* * * * * *

苏州府果断有效地关闭了所有鸦片馆，约有 1200—3000 处。

* * * * * *

天津传来消息称：未来几个月内，华北各地即将爆发的饥荒引发了民众的恐慌。各种类似的消息层出不穷，除此之外没有其他消息。内部消息说：各处传来的消息都令人沮丧。降雨普遍稀少，小麦、小米、玉米等农作物异常矮小，甚至都不能用作牲畜草料。人们都埋怨，物价一天比一天高，先前能换两天口粮的钱现在只能换一天的。

我们从《通闻西报》(*The Shanghai Courier*)[1]读到这样一则关于宁波的消息：

昨天是武圣的忌日。夜里十点，当地众多百姓涌上街头，观看为纪念武圣关公而举行的游行。这些三五成群、聊闲天、说大话的人玩得兴高采烈。游行过程中，时不时会有烟花表演。有些人试图将另一人扛起来看表演，这时有些倒霉蛋就会被挤得东倒西歪。为了观看烟花表演，女人们打扮一新，聚在一起有说有笑，长达三个小时之久。

约在今天凌晨一点钟，观众们期待已久的游行出现了，大家终于如愿以偿。整个夜晚锣鼓喧天，铙钹齐鸣，令人难以忍受。演奏中大量使用清朝长笛等乐器，演员和乐师无不拼尽全力，试图在声势上压倒对手。从远处观看游行队伍，效果最好。事实上，距离为景致增添了神奇的魅力。五颜六色的灯笼十分漂亮，在它们的映照下，镀金的物品和各种饰品显得更加耀眼。与其他游行一样，在今天的游行队伍里，一些男孩子被举到空中，他们看上去都很困倦。这也难怪，他们保持同一个奇怪的姿势，已经整整 18 个小时了。游行队伍中有两个步行的怪人，一个代表巨人，假头和假肩膀，又高又瘦；另一个代表矮人，大大的脑袋。不出意料，关公身后跟着一条里面点着蜡烛、尾巴被高高举起的龙。（1876 年 6 月 12 日）

昨天上午城里的怀恩堂举行了一场神职授任礼。外国人凭票进入。主礼嘉宾是主教禄赐悦理[2]，神父贝茨（Bates）、岳斐迪（F.F.Gough）、慕雅德（A. E. Moule）[3]、帕默（Palmer）以及瓦伦丁（Valentine）。执事候选人是三名清朝人，教士候选人是毕尔敦（Brereton）、霍约瑟[4]以及一位清朝人。仪式持续了约三个小时，令人印象深刻。面对四位清朝人，

---

[1] 又译《上海差报》《通闻晚报》。1868 年 10 月 1 日，葡萄牙人罗扎瑞奥（D. Rozari）在上海创办的英文报纸。1869 年由郎格（Hugh Lang）担任主编。——译者注
[2] 详见第 150—151 页。——译者注
[3] 慕雅德，1861 年来华，在宁波、上海、杭州一带传教 50 年，著有《在华五十年》等书。——译者注
[4] 霍约瑟（Joseph Charles Hoare，1851—1906），香港维多利亚教区主教、圣保罗书院校长。——译者注

提问者说中文；面对两位英国绅士，提问者说英文。到场的外国人并没有几个，可能是因为人们缺乏足够的语言技巧，无法使这一场面生动有趣。慕雅德神父专程从杭州赶来主持这一仪式。

＊　＊　＊　＊　＊　＊

汉口、九江的茶叶季开始于5月11日。6月中旬，起码有十五六艘大型汽船满载货物从这两个港口驶出。

＊　＊　＊　＊　＊　＊

福州遭受了严重的水灾，受灾者不计其数。洪流的力量太大，根本无法救援。"许多小船和船上的居民被洪水卷出避风港，甩到桥上或其他一些障碍物上。船上到底有多少居民死于此次洪灾，不得而知。岸上的人民遭受的灾难更重，范围更广。整个农村地区一片汪洋，城市周边山谷里所有刚刚长成的水稻都被摧毁，无数的房子倒塌或被洪水冲走。"

＊　＊　＊　＊　＊　＊

美查（Ernest Major）先生创办了《申报》（Shun Pao）。这是一份在上海发行的中文报纸，已经出版了第一期中文画报，版画由《伦敦新闻画报》（The Illustrated London News）提供。我们相信《申报》将取得重大的成功。

＊　＊　＊　＊　＊　＊

从香港方面得知，"广州传来令人担忧的消息"。5月25日，在广州西南鹤山（Hok Shan）一带，客家人发动大规模叛乱，已经占领了数个城镇，其他地方也纷纷响应。虽然抢掠是叛乱的一部分，但是据说叛乱的主要目的是为了推翻政府。广州官员非常恐慌，已经派遣了军队前去平乱。

一则来自《德臣西报》的报道：

6月16日中午，坚尼地（Arthur Edward Kennedy）[1]总督在辅政司柯士甸（J. G. Austin）和总登记官兼抚华道杜老志（M. S. Tonnochy）的陪同下，参观了清朝医院。总督阁下此次访问，就如何最佳地处理麻风病人侵扰领地这一问题，咨询了委员会。总领事与广州当局已经达成协议，协议规定在香港发现的麻风病人将移交给广州当地政府，然后由广州当局将他们送至麻风病救护所。

然而，清朝官员要求移交病人前需要提前两天通知，英方需要临时收容这些麻风病人。因此，坚尼地总督建议为这些病人搭建一个临时收容所，他想知道香港当地清朝人

---

[1] 英国派驻香港的第七任港督。现在香港的坚尼地道和西区的坚尼地城就是以他的名字命名的。详见第188页。——译者注

的意见。委员会答复说清朝人十分害怕麻风病,恐怕找不到愿意照顾这些麻风病人的护理人员。

坚尼地总督答复说:只要肯花钱,总能找到人做这份工作。政府将承担修建场地的费用,支付护理人员的工资。如果实在找不到清朝护工,就雇佣葡萄牙人或其他国家的人。委员会还表示,麻风病人被递解出境后,还会再回来。总督指出香港是座岛屿,没有船只的帮助,麻风病人不可能返回。他将嘱咐总登记官署(The Registrar General)署长向那些船主发布公告,警告他们把麻风病人带到香港的后果。他还会派警员专门巡视香港和九龙的海岸,奖励那些截获和逮捕麻风病人的警员。

委员会答应在这件事上他们将竭尽所能协助政府。之后他们还讨论了另外两个问题,其中一个与华人大会堂(Chinese Town-hall)有关。总督阁下曾一度否决了这一提议,并且指示当地华人递交一份申请以及计划书。他视察了大楼,参观完大会堂,看到场地非常干净,通风良好,总体管理得非常好,总督阁下表示很满意。看到这么多清朝人为他们的同胞服务,他表示很欣慰。在访客登记簿留下自己的姓名之后,总督阁下就告辞了。登记簿里记录了他在访问期间嘱咐的大部分事项。目前医院里有60名男性患者和13名女性患者。

1876
8月

AUGUST

威妥玛
THOMAS F. WADE, K.C.B

上期月刊讲到，熙华德收到外国团体代表发表的致谢演说，之后他离开上海的友人前往北京。他对友人说万一他卷入与清朝政府的复杂纠纷，千万不要轻易下结论，等了解了情况再做判断。

这个要求对本文的主人公英国驻华公使而言再合适不过了。因为他已经数次与清朝政府就外国公民在清朝的安全问题、条约的执行以及外国商人在清朝的永久利益等问题进行过严肃谈判。在谈判中，双方几乎要兵戎相见。若要避免战争，清朝政府只能被迫接受英国公使提出的所有要求。

上述谈判的几个问题原本互不相干，但由于双方需要立刻达成准确无误的永久共识，因此就交织在一起了。马嘉理的死亡使得英国公使必须立即做出反应，于是威妥玛便抓住机会，敦促清朝政府尽快解决两国间所有悬而未决的重要问题。外交问题本来就是拉锯战，在东方国家尤为明显。"马嘉理事件"发生后，英国大众的愤怒情绪高涨，由于他们并不知道公使的真正意图，所以很快就开始责备公使没有必要拖延。

不过，一切磋商都在低调进行。到了9月份，清朝政府终于妥协，答应了英国方面的要求，没有诉诸战争。公使完美地完成了磋商，英国政府对此十分满意。有人建议女王授予他爵级司令勋章[1]，佩服公使功绩的人们也献上了热情的颂扬和祝贺。不过仍有很多人希望同清朝开战，甚至把现行安排看作一种残缺无效的妥协。他们指责威妥玛没有达成量化的条约，也指责英国政府前后不一的态度——起初鼓励威妥玛采取高压手段，后来因欧洲事态紧急，担心自己在欧洲和远东两边同时被牵制，转而要求威妥玛温和处理。

最近总理衙门和英国驻北京公使馆共同发表了蓝皮书。蓝皮书表明了上述看法是错误的——威妥玛首先是要代表国民完成自己的责任，其次是要维护所有在"天朝上国"

---

[1] 巴斯勋章的一种。1725年乔治一世设立巴斯勋章，分为三等：爵级大十字勋章、爵级司令勋章和三等勋章。——译者注

驻清朝全权公使威妥玛
THOMAS FRANCIS WADE K. C. B
H. B. M. 'S ENVOY EXTRAORDINARY AND MINITER PLENIPOTENTIARY TO CHINA

生活和工作的外国人的利益。

我们满心喜悦地为本期读者提供一张威妥玛公使的肖像。公使十分高兴地同意著名摄影师洛伦佐·菲斯勒先生为他拍一张坐姿照，刊登在我们的刊物上。

威妥玛的仕途十分坎坷。我们将下面两篇跟他有关的优秀文章从《华洋通闻》（上海最优秀的两份周刊之一）中摘录至本刊。虽然我们的资料充足，但是与其编排一份不完整的报道，不如转载一篇完整的文章。这让读者，特别是国内的读者能更全面地认识公使，不仅能看到他朴素的肖像，还能了解他平时的工作以及取得的成绩。第一篇文章发表于1875年8月，文章发表时公使尚未获得爵位。

"尽管清朝人的个性中混杂的精明和固执令欧洲外交官感到困惑，但假若英国政府的政策更加坦诚直接，双方的许多问题原本可以避免。清朝需要一位文学积淀和思想品质都值得尊重的外交官，其外交手段也应在某些方面与清朝相通。他既能全面欣赏清朝的各种高贵品质，又精通清朝文学和思维方式，还能时刻考虑清朝的利益，为她指出不足并给予建议，为清朝和外界的相互了解铺平道路。总而言之，他必须赢得清朝政府和本国政府的信任，应该成为两国政府之间的调解者，不能只是个传话筒。这个角色由威妥玛先生担任简直再合适不过。

"如果我们要介绍威妥玛公使的生平，我们应该从他来到清朝的第一天讲起。第一次踏上清朝的土地，这位第98团的中尉就对这个国家产生了浓厚的兴趣。他迅速掌握了当地方言，1843年成为香港英军驻地的翻译。他是远近闻名的汉学经典权威，对中文的了解程度之深几乎无人能及。他明明是位政客，但从照片上看却更像一位学者。不过这点倒让他受益匪浅，因为他所在的这个国家高度重视文化修养，所以他因一身学者气息而备受尊重。不过他在清朝享有盛名还在于他对清朝人的友好赢得了对方的信任。

"的确，报告认为赫德也有很大的影响力。据说在某些疑难问题上当地官员还会听取赫德的意见，但是因为他没有外交职务，其他国家的代表和他的官方接触较少，他的职责也就没有如此重大。但是，正是通过英国公使威妥玛的斡旋，英国政府才能保持与日本当前的友好关系，清朝才得以避免一场灾难。虽然英国政府并未公开肯定过威妥玛的努力，也没有感谢过公使，但是他们及时认可了公使的外交技巧，这点值得我们肯定。清朝人知道只要事件有和平解决的可能性，威妥玛就不会轻易诉诸战争。但是，这对我们英国人有什么好处呢？这对我们的好处当然是很大的。目前在北京政治圈里，没有任何一位公使拥有威妥玛那般的影响力，在当前情况下他无疑是与清朝政府打交道的最佳人选。

"众所周知，他对这次事件表示了强烈的谴责。我们相信威妥玛公使已经在马嘉理事件上尽其所能，充分捍卫了英国的利益。公使坚定地认为战争是不光彩也不可行的犯罪，再加上他在北京不可小觑的影响力，尤其在政界也颇受尊敬，这使得我们有理由相信我们的利益有所保障。对于清朝总理衙门的官员来说，威妥玛先生一旦表示将以战争方式来解决争端，哪怕只是稍作暗示，事态都远比其他国家的公使数月不断宣扬开战要严重。因为他们知道威妥玛不愿采取极端措施，只有迫不得已才会付诸战争。我们相信只要他担任英国驻华公使，我们就不会被迫陷入战争。即使不得不开战，我们也能够从战争中获得利益。"

第二篇文章出版于 1875 年 12 月，此前女王陛下通过电报表彰了威妥玛。

"威妥玛，爵级司令勋章获得者，在国家公务工作中获得了令人尊重的地位。周六晚上一封电报到来，说鉴于威妥玛在中国台湾问题上的优秀表现，英国政府本打算为他颁发奖励，但后来由于事态恶化，这份奖励暂时中止，否则他的名字早已在英国家喻户晓。我们认为有些人并不希望威妥玛获得这份荣誉。

"除此之外，威妥玛在清朝这个堪称他第二故乡的地方为英国服务，表现出众，获颁荣誉勋章。这对于特别关注英中关系的我们来说，颇为满足。清朝问题在英国能受到广泛关注令我们十分高兴，我们每周都能在伦敦的报纸上阅读与清朝相关的文章。看到威妥玛在英国女王顾问的建议下获此殊荣（爵级司令勋章）我们自然非常高兴。

"威妥玛一生历尽沧桑。他在军队中服役数年，1838 年在第 81 团获得少尉军衔。一年以后转到第 42 高地团，1841 年提升为中尉。不过，登上公报之后，第二天他就转到了第 98 团。1842 年的多事之秋，他转入卧乌谷勋爵麾下，在镇江和南京服役。从踏上这个"刺刀犁过的国家"的第一天起，他就对这个国家的人民和语言表现出了浓厚的兴趣，迅速地掌握了当地语言。他不仅与当地官员打交道，还与当地士兵交谈，曾每天跟着老师连续学习十五个小时。1843 年，他被委任为英国驻香港部队翻译，后来又成为香港最高法院的粤语翻译。以此为契机，他申请从军事部门转到行政部门，从此之后平步青云。

"次年，他成为英国驻华商务监督署汉文副使，1852 年成为上海副领事，至此他的语言造诣已经远超同龄人。清朝政府利用他的语言优势，请他做了近两年的上海海关总税务司。期满后，他又在香港担任了汉文正使。不过上任两个月后，他就被包令派往南圻。从 1857 年至 1859 年，他担任英国全权专使额尔金的翻译，与额尔金一起工作了很长一段时间。

"接下来的几年，威妥玛在清朝度过了最合心意的一段时间。在北京担任英国驻华公使馆参赞兼翻译后，威妥玛全心投入研究当中。就是在那几年较安定的岁月里，他编著了一部中文书籍《语言自迩集》。为这本书大唱赞歌有些冒昧，不过作为语言研究书籍，这本书在知识内容及完整性方面是无人能及的。

"在阿礼国[1]退休后，威妥玛成为英国驻清朝代办。实际上在此前阿礼国不在任期间，他就曾暂代过这一职位。1871年7月22日，他升任为特命全权公使及驻华商务总监督。从这以后他的仕途增添了诸多风险，生活中不如意之处也不断增多。人们在对威妥玛的个人成就表示赞赏的同时，也对他的政策提出严厉而真诚的批评。威妥玛拥有深厚的文化底蕴，在整个职业生涯中，他一直卖力地工作，他的职位经常要面对诸多难题。现在威妥玛公使的仕途即将结束，也许他会面临更多风险。如果果真如此，我们相信对他而言这段忙中偷闲、钻研文字的日子会是一段非常快乐的时光。"

---

[1] 阿礼国（Rutherford Alcock，1807—1897），英国驻上海领事。策划成立工部局，扩大了租界的特权。曾协助清朝政府镇压上海小刀会起义。——译者注

清朝的蚊子及如何对付它们
CHINESE MOSQUITOS, AND HOW TO REPEL THEM

在清朝北方干旱的地区，家蝇从早到晚让人不得消停。泰恩特（Taintor）说，中国台湾的跳蚤非常猖獗，连岛上某些地方的土著居民都无法适应。但是蚊子，无论是从活动范围还是活动时间上说，都比苍蝇和跳蚤更难对付。从东亚赤道附近的丛林到北极的冻土地带，活跃着众多贪婪的母蚊子（公蚊子从来不叮咬人）。在遥远的北极，蚊子的生命就像夏季一样短暂，于是它们就用剧毒来补偿短暂的生命。它们通过驱赶北极的一些生物南下来补偿带给人们的伤害。它们将动物从丛林驱赶到冻土地带的水塘中，使这些动物成为猎人们唾手可得的猎物。它们的补偿似乎具有清道夫的性质——将那些腐烂的东西都清理掉。

中文把这种生物叫作"蚊"，应该是在模仿蚊子嗡嗡的声音。用汉字来表示虫子的时候，首先选择代表虫类的部首，其次选择表达声音的部首。于是，"蚊"就从众多的发音为"wen"的汉字中，最终选择了表示文学之意的"文"字，所以"蚊"就是文学之虫，就好像暗指作家这个群体的特性。

蚊子有两种不同的音高，一种是寻找猎物时发出的"嗡儿嗡儿"的声音，好奇而急躁。一种是饱餐之后发出的声音，满意而缓慢，有点像表示吃饱喝足之后发出的充满感谢的"嗡嗡"声。在特定情感下尖细、空虚的声音与响亮、饱满、厚重的声音当然有所不同，这显然是合乎道理的。习惯并且能够很好区分不同声调的中国人当然能注意到这样的不同，这一点都不奇怪。在宴会上，客人们餐前聊天时那种欢快的声音和吃饱后柔和的声音形成了鲜明的对比，就好比漫画书中蚊子餐前和餐后发出的不同的声音一样。

在苏州北部，苏州河附近的蚊子据说要比其他地方多。这儿有三种蚊子：第一种个头小，黑色，称作"老实的蚊子"，不会往人体内注射毒液；第二种带有普通的条纹；第三种淡黄色。这种吸血的蚊子毒性十分剧烈，往人体注射毒液后甚至能够引发樱桃大小的肿块。用指甲掐肿块底部可以消肿，碳酸铵也可以治疗蚊虫叮咬。后两种蚊子常见于丛生的杂草中，它们是害死那两个女孩的罪魁祸首。她们悲惨的结局应当被记录下来。

如果一个人听说了在一些居民区蚊子的数量，他就会不由自主地想到利文斯顿（Livingston）说过的非洲的情形：在非洲，蚊子被当作一种食物。在苏州，魔术师可以在老鼠、蚂蚁、蚊子等动物的身上施展"法术"。待他们念完一段咒语以后，老鼠会从藏身的洞穴里钻出来，爬到桌子上溜达，直到咒语解除。蚂蚁也会从蚁穴里爬出来，按照指定的方向爬行。蚊子在纸上或扇子上画定的圆圈内飞行，直到魔术师解除咒语为止。魔术师说这些蚊子会一直待在那里，直到死去，除非他愿意释放它们。这样的实验他从来没有做过,因为这样会失去法力。许多看上去诚实可靠的人愿意证明魔术师没有说谎。

《广舆记》记载:有女与嫂夜过扬州高邮。天黑蚊盛,投宿无所。嫂见道旁有耕夫舍,其嫂止宿,女因妨男女之嫌,于是夜宿郊野。第二日清晨人们发现她身上满是露水,皮肉被蚊食尽,露筋而死。人们为了表彰此女贞节,遂立"露筋祠"。

《二十四孝图》中记载了陆媓(Lu-kin)的事迹。[1] 为了让自己的母亲不被蚊子叮咬,安心睡眠,她先爬进蚊帐里,让蚊子吸自己的血。在苏州一个叫卢泾(Luo-creek)的村子里,一个姓陆的小女孩用扇子为母亲(或者是家里其他人)驱赶蚊子,但是自己却被蚊子咬死了。人们为了表彰她的孝心,为她立碑以祀。

下页图画来自一幅中国画,作画者很好地呈现了陆姓女孩清秀的面容。她手里挥动着一把扇子,将蚊子从母亲的身边引到自己的身上。一只蜘蛛趴在墙上,在夜晚伺机对女孩发起致命的袭击。为了纪念她强大的精神和力量,人们把她奉为神。

对付蚊虫叮咬的方法有很多种。在西伯利亚和拉普兰德[2],当地居民在身上涂抹膏油,用烟把它们从屋子里赶出去。在日本,人们把樟木屑和各种枯叶包起来点燃,以此驱蚊。清朝人同样用烟驱蚊。在北方,一些清朝人焚烧粪便,如果能买得起木屑的话,可以用纸把木屑包起来点燃驱蚊。过去中国人大量使用艾草。对于能够忍受烟味的人来说,艾草散发出淡淡的香气。头上长有触角的虫子都极其厌恶精油,很可能是因为它们不想碰到刺鼻的精油气味或是为了避免烟刺激它们的眼睛。所以这些不同的气味是否能够防御这些小虫子,还有待商榷。蝙蝠是蚊子最大的天敌,不过它们更喜欢城市,因为城市里有很多寺庙和房子。夜里,它们进入蚊子聚集的村子里;黎明前,再次返回到城镇里或者是外国人聚居区。蝙蝠对蚊子的摧毁力如此强大,以至于中国人相信死蝙蝠可以祛除床上的蚊子。有时,人们还会在窗帘上缝上蝙蝠的标本。

在这个蚊子猖獗的季节,读者可能没有多大的耐心了解这些行之有效的驱蚊方法,从而避免蚊子扰乱我们的休息。薄荷精油是最有效的驱蚊精油,如果不掺杂其他杂物的话,滴一两滴到额头上或者手上,绝对会让那些讨厌的昆虫敬而远之。如果有人向药剂师购买薄荷精油,表明他可能已经读过这篇文章了。

麦嘉湖[3] 博士

---

[1]《二十四孝图》中的"恣蚊饱血"讲的是晋朝人吴猛的故事,并非陆媓。——译者注
[2] 芬兰、挪威、瑞典和俄罗斯在北极圈附近的地区,四分之三的地区在北极圈内。——译者注
[3] 麦嘉湖(John MacGowan,1835—1922),英国伦敦会传教士,1860年来华,先后在上海、厦门等地传教生活50年,著有《厦门方言英汉字典》《华南写实》等。——译者注

陆女为蚊所食。来自一幅中国画。
MISS LU'S IMMOLATION
——KILLED BY MOSQUITOS.
FROM THE ORIGINAL CHINESE DRAWING.

从火轮船公司栈桥南望上海外滩

THE RIVER FRONT, SHANGHAI; LOOKING SOUTH; FROM THE P.&S.N.CO.'S LANDING STAGE

在远东，没有什么比上海新城更让人羡慕了。最开始，外国人聚居区被划分为三块所谓的拥有自治权的"租界"——南边的法国租界、北边的美国租界、中间的英国租界。美国和英国成立了联合租界，两国租界内的外国移民统一由一个行政管理机构——工部局负责管理，而法国租界则设立自己的行政管理机构——公议局。因此，在上海老城的北城墙外拓建了比老城更大的新城，不过人口还没有老城那么多。这座新城由外国租界组成，完全由英美租界工部局和法国租界公议局来管辖。法国租界靠近老城北边，二者之间仅隔着一堵城墙，以及环绕城墙的排水沟（还算不上是护城河）。法国租界向北延伸至另一条叫"洋泾浜"的小河。洋泾浜将法国租界与英国租界分割开来。英国租界临着黄浦江，一直延伸至苏州河。苏州河大概有2/3英里那么长。美国人聚居区虹口就在苏州河北面，面积非常大。以上三处租界东临黄浦江，西部边界距离黄浦江均约2英里。其中英国租界和法国租界临江处长约1英里，美国租界临江处长约0.5英里。

租界内大部分地区都建满了房屋，有些地方尤其密集。但是来自不同国家的外国人却只有三四千，绝大多数建筑内住的是清朝人。在这种环境下，原本就存在的问题就更加突出了。单让清朝人意识到讲究卫生和保持安静就非常困难，更不用说这儿没有良好的公共排水设施了。虽然只是部分地区比较拥挤和脏乱，但是却让人对整个租界都失去了兴趣。法国租界和英国租界临河的岸边有一条非常宽阔的路，叫上海外滩。为了方便货船进出，也为了方便船工们用舢板（清朝特有的小摆渡船）帮助进行水上贸易的商人或是游玩的人，外滩码头一直延伸至航道。临河两岸的建筑非常气派，都属于商行或者是银行机构。其中，最著名的建筑要数香港上海汇丰银行，旁边就是清朝海关的大楼。照片的左侧中央有一个俱乐部，俱乐部左侧是外滩的法国建筑。

从火轮船公司栈桥南望上海外滩
THE RIVER FRONT, SHANGHAI;
LOOKING SOUTH;
FROM THE P.& S.N.CO.'S LANDING STAGE

陆军参将徐润芝

HU-JUN-CHIH TASANG-CHIANG——A CHINESE COLONEL OF INFANTRY

　　这是陆军参将徐润芝的一张照片。他以英勇著称，现在驻扎在北京附近。从胸前常服的补子图案和戴的朝珠可以判断出他在军中的地位。在外国军官的指导和训练下，好几支清军学习了外国的操练和战术，但是他们在整个清军中的比例仍然微乎其微。本月我们在宁波进行了一项关于清朝旧式军队的调查。调查结果显示，即使清军像外国军队一样装备先进、纪律严明，也很难像外国军队一样英勇善战。毫无疑问，清朝政府已经意识到本国军队与外国军队之间的差距，于是他们也会雇佣训练有素的外国军队来抵抗外来的侵略者，但是想借此来组建一支军队却是不可能的。

　　由于战事频繁，新式军队不断减员，清朝政府不得不给他们补充旧式军队的士兵。这样只会导致不断地失利。实际上，清朝政府在备战方面所做的努力要比在其他方面大得多，但是由于幅员辽阔，比起其他国家，她显然更易受到攻击。清朝政府意识到和那些与她签订条约的强国培养友好互助的关系是最好、代价最低，也是最有利的政策。一定程度上来讲，中华民族是一个不具侵略性的民族，他们想要的只是贸易自由，能够在与外国人的生意往来上获利，大部分清朝人还是很欢迎外国人的。不过清朝的士大夫和八旗子弟比较排斥外国人，且政府官员多是从上述两个群体中选拔，所以在之后很长一段时间内，在与清朝和平共处的道路上我们将会遇到各种各样的障碍。

陆军参将徐润芝
HU-JUN-CHIH
TASANG-CHIANG
——A CHINESE COLONEL
OF INFANTRY

安徽巡抚裕禄

YU-LU——LIEUT.-GOVERNOR OF NANKIN[1]

裕禄文武双全，素有盛名，世人认为不日他必将获得重用。据说他为人果断，极富观察力和判断力，因此，他在任职的省份享有很高的威望。

---

[1]此处有误，裕禄未曾在南京任职。——译者注

安徽巡抚裕禄
YU-LU——LIEUT.
-GOVERNOR OF NANKIN

等活儿的苦力
COOLIES WAITING FOR EMPLOYMENT

等活儿的苦力
COOLIES WAITING FOR EMPLOYMENT

  我们在上一期提到，清朝失业人群的数目非常庞大，但是租界内的就业状况还算不错。在清朝，手推车和四轮马车还不像日本那么广泛，所以搬运的力气活都是由这些苦力来完成的。这些人通常都有自己特定的工作地点，他们只会守在特定的几户人家附近，不会跑到同行的地盘上抢生意。只要能够挣到糊口的饭钱，无论好活儿赖活儿他们都接。如果幸运之神垂青他们，让他们多接点好活儿（比如说雇主给钱很慷慨），他们当然会更高兴。

清朝商铺
CHINESE SHOPS

  图中的商店是上海最大的珠宝商店和鞋店，非常有名。不过清朝商店内部的光线都非常差，没有办法同时拍摄到店铺的内景和外景。如果想要拍摄到内景的每一处细节，相机至少要曝光半个多小时，而一旦曝光时间过长，外景又会遭到破坏。对于摄影技术来说，这着实是一大难题。这张外景图展现了清朝旧式商店的一般特点，很有代表性。商店里有很多伙计，他们都尽力躲避照相机镜头的闪光。他们非常迷信，认为一旦被照相机拍到，魂魄就会脱离身体，自己也会很快死去。读到这里读者一定会觉得很好笑。在开明人士那里，这种迷信正在渐渐消失，但仍然普遍存在于清朝和日本。

清朝商铺
CHINESE SHOPS

本地报纸选摘

THE PERIOD

吴淞铁路第一段于 6 月 30 日投入运营。整条线路竣工以后，铁路全长刚刚超过 9 英里。投入运营的这段铁路从上海一直修到江湾镇[1]，长约 4.5 英里。6 月 30 日下午 5:30，第一班火车驶出上海火车站，车上乘坐着收到邀请函的 150 多名先生和女士。火车出发前，我们派驻当地的摄影师威廉·桑德斯和洛伦佐·菲斯勒已经为火车拍了照片。

虽然没有举行任何官方的庆祝活动，但这一事件的重要性不容低估。与其他地方的铁路比起来，这段铁路看起来太过于小儿科了，铁轨仅有 30 英寸[2]宽，引擎和车厢都非常窄小。在整个过程中，清朝老百姓表现出来的公众精神是值得肯定的。因为在他们不情愿的情况下，还是提供了资金，修建了铁路。据可靠消息称，一家小公司聘请怡和洋行[3]为其代理机构，募集修建铁路的费用。摩利臣（G. J. Morrison）被任命为首席工程师，他和伦敦商人狄克松（J. Dixon）签订了施工合同。狄克松先生承诺建设火车站以及整条铁路线，并提供所有机车。

这条铁路线的开通极具开创意义，迟早有一天，整个清朝都要敞开怀抱，迎接现代交通方式。不过，可能还需要很长的时间，清朝政府才会允许修建其他铁路。即便清朝政府已经准许修建这条铁路，但它私底下仍然心有不甘。最近有消息称，清朝政府企图购买铁路的所有权，然后停止施工，以阻止铁路最终完工。

然而对企业来说，怡和洋行根本不可能卖掉铁路，放弃来之不易的修路权。毫无疑问，上海本地的老百姓对铁路很感兴趣。当清朝工人建设铁路、铺设道砟和放置铁轨时，很多人兴致勃勃地关注着工程的进展情况。尽管距离不长，江湾镇也没有任何吸引人的地方，通车之后，好多本地人还是选择坐火车出去游玩。对商人们来说，这是一个好的开始，他们为之欢欣鼓舞。待上海到吴淞的铁路全线竣工以后，乘客只需要花上半个小时的工夫，就可以从拥挤的城市轻轻松松地来到扬子江宽阔的河口，享受到阵阵宜人的海风。他们会逐渐意识到这种交通方式的价值，慢慢地北京也会感觉到压力，并最终在这块保守停滞的国土上普遍修建铁路。

* * * * *

定于 7 月 4 日，在清朝和日本所有的通商口岸举行的美国独立百年庆祝纪念活动很

---

[1] 今上海市东北部。——译者注
[2] 1 英寸 ≈ 2.54 厘米。——译者注
[3] 1832 年 7 月 1 日，英国人威廉·渣甸和詹姆士·马地臣在广州创办，对香港早期发展具有重要作用，也是首家在上海开办的欧洲公司和首家在日本成立的外国公司。——译者注

值得一看。在上海，大群的美国人乘坐"火焰女王"号（Fire Queen）轮船，沿河向吴淞方向进行了一次短途旅行。旅途中，美国总领事迈尔·迈尔斯作了非常精彩和很有见地的致辞。为表忠诚和爱国，大家互相举杯。晚上，总领事的房间向各国朋友敞开。访客受到了热烈的欢迎，被迈尔斯的热情深深打动，感到十分满意。当晚，领事馆灯火辉煌，烟花灿烂，大家都非常快乐。

在芝罘举行的百年庆祝活动空前盛大。这次活动之所以出名，是因为没有其他任何一个团体能够做到。中午时分，21声礼炮在美国领事馆前一齐鸣放。业余戏剧俱乐部举办了名为"盛大百年纪念"的表演活动。一名报纸记者说庆祝活动将会持续到次日，也就是7月5日凌晨两点钟。

在北京，美国驻华公使熙华德设晚宴招待美国在华公民。在天津，美国领事施博（Eli T.Sheppard）不仅宴请了美国同胞，还邀请了其他国家的外国人。在汉口，每艘美国船上都悬挂着彩带，一幅欢快的景象。

在日本，东京、横滨和江户的美国人共同举办了百年纪念庆祝活动。美国公使范布伦（Van Buren）和他的同胞们在上野（Ooyeno）的精养轩（The Seyoken Hotel）汇聚一堂，一起度过了非常愉快的时光。范布伦在致辞中，回顾了过去的峥嵘岁月，追述了那些伟大人物的功绩，肯定了今日的和平与繁荣；细数了那些在他们热爱的土地上和深爱的家园里庆祝这场百年纪念活动的可爱的人们，同时展望了未来。他说美国过去的岁月就如光明到来前的黎明，它的繁荣是注定的，其他任何国家都无法超越。

在广州、香港、福州，美国人三三两两聚在一起，庆祝这特别的一天。正是因为坚持不懈，才使得美国人民能够在1776年以及之前的事件中争取到公正与公平。因此，在远东地区，不论是哪国人，很少有人不理解美国公民那种沉浸在欣喜中的心情。

* * * * *

英国政府派往云南调查马嘉理事件的特派员格维讷、贝德禄和达文波于7月3日回到上海，他们都身体安康。在向威妥玛作完汇报之后，格维讷乘坐法国邮船于7月16日返回英国。

* * * * *

电报消息称驻扎印度的军队已经集结完毕，随时听从英国驻华公使的调遣。

* * * * *

两江总督沈葆桢正在积极地大力推行改革。尽管上任时间不久，但是在他的带领下，监察体系在逐渐走向公正，贪污腐败日渐减少，行政程序简化。不过，在查禁鸦片作坊一事上，他遇到了阻力。但是他仍然得到了同僚们坚定有力的支持，相信他的努力能够得到回报。

* * * * *

清朝政府已经派遣钦差大臣前往福州，采取措施救援那里遭受水灾的民众。

* * * * *

李鸿章筹备了一百万担大米，送到天津救济遭受旱灾的贫民。大量的难民从四面八方涌入天津，急需大量的工作和粮食。"这些穷苦的老百姓忍饥挨饿，形容枯槁。他们骨瘦如柴，苟延残喘，充满期待，以期得到上苍的一丝怜悯。"终于天降甘霖，第二茬的庄稼或许能够获得丰收，但是庄稼收获之前，人们还是得挨饿。

* * * * *

一群开明进步的士大夫主张在上海创办一所教授外国人儒家思想的学校。届时，10到12名饱学之士会全身心教导学生阅读经典名著。发起人程大金（Ching Ta-jin）准备了一大笔资金来实施这个酝酿数年的计划。

"他是一个很有见识和智慧的人，能够洞察中西哲学的各自优势，肯定西方的机械发明对于自己国家发展的益处。他充分意识到需要向西方学习一些实用的东西，不仅是机械工艺，还应该包括国家治理、资源开发等方面。他认为政府可以聘用一些有责任心的外国人，这对国家非常有利。但是外国人在政府诸多部门供职，多多少少有些无法可依。只有建立起一套正式的、公认的制度，才能真正发挥他们的作用。所以程先生提出，应该让这些欧洲人了解中国的经典，然后对他们进行复杂的考核，以确保他们和中国人一样有资格在政府任职。精通汉学的洋人官员，一定会比他们的中国同僚更有优势，因为他们所受的西方教育有助于他们取得成功。随着这类官员的不断增加，地位和荣誉不断提升，届时，国家政治将会逐渐呈现出越来越多崭新的、健康的、积极的因素，腐败将会逐渐消失。毫无疑问，目前政府管理中所使用的原始笨拙的方法将会逐渐被替代。在中国，这个想法非常独特，极富创新性。"

* * * * *

由马尾造船厂制造的重达900吨的"登瀛洲"号（Tau Yien Chow）（第18号舰）[1]开始下水，其动力达180马力，装备了6门火炮，乘员为180人。[2]

---

[1] 由福州船政学堂的学生设计，曾押解朝鲜国王的父亲大院君至中国。——译者注
[2] 其排水量为1258吨，动力为580马力，乘员158人，装备了一门160毫米威斯窝斯炮，6门120毫米后膛炮（副炮）。——译者注

香港《德臣西报》选摘

THE FOLLOWING IS FROM THE CHINA MAIL: HONGKONG

清朝驻美国和秘鲁公使计划后天在福建启程。在他向总理衙门汇报之前,这里的清朝人向他作了临别致辞,祝福他被委任为驻外公使,特别是驻美国公使。

* * * * *

据私人情报称,英国政府正在为解决清朝问题做准备。有谣传称,吴士礼[1]已经接到了指示随时准备前往清朝。先前有消息称,威妥玛着急回英国,二者是否有联系,还不得而知。在接下来的几个月,如果让一个好战派军人负责我们在清朝的利益,相信但凡对形势有清醒认识的人都不认为会取得好结果。

* * * * *

殖民地抢劫案件频发。几天前,一名身上揣着工资的清朝警察在从赤柱[2]返回的路上遇袭。起初他被两名男子拦截,但是由于他很有力量,把那两名男子击退了。但是紧接着,他们又来了两个同伙儿。尽管歹徒们人多势众,但这名警察并没有撤退。直到又来了四名男子才将他殴打得不省人事。他身上所有的财物都被抢走,包括给住在西点(West Point)的母亲的6美元。最后,他被捆绑双手和双脚扔进了下水道。

过了一会儿,他听到后面下水道里有呻吟声,便冲着后面喊了一声。另一个受害者的声音从后面传来。他是赤柱的一个渔夫,遭到抢劫后被扔到那里。他们俩的手脚都被绑住了,不能为对方提供帮助。渔夫建议警察滚到他那里。警察听取了渔夫的建议。这段时间渔夫通过撞击解开了脚上的绳索,慢慢地有一个人手上的绳索也有些松动了,最后两个人都挣脱了束缚。在回维多利亚的路上,他们向警方报告了此事。

* * * * *

上期我们提到一起伤人案,伤者现在的状况十分危险,医生禁止前来探望的亲人同他交谈。

上周六,一名男子来到一家通库特(the Tong Kut)银行,想要兑换500美元零钱,同时他还提供了云咸街(Wyndham Street)[3]上一家商店的名称。

男子要求银行派一名员工跟他一起回商店,等回到商店之后,他会签张支票给这名员工。他把这些零钱装在了两个袋子里,但是,却没有把银行员工带到云咸街,反而把

---

[1] 吴士礼(Garnet Eolseley),英国军人,曾参加第二次鸦片战争,战后主张援助清朝镇压太平军,后到英属非洲殖民地担任军政要职,1894年升任陆军元帅,1895年再升任陆军总司令。——译者注
[2] 香港南部一个景色秀丽的小镇,曾是英军军事据点和香港的行政中心。——译者注
[3] 位于香港中环及半山区一带,为贯通皇后大道和荷李活道而建,是香港开埠初期建设的道路之一。——译者注

他带到雪厂街（Ice House Lane）[1]。这位新来的银行员工完全没有意识到危险正在不知不觉地靠近。

待他们来到共济会会址前，一直守在那里的四名男子突然对他发起了攻击，其中一名男子朝他的胸口右侧刺了一刀，接着夺走了他的钱，四人也分散逃走了。受伤的男子开始还能追赶一小段距离。附近干活的一些石匠也帮着追赶了一段距离。由于大家紧追不舍，拿着钱袋的强盗不得不扔下钱袋，所以共丢失了大约 200 美元。这个强盗随后掉头跑向皇后大道（Queen's Road）[2]，很快便消失了。到目前为止，还没有获得关于强盗的任何线索。听说因为此事，一些警察也受到牵连。银行老板悬赏 1000 美元捉拿强盗，政府也悬赏 200 美元。

* * * * *

我们非常沉痛地宣布陆芮罗的死讯。他曾经是清朝最富有、最具影响力的人之一。他也是《晚报》（The Evening Gazette，又名《正风西报》）和《华洋通闻》的创始人。他因发烧在非洲西海岸的圣保罗德朗兹医院去世，他的遗孀和六个孩子目前处境非常艰难。

---

[1] 位于香港中环。因该地有一座储存冰块的冷藏库而得名。——译者注
[2] 香港开埠后建设的第一条滨海大道。此处为香港市中心繁华所在。——译者注

1876
9月

SEPTEMBER

远东地区的风俗习惯（一）
MANNERS AND CUSTOMS IN THE FAR EAST

相对而言，近些年，无论是在美洲还是在欧洲，普通民众对远东的事物漠不关心。无论是来自远东的货物还是远东的政治以及社会风俗等，都无法引起大家的关注。只要一提到清朝，大家或者充耳不闻，或者干脆倒头大睡。不过，目前是否与清朝开战的话题倒是吸引了不少人的注意，甚至有传言说战争已经开始了。然而，时间见证了一切事物的变化，它也让欧美人的这种心态发生了巨大的改变。日本已经打开国门与世界交流，并且深深吸引了我们的目光，所以人们也开始期待来自清朝的同样迷人的事物。清朝和日本经常被混为一谈，相当多的英国读者甚至把这两个国家看作是不可分割的一个整体，想当然地认为，在过去十七年里，既然日本发生了快速的变革，那么清朝也应该如此。

唉！生活在清朝的外国人一定会为那些想当然的人们描述一个完全不同的世界。的确，在清朝这片鸟语花香的国度有太多吸引人的东西，但是这里的人却始终因循守旧。无论清朝人是否沾染了当代精神风貌，还仍是几百年前的老样子，我们的读者都不会关心，那些住在清朝的外国人和英国国内的读者很少会去了解这个独特的民族。因此，我们考虑了很长时间，决定加入新版块"远东地区的风俗习惯"。正如文章的题目所示，我们要将新的内容展示在读者面前。大家对远东的兴趣不会消减，只可能会大大增加，因为一切贴有古物标签的事物都会受到推崇。

在马丁斯（R. F. Martins）的建议下，我们把曼努埃尔·德·卡斯特罗·桑帕约（Manuel De Castro Sampaio）撰写的《澳门的华人》（*Os Chins de Macao*）一文［1867年发表于皇家亚洲文会（The Royal Asiatic Society）会刊］作为这一专题的开篇之作。我们也会邀请那些熟悉清朝不同地区的读者为我们提供符合主题的信息。借此，我们的读者可以了解到不同地区的风俗习惯。我们出版的内容也可以及时得到修正和丰富。

澳门地区清朝人的婚嫁仪式
NO. 1 MARRIAGE CEREMONIES OF THE CHINESE AT MACAO

清朝婚礼总是由家长一手包办，男孩子们尚未成年，他们的父亲就给他们订立娃娃亲。不过，订婚的男女到了适当的年龄才会举办婚礼。如果在举行婚礼之前，已经定亲的新娘死去，或新郎父亲死去，那么新郎就不得不重新为自己选择一位妻子，除非他愿意终生一个人生活。不过这种情况在清朝极为罕见。

清朝的有钱人会不惜重金举办盛大的婚礼，其他人则根据自身的经济条件来决定婚礼的规模。如果一个有钱人家，父亲死之前没有为儿子订下姻亲，那么儿子需要请他的亲戚帮忙选择合适的妻子。当然，亲戚们的想法不一致，就要投票选择谁最有可能给他带来幸福。投票选出的女人，通常需要中间人或者专业的媒人做媒。然而，如果被选中的女孩恰好住在另一个地方，通常情况下，需要通过书信交流。要是选中的那家小姐已经许配他人，就需要再次投票。

如果双方都住在同一个地方，媒婆就会坐着轿子带着彩礼前往女方家。为了清楚地表明来意，媒婆的轿子会有一个特别的标志，轿子中央挂一块红布，四边下垂。有时新娘的轿子上也有这种标志。把见面礼交给女方家里之后，媒婆就会询问女孩有没有订婚，或者女孩有没有尚未婚配的兄长。因为根据清朝的习俗，在兄长成家立业之前，年幼的弟弟妹妹不能成婚。

如果女孩没有定亲，那么按照程序，媒婆就会向女孩家提亲。在这一过程中，女孩没有任何发言权，一切必须听从家中长辈的意见。媒人随后会告知男方祖上的名讳，并询问女方祖上的名讳。上述仪式完成之后，双方便算是定了亲。

带回定亲的消息后，新郎要再送一份更贵重的彩礼和问候之词到新娘家。新娘接受礼物后应回赠一份礼物和问候。随后，新郎家就会选择婚期，派媒人到新娘家确认婚期，新娘一方通常都会默许。

婚礼前三天，娘家人就会敲锣打鼓，组织队伍把各式布料和衣物送到婆家。这是新娘子的嫁妆。队伍行进过程中，还要不时鸣放鞭炮。各种条幅和大红的灯笼高高举起，上面用红字写着新娘家的姓氏。队伍后面是一些装在笼子里的家禽。收到衣物和其他嫁妆的同时，新郎还会收到新娘家人捎来的一封信，信里一般会详细提到新郎需要回敬的糕点的数量。新娘父母会把这些糕点送给家里的亲戚，以便让他们分享这一喜庆。那些抬着新衣的队伍跟其他的仪仗队伍一样，行进速度很快。嘈杂、极其不和谐的音乐令人心烦，鞭炮鸣放的时候尤其让人难以忍受。

婚礼当天的早上，迎亲队伍从新郎家出发前往新娘家。一顶豪华的轿子走在队伍前面，这是新郎给他未来的妻子准备的。队伍中，还有许多装着点心的盒子，点心数量远比新娘家要求的多。此外，还有家禽、烤猪、水果和酒。一般来说，除了这些色彩鲜艳的货担以外，还有华丽的烫金装饰、各种旗帜、透明油纸灯笼、玻璃灯笼，玻璃灯笼上面用红字写着新郎家的姓氏。队伍行进的过程中，唢呐声与鞭炮声不绝于耳。婚礼当天晚上，新郎要设婚宴宴请亲朋好友。所有收到请柬的人都应该前去恭贺新郎。

一般来说，新婚之日新郎才能看到新娘。晚饭过后，天已傍晚，于是开始举行仪式，这时大家一般会问新郎，是否喜欢新娘。有时，新郎明明不喜欢新娘，但是却不得不做出喜欢的样子。为了避免这种状况，婚宴上，客人们就要想办法把新郎灌醉，通常新郎也认可这种行为。一旦失去了理智，晚上见到新娘的时候，新郎就会表达自己真实的情感，他的行为也是真实可信的。

在婚宴上，新郎和新娘子一样，也是盛装打扮，穿着最贵的上衣、裤子、靴子或者是绸缎鞋子，戴着礼帽。晚上，新娘坐上新郎准备的花轿前往新郎家。新娘身穿装饰着黄金的贵重的袍子，脖子和手腕上戴着贵重的珠宝，她的脸庞被花冠上精美的垂珠帘遮住了。她脸上和嘴唇上涂着胭脂，头上蒙着一块红盖头。离家之前，想到从今以后要与父母分开，新娘便开始哭泣，表示非常舍不得离开自己的家，舍不得离开自己的父母。父母也叮咛女儿不要忘记他们的教诲，与婆家和睦相处。

媒人坐在轿子里，走在队伍的最前面。队伍由好几部分组成，伴随着各种旗帜、灯笼、乐队，以及鞭炮声。当队伍到达新郎家时，由于新郎已经喝醉了酒，没有办法迎接新娘，所以，他们会指派其他人迎接新娘。在媒婆的陪同下，两个女仆搀扶着新娘进入摆放着婚床的洞房。新娘三寸金莲，行走不便，必须要女仆搀扶。

婚房内其他的物件都不及婚床奢华。婚床很窄，悬挂着豪华的、镶着金色花边的丝绸幔帐，床上摆放着很多床被褥，象征着富裕。新娘进入自己的房间以后，新郎由客人搀扶、簇拥着进入房间。新郎手里拿着一把扇子，这个时候，新郎通常都已经喝醉，拿不稳扇子了。新郎被众人推到新娘面前，用扇子挑开新娘的盖头。如果新郎喜欢新娘，他就把扇子插在脖子后面或者是衣服里；如果新郎不喜欢新娘，他就会把扇子插到靴子里或者袜带里。挑完盖头之后，伴随着音乐声和鞭炮声响起，婚礼也接近尾声。但是新娘和新郎又分开了，直到第二天他们才能看到彼此。

如果只有新郎的母亲健在，为了表示对婆婆的恭敬，第二天一大早新娘必须端一盆水到婆婆的座席前让婆婆净手。几小时后，新娘和丈夫一起前去婆婆房间，进一步表示对婆婆的恭敬。仪式主要包括向婆婆跪拜，磕三个头。如果新郎的父母亲都健在的话，那么他们会坐在堂前，共同接受儿子和儿媳的敬拜。

当天还会举办一场盛大的晚宴，新人双方的家人和亲朋都要赴宴。一般情况下是六人一桌，人多的时候八人一桌。有时候，婚宴的酒桌可多达五十多桌。宴席上有酒、肉、甜食等，当然也少不了要吹打奏乐和鸣放鞭炮。宴席上，不允许男女混坐。女人们坐在里屋，男人们坐在大门内侧。

晚宴过后，为了测试新娘性格好坏，宾客们马上开始挑逗新娘，强迫新娘讲述很多个人的经历。宾客们还会用一些小孩子的恶作剧来试探新娘的性情，比如，他们会在桌子上放一些光滑的小铁球、小木球或者小玻璃球，要求新娘用筷子夹起它们。那些小球很容易从筷子中间滑落，宾客们看着新娘吃力的样子，个个笑得合不拢嘴。如果新娘不在乎宾客的评论和笑声，依旧脾气很好、耐心地夹小球，那么即便她始终没有夹起小球，宾客们看到她性情温和，也会立刻为她鼓掌。相反，如果新娘看起来很生气，或者因为宾客们的说笑脸红了，不愿意继续夹球，那么人们会认为这个新娘子缺乏耐心。耐心在家庭生活中至关重要，宾客们会认为这对于家庭幸福是一个不好的征兆。

婚礼有时候会持续八天。在此期间，新郎和新娘因为接待宾朋而疲于奔命，非常期待安静下来，平静地开始他们的蜜月。

下一期，我们将介绍清朝的丧葬礼仪。

马丁斯

李鸿章阁下
HIS EXCELLENCY LI HUNG-CHUNG

当代历史印证了中国的一句古话："时势造英雄，寒门出孝子"。美国奴隶主们试图分裂美国联邦，结果成就了格兰特将军；太平军企图推翻清朝政府，结果成就了李鸿章。两人在平定大规模叛乱方面均做出了一番成绩，如果没有发生叛乱，他们或许仍旧默默无闻。

他们立下赫赫战功，受到政府的表彰，进而身居要职。但是他们一个即将退休，开始自己的私人生活；另一个却还没有脱下戎装，仍旧权倾朝野。此外，他们的经历还有很多不同之处，最明显的一点就是如果一个人想了解美国总统的个人经历，他很容易就能得到相关信息，而想要获得李鸿章总督的相关信息却并非易事。清朝没有为英雄人物立传的传统，人物传记都很简略，传记文学从未在文学领域占得一席之地。因此本期有关李鸿章的描述，虽然缺乏资料，但也无可厚非。现在，我们手头积累了大量李鸿章的历史材料，并将适时地公之于众，因此，这些缺失就不足为惧了。可以肯定，这篇传记对于当代历史将会是非常珍贵的资料。

李鸿章，安徽合肥人，年纪轻轻便考中秀才，展现出卓越的政治才能。政府似乎也很快知悉了他的能力，任命他为"督粮道"。1862年他从镇江前往上海执行军务，负责指挥军队夺回苏州。随后他被授予江苏巡抚、通商大臣、两江总督等职务。他明辨时事，清楚地认识到究竟该做些什么。他很善于利用外国人的援助、战术以及设备来为自己服务，就很好地证明了这一点。当上级遭遇悲惨结局之后，李鸿章便开始担任江苏巡抚、两江总督等职，统率南京。四年前[1]，他出任直隶总督一职，实质上已经掌握了清朝的外交大权。无论是政治还是军事方面，他都赢得了百姓和政府的信任。清朝百姓和认识他的外国人普遍认为，在这紧要关头，他是指挥和处理公共事务最合适的人选。

他有五六十岁，精神矍铄，性格坚毅。他个头很高，仪表堂堂，威风凛凛。清朝有句古话说，人生有三件事最难达成：长命百岁、富贵吉祥、子孙满堂。可以说，这三件事李鸿章都做到了。此外，他的哥哥李瀚章也享受着似帝王般的尊荣。

李鸿章仕途通达，是一个极其幸运的人。早期的成功主要得益于他治军有方，对军队给予足够的重视。在他看来，军火、炮舰都很有存在价值。不客气地说，在抵御外敌入侵方面，他的军队还很缺乏这些武器。不过他们已经尽力做到最好了。通过使用这些装备，他们成功地击退了海盗。在李鸿章接管沿海防务之前，那里的海盗非常猖獗，清朝政府完全闭关锁国，拒绝与任何外国船只进行海上贸易，也拒绝给予外国人任何保护，这些外国人最后都变成了无情的盗匪。

毫无疑问，在精明的总督大人的规划之下，财政的一大部分一定会投向工业建设和技术发明。往美国派遣留学生，尽管遭到了很多人的反对，却是一项意义非常深远的事业。他还促成了舰队的组建，这支舰队将会具有非常强的示范作用。毋庸置疑，只要他有权力，他一定会做更多来开发利用清朝丰富的资源。但是与世界上其他地方一样，闭关锁国总是阻碍历史前进的车轮。由于河道堵塞，直隶省常年遭受水灾。李鸿章任职期间，一直致力于治理河务，使用与治理密西西比河水灾相似的新式挖泥机来疏通河道，为此受到直隶人民的爱戴。四千年前，大洪灾发生后，大禹带领着他的部落成功治理了全国的洪水。人们把他和上古神话故事里的大禹相提并论。

报纸名人专栏这种文学形式在远东还不是很流行。和李鸿章接触过的外国人，还没有人发表过这类体裁的文章。不过日本当地的一家媒体刊登了李鸿章和日本驻华公使森

---

[1] 李鸿章于1870年任直隶总督。——译者注

有礼[1]之间的便函，我们摘抄如下。其中，森有礼讲述了李鸿章对欧美的看法。

李鸿章问森有礼："在你看来，欧洲文明和亚洲文明相比较哪个文明程度更高？"

森有礼回答道："那我就斗胆谈谈我个人之浅见。所有写过这个主题的作家都真实地承认亚洲文明的先进性。但是，如果文明的最高程度为10，那么亚洲为3，而欧洲不会低于7。"

李鸿章："非常合理的比较。依你看，什么才是促进我国进步的最好方案？"

森有礼："你的问题我一时很难回答。我刚刚来到这个大国，对她内部的情况还很不了解。然而，要想使她繁荣起来，第一件事就是要选拔那些能够抓住这个问题关键的人。当然这对你来说是件很简单的事情。除非清朝有三十多个李鸿章，否则清朝难以繁荣起来。"

李鸿章（微笑）："你为什么这么说？清朝有数百个李鸿章。"

森有礼："或许吧。但是这些人并不都能处于十八省总督或者总理衙门大臣这样的职位上啊。依我个人浅见，目前那些正在留美的学生，当他们成才以后，就可以在政府中任职晋升，获得像阁下现在拥有的功绩和影响力。"

李鸿章："我赞同你的意见。我积极促成了这些年轻人留学美国的事情，我对他们的未来给予了很大的希望。"

关于总督大人李鸿章唯一的文学记述是在《百将图传》的前言部分，近期由他的下属福建船政大臣丁日昌撰写。通过这篇文章，我们可以看出李鸿章和丁日昌主张增强清朝人对于军事的热情。很多清朝人都非常喜欢听战争故事，大概从公元前250年的东周时期开始，一直延续到1620年的明朝，尤为有名的要数12世纪岳飞洞庭湖水战平叛的故事。

清朝能不能不受内忧外患之苦，只能看天意了。希望在公正建立起来之后，李鸿章有时间推动清朝科学和文化事业的发展，建设好他的国家。

麦嘉湖

---

[1] 森有礼，日本明治初期的外交官、启蒙思想家和教育家，曾留学英国，任日本驻美国、英国大使，1885年任文部大臣，因反对神像崇拜，被宗教狂徒暗杀，详见第95—97页。——译者注

李鸿章阁下

HIS EXCELLENCY LI HUNG-CHANG

这期报纸中有三张插图，在此也无须做什么特别的说明。我们相信李鸿章的肖像图当前一定会很受欢迎，因为在清朝，没有谁比他更杰出、更有权力、更懂得处理外国人事务。上一个版块的短文已经简单地介绍了他的事业。读者看到的这张照片是去年菲斯勒在北方时为李鸿章拍摄的。难能可贵的是，这张照片展现的是这位伟大人物日常生活的形象，而非官场的形象。感谢菲斯勒善意地允许我们刊登这张照片。目前李鸿章与威妥玛（见上期插图）正就中英之间是战是和的问题进行谈判，所以在远东没有谁比李鸿章更让人感兴趣的了。

李鸿章
LI HUNG-CHANG

清朝戏曲演员
GROUP OF CHINESE ACTORS

  这张照片拍摄于坐落在马路（Maloo）[1]上的广州剧院。图中的三位演员，中间那位饰演刘备，右边那位饰演军师孔明，左边那位饰演大将赵子龙。他们三人在第一幕就出场。在此我们非常高兴地宣布，我们得到司登得的许可，下期将会刊登他关于清朝戏曲的报告，报告两年前作于上海。虽然当地的一家报纸已经刊登过报告的大部分内容，但我们认为这篇报告依然值得再次刊登，以便引起更多的关注。它将为我们远方的读者提供更多的信息，相信读者朋友们一定会很喜欢。和插图一起，这篇报告有助于读者清楚地了解清朝戏曲舞台的很多特点。本期刊登的这出戏曲，现在仍时常在清朝的戏园子上演，本地戏迷们一眼就能够认出那些人物。

---

[1]即今南京路。——译者注

清朝演员
GROUP OF CHINESE ACTORS

清朝新娘和新郎
A CHINESE BRIDE AND BRIDEGROOM

清朝新郎与新娘

A CHINESE BRIDE AND BRIDEGROOM

  照片中，新郎和新娘穿着澳门当地的传统服装。期待读者朋友们可以为我们提供不同地区婚庆风俗的信息，随后，我们会尽力获取相应的影像资料。

上海外滩的丽如银行和中央饭店

THE ORIENTAL BANK AND CENTRAL HOTEL, ON THE BUND, SHANGHAI

  图中这两栋崭新的建筑在整个上海都非常耀眼。加尔各答被称作"宫殿之城",上海也不遑多让。丽如银行[1]优雅地雄踞在全世界最有魅力的城市,它只是众多精美建筑中的一座。中央饭店[2]在这些精美的建筑中数一数二,我们可以在谦和、耐心的饭店经理的带领下去看一看它内部异常讲究的布置。

---

[1] 1845年改名为东方银行,总行迁至伦敦,并在香港设立分行。1847年在上海设立分行,是上海最早的一家银行,也是我国最早的现代商业银行。——译者注
[2] 建于19世纪50年代,是一幢英式的三层楼房。1903年改名为汇中饭店,1906—1908年拆毁重建,1956年改为和平饭店南楼。——译者注

上海外滩的丽如银行和中央饭店
THE ORIENTAL BANK AND CENTRAL HOTEL, ON THE BUND, SHANGHAI

1876 10月

远东地区的风俗习惯（二）：澳门的葬礼仪式

MANNERS AND CUSTOMS IN THE FAR EAST, NO.2: CEREMONIES OBSERVED ON THE OCCASION OF DEATHS AND FUNERALS

在清朝，经常会看到很多和葬礼相关的滑稽仪式。不论死者家里的经济情况如何，他们都要安排一个敲锣打鼓的送葬队伍，看上去非常奇怪。

如果死者是一个富人，通常由他的长子来安排葬礼的一切事宜。如果死者没有儿子或是养子，那么就由他最近的亲戚来承担这一责任。当病人行将死去的时候，他的长子会把他从床上扶起来，放到一张铺在地上的垫子上，脚朝向大门门口。这和清朝的迷信有关。他们认为，如果不这样做，将来死者的鬼魂会扰乱家里。临终者躺倒在垫子上以后，人们会在他的头部附近放一些点燃的蜡烛、食物，诸如米饭、水果等等，还会在死者的脚边放置一些酒。

临终者一旦死去，他的长子就会迅速向所有的亲戚报丧，家庭成员立刻穿白戴孝。这是清朝人对死者表达深深哀悼的一种方式。死者家人会趴在棺材旁边大声啼哭，同时还会专门雇佣一拨妇人哭丧。她们同样披麻戴孝，和死者家属一样趴在棺材旁号啕大哭，表示极度的悲恸。

清朝人仅仅是在形式上表现出悲痛，往往并没有那么真情实意。受雇哭丧的女人，把租来的一整块布缠绕在头上，并不裁剪，这样可以省钱。在这种情况下，他们也会用一块孝布的一端制作一顶孝帽，剩下的部分再做一顶孝帽，这样吊丧的人头部就被一块布包裹了起来。

如果死者在晚上死去，死者家人要在第二天清晨向亲戚们报丧。前来吊唁的亲戚会一直待在停放死者尸体的地方，直至盖棺才离去。期间，死者的家属需要招待前来吊丧的亲属，同时天亮前为死者穿上寿衣，并完成入殓仪式。如果死者在白天死去，死者的亲属接到讣告后，就会立刻赶到死者家，用同样的方式吊唁，然后为死者清洗身体。

死者长子在家人的陪伴下提着灯笼，到附近寻找可以清洗死者尸体的泉水。途中，他们一边提着灯笼赶路，一边号啕大哭。找到泉水以后，死者的儿子取水并在周围洒一些取水钱，这时，人群停止哭泣，安静地向家中走去。

死者入殓时穿的衣服往往质量上乘，清朝人认为，死者在阴间会见到先自己而去的长者，最好还是穿着得好一些。尸体放入棺材之前，会请一些手持经书的和尚前来超度，周围会有锣以及其他乐器奏乐。祭司躺在地上，或者坐在死者脚旁的凳子上，打开经书，点燃身前的蜡烛和香。他们有时也会坐在祭坛碑石附近主持仪式。不管坐在什么地方，和尚都要和着音乐，诵唱为死者准备的异常单调的经文。

死者家属以及雇佣的哭婆的哭泣声时不时会打断和尚诵经。哭婆跪在死者身旁，以头伏地，声嘶力竭地放声大哭，嘴中唱念死者生前的种种事迹。期间，当死者亲属离开死者到屋中其他地方的时候，和尚会继续诵经。

和尚诵经、主持与死者家人及哭婆的哭丧交替进行，一直持续到死者去世后的第二天。期间，死者家人要在死者脚下焚烧一些丝绸质地的衣服。清朝人认为那些衣服焚烧后，产生的烟在死者生活的阴间可以转化成同样的衣服。为了省钱，死者家属也会焚烧一些纸衣服。当死者家庭因为缺钱而没法焚烧真正的衣物时，大家认为焚烧这些纸衣服的效果是一样的。

丧礼音乐一停止，和尚们就离开了。但是哭丧和供奉还是不停地进行着，24小时或者48小时之后，人们把死者放进棺材。这个时候，和尚再次出现，开始诵经，死者家属和哭婆同时开始号啕大哭。

人们用纸把棺材盖上，在死者身体两侧楔入一些纸团，然后用棺盖把棺材密封起来。随后，人们把棺材套在两侧的两根圆木上，移到另外一间屋子，放置在两条板凳上，摆放时死者的脚要朝向家中的大门。棺材前会点燃一盏油灯，供奉着米饭以及其他一些食物。之后，屋门被关上，死者安静地躺在那间屋子里，直到下葬的那天。

一旦关上屋门，室内很可能就没有了光亮。清朝人认为亡者的灵魂起身拿取食物的时候需要光亮，因此他们会在屋内放置一盏灯。正是因为这个原因，屋内的灯会一直亮着。除了诸如干果等不容易腐坏的食物，其他食物也需要经常更换。

在第七天，死者家属以及哭婆再次开始和着哀乐哭灵，到七七四十九天，会再次进行哭丧。七七那天，他们会举行一次家庭会议，主要商议死者下葬选址的问题，一般会选择上坡地。下葬地点选定以后，他们会请一位专门从事墓地选址的人前来帮他们选择墓地。负责选址的风水先生手持罗盘，开始检查死者家属提出的几个地方，从中选择最适合埋葬死者的地方。一般来说坟址要求良好的通风性和防水性。后者对清朝人来说尤为重要，无论如何，他们也不希望死者在最后的栖息地受到水害的侵扰。选址往往需要花费很长时间。有时候会发生这样的事情：死者还没有下葬，家中又有人去世了。

死者家属选好下葬的日子后，下葬当天，受邀的亲属和朋友都要参加葬礼。这天一大早，准备工作就已经开始进行，通常都需要花上数个小时才能完成。

在出殡队列行进之前，和尚的诵经声、家属和哭婆的哭喊声、哀乐声一起响起，震耳欲聋。走在队伍最前边的两个男人身穿素衣，肩上扛着蓝色的引魂幡，旗杆下端悬着两面音色不同的铜锣，两个人会时不时地去敲一下那两面铜锣。

按习俗，只有那些生前拥有很高头衔的人出殡时才可以这样使用铜锣。普通人的葬礼两面铜锣不能走在队伍最前面，但是可以使用普通的能够发出同样音色的铜锣。政府绝不允许任何逾越规矩的事情发生。但天高皇帝远，这种习俗在澳门并未被严格遵守。铜锣之后是掘墓人。掘墓人有时会肩扛打墓用的镢头，提着一只装满纸钱的篮筐——一些纸钱呈椭圆形，一些像纸币——一路抛撒纸钱。清朝人认为抛撒纸钱很重要，他们相信飘荡在旷野的孤魂野鬼得到这些纸钱以后会很开心，因此就不会打扰死者的灵魂，死者便可以安然下葬。

出殡队伍中还有其他一些组成部分。它们没有固定的排列顺序，并不是很重要，如果情况允许就安排在出殡队伍中。出殡队伍一个很重要的特点是纵队行进，他们位于棺材之前，行进速度很快。

通常情况下，出殡队伍中有两个男人抬着一个架子。架子中间垂直插着一支竹竿。有时竹竿并不是插在架子上，而是由一个人单独扛着。竹竿顶端挂着一大束花，一块约12英寸长的木头靠着花束，并且与竹竿十字交叉，底部还有一块同样长的木头。一条红布从顶端一直延伸到底部，同样大约有12英寸长。一些蓝色的方块纸以一定的角度垂直排列于布条上。在这些蓝色的方块纸上有一些镀金字，上面写着死者的姓名、享年多少岁。方块纸的数目与字数相同，决定了架子的高度。

一些相同的纸花被四五个人系在一起，平放到祭坛前，看起来像是一本巨大的半开半合的书的镀金封面。在某些出殡队伍中，还会在祭坛前摆放其他东西。

两个人用椅子抬着死者的画像。后面跟着另外四个人，抬着一个既像椅子又像架子的东西。一块小碑，或者是比手掌稍大的椭圆形的木头插在基座上，有时也放在椅子或者架子上。队伍后边是一个箱子。一条一拃长两英寸宽的纸带放在箱子上，纸带折了四次，上面同样写着死者的姓名和享年。出殡队伍中的上述各个部分都由一两名客人陪同。队伍中有很多吹奏者在吹奏。

竹竿上悬挂着很多玻璃灯笼或者是透明的油纸灯笼。油纸灯笼上用蓝字写着死者家人的姓氏。还有一些镶有蓝色图案、两边垂着细线和流苏的小白旗，以及各种样式、不同尺寸的小旗子。队伍中还有很多架子，无论在队伍的任何位置，都可以排成一队。这些架子也由一位客人照看，上面放着家禽、烤猪、米饭、果酱和水果等等。出殡队伍中，那些扛着各种物件的人，不是穿素衣，就是穿蓝色衣服或者是其他表达哀悼颜色的衣服。

在清朝，无论是否在官府任职，只有那些地位很高或者拥有头衔的人，才有资格竖起一块椭圆形的墓碑。墓碑上面刻着死者的头衔，字体表面镶金，上覆碑盖，以表明死者的尊贵地位。不过偶尔会有一些人不遵守这样的规矩。

装着写有死者姓名和生卒年的纸条的箱子后面，跟着一个随着哀乐吟唱的和尚。之后是几个抬着棺材的雇工，他们与队伍的其他部分遥相呼应。

棺材外面盖着一大块方形红布，四角各有一只黑色蝙蝠图案，中央写着一个汉字"寿"，意为长寿。有时候，在其他的一些葬礼上也能看到这样的布，但是不一定合乎礼节。正如前文所说，清朝人有时候并不是那么严格遵守礼节。

棺材两边跟着死者的儿子和血缘关系最近的亲属，位置根据与死者的关系远近来确定。长子一般站在棺材左侧最前方。棺材两边的人群不会超过棺材的长度。正如我们之前描述过的，他们都穿着素衣，低头哭泣，一只手扶着棺材。死者儿子的另一只手还拿着一根缠着白纸的棒子[1]。棺材后边跟着那些雇来哭丧的"喊口婆"，然后是前来吊丧的客人，最后面的轿子里坐着死者的妻子。

到达墓地之后，打墓人将墓穴打开（通常都会预先打开），和尚诵念经文，这时大家往往会号啕大哭。掩埋好尸体之后，殡葬队伍返回家中。他们并不严格按照来时的路线返回。架子上的食物，一部分放在坟墓前，一部分被带回家中。那些放在坟墓前的食物有可能会被穷人偷走吃掉。

然后，死者长子将装有写着死者姓名和生卒年的纸条的箱子恭敬地放到家中的庙堂。中国人相信，如果把死者的姓名和生卒年写下来放到箱子中，死者的灵魂也会一直住在里边。一年以后，死者家人会带着箱子和箱子中的纸条来到死者墓前，跪拜的时候，将箱子和金银纸钱一起烧掉。他们相信，这样做可以帮助死者的灵魂安息。

穷人的葬礼会根据死者的家庭情况来操办，不过二十四小时以后，才可以掩埋死者的尸体。穷人的葬礼极其简朴，出殡队伍也都很小。但是装有死者姓名和生卒年的箱子和抛撒纸钱却是必不可少的。只有那些极度贫困的人，才没有任何的仪式，只有亲人的哀悼。

对于澳门的佛寺住持来说，他们死后不会被埋葬。临死之前，住持要穿上很多衣服，然后紧急送往广东火葬。火葬的地点选在寺庙附近。住持的尸体被放置在一把铁椅子上。椅子有些像烤架，下面事先已经准备好了易燃的东西，一旦燃起火来，尸体就火化了。尸体火化后，骨灰盛放在一个陶罐子中密封起来，放置到圣殿中。

下期我们将会为大家介绍清朝人的迷信和庆祝游行。

马丁斯

[1] 俗称"哭丧棒"。——译者注

清朝戏曲
CHINESE THEATRICALS

如果没有朋友阻止，大部分在清朝居住过的外国人一定会去过一两次戏园子。他们肯定想不到戏园子竟然是如此喧嚣、怪诞的地方。离开戏园子的时候，他们可能会在心里默默发誓，以后再也不会进戏园子受折磨了。

表演过程中，锣鼓、响板、胡琴、笛子和其他乐器发出刺耳的声响，折磨着观众的耳膜。打斗、奔跑、翻筋斗、单腿旋转、尖叫呼喊声又让观众头晕目眩。以上这些一定会让观众想到"精神病人出逃"的场景。事实上，虽然没有报幕人，没有提词人，但一切都在有序进行，从主角到最小的角色，每个人都知道自己表演的角色，以及如何进行表演，观众也能明白整场演出。这一点和我们西方戏剧有很大不同。

我并不觉得清朝戏曲值得我们模仿。就舞台布景和机械设备来讲，清朝戏曲远远比不上西方戏剧。刚刚在激烈打斗中牺牲的英雄堂而皇之地站起来走下舞台；一个演员静静地坐在假想的屋子里，对面前打来打去的军队熟视无睹，这些场景给人一种荒诞滑稽的感觉。观众既需要拥有很强的想象力，也需要清楚地了解故事情节才能够欣赏这出戏。

和很多西方戏剧一样，尽管缺乏舞台布景，但是一些清朝戏曲仍受到很多人的喜爱。这些戏曲一般和历史事件或历史人物密切相关，展现的是那些深受清朝人爱戴、并且家喻户晓的古代英雄事迹。听一听人们对高尚行为的喝彩声，还有给予演员的发自内心的赞许，还有看一看那些大汗淋漓的胸脯、炯炯有神的双眼，还是挺值得的。虽然演员本身长相可能很一般，但他扮演的历史人物却是高尚尊贵、英勇非凡的，这使得演员看上去魅力十足。

高雅的品位可以掩饰表达方式上的瑕疵。如果外国人能够理解清朝人戏园子里发出的"尖叫"和"咆哮"声，那么对我们来说这些声音或许寄托着一种高尚的情感。理解了这一点，我们就会发现，和戏园子里的对话、英雄主义表演、高尚情感相比，任何热情洋溢的语言都是那么苍白无力。有人认为，英雄主义表演之所以让观众热血沸腾，根本原因是因为汉字蕴含着某种高贵气质。

据说，中国戏曲起源于汉代。汉高祖七年（公元前200年），汉朝军队被匈奴军队围困在一座城中。城的一面由冒顿单于的夫人阏氏带兵围守，另外三面由冒顿单于围守。被围攻的城市很快供应短缺，发生了严重的饥荒。这时，守城将军陈平通过计谋成功地解除了围困。计谋是这样的：将军听说阏氏善妒，于是他下令制作了大量栩栩如生的女性木偶，并把它们安置在阏氏负责围攻的城墙上。将士们利用精巧的器械，让这些木偶翩翩起舞，远远望去，就好像真人一般。看到这些"女人"，阏氏暗自担心起来，她深知自己的丈夫生性好色，一旦攻下城池，肯定会把这些女子据为己有，进而冷落自己。想到这里，她马上撤兵，解除了对城池的围困，该城因此得救。[1]

关于陈平将军巧施妙计，智退匈奴的故事，历史学家的叙述往往过于简略。在他们看来，陈平的计策固然巧妙，但失之粗俗。显然，他们无意大肆渲染这一故事。即便戏曲并非起源于木偶戏（我们称作牵线木偶，类似于《潘趣和朱迪》），不过这些看似荒诞的表演却深受中国人和外国人的喜爱。

《三国志》的故事也被用于戏曲演出，不过演员多是业余的。据说，蜀汉最后一个皇帝刘禅投降后，一天接受邀请去看戏曲表演。期间，魏国士兵的表演充满了羞辱性的暗示。蜀汉的大臣们纷纷蒙着落泪，只有刘禅十分享受整场表演。主人司马昭对身边魏国的大臣们说："这个人天生就没心没肺。"

"戏曲"一词最早出现在唐代。虽说在此之前，戏曲表演就已经出现，并且非常有名了。但是在唐代，戏曲表演才真正开始职业化。据说唐明皇是一位对诗歌、音乐、戏曲都有着浓厚兴趣的皇帝。他对上述每一种艺术都充满热情，极力支持那些富有才能的人。后来他建立了一所训练演唱和表演人才的学校，筛选出数百名女子，亲自教她们演唱。因为训练的地方叫作"梨园"，所以这些女子被称作"梨园弟子"。直到今天，那些戏曲演员仍旧如此称呼。所以这是一个确凿的证据表明清朝戏曲可以追溯到唐代。

依我看，清朝戏曲拥有和我们对等的戏剧种类。他们有悲剧、喜剧、正剧、滑稽戏、讽刺剧等等。粗略地分，戏曲主要分为两种类型——文戏和武戏。文戏，正如它的字面意思，主要致力于表现清朝人的本性，主要包括官方的人物，如帝王、政治家、地方官、古代历史杰出人物以及官场小人物等。戏曲的情节主要描述这些人物在公共场合和私人生活中的事迹，或者是他们的奇遇，一般都会掺杂着有趣的爱情故事或类似一千零一夜中的离奇故事——清朝人的生活中到处都有这些故事。通常来说，这些戏曲演员都有华丽的服装和大量的道具，良好的唱功和慷慨激昂的说词。

一般来说，清朝雅士更喜欢看令人兴奋的武戏。除了情节和古代的英雄人物吸引人之外，武戏的主要优势还在于能够在舞台上通过旗子、声响以及一些复杂的动作，生动地展现清朝人对战争和环境的想象。

演员是根据戏曲的主角设计的，一般分为"老生""跑龙套的人""小丑""青衣""武旦"，也有其他不同的分类。所以当他们使用前面提到过的词儿，或者其他类似的词儿时，听众就会马上知道是什么种类的戏曲。无论是文戏还是武戏，根据时间的长短或者演出人数的多少，戏曲都分为"大""小"两种，这和我们将戏剧分为"重""轻"是一个道理。

---

[1] 实际上是重金贿赂单于夫人才解了围。——译者注

因为大多数清朝戏曲包含了歌唱和音乐，所以戏曲的种类也常以音乐的风格来区分。为了让大家更清楚地了解我要讲的东西，或许这样解释会更清楚些。在北京或者说北方，戏曲共有五大流派，即五种唱腔。各流派都会一种或者多种唱腔，但是很少有流派能将它们全部融会贯通。这五大流派，即五种唱腔分别是昆腔、弋（或高）腔、梆子腔、二黄调和西皮调。

根据古老程度来看，昆腔要比其他四种唱腔古老。（"昆"字其中的一个意思是"优先"。或许正是因为昆曲的古老，所以它的名字中才会有一个"昆"字）。一般认为，昆曲起源于唐代，几乎原模原样地传承至今。大体来说，昆曲演唱的速度比较慢，曲调哀伤。大多数昆曲选段有部分演唱或者是音乐，演出中需要运用大量的动作和手势。昆曲比其他剧种要简单、自然，在演唱时能恰到好处地协调运用演员的动作，不需要频繁地调整呼吸。此外，还有人认为昆曲是根据昆曲的发源地"昆山"命名的。

第二种弋腔，又称"高腔"，发源于满族[1]，唱腔高亢，演唱时曲调悲怨，"一丝丝的甜蜜之情都会被抽离掉"。这个流派的戏文都流露着深深的忧郁之情。老人们尤为喜欢听高腔或是演唱高腔。但是，上海却没有剧团能够完全使用这种唱腔表演一个戏曲的选段。

第三种"梆子腔"，名字或许有些随意，近代兴起于陕西。这是戏迷们最喜爱的戏曲，易于演出，但必须听过之后才能彻底理解并欣赏它。抱歉我不能给大家带来启迪和愉悦的示范。我担心我任何的尝试都难以提高大家对它的理解和欣赏。

第四种是"二黄调"。之所以这么称呼是因为起初演唱者都是用双笛伴奏。我觉得这是最简单的一种戏曲。如果大家承诺既不会大笑也不会被调子吓着，我就示范一下这种戏曲。

六十年前，二黄调第一次由徽班引入北京，从此以后广受欢迎。除了昆曲以外，其他戏曲一改过去每种风格必须泾渭分明的做法，纷纷采用二黄调。几年前，一个梆子腔剧团控告二黄调剧团非法改变他们使用的乐器，但是地方官判决二黄调剧团有权选择使用任何乐器，还建议梆子腔剧团也可以这么做。

"西皮调"也是近代才发展起来的一个声腔，他们自称发源于安徽。这种声腔擅于融合除昆曲外其他剧种的调子。在北京，三分之二的剧目是由二黄调剧团和梆子腔剧团演出的。它强大的包容性正是它能够广为流传的原因。我实在找不到"西皮调"名字的起源。或许是因为一些乐器是皮质的，或者是根据它的发源地命名的。此处演示比文字描述更能让大家理解它的曲调风格。如果你们同意的话，我愿意为大家唱上几句。

---

[1] "高腔"或"弋腔"起源于江西弋阳，是明代弋阳腔与后来的青阳腔流变派生形成的诸声腔剧种。——译者注

因此，所有的清朝戏曲都可以根据它特有的曲调被归到上述的几个种类。一些演出包含两到三种风格，这时一般以最主要的声腔命名。清朝人可以很快辨别声腔。但是对不熟悉清朝戏曲的外国人来说，很难听出差别，只好将它们一股脑儿地归到"烦人的吼叫或尖叫"这个类别。

人们很难找到清朝戏曲的剧本，即使能找到一本，也是不可信的。在不同的版本中，一个选段中的语言和对话差别很大，以至于不熟悉戏文的人会以为是另一个戏本。戏文的不同主要是由演员造成的。为了适应他们特殊的品位，他们会使用意义相近的词去替换原文。而在被替换过的戏文基础上，别人会再次这样做。这样，经过一遍遍地更改后，戏文与原戏文的差别越来越大。我现在就有一本名剧的好几个不同版本。虽然剧中人物不变，但戏文给人的感觉是它们是完全不同的几出戏。所以，如果一个人只翻译其中一个版本，很可能会遭到只看到过其他版本的人的批评。演员们从来不通过书本学习戏曲，他们都是从师学艺。一旦他们学会了一段戏，就永远不会忘记。事实上，他们可能需要随时演唱，戏迷们也会特别要求他们演唱数个月都未唱过的选段。

值得注意的一点是：清朝戏曲中没有讲述近代历史事件的演出。只有被另一个朝代代替时，它的历史记录才会向公众解密，世人才会对这个朝代有所了解。这在一定程度上为中国人和外国人打开了一扇窗户。因为只有在戏园子里的时候，现代人才能看到不同朝代不同阶层所穿的服装，衙门和兵营使用的稀奇古怪的武器、头饰和盔甲。我们不禁会去思考清朝人未佩戴饰品之前的本来面目。这些似乎可以给达尔文或者麦嘉湖以启示：饰品的主人或者饰品主人的祖先起初也许是与猴子部落为伴的。这些都值得研究，更不用说只有在戏园子里外国人才能看到的许多奇怪的仪式和风俗习惯。

清朝戏曲中引入众多的神仙鬼怪，致使本来应该富有历史价值的演出变成了仅仅是呈现壮观场面的表演，再糟糕一点就变成了一场滑稽戏。对于信奉唯理论的我们来说，这是清朝戏曲的缺陷，大大减弱了我们对它的兴趣。所以，不管它有多宽泛，熟悉汉语的外国人更喜欢看滑稽戏。因为在滑稽戏中，他们至少可以理解对话和情节。在清朝，外国人的娱乐和对社会的理解大多来源于这类戏的观赏体验。舞台是外国人了解清朝人家庭生活的唯一渠道。即使是中国的小说也无法将这个陌生民族独特的风俗习惯和特征真实地展现给外国人。一个在清朝居住了近五十年、能流利地使用汉语与当地人交流的外国人也会忽略清朝人日常的生活习惯，只能从雇佣来的清朝人身上得到一些歪曲的认识。因为这些雇员想从外国雇主身上获取油水或者得到更多的薪水，所以他们只会附和这些外国雇主，随时都可能会颠倒黑白。

和外国的剧院一样，戏园子设置有入口、出口、舞台布景以及其他技术性细节等，但是也有一些显著的不同。他们常常拥有绝对优于我们的衣橱和其他物件，这些是外国许多剧院无法与之媲美的。戏园子里的每个演员都熟知自己角色的台词，从来不会像外国戏剧演员那样为角色而吵得不可开交。这样他们就省下了争吵的功夫，不管是专业演员还是业余演员都能专注于自己的角色。

许多男孩子在孩童时期就被送到戏园子当学童或是被卖给戏班子学习唱戏[1]。戏班子会挑选有天赋的学童，花费三年甚至更长的时间训练他们学习一些特定的戏文，直到他们可以登台为止。在训练过程中，棍棒起了很大的作用。不太聪明的学童会受到非常严厉的惩罚。有人称那些戏文完全是敲到学童脑袋里的。大多数学童在结束考验期后都不再觉得难过。当他们学有小成时，就有机会上台表演。但是在偿清学费之前，他们没有薪水，即使是偿清了学费，他们也只能拿到一点微薄的薪水。如果他们能够继续提高自己的技艺并令戏园子满意，他们的薪水就会渐渐上涨，收入甚至会非常体面。杨月楼【《字林西报》(N.C.Daily News)称之为爱情冒险的英雄、严刑逼供的受害者】一年的收入不低于 1800 块，这还不包括堂会的收入。

演员的收入取决于他们演唱的剧目、年龄、长相、仪态、技能等，但最主要还是取决于演员的嗓音。通常，那些嗓音洪亮结实或者说"大嗓门"的演员可以获得最多的薪水。在广东路的京剧戏园里，演员一年的薪水从 40 块到 1800 块不等。打个比方，扮演诸如哈姆雷特、奥赛罗、诺瓦尔等著名角色的演员可以领到最丰厚的薪水，而那些扮演类似理查三世（ Richard the third ）、麦克佩斯（ Macbeth ）等角色的演员拿到的薪水次之，丑角和那些扮演女角的演员拿到的薪水再低一些。以此类推，最微不足道的跑龙套的演员收入最少，因为他们还没有讨价还价的资格。

最好的清朝戏曲剧本都与汉、唐、宋、明时期的历史事件有关。北方人最喜欢的戏曲源自《三国志》。《三国志》展现了汉朝英雄的著名事迹，里面的每一位人物都为戏迷所熟知和喜爱，也为所有的清朝人所喜爱。尽管戏迷们并不总是完全明白所有对话，但是他们知道主要的情节、语言以及演员相应的动作，所以以他们能够专注地欣赏整场演出。这类戏大多都是武戏，表现的是三国时期的英雄人物。这些人物在中国家喻户晓，直到今天人们仍在称赞和效仿他们的言行。在这些让人敬仰的人物中，赵子龙最受戏迷追捧。他是蜀汉皇帝刘备的一员大将，一位十全十美的中国英雄，堪称中国的狮心王理查（ the Cœur-de-lion ）和巴耶德（ the Bayard ），人们说他"浑身是胆"。如果说今天的中国人无法证明自己身上拥有这种惊人的胆量，那么夜晚的戏园子则正好给了他们赞赏这种

---

[1] 除了这种情况以外，体面人家的孩子长大后也可能会出于兴趣选择去学戏。上海就有这样一个例子：一位在北京郊区拥有大量田产的先生将产业留给亲戚照看，自己沉浸在戏曲爱好中。

胆量的机会。

我努力寻找清朝戏曲资料的时候，认识了很多戏曲演员。我经常趁机到后台拜访他们，发现他们是如此的朴实和热情。虽然我问了各种问题，经常问得不合时宜，而且问了一些非常细节的问题，但面对一个对戏曲如此感兴趣的外国人，演员们显得很高兴。他们的性格非常好，会告诉你他们知道的关于这个问题的一切信息。如果在外国剧院，演员们可能完全不会回答，还会要求调查者到一个暖和的地方待着，不要打扰演员换衣服。

在最近的调查中，我发现我们以前对清朝戏曲的很多理论和观念与实际存在偏差。不过，这也不难解释。一个人，不管他的汉语水平如何，除非经常去戏园子通过个人的观察获得信息，否则他就只能完全依靠老师的讲述。可是老师可能并不比他的学生知道得多多少。也可能随着时间、环境的变化，今人看到的书中的内容一点都不可信。就好比通过书本或者是通过莎士比亚时代的信息来想象今天的外国剧院的模样一样，当时完全正确的描述放到今天就是过时的。只有剧中英国最伟大的戏剧家所使用的美丽语言是唯一永恒不变的。毫无疑问，如果莎士比亚今天还活着的话，他一定会为自己作品的演绎方式而高兴。这同样适用于清朝戏曲。几年前，几乎没有演员能想象到，今天他们可以通过使用地排灯在一瞬间完成舞台明暗的转换，或者慢慢地让舞台的布景更加写实，使得历史戏更能引起观众的共鸣。我相信，不久的将来他们一定会将这些设备运用到舞台上。然而，这只是即将要实现的诸多改变中的一项。

戏园子除了娱乐还有很多东西值得我们研究学习。比如之前提到的历史剧，你可以看到迥异的服饰、武器等，会学到很多的历史知识。看现代的戏曲或者是滑稽戏的时候，你会看到很多奇怪的风俗习惯。关于这一点，我们必须要再学一点外国人不常听说的日常用语。因为半数的汉语老师不会试图让洋学生达到他们的水平。为了适应外国学生的水平，他们会调整会话的难度，让外国学生误以为自己进步得很快。然而事实上，汉语老师只是在"喂" 外国学生"洋泾浜"式的中文（洋泾浜语是清朝人和外国人交流时使用的一种不规范的语言，洋泾浜语称唱歌为 Sing-Song）。显然，这对双方都有好处。对老师来说，这样做节省了时间；对学生来说，他会以为自己的中文水平已经很不错了。

演员不管在自己的私人生活或是表演中多么品行端正、受人尊敬，他们都不能考取人人都垂涎的功名。因为清朝法律将他们归为下九流。从某种意义上来讲，这么做并没有大的损失。因为一般来说，演员多是文盲，很少有人会读书写字。他们在法律上的弱势地位主要是由于这个原因造成的。然而，不断的训练让他们每个人几乎都能熟练认读演员和剧本的名字。听着他们流利地阅读节目单，观众或者听众一定会以为他们中的大多数人都博学多才，或者可以很流利地进行阅读。但是，他们一旦脱离特定的文本就会完全不知所措。我做过好几次测试：先修改剧本里他们平日里脱口而出的戏文，再让演员朗读。表面上看，他是在读眼前的剧本，但是实际上他只是在背诵自己所熟悉的内容，完全忽视了剧本中语言的不同。当我指出他们的错误时，他们一点都不觉得窘迫，反而说："我们一直都是这么读，本来就应该按我读的来，书是错的。"

我相信很多读者从来没有去过戏园子，所以我以位于上海广东路的丹桂园为例，给大家描述一下它们的样子。外国人通常称呼丹桂园为"京剧戏园子"，因为里面大多数演员都是北京人，使用北京话演唱。这个戏园子比较小，大概只有 100 英尺长，60 英尺宽。跟我们的剧院一样，戏园子底层中央有一块凹陷的场地，清朝人叫它"池子"，这和我们英语中"Pit"如出一辙。戏园子三面环廊，两边离舞台最近的部分设置了包厢，与我们的包厢（boxes）类似。这些包厢通常会留给一些家庭或者团体，如果包厢或者其他位置事先放置了别人的名牌，那就说明已被人预定。

舞台高出地面 4 英尺，没有前台和布景，四周完全开放。因此，两侧包厢的观众只能看到演出的侧面或是后面。舞台后面有两扇门，一边一扇，古书中叫作"鬼门"[1]，相当于出入口。乐队就坐在两扇门后边靠中间的位置。

演员的休息室叫作"后台"。后台桌子上的一块牌子写着演出选段的名字，桌子上放着当前的演出安排，包括演员的演出顺序，如何上场以及下场等。桌子后面的一块牌子上，在剧目下方列着演员们的名字。一般是最受欢迎的红角儿先上场，无名小卒最后上场。还有好几个看守衣橱的人，负责为演员递各种衣服和道具。演员用完后还要把它们小心地叠好，放归原位。

演员们都是自己化妆。这项工作需要极其细心以及高超的技巧。虽然有些脸谱怪诞丑陋，但在中国人看来，这是门学问，也只有他们才想象得出这样的艺术品。令人好奇的是，古代中国人是不是也会在自己脸上大面积涂抹油彩。画脸之前，那些扮演旦角的演员需要助手帮他们装饰脸颊，戴假发和头饰。但不管是扮演男性角色还是女性角色，每个演员都喜欢自己化妆。

进入后台，访问者往往会对眼前有条不紊的一切感到惊讶。这里看不到一丝的慌乱或者不耐烦。某个演员想要一个小物件，马上就会拿到手。前一个演员匆匆脱掉的演出服，立即穿到了后一个演员身上。这儿在一丝不苟地修补"三寸金莲"，那儿在帮他拾掇假发和胡须。一些人帮着洗掉脸上的油彩，另一些则帮忙重新勾脸。还有人站在角落里大声排练，又打手势又做鬼脸，陌生人看到还会误以为他是一个疯子；这边一个人在优雅地

---

[1] 旧称戏台上的上、下场门。——译者注

练习倒立行走，自娱自乐；那边三四个人正在排练几分钟后就要上台表演的激烈的打斗，还穿插着这样的对话："你的矛刺向我，我用剑一挡，然后砍向你……"，直到他们明白并满意了彼此的招数。但是，不管他们的长相还是扮演的角色如何，有一点是一致的——他们都是普通的老百姓，非常乐意和来访者聊上几句。

上海大多数的戏园子都是一天演两场，只有节日才会变成一周一个下午场。表演总是以一两个演员上台说几句合适的开场白开始。开场后，不同的剧目轮番表演，没有中场休息，直到整场演出结束为止。表演的结束语通常都是：人生就像个大舞台，你方唱罢我登场。

台上的节目一般是由八到十种选段组成。为了体现戏曲种类的多样性，展示出悲剧、喜剧以及文戏、武戏之间的巨大反差，戏曲选段演出的顺序由戏园子的经理决定。观众也可以花钱点一出自己想要听而节目单上没有的选段，观众点的戏曲选段名称会写在一块小牌子上，这些额外的钱会分给相关演员。

戏园子会将印有表演选段、主要演员的红纸片分发给观众。纸上不写演员所饰演的角色，因为每个演员都会向戏迷们介绍他是谁以及他扮演的角色。有时候这些做法也没必要，因为在所有戏曲演出中历史类剧目占了很大比例，清朝人对这些历史类剧目中的每个角色都烂熟于心。

演员们会因为迟到、缺勤、粗心大意或者其他违反规定的小毛病而被罚款。这些罚款通常会成为所有演员的福利，或者用来供奉"戏神"。像其他一些行业一样，戏曲行业也有自己信仰的神——"老郎神"。这位神仙被认为是唐明皇的化身，戏曲的保护神和推动者。在他的诞辰日三月十三那天，所有的演员、乐师、歌者都会在上海的一座庙里——茶园敬拜他。在上海，每个戏班子都有自己的圣祠，当生意不景气或是运气不好的时候，戏班子里所有的人就去祭拜求助。不久前，马路的广东戏园子在生意惨淡的时候为他们的神举行了盛大的祭拜仪式。实际上，几乎每座神像前都香火鼎盛，所以这些神像完全可以称为他们的保护神。

在北方，女性角色总是由男性来扮演的。[1]但是正如前文所说，在唐明皇以及他的继位者在位时期，女性是可以扮演戏曲角色的。这样的情况延续了很长一段时间，直至清朝。雍正皇帝爱上了宫中的一个女戏子，并将她纳为妃子。这位演员所生的孩子成了清朝最具自由思想的人，一位足以让国人夸耀的人物——乾隆皇帝。乾隆皇帝登基以后，他的母亲劝他废除宫中的女性表演。或许他的母亲觉得这些女演员会让她想到自己曾经

---

[1] 女性也绝对不容许出现在后台。演员们相信只要女人进入后台，那么不好的事一定会发生在戏班子成员的身上。

的职业。因此，乾隆按照他母亲的吩咐取消了女子表演。从此以后，一个由太监组成的戏班子专门在宫中从事表演，而且无论在什么情况下这些人都不能在其他任何地方表演。[1] 据说，乾隆和他的继承者嘉庆、道光有时候会访问朝鲜、暹罗和琉球，并去宫中观看戏曲表演。但是后来这样的活动逐渐取消了。清朝流传着一句话，叫"演戏的是疯子，看戏的是傻子"。如果这句话的前半句属实的话，那么"他们疯得有道理"。我必须承认我自己很不幸地应当归入第二类人里。

在写这篇文稿的时候，我努力避免写得太学术、专业或者太中国风。因为根据经验，这样的东西极具催眠效果。因此我只是简单地讲了大概，给出一个轮廓，如果解释得恰到好处，我坚信一定会是一个非常有意思的题目。起初我只是试图将中国戏曲作为一个公共演讲的主题，但是现在看来，这或许会为你们进一步的观察打下基础，或许有些人会将它变成一个特别的研究课题。

司登得，上海

清朝海关总税务司赫德

ROBERT HART: INSPECTOR-GENERAL OF IMPERIAL CUSTOMS, CHINA

本期我们刊登了一幅赫德的照片。海关总税务司一职使他与清朝高官尤其是总理衙门的官员们保持着密切的联系。这也让他成为清朝政府中地位最高的英国人。

在二十六年前的1850年，赫德考入贝尔法斯特（Belfast）女王学院（Queen's College）。1853年，他以优异的成绩从都柏林毕业。大学毕业后，赫德参加了公务员考试，由于成绩优秀，被免试录取到英国驻清朝领事馆。在清朝担任领事期间，他的很多工作被记录在英国外交部的档案清单中：

1854年，赫德被派往英国驻清朝领事馆担任翻译，并在英国驻宁波领事馆工作。1855年6月他被任命为宁波领事馆的翻译。1858年4月6日在英国驻广州领事馆担任第二助理，之后相继任首席助理、广州粤海关副总税务司、清朝海关总税务司等职务。

来到清朝之后，他刻苦学习汉语，从中受益颇多。1859年，赫德辞去英国领事馆

---

[1] 与历史不符。——译者注

的职务，任广州粤海关副税务司。后来接到英国海军上校舍纳德·阿思本[1]的命令，时任海关总税务司的李泰国[2]前往欧洲筹建中英舰队，由赫德在上海代理海关总税务司一职。赫德与后来的总领事费士来（George H. Fitzroy）合作密切。

1863年，李泰国辞职之际，赫德被任命为他的接班人。尽管当时的清朝政府并不愿意赫德担任此项重要职位，但是他很快就赢得了清朝政府的信任。清朝政府在处理外交事务遇到困难的时候经常会咨询他，现在在清朝没有哪一个外国人的重要性能够与他相比。

对那些和他密切相关的外交事务，大家褒贬不一。在这篇简短的文章中，我们既不会做他的称颂者也不会做他的反对者，只是陈述一些事实。

毋庸置疑，他极力支持《蒲安臣条约》[3]。据说他对条约的签订发挥了重要作用，而他要在北京建立一所大学的提议非常富有成效。

最近他成功促使清朝政府参加即将在维也纳和费城举办的博览会。这让他在清朝政府中的影响力显著提升。赫德多次帮助各国驻北京的外交使团，他因成功斡旋清朝与各国之间的外交事务而被授予了很多荣誉。

虽然他在政治问题上并没有公认的发言权，但是他展示了他的执行力，我们说过他是个幸运之人，能够为清朝政府效力。这所谓的"幸运"，是以大家有目共睹的才能为前提的。这足以让那些嫉妒他的人缄默了。

---

[1] 舍纳德·阿思本（Sherard Osborne，1822—1875），两次鸦片战争均曾参战，后出任中英联合舰队司令（清朝委任英国人建立的一支海军）。——译者注
[2] 李泰国（Horatia Nelson Lay，1833—1898），海关第一任总税务司，中英联合舰队的创建者。——译者注
[3] 即《中美天津条约续增条约》。——译者注

清朝海关总税务司赫德
ROBERT HART, INSPECTOR-GENERAL OF CUSTOMS, CHINA

关于李鸿章的补叙

SUPPLEMENTARY NOTE ON LI HUNG-CHANG

就在我们刚撰文介绍过李鸿章之后,他和威妥玛主导的已拖延了很久的谈判终于有了结果。这个结果令双方政府都比较满意。这更表明了李鸿章的历史地位。正如之前坦诚的那样,我们对李鸿章的介绍还很不完善,因此在此我们补充一篇介绍清朝重臣李鸿章的文章。虽然这仅仅是一篇赞颂慈善的文章,但是字里行间很好地展现了他的爱国主义和政治追求。

曾国藩去世之后,直隶的文人、绅士以及官员们决定为其设立专祠,以纪念这位爱国之士的离去。专祠里只纪念曾国藩,不作他用。李鸿章是曾国藩的门生和后继者,当然需要为祭祀活动做准备,并向皇帝请求为曾国藩建立祠堂。李鸿章对曾国藩的悼词以深情的回忆开篇,作为曾的门生,这种亲密的感情恰到好处。

奏为津郡绅民吁恳建立已故督臣曾国藩专祠,恭折仰祈圣鉴事。窃据天津道丁寿昌、天津府知府马绳武等详称,原任大学士两江总督曾国藩,久任东南,勋劳懋著。同治八年调任直隶,正岁歉匪扰之后,地方凋敝,下车伊始,即以治河、练兵、饬吏三大端为务,次第举行,民赖以安。天津为诸河下梢、海疆要地,利益尤多,办理中外交涉事件,顾全大局,至今咸鉴其苦衷。他如清讼狱、减徭役、劝农桑、严锅伙之刑、祛盐务之弊,凡有裨于国计民生,无不尽心经营,实力兴办,委属有功于民。据绅士沈兆沄等联名吁恳于津郡择地建立专祠,以资报飨,由该道府转详请奏,声明所需经费另行集捐等情前来。臣查曾国藩前于两江总督任内因病出缺,迭荷恩施,至优极渥,并准于立功省份一体建祠,仰见圣主眷念荩臣有加无已,钦感同深。其在直隶几及两年,政绩实多可传。今津郡绅民追念旧德,吁恳祠祀,出于至诚。相应仰恳天恩,俯赐照准,以顺舆情。理合恭折具陈,伏乞皇上圣鉴训示。谨奏。

一时间,大规模纪念曾国藩的活动陆续出现,很多人撰写文章和挽联赞美他。在众多的挽联中,李鸿章的挽联被认为是最杰出的。这同时表示如果李鸿章能够全身心投入文学创作的话,他也有可能跻身于最优秀的学者当中。中国诗歌翻译成英语后就会大大失去它原有的韵味。尽管如此,我们还是想把李鸿章写给曾国藩的挽联呈现在此,相信持同样观点的人一定会非常赞同:

谋国之忠，知人之明，自愧不如元辅；
同心若金，攻错若石，相期无负平生。[1]

李鸿章写给曾国藩的挽联发表在《京报》（Peking Gazette）[2]上，这副挽联的翻译最早出现在《通闻西报》上。上文中提到的精彩翻译出自《中国皇帝的婚姻》（The Marriage of the Emperor of China）的作者之手。

另外，这篇补充材料忽略了英国炮舰在打击沿海海盗过程中所发挥的作用。随后，李鸿章组建起舰队维护沿海秩序。这样，清朝就无须依靠外国武力来维护海上治安了。

---

[1] 此挽联是左宗棠为曾国藩写的，并非如英文原文所说是李鸿章的挽联。李鸿章挽联内容：师事近三十年，薪尽火传，筑室忝为门生长；威名震九万里，内安外攘，旷世难逢天下才。——译者注
[2] 陈友仁于1914年创办，经常发表与政府不同的言论。——译者注

插图说明

THE ILLUSTRATIONS

  本月的插图与清朝葬礼无关，记录的是一年一度纪念死者的仪式。每年 9 月份，很多地方都会举办这一仪式。大家都知道，清朝人十分尊重死者，死者亲属会在特定的日子专程去扫墓。不过，这和文中将要提到的祭祀仪式并不是一回事儿。文中描述的这个仪式本质上更像是一场慈善募捐活动。一位居住在虹口的朋友提醒我们关注这一仪式。我们趁机走访了一些人，并拍照留念，但是当时并没有拍下这些情形。在祭天仪式结束之后，当地人搭建起了一个很大的芦席棚，里边摆满了图片里展现的这些物品。后来，负责祭祀的人员将祭坛转移到一个极其宏伟的建筑中——广东会馆。它位于苏州河附近，距离租界大约有一英里，被当地的清朝人称为广东会馆。

  仪式持续了三天之久，期间使用的物品很特别。由此可见，这些经过精心安排的仪式，非常值得一探究竟。既然是募捐，我们就可以想象一下人们究竟会有多慷慨。事实上，在虹口地区，仅广东人集中居住的一条街区就募捐了 1300 余美元。这些钱会用于制作照片中的神像，修建祭祀的祭坛等建筑，购买灯具，以及雇佣看守人等等。

  在祭祀仪式中，人们聚集在一起祭拜死者的魂魄。这些死者生前都很穷苦和不幸，得不到照顾，死后也没有亲戚参加他们的葬礼，享受不了亲属的供奉。祭拜的地方面向公众开放三天三夜。一大早，人群就聚集起来了；中午时分，人越来越多，变得拥挤不堪；晚上，人们点亮数不胜数的灯。这些灯一半是传统的中国灯笼，一半是外国的枝形吊灯，非常明亮。

  祭祀的地方分成好几个小的厅堂，一个厅堂摆放着图中所示的祭坛，另一个厅堂的祭坛前有一张长桌，摆满了盛放着各种水果和糕点的小碟和茶托。每个祭坛前都摆放着祭拜用的各式供品。人们在第二个祭坛前点燃香烛，焚烧大量的纸钱，并将焚烧后的灰烬放到两个祭坛附近的容器内，容器四周围着铁丝网，以防引发危险或是麻烦。其他的房间内摆放着一组组很大的物品，有些供死者的亡魂居住；还有些小人，看上去应该是阴间的人物。如果读者仔细观察一下这张照片，会发现有些形象非常和善。

一年一度纪念死者仪式上的各种形象
GROUP OF FIGURES AT THE ANNUAL CELEBRATION OF THE WORSHIP OF THE DEAD

祭祀的纸人

GROUP OF FIGURES AT THE ANNUAL CELEBRATION OF THE WORSHIP OF THE DEAD

在下面这张照片中，有一些比较小的形象，表情凶神恶煞。它们大多是纸做成的，尤其是那两个巨人和疑似马的动物最为明显。遗憾的是，由于人群拥挤和位置欠佳，我们拍不到陈列的另一组物品。这些纸人都是用皱纹纸糊成的，没有脸，五颜六色，从头到脚的穿着都十分得体。我们难以确认它们具体的寓意，或许他们代表的是那些不存在的鬼魂。在仪式上要烧掉很多这些东西，不过由于都是由易燃物品制成，所以烧起来倒也用不了几分钟。

由于这期已经花了很大的篇幅讲死人和葬礼，所以我们本不想在这个话题上赘述太多。但是一位好心的朋友给我们寄来了下面的一些补充内容，他觉得有点奇怪。我想读

一年一度纪念死者仪式上的纸人像
GROUP OF FIGURES AT THE ANNUAL CELEBRATION OF THE WORSHIP OF THE DEAD

纪念死者仪式上的祭坛
ALTER AT THE CEREMONIAL OF THE WORSHIP OF THE DEAD

者和我们一样也会这么认为。我们就以下面的简要记述结束我们关于这个话题的讨论。

在北京，如果父母过世，儿女要从头上剪下两三英寸的头发，放到死者的衣袖中。这样，死者的魂魄到了阴曹地府后，就可以用这些头发向阎王爷证明自己有几个孩子活在世上。

在死者死亡之前，儿女要给死者穿上他最好的衣服。父母过世的第一天，尸体要头枕鸡鸣枕（看起来像一块白色石头），口中放一包茶叶，以便黎明时分，魂魄能够听到鸡叫声回到家中。死人的肚子上要放一面镜子，镜面朝下，两脚用麻绳绑住，以防诈尸。儿女还要蒸好扁圆或细长形的面饼（也叫"打狗饼"）或面棒（也叫"打狗棒"），放到死者的衣袖中，以便魂魄到了阴曹地府的"狗村"的时候，能够打发那些饿狗。

广东路戏园子的戏台

STAGE OF THE CHINESE THEATRE, CANTON ROAD, SHANGHAI

感谢司登得先生为我们带来的有关清朝戏曲的讲座，使我们在本期能够为读者们呈现清朝戏曲的丰富内容。我们将为读者们展示一张清朝戏台的照片，以便加深大家对清朝戏台的理解。

露在外面的戏台长约20到25英尺，宽约30到35英尺，高约4英尺。观众席位于戏台对面和两侧，两侧通道均可达后台。后台是演员和助手们化妆和休息的地方。严格地说，后台里没有我们所说的试衣间，但是正如照片所示，会摆放一些桌子和椅子。

一个戏班子里大约有七八名乐师，有一位主要拉一种类似小提琴的乐器。表演时乐师们坐在戏台的后排，密切配合演员演唱的每个转音、紧音、花音。虽然在我们看来，这些音乐毫无旋律和美感可言，不过不得不承认，清朝戏曲演出中表演和音乐的配合远比我们舞台上的演奏配合紧密得多。另外戏曲演出还要用到其他一些乐器，如竹笛、箫、镲、锣鼓等。在涉及大量打斗场面的历史战争题材的戏曲演出中，震耳欲聋的锣鼓声简直让人难以忍受。第一次看清朝戏曲的人，一定会觉得那些乐师对他们所做的事情毫无兴趣可言。他们不看乐谱，站坐皆可，除了不能跟演员互动，他们甚至可以在台上走动。他们个个面黄肌瘦、邋里邋遢，看起来无精打采，或许跟吸食鸦片有关。观众不会太关注他们，而是专注地盯着台上的演员。除非观众特意去听伴奏与演员的演唱配合得好不好，不然不会关注乐师。

再往后，戏台里站着那些负责递送道具的跑龙套的伙计。正如讲座中描述的那样，戏台上没有舞台布景，但会有两三张桌子和五六把椅子。它们几乎可以充当任何需要的舞台道具。以照片上的情景为例，舞台中间摆放着一张盖着绣花桌布的桌子（非常普通的四条腿的桌子），桌子上面又摆了另一张桌子，还是同样地用一块桌布盖着。在第二张桌子上面还搁着一把椅子，三根竹竿交叉支撑着刺绣帷帘。这可能表示的是皇帝的御座，或者是判官的椅子，或者是其他类似的场景。台上还有四把很普通的木椅，桌子两边各一把，不过都用绣花布套了起来。如果需要模拟城墙，两个演员会在舞台两侧用竹竿支起一块布，为了方便演员从"城门"中间通过，布从中间分开，两边绑起来。如果不需要，他们就把竹竿和布简单地收起来，放到舞台后边或是两侧，待需要的时候，再举起来。我们曾经看到过他们是如何模拟山林的。他们在两张普通的桌子上放一张桌子，然后在上边的桌子上放一把椅子，椅背上绑着一根树枝，这就表示一座山林。不难想象，西方的观众想要完全看懂和欣赏清朝戏曲需要多大的想象力。

舞台两侧的通道也叫"鬼门"，左边是上台的通道，右边是下台的通道。演出进行

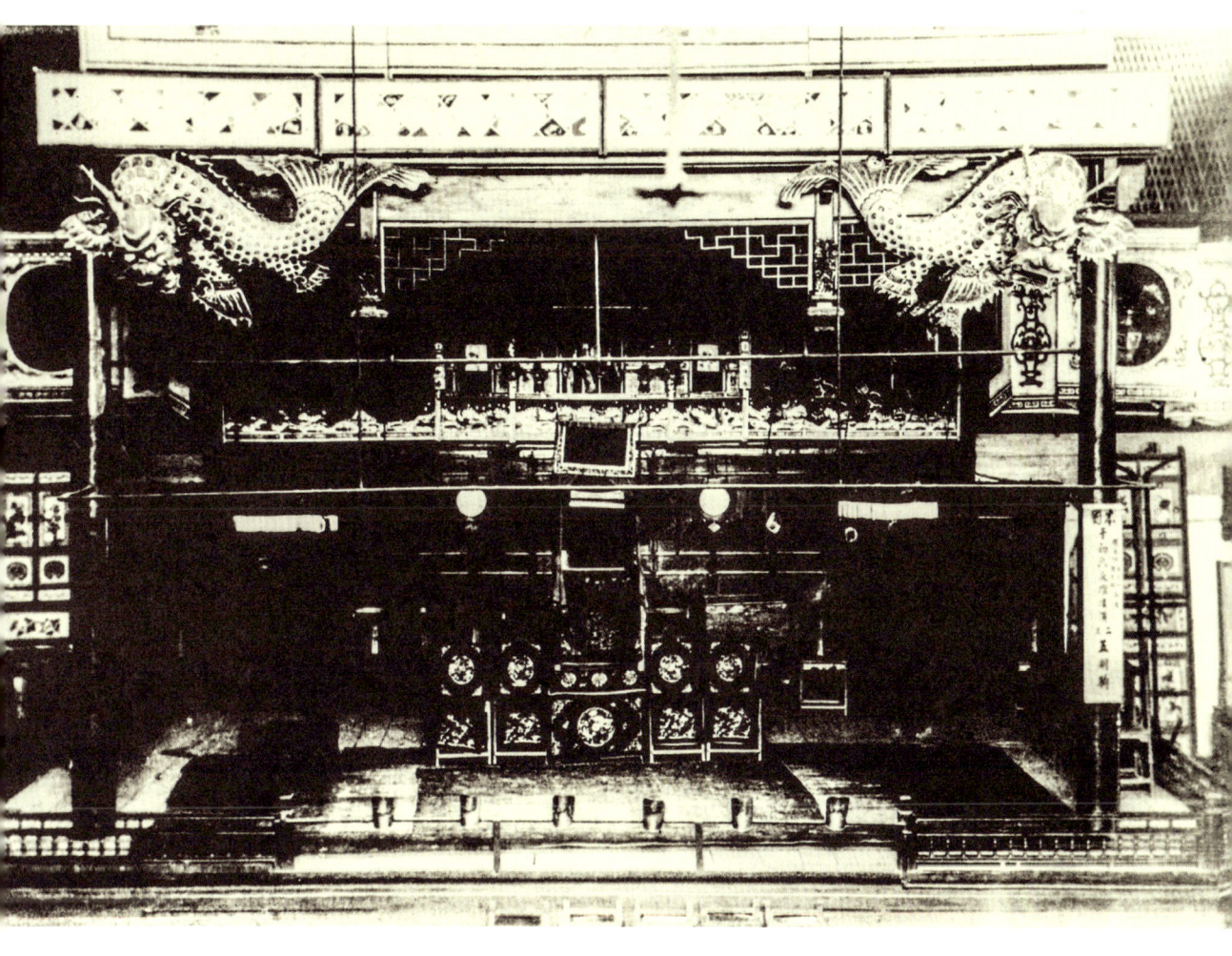

广东路戏园子里的戏台
STAGE OF THE CHINESE THEATRE, CANTON ROAD, SHANGHAI

的时候，门要开着，门帘要卷起来。台上一刻都不会闲着，一个演员或是一组演员下场后，就会有新的演员上台。为了避免时间出错，舞台后边挂着两个钟表。两个钟表之间，一面大镜子隐藏在那些华丽的服饰中。对演员们来说那面大镜子很重要。他们经常需要在台上更换演出服装，这个时候，他们背对观众，从助手手中接过需要的服装，再把换下来的交给助手拿下去。

　　这张图片以及我们的说明对司登得先生的讲座是一个很有意思的补充。但是关于清朝戏曲，还有很多内容可供讨论。所以未来，我们一定会为读者们提供更加丰富的清朝和日本戏曲的相关内容。

1876 11月
NOVEMBER

远东地区的风俗习惯（三）：澳门人的种种迷信
MANNERS AND CUSTOMS IN THE FAR EAST: NO.3 VARIOUS SUPERSTITIONS OF THE CHINESE AT MACAO

月食

在清朝，无论身份高低，所有人对月食都很迷信。他们认为无论日食还是月食都预示会有灾难发生，而且确信这种自然现象和人世间的灾难紧密相连。他们还会猜想灾难将要导致的后果以及形成的原因。对此，大家的看法各不相同。有人认为皇帝沉迷于女色，对其言听计从，因此给国家和皇帝本人带来灾难；有人认为大臣图谋不轨，试图造反；有人认为国家即将遭受外族入侵；还有人认为不孝子忤逆，将会受到上天的惩罚。

月食持续的时间暗示着灾难持续的时间。月偏食预示处罚较轻，时间较短，而月全食则意味着可怕的灾难将会持续很长一段时间。他们还认为，月食之所以会发生，是因为有条巨龙正在吞食月亮，消失不见的那一部分月亮被巨龙吞进了肚子里。这个时候，人们纷纷来到室外，有人爬到屋顶上，有人跑到街上，敲锣打鼓，制造各种噪音，试图把巨龙吓跑。

神像

在清朝，你可能会在街角看到一些放着神像、点着香火的壁龛，以免孤魂野鬼纠缠路边行人，给他们带来厄运。这一风俗起源于中国历史上赫赫有名的姜太公，街角供奉的便是他的神像。

姜太公原本是一名渔夫。他钓鱼的方式与众不同，据说用一根针作鱼钩。一天，好运降临，他钓到了一块价值连城的石头。[1] 姜太公自称拥有超能力，他认为这预示着自己不日将飞黄腾达，身居高位。他志向远大，积极投身于政治活动，很快便在政府中获得了职务。后来他参与到推翻商朝的活动中，为周朝的建立提供了很多宝贵的建议。周朝建立后，他被封为丞相，此时已是八十高龄。姜太公深受百姓的爱戴，国君视他如父。因此他去世以后，便被逐渐神化。

---

[1] 与历史不符。——译者注

巫师

清朝人相信巫术和魔法。在清朝,巫师是一种得到大众认可的职业,在很多场合都可以看到他们的身影。他们认为恶鬼是导致病人生病的罪魁祸首。如果有人生了重病,家属会请巫师做法,为病人驱鬼。如果家中刚刚有人去世,家属也会把巫师请来做法事,驱赶潜伏在房间里的恶鬼。

驱魔的法事通常在夜晚进行。巫师穿得像牧师一样,头上缠着一块深红色的头巾,手持一柄双刃剑,附近还有两个人敲锣击鼓。要做法事的房子里的东西完全根据巫师的指示摆放——中央点着灯,放着一把稻草。

在两个人的陪同下,巫师移动脚步,缓慢地在空中挥舞着剑寻找鬼怪。同时,他身旁的两个人也会敲锣击鼓。当巫师找到鬼怪以后,他就会和鬼怪进行搏斗。这时,他的步伐加快,快速地挥舞着手中的剑,锣鼓声也随之紧凑起来,这是搏斗开始的标志。这时爆竹声响起,巫师用尽全身力气挥舞着手中的剑,好像已经征服了鬼怪并且使之成了阶下囚。这时,巫师假装将鬼怪放到稻草上,点燃稻草,举着燃烧的稻草冲到街上。两位助手紧随着他,不停地敲打着手中的锣鼓。三个人一直走到海边,将那捆稻草扔到海里。他们认为这样鬼怪就会被淹死。

这些骗子们经常被请去为房子或者船只祈福。他们披着红绿相间的斗篷,面前摆着各种贡品和酒。伴着锣声,他们时坐时跪,举行仪式。所有用来做献祭的地方都要一一仔细检查。

拈阄

清朝人在着手做某件事情之前,总要抓阄算算运气。因此,许多人以占卜为业,产生了很多算命先生。他们坐在街头,将笔墨纸砚和盛着占卜竹签的竹筒放在板凳上。占卜竹签的顶端削得很尖,下面一点的地方有一条黑线。

算命先生人数众多,但他们个个都生意兴隆。算命先生在街上有固定的地方,他们悬挂一些不同的字来吸引路人的注意,比如,"请卦""算命""测吉"。算命时,他们一直晃动竹筒,直到有一根签从筒内掉出来。算命先生先是查看竹签上的文字,然后查阅书籍,找出其中的寓意,将解读卜辞的话语写在一张纸上或者是金属盘子上。接下来,算命先生还会继续晃动竹筒,重复之前的过程,最后得出结论。算命先生一般会给求签算命的人一个满意的答复,预测求签者未来会取得成功,但有时也会预测出一些不吉利的运势。

此外,还有很多瞎子整天在大街上闲逛,他们也是算命先生。他们需要那些算命者的帮助，才能够预知未来的秘密。和其他领域一样，算命界同样也有女人的一席之地。她们通过看手相，预测那些咨询者的未来。

事实上，在日常生活中，清朝人处处需要算命先生的帮助。想要预测事情的进展顺利与否时，他们会找算命先生。发生耳鸣或者眼跳这些小事时，他们也会急急忙忙找算命先生预测吉凶。

最有趣的是，有些求卦的人会向空中抛两片竹根，然后根据竹根掉落的方式来判断运势的好坏。如果竹根掉落的方式预示着好运，那么就不能再抛第二次。如果竹根掉落的方式预示着厄运，那么求卦的人就可以再掷，直到掷到好运为止。结果自然是所有人都满意而归。因此，这种方式吸引了众多的恋人们。

哲学家老子

关于老子的出生，清朝流传着这样一种迷信的说法：

老子的母亲未婚，感圣光而孕。在母亲怀胎八十年后，这位伟大的哲学家才从母亲的腋窝下出生。他生来就是一个老头的模样，花白的头发，花白的胡须，学识渊博。他为后世留下了《道德经》一书。

马丁斯

远东地区的风俗习惯（四）：游行

MANNERS AND CUSTOMS IN THE FAR EAST: NO.4 CHINESE THEATRICALS

清朝人只有在进行三日祷告，或者进行寺庙的落成典礼时才会组织宗教游行。一般情况下，举办这类游行的目的是为了祈求祛除瘟疫，或者天降甘霖。宗教游行举行之前，会指定一个委员会，每个人负责游行中的一项任务。游行经费都来源于慈善捐款。

宗教游行队伍前边一般是两个敲锣的男人，后边是一些摆放着供品的架子或盘子，之后依次是乐班、玻璃或者是油纸做的灯笼。队伍中，四个男人抬着一张长桌。在摆放着供品的架子上，有一棵铁质的树。这棵树是人工制作的，上面有一些面对面站着的小孩。由于支撑孩子站立的支撑物被很巧妙地隐藏了起来，所以这些孩子看起来就好像直接站在树枝上。这些孩子可能扮演的是戏曲故事中的一个将军和他的副手，或一个官员和他的师爷。

队伍的后面是一条龙。这条龙有点像是一条张着大口的巨蛇，龙头由木头做成，龙身由竹弓制成，外面覆盖着红布，装点着由绿色和银色的纸制成的鳞片。因为龙的体积庞大，一条龙需要很多竹弓，有时多达二十个、四十个甚至六十个竹弓。每个竹弓由一根竹竿支撑，每根细竿都需要一个人扛。所以，一条龙有多少个竹弓，就需要多少人扛竹竿。

龙头是它身上最重的部分，头部的竹弓要比其他部分的厚，所以需要两根竹竿来支撑。这两根竹竿需要选择一位很有力气的男人来操控。另一个人控制着一根顶部放着圆球的竹竿，在龙嘴前晃来晃去。竹竿顶部的圆球也是竹子制成的，白色镶边，里边装着一个更小的用红布包着的球。

表演过程中，为了表示龙正尝试咬住那颗红色的绣球，舞龙头的人会不断地低下龙头，那些舞龙身的人们便会跟随他的动作而动。龙头时不时地转向刚落成的寺庙，有时也会俯下身子。每当出现这些动作，人们就要燃放爆竹。夜晚，龙身每个竹节内放置的灯会被点亮。这时龙身通体发亮，呈现出一片祥和欢乐的气氛。

游行队伍身后还跟着约由十二人组成的护卫队。他们穿着普通的衣服，戴着斗笠，系着束腰带，手里拿着戟。近些年才有人雇护卫队参与到游行队伍当中。

此外，鱼贩们每年还会举行游行。在农历四月初七那天，通常是在我们公历的5月份，大批鱼贩子们分为不同的团体，各举着一条龙，在锣鼓喧天中时停时走，沿街游行。和上文描述过的类似，龙头由木头做成，只是龙身比较随意，几乎连鳞片都没有，不再那么光鲜漂亮，也不再那么立体有形。由于龙身上没有多少关节，比较松垮，舞龙的人只能靠自己的扭动来使龙舞动。

澳门酷热的夏季通常都从5月份开始，到10月份结束。冬季从11月份开始，到来年2月份结束，气候干爽宜人。三四月份，天气湿润多雾。夏季是雨季，雨水特别多。清朝人，尤其是那些普通的老百姓们都认为这些雨是龙王降下来的。龙王升天，吸起海里的水，将海水散到云里，再将云转换为雨水降到人间。如果不举行游行，龙王就不会升天降雨。所以他们从来不敢在祈雨的仪式上马马虎虎。在游行队伍中，有的人有点醉醺醺的。这是因为只有喝醉的人才能更好地模仿出龙腾云驾雾的神态，更好地表现出游行的效果。

每当建造寺院的时候，不论是建成一半还是快要竣工，总会有类似的游行。游行的费用主要由社会上一些比较富有的人来负担。游行队伍沿街一直蜿蜒行进，到达新落成的寺庙后，游行的人员便分散开来。

两个敲大锣的汉子走在前方，为游行队伍开路，紧跟着的是另两位手持大旗的汉子，接下来是摆放着供品的架子、透明的油纸灯笼和一些风格不同的小旗子。队伍的最后是乐队。游行队伍后面跟着上文提到过的护卫队。

在游行队伍中，我们还可以看到一些祭坛一样的东西。在介绍葬礼的那篇文章中，我们已经讲到过。这些物品的两侧是当地的上流人物。后边则是一面很大的旗帜，跟着一队举牌人。他们每个人手里都举着一块小牌子，上边刻着金色或蓝色的字，记录着新寺庙落成的日子，以及举牌人的姓名。这些牌子要奉献给寺庙。当游行队伍到达寺庙后，住持会接过这些牌子，并在寺庙中存放一段时间。

（敬请关注我们对宴请习俗的介绍）

马丁斯

日本驻清公使森有礼

HIS EXCELLENCY JUJOI MORI ARINORI, JAPANESE MINISTER TO CHINA

日本驻清公使森有礼用行动表明，他虽然年轻，但已经完全有资格在高手如云的北京外交界立足了。森有礼出生于鹿儿岛，1865年奉萨摩藩主之命与24名青年一起赴英留学，就读于伦敦大学，时年19岁。在同一批留学生中，他是后来在日本功成名就的几个人之一。在英国学习两年后，他因日本国内政治局势变化回国。不过在归国途中他在美国游学一年，继续自己的学业。

回国之后他立刻得到一份外交职务，不久之后被选入公议所，担任公议所所长主持事务。该机构号称将重塑日本体制。他在英美的所学为其工作提供了宝贵帮助，也扩大了他的影响力。森有礼实施了许多大胆的改革，其中废止武士带刀特权的提案饱受非难。虽然森有礼最终实施了这项政策，但是保守派对这一激进的改革十分愤怒，森有礼不得不辞职归隐以躲避暗杀。森有礼一直归隐于鹿儿岛，风浪稍稍平静后便被派往美国，担任了日本首位驻美公使。

……

日本的政治家们忙于国内改革的同时，也没有忽视维护日本在国际社会中的地位。他们对朝鲜局势表现出强烈的兴趣。安南已屈服于法国。朝鲜跟安南一样，也引火上身。此外，朝鲜还与野心膨胀一心扩张领土的俄国结盟，随时都可能刺激俄国占领朝鲜。对此，

日本驻清公使森有礼
H. E. JUJOI ARINORI MORI,
JAPANESE MINISTER TO CHINA

日本政府试图通过清朝接近朝鲜，并不断扩大日本在整个远东地区的影响力。与清朝加强合作的任务落在了日本驻清公使森有礼的肩上。

森有礼成功地完成了这项任务，不过人们认为森有礼并没有遇到什么挑战，因为清朝对半岛领土完整的关注丝毫不亚于日本。半岛横亘清日之间，一旦被外部力量占据，对双方都将是永久的威胁。总理衙门派出一位专员携带信件前往朝鲜——日本人就这样轻易地实现了自己的要求。因此，就像海军准将马休·佩里（Matthew Perry）敲开日本大门那样，日本似乎也没有动用武力就征服了朝鲜。目前朝鲜正敞开大门与各国进行贸易。如果朝鲜人和日本人一样重视抵制鸦片入侵，那么对外交流就是十分有益的。打开朝鲜大门的部分功劳要记在森有礼身上。

本期刊物上森有礼的肖像是由桑德斯先生拍摄的。桑德斯先生的新摄影棚里设备完备，环境舒适。他已经在上海从业多年，在清朝和日本各地拍摄的景物图片和肖像照十分出名。自从他的助手施托斯先生从欧洲来到清朝以后，他们的摄影技术又有显著的提升。《远东》杂志上的肖像照大多都是桑德斯先生拍摄的，他十分热情地帮助编辑承担拍摄工作。仅凭这一点，我们就足以确定他拍摄的肖像照肯定具有极高的价值。我们在此附上森有礼的肖像照，不过既然前面已经有文章专门介绍森有礼，我们就不再赘述了。

麦嘉湖

苏州河堤

THE MOUND, SOORHOW CREEK

和清朝其他的开放口岸城市相比,上海有其得天独厚的优势,但是在划船比赛水道方面,就要逊色多了。上海北边著名的苏州河,蜿蜒曲折流经许多村庄,最终汇集到两岸住着英国人和美国人的黄浦江。河面宽约50—80码[1],潮水绵延至很远的地方。

从左岸逆流而上,上海划船总会[2]的两间船屋,一间位于河口,另一间位于上游1.5英里的位置。河面横跨着几座木桥。最后一座桥附近的河岸整齐地排列着一些船只。这些船有的是单列,有的是双列,有的是游船,有的是货船。在西方人聚居区的边界处,也是最后一座桥所在的位置,有一座煤气厂,其上游的河流相当清澈,完全可以用作划船比赛的河道。

比赛河道位于两条河段上,起点在上游,终点杆位于煤气站和最后一座桥附近的护堤上。河流两岸有几栋非常精致的别墅。其中米勒(Messrs. J. L. Miller)[3]和巴特(Batt)的别墅值得一提,他们美丽的后花园总是向那些愿意和热情的主人共享快乐时光的人们开放,花园内可以欣赏到两条比赛河段的美丽风景。照片中可以看到,上海周边的村庄地形平坦。和它附近比起来地势是最高的。据说上海过去曾是一处要塞,现在仍然可以寻找到一些痕迹。此外,我们还在画报里放了一张赛舟看台的照片。

今年秋季的小艇比赛在10月30—31日举行,比赛双方分别是苏格兰队和英格兰队,最终苏格兰队获胜。

---

[1] 1码 ≈ 0.9144米。——译者注
[2] 1859年10月,各国侨民中的划船爱好者在上海自发举行了第一场划船比赛。不久,上海划船总会在苏州河畔成立。——译者注
[3] 1872年任大英上海自来火房、英商上海煤气公司董事长。——译者注

上海秋季举行划船比赛时,竖立在苏州河堤上的终点杆
THE WINNING POST, AT THE MOUND, SOOCHOW CREEK, SHANGHAI AUTUMN REGATTA

苏州河上游河岸
ON THE NORTHERN RIVER(SOOCHOW CREEK)

苏州河上游河岸
ON THE NORTHERN RIVER

  每年的这个季节,上海的运动员都会空出星期六下午去射击或者是钓鱼。大多数人会选择去河流上游的船屋。我们之前曾经提到过这些布置得十分舒适的船屋。这些船根据自己经营的业务选择停泊的位置。照片拍摄于河口上游大约 20 英里处的一个小村庄。

戴枷锁的犯人
THE CANGUE

清朝惩罚罪犯的方式通常都和折磨分不开。照片上展现的戴枷锁的惩罚方式已经算是最轻、最简单的了。枷锁是一种木质颈圈,虽然不是非常重,但是罪犯需要整天戴在脖子上,一定非常辛苦。枷锁上面写着罪犯的罪名。戴枷锁的罪犯要站在事发现场或者是附近示众,从而使其感到耻辱。照片上,虹口警察局外面站着三个戴枷锁的罪犯,旁边有警察看守。

虹口警察局外戴枷锁的罪犯
THE PUNISHMENT BY THE CANGUE, HONGKEW POLICE STATION

1876 12月

DECEMBER

远东地区的风俗习惯（五）：澳门的宴会和节日

MANNERS AND CUSTOMS IN THE FAR EAST: NO.5 FEASTS AND FESTIVALS OF THE CHINESE IN MACAO

清朝最重要的节日是新年。这一天，每个人都忙于祭祀和宴请。这一天又是斋戒日，据说是为了避免喝醉。这一天，每个人都穿上了新衣服，即便是那些生活极度贫困的人，都会穿戴一些新的东西。

过新年前八天，几乎所有的商店都装饰一新，随处可见五颜六色形状各异的手工花、纸钱等。在大街上，人们售卖着盆花、小玩具、古玩等物品，还能看到一群人围在一起赌博。水上的船只也挂起了华丽的旗帜。这个时候，水上的船只特别多。音乐声和鞭炮声昼夜不绝于耳。

在除夕夜，人群越聚越多，人们的热情也越发高涨。赌博的人也越来越多，到处都是。市场和港口纷纷张灯结彩，船家也点起了灯，把船只装饰得非常漂亮。一切都沉浸在音乐和烟花的海洋中。此时各种商品的交易量非常大，但是即便在这种欢乐的时刻，也会有小偷出没。进入一年最后一天的午夜，所有的商店和工厂都会休业。新年的庆祝活动一般会持续八天。新年第九天，商店开始正常营业，大家燃放鞭炮或者烧纸钱，庆祝一年好的开始。

二月二是祭祖的日子。城市里的许多社团都会举办庆祝活动，活动费用主要靠捐献。每个社团都会搭建一个祭祖用的帐篷，在里面整齐地摆放着一些照片，并请乐师奏乐，时不时地燃放爆竹。祭祀活动期间，供品一个接一个地呈上来。当帐篷里聚满了人以后，外面就会燃放爆竹。爆竹一落地，每个人都会冲出去，第一个捡到的人就是胜利者，代表他这一年都会交好运。之后还会不间断地燃放更多更大的爆竹，那些捡到爆竹的人们都会幸运一整年。同时，那些捡到爆竹的人需要上交同样多的爆竹。为了让每个捡到的人都能履行义务，负责人记录下捡到爆竹的人及他应该提供的爆竹的数量。

这类活动只流行于普通阶层，富人们一般都在自己家里进行祭祀，但是也有许多富人会作为看客出现在上述祭祀活动中。祭祀活动通常持续两三天，活动最后一天的夜晚会燃放另一种爆竹。这种爆竹上放置着一些戏曲人物的画像。每个人物的名字都用汉字写出来，并在火药的推动下飞起来。爆竹表演会尽可能地模仿戏园子表演中的每一出戏，飞得低一些的烟花代表第一出。第一出结束之后，紧接着第二出的人物就登场了，直到所有的人物全都出现。

二月十九是观世音菩萨诞辰日。清朝人在家里、海边和寺庙里都要进行祭拜活动。祭拜活动中，除了金银纸钱以外，通常还会有非常丰富的供品。

二月的最后一天是立春。从这一天开始，清朝人要祭祀他们死去的亲人。这些祭祀活动会持续二十多天。人们会在墓碑前摆放供品，并燃烧纸衣和金银纸钱。在祭祀活动的最后一天，供品会被散发给那些穷人。在这种情况下，祭祀地点附近通常会聚集大量的穷人。

三月二十三是祭拜天后的日子。清朝人认为天后是天上的女神。祭祀活动在家里或者海边举行。

四月二十七是祭祀中国伟大的神医华佗的日子。关于他的死，流传着一个故事。华佗受到一位患有剧烈头痛病的高官召见，华佗认为最好的解决办法就是开颅。这种治病方法既没有人用过也没有人听说过，所以那位高官认为华佗意图谋害他，于是下令将这位可怜的医生抓了起来，之后还处死了他。祭祀华佗的活动仅限于从医的人，一般是在家里设一座写着神医姓名的牌位。

五月初五是清朝人纪念古代一位投江自尽的官员的日子。据说这位官员为了让他的国家繁荣昌盛，整日殚精竭虑。但是国君却荒淫无度，不为群臣做表率也就罢了，还经常做一些不应该做的蠢事。于是这位官员经常向国君提出诤言。但是国君根本不喜欢听这些忠告，反而把他驱逐到汨罗江边。实际上，整个国家已处在分崩离析的边缘。这位官员不愿眼睁睁地看着自己的国家走向灭亡，只好投江自杀。一年后，他的尸体腐败，他的朋友们开始在汨罗江里寻找他的尸体并为他招魂。从那以后，人们每年都会在江边举行纪念这位官员的仪式，但是气氛比较欢乐，旗帜招展，鼓乐喧天，张灯结彩，爆竹声声。在这一天，家家户户会在门上挂一枝棕榈或者其他树枝，一直挂到干枯为止。

五月十三是关帝诞辰[1]。关帝是一位名将，他有一棵品性高洁的大树。当他给予别人东西时，他就用这棵大树上的叶子把它包起来，同样，当他收到别人的任何东西时，他也会用这棵树上的叶子包起来。一天，有个人希望测试一下这棵树到底有多么神奇，于是将毒酒盛在一个银杯子里送给这位将军喝。将军接过酒杯，将树上的一片叶子放到酒杯里，酒和酒杯立刻燃烧了起来。这棵树的神奇之处由此可见一斑。纪念关帝诞辰的

---

[1] 另一说为六月二十四。——译者注

仪式主要是祭祀供奉和燃放爆竹。

六月夏至时，人们要供奉祭品，燃放爆竹。和我们的夏至不同，根据清朝的纪年方法，夏至没有固定的日期。

七月初七是纪念亡人的日子。祭祀活动共持续三天。人们在一个特定的地方架起芦席棚，将佛像和其他一些神像放置其中。神像前的一些台子上放着一些方形杯子。这些方形杯子被一个个地连接起来，杯口统一朝向棚子入口。主持面朝神像站立，随着音乐诵经。棚子的其他地方可供访问的人们使用。

棚子里边挂着一些绘有阴间阎王殿的图画。清朝人相信，人离开这个世界后，他们的灵魂要接受审判。阎王殿和清朝官府的衙门相似，除判官以外，还有各类文官、行刑者以及接受审判的灵魂。画上也描绘有针对有罪灵魂的各种惩罚，有的被锯为两半，有的被野兽撕裂，有的被斩首，有的被刽子手大卸八块。

祭祀活动的装饰品主要有光瓷器皿、玻璃灯或者透明油纸灯、放在容器里的花、燃香和不同形状的彩纸装饰物。祭祀活动中，白天有主持们主持仪式，晚上有礼乐表演。大棚子附近还搭建了一个小棚子，摆放着一些竹制小神像。这些神像身上都包着彩纸，第三天的午夜就会被烧掉。在这三天里，清朝人也会在自己家里进行祭祀。他们会焚烧不同的衣服，燃放爆竹，以此供奉死去的亲人。除了这三天之外，有些人还会在另外的时间进行祭祀或者通过其他仪式纪念亡人。

八月十五这天，有些清朝人会在自家附近竖起一根旗杆，旗杆顶上挂着一面方形或者三角形旗帜，并用灯模拟天上的星座，写一些向月亮致敬的话。升起旗帜的时候，他们会燃放爆竹。这样热闹的仪式会一直持续很久。晚上，所有的家庭成员都会在旗杆附近团聚。他们欢聚一堂，燃放烟花，直到半夜。那些不竖旗杆的人家，会在自家门上或窗户下悬挂灯笼，一家人团聚在一起，一直到午夜。船上的人家在这一天也会有类似的活动。

为了确定午夜的时候云是否会遮住月亮，接近半夜的时候，每个人都开始观察月亮。如果午夜的时候月亮很亮，可以看到它全部的光晕，那就预示着今年是个丰收年。如果午夜的时候云彩遮住了月亮，那么则预示着灾难即将发生。如果云彩非常昏暗并且长时间遮住月亮，那就预示着会发生严重的灾难。

九月十九是观世音菩萨出家的日子。人们会在家中和寺庙里摆放供品。

九月二十七是纪念五岳神的日子。五岳的名字分别是：泰山、华山、恒山、衡山、嵩山。纪念的方式包括供奉祭品和燃放爆竹。

十一月中的一天是纪念冬至的日子，纪念方式和夏至的相同。

十二月二十三是纪念灶神爷升天的日子。人们认为每一个灶台都有一个灶神爷保佑他们。只有在这一天，灶神爷为了向天帝表示敬意，才会暂时离开他们。纪念活动主要是摆放供品和燃放爆竹。

在所有的节日纪念活动中，每一座寺庙都会悬挂很多灯笼，还会得到大量捐赠。这些捐赠是寺庙收入的重要来源。不过虔诚的佛教徒一般会负担那些和灯笼相关的费用，他们各自负责当天的费用，而且总是会有很多人愿意承担这些责任。寺庙主持会在庙中设置一个功德牌，记录奉献者的名字。

除了普通的纪念活动，每个行当还有专门祭祀本行业祖师爷的活动，他们会挑选一个特定的日子纪念各自行业的祖师爷。清朝的皇帝会在每年春天祭拜先农神。祭拜先农神的仪式是皇帝参与的所有活动中最庄重和最重要的仪式。皇帝会邀请40名经验丰富的老农夫参与这一仪式。致辞结束之后，皇帝最先走到田中，身后跟随着40名老农以及皇子和王公大臣。到达田里之后，皇帝扶犁耕田，掘土播种，所有陪同他的人也需要做同样的事情。（下一期我们会讲述和中医相关的内容以及一些主要的宗教仪式）

马丁斯

卫三畏

SAMUEL WELLS WILLIAMS, L.L.D

近来，关于卫三畏博士的评论有很多，下文将对卫三畏博士的生平进行详细的介绍，以飨重视具体事实的读者。

1812年9月22日，卫三畏出生于纽约州中部一个风景如画的小城尤蒂卡。在家乡的美景中，他第一次意识到对自然的热爱（现在依旧如此），也学会了带着敬畏之心看待万物。

在很小的时候，他就对阅读及研究表现出了浓厚兴趣。父亲丰富多样的藏书更进一步激发了他的兴趣。与优秀的阅读者不同的是，他记忆力超群，大概浏览一下就能获取别人需要深入钻研才能获得的信息量，即便是科学书籍也不例外。准备大学考试时，他带着对具体科学和博物学的喜爱，选择了一所以自然科学见长的大学（他没有选择"耶鲁"或"哈佛"这样研究死板语言的学校），投师到植物学和矿物学教授阿莫斯·伊顿（Amos T. Eaton）门下。暑假的时候，卫三畏经常同伊顿教授及其他教授一起前往相邻各州，采集博物学各个类别的标本，他们收集的样本丰富了如今著名的特洛伊城的伦斯勒理工学院[1]的馆藏。

有如此鉴赏能力的才子总会成为教授的爱徒。在学习上他进步飞快，20岁时就提前毕业，并被聘为理工学院的教授。毕业还不到一年，他暂时放弃了他钟爱的研究，于1833年6月15日乘船前往清朝，去接管美国公理会差会[2]在广州的印刷所。同年10月25日，他抵达清朝，一上岸就开始了工作。与此同时，他充分利用现有资源在政府许可的范围内学习汉语。当时任何清朝人都不允许教外国人说汉语。虽然有些人同意私下教授汉语，但是由于害怕被别人知道自己教番鬼汉语，于是他们想出了许多有趣的方法。来教课的时候，他们随身带着鞋子、制衣工具，万一有人闯进来，他们就开始闲扯，假装自己是鞋匠或裁缝，是为了做生意才来到番鬼家中的。

1835年12月，卫三畏从广州搬到了澳门，去完成麦都思[3]博士闽南语字典的印刷。原本，东印度公司负责这部字典的印刷，但是在印了一半的时候，东印度公司破产了。清朝政府不允许传教士在广州地区进行汉文印刷活动，所以卫三畏就去澳门继续这份印刷工作。

1837年，他乘"马礼逊"号（Morrison）进行了近代最特殊、最具冒险精神的航行。这艘船的所有者是号称"东方商业王子"、清朝最知名慈善家的一位富商，船长是英格索尔（D. Ingersoll）先生。此次航行目的是要把七位遭遇海难流落澳门的日本人送回国。同行的伯驾（Parker）博士带了许多药品、仪器、碗盘和画作。这些礼物是送给日本官员的。查尔斯·威廉·金（C. W. King）也加入了航行之列。"马礼逊"号从澳门出发驶往琉球群岛，在那里经历了一些奇怪、有趣又危险的事情。后来他们借鉴荷兰商人在长崎的做法，把船上的武器装备留在伶仃岛，取道江户湾，停靠在尾张[4]，打算把其中三个人送到尾张。由于他们几乎没有防御能力，因此被日本人的炮火驱逐。这让他们不得不带着那七位日本人提前返程。但在商业方面有了重大进展，日本最终被迫

---

[1] 美国顶尖、也是最早的理工大学。1824年由当时美国首富斯蒂芬·万·伦斯勒创办。——译者注
[2] 美国第一个基督教海外传教机构，是第三个进入中国的差会。——译者注
[3] 麦都思（Walter Henry Medhurst，1796—1857），19世纪著名传教士、汉学家，创立了传教士在中国最早的印刷出版机构——墨海书馆。——译者注
[4] 今日本爱知县的西部。——译者注

法学博士卫三畏
SAMUEL WELLS WILLIAMS, L.L.D

打开了对外商贸的大门。卫三畏博士饶有兴趣地提起这次航行，还在《中国丛报》（The Chinese Repository）[1]第六册刊登了一篇带插图的相关文章。

1840年，卫三畏印刷了裨治文[2]编著的《广州方言撮要》（Chinese Chrestomathy in the Canton Dialect）。几乎没人知道这本书将近一半的内容是他撰写的，而这部分内容被他的朋友认为是书中最出色的部分。

1842年，他出版了一本共200页的八开本《简易汉语课程》（Easy Lessons in China），旨在用一系列练习和逐行翻译推动广州方言的研究，与威妥玛的对话教材有些相似。

1843年，他出版了一本共400页的八开本《官方方言中的英汉用词》（An English and Chinese Vocabulary in the Court Dialect）。这本手册不仅帮助了外国语言学习者，还是清朝翻译以及外交官员的好帮手。同年，他帮助跟随"马礼逊"号返程的日本人完成了《创世纪》和《圣马修书》的翻译。

1844年，卫三畏出版了第二版《中国商业指南》（A Chinese Commercial Guide）。虽然这本书与罗伯特·马礼逊写的书同名，但是内容却是全新的。为适应当时的贸易状况，该书还进行了重编。

1844年11月，他离开清朝回到美国，途中花了近一年的时间在叙利亚、埃及和欧洲旅行，对旅行中的风景和见闻观察得十分仔细。二十年之后，他在上海做题为"叙利亚和圣地"（On Syria and the Holy Land）的讲座时，对这些国家的描述新鲜、明晰、细致，以至于在座观众都以为这位教授才刚刚结束他的旅行。

1845年，他回到美国。还没来得及接受朋友的祝贺，他就开始了另一项事业——在柏林镇（Beklin）刻出一种更好的金属汉字字体。他得到了美国长老会娄理华牧师[3]的支持。这项任务虽然艰巨，但他负担了所有的琐碎工作，并且立即开始准备所需汉字的列表。他承担了这项任务所需的资金。不过由于他对这项工作的职业敏感以及专心的投入，他完成了数个关于清朝概况的课题，并于1847年11月将这些资料以《中国总论》（The Middle Kingdom）的标题出版。人们对这本书评价颇高，认为虽然它印刷于三十年前，"但是各个清朝主题的内容充实而准确，是后世书籍无法超越的，因此至今它

---

[1] 又译《澳门月报》。1832年由美部会的传教士裨治文创办，主要发行地点是广州。1833年卫三畏开始负责刊行。——译者注

[2] 裨治文（Elijah Coleman Bridgman，1801—1861），美国公理会在华传教士。1839年任林则徐翻译并至虎门参观焚烧鸦片。1844年任美国公使顾盛的翻译兼秘书，参加了《望厦条约》的签订。——译者注

[3] 娄理华（Walter Macon Lowrie，1819—1847），美北长老会派往中国的第一个传教士。美国新泽西州参议员之子。1847年在杭州湾被海盗杀害，年仅28岁。——译者注

仍然是汉学学习者和研究者标准的参考书籍"。1847年，美国联合学院授予他荣誉法学博士学位。此后不久，11月20日，他娶了德高望重的纽约奥尔巴尼市首席法官沃尔沃思先生的侄女萨拉·沃尔沃思（Sarah Walworth）小姐。1848年9月，他再次踏上旅程，带着他的夫人一起来到了广州。刚一抵达，卫三畏就全权掌管了印刷所，并承担起《中国丛报》的整体编辑任务。此前他曾与裨治文一同编写了这份刊物——他在报刊中写的文章大多与清朝地理和植物有关。

1851年，这份珍贵的刊物编撰完成。卫三畏为整整二十卷的主题做了一份提纲挈领的索引。这份索引方便了读者在二十卷中快速定位任何名字、日期或事件。近期有人这样评论这本杂志："所有了解它的汉学家和学者都会长久敬仰它无限的价值以及编者的大名。"如果您好奇《中国丛报》为什么不再出版了，您可以阅读编辑在"总目录"一卷中所写的前言。从这一刻起，卫三畏博士就专心地投入研究，或者说他把为国家服务和为书籍献身的时间区分了开来。

1853年，他作为汉语和日语翻译，陪同海军准将佩里前往日本和琉球。由于他丰富的阅历、开阔的视野、谦逊的性格以及良好的判断能力，为佩里将军提供了重要的帮助，迫使长期闭关锁国的日本打开了与外国通商的大门，最终促成了1854年3月31日《神奈川条约》[1]的签署。返程时，使团在琉球停靠。在那里，卫三畏博士成为美方与琉球皇室谈判的主要代表，最终于1854年6月11日以中英双语在那霸[2]签署协议。

1855年，卫三畏被任命为美国驻清使团的秘书和翻译，接替因病归国的伯驾[3]担任代办一职。外交、政务、文学创作三项工作同时兼顾，为了愉悦身心他还继续进行自己钟爱的学术研究。

1856年，他出版了第四版《清朝商业指南》。同年，他还出版了900页的八开本《英华分韵撮要》（A Tonic Dictionary of the Chinese Language in the Canton Dialect）。这本书中用到的汉字都用罗马字母拼音，没有写出对应汉字。在这本书出版不久，印刷厂就毁于一场大火，仓库里大约7000册的书籍和样品都付之一炬。

1858年初，他与美国公使列卫廉[4]前往天津谈判，并于1858年6月18日签署

---

[1]条约主要规定日本必须开放下田和函馆两个港口与美国通商，并保证美国遇难船只船员的安全。这标志着日本闭关锁国体制开始瓦解。——译者注

[2]琉球王国首都首里的外港，现为琉球群岛的政治、经济和文化中心。——译者注

[3]伯驾（Peter Parker，1804—1888），又译巴驾，美国首位来华医疗传教士，广州博济医院创始人。1839年曾为林则徐治疗疝气。1844年担任美国特使助手，参与《望厦条约》的谈判。1855年春成为美国驻华公使。——译者注

[4]列卫廉（William B. Reed，1806—1876），著名律师，宾夕法尼亚大学美国史教授。1858年成为美国首任驻华公使，在天津与清朝政府谈判修改中美《望厦条约》，拉开了第二次鸦片战争的帷幕。——译者注

中美《天津条约》。卫三畏发挥了重要作用，影响了多项条款的编写：第25条"为学习汉语提供便利"以及第29条"接受基督教"几乎全部都源于他。

1859年，卫三畏仍然担任美国驻清使团秘书和汉语翻译，他陪同美国全权公使兼长老会会长华若翰[1]前往北京。1860年出版的《亚洲文会北中国支会会刊》（Journal of North-China Branch of the Royal Asiatic Society）的一卷中有对该使团的完整介绍。

1860年，卫三畏回到美国，一年后回到澳门，再次被任命为美国驻北京公使馆代办。不久他便携家人前往北京居住。

1862年，他出版了《条约书》（Book Of Treaties，美国与清朝、日本、琉球和暹罗之间的条约）。这是一本大约200页的8开本图书，内含美国与清朝进出口贸易的关税条约以及关乎各国之间法律和商业利益的许多重要的新条约，后来成为美国领事法庭的指导丛书。

1863年，他出版了第五版《清朝商业指南》，这本指南包含诸多新信息，是按照1858年条约签署后的新贸易规则编写而成。书的内容增删改动很大，几乎可被视为新书了。

1874年至1875年，他校订并出版了《汉英拼音字典》（A Syllable Dictionary of the Chinese Language）。这本书是四开本，分三卷，共1320页，每页都写满了字词及释义。为了出版这部巨著，卫三畏博士花了十一年的时间。不过事实上这部百科全书浓缩了他四十二年的经历、学识以及研究，内容涉及清朝与其他东方国家的语言、文学、历史、地理、科学、哲学、宗教、政治、风俗、礼仪、贸易、商业等领域，相关信息全面准确，在很长一段时间内无法超越。

1875年，卫三畏博士回到美国，这是他在离开四十二年的时间里第三次回到美国，但是他只待了几个月，之后就又回到了清朝。他直接回到北京，重新担任美国驻北京公使馆的职务，不过几个月后就辞职了。他在公使馆工作二十一年，其中九次担任代办职务。后来，他因为眼疾辞职，于1876年10月25日离开北京。恰恰是在四十三年前的这一天，1833年10月25日，他第一次来到广州，来到清朝的土地上。

这样的人生不需评说，唯一需要探讨的也只是什么样的前期经历促使他如此卖力地工作。不过这是一个宏大的话题，时间仓促，非三言两语能够讲清。

---

[1] 华若翰（John Eliott Ward，1814—1902），1859—1860年担任美国驻华公使。1859年赴北京与清朝政府交换中美《天津条约》。——译者注

斐理雅女士

MISS LYDIA MARY FAY

清朝人把斐太太的形象刻画得非常准确，我们无须画蛇添足，当务之急是把清朝学者对斐太太的记述翻译过来。1876年11月8日，斐太太的中外朋友齐聚一堂纪念她离开纽约来清朝工作二十六周年。

1851年初到清朝时，她的第一份工作是在文惠廉[1]主办的一所教授清朝男孩英语的学校任学监。在那里，斐太太教授英语，为学生编写教科书，预备课程，学习汉语，将英文作品翻译为汉语，一干就是十年。

美国内战爆发时，由于资金匮乏，文惠廉只得关闭白花院（Paihwa Yuen, White Flower College）。在文惠廉的推荐下，英国圣公会邀请斐太太管理下属的一所学校。她之前教的二十五名学生也随她转到该校，由英国牧师好不生（Hobson）看护。其中一个叫曹其萧（Tsau Kih-siau）的孩子拿到了文科一等奖学金。

她阅读了许多清朝的书籍，并且翻译了《卫子夫》《水浒传》，以及其他同样优秀的作品。1868年，卫三畏被委任掌管美国圣公会。她恢复原职，继续在圣公会教书，积极投身于教学中，进行中英文作品之间的译介。她巧妙地将中国经典中最难的部分通俗易懂地讲给学生们听，她写的关于《大学》《中庸》的问答书就是很好的例子。她还发现《大学》中的"明德"与《中庸》中的"天明"所指一样。

翻译《京报》（Peking Gazette）时，她热情洋溢地赞美了清朝的杰出人物，如曾国藩、李鸿章，她也谈及了同治皇帝的婚姻。著名学者、《见闻笔记》（Things Seen And Heard）一书的作者齐望基（Tsi Wang Ki），曾专门撰文评论她。斐太太的清朝朋友认同《见闻笔记》的作者对她的评价。这一点并不奇怪，清朝典籍中记载的外国学者，比如利玛窦、瓦里安特（Valiant）等人大都是古人，只有斐太太生活在现代，且值得人们铭记。

齐望基是上海人，不久前刚刚去世。他的父亲是一位著名的士大夫，曾任科举考试的考官。但是他自己并不愿意做官，而是全身心投入到文学创作中。他最有名的一部作品记载了很多奇闻逸事，全书共十卷，被认为是经典读物。他对斐太太的评价如下：

"一位博学的朋友告诉我，有一位外国的斐女士在虹口办了一所学校。她人近中年

---

[1] 文惠廉（William Jones Boone），上海美国租界创始人，1848年与上海道台商议将苏州河以北虹口地区辟为美国侨民居留地（后称美国租界）。——译者注

但是还没有结婚，喜欢清朝的书籍，拜张楚葵（Tsang Chu-kwei）为师。她会说汉语，能够掌握声调的组合规律，每天学习《康熙字典》，知识越发增进。她生性单纯，酷爱学习，毫不关心世俗的享乐。不像一些所谓的学者，金玉其外，败絮其中，整日寻欢作乐，从不伏案苦学，增长学问。斐女士对学习的热爱发自内心，精神可嘉。她是位令人尊敬的女士！年轻人应当以斐女士为榜样，刻苦学习，这样才不至于像王戎（Wong Long）那样，连老婆都比不上，遭人耻笑。"

王戎在这里被当作教训的靶子了。王戎作为反面教材流传了下来，关于他的记录并没有多少。他大概是中国历史上仅有的一个不如老婆的男人吧。

细读上文对斐太太的描述，我们发现作者流露出想结识斐太太的想法。后来，在教导斐太太二十多年的老师离开之后，斐太太有了一位新的老师。下面的这番话是这位老师对斐太太的评价：

"有着坚定目标和坚强信念的她将清朝的学识与西方的美德融会贯通。长者的智慧与年轻人的生机兼容并蓄。在学习清朝经典知识方面，她超越了所有的学者，他们应该反过来向她学习。年轻人在这样的榜样激励下，应当追求知识、真理和美德。"

为纪念美国独立百年，伟烈亚力[1]计划将美国传教士写就的汉语著作编在一起，这样会进一步证实上文提到的那些对斐太太的评价。就像关于清朝的期刊中会加入一些汉语的来信一样，这本集子也会加入一些其他的文学作品。卫三畏在他精心编纂的汉语词典的前言中充分肯定了积极生活的重要性。

除了教学与写作，斐太太还花费了大量精力照顾病人，这严重影响了她自己的健康状况，以至于她不得不乘船回国休养。

外国来的访客时常会去参观租界的教育机构。在公众人物中，额尔金经常考核斐太太的学生，还测试过他们欧几里得《几何原本》中的内容。收到学生们翻译成英文的中国诗歌作品以后，他专门给老师写了一封信，对学生们提出表扬。额尔金回到英国后不久，《伦敦新闻画报》上就出现了斐太太和学生们的照片，高度评价了这所学校。后来，英国公使卜鲁斯[2]、海军少将何伯[3]、霍普（Hope）以及格兰特（Grant）女士先后访问了该校，对学生们的进步他们无一例外地感到满意，纷纷想要带些中译英的作品回去。

---

[1] 伟烈亚力（A. Wylie, 1815—1887），英国汉学家。在中国近30年，收罗了近两万种中国古典文献，著有《中国文献录》，介绍了两千多部中国古典文献，至今无人超越。——译者注
[2] 卜鲁斯（Frederick Bruce, 1814—1867），额尔金之弟。1857年以额尔金使团随任秘书身份来华，1858年中英《天津条约》谈判时为英方代表。同年被任命为驻华公使。——译者注
[3] 何伯（James Hope, 1808—1881），1859—1862年任东印度及中国舰队司令，参与了第一次鸦片战争及抵抗太平天国的上海保卫战。——译者注

斐太太
LYDIA MARY FAY

美国公使华若翰对他们的翻译相当满意，当他从日本回来的时候，送给了斐太太一张镶嵌精美的书桌作为奖励，并且开玩笑地说是为了奖励她在教育那些年轻的清朝孩子学习英文方面所付出的努力。

有趣的是，庆祝斐太太在华履职26周年的纪念活动与杜恩书院（The Duane Hall）的开幕式同一天举办。布彻（Butcher）校长首先宣读了麦格基[1]的来信，祝贺斐太太的教育事业取得的巨大成绩，并且赞扬了斐太太的付出。虽然目前很多工作已经从斐太太手中移交到其他校长和老师们的手中，但是斐太太依旧像从前一样努力。

她在上海已经生活了二十三年，并且还希望可以多干几年，这很大程度上是因为她秉性温和，性格开朗，这也是预防疾病的一种方法。

斐太太是伊森·艾伦·费伊（Ethan Allen Fay）医生的女儿。从名字也可以看出，她的家族和美国独立战争中的一位英雄有关系。她在著名的哈德森海岸度过了自己的少年岁月，在著名的奥尔巴尼学院（Albany Academy）完成大学学业。在那里，数学、拉丁文和希腊语都很受重视。

这篇文章由很多人的记录组成，或许我们可以用一位英国作家的话来结束这篇文章：

"她已经解决了她人生的问题。这个问题曾让众多哲学家陷入冥思苦想。尽管皇家学院（Royal Institute）没有授予她任何奖章，帝国学院（Imperial Academy）没有让她宣读自己的任何研究成果，也没有宝石之星一类的荣誉勋章，但是她的成果胜过前人，且不是墓志铭能够道尽的。"

---

[1] 麦格基（Canon McClatchie，1813—1885），来华传教士，圣三一会堂牧师，第一个将《易经》译成英语的人。——译者注

"纽卡斯尔"号甲板上的船员
THE CREW AND DECK OF H.M.S. "NEWCASTLE", AT WOOSUNG

在机动中队的四艘舰船准备驶离吴淞口之际,桑德斯为大家在"纽卡斯尔"号——船长为道格拉斯(Douglas, R.N.)——上拍下了这张照片。照片上,大家身着蓝色牛仔服。集体照很少会拍得这么清晰,因为一旦有人动一下,就会拍得模糊。原照片长 15 英寸,宽 12 英寸,桑德斯先生专门为《远东》把照片调整到合适的尺寸。

机动中队的长官罗利·兰伯特(Rowley Lambert)上将,应该在今年早些时候已经返回英国。英国没有预料到马嘉理事件以及中英之间的其他问题会如此棘手,为了向清朝示威,英国再次向上海派出一支军队,以支持英国公使威妥玛在清朝的外交谈判。中英之间达成了协议之后,机动中队启程返回英国。照片只显示了其中一艘舰船上的船员。

"纽卡斯尔"号甲板上的船员
THE CREW AND DECK OF H.M.S. "NEWCASTLE", AT WOOSUNG

苏州宝塔山附近的码头
THE LANDING PLACE OF HU CHU, PAGODA HILL; NEAR SOOCHOW

苏州宝塔山附近的码头
THE LANDING PLACE OF HU CHU, PAGODA HILL; NEAR SOOCHOW

第二巻
1877年
1—6月

Vol.2

1877 1月

JANUARY

远东地区的风俗习惯（六）：澳门的中国医术
MANNERS AND CUSTOMS IN THE FAR EAST: NO.6 CHINESE MEDICAL PRACTICE AT MACAO

中医典籍很早就出现了。伏羲是中医药学的始祖。公元前 2852 年，他写了一本著作，涉及早期人类对植物的初步认识。[1] 他的继任者炎帝也被称作神农氏。"神农氏"的字面意思是"神圣的农夫"。神农氏不仅是个伟大的部落联盟首领，而且在医学上也颇有建树。他不仅对植物有着深入的研究，还花了大量的时间进行各种实践，在此基础上，成功地发展出一门医术。

此后，中国出现了上百部出自不同作者之手的医学著作，但只有 57 部比较优秀。汉朝（始于公元前 202 年）的华佗是世人公认的最杰出的神医。由于没有公立学校，学生无法通过正规课程获取医学知识和经验，因此，大多数投身医学的医生只能自己研读这些专著，通过给病人治病，甚至是在自己身上做试验来学习、领悟中医理论。

只有那些被指定为皇族看病的人，才能正规系统地学习中医。他们首先要进入太医院，接受资深太医的指导，进行大量理论、实践的学习和锻炼，然后接受考核。一旦通过考核，他们通常会被皇帝委任为医师，日后还可能成为太医。他们很擅长诊治日常的疾病，能够巧妙地治疗脱臼和骨折。

中医认为脉有三个关键的部位：寸脉，关脉，尺脉。在外国人看来，诊脉尤为神奇。医生用右手切病人左手的脉，左手切病人右手的脉，用食指、中指、无名指这三根手指切脉诊断病情。中指主要负责诊断病人腹部的情况，特别是肝、胆以及胃的情况；无名指诊断肠道、肾脏以及膀胱的情况。

中医的核心就是用手指把脉。黄帝在他的医学名著《素问》中第一次提出了手指诊脉法，而秦越人（扁鹊）第一个将其付诸实践，他还著有医学名著《难经》。

中药主要由植物构成。中医掌握了非常丰富的植物种类，但对矿物的了解十分有限，他们也不经常使用矿物药。而对于手术基本一无所知。拔牙的时候，医生会在那颗将要拔掉的牙齿上撒上些粉末，据说撒上这种粉末后，牙齿就可以马上脱落。

他们从来不给病人放血或使用水蛭吸血的疗法，并且往往无视这种疗法。他们常用发汗药、泻药、催吐药、止血剂、补药和润肤剂等，并采用不同的外用疗法，如祛风散寒时

[1] 与史实不符。——译者注

用的拔火罐、起疱剂、熟石膏、贴膏剂以及按摩法等，再配以酒精等液体进行辅助治疗。他们也会使用沐浴、散步和慢走等治疗方法。他们对病人态度非常和蔼，这同样有助于治疗。

不过，一名中医并不能治疗所有的疾病。他们各有偏重，有些医生专治这类病，有些医生专治另一类病，例如有的医生专为儿童看病，有的专为成人看病，有的专为老人看病，有的专为妇女看病。

马丁斯

远东地区的风俗习惯（七）：主要的宗教仪式与活动

MANNERS AND CUSTOMS IN THE FAR EAST NO.7 PRINCIPAL CEREMONIALS OF WORSHIP AND RELIGIOUS ACTS

清朝主要有三大宗教：

第一是儒教，他们崇拜的是圣人，其起源可以追溯到孔子（生于公元前551年）。儒教的教义主要是基于伟大的哲学家孔子崇敬天地的学说。儒教既无神像也无祭司，其领袖是天朝的皇帝。清朝上层社会人士都自称信奉儒教。地方官吏除了履行行政职责，还要大力宣扬儒教学说。

第二大宗教是佛教，中国人也称之为释家，通俗地讲就是佛家。该教主要崇拜佛。佛教形成于公元前6世纪，发源于佛陀在印度创立的佛教，公元67年传入中国。

第三大宗教是道教。道教崇尚"道"，创始人是哲学家老子。老子出生于周定王三年，即公元前604年。[1]道教是中国本土的宗教，他们的祭司被称为道士。

在澳门，清朝人一般信奉佛教，几乎没有人信奉基督教。清朝人不会单纯地信奉一个宗教，而是同时信奉好几个宗教。

澳门一共有十二座寺庙，都是用来礼佛的。寺庙主要供奉观音菩萨，她可以给人们送来子嗣。寺庙住持住在庙里，每天都会诵经。善男信女偶尔也会来寺庙供奉。寺庙里有好几座大殿，殿内陈列着神像和祭坛。祭坛上装饰着由玻璃或者透明的油纸制成的灯笼，黑色或彩色水墨写成的汉字，钟以及带有花纹浮雕的锣等物品。有一种祭坛，上面摆放着酒水和香烛，一般情况下，香烛插在盛满朱砂的铁质或其他金属材质的香炉中。

第一座大殿的入口两侧通常会有两个被称为护法神的小神像。清朝人祭祀时不需要向他们的神做祷告，主要行跪拜和叩首礼。祭拜时，佛教徒会根据自身的经济条件，自愿或按要求向寺院供奉一定数量的食物和酒水。经济条件好的人还会供奉烤猪、熟禽等。供奉期间，他们把贡品摆在祭台上。叩完头，他们起身烧些金银纸钱，并将酒水撒在灰烬上面。

[1] 胡适推测老子生于周灵王初年（约公元前570年）。——译者注

敬拜结束，他们自行或者听从要求将食物带回家中。清朝人不常去寺庙敬拜，这是因为他们家中也设有神祠或壁龛。和在寺庙中一样，他们在神像前供奉祭品。穷人会在自家门口或者附近的街道上供奉这些祭品。那些生活在水边的人们则在船上进行敬拜。无论白天还是夜晚，你都会看到流动的船家在烧小纸船。他们希望神仙喜欢自己的供品，保佑他们在船上的生活。他们也会焚烧其他纸糊的工艺品，比如小椅子或者某些他们认为神仙喜欢的东西。

关于庙门，有传说云：

天龙超度亡灵之处。

庙里供奉着一尊巨大的神像，它被看作是清朝的守护神。家家户户都需要它的指引，所以他们都要祭拜这尊神。虽然每家每户张贴的门神不尽相同，但表达的愿望基本一致。有些人家门上的装饰更多些，有的人家还会在门两旁张贴与财富有关的对联，两联文字不同，但内涵没有什么差别。例如：

招财进宝，日进斗金。

他们还会在这些神像前放置香炉和一些小酒杯等。有些人家只放香炉，也有些人家只供奉主神，有时会放置香炉并燃香，有时候甚至连这一步也会省去。

此外，很多清朝人还在门上或者是屋内其他房间悬挂牌匾。其中一副牌匾上文字的意思是：

上天保佑和吉祥如意。

许多人家的门上还贴着写有文字的纸符。清朝老百姓认为这些纸符具有神力，能保佑他们逢凶化吉，生意兴隆。纸符一般是从道士那里求来的。道士依照求符者的要求写下这些字迹往往难以辨认的纸符。

文中摘录了两张纸符上的内容，其中一张意为"财神常驻幸福家"，另一张则是"吉星高照平安宅"。

不同地区处理纸符的方式也有所不同。有些地方，纸符在门上悬挂一段时间之后才被摘下来烧掉，另外一些地方则不需要张贴在门上，而是直接烧成灰烬。尽管处理方式不一样，但是人们都深信这些纸符的神力，并且采用特定的方式祭拜它们。所以几乎所有老百姓都会去求符。

马丁斯

上海孔庙

THE TEMPLE OF CONFUCIUS, SHANGHAI

没有一个圣人能够像孔子一样，获得数百万人的崇敬。尽管他已经在2000多年前去世，但是清朝人依然崇敬他，把他的言行奉为行为准则，把他的学说作为国家的宗教、法律。每个县都必须建立供奉孔子的庙宇以纪念他的功绩，朝廷官员每年都要到孔庙参加春祭和秋祭。总之，在清朝，孔庙具有重要的意义。我们有必要借助图片和文字描述，把孔庙展现在读者面前。我们还会简要介绍一些其他庙宇，它们和孔庙非常相似，差别只在于庙宇大小以及富有程度。

上海的孔庙坐落在上海城西南。大部分外国人没有兴趣，或者没有机会参观游览。庙宇正门前方有条平整而宽敞的大道，一直延伸至两边的大门处。一处大门上镌刻着"兴贤"二字，另一处大门上镌刻着"育才"二字。两处大门旁的下马石上刻着字，要求所有的市民、军官、士兵、官员只能步行通过圣门。正面入口由三道朝南的门组成，中间一道主门叫作棂星门，右边的门上刻有"德配天地"四字，左边的门刻有"道冠古今"四字。穿过这几道门，便是横跨三座桥的泮池。经过桥梁，一条长长的大道向北延伸，两侧是纪念上海杰出官员和文人的圣殿。大道的尽头便是戟门，穿过该门，便来到大成殿正面一片开阔的场地。

大成殿左右两侧分别设有两个露台，右边是月台，左边是丹墀。殿门上方悬挂着"大成殿"三字。一进入大成殿，首先会看到三块称颂孔子的大牌匾，中间的牌匾上刻有"生民未有"（自从人类诞生以来，没有像孔子那样的圣人），右边的牌匾上刻有"万世师表"（万代世人的老师），左边的牌匾上刻有"与天地参"（与天地齐同）。大成殿正门对面的后墙边摆放着纪念孔子的神龛，上面刻有"至圣先师孔子"，两侧供奉着有名的孔门弟子，如"复圣颜子""宗圣曾子""述圣子思子""亚圣孟子"等。由于篇幅有限，我们不能一一列举牌位记述的所有伟大的圣人们。

然而，清朝人不仅崇敬孔子，还崇敬孔子的祖先。在主殿的后方，一间小一些的圣殿供奉着孔子的祖先。孔庙西侧是学宫，也叫县学。学宫的主入口位于通向孔庙的大道上，与棂星门平行，大门上悬有"儒学门"的牌匾。奎星阁位于这道门西侧的主道上，清朝人口中的奎星是仙女座和双鱼座的一部分，被看作是读书人的吉星。奎星神像单脚站立、面目狰狞，他右手握着一根毛笔，左手拿着一个银锭，表示学习是通往富贵之路。这种现象在清朝要比在其他国家更说得通，因为在清朝，学而优则仕，读书是获得名声与财富的捷径。经过第一道门之后，便是一条长长的大道，一直通向仪门。仪门内是一处空地，北边是明伦堂，明伦堂之后是尊经阁。尊经阁的底层矗立着一尊文昌帝君的塑像。读书人进入尊经阁后，都要在文昌帝君前鞠躬以示敬意。

敬一亭是最后一座与学业相关的大殿，它由县区学监监管，学监就住在学宫西侧的建筑中。学宫始建于13世纪，由一位叫唐时措[1]的绅士建造而成，目的是为百姓建造一所学校。1280年，学宫并入孔庙，从此担负起大学的职责。秀才（清朝的学士）们在这里学习，准备参加竞争激烈的科举考试。学宫经常得到朝廷的赏赐，还拥有一座小小的图书馆以及几百亩田地。学田的收益主要用于支付维修建筑的费用，以及其他必要的支出。

查尔斯·施密特（Cha's Schmidt）

[1] 南宋咸淳三年（1267年），唐时措、唐时拱两兄弟建梓潼祠以祀孔子，旁筑古修堂，为培养学生的场所。——译者注

上海孔庙
THE WEN MIAOU, OR TEMPLE OF CONFUCIUS, SHANGHAI CITY

徐家汇与徐光启

SI-KA-WEI AND SU KWANG-CHI

中华民族是一个非常务实的民族。这一点从许多方面都可以看出来，比如说街道、运河、公共场所的命名。和其他地方的人一样，中国人喜欢使用华丽的语言。不过大体来讲，这些名字还算恰当，或者根据当地有名的寺庙，或者根据著名的桥梁或者水井，或者以享有名望的家族命名。这些名字不仅耳熟能详，还寄托了人们美好的愿望，使得当地伟大的人物或者杰出的女子得以名传千载。

上海附近最热闹的地方徐家汇就是这么命名的。在外国人的脑海里，这个名字或许只能让他们联想起令人愉快的乘车出行、野餐或者是赛马活动等，但是上海的文人听到这个名字时，他们首先想到的是一位伟大的人物——徐光启。徐家汇因徐光启而得名，他是当地人的骄傲。

徐光启生于明朝嘉靖年间（1562年）。其父徐思诚是一位受人尊敬的孝子。年少时期，徐光启的父亲给他提供了优越的学习环境，教育他要勤奋、怀德。为了科举考试，他进行了漫长而无聊的学习，很快考中秀才。随后，他继续努力学习，于1598年[1]中了举人。七年之后，45岁的徐光启考中进士[2]，随即进入翰林院。在此之前，他认识了著名的神父利玛窦先生，两人共同翻译了当时欧洲一些著名的著作，涵盖了天文、历算、火器等领域。他利用从利玛窦以及其他传教士那里学来的知识，修正了中国的历法，并且编订了军事、屯田、水利以及盐政方面的书籍。

正当这时，满族开始不断侵扰中原，重创明朝军队，严重威胁明朝统治。危难之际，徐光启向皇帝上书，献上了诸多抗击外敌、保卫朝廷的计策。皇帝非常赞赏徐光启的建议，提拔他为御史大夫，命他前往通州召集兵马，并将他的建议付诸实践。于是徐光启便开始督练新军，不时向朝廷建言献策。但是，他提倡军事改革的建议没有受到重视，这令他非常失望。皇帝驾崩之后，经过深思熟虑，他决定请辞还乡。新皇帝明熹宗即位后，徐光启怀着新的希望，再次向皇帝建言献策。然而，同之前所遭遇的一样，现实再次令他失望。于是，他以患病为由告老还乡。

不久，清太宗攻陷辽东，逼近北京。明朝皇帝意识到，朝廷需要徐光启这样有能力又爱国的大臣。于是，徐光启改革军队的意见被朝廷采纳。奉诏回朝的他被委以重任，却受到兵部尚书崔景荣及其党羽御史丘兆麟的密谋弹劾，不得不再次称病辞归。但朝廷急需徐光启这样的人才，不久之后，他再次被征召擢升为礼部右侍郎，不过由于宦官魏

---

[1] 万历二十五年（1597年），徐光启因考官焦竑赏识而以顺天府解元中举。——译者注
[2] 万历三十二年（1604年）徐光启中进士。——译者注

忠贤的迫害，1625年他突然被革去官职。1628年崇祯皇帝即位后，他官复原职，后擢升礼部左侍郎。

当时明朝内忧外患，经济凋敝，强敌环伺，皇帝召集所有的高官商议对策。徐光启自然是其中最具才干的一位官员。他建议重视屯田垦荒，盐政应当官营，严禁贩卖私盐。皇帝赞扬了他的才干，擢升他为礼部尚书。在当时诸般纷乱中，预测天象的钦天监台官也遇到问题，推算日食失准。徐光启解决了这个问题，主张在西方人的帮助下开局修历。于是西洋传教士罗雅谷、邓玉函和龙华尼应诏参与修改历法。1633年，他被任命为文渊阁大学士，加太子太保。

徐光启死后的谥号为文定公，归葬徐家汇。上海衙门南端大约50码处的一座桥叫阜民桥，桥下立有纪念徐光启的石碑，而临街不远处就是文定公祠[1]。据说，徐光启死时一贫如洗，皇帝决定由朝廷支付葬礼的花费，并且优加抚恤他的家属。皇帝下诏出版徐光启留下的著作手稿，其中《农政全书》多达60卷。几年前，两江总督曾国藩印刷出版了他的《几何原本》。据说他的女儿甘第大（Candida）[2]非常关爱伤病者、不幸的人以及孤儿，建造了很多避难所。她的名字应当被所有的中国人铭记。

查尔斯·施密特

---

[1] 明朝崇祯年间建成，清朝光绪四年（1878年）进行了重建，今已无存。——译者注
[2] 甘第大是徐光启的孙女。甘第大是其圣名，也被人称为"许太夫人"，来华传教士柏应理所著《许太夫人传略》一书描述了她的生平事迹。——译者注

上海领事麦华陀

WALTER HENRY MEDHURST,ESQ.LATE H.B.M.CONSUL AT SHANGHAI

现今，在这个变化无穷的世界中，远东是最不多变的地区之一。尽管如此，外国人却接踵而至，络绎不绝。有些外国人只是来旅行，有些则选择定居于此。比起1793年马戛尔尼使团访华时，清朝政府和百姓并没有多大改变。而西方却发生了翻天覆地的变化，于是我们便试图通过武力或外交手段从她身上榨取利益。不同于生活在本国的博爱主义者，对于那些旅居清朝的外国人来说，这不是个愉快的想法。他们深知东西方关系自建立至今有太多的流血牺牲。然而，接触过这个问题的欧美人士大都对其一知半解，而那些在清朝投资的商人，绝不会因他们与清朝的贸易往来而认识到其中的曲折。

我们刊登了威妥玛与卫三畏的肖像。可以说他们的职业生涯是这段历史的一部分。1833年，在英国东印度公司还未失去其垄断地位之前，卫三畏开始在华履职。起初，他纯粹是为了传道，且这项工作持续了很多年。与之相反，1842年威妥玛作为第98团的一名普通士兵来到清朝，在卧乌谷的麾下，在镇江和南京开始了他在清朝的长期工作。这两个人的到来对清朝产生了巨大影响。中英之间自1834年开始的鸦片纠纷，以英国的胜利告终。英国攫取了香港，占领了广州，摧毁了虎门炮台，还占领了沿海几个重要的地区。最终清朝政府支付大量赎金，才赎回了广州。我们将为大家展示一张肖像和一段简短的回忆录。这段时期，有一个人在这个历史舞台上，在诸多历史事件中都发挥了非常重要的作用，他就是刚刚卸任英国驻清朝领事一职的麦华陀。

麦华陀先生是已故的著名来华传教士麦都思博士的儿子。在伦敦会（London Missionary Society）的赞助下，麦都思一生虔心于传道事业，在清朝度过了长达四十年之久的传道生涯。麦华陀毕业于米德尔赛克斯郡亨顿区的磨坊山文法学校，16岁那年他离开那儿，跟随父亲麦都思于1839年1月来到清朝。读者回想起上一期那篇关于卫三畏的文章，就会发现那时学习汉语是多么困难。虽然在这方面父亲能提供一些实质性的帮助，为他减轻一些困难，麦华陀学习汉语可能会相对容易一些。但对于这位年轻人来说，他的汉语学习之路与之前的或者同时期的其他汉学家一样曲折艰难。经过刻苦学习，他的中文取得了巨大的进步。英国驻华商务总监督查理·义律上将雇用他为女王服务。1840年10月1日，麦华陀进入义律的秘书室任职。

在很长一段时期内，在一些专门针对这个主题的文章中，我们都会谈到那个时代，以及那些生动而又重要的历史事件。尽管容易偏离主题，但无论如何为了表明他所从事的工作，我们的叙述必须紧紧围绕这些他曾经参与过的事件。毕竟我们的主题是麦华陀本人。

海军司令义律经过一段艰难的时期后，其职位由璞鼎查接替。璞鼎查一上台，立刻就对清朝发动战争。麦华陀作为随员跟随他沿海北上，攻占了厦门和舟山。在舟山，他是驻守部队的随军翻译。对于只有18岁的麦华陀来说，这是个不小的责任。后来，他被派往宁波附近的镇海，为一个只有150名士兵、准备向南京进发的小分队做翻译。这也是我们之前提到的威妥玛在清朝工作生涯的开始。

1842年6月，上海被占领，随后在8月底中英签订了《南京条约》。但是直到12月份战争结束后，麦华陀才回到香港。他一回到香港，便前往广州与马德拉斯炮兵队（Madras Engineers）的巴富尔（Balfour）联系，处理英国政府对清朝公行的索赔。

在第一个通商口岸开放的时候，麦华陀被任命为驻上海领事的翻译。1843年11月9日，麦华陀陪同巴富尔领事抵达上海。虽然在他的整个职业生涯中，这一经历很短暂。不过，上海本地的一份报纸上刊登了一则关于他的有趣报道，引起了大家对他的关注。麦华陀先生与开放口岸之间的联系以及他在其中所起的作用逐渐被世人所知。在英国驻上海领事馆开放后不久，麦华陀一直忙于购买土地、调整商业关系等未来几年领事馆都非常关心的事宜。

1846年，麦华陀回到英国休假。1848年，返回清朝，前往厦门担任代理副领事。直到1849年8月，他才回到上海继续担任翻译。1850年8月，接替郭士立[1]担任香港驻华商务监督署的汉文正使。1850年7月[2]，他又接管了更多的工作，包括秘书和注册等事项。1854年11月9日，他前往福州担任领事。1857年，再次回到英国休假，但是由于"亚罗"号事件的发生，次年被紧急召回清朝。

1858年12月21日，他被派往登州府的芝罘，但是从来没有接受任命。1860年4月，在密迪乐被派往牛庄之际，麦华陀被任命为上海领事。在协助镇压太平军及其他动乱方面，他发挥了重要作用，并将太平军赶出上海及其周边的城市。

1863年4月，因身体原因，麦华陀再一次回到英国休养。期间，由于汉口领事金执尔（Gingell）去世，他收到前往汉口任职的委任书。1865年，他开始在汉口的工作，直到1868年再次被任命为上海领事。除此之外，他还同时负责镇江领事馆的工作。

1868年底扬州教案爆发，清朝政府拒绝赔偿。麦华陀随赫尼奇（Heneage）上尉一起，搭乘载有800多名远征军的"罗德尼"号（H. M. S. Rodney）前往扬州。经过

---

[1] 郭士立（Karl Friedlich Gutzlaff, 1803—1851），德国教会传入华南的开创者，1842年《南京条约》签订时英方三位翻译之一。关于中国的著作有60多种，代表作有《中国简史》《开放的中国》等。——译者注

[2] 此处疑为1851年，原文为1850年。——译者注

麦华陀在上海的近照
W.H.MEDHURST,ESQUIRE,—LATE H.B.M.CONSUL AT SHANGHAI.

谈判，清朝政府归还了在镇江口扣押的大量货物。

1870年，麦华佗因病第四次返回英国，期间，被任命为上海永久领事。1876年12月31日，麦华佗退休，三十六年的官员生涯也画上了句号。

在三十六年的职业生涯中，他数次被委以重任，其重要性足以影响在清朝的所有外国人，尤其是对上海的外国人而言，他的重要性更是不言而喻。作为对他的纪念，这些外国团体在他临别之前给他写了感谢信。他见证了上海从一片荒凉、肮脏的沼泽地变成了如今环境优美的大都市，他也见证了清朝社会的种种变化。没有多少人比他更了解清朝，偶尔，他会发现一些熟悉的老建筑、老商行。当他还是一个壮志满怀、精力充沛的年轻人时，深受这些商行的老板赏识。他年轻时就认识大多数商行的老板，如今这些人有很多都去世了，而他开始外交工作的时候，现在这些老板们都还没有出生。

威妥玛已经回国休养，或许他还会再次出现。而麦华陀已经退休了，他希望晚年能够重回故土。他很明智地选择在身体和精神状态俱佳的时候退休。

本期麦华陀的肖像由摄影爱好者珀西瓦尔（Percival）拍摄，照片拍摄得非常清晰、传神。珀西瓦尔非常热情地将底片提供给我们使用。对此，我们和麦华陀先生所有的朋友深表谢意。

福州船政正监督日意格

PROSPER GIQUEL—DIRECTOR IN CHIEF OF FOOCHOW ARSENAL

中日政府都认为有必要摒弃民族偏见，雇用具备各种才能的外国人，而且两国政府雇用的外国人都被安排在了非常适合的职位上。过去许多在清朝工作的外国人，在就职之前没有相应的任职资格，但是令人高兴的是，如今他们中的大部分人都能够获得相应资格，且胜任他们的工作。

中日两国雇用外国人的目的截然不同。的确，两个国家都有外国教官，有外国武器专家、外国铸造厂、外国船坞，还有外国航海教员和船员。不过在日本，仅有几位外国人在海关工作，且只负责估价等无足轻重的工作，而在清朝海关工作的外国人却有几百位。日本和清朝都设有技术部，也称工程部门。两国这一部门的管理都十分高效有序，且都雇用了一些欧洲技师和工程管理员。两国的不同之处在于，日本人非常渴望学会所有工程管理方法，并在一些项目上削减欧洲员工数量。但是清朝人看到欧洲人工作完成得很出色，工作进展也十分顺利，所以就继续雇用那些欧洲人为他们服务。日本在公共工程部设立了一个铁路分部和一个电报分部，分别用于评估相关人员的表现。日本人还成立了一所大学——开成学校（Kaisei Gakko）[1]、一所工程学院——工学寮（Kogakurio）[2]，

---

[1] 东京大学的前身。——译者注
[2] 东京大学工学部的前身。——译者注

并聘用了许多教授，此外还开设了许多由外国人担任校长的学校。清朝在这些方面却无甚建树。

不过详述中日两国使用外国雇员的不同理念并不是我们要讨论的话题。本文的主题是谈论一个人，这个人无论清朝人还是外国人谈起他时都会说："他真是适得其所。"

日意格是福州船政局的正监督。在他的下属——这个伟大国家机构雇用的几个外国人和中国人——的建议下，我们邀请日意格先生拍了一张坐姿照。虽然日意格和他的朋友们应该已经知道，我们仍然很乐意告知大家；稍后我们会登出他的肖像。

在当下，要准确获得公职人员的职业信息并非易事。为了尽可能多地收集关于日意格先生的资料，我们颇费了一番周折。到目前为止，凡是提供的资料，我们都努力做到尽量准确。如果有任何疏漏错误，那也绝非有意为之。

从日意格的名字可以看出他是一位法国人。他选择了海军这个职业，随后进入海军学校学习。1854 年，他在海军学校中被提拔为二等学员。那一年他参加了波罗的海之战，也参与了博马德要塞（Bomarsund）争夺战。随即，他乘船来到克里米亚。在法国海军服役的 10 个月期间，因为勇气可嘉，他于 1855 年被授予法国荣誉军团勋章（The Knighthood Of The Legion Of Honour）。

在与俄国的战争趋近结束时，他奉命乘船前往清朝。1857 年 12 月，他参与了攻占广州的战役，成为法国特派员修莱指挥官（Marlineau des Chenoy，现为海军少将）的副官。

日意格很快掌握了汉语，这使得他不断升迁。他先后担任清朝移民巡视员以及当时驻广州的法国海军指挥官库旺·德斯布瓦（Coup-vent Desbois）上校（现为海军中将）的翻译。1858 年 3 月，日意格被提拔为海军中尉。在继续学习自己的专业以及与工作相关的科学知识的同时，他还不断精进自己的汉语能力。

他很快掌握了艰深的汉语听说读写能力。在这个地区，拥有这些能力的人往往颇受青睐，所以他这样的军官不会籍籍无名。1861 年，法国政府批准他担任宁波海关税务司，同时保留在法国海军中的职务。但他只在任两个月，太平军就攻占了宁波。他即刻前往上海，被海军少将卜罗德[1]聘为翻译，并指挥炮兵部队攻打太平军。他在攻占上虞（Tsoliu）的战役中被击中了腿。

1863 年，他升任海军上尉。英法联军重新占领宁波后，日意格官复原职，他还组织

---

[1] 卜罗德（A. L. Protet，1808—1862），第二次鸦片战争中任法国舰队司令，后在与太平军的交战中被击毙。——译者注

了一支中法联军[1]前往浙江省，支援当时在江南省[2]的英法联军。海军部门的长官伏恭（Faucon）上校同意组建这支队伍，并且任命上尉勒伯勒东（Lebrethon De Coligny）担任日意格的助手。勒伯勒东在绍兴战死，炮兵队长达耳第福（Tardif de Thordrey）接替他成为日意格的助手。达耳第福战死后，其职位由德克碑[3]接替。日意格在攻占上虞的战役中受重伤，他右手肘关节中枪，从此以后右胳膊就瘫痪了。

中法联军在浙江征战两年后，浙江恢复了和平，这支3000人的军队也于1864年11月解散。日意格回到海关税务司的职位上。他从宁波转到了上海，后来又到了汉口海关。在汉口，他重新创建并组织了一支700人的中法联军。

1866年11月，时任闽浙总督的左宗棠任命日意格担任正监督，组建福州船政局。虽然这个项目的合同当时就已签署，但实际上筹备工作却迟至1867年9月才开始。从1867年到1875年2月，福州船政局的发展如下：

1. 筹建车间和船坞，用于建造船只和引擎。
2. 建成15艘（现在达到19艘）各种样式的蒸汽船；1艘轻巡洋舰、9艘（现在达到13艘）运输舰以及5艘炮艇。
3. 开设海事学堂，共有250名清朝学生接受了不同程度的有关海军建设和航海的培训。
4. 车间内的实践指导，让清朝工头和主要工匠能够根据特定计划建造1艘蒸汽船。
5. 建立1座为福州船政局提供铁条和铁板的炼铁厂。

除了福州船政正监督的职位外，日意格还被擢升为清朝政府的一品大员，获赐孔雀花翎和黄马褂。这项殊荣此前仅授予过一位外国人——戈登上校。1875年8月，日意格被法国擢升为荣誉军团（Legion Of Honour）军官。

---

[1] 常捷军。——译者注
[2] 今安徽、江苏一带。——译者注
[3] 德克碑（d'Aigubelle，1831—1875），来华前任法国海军少尉。常捷军统领，官至浙江总兵，提督衔。常捷军解散后在马尾船政局任副监督。——译者注

福州船政正监督日意格
PROSPER GIQUEL
—DIRECTOR IN CHIEF OF FOOCHOW ARSENAL

上海孔庙

THE TEMPLE OF CONFUCIUS, SHANGHAI

　　比起清朝和日本的其他建筑，孔庙在设计上没有多大不同。但是比起日本同等地位的建筑，清朝的孔庙显得有些单调。从城墙上俯瞰，孔庙周围的许多建筑一目了然。这些建筑的屋顶在照片中清晰可见，毫无美感，且年久失修。这是因为无论普通百姓还是出家人都很少关心这些建筑。

　　我们在清朝看到的每一座寺庙都缺乏清洁，在日本这种情况更为明显。孔庙里没有任何画像，只有一些碑文。尽管我们知道孔庙作为清朝国教祭祀之地，具有特殊地位，理应对它描绘一番，但是建筑本身确实平淡无味，没有什么美感。

远望上海城墙内的孔庙
WITHIN THE CITY WALL, SHANGHAI—
THE CONFUCIAN TEMPLE BUILDINGS IN THE BACKGROUND

上海西城门与城墙
THE WEST GATE AND WALL, SHANGHAI CITY

上海西城门
THE WEST GATE, SHANGHAI

　　清朝大多数的城市都砌有城墙，上海城除了临近黄浦江的东面没有城墙以外，其余地方都建有城墙。城墙内外的地面都非常平坦，在路上行走很舒服。照片中呈现出一派繁忙的景象。河水不深，但由于水位上涨，使得河水非常浑浊，同时也给交通造成不小的影响。河岸上工作的景象也很吸引人。河岸上堆着砖块、瓷砖、木材等物品，上面用白浆做了标记，让我们不禁想起了家乡的情景。

徐家汇法国天主教堂的部分建筑
PART OF THE FRENCH MONASTERY, AT SIKAWEI

在上海及其周边地区,最突出的建筑物要数法国天主教堂了。我们拍摄了两张天主教堂的照片,它们仅是这座庞大建筑的一部分,今后我们会为读者提供更多的信息。瞭望台与主体建筑完全分离,设计非常有特色。瞭望台独自耸立在一座大花园中,地理位置为北纬 31° 12',时角[1]为巴黎以东 7h56m。

---

[1]天文学术语,时角是天体相对于子午圈的角距离。——译者注

徐家汇法国天主教堂的部分建筑
PART OF THE FRENCH MONASTERY, AT SIKAWEI

徐家汇法国天主教堂的瞭望台
THE OBSERVATORY OF THE FRENCH MONASTERY, AT SIKAWEI

戏班子
THEATRICAL GROUP

在清朝的戏园子里看不到照片中的场景，因为女子不允许出现在戏台上。据拍摄这张照片的清朝朋友说，合影中的两位年轻姑娘是中间那位演员请来的。我们探望了照片右边那位美丽的姑娘，当时她正在后台，身边围着很多助手。我们觉得她本人比照片漂亮得多。通过这张照片，读者可以了解一下清朝人对女性美的理解，其中最有意思的几个特点是性格温柔、谦逊、楚楚可怜。她们的脚很小，需要搀扶才能走路。

戏班子
THEATRICAL GROUP

1877
2月

FEBRUARY

远东地区的风俗习惯（八）：澳门的服饰、吸食鸦片、清朝妇女裹足现象以及其他主题

MANNERS AND CUSTOMS IN THE "FAR EAST" NO.8 CHINESE DRESS IN MACAO. OPIUM SMOKING. COMPRESSION OF THE FEET OF FEMALES;AND OTHER CHARACTERISTICS

几乎所有富有的清朝人，不管官阶高低，都拥有头衔。但是他们一般都不穿官服，除非遇到节日、丧事或者其他仪式。他们的官服包括华贵的绸缎上衣、裤子，精心制作的鞋靴以及锥形帽子。夏季的帽子由上好的藤条制成，冬季的帽子由黑天鹅绒制成。帽子顶部正中的顶珠代表了他们的官阶或权力。顶珠呈球形，顶珠下缀有花翎。顶珠不同，对应官职的品级不同，具体如下：

一品为红宝石；二品为珊瑚，嵌有一个代表"长寿"的字；三品为蓝宝石；四品为青金石；五品为水晶；六品为砗磲；七品、八品、九品的差别只在于手艺的些微差异。

清朝人说，抽鸦片的时候最适合谈论要事。明朝时期，鸦片作为药物进入中国。长久以来，中国人从印度进口鸦片也只是为了药用。植物学家李时珍首次描述了鸦片的特性，发现鸦片可以像烟一样吸食。自此之后，中国人开始大量抽鸦片烟，很快变成了全国性的恶习。全国消耗鸦片的数量惊人，广东和广西两省尤为严重。

1796年，嘉庆皇帝任命正白旗人吉庆为两广总督。他不大了解吸食鸦片的情况，上任后听说两省有很多人因吸食鸦片倾家荡产，便命人将烟管拿到自己面前，从烟管中取出了一些鸦片颗粒。仔细检查之后，他认为鸦片是一种有害的矿物质，外国人用它毒害清朝人。他痛骂那些用银子换鸦片的人，认为他们非常愚蠢，不仅散尽了家财，还毁掉了自己的健康。自此，清朝人开始使用"烟土"来代指鸦片。这就是"烟土"一词的由来。

总督并没有就此罢休，他随即向朝廷请旨，要求下令在全国范围内禁烟。政府颁布法令，禁止鸦片进口，同时把吸食鸦片列为犯罪行为。但是恶习积重难返，吸食鸦片的现象是如此普遍，以至于禁烟法令形同虚设。为此，政府又颁布了其他相关的法令，并从北京派官员去广东和其他省份强制执行禁烟法令，但收效甚微。吸食鸦片的情况依旧泛滥成灾，年复一年，已经变成了一种习惯。清朝政府在全国禁烟的道路还很漫长，困

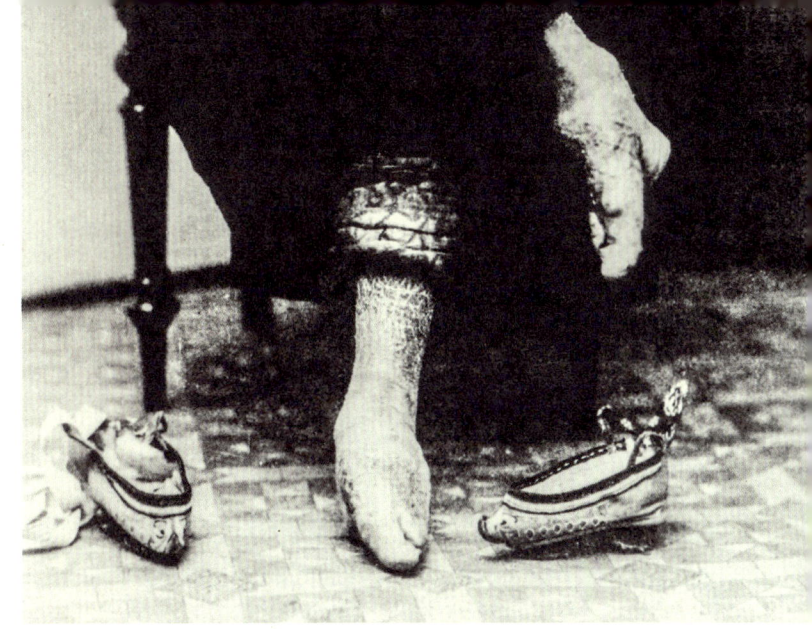

清朝妇女的小脚
SMALL FEET OF CHINESE WOMAN

难重重，效果很难令人满意。

清朝妇女裹足这一习俗可以追溯到五代时期。关于这个习俗有一个非常奇怪的故事。

据说，皇宫里的皇后天生一双小脚，颇受宠爱。宫里其他的女人都很嫉妒她，她们想尽办法，试图把脚裹得尽可能小。有一天，一个品位出众的女人终于将自己的脚穿进了一双外形精致的鞋中，其他的女人都极力奉承、模仿她。但是仍旧没有任何人能够超越皇后。为了达到最终的目的，她们决定只将脚的一部分穿入鞋中，但是皇后仍旧盛宠不衰。于是那位品位出众的女人又制作了一双非常小的、只能穿入脚的前端部分的金线镶边的缎面鞋。当她出现在众人面前时，需要两位仆人搀扶着。

由于身边两位仆人的搀扶能够明显地将自己和其他女人区分开来，从而得到比以前更多的关注。其他女人极其羡慕，纷纷称赞这项改进。被虚荣心驱使的女人们都纷纷模仿她来取悦皇帝。

消息一经传开，全国上下，无论富人、穷人，都纷纷效仿裹足。成年女人费尽一切心思让自己的脚变小。人们认为，裹足应该趁孩子年龄尚小、还能够适应的时候。所以，她们固执地将女孩子的脚裹得紧紧的，阻止脚的正常生长，从而裹成小脚。清朝上层社会的汉族女性都裹足，她们走路时需要仆人搀扶。为了消除裹足后走路的不便，她们雇佣没有裹足的丫鬟，所以仆人们大多是天足。于是穷人开始不让自己的女儿裹脚，而上层社会人家的女儿至今仍旧保持了裹足的习惯。

佛寺中的出家人被称为和尚。这些出家人身穿宽松的衣服。清朝入主中原之前，这类服装非常普遍。现在身穿短衣、将头顶的头发剃掉的习俗始于 1644 年清朝入主中原。

清朝还有一种非常不文明的习俗，如果养活不了自己的孩子，家长就可以把孩子卖掉或者干脆杀掉。不幸的是，这两种情况经常发生。

马丁斯

远东地区的风俗习惯（九）：澳门的饮食

MANNERS AND CUSTOMS IN THE "FAR EAST" NO.9 ON THE FOOD OF THE CHINESE IN MACAO

　　清朝人通常一天吃两顿饭，很少有人一天吃三顿饭。在古代，除了铁匠以外，人们都一日三餐。据说，这种现象由来已久。

　　很久以前，铁匠和农夫进行了一场奇怪的争论。铁匠嘲弄农夫的地位没有自己高。因为农夫的日常生活用品都需要依靠铁匠，如果没有铁匠，农夫将失去耕种工具。农夫驳斥了铁匠的自吹自擂，并且向铁匠发出挑战，输的一方一天只能吃两顿饭。他们来到德高望重的仲裁者面前。仲裁者判定农夫获胜，理由是如果农夫因为缺乏工具而无法生产，那么铁匠就得挨饿。铁匠承认这个裁决很公正，就接受了这个结果，决定一天只吃两顿饭。

　　清朝不同阶层的人饮食习惯很奇怪，也很随意。例如：金匠和银匠有吃猫肉的习惯，他们声称猫肉非常鲜嫩。据说，他们经常需要用嘴来吹火，猫肉可以有效地治疗创伤。吃老鼠肉的习惯，一般仅限于那些居住在岸上和海上的穷苦阶层。一般来说，所有人都吃狗肉，尤其是黑狗肉。

　　但是清朝人不吃牛肉，因为牛对于农业生产非常重要。他们严格禁止将牛作为食物。这样，拒食牛肉几乎成为一种宗教原则。和尚不吃荤腥，他们的食物主要是鱼、稻米和蔬菜。不管是皇家餐桌还是普通百姓的餐桌，都有一种豆粉制成的糕点。

　　世界各地每年都要消费大量的茶叶，但是几个世纪以来，中国人垄断了茶叶的生产。早在周朝时期，中国就有茶的记载。然而，公元5世纪时，茶才逐渐为越来越多的中国人所知。公元620年，陆羽、卢仝等人开始大力提倡饮茶，他们花了很多时间检验茶叶的特性，认为它对人大有裨益，进而大力推广茶叶。

马丁斯

远东地区的风俗习惯（十）：水上人家与澳门家庭

MANNERS AND CUSTOMS IN THE "FAR EAST" NO.10 THE FLOATING POPULATION. DOMESTIC USAGES IN MACAO

　　清朝有一个非常庞大的底层社会群体，他们长期居住在船上，外国人称之为"流动人口"。清朝人告诉我们，这些人并不是土生土长的清朝人，他们来到清朝的时间不明。同时，他们也承认，这些人在清朝生活了很长一段时间，生活方式始终如一。不过这个阶层并没有扩散到全国各地，大都集中在广州和福建的省会福州。他们通常不穿鞋子，也不在岸上生活。男人们会在岸上做活儿，女人们则大部分时间都在小船上，照顾孩子，操持家务。这些女人们可以分为两类：住在河岸边的被称作"淡水妹"，住在海湾边或海边的被称作"咸水妹"。一般认为后者比不上前者。

我们来说一说清朝人的家务事。嫁到婆家之后,女人不能管理家事。家中事务要由婆婆管理,即使婆婆是一个寡妇需要儿子赡养也不例外。媳妇必须无条件、像奴隶一样尊敬她的婆婆。如果没有婆婆的同意,媳妇不能当着婆婆的面坐下。媳妇每天都要去厨房,为婆婆准备饭菜,即使有时候这仅仅是一种形式。然而,当媳妇生下儿子之后,她就会获得婆婆的重视,但是只要家里长辈健在,她仍旧不能管理家事。

清朝有一个传统,已婚的男人只要愿意,便可以纳妾。但是妻妾们必须和睦相处,这是不言自明的道理。结婚前,男女双方往往素未谋面,对彼此一无所知。男子无法选择自己的妻子,但却可以基于个人的喜爱纳妾。因此,妻妾间根本不能和睦相处。家中的女主人(即男人的正妻)对小妾们都比较刻薄,即使小妾们尽心侍奉她,她内心依然憎恨她们。小妾们也会想尽一切办法反击女主人。妒忌常引发厌恶、争吵、冲突等。而平息这些纷争的责任自然会降临到一家之长的头上,但总是徒劳无功。他的正妻会变本加厉地控制小妾,并且运用一定的手段来遏制纷争。然而,清朝的妇女总是那么优雅迷人,她们善于把握机会,很快就能获得丈夫的爱。对她们来说,纷争有失体面,她们不允许这类事情发生。如果一个女子尚未结婚,但未婚夫却去世了,她也会被人们看成寡妇。

最后,有必要提一下,清朝人以左为贵。两个清朝人见面打招呼,首先会询问对方有没有吃饭,或者生意如何。

马丁斯

听众

THE LISTENER

当新系列《远东》杂志的第一卷第一期发行时,中英两国还在战与和的边缘徘徊。也许那时候最焦虑的人莫过于在清朝的英国公使,他期望节约军费开支并通过战争给帝国带来荣耀。尽管他的愿望几乎没有希望实现,但是现在,正当第二卷发行之际,形势大变。威妥玛已经踏上回国的路程,正在享受假期的他非常坚定地表达了对英国民众的诚挚祝福。《远东》杂志并不关心政治,我们绝对不会发表任何一点可能有损于威妥玛的言论。

几天前的一个晚上,作为听众,我有幸参加了一次讨论会。两位主要发言人都是暂时到上海进行访问。一位在清朝居住多年,另一位是环游世界者。和往常一样,在相当长的时间里,谈话很愉悦,彼此受益良多。

环游世界者:"很遗憾,今年我没有机会访问北京。我读了委员会向威妥玛所作的临行致辞。但是好像并不是那么有风度,难道不是吗?哦,你的意见是什么?"

在清朝居住者:"我认为颇有风度。威妥玛也非常清楚。大体上,致辞友善,称赞他有很多优点。虽说致辞对于他的外交方式不置可否,未作评论。但威妥玛在回信中也明确承认这一事实。"

环游世界者:"当然!毫无疑问,他是一个世界性的人物,不会被一小撮人愚弄。这些家伙希望威妥玛来到清朝为他们的利益服务,让他们从可怜的清朝人身上攫取暴利。"

在清朝居住者:"那些可怜的清朝人最擅长保护自己了。我们花重金派公使到清朝来,帮清朝人对付'我们自己人'以及我们无尽的贪婪。我完全看不出这样做的意义。"

环游世界者:"不!我或许不应该使用那么强烈的措辞。但你现在强硬的态度已经和在清朝经商的那些英国商人们没什么两样了。"

在清朝居住者:"你觉得我误解你了吗?难道刚刚那一番话并不是你的本意?"

环游世界者:"那些话的确是我的本意。为什么?仅仅为了满足那些贪婪的商人,致使多少人流血牺牲、多少珍宝毁于一旦。现如今,由于公使没有按照他们的要求,动用武力抢夺他们需要的商业资源,这些自私的商人便对公使心生不满。"

在清朝居住者:"请原谅我的直白。显然你不懂你正在谈论的事情。很不幸,你代表了很大一部分不善于为自己利益打算的英国人。他们不了解实情,盲从那些演说家或作家的肤浅说辞。那些作家就是一群整天无端发牢骚的人,却有那么多人愿意为他们拙劣的幽默买单。这群人就像是一群毫无思想的蠢驴。说实话,他们的噪音让人无比厌恶,有时甚至让人愤怒但实际上却无足轻重。"

环游世界者:"谢谢你的恭维,但是我不敢苟同。既然我能出现在这里,就证明我不附属于任何人或是任何团体,你不能称我为蠢驴。我通过自己的所见所闻来进行判断。当我读到你批评威妥玛先生所作所为的文章时,我很愤怒。我认为那些商人们应当为自己感到羞耻。"

在清朝居住者:"哈!这不是第一次有人这样评论他们了。你不要以为自己的观点有多新奇。你的观点带有你自己的感情色彩。我们可是绅士间的对话。你是一个旅行者,从你的谈话中我能够猜到你并没有接触过贸易。而我在清朝已经住了很长时间,甚至还有可能在这儿度过我的余生,但我并不是一个商人。所以我们都是中立者。我认为那些说空话,并且谩骂在清朝拓展英国商业的同胞的人才应该感到羞愧。"

环游世界者:"你居然是这么想的!你怎么能够说出这种话?"

在清朝居住者:"或者我也应该反问你,你如何证明你的言论?"

环游世界者:"噢!这很简单啊!你去看看事实就知道了。有多少英国商人在清朝!"

在清朝居住者:"你糊涂了吗?我认为我自己很清楚我们争论的主题。可你连最起码的前提都不清楚。"

环游世界者:"无稽之谈!我只是顺便提出了这个问题。我认为无论是你还是其他的人都无法准确回答我提出的那个问题。我敢说如果将所有的通商口岸包括在内的话,清朝应该有上千名英国商人。而实际数量一定比这还要多,但这只会更加支持我的观点。"

在清朝居住者:"你的立场不可能被改变。我非常清楚你接下来会说什么。但是我要提前告诉你,就像在沙滩上建城堡,你论点的根基根本是不稳定的,而且完全就是错误的。"

环游世界者:"好吧,随便你怎么说!我还是要坚持我自己的观点。但是既然你这么没有耐心,那么我就要抓紧时间提出另一个问题:为什么要为了少数商人的利益,将英国和清朝卷入战争呢?"

在清朝居住者:"我知道你的用意所在。难道您这样一位明理之人会认为仅仅是为了那个目的,大英帝国和清朝就陷入战争了吗?"

环游世界者:"毋庸置疑,当然是了!清朝和西方各国之间所有战争的源起不都是为了商业扩张吗?难道不是那些商人从中渔利吗?英国民众为什么要为了满足那些人的利益而被迫交税呢?为什么清朝要违背自己的意志被迫顺从英国呢?为什么要允许这些商人强行规定关税条约,干涉清朝政府和清朝民众呢?"

在清朝居住者:"你滔滔不绝地一下子提出这么多的问题,我不可能在这次的谈话中一一回答,只能挑选最根本的问题回答。英国并没有为本国商人在清朝的利益而干涉清朝。你的看法是彻头彻尾的谬论,你以及那些和你持同样观点的人从一开始就错得非常离谱。"

环游世界者:"呃!你为什么这样说?"

在清朝居住者:"很简单!你认为大英帝国的伟大建立在什么基础上?"

环游世界者:"大英帝国伟大的基础?这个问题小孩子都知道。那就是她伟大的宪法、她的绝对自由、她的宗教、她的公正、她的仁慈、她的学识、她的富有、她的勇气、她的精锐海军、她的庞大商业!"

在清朝居住者:"我很高兴你在最后终于提到了。我耐心地听着,担心你会遗漏真正的基础。但是你已经意识到了。没错,正是她的商业!我说过商业是大英帝国伟大的基础,这一点你也承认。那么现在你还认为那些在清朝经商的英国同胞,像你之前描述的那样,是一群迫切挑起两国战争以从中攫取利益、贪得无厌的商人吗?"

环游世界者:"行了,不要再说了!我没有这么描述过他们。"

在清朝居住者:"对不起,事实上你就是这么说的啊。我在一条评论中使用过'无尽的贪婪'这个词,而你认为我恰恰说中了商人们的特点。其他的话都是你自己说的。我并非想要有意冒犯你，但是也不想讨好你。像你一样说话的人都有一个特点，那就是经常使用一些自己根本就不知道轻重的词。你们不敢对个别商人品头论足，就将商人进行简单归类。"

环游世界者："好吧，或许之前我们根本没有必要显得那么激烈。还是让我们回到刚才的问题上。你说我一开口就是错误的，根据何在？"

在清朝居住者："很简单啊！但凡有一点儿常识的人都知道除非万不得已，否则英国不可能发起战争。她不会为了任何一个特定阶层的利益发动战争。"

环游世界者："嗯？这个我可不敢肯定。不过请继续。"

在清朝居住者："如果你不敢肯定，那么估计你是没有学过本世纪的历史。"

环游世界者："那鸦片战争呢？"

在清朝居住者："就原因而论，鸦片战争和其他战争没什么不同。具体来说，清朝人侵犯了英国的权益，损坏了英国商人的财产。从更广泛的意义上来讲，战争发生的原因是由于两国之间的条约遭到践踏，大英帝国受到伤害，为此她必须要让清朝尝到苦头并进行赔偿，这样才能阻止类似的事情再次发生。"

环游世界者："但是清朝是对的一方，英国是错的一方。清朝人反对鸦片贸易，因为鸦片是一种毒品。鸦片的使用对清朝人来说则是一个灾难。还有……"

在清朝居住者："那些已经离题了，我们现在不讨论。你看，你攻击商人，我为他们辩护。一些英国商人的利益确实由于清朝人的行动而遭到损害。但是无论战争是否正义，这场战争都不是为了满足个别商人的利益而发动的，而是为了整个英国的利益。"

环游世界者："我无法理解你的辩驳之词。让清朝人抽鸦片烟，英国能从中获取什么利益呢？"

在清朝居住者："你这么辩论是将问题局限在一个非常滑稽的范围内。这些细节问题英国是不会考虑的。原则性的大问题才是应优先考虑的。条约并不是一纸空文，英国制定商业友好条约的目的不是为了偏袒那几百名前往缔约国做生意的商人，而是扩大并保护她的商业，维护整个大英帝国的利益。那些商人们是因条约而来到开放口岸的，他们是大英帝国的代表。通过他们，大英帝国的影响力得到加强，她的财富得到增长，她的伟大得到巩固。"

环游世界者："我们对事物的看法不一样。如果不是为了个人的利益，没有人会来到清朝的口岸发展自己的商业。你也可以说每个在英国开商店的人，都是大英帝国的代表，由于他们，大英帝国的影响力在加强，她的财富在不断增多……等等。"

在清朝居住者："我的确会这么说。如果任何别的国家派一艘炮舰来到英国的海岸，哪怕仅是打伤了一名渔夫，都是开战的导火索。除非侵略者能够令人满意地补偿对整个国家的侵犯和侮辱，而不仅仅是对一名渔夫的赔偿。"

环游世界者："外国派遣兵力袭击我们，我们向他们宣战。这完全是另一回事。我说的是仅仅因为别国不愿意提供给我们商业资源，我们便向他们宣战，那只能维护在当地做生意的商人的利益。"

在清朝居住者："我坚定地认为英国不会为了这个原因发动战争，只有那些任性、盲目之人才会如此想象战争的原因。战争不是由一个头脑发热的吞火者因为想象的愤怒而发动的。国家政府与议会进行严肃、详细的讨论后，才会决定是否发动战争。如果议会经过讨论认为战争是非正义的，那么他们可以投票反对战争。"

环游世界者："我认为政府和议会有可能犯错，难道他们不会吗？"

在清朝居住者："毫无疑问，当然也会！有时，他们甚至可能还会犯大错。但是他们绝不会为了数百人的利益而不惜花费上百万的钱财来发动战争。"

环游世界者："那你告诉我，如果明天清朝将所有英国商人的商业活动全部都停止，这对英国有什么影响？"

在清朝居住者："我从来没有想过有人能够问出这种问题。提出这个问题的人得多么偏执。回答这个问题最好的方式，就是将问题极端化后再做回答。你还不如问：如果全世界所有英国商人的商店统统都被关闭，英国商人不得不返回英国，这对英国有什么影响？"

环游世界者："我不这么看。我之所以会这么说，主要是因为在清朝的英国商人似乎认为他们对英国至关重要。而在英国，他们跟我们完全不同。他们为了方便自己贸易，要求清朝开放国门，废除关税。他们毁谤我们的公使，因为公使不同意他们的意见，认为清朝人也有一些权力。他尽职尽责，唯独没有支持枪林弹雨的战争。而那些自私自利的商人们都大喊大叫'错误！一个天大的错误！他错失了让清朝人屈服的良机，这样的机会不会再有第二次了。战争迟早会发动。从来没有如此充分的理由发动战争。这真是犯下了一个巨大的错误'！！！"

在清朝居住者："这并不影响我们的辩论。如果你能证明所有的商人都说过这种话，也许会对你有些许帮助，但也只是些许。然而，我很肯定并不是所有的人都这么说。在清朝的商人和世界上其他地方的商人一样，他们都清楚鞋子什么地方最紧，怎么穿才自然。如果他们的贸易受阻，或者被不公平地强制征收关税，他们一定会投诉，要求废除这种不公平的政策。他们应当为了改善贸易而建言献策，尤其是那些对他们自己、对清朝商人、对全国也有利的建议。这是非常合理的。但他们并不想通过战争来解决这些问题。和大多数坐在家中享福的慈善家或是满世界旅行、毁谤他们的人一样，他们也不愿意看到战争。"

环游世界者："我没有毁谤他们。"

在清朝居住者："我没有说你在诽谤他们。因为你已经说了'在座者除外'。我很高兴你已经转变态度。但是时间不早了，我有些疲惫了，需要好好休息。我向你保证，在清朝的外国商人，和在自己国家的同行们一样，因为他们交易的商品都是从海上运过来的。由于海上航行和天气的变幻莫测，有些商品损坏了，有些商品变质了，有些商品质量下降了，但是大部分商品还是好的。事实上，那些外国商人以及在清朝定居的外国侨民，都受到与他们打交道的清朝人的尊重。在你我的有生之年，如果这些商人决定不纯粹为了商业目的而发动战争的话，那么那些在英国的纳税人就可以愉快地休息了。同时，对一些政治问题，在这里的外国人会和那些在本国的人一样有所感触。而且他们会比那些在本国的同胞们更加强烈、频繁地表达意见，因为他们就在现场，一旦发生任何不幸，他们首当其冲。"

至此，谈话就结束了。正如之前所说，我只是一个旁听者。但是在那位在清朝的居住者离开之后，我留下来和那位旅行者就不同的话题聊了一小会儿。最后，他说："我们的朋友讨论问题的热情很高。虽然最后他占了上风，但是我觉得我从中占了大便宜。嗯？难道你不觉得吗？"接着他也离开了。

这是真实发生过的场景，对话内容几乎是原封不动地记录了下来。我很赞同那位环游世界者同他的朋友讲述他对清朝的看法时所说的那句话："先生，我相信我眼睛所见，相信我耳朵所闻。"

S.

清朝当地的报纸

VERNACULAR NEWSPAPERS IN THE "FAR EAST"

毋庸置疑，对于居住在远东或是对远东感兴趣的西方人来说，当地语言的报纸是最受欢迎的，也最能表明当地文明的程度。当然，印度就不必说了，虽然本国的王子臣民们在这一领域并没有很好地发展，但是它在英国政府的治理之下，重视出版自由，而不是阻碍思想的自由传播；而欧洲各国政府则密切关注与印度有关的话题。

众所周知，清朝人在北京出版的《邸报》已经发行很长时间了。与其他地方的报纸相比，这份公报的优势在于它能够提供一些纯粹的政府活动信息，不作任何评论。这份公报大概是由上报朝廷的请愿书以及最后的批示所构成的。它提供了大量的证据，表明无论地位多么卑微的民众，都可以对官员的欺压和所遭受的不公提出上诉。相关案件都会进行公正地判决，必要时，犯罪的官员会遭受惩罚，胜诉者得到相应的赔偿。

但是《邸报》还算不上是一份报纸，它和《伦敦公报》（London Gazette）[1]的性质并不一样。因此，我们认为清朝创办的第一份本土报纸是《申报》。《申报》创刊于1872年，由美查先生创办于上海。创办初期，反对声不绝于耳，但如今它成了一家非常繁荣、开始盈利的公司。

香港有一份非常优秀的中文报纸。在清朝，外国独资报纸《申报》已经站稳了脚跟。尽管清朝政府想尽一切办法阻止《申报》的创立，为了批判《申报》的观点，打垮《申报》，还陆续创办了一些其他报纸。但由于得到了英国公使威妥玛先生、皇家领事麦华陀先生的支持，清朝政府的计划并没有成功，《申报》非但没有被打垮，反而让它的对手陷入了绝境。

现在，另一份中文报纸《新报》创办了，它名义上是由清朝商帮筹办，但大家普遍认为它是由上海道台冯焌光拨款创办的。《新报》创办的目的在于替政府发声，向民众展示现行君主政体的优越性。可想而知，《新报》的订阅者应该是那些偏向官府的人。不过，即便是那些排外的清朝人，心里都很清楚政府的是与非，所以无论报纸如何美化政府，在他们听来都是无关痛痒的。

有两位记者从上海的优秀英文晨报《益新西报》（Daily Press）辞职，加入到我们的队伍中来，他们将带我们了解清朝政府是如何"炮制"新闻，从而满足数千清朝人对信息的渴求的。头两条新闻与去年发生在北方的大饥荒有关，去年7月我们已经报道了此事。饥荒源自长时间的干旱与大面积的粮食歉收。在清朝，慈善是个新事物，下面的两篇报道记载了大饥荒爆发时一些地方的慈善捐赠情况。

扬州

现在，扬州的受灾人口已经上升至约十万，而且每天都在增加。当地的赈灾管理条例非常完善，社会各个阶层同心协力赈灾。官员们从未私自挪用赈灾款项，民众们也都能慷慨解囊，因此大量灾民纷纷涌向扬州。根据赈灾条例，每个灾民每天可以领到八合[2]大米以及八个铜钱，用于买盐买菜，儿童减半。每五天审查一次领取资格，分发一次救济物资。病人可以得到免费的医疗护理与药物。死者施棺，由公家出资埋葬。为了应对分娩的需要，配备了助产士，为新生儿准备了棉质襁褓。

政府开放了两家小药房，一处位于新城的准提寺，另一处位于老城的木兰院。这儿

---

[1] 英国第一家真正的报纸。1665年，著名报人麦迪曼创刊于牛津。——译者注
[2] 读gě，十合为一升。——译者注

一共配有四名医生,他们每天都要外出巡诊,分类医治病人。另外四家大的药房也已经建成,分别是元济堂(Yuen-chi Chang),西门堂(Hsish-mon Chang),三致堂(Sanchih Chang)和松寿堂(Sung-shou Tan),每处都安排有十名药剂师。无论药品贵贱,只要药方上有医生的签名,药剂师马上就可以将药配好。

医生有权让病人凭票领取一种具有镇痛作用的药膏——温胃膏,每张票可以领到大概一颗肉蔻那么大的药膏。这种票每个灾民可以领到一张,目前已经发放了四万张。另外还有六万张,这种票每张只能换取半份温胃膏。根据年龄大小及体质的强弱,每个人领到的温胃膏有些区别。由于长时间的饥寒交迫、颠沛流离,城外这些可怜的灾民愁苦不堪,纷纷患病,药膏可以暖身理胃。这种药膏贴在胸部,可以有效缓解疼痛。

在赈灾中,士绅阶层义不容辞,政府官员也都积极行动。现在仍有大量灾民涌向扬州,一些人向知县与知府上书,希望他们号召府台在镇江开设一些分馆,以方便江北的灾民领取救济粮。现在一些人正守在岸边的船上检查来往的船只。在11月23日和24日这两天,一共分发出去1.8万斤面饼。尽管阳光明媚,但寒风凛冽,不知道那些饥寒交迫的灾民能否平安度过这个冬天。

——《新报》

模范慈善家

湖北省武昌府西郊有一位绅士赵达勇(Chao Ta-yung),他出身于富贵人家,但因家道中落,如今以教书为生。他心地善良,每每看到他人的善行,都会被深深打动,激励自己见贤思齐。只可惜他家徒四壁,身无分文,只能遗憾叹息。

去年冬天,他碰到一个人在街边痛哭,上前询问,才知那人因为无钱葬母而悲伤不已。听到这些,赵达勇便将身上的毛皮大衣当了些钱,送给那个可怜人。结果,整个冬天他只得受冻。还有一次,他在路上碰到有人要价三百钱,出卖自己的女儿。赵先生心生怜悯,借钱买下了那个孩子,带回家抚养。他还告诉女孩的父亲,等到经济条件好转,就回来领走女儿,钱也不用还。可是第二天,那个女孩儿就偷偷地逃跑了。众人知道了赵先生受骗这件事,便哈哈大笑。赵先生叹了口气,说:"我真有那么傻吗?他也是没有其他办法才来行骗的。你们想跟他一样吗?"这时众人都说:"先生所言甚是。"

北方灾情严重,每天都有上千灾民涌向湖北,他们个个面黄肌瘦,饥寒交迫。赵先生深切同情这些灾民,可是心有余而力不足,他没有那么多粮食。于是,他跑遍了亲戚和朋友的家门,希望他们能够协助赈灾,但大家都嘲笑他是个傻瓜。有一天,赵先生拿起一张黄纸,在纸上写下灾民的种种苦难,来到了黄鹤楼。他将那张黄纸放在观音菩萨面前，向菩萨跪拜，泣不成声，哭了整整一晚上才回家。

湖北的房屋并非砖砌而成，而是泥土砌成，比砖坚硬、光滑、干燥。赵先生现在居住的老宅子是祖上留下来的，年久失修，损坏严重。10月30日，他的小儿子拿着一把小锄头在墙上一个小洞口边玩耍。孩子的母亲看到洞里闪闪发光，凑近一看，发现洞里竟然塞满了金子。赵夫人开心极了，连忙将此事告诉了赵先生。据说洞里的金子大概有100担重。赵先生心想一定是菩萨显灵，要帮他实现心愿。他将这件事告诉了周围的亲朋好友、街坊邻居，请求他们帮忙卖掉这些宝贝，用所得的钱购买大米以及其他生活必需品，分发给那些灾民，并将一处店铺在官府登记，作为分发物资的赈灾点。这个故事是一位来自湖北的朋友告诉我们的。

——《新报》

一位心怀感恩的士兵

11月1日，湖北蕲州西郊发生了一起严重的火灾。王文斐（Wang Wun-fei）家的房子被火焰吞没，房中的人惊慌失措，不知如何逃生。正当他们以为必死无疑的时候，突然出现了一个人，他身后还跟着七个强壮的汉子。他们一头扎入火海中，全身上下大汗淋漓。看到王文斐时，领头的汉子命令手下将他救出去。其余的人继续冲进去，将王文斐的妻子和孩子救了出来。他们把孩子带到王文斐面前，问他："你的家人已经安全了，还有没有什么贵重的东西需要我们帮您抢救出来。"

王文斐泪如雨下，回答道："家人平安，我已经够幸运了。财物都是身外之物，无关紧要，随它去吧。"

此时，火势越来越大，根本不可能冲进房里抢救其他东西了。这时，带头救人的大汉跪在王文斐的面前，大声说："您还记得萧奉善（Seaou Feng-shan）吗？今天，我偿还了一笔很大的恩情。现在请照顾好自己和家人。"

说罢，他便离开了。王文斐喊他回来，但他却没有停下。后来，王文斐想起了一件往事。20年前，他在一位姓张的将军的营帐里发现了一个小孩。这个孩子正是萧奉善，那时候他只有15岁，不过已经是儿童军团的小队长了，他和同伴从叛军的队伍逃到了政府军的旗下。然而，政府军怀疑他们会叛变，决定当场杀掉他们。在这万分危急的时候，王文斐成功地说服了将军，将孩子们救了下来。然后，这些孩子们被分派到几个士兵身边，受士兵们的照顾。

——《新报》

华北地区主教禄赐悦理

BISHOP RUSSELL, OF NORTH CHINA

禄赐悦理出生于 1821 年。他在都柏林的三一学院接受了大学教育。在伊斯灵顿的英国圣公会大学度过了一段时间之后，1847 年 5 月，他被授予执事一职，同年 10 月，被伦敦主教布洛姆菲尔德（Blomfield）任命为牧师。11 月 10 日，他和法默（Farmer）、郭保德（R. H. Cobbold）一同乘船前往清朝，后来成为宁波地区的会吏长。禄赐悦理在宁波工作了十四年，期间一直没有回过家乡。1868 年，他再次回到宁波工作，1872 年被圣公会委员会召唤回国。

除了完成一名传教士的基本工作以外，禄赐悦理还将大部分《新约》、一部分《旧约》，以及《公祷书》等著作翻译成了浙江方言。在清朝，他还写作并出版了 12 篇关于基督教基本教义的文章，发行范围非常广泛。

华北地区主教禄赐悦理
RIGHT REV. DR. RUSSELL;
BISHOP OF NORTH CHINA

穷人的住所

DWELLINGS OF THE POOR

  在西方国家，关怀穷人实属寻常，完全不值得吹嘘。邻里之间或者房东与租户之间，通常都能互帮互助。每个国家都有穷人，古往今来无一例外。在欧美，尽管有慈善机构以及政府的救助，贫困现象还是存在。由于它最让人厌恶，所以在旅行者的印象中也最为突出。因此，我们不准备通过此事来评论清朝的缺点。而日本在管理穷人方面，做得要比其他国家好得多，能够在日本旅行也让我们备感荣幸，清朝则无法获得这样的赞扬。和所谓的那些欧洲高度文明的国家比起来，清朝在处理贫困问题方面的做法更加让人失望。

  清朝的疆域如此广大，土壤、气候多种多样，每年总会有一个或数个省份发生饥荒。我们报道过，去年清朝北方发生了持续性旱灾，山东和直隶两省的旱情尤为严重，粮食歉收引发了大饥荒，数万饥民流浪到各地乞食活命。在不到一天的时间里，上海等地涌来了大量的新难民。他们靠着心中的一丝希望来到了这里。负责赈灾的官员和善良的市民们想尽办法救助这些灾民。

  但是，不是所有可怜的难民都会引起公众的同情心。本月我们出版的照片中，其中一张反映的正是清朝穷人的住处。在帝国内，有千千万万的人居住在这样的环境中。在每一条河流或运河的岸边，甚至是阴沟边上，这样新旧、大小不等的小棚屋无处不在。有时候，一条破船再加一个屋顶就是一些人的住处。在评估船屋质量的时候，船的大小、可容纳的人数、船身和屋顶抵抗风雨的能力都要考虑在内。乍一见这种情景，外国人在惊讶之余，难免会发出一声叹息。他们叹息的是，对于其主人来说，一个如此不舒服的棚屋意味着一切；他们惊讶的是，棚屋的主人居然可以长期忍受这种不适，并且感到满足，不再寻找更好的住处。面对以上场景，许多外国人心里不由得会生出一种轻蔑之情。但是如果他们回到自己的国家看一看，这种感觉或许会马上消失。

  并非只有贫民阶层才会住在这种地方。不远处，那些搬运工、手推车夫、坐在大户人家门口替人缝补谋生的妇女们都生活在那些棚屋里。和我们国家的穷人一样，居住在这些棚屋里的穷人并不比那些富有的家庭缺少善心和美德。这一点我们并不怀疑。这种生活状况令人反感的一面，我们不再细说。生活在这里，我们还是不要期待良好的卫生条件了吧，因为富裕阶层也仅仅比他们稍微干净了一点儿。我们还是让图片讲述它自己的故事吧。

上海河岸上穷人的住所

DWELLINGS OF THE POOR, ON THE RIVER-SIDE, SHANGHAI

黄浦江上官府的征税船

MANDARIN TAX BOAT ON THE WHAMPO

　　为了更好地管理百姓，清朝政府设立了各种制度。尽管这些制度没有完全落实，但在某些方面，却一点也不比外国差。（外国人初到东方，看到当地的某些习俗与本国恰恰相反，开始必定大吃一惊，但生活的时间久了，也就慢慢习惯了。）那些在东方国家居住的外国人，最开始的确会被那些与他们的行为方式完全相反的做法所震撼，现在他们已经习惯了每天听到和他们自己的母语相似的表达，看到和世界其他地方如出一辙的办事模式。所以，这些"官船"就是仿效外国所建立的机构。

　　驻守在船上的下层官员，扮演着河面警察的角色，他们的职责是打击走私，收取关税和检查许可证。大量的帆船、旅客、货船在帝国的水道上来来往往，数量多得惊人。大家都知道，清朝人是天生的商人。清朝政府的很大一部分税收就来自这些来来往往的货船。这些船只宽敞、舒服，非常实用。它们通常停在江面上，还有一些停泊在岸边的小水塘中。

黄浦江上官府的征税船
MANDARIN TAX BOAT ON THE WHANGPO RIVER

流动的小吃摊
A PERAMBULATING RESTAURANT

流动的小吃摊
ITINERANT RESTAURANT

  在文明国家的大街上，随处可以看到一些卖小吃的小商贩。货摊、篮子、盘子、带有小火炉的锡罐、炉子、锅炉等工具应有尽有。但是，恐怕世界上再也找不到一种工具，比插图中展示的小吃摊更轻便、更合适了。无论是租界里清朝人聚居的区域还是大大小小的清朝城镇，图中的竹器随处可见。小吃摊前顾客络绎不绝，摊主们肯定获利不菲。这些竹器编织得很精致，还装有必要的加热装置。加热装置有些是由烧制的泥土制成，有些是由铁制成，并不局限于一种材料。

1877 3月

MARCH

抛锚地随记：中国台湾与琉球

RAMBLING NOTES. ADRIFT AND AT ANCHOR: FORMOSA AND LIU KIU

8月27日闷热的早晨，英国皇家舰队（H.B.M.S.）在福州罗星塔[1]起锚，开始巡航。我们非常开心能够一同出海。当得知要去中国台湾和琉球时，我们更加高兴了，期待着在这些岛上的愉快生活。早上十点钟，我们扬帆起航。此时清风怡人，岸上依旧清晰可见。我们绕过了闽江口的白犬列岛，一直以每小时5.5海里[2]的速度前行。次日凌晨三点，我们收起前桅中桅的帆，开始降低航行速度。我们应该快要到了。

不出所料，我们在天亮时分抵达台湾海岸，把船停了下来。早上六点，我们再次启航。九点钟，海面风速开始减弱，于是我们开始收帆，在蒸汽的推动下驶向基隆港。下午一点钟，我们在基隆港下锚。基隆港是一个非常美丽的地方，四周群山环绕。我们注意到港口左侧有三座欧洲风格的房子，里边住着海关官员。煤炭是这里唯一的贸易物品，煤矿位于停泊处两三英里外。30日清晨，我和一位朋友一同登陆。我们随身携带着枪械和猎犬，准备趁此机会打打猎。我们穿过山谷，翻越高山。呵！大汗淋漓！现在回想起来，我还忍不住要擦下额头。我们看到了一些小鸟，不过由于距离太远，一只也没捉到。但是我们从漫山遍野的柠檬树上摘了五个大柠檬。如果方便携带的话，我们准会摘上数百个柠檬带回去。

基隆的风景非常漂亮，山谷也美得出奇。当然整个岛屿都漂亮得让人惊艳。返回岸边的时候，几名军官和许多船员在用围网捕鱼。我们太累了，只想早点回到船上去，就没有加入他们。

第二天，我和军需官一起上岸，朝与前一天相反的方向行进。走了一段路程之后，我们来到村子里。那里草木茂盛，有些草长得比人还高。我们在山间发现了一座房子。这是一间牧羊人住的孤零零的小屋，也是方圆几英里之内唯一的建筑。主人向我们提供了可口的凉水，还用茶招待我们，但是我们更喜欢喝水。他们检查了我们的火药和火药筒，我很想试一下我的枪。我让其中一个人试了一下。开火时的后坐力差点儿把他震倒在地。我问

---

[1]位于福州马尾南部的闽江之滨，是国际公认的航标，有"中国塔"美誉。——译者注
[2]1海里≈1.852千米。——译者注

他想不想再试一下，他拒绝了。这个偏僻的地方住着两个男人、两个女人还有两个孩子。看到我们，他们一点儿也不害怕。我们给了这两个孩子一点儿钱，这令他们非常开心。

9月3日早晨六点钟，海风徐徐，我们再次启航，离开基隆港。下午六点钟，我们到达淡水港，在那里下了锚。

次日，我和另一位朋友一起登陆。这次我们带了枪，不是为了打猎，而是为了防身。我们爬上了一座高山。在那里我们可以俯瞰整个区域，然后决定前进方向。我们看到，海岸与山谷间宽广的平地上有几个小村庄，于是决定向着村庄所在的方向走去。这样，我们不仅可以见到当地的百姓，参观一下他们的住处，还可以趁机捉几只野鸟。在平地上行走了约两英里，我们遇到了一大群野鸟。我们捉了六只，放在随身携带的袋子里。我们在村外走了好几英里，口干舌燥，决定到村子里要些水喝。村民们很快便给我们打来水。他们应该没有见过欧洲人，即便见过也少之又少。这点很容易就能看出来，我们在村子中引起了不小的轰动。人们把我们团团围住，对我们的双筒猎枪表现出极大的兴趣。尽管村民们十分好奇，但他们一点儿也不粗鲁，没有丝毫敌意。看到他们很友好，我们决定暂时先不去其他村子。

离开平地之后，我们再次爬上山峰，还打了几只鸽子和野鸡，以及一些更小的鸟。站在一座小山的山顶上，我们看到一条朝着海湾方向延伸的漂亮山谷。我们克服重重困难，来到山谷底部。山谷里树木丛生，有几头牛在那里安静地吃草。两三个放牛人在一旁照看，每个人手里都拿着长矛。这些人十分友好，告诉我们哪些地方可以找到猎物。顺便提一下，这些人都是移居此地的清朝人的后代，他们经常遭受当地土著的攻击。当地的土著人生性野蛮嗜杀，大肆屠杀外来人，还抢夺他们的耕牛。台湾野蛮的土著人杀死外来人之后，还要把头割下来，带回去作战利品。在野蛮的土著人当中肯定有一个规定：那些没有带回战利品的男子不可以娶老婆。

当地的一些土著居民信奉基督教，还有一些人和大陆过来的"外来户"通婚。事实上，他们长得比大陆的清朝人要好看。

返回岸边时，我们发现我们的船被一些小船围了起来。小船上挤满了岛上的男男女女。他们通过潜水表演带给我们欢乐，从而获得一些钱和空瓶子，他们尤其想要那些空瓶子。那些女人既善于游泳又善于潜水，她们比男人们更受欢迎。

上船之前，我们穿过一片长势良好的稻田，猎到几只大沙锥。我们还采集了很多漂亮的蘑菇。离海岸约一英里远的山脚下，有一汪清泉，泉水清澈透亮，不断向外涌出。我们尝了一口，发现泉水甘洌，是一口矿物泉。闲逛了一整天后，我们相当疲惫。下午六点钟，我们返回船上。这一天，除了天气比较热，其他方面都令人满意。

9月5日早上六点钟,我们再次启航。由于海上没有风,我们没能走多远。接下来的几天都是这样。9日这天,我们开启了蒸汽动力,前往琉球群岛。夜晚时分,一大群海豚围在船边嬉戏玩耍。我们用鱼叉叉了一只,拖到甲板上。

10日白天,琉球群岛映入我们的眼帘。船以每小时7海里的速度穿过群岛。那些岛屿太迷人了。下午三点,我们在那霸港靠岸。这里是如此的美丽,草木茂密、空气新鲜、土地肥沃。上千名当地居民聚集在岸边或是坐在岩石上,注视着我们的一举一动。透过望远镜,乍看上去他们很像日本人。黄昏来临之前,围观的人越来越多。大约下午五点,两个人来到我们的船边。我们把他们请上船,才知道他们是当地的酋长。其中一位居然还用英语跟我们打招呼,这令我们大吃一惊。

进入船长室后,他们礼貌地询问我们此行的目的和在此的行程。我们礼貌地回答了他们的问题,请他们喝茶、喝酒、吃点心。他们船上的船员和一些随从后来也到了我们的船上。他们对所有的东西都很惊讶和好奇,但是最让他们惊讶的是那个小望远镜。半小时后,他们跟随酋长上了岸。尽管岸上的那些人对我们的船和我们的指挥官很好奇,但他们都很守规矩,恭敬地为我们让出一条道来。

第二天,也就是9月11日,风雨交加。岛上的酋长派人送来了重达数百磅的礼物,其中有牛肉、一只约100磅重的猪、11只山羊、70只飞禽、3英担红薯、3个大甜瓜抑或是南瓜、100个鸡蛋以及1英担大米。

下午,我和另外5名船员准备上岸参观一下。一大群人涌到岸边看我们登陆,其中男孩子居多。我们在岸边没有看到一个女性。乍看上去,这些人的装扮非常像西化前的日本人。他们把脑袋两侧的头发紧紧地扎起来,在头顶用发夹固定成一个结。发夹通常由尾端饰有鲜花的金属或者是玳瑁壳制成。我仔细观察后发现,有些发夹是银质的或者是镀银的,一些底层人士的发夹由黄铜或者红铜制成。他们无论男女都身着宽松的长袍,左右衣襟交叉在胸前,装扮和日本人非常相似。不过男人们会用一条厚厚的丝绸或棉制腰带收紧衣服。

一路走来,我们看到了一些妇女。她们的衣着跟男人差不多。她们都是些穷人,脚上没有穿袜子。许多男人穿着日式的袜子,大脚趾和其他脚趾分开,脚上穿着草编的凉鞋。草绳绕过脚后跟,经过脚面,穿过大脚趾与其他脚趾之间的鞋带孔,弯曲的一端塞进另一端的收紧带里,系得又紧又牢。当然,每个人都随身携带着一把扇子,有时候拿在手里,有时候别在腰间。和日本人一样,如果腰带间没有烟斗和烟丝袋,男人们会觉得自己很不体面。仔细观察,你会发现他们和日本人的不同之处,即琉球男人蓄胡须。这满足了他们独特的虚荣心。有些人的胡须非常长、非常柔软。毫不夸张地说,当地人普遍都很干净整洁，比日本人还要干净，令人印象深刻。他们看见外国人的时候都很惊讶。我想最近他们一定没少听说外国人。因为鹿儿岛战争刚发生不久，许多人记忆犹新。当时他们的宗主是萨摩国[1]的王子，他们和萨摩国经常往来。琉球人和他们的邻居一样温文儒雅。我们没有碰到无礼的行为。

当地流行蓝色衣服，人们的穿着不张扬，而孩子们则穿着色彩鲜艳的衣服。琉球人的外貌和他们的言行给我们留下了良好的印象。当一个强者遇到这些文明和善的人，定会对眼前的景象产生兴趣，心中泛起对这个地方的喜爱之情。我还要说一点，琉球人比较矮，但是四肢比例协调，男人走起路来都很威严。而且，他们的牙齿都很白、很整齐。我读过一篇描述他们的文章，文中说他们面容甜美、宁静、智慧。我十分赞同这一点。我们没有接触这里的家庭生活，也没有和妇女说过话，所以只能根据男人和孩子的行为举止来判断。他们一点儿也不畏缩，也不阿谀奉承。相反，他们充满男子汉气概，可以独当一面，同时也非常谦逊，近乎羞怯。以上这些令人尊重的举止源于他们良好的家教和自尊心。

我说过就我们看到的情况而言，只有男人系腰带。据我所知，在日本，除非是在家里，否则一个自尊的女人是不会让外人看到自己没有系宽腰带的样子的。但是在这儿我们没有看到妇女系这些东西。当地妇女的上衣很长，必须提起来才能让下面的一层合上。有一些下装或者衬裙刚刚过膝，但是大部分裙子都垂至脚踝，并且没有前开襟。

我们还去了一片建造得很好，粉刷得十分洁白的墓地。很多坟墓和清朝的相似，呈马蹄状，还有一些坟墓就像一座小小的四方形屋子，有的是瓦片顶，有的是茅草顶，不过屋顶全都又低又陡。

我们脚下的路修得很好，路一侧是墙，另一侧是运河。镇子上大多数的房子不是用墙围起来就是用篱笆围起来，篱笆墙一般都修剪得非常好看。跨过一座英式的小桥后，我们穿过了好几个村子，还有几片松树林和竹林。村里的几条道路很像是花园小径。好奇的村民们纷纷走出家门，来到街上围观我们，其中有很多小孩子。房子关得严严实实，只有穿过大门走近去看，才能够看清。凉棚和格子上都覆盖着攀藤。

随后我们来到一个比较大的镇子上。镇子的名字我记不清了。通向镇上的道路以及镇子里的道路都非常干净。我们发现一道拱门，穿过拱门，来到一座院子，院子里只有一所房子。透过大门，我们发现那是一座寺庙。寺庙里边有两尊很丑的石像，分别用笼子罩了起来。我们猜那是两尊神仙。又走了一段路，我们发现前面聚集着上千人，便绕道另一座拱门。我们猜这应该是城的另一端。于是我们又向左转，来到一条主街道。一时间，墙上、房顶上、路上挤满了迫切想看我们一眼的当地人。有些人跑到我们前面，

---

[1]日本古代的令制国之一，属西海道，又称萨州。所辖区域大约相当于现在的鹿儿岛县西部。——译者注

一个劲儿地打量着我们。不过这并不令人反感。我们环顾四周，目光所及之处，人群会主动给我们让出路来。

我们来到镇上的消息早就传开了。一路上，我们发现当地民众纷纷关门闭户，透过门缝或是小洞来偷看我们。

我们来到一个市场。市场上商品种类很多，有水果摊、蔬菜摊、陶瓷摊，还有当地的日用品。我们刚刚出现时，整个市场顿时鸦雀无声，所有的买卖瞬间停止，所有人都盯着我们。这令我们大吃一惊。当我们走到一个摊子前或者是一家商铺里，老板就会马上躲起来，就好像我们可以随便拿自己喜欢的东西似的。

最后，我们穿过镇子，来到一片绿色的农田，但是我们在农田里迷了路。于是我爬上一棵高高的松树确定方向。最终，我们没有遇到任何麻烦安全地回到船上。

在这里，我们看到的牛是种小黑牛。当地的马也都偏小，都是用来驮运货物的。我们没有看到带轮子的交通工具。

人们的日常主食有猪肉、山羊肉、家禽、稻米和大量蔬菜。他们从来不喝牛奶。一路上，我们没有看到绵羊和鹅。

我们又花了好几个小时，走了好几英里路，沿着海边走了一段时间。看见我们捡拾并且仔细观察贝壳，当地居民都很高兴。当我们回到甲板上，天已是黄昏。大家对眼前的一切都很感兴趣，纷纷表示不虚此行，难以忘怀。

第二天，我们离开那里，前往台湾淡水。9月17日，我们到达淡水，不过此行并没有什么事情值得一提。

清朝人有没有成为工程师的能力

THE CHINESE; THEIR CAPABILITIES AS ENGINEERS

这个问题初看起来容易解决，但是，如果从各个方面具体分析这个问题，就会发现它已经成了最难解决的问题之一。

工程学是一门先进的科学，需要不断的发明与创造。如果我们希望看到清朝人在科学方面的进步，那就应该在清朝人中发现一些善于创造、愿意革新的天才。

在分析这个问题时，我们不能带有任何偏见，不能因为无法认同他们的行为而失去理智。我们需要牢记，欧洲的工程师先驱们进行了不懈的努力，经过不断的试验、失望与失败，依靠持之以恒的毅力，才有了今天的成果。

我们应该通过对清朝人的了解，来判断他们会不会进行积极的努力。我们也必须回顾一下他们的历史，看一看中华民族有没有创造发明过一些使生活更为便利的艺术品。但是依靠想象和纯粹制式创作的艺术品，不能帮助我们判断他们有没有工程学方面的天赋和创造力。我们必须尝试去发现他们有没有改进自己的机械设备。如果让他们自己来决定，他们是否想提升自己的技艺，还是已经满足于目前他们所拥有的知识了。

研究诸如大运河、长城、万年桥梁此类工程的建设难度，一定会非常有意思。尽管这篇文章的主题似乎应该囊括各类工程技术，但是我决心利用一下这个话题的模糊性，只研究那些能够引起机构成员兴趣的工程技术。另外，由于我自己没有关注土木工程的问题，所以文中就没有对清朝人这方面的能力进行分析。因此，文中提到的工程方面的研究只局限于机械工程。接下来，我将针对"中国人有没有做工程师的能力"这一问题，从五个方面展开分析：

第一，与外国进行外交和贸易的迫切愿望，是对海事工程的最好刺激。中国人有没有这种愿望？

第二，他们的体魄有没有力量？他们的努力会不会充满活力？

第三，在与欧洲人接触期间，他们自己的机械装置有没有进步？

第四，当前，工程学在他们当中处于什么地位？

第五，模仿能够让他们获得工程师的头衔吗？

最后，关于他们的能力和才干方面，我想说几句话。

如果我的文章因为某些原因不被清朝人喜欢，我相信，别人不会指责我有偏见或者对中国人不友好。我殚精竭虑地寻找最准确的、最可信的信息。我非常乐意看到日后中国人能够在工程学还有其他科学方面获得成功。对他们以及和他们有联系的所有国家来说，这将会是一件幸事。

一、与外国进行外交和贸易的迫切愿望，是对海事工程的最好刺激。

清朝人有没有这种愿望？德庇时先生告诉我们："现在和清朝开展如此广泛贸易的英国，直到17世纪查理一世统治期间才开始有些成绩。在过去的三百年里，尽管被派往北京的欧洲各国公使受到的待遇各不相同，但是，他们无一例外地都在谈判中没有取得丝毫进展。"即便是现在，他们仍旧把我们看作是海上来的野蛮人。

我们都知道，几个世纪以前，中华文明要领先于西方文明。但是当他们继续无视现代科学的时候，他们的文明已经趋于保守。虽然我们不能说他们粗鄙自大，但是也不能说他们的社会高度文明。当我们说一个民族高度文明时，这意味着他们的教育水平要与那些公认的文明国家的教育水平一致，甚至要有所超越。但是在实用教育方面，我们必须承认中国落后很多。

欧洲电报方案或者其他工程方案被大规模地介绍到这个国家时，遭遇了重重困难。

我说过工程学的进步预示着对贸易的需求。没有什么能比发明创造拥有更大的动力了。"大规模的商业活动与主要历史事件密切相连：发现新大陆、跨国公司、伟大发明。"[1] 对快速航海的需求催生了船用引擎，对快速移动的需求催生了机车引擎；之后，是对商品数量和质量的更高要求，如丝绸、棉布、酒、糖等；最近，是对耕作和收割速度的需求。每一项发明创造都促进了生产技术的进步和产量的增加。

现在，对贸易发展的需求是创造的最大推动力。然而，清朝人并不希望和外国人交易。他们想掌握海洋工程学原理的唯一原因是希望借此提升他们的国力。"我们想要拥有像你们一样装备精良的士兵和坚船利炮等武器。"这就是清朝人的动机，是他们学习工程学的最大的动机。他们所有的工程学知识都运用在模仿上。后文，我们将会试着判断：从这个仅致力于模仿的动机出发，有没有可能培养出工程师。

二、他们的体魄有没有力量？他们的努力会不会充满活力？

这些问题让我们想到了他们作为体力劳动者的能力。在制造和修理机器的过程中，大部分工作是艰苦的。还有一个关键的因素要考虑：无论是在理论方面还是在实践方面，做零工的工人都需要充沛的体力。的确，这容不得半点虚假。现在，清朝人自己能够制造一些机器。但是在机器制造过程中，还有一些因素必须要考虑到，如雇工的数量、机器的建造周期、欧洲监工的现场指导说明，以及工作时精力能否高度集中。

进入任何一家清朝工厂或者兵工厂，我们都会被清朝劳动者慢吞吞、无精打采、不求改进的状态所震惊。在英国工厂，你所看到的是忙碌、充满生机和活力的景象。你从机械师的脸上看到的是他们全神贯注于自己手头工作的神情。一位还健在的伟大作家卡莱尔（Carlyle）说："我看到了一个充满活力的民族；它竭尽全力发出声音，挣扎着，所有的肩膀都掌着舵；它的心脏跳动着，每一块肌肉都随着精力和意志隆起；我展示给你们的是一个必将伟大的民族；如果它的活力保持下去，这个民族一定会变得伟大。"

我不怀疑清朝人作为生产者的能力，但是他们的速度很慢。我们希望清朝人在工程

---

[1] 引自亚瑟（W. Arthur, M. A.）《成功商人》（*The Successful Merchant*）。

方面能够取得巨大的进步。但他们必须展示出自己的创意，他们必须学会发明，必须富有竞争力。为了变得有竞争力，首先他们必须要强健体魄，成为细心和受过教育的工人；通过充沛的精力和意志渐渐了解科学和体力劳动。我们中有些人预言清朝人将来会拥有强健的体魄，他们的商业贸易充满活力，接受良好的实用科学教育，有自己优秀的工程师。

他们只对建造船用引擎充满动力还不够，他们还需要开采自己国家的煤矿。他们必须能够自己供应煤、铁、黄铜以及其他建造机械所必需的金属。当拥有一定数量的舰船后，他们的动力一定不能停止；他们应将目标扩展到建造自己的商船舰队上。一旦他们开始充满热情地建造货船，他们就会惭愧地意识到自己在科学和技术方面的落后。如果他们能够改变爱久坐的习惯，起身做一些户外运动，通过体能锻炼来强健体格；如果他们能够不再讲他们的儒家哲学，热爱生活；最重要的是，如果他们现在所学的那些东西能够为更实用、富有启发、自由的教育代替的话，届时我们才有可能看到他们在工程学和其他现代科学方面的快速发展。

三、在与欧洲人接触期间，他们自己的机械装置有没有进步？

我发现，他们在这方面几乎没有什么进步。在最早关于中国人和日本人的记录中，有记载提到过他们发挥聪明才智，通过设计一些机关，借助简单的机械装置省劳力。即便是现在，那些用于灌溉、垂钓、起吊装置中的天才设计也让任何一个工程师赞叹不已，尽管他们很清楚那些装置的很多部分非常滑稽可笑。

1570年，两名西班牙修道士曾奉奥古斯汀[1]之命从马尼拉来到中国，从他们对当时使用的机械发明的描述来看，当时使用的那些装置和现在没有什么不同。

中国人无疑拥有模仿的能力，但是很明显，他们的模仿才能仅仅局限于机械方面。他们现在使用的机械装置和古时候一样稀少和简陋，而且将这些机械用在了无关紧要的事情上。

我认为中国还需要很长时间加强机械创新。我们有理由相信，通过大量学习先进的科学知识，清朝人会有自己的创新能力，把机械学巧妙地运用到他们平凡的追求和产品上，但拥有纯粹原创的发明还需要经历一段漫长的道路。

他们早在公元前后就发明了造纸术，但是直到今天，他们仍旧采用同样缓慢的速度进行生产。虽然欧洲8世纪才学会这门技术，但是对比他们缓慢的生产速度欧洲则要快得多。中国早期有一些天文仪器，但新的天文仪器是传教士引入的。17世纪，南怀仁将加农炮的铸造技术引入中国。在他的指导下，当时中国人铸造出400门大炮。现在，他

---

[1] 奥古斯汀，古罗马基督教思想家。在罗马天主教系统中，被奉为圣人和圣师。——译者注

们还在沿用最初的方法生产加农炮，根本没有一点儿改进。直到后来，他们熟悉了欧洲人，才又开始雇用欧洲人。

不难看出，中国人曾经很有创造力，但是现在他们的创造力在某种意义上已经丢失了。

四、当前，工程学在清朝处于什么地位？

这个问题取决于我们对中国工程师的评估。对这个问题的了解程度会提高或是降低我们对成功的期望。严格地说，整篇文章取决于这个问题的答案。

我怀着极大的兴趣观察了福州船政局中国工程师的进步。在这一点上，我一直努力获得所有可能的信息。我已经访问过那里好几次，并且观察了最近他们在欧洲人指导下完成的工作。欧洲工程师直接回答了我的问题。下述事实和数据来自同一本小册子。这本由福州船政局正监督日意格撰写的小册子叫《福州船政局1867—1874纪事》（*The Foochow Arsenal, and Its Results from 1867 to 1874*）。中国其他任何一家兵工厂，都无法让我们更好地了解中国工程师在工程学方面的进步。福州船政局并不是一家制造军火的工厂，而是专门建造战船和引擎的工厂。

船政局很大，交通也很便利，车间宽敞坚固。我先大概介绍一下这个工厂的规模以及相关设施。这样或许我们能够更好地理解中国人掌握机械、工程知识的概率有多大。我从上文所说的手册中摘取了一些内容，仅仅将法国的度量衡换成了英国的度量衡。

工厂内都是重型锻炉和轧钢机，占地面积有45100平方英尺，约4190平方米。重型锻炉装备有6个重锤。其中最大的锻锤为兵工厂自己制造，重达6吨18英担，约7000千克。两个最小的锻锤重5英担3夸特多，约300千克。在轧钢机内部，滚压成型的钢板厚约15毫米；铸铁直角尺和圆钢厚约6到120毫米，铜板厚约7到30毫米。

装配车间占地面积有25833平方英尺，约合2400平方米。安装车间占地面积有8611平方英尺，约合800平方米。锅炉车间和锻造车间占地面积均为25833平方英尺，约合2400平方米。兵工厂总面积达47公顷又77公亩，约合116英亩。另有44.5英亩为其他车间和储藏所。

由此可见福州船政局是一座还有很大发展空间的工厂。如果中国人愿意，工厂将拥有生产最大、最好的引擎的能力。日意格在书的结尾总结道：

"这个工厂已经锻造出150马力的航海引擎的直轴和脚踏阀。

"锅炉车间已经生产出 14 台主锅炉和 5 台火箱，供 150 马力的引擎使用。装配车间已经生产出 9 台 150 马力的航海引擎。铸造车间已经铸造出了供 150 马力引擎使用的气缸和冷凝器。"

然而截至 1874 年 2 月 6 日，这儿已经有 52 名欧洲人经常性地参与到船政局的生产当中。他们有监督、工程学教员、帮办、监工和技工等。

必须提及的是，上文船政局生产的那些东西纯粹是根据设计模板重复生产出来的。工厂生产的 9 台引擎和 15 艘海船中，有 6 台引擎是欧洲人建造的。而且，到目前为止，如果这些欧洲人离开工厂，中国人也只能仿照英国或法国生产出来的引擎进行生产。

日意格在他向董事会作的报告的结尾说道："即使没有欧洲员工的帮助，船政局仍然能够根据已经设计出的海船和引擎继续进行生产。"但是他也承认，"设计好的引擎只有两台，二者也只是在一些细节上有所不同，主体构造上基本是一样的。"

中国人在工程方面的进步很多应归功于日意格和他的助手。他们教授中国人学习了算术、图形几何、代数和设计等。然而，仅凭这些知识还不能成为一名合格的工程师。

从日意格的小册子里也窥见了一个让人遗憾的事实："105 名入校学生中，仅有 39 名坚持到最后；6 名学生亡故，60 名学生因为跟不上课程被劝退"。

除了上述提到的问题，日意格还说："那些专门在引擎建造方面受过训练的人也学习了测定活塞杆和偏心器位置的方法。活塞杆主要用于驱动脚踏阀，偏心器主要用于启动分散蒸汽的阀门。他们也学习了如何将蒸汽送入圆筒，以及如何将蒸汽排入冷凝器。这些知识是工程学的核心知识。对于管理一个车间来说，它们已经足够了。"

对此，我提出异议，这些知识对管理一个车间来说并不够。一个车间的监督应该像希腊百眼巨人一样，能够发现材料的瑕疵；他还应该精通设计，能够在材料成型前发现设计中的错误。在开始建造引擎时，一旦发现局部设计不合理，他应该制定出替代方案。最重要的是，他还应该精通设计的步骤，以便在手下人员能力不足的情况下进行弥补。

日意格在他的手册里四五次提及，他提议送清朝学生去欧洲或美国学习。他在其中一处提到："一个工程师应该设计出完整的引擎模型。但是我们既没有足够的时间也没有系统的方法把这些学生培养到那种水平！实际上，清朝目前还无法提供一处工业制造场地让我们培养工程师。"

1874 年，日意格和清朝政府的第一份合约到期了。清朝学员在装配车间自行实践了三个半月，在铸造车间实践了四个月，在锅炉车间实践了五个星期，在铸造车间实践了两个半月。这至少证明，在那段时间他们自己是可以在船政局继续生产的。日意格对他们那段时间的工作表现给予了很高的评价。但是在这段很短暂的自我学习期间，由于缺乏指导，他们的生产失去了规范。所以清朝政府仍然雇用欧洲人，只是雇用的人数只有过去的四分之一。

我将日意格手册中他进行监督指导期间所做的"工程学成果总结"摘录如下：

成果一：如果他们继续做从前的工作，7个人将能够指导引擎的制造工作。

成果二：如果坚持学习，21名年轻人将能够在一年或一年半的时间内达到同样的水平。

成果三：24名学生已经学会了设计引擎的专业知识，他们中的8个人如果坚持学习的话，将会成为设计局的领军人物。

成果四：87名学徒已经拥有了业务方面的专业知识，并且能够根据既定的计划完成工作。他们中的53人如果继续学习的话，能够成为车间的负责人，其中的佼佼者甚至可能成为工程师。

成果五：187个工人和学徒能够根据既定的计划进行生产。

日意格建议将16名学生委任为造船和工程各部门的负责人，以便充分利用各自优势。这个建议让我很诧异。众所周知，数百名英国工程师受雇于俄国。其中一名英国工程师甚至已经受俄国政府雇用了二十五年之久。据我所知，俄国兵工厂里的负责人大多是英国工程师。这是一个心照不宣的事实。俄国政府担心如果让俄国工人担任负责人将会产生很大的隐患。因此，如果清朝政府任命的本土负责人能够获得更大的成功，那么在机械工程上，中国肯定要领先俄国——这个已经拥有五十年生产经验的国家——五年。

尽管与之前相比，他们在机械学方面的进步很大（或许十年前，这样的进步想都不敢想），但是在工程学方面仍旧落后很多。八个月前，福州船政局生产了一艘名为"艺新"号（Yeh-sin）的小船，引擎达60马力。我认为这艘船是中国人自主设计制造的，但却无法投入使用。很显然，这是一次失败的尝试。

10月，我访问了福州船政局。在那里我看到了莫兹利（Maudslay）生产的复合引擎。这些引擎已经在车间里造出来了。学生们正忙着观摩学习。所以，中国人或许能够生产出类似的复合型引擎，不过只能在小范围内进行。

在欧洲，握锤子一般要握住锤子头部。而这里的多数工人却握在锤子中间，他们无精打采、毫无兴趣地工作着，使用的锤子也很轻。这证实了我的想法：他们的体质比较弱。

这些事情都是微不足道的。但是在欧洲，我们可以通过工人工作中使用工具的方式判断他的能力。不过我不得不说，从他们最后完成产品的外表上我并没有找出什么错误。要是工程学靠的是打磨，中国或许很快便会超过任何一个欧洲国家。

五、模仿能够让他们获得工程师的头衔吗？

如果承认中国人所有的机械学知识与所从事的工作都是基于再生产或是对设计的模仿、再模仿，那么即使在力量、产品部件比例、抛光等方面他们表现得再出色，他们拥有的知识仍旧是模仿性的。现在，我依然认为无论他们模仿得多么熟练，他们模仿制造出来的产品多么完美，他们仍旧不能被称作是工程师。即使他们可以在没有欧洲人帮助的情况下，继续模仿，他们还是不能被称作工程师。

我将通过两个例子来说明我对第五个问题的看法。如果仅凭模仿，那么老赫歇耳怎么能够获此殊荣？如果他满足于拉普拉斯提出的星云假设，对天文学知识没有贡献，怎么会赢得天文学家的头衔呢？

如果一个画家没有天赋，即使他拥有约瑟夫·诺埃尔·佩顿一样细腻的触觉，又有什么用呢？如果他将自己的视野仅仅局限于私人教师的那些工作，那么他是一名真正意义上的画家吗？

巴伦·陶赫尼茨是一位有名的出版人，组织翻译和出版过不计其数的著作，这些售价低廉的著作是许多作家智慧的结晶。在我看来，中国人好像是机械版的陶赫尼茨，复制他们能够复制的，对机械学没有贡献一点点原创的想法。他们和陶赫尼茨唯一的不同在于：由于他们并不愿意为自己的国家挖掘煤矿资源，所以他们就使用最贵的生产方式，从不考虑降低成本进而让自己受益。

我承认中国人有临摹的能力，有生产坚固、匀称、上好艺术品的能力。虽然他们在艺术方面很有才华，但是在机械学方面却缺乏天赋。所以，在我看来，他们还是无法称得上是工程师，但并不代表他们将来不会成为工程师。

我已经在文中表达了我的观点：只有当中国人摒弃固有偏见，少学一些古代历史和古文，热心学习现代科学成果，投入时间建立优质、自由的商业教育体系，通过户外健身活动和工作增强他们的体能时，他们才可能不再是不动脑筋、机械行事的人。这样，我们才有机会看到他们巨大、快速的进步。

还有一类工程师我刻意没有在文中提及。他们是中国战舰上的本土工程师。之所以没有提到他们，是因为我认为他们已经是工程师了。如果一个工程师想要安全地留在船上负责引擎运行并借此获益，那么他首先必须有能力在工厂建造和维修引擎。

莱布若·斯特·瑞恩（Laborare est Orare）

讣（父或母亡故的公告）

THE FU DEATH ANNOUNCEMENT OF A PARENT

根据康熙皇帝《圣谕广训》第七条，父母是活着的神[1]。康熙诚恳地侍奉着自己的父母，执行皇帝的命令，履行他作为一个男人的所有责任。清朝人都相信这个故事是真的，并从古流传至今，受到他们的圣人的认可。这是清朝人的宗教，即祖先崇拜的基础。父母是祖先在世间的代表，就像西方世界的上帝一样受到崇拜。自然，父母亡故，尤其是父亲的亡故，被中国人视为一个人所能遭遇的最大灾难。这种情况下仪式非常严格，与上千年前流传下来的仪式是一致的。

"讣"，即发送死亡公告，是父母亡故仪式中的一部分。讣由家中的长子发送给周边的亲戚朋友。如果死者家中贫困，那么他的亲戚朋友会被希望给予死者家属帮助；如果死者家中条件比较好，那么亲戚朋友可以带一些蜡烛、挂饰、卷轴等做礼物。当然，讣的长短取决于死者的身份和地位。

下面是一则讣文的译文，是多年前由一名死去的小官员的儿子向上海的一位朋友发布的。我希望这则讣文能够引起《远东》读者的兴趣。它将帮助读者们理解中国人的宗教感情和习惯。

讣印在一张长长的纸单上，折好后放到一个方形的白色大信封里。蓝色是哀悼的颜色。除了指称朝代、年号、人名的字是红色外，讣上其他的字都是蓝色的。在装讣告的信封中央的位置，有一条纵向的蓝色宽纸带。一条红色的窄纸条贴在蓝色的纸带上，正好露出蓝色纸带的边缘。红色纸条上写着讣告接收人的名字。折叠纸张的首页写着"讣告"，纸张右上角写着一个大大的"讣"字，右下角边缘位置写着哀悼仪式举行的详细地点。第二张折纸上写着讣告内容："不孝子等罪孽深重，不自殒减，祸延显考。吾父谥奉成大夫（Feng-cheng-ta-fu），为五品候补同知。吾父生于道光二年（壬午年）三月二日凌晨五时，病逝于同治十三年（甲戌年）二月二十日寅时，享年五十二岁。不孝侍奉在侧，亲视含殓，力不足遵礼成服，故恳切希望先生阁下、尊亲、长辈哀思追悼，定将铭记在心，谊哀此讣。

您的信笺将于五七（三月二十五日）送达，届时遗孤不孝子叩头泣血、垂泪虔躬。"

通常，这样的讣告附有死者生平简介，白底蓝字，主要介绍死者的官场生涯。

"先父为人真诚，诚实守信，疾恶如仇。幼年不幸失怙，由孤母独自养育。年不足十岁，其母亦撒手人寰，自此，孑身一人，承舅父抚养。其舅父不成器，不久将先父微薄遗产

---

[1]《圣谕广训》源于康熙皇帝的《圣谕十六条》，雍正皇帝加以解读印发。《圣谕广训》第七条：黜异端，以崇正学。——译者注

挥霍殆尽，先父教育因此受到影响。若非先父生性聪慧，喜爱读书，他与舅父将生活窘迫，学无所成。道光二十九年，适逢江南遭遇水灾，许多难民饥寒交迫，病痛缠身，逃难至上海。先父竭尽所能扶危济困。咸丰三年，上海匪患肆虐，先父时任城北（外国人聚居区）教师，利用其与洋人的交情营救苦难群众。咸丰十一年，太平军包围上海长达七日之久。上海地方官组建防御委员会，日夜在街上巡逻，先父侍卫其中。随后，先父被举荐为同知，官居五品，其后五年间，先父一直任职于政府机构中。吾等须铭记先父之正直、公德心与力量！尽管先父临终前几年，收入微薄，需依靠子女，但他言传身教，始终是儿孙的榜样。他始终扶危济困，从未享受过荣华富贵，甚至不惜典当自身衣物。积年累月，生活之困，让先父越来越无力支撑全家生活所需。除此之外，先父还受顽疾困扰。去年，先父开始抱怨眩晕和哮喘，最终医治无效，撒手人寰。哀哉！此前，我离家在外，作为长子，不能尽孝。但是，听闻这灾难，我立刻悲伤地返回家中。离家在外时，吾弟替我尽孝。纵使哭天抢地，宁肯缩短自己的寿命来让先父增寿，但终究无力回天。两位[1]母亲大人尚在，吾弟尚且年轻，我有责任表达自己的悲恸，参加葬礼赎罪。侍奉在侧，亲视含殓，我悲痛不已，无法多言。不孝子泣血跪拜。"

上文充分说明了在那样一种庄严的时刻，清朝人所持有的仪式感，并且展现了多项与西方以及其他文明完全不同的习俗。虽然事情本身让人非常悲痛，但是我们也从中了解到，在日常生活中表现得非常唯物主义的中国人并没有消除他们的仪式感。

查尔斯·斯密特

---

[1]死者有一妻一妾。——译者注

插图说明
THE ILLUSTRATIONS

恶劣的天气状况影响了本刊2月和3月两期的正常发行。本期本来准备刊登六张照片,但由于第六张照片印刷太慢,我们又不想耽误期刊的发行,所以最后只选了五张照片,第六张照片会在后面刊登出来。

上海的大教堂
THE CATHEDRAL, SHANGHAI

巴夏礼

HARRY S.PARKES

在外交部门的工作列表中,这样描述英国现任驻日公使的履历:

"1842 年 6 月担任璞鼎查的随员,1845 年和 1846 年在福州做翻译,1846 年和 1848 年在上海做翻译,1848 年 4 月 19 日在上海做翻译,1849 年在厦门做翻译,1851 年前往台湾,1851 年 11 月 21 日在广州做翻译,1854 年 8 月 10 日出任厦门领事。1855 年 3 月陪同包令前往暹罗,之后带着《英国—暹罗条约》前往英国,又于 1856 年 1 月带回了条约批准书。1856 年 6 月至 1858 年 9 月,代理广州领事。1858 年 12 月 21 日调任上海;1858 年 1 月,成为广州联合委员会的英方委员。1859 年 12 月 6 日,获颁三等勋章;1860 年,担任额尔金访华专使团秘书,后来参与在白河举行的多项活动。

爵级司令勋章获得者巴夏礼
HARRY S.PARKES, K.C.B.

1860年8月23日进攻天津时，他陪同海军司令何伯在天津安排接待联军及大使时扮演了重要角色。1860年9月18日，他在通州被清军俘虏，10月8日被释放。他一直在额尔金身边服务，1861年2月额尔金离开清朝后，他回到广州复任联合委员会的委员。1861年，他陪同海军司令何伯的远征军沿扬子江逆流而上；1862年5月19日，他被授予爵级司令勋章。1865年3月28日，他被任命为驻日特命全权公使与领事。"

三十五年的经历就总结为上面的寥寥数语，但是在那些岁月里，在巴夏礼的公务活动中，英国、清朝和日本又发生了多少重大事件呢。英国对这些国家拥有巨大兴趣，这促使英国在处理外交关系时冲在几个缔约方的最前面。的确，英国这位外交大臣兼领事没有辜负众人对他的高度信任。

上面的文字显示了巴夏礼各个时期担任的职务。1841年他来到澳门，严格督促自己学习汉语。在汉语秘书郭士立博士的指导下，他成功掌握了汉语，并成为璞鼎查的翻译，参与《南京条约》的签订。从1842年到1860年，他最重要的工作是为他的上级英国海军司令额尔金提供翻译服务。

1860年9月7日，他被派往英军在河西务的营地，带着一支停战旗告知清朝特使：额尔金已经同意了他们此前提出的条件。得知消息后，清朝特使们派了一些官员跟着巴夏礼确定英军应该占领的地盘，还派了另外一些官员解决物资供应问题。巴夏礼开始着手发布公告，安排马车运送额尔金的行李。

9月18日早上，他前往清朝军营，惊讶地发现那里驻扎着大量军队，并有不少清军从各个方向集结而来。他与随行的26人都被俘虏，几年后，一同被俘的洛赫（Henry Loch）根据这次经历出版了一本书。10月8日，他被释放；仅仅一个小时之后，处决他的命令到达，他幸运地逃过一劫。

上海海关大楼
THE CUSTOMS HOUSE, SHANGHAI

对居住在上海的外国人来说,上海的海关大楼算是他们最熟悉的清朝建筑了。那里原来是一座寺庙,但是多年前就作为海关大楼使用了。清朝的其他建筑很少能够如此完整地保留下来,并且继续使用。

清朝海关总税务司由外国人担任,并雇用了很多外国和本地的员工。1854年,因为征收关税的方式不合理,清朝海关引起了很多人的不满。恰逢太平军围攻上海之时,英、法、美等缔约国与清朝政府达成协议,成立海关委员会,协助清朝官员处理海关事务。

1858年,《天津条约》签订,海关委员会取消,取而代之的是新成立的海关总税务司,条约规定各开放港口统一征收关税,各委员以及其他官员必须彻底执行这一规定。海关总税务司由外国人担任总长。在相当长的时期内,清朝海关的关税收入都作为战争的赔款抵押给英、法两国。偿清赔款之后,清朝政府发现外国人建立的这套管理海关的制度十分高效,于是决定沿用下来。据我们所知,没有其他任何一个国家的海关管理制度比得上清朝目前执行的这套制度。

上海海关大楼
THE CUSTOMS HOUSE, SHANGHAI.

上海警察局大院及火警警钟
THE MUNICIPAL POLICE OFFICE,YARD,AND FIRE BELL,SHANGHAI

宁波妇女
NINGPO WOMAN

从海关码头上俯瞰海岸
THE FORE-SHORE, SHANGHAI; FROM ABOVE THE CUSTOMS-HOUSE JETTY

1877 4月

APRIL

华尔
WARD

我们本准备本期刊登一篇记录华尔生平的文章。由于作者尚未完稿,因此我们推迟到下个月发表,届时还会刊登一幅他本人的照片。清朝政府最近在松江(埋葬华尔的地方)为他建立了一座纪念堂。

由于本期我们刊登了参加落成典礼的清朝官员以及几位外国客人的组照,因此我们冒昧引用《字林西报》对仪式的报道。我们早前曾费尽千辛万苦获得一张上海道台冯焌光的照片,不过,遵照他本人的意愿,没有公开发表。本期的照片中,他站在人群正中央,即使在专门的摄影棚里都无法拍摄出比这张更好、更让人喜欢的冯大人的肖像了。照片两侧人群晃动不定,以至于影响到了照片质量。那些人是看热闹的百姓,并不是官员。

华尔祠堂落成
ERECTION OF A MEMORIAL HALL TO WARD

星期六,在上海道台冯焌光的主持下,按照清朝习俗和宗教仪式举办了华尔祠堂的落成典礼。道台大人通过美国总领事梅尔斯表示,他将亲自主持仪式,并且希望向相关人士发送请柬,邀请他们一同参加。海关巡洋舰"公兴"号(Kwa-shing)舰长安德森(Andersen)准备按既定时间带着客人向黄浦江进发。

早上七点钟,人们准时在海关码头集合,在场的人有梅尔斯、吉罗福[1]、晏马太[2]、麦嘉湖、金楷理[3]、穆麟德[4]、德国领事、肖尔(H. N. Shore)、莱普温(M. S. Lapwing)、

---

[1] 吉罗福(G. B. Glover,1826—1885),美国人,粤海关首任税务司。——译者注
[2] 晏马太(Matthew T. Yates,1819—1888),美国浸信会来华传道的开拓者,在上海传教40多年,曾任美国领事馆副领事等职。——译者注
[3] 金楷理(Carl Traugott Kreyer,1839—1914),德国人,上海江南制造总局翻译馆知名翻译。1879年,随徐建寅至欧洲购买军舰。此后,在柏林、巴黎、海牙、罗马等地中国使馆工作长达24年。——译者注
[4] 穆麟德(P. G. von Mollendorff,1847—1901),德国语言学家、外交家。受李鸿章之托监管朝鲜海关和外交,却鼓动朝鲜皇室"引俄拒清",引发朝俄密约事件,遭李鸿章罢黜,后死于宁波。他所发明的满文转写方案,至今仍被广泛使用。——译者注

华尔祠堂落成仪式
GROUP AT THE INAUGURATION OF THE WARD MEMORIAL HALL

德国海防舰舰长迪特马（Ditmar）、戴顿-布雷谢尔（C. Deighton-Braysher）、布莱克（J. R. Black）等。

但是，为了等候道台大人，直到早上八点十分才开船。天色有些暗淡，天气凉飕飕的，幸而没有下雨。穿过董家渡纵横交错、多得惊人的漂浮垃圾后，所有的人都饱饱地吃了一顿早餐。大家随即把阴沉、寒冷的天气抛诸脑后。就餐结束以后，航船以每小时超过7英里的速度前行。眼下，闵行已经能看得见了，差不多就在通向南桥（Nai-jow）那条小河的对面。法国海军将领卜罗德死于南桥的那场战役。除了戴顿，很多人都不熟悉这片区域。戴顿负责将船从闵行驶到松江河。当时，这一带的太平军特别多。戴顿所讲的太平军的故事引起了大家的兴趣，旅途变得不再那么无聊。不久，我们到了松江河对面。

松江河道较浅，"公兴"号无法通行。我们不得不把船停靠在河口处。一些清朝房船、几艘汽艇奉道台之命，来到"公兴"号两侧。乘客们转移到房船上，在汽艇的牵引下，房船欢快地溯流而上。松江离市区大约4英里。船离市区越来越近，河道也变得越来越窄。河上有一座古色古香的小巧石桥。清朝人素以建造石桥而闻名。

河两岸聚集了大量的百姓。对他们来说，一下子看到这么多外国人想必是件很新奇的事情。此时，道台得力的侍卫为我们清理出了一条前往轿子的路。道台大人一行坐上轿子之后，队伍在一片爆竹声中行进。兴致勃勃的围观人群也跟着队伍移动，希望一睹当天隆重的仪式。一条窄窄的小路从城外一直延伸到城门处。队伍首先经过一大片闲置的空地。不过，战乱发生前那里曾是一片房子。此时，断壁残垣随处可见，零零散散地分布在荒草丛生的土丘和大量的垃圾堆里，满目荒凉。接下来，我们沿着一条小河的河岸前行，路过高级军官办公所在的衙门。衙门是一座造型独特的大型建筑，或者说建筑群。从外面看上去，衙门像一个巨大的笼子，每个"笼子"都被高高的栅栏围起来。在建筑风格上和上海附近官员的住宅差别很大。路上，大家吃了一顿普通的炒饭。右侧不远处高高的宝塔清晰可见。

最后，我们终于来到祠堂。祠堂周围环绕着矮墙，看上去很像清朝的寺庙，行人经由大门出入。进大门右转，就看到了大殿。这类似于马路上会审公廨正门对面的公共大厅。纪念堂就对着正门。纪念碑碑体蓝色，碑文金色。纪念堂对面有两座方形塔，上面镌刻着华尔的生平，还有冯道台奉命建造祠堂的题记。祠堂后面是一个宽敞的方形广场，广场中央是华尔的墓穴和墓碑，他就埋在这里。周围种着小树和灌木，相信不久之后它们就会覆盖坟墓。

大家在祠堂大厅前下了轿，受到了松江府地方官员的热情接待。府台忙于公务，未能到场。很多下层官员出席了仪式。所有参加仪式的官员们都身着官服。除了道台的侍卫以外，还涌入了许多士兵。欢迎仪式结束后，道台带领大家来到祠堂。尽管是白天，祠堂内还是悬挂着十二盏吊灯，四个角落各一盏，其余八盏排成一排。此外，祠堂内还燃烧着四枝红蜡烛以及大量香火。祭台上供奉有全羊、全猪、小乳猪、火腿、7对鸭子和家禽，还有20盘水果、点心和蔬菜。所有的供品都是双数。

祭祀仪式开始了。道台和两名地方官来到供桌前，向供桌鞠了一躬。道台从供桌上端起几杯酒，随后三人一起下跪。道台双手伸向碑前，将食物奉上，其他官员叩拜九次。同时，音乐奏起。最后，仪式在一片鞭炮声和锣鼓声中宣告结束。整个仪式持续了近20分钟。整个仪式很传统，也很新奇，但还说不上令人印象深刻。仪式结束以后，他们把所有供品都装到盒子里，担回船上，送到道台衙门。

麦嘉湖以一个普通市民的身份，就仪式的相关问题，用汉语和道台说了几句话。除此之外，墓前和祠堂里都没有致辞。大家在祠堂内和纪念堂附近照了三张照片，然后就匆匆赶回船上，希望天黑前能赶回家。

返程的船上，道台念了报纸上的一段新闻。金楷理博士帮忙做了翻译，大意如下：同治皇帝在《邸报》上读到华尔的死讯后，表示十分遗憾。当时道台人人还只是个举人，根本没有想到日后自己会成为上海道台并且参与到华尔祠堂的建设中。华尔初到清朝的时候，当地的百姓都认为太平军将推翻清朝，局势已经无法挽回。

当时，太平军一度攻占嘉定、太仓、松郡、洋泾浜、天马山、高桥、萧塘、周浦、南桥、金陵、王家寺、通州等地。李鸿章到来前，华尔已经把它们从太平军手中夺了回来。李鸿章到来后，华尔又夺回了金山卫、吕巷、青浦、泗泾等地。此外，华尔还计划攻打苏州。但是攻打苏州之前先要攻占宁波，于是他们决定先攻打距宁波15英里的重镇慈溪。华尔在那里被炮弹击中身亡。在宁波，人们把他的中式衣服换成外国衣服，然后将他运回松江埋葬。

李鸿章在给皇帝的奏折中提出为华尔建立祠堂。同治皇帝于8月18日发布诏书，批准了李鸿章的请求。朝廷下令为华尔建立两座大祠堂，一座位于松江，一座位于慈溪，两座祠堂内都安置他的雕像。最后，在回答总领事梅尔斯的问题时，道台说道："上海之所以没有被太平军攻占，完全归因于华尔。"道台又解释说，"目前松江的这座小祠堂只是暂时的，他们将会尽快建造一座永久性的大祠堂。"

当"公兴"号上的官员们不在的时候，美斯（Messrs）、巴思穆（Passmore）、郑阿威（Chenoweth）、船长和二副趁机聚到后甲板上。在道台的安排下，大家享用了一顿非常丰盛的晚餐,还有大量的香槟等酒水。吉罗福主持晚宴,梅尔斯担任副主席。晚宴上没有人致辞,这一点大家都能理解。值得一提的是,道台大人身边并没有其他清朝官员陪同。

三个小时后,航船顺利到达董家渡。这个时候,天也黑了下来,大家都担心穿越河道中的垃圾堆会有危险。于是安德森舰长让船靠岸,放下几艘小船到河中。大约晚上八点,游客们乘着小船,安全地到达码头。每个人都很满意当天的活动,感到非常新奇、有趣。

闲话清朝(一)

CHIT-CHAT ABOUT CHINA, FOR HOME READERS

一个初来乍到的外国人,如果想体验一番"彻底颠覆",不妨去找那些在清朝生活了很长时间的外国人,试着和这些人聊聊自己对清朝的看法,以及他们的政治与风俗习惯。一个初来乍到的人在老住客的面前,就某地和当地人说三道四,而对方却报之以不动声色的同情。在我看来,没有什么比这种事更好笑了。只有在当地生活了几十年,并且融入当地人的生活中去,经常向他们请教,一个外国人才有资格表达他的感受。一个在清朝生活了三十年的传教士听说另一位传教士写了一本有关清朝的书之后,评论道:"他能知道什么呢?他在这里也就待了十年。"然而,有些人总是非常乐意把自己的所见所闻(或者以为自己知道的)写下来。不过要想不被那些老手们指责,还是要尽可能"小心"为好。

我不想说"老住民"不对。相反,我倒认为那些对清朝一知半解的外国人妄想对清朝做出权威的评论不是勇敢,而是鲁莽。因为这个国家如此广阔,天南海北差别很大。他们或许有相同的基础,但是在此基础上具体的特征在不同省份之间差别巨大。把一省的特点推而广之,说成是整个国家的特点,这种以偏概全的做法非常荒谬。

一个外国人,无论在清朝生活了多长时间,都会发现两个不同省份之间的人交流起来是多么困难。因为省份不同,方言也不同。这种不同,不仅仅是字的拼法不同,在许多情况下,同一个字的发音都完全不一样。不过,由于他们的书面语相同,所以在特定的情况下,他们可以借助书面语进行交流。但是在上海,由于和外国人接触久了,他们用"洋泾浜英语"交流比用自己的方言交流还要容易。因此，你经常可以看到清朝人之间用"洋泾浜英语"交流。不过，所有的上层人士都了解一种特定的方言，并且用它进行日常交谈。这种方言被外国人称作"官话"。一些能够比较流利地说这种方言的外国人往往反对在著作中使用其他的方言。

学者们在著作中保持语言统一性的做法或许是正确的，前提是这个目标可以实现。我们先来看一下几位研究中国的学者如何记录同一个音。仅就这一点来看，统一语言的目标能否实现，很是令人怀疑。以福建省的省会城市为例：有人依据官话发音拼作"Foochow"，有人拼作"Futchau"，有人依据当地方言拼作"Hokchiu"。在那些只学习过官话的人听来，最后那个发音过于粗鄙，但它却是5.3万平方英里范围内多达2500万人口使用的语言。

再回到中国不同省份之间的差异性上来。不同省份的人彼此经常表现出非常明显的敌意。这件事经常引起外国人的注意。那些大企业主也非常清楚这一点，如果他们可以忍受工人之间不时爆发的争吵，那么，从不同地方挑选工人绝非坏事。因为仆人们小心翼翼地提防着彼此，非常有利于保护主人的利益。

总的来说，清朝雇工是你能够找到的最好的雇工，虽说个别人有时候确实会做一些小偷小摸的事情。他们的作案手法如下：经过仔细观察之后，他发现有些东西主人最不在意，于是便把它放到主人视线之外，搁置一段时间。如果主人突然想起那件东西，要求仆人找到它，他就会装模作样寻找一番，把东西找回来，好像自己立了多大的功劳似的。如果一段时间以后，主人仍然没有注意到东西不在了，那他有可能忘记了这件东西，并且永远也不会想起来。这个时候，东西就会转移到一个更加细心的主人手里。如果要有效地防止东西丢失，可以采用雇佣来自不同省份雇工的方法。

不要想当然地认为，清朝的仆人对主人忠心耿耿是因为他们喜爱自己的主人。我认为，喜爱像一株生长缓慢的植物，世界各地，无一例外。在极少的情况下，亚洲人之间或许会产生这种类似于喜爱的情感。但是让亚洲人和欧洲人摒弃偏见，不带丝毫恶意地对待彼此，这几乎不可能。在印度，尽管印度人非常尊敬白人统治者，但是真正发自内心乐意接纳欧洲人的印度人却很少。在清朝，一些官员管不到、老百姓无法无天的地方，每天都会发生一些事情，证明清朝人如何厌恶外国人。外国人所到之处，会被当地的清朝人起一些令人不快的绰号。即使在上海，这个外国人自认为特别受欢迎的地方，他们最好也不要走到当地人群之中去，否则可能会遭遇小孩子们的大喊大叫，恶意辱骂。如果这个外国人足够聪明，即使他听得懂这些话，也会假装听不懂。

尽管不少清朝人对我们心怀不满，但是那些和我们直接接触的人很少或几乎不会令我们产生这种感觉。当那些政府官员不得不和外国人打交道的时候，他们的表现在一定程度上可以说是平淡和体贴的。他们总是极力避免和外国人建立亲密的关系。就我所知，清朝官员和欧洲人之间几乎无法建立起真正亲密和真诚的友谊。

我曾听一位清朝政府的官员说过，清朝人是世界上最好的雇主，他们能够找到很好或比较好的人来伺候他们。这一点大概是可信的。好几个为清朝人服务过的外国人不仅得到了高官厚禄，还收获了巨大的荣誉。这些外国人离开他们的雇主的时候，好像总是会带着几分遗憾。在这一点上，清朝人和日本人之间存在着巨大的差异。

从主要方面来说，日本人称得上是好雇主。但唯独有一点不好，那就是无论老雇员多优秀、服务有多周到，他们也不会续签合同。虽然也有极个别的例外情况。第一份合同结束时，没有人指望他的日本雇主会续约。相反，大多数雇员也不指望续约。因为雇主都是尽量实现他们的个人利益。这一点日本人需要向清朝人学习。

我对清朝商人阶层评价很高。他们是纯粹的商人，这一点和日本人截然不同。清朝商人和外国人之间没有社交往来，日本商人和海外商人多少还有些交流。以我初到清朝后参加的一次娱乐活动为例。

已有文章描述过宴会上的清朝富人如何招待外国朋友。我先前也读过这类文章，像很多初来乍到的外国人一样，我很想一睹清朝人的家庭生活，于是我请求一位有影响力的朋友帮忙，获准参加这样的宴会。朋友回答："没问题，买办会轻易地帮我们办妥。"过了一两天，朋友和我，还有一些同样刚到中国的外国人收到了请帖。当天晚上六点，我们来到主人家中，期待一睹中式的迎宾礼。结果却令我们大失所望。

我们先是在房前的庭院中等候。一位伙计表示主人不能亲自迎接，对此深表歉意，然后把我们带进主人准备接待我们的房间，告诉我们说主人有要事在身，并承诺他很快就会过来。

我们只能等待。在等待过程中，我们对宴会做了各种各样的设想，感觉自己简直就是妄想狂。我们跟随伙计，亦步亦趋，来到了一个非常普通的餐馆。餐馆本身非常好，布置得非常精致，但是跟我们想象的情景完全不同。

我们进入大厅，看到一大群清朝人围坐在一张摆满食物的圆桌周围。每个中国人身边都站着一位年轻的姑娘。姑娘们个个粉面含春，搔首弄姿，她们的任务就是招待在座的客人吃得高兴，喝得尽兴。在我看来，他们在玩一种惩罚的游戏。每当众人喧嚣起来，受罚者都要喝一小杯白酒。一旁有几位女子在弹琴唱歌。一位男子独自吹奏一种奇怪的笛子，笛声难以描述，介于猪叫和竖笛声之间。笛声的加入使得整个演奏更加复杂多变。

我们被带到一间屋子里，期间没有任何接待礼节可言。屋子很小，很局促，也不是很干净。后来，三个裹着小脚的年轻女孩走进来，她们都非常标致、美丽，陪我们打发晚饭前的空闲时间。她们不熟悉外国人，问我们问题时，八句中国话里面夹杂着一句洋泾浜英语。在我们听来，她们口中的洋泾浜英语和中国话一样难懂。这使我们感到十分无聊。好在她们的音乐造诣很高。在笛子的伴奏下，她们唱着动人的小曲，令人十分满意。她们轻启歌喉，歌声婉转动听，远非先前见过的那些女子可比。如果时间允许，我愿意就这么一直听她们唱下去。不过时间过得飞快，一会儿的工夫就该吃晚饭了。

晚饭时，有好几个女孩上菜。菜品异常丰盛。其中，有一道菜是鸭舌，让我们暗自惊讶。做这道菜要杀掉多少只鸭子啊。桌上还有鱼鳍、猪肉、鱼肉、水果、米饭和各种各样的汤。酒都是温热以后才端上来。主人知道这种酒不合我们的口味，还给我们准备了几瓶香槟。这时，主人和一两个中国朋友也到了。互相致意后，我们纷纷入座，每个人身边都有一个女孩侍奉酒菜。她们都很高兴，因为我们晚饭的花费颇高。她们偶尔会用我们的杯子喝几口香槟，对此，我们倒不反感。

晚宴期间，上文提到的三个女孩在一旁唱曲儿。我非常喜欢其中的几首曲子。这些曲子都是合唱，没有和弦，采用四分音符和八分音符，似乎没有什么旋律。外国人几乎不可能听懂其中的旋律。初听这种旋律，欧洲人想必会觉得那些乐器的声音之间互相没有联系。但是如果认真听下去，就会发现这种想法错得离谱。我越来越习惯这种旋律，边听边看演奏者如何互相配合，感觉非常有趣。事实上，这些连续的颤音和转音十分讲究与乐器的配合。乐器帮助演唱者，使得每一个音符饱满、富有旋律。期间，还有两个人同时演唱二重唱，与欧洲的演唱方法颇为不同。欧洲的二重唱，往往是一个人独唱，另一个人应答，然后二人齐唱，最后一个段落，一个人唱的时候，另一个人和上去，优美地结束整个段落。

尽管我对宴会有些失望，但清朝音乐激发了我新的兴趣，这也算是一种补偿。大约十一点钟的时候，我们告诉主人我们玩得很开心（天啊！），要求他给我们准备几顶轿子。当时，主人在身边丰满漂亮的小姐的陪伴下，变得非常温和。轿子来了之后，我们坐着轿子，舒服、愉快地离开了那里，踏上了回家的路。

纪理芬（A. Griffin）

皇太后书法

CALIGRAPHY OF THE EMPRESSES DOWAGER

慈禧太后御笔

CALIGRAPHY OF THE EMPRESSES DOWAGER

收藏家称照片中的"虎"字出自当今慈禧太后之手。下一期，我们将发表麦嘉湖博士的文章，全面地介绍中国的书法。

福州王妃墓
THE PRINCESS' GRAVE, FOOCHOW

福州王妃墓

THE PRINECESS' GRAVE, FOOCHOW

  在清朝，死者墓葬的选址至关重要。在一些地区的旷野上，可以看到连绵不绝、无边无际的小土包，这是些公共坟场。而山岭与高地自有其优势，上面的坟墓往往更加漂亮、豪华。坟墓通常是由马蹄形的石头建造而成，竖有墓碑，墓碑上刻着死者的名字以及死者亲友表示哀思的话语。

上海滩上游
UPPER SECTIONS OF THE SHANGHAI ANCHORAGE

上海港每天都有众多满载货物的大型轮船进进出出，远洋汽船和内河汽船也在快速地进出港口。这么庞大的贸易总让人惊奇不已。苏伊士运河开通之后，这个港口的航运方式又发生了巨大的改变。曾经吸引全世界关注的最受欢迎的老式运茶帆船，如今在港口内已不再被注意，并逐渐被大英火轮船公司、佛兰西火轮船公司（Messageries Maritimes）、蓝烟囱轮船公司（Holt & Co.）、茂丰洋行（Castle）和怡泰公司（Glen lines）生产的华丽的汽船所取代。但仍有一些大型帆船访问港口，满载货物驶往英国和美国。

面积有限的港口承载如此繁重的交通，需要合理地安排船舶停泊。市区和租界前面大约4英里长的范围被划分成数个区域，靠上的两个区域仅供帆船、海岸汽船和和内河汽船使用，其他区域停泊了无数经营本地大宗运输业务的帆船。那些汽船一年往返三次，不在港口浪费一天时间。而那些帆船经常要在港口耽搁数月，有什么，运什么，有时候仅仅能挣回成本。过去，上百艘外国船只同时停靠在港口，它们装载贵重的货物前往不同的港口。但现在竞争日益激烈，以至于最大、最快的海洋汽船都无法像过去的老式帆船那样获得巨额的利润。

上海滩上游
THE UPPER SECTIONS OF THE ANCHORAGE, SHANGHAI

外滩公园对面的建筑。
左起：禅臣洋行、共济会堂、鲁麟洋行。
VIEW TAKEN IN THE PUBLIC GARDENS, SHANGHAI.
MESSRS.SIEMSSEN&CO.,COMPTOIR D'ESCOMPTE, THE MASONIC HALL, MESSRS. W.PUSTAU&CO

外滩公园对面的建筑

BUILDINGS IN SHANGHAI FROM THE PUBLIC GARDEN

  香港和上海的建筑非常好地展现了两地的富庶。两地地势截然相反：香港建在山脚下，而上海则建在平原上，海浪袭来，只高出高水位线两三英尺。尽管上海在地理位置上不如香港壮观，但上海临河的漂亮建筑仍然引人注目。上海英美租界的外国居民不到3000人（独立的法国租界不算在内），市政收入高达 7 万英镑，这肯定令国内读者大吃一惊。所有的市政收入都用在治安、路政、照明等维护居民点的日常秩序上。

  其中，最有利于居民健康和休闲的一项设施就是修建了一座迷人的小公园。公园位于苏州河和黄浦江交汇处，几年前那里还是一处让人厌恶的烂泥滩。小公园后边就是照片中精致的房屋。共济会大厅非常适合社区集会和兄弟会的活动，里边有六间小屋，三个会场，一间营房，他们在那里举行会议。

前任香港总督坚尼地

H.E. SIR ARTHUR, E. KENNEDY,C.B., G. C. M. G.: LATE GOVERNOR OF HONGKONG

1872年2月20日，坚尼地被任命为香港总督、驻港部队总司令。五年任期结束后，于今年3月初离开香港前往昆士兰（Queensland）就任总督。

前任香港总督坚尼地
H.E.SIR ARTHUR EDWARD KENNEDY, C.B.,G.C.M.G.
LATE GOVERNOR OF HONGKONG

《新报》故事一则
A STORY OF SUN PAO

我们从一位湖北来的旅客那里听到这么一则故事。最近，一位绅士不远万里，从贵州府来到汉口的难民救济处，捐献了1万两银子。他曾经富甲一方，后来家道中落，沦为乞丐。有一次，他被一个小店老板控告为小偷，这令他非常伤心，他决定不再讨饭，去当了一名渡船船工。

有一条渔船常年在河口打鱼，船上住着一对老夫妇还有他们的女儿。这家人见他非常勤快，就雇用了他，最后招他为女婿。三年后，老妇人死了；五年后，老汉也去世了。临终前，老汉抓住女婿的手说："我曾经是洪秀全一艘船上的掌舵人，那艘船上的锚、锁链和舵都是纯金制成的。起义失败以后，这些东西落在我的手里，我在这些东西上面刷了黑漆。十余年来，我一直保守着这个秘密。现在我把它们交给你，希望你能够好好利用它们。"于是，他带着这些东西回到老家，赎回了全部的祖产。他突然想到，不能把这些财产全部据为己有，他有责任救助那些挨饿的北方灾民。于是，他将一半的财产捐献了出来。

1877 5月

MAY

闲话清朝（二）

CHIT-CHAT ABOUT CHINA, FOR HOME READERS: NO.2

据说，清朝所有的城市都大同小异，所以我不想去描述众多的城市，只想多花点精力描绘清朝人。我曾经说过，通商口岸的外国人根本就看不到清朝人的家庭生活，因此即便是写清朝人的这些文章，也只是浮光掠影。

"主人，你找我？"随从听到铃声后应道。

"是的，木匠将我订的箱子送来了吗？"

"没有，还没到咱这儿。"

"你知道他的店在哪儿吗？"

"知道。在虹口那边。"

"好，你去找他，告诉他快点把箱子送过来。我要把这些名贵的小玩意儿装箱，后天用汽船送回家。"

"好，我去看看。"

不到半个小时，他就回来了。

"箱子送来了，主人。要搬上来吗？"

"对，搬上来吧。"

"好的。"

几分钟后，木匠进来了，身后跟着一个搬箱子的苦力。箱子放在了我指定的地方。苦力退下了，木匠留在那里，随从进来了，问道："我付钱给他？"

"不用。多少钱？"

"他说2美元。我觉得太多了。1美元就够了。"

"对，我也这么想。"

随从转向木匠，商量了一会儿，然后他告诉我说：

"他说1美元不够。我觉得够了。"

"不，老板。"木匠插话道，"老板您说1美元，那是您不知道这木头有多坚硬，箱子有多结实，装茶的箱子可没这么结实。这个箱子做起来可费劲了，又结实，又漂亮，非常耐用，运到英国那边，2美元都算便宜了！"

"不。随从，过来！只能给1美元。把钱给他。"

"不行，老板。"木匠嘟囔道，"1美元可不够。说真的，2美元已经够便宜了，一点儿也不贵。好吧，1美元就1美元吧。如果老板还想要做箱子，请找我。"

清朝人与清朝人做交易，恐怕也像和外国人做交易一样，习惯于讨价还价。不过，外国人一般都会把订箱子这类工作交给随从去做。随从把事情办妥返回之前，自然少不了要和商家讨价还价。如果主人二话不说就付了钱，随从总会从中捞点好处，装进自己的腰包。不过，即便是讨价还价，双方也总是和和气气的。起初卖主提出一个价格，绝不松口，但他最终还是会欣然让步，从而博得顾客的好感，以便日后继续做买卖。

清朝人开的商店里，同一种商品卖给清朝人是一个价格，卖给外国人却是另外一个价格。外国人是理想的买主。他们对外国人要价更高，一方面是因为他们发现外国人总是讨价还价；另一方面，这些亚洲港口城市的居民普遍认为欧洲人很有钱，并且花起钱来大手大脚。外国人走到哪儿，这种观点就传到哪儿。所以，漫天要价这种现象自然也就更好理解了。因为我们这些"野蛮人"很少有人能将价格砍到合适的水平，所以那些漫天要价的本地人认为自己最聪明。

清朝流通的货币让初来者大开眼界。1200文相当于1美元，或者说12文约合半便士。在租界，外国人通常使用各种各样的硬币。你能在这儿发现地球上半数国家的小额硬币。墨西哥银圆最被认可，可以说是标准货币。其次是美元和日元，这两种稍微打个折扣。辅币有美国的50美分硬币、25美分硬币，还有英国的20分先令、法国的20分法郎、美国的20美分、日本的20日元，以及意大利等国一些大小和形状都很相似的硬币；美元和日元都有10分和5分面值的硬币。

但是，在租界外就需要用铜钱支付。这是目前为止最有利可图的支付方式。例如，如果雇用一个苦力要花50文钱，外国人通常会给他5分硬币。这样，苦力就多赚到20%。如果让随从支付，随从会给那苦力50文钱，然后告诉主人说自己支付了5分，这样他就会从中获利20%。许多外国人任由这类行为发生，他们把钱交给随从；随从告诉主人说应该支付多少文钱，而不是多少美分。通过这种方式，仆人们每个月都可以获得不小的一笔钱。

这些铜钱如何在清朝那些大工厂内流转呢？我们以兵工厂支付工人工资为例。人们把一车车的铜钱运到办公室，将1000个铜钱串成一串（是为一吊），然后分发给工人。每个人都能领取好几吊铜钱。清朝人去市场的时候，会把成吊的铜钱挂在脖子上，就像参议员胸前的链子一样。事实上，市场上的景象对于初到清朝的外国人特别具有吸引力。

市场上大多数商品以重量计算。随从们知道卖家（有男有女）喜欢缺斤短两，因此随身带着杆秤。他们买东西总是足斤足两，并且绝不会多付一分钱。我有时候就站在那儿看市场上的交易，发现他们总是从容不迫，非常高效。市场上到处都是各种各样活蹦乱跳的鲜鱼，还有一种我说不出来汉语名字的乌龟。这种乌龟不同于普通的乌龟，像黄鼠狼一般尖尖的脑袋，部分甲壳非常软。每当有顾客光临，卖主就会拎起那些活着的乌龟，把它们往秤钩上一挂，完全不考虑这会带给它们多少痛苦，只关注自己眼前的生意。当然，仅凭这一点，我绝不会把清朝人看成是最残忍的民族。因为我们自己的渔民也会用鱼钩、鱼叉或者类似的东西捕鱼。事实上，如果我们国家的国民无罪，又何须通过法令，禁止残忍对待动物这一行为呢？至少在名义上，佛教是大部分清朝人信仰的宗教，它的教义最讲求慈悲，尤其是对动物的仁慈。但是，和我到过的其他国家一样，清朝百姓同样没有遵循他们信奉的教义。

我只看到了港口地区的清朝人，更确切地说是上海港口的清朝人。在市场里，他们想方设法为外国人弄到大部分应季产品。那些摊贩清早在街道两旁排列开来，将货物放在又大又平的篮子里或者货架上。从日出到早晨八点，大量的商贩和顾客各自忙活着；就像变魔术一样，到九点的时候，人群突然就散开了，清道夫开始清理垃圾，街道又变得干净起来，好像市场从来没有出现过一样。

清朝人十分具有商业头脑，能够很快适应他们的买主。即便他们对我们毫无兴趣，但是他们依然非常珍视从我们身上赚钱的机会。为了满足我们的需求，各种各样上等的外国商店诞生了，还有专门服务外国人的搬运工、马房管理员、机械师等等，应有尽有。最近，清朝人建立了一家大型汽船公司，直接与外国人竞争。他们有很多银行，其中有些非常富有。他们的商人到处开设分支机构。很多商人都在从事外国商品交易，比如肉店老板、面包店老板、送奶工、家具工、家具商、煤炭商、牲口贩子、车辆制造工人、马厩管理员、码头工人、裁缝、鞋匠、印刷工人、钟表匠、装订工人、摄影师、船舶代理人、冰块制造商等，甚至连经纪人都有。他们勤奋、节俭，所售商品价格低廉，顾客来自世界各地。但是他们并不明白外国商店为什么要囤积那么多的面包和鱼。结果，达成的交易没有多少，自己人之间的竞争却很激烈。

但是，清朝商人和他们的竞争者之间有一个很大的不同。清朝人的商品和服务质量比较差。而且在外国商店几乎可以找到所有你想要的东西。中国的店主不明白这些。在一家好的外国商店买了东西，如果发现东西有质量问题，店主会毫不犹豫地给买主换更好的商品。但是清朝商店就会有些不情愿更换。所以，如果将各方面都考虑在内的话，还是在外国商店花高一点的价钱获得质量更好的商品更划算。

清朝老百姓有一大让人很喜欢的品质——温和，他们也有一大招人谴责的缺点——大吼大叫。穿过街道的时候，经常会听到男人，有时候也有女人，在那里扯着嗓子吵得不可开交。就我个人经验而言，这种评价不适用于上层阶级，他们几乎都很安静、有礼貌，也都很乐于助人。或许有人会问同样的事情会不会发生在那些贫民窟？当然会有。但是我说的不是这里的贫民窟，我提到的也都是些频繁发生和更容易看得见的事情。外国人普遍觉得清朝的妇女对丈夫都很顺从，她们几乎不敢直呼丈夫的名字。

我记得一位畅销书的作者说过，在清朝，已婚妇女的生活一点也不快乐，除非她能够生一个男孩。在此，我并不想仅凭我少得可怜的知识反对卢公明[1]；不仅因为他在清朝待的时间更长，还因为他比我更熟悉清朝人，与清朝人的联系更紧密。但是在这个问题上，我认为自己获得的相关信息应该是正确的，只是和卢公明的看法不大一致罢了。

一位在清朝已经生活了很长时间，现在仍旧居住在清朝的绅士也支持我的看法。他娶了一位清朝太太，可谓与清朝人建立了最亲密的关系。他和他的妻子都全心全意地爱慕着对方。他说清朝人的妻子都和丈夫住在一起，就像欧洲人的妻子住在她们自己的房子里一样。可爱温柔的女人通过她们迷人的外貌对男人施加影响，也有女人通过她们坚强的意志控制她们的丈夫；就和其他地方的男人们一样，她们的丈夫也会觉得哄自己的老婆高兴是件很有意思的事情。尽管清朝人的风俗习惯和我们大为不同，但是家庭生活中的夫妻关系还是一样地和谐快乐。清朝男人虽然可以娶第二个老婆，甚至更多，但和清朝庞大的人口比起来，这并不是普遍现象，据说占比不超过5%。

在文章即将结束之前，一些读者可能觉得我过于美化清朝。但是对这个民族观察得越多，就越能证实我的看法。真正坦诚、无偏见的观察者都会和我持相同的观点。或许很多外国人会因为我没有对这个民族表现出厌恶、没有使用污言秽语辱骂他们，而大声地"呸！"或者"啐！"来肆意发泄他们的愤慨。我认为这些人都太欠缺考虑。每当我听到这些或是另外一些对清朝人的指控时，我就会反观我们本国的人民。我不得不经常提醒自己的同胞最好记住那句古老的谚语："能看见别人眼里的尘埃，看不见自己眼里的木头。"

关于清朝女人的地位问题，有很多东西需要说明。在一些地区，存在大量杀害女婴的现象。由此可见，女孩是不受待见的。相反，男孩获得了极度的关爱。很多人都说所

---

[1] 卢公明（Justus Doolittle），美国公理会派往福州的传教士。在福州创办了格致书院（福州第五中学的前身）和文山女中（福州第八中学的前身）。——译者注

有的亚洲国家都缺乏血缘感情,越往东这一现象越严重。我不是很认同这种说法。对大多数清朝父母来说,他们像关爱儿子一样珍视女儿。只有极度的贫困才会诱使他们去杀害自己的女儿。尽管在一些地方,用这种方法去掉累赘的现象仍旧存在,但这只是极少数。迫于生活的压力,父母卖女儿的现象并不鲜见。而这又比让孩子在幼儿时期就死去好得了多少呢?然而对男孩的关心主要原因并不是父母更喜爱他们,而是由于祖先崇拜在清朝人心目中的重要性,其他的原因我将来再说,在此我只分析目前我关注的方面。

外国人很少能够看到清朝上层阶级的女人。她们都待在自己丈夫、父亲或者监护人的家中,承担着她们应当承担的家庭责任,根据自己或者父母的品位去学习,或者沉浸于刺绣的工作,或者练习音乐和歌唱,或者在她们能够接触的范围内进行些娱乐活动。她们具有年轻人对长者的温和、顺从。如果我看到的只是孤例,我应该对它有所怀疑。我很少遇到特别任性、欢乐、好问、惹麻烦、迷人的"年轻小牝马"(我忍不住要使用这个词,它是如此恰当)。当然,在我面前她很端庄;但是在她的家人面前,她就会展现出上述特点。每当她在我面前的时候,她总是透过黑色的眼眸看着我,仿佛是但尼生(Tennyson)笔下无忧无虑、美丽的莉莲(Lilian)。受过教育的清朝妇女并不多见,她们只有一小部分可以读书写字。不过有些女子非常有才华,她们的成就值得尊敬,甚至值得有学识的男人们的尊敬。她们一般都非常机敏。现在西方观念开始向清朝人渗透,她们肯定也会像男人们一样受到影响。

上文我提到过杀害女婴这一现象。但那些忍住一时冲动、没有剥夺婴孩生命的父母经常会将年轻女孩作为奴隶卖掉,或者比这更糟糕。尽管一些父母尽可能地坚持,但是贫穷或恶习让他们不得不下决心卸掉负担换取几千块钱的现金。对外国人来说,这样的人不值得同情,这些父母都是极其自私的人。而他们很少卖自己的儿子,这又加强了外国人的上述看法。我举一个贫困家庭的例子。这个家庭由一个男人、他的妻子和两个女儿组成。母亲病了,在她生病期间,不允许见到她的两个女儿。当她恢复健康以后,想见她的孩子们,但是其中一个孩子已经被卖掉了,大约卖了10000文(约8美元)。女人一直耿耿于怀,最后她吞食了鸦片,一觉睡过去后就再也没有醒来。幸运的是,这个孩子最终被外国传教士收留了,她应该庆幸她离开了那个家。

但如果是清朝人买了这些孩子,买家要么是有声望的家庭,把她们买下来做仆人,只管吃穿,比定期雇用帮手要省钱得多;要么就是打算先好好照顾她们,养大后用作其他不为人知的目的。

对那些年轻的小丫头们来说,前者还是件好事,因为一旦到结婚年龄,主人就会为她们寻一个丈夫，她们的奴仆生活也就到了尽头，未来的生活就取决于她们自己还有她们的男人了。一般来说，如果当初没有离开父母，她们嫁的男人会相对差些，因为她们后来的主人的社会地位能够帮助她们寻得更好的丈夫。

如果能够按照至圣先师孔子的教义去做的话，毫无疑问清朝人将会成为地球上最有道德的人。一个从小就了解清朝人的绅士告诉我，对比清朝人和其他民族，他觉得清朝人的确是这样。如果真是如此，很不幸，他们被错误地歪曲了。但是，我认为清朝的女人能够胜任此殊荣。她们性格温和，行为举止都极为谦虚，服装整洁，非常贞淑。然而，杜尔利特（Doolittle）告诉我们的情况却恰好相反。

针对这儿（福州）的清朝人，有一种说法"他们的嘴极其肮脏"。学会了当地语言的人，几乎没有人对此有异议。还有一种说法叫"最毒妇人心"，意思是说女人在诅咒别人的时候比男人们更加暴力和肮脏。

这一点或许很对。我已经提到过大街上的高声辱骂。在这种情况下，女人一定比男人的声音更大、言辞更犀利，语速十有八九也更快。但是在学习汉字时，我接触到的社会阶层绝不是这个样子。如果以评价本国女性的方式去评价清朝女性，我倾向于给予清朝妇女以很高的评价。

纪理芬

华尔、白齐文及常胜军传（一）

WARD, BURGEVINE, AND THE EVER-CONQUERING LEGION

威尔逊（Wilson）的《常胜军之历史》（*History Of the Ever-victorious Army*）记录了常胜军镇压太平军的历史，不过，文中并没有提及常胜军组织者兼第一任首领华尔。最近，清朝政府给予了华尔奖赏使得人们再次关注他。此时此刻，有必要简要描述一下这位在清朝历史上留下足迹的人物。这篇回忆录将写到华尔将权力移交给戈登上校以及白齐文中尉为止。

1828年，华尔出生于马萨诸塞州的赛勒姆。他的父亲是一名船长兼商人。他是一个严厉的人，华尔经常抱怨他的严厉。华尔年轻时在马萨诸塞州接受普通教育。他渴望成为一名士兵，多次向西点军校递交申请，但都没有成功。父亲一顿严厉的鞭打让这个年轻的小伙子最终走向了海洋。他很快成长为一名优秀的快速帆船船员。他手下的水手都觉得他残暴专横。一名愤怒的船员在好望角附近将他从船上扔了下去，这件事情就可以证明这一点。但因为专横，他指挥的部下无一例外地都很害怕他。

　　华尔落水那次抓住了主帆索的绳环，成功地登上甲板。据说，在那次航行剩下的时间里，前甲板和后甲板上的船员之间彼此十分冷漠。华尔的劝说行为想必并不是出自真情实感。对他来说，水手的训练生活让人厌烦。他渴望冒险，于是他去了克里米亚，经历了一系列惊险的事件。他从法国人那里获得陆军中尉的军衔，并组织了一次小规模的战斗。这再一次唤起他对军旅生活的渴望。最终，他参加了华尔克[1]的尼加拉瓜远征军。

　　作为手中掌管数艘轮船的第一指挥官，他对清朝沿海的情况非常了解，在航海方面有非常丰富的经验。在一次事故之后，一位上海市民对华尔的船舶驾驶技术给予了很高的评价。还有一次，轮船搁浅在岩石上，潮水不断下降，海盗船在附近徘徊，指挥官绝望地企图自杀，但是第一指挥官华尔却鼓舞了气馁的士兵们。最终，通过船员们的努力，轮船脱离了危险。然而，1860年春天，当他到达上海的时候，他只是一名普通的旅客。

　　他一眼看清了当时的形势，看到清朝政府急需组建一支本土军队，并希望引进外国的军事训练和战术来镇压太平军。

　　太平天国已经成立十年了，占领南京也已达七年之久。而此时太平天国已走上下坡路，清朝政府已经收复了太平军占领的十三个省中的十个，共600座城市，且只遇到了轻微的抵抗。洪秀全被紧紧围困在南京城内，最后城内不得不同类相食。然而，太平军仍然占领着杭州、苏州这些大城市，并且还威胁着人口稠密的地区，包括上海在内的沿海城市。

　　这些地区是世界上最富饶和人口最密集的地区之一，也是华尔要前往的地方。扬子江三角洲被潮汐水道分割成网状，没有道路。无法通车的不规则的马道穿过农田，与小溪环抱、绿柳掩映的小村庄相连。村民们勤劳努力，拥有杰出的才能。北方、南方还有西部的清朝人都非常勇猛，但是居住在平原上的人们则比较温和。

　　此时，英法两国正在北方与清朝交战。他们的根据地在上海，他们还要防范上海本地的攻击者。太平天国与清朝政府的战争对港口航运产生了不小的影响。有时，河面上竟然有300余艘外国舰船。无论军舰还是商船都载满了逃难者以及被遣散后急着找工作

---

[1] 华尔克（Walker William，1824—1860），美国冒险家，曾任尼加拉瓜总统。——译者注

华尔
WARD

的官员。

关键时刻,以泰记(Taki)钱庄的杨启堂[1]为代表的上海当地商人为道台提供了防御资金。首先,他们雇用了卧乌古指挥的"孔夫子"号(Confucius)轮船,还配备了一些本土制造的小型舰船,每艘舰船上装有一些两三磅的火炮。华尔就在这支军队中任职。赫尔(C. Hill,将特洛伊挖泥机引进清朝)将他引荐给了泰记。华尔建议泰记占领上海县县治所在地松江。随后他与泰记签订协议,负责召集人员。华尔成功地召集了100多名外国人,这些人主要是兵营或舰船上的逃兵。总之这是一支鱼龙混杂、装备普通的队伍。

他和白齐文中尉性格相似,两人都行事鲁莽,喜欢冒险,带有鲜明的地域特征。华尔的祖先是清教徒,白齐文来自北加利福尼亚,他父亲曾是拿破仑手下的一名军官。白齐文曾是美国众议院的一名青年助理,蒲安臣公使记得他。他热爱冒险,足迹遍布加利福尼亚、澳大利亚、夏威夷群岛(他在那里学会了印度斯坦语)、吉达、伦敦,还有其他一些地方。他曾做过邮局的职员、报社的编辑,还在清朝沿海做过对外贸易。如果这两个人待在本国,他们将会热情地参与到毁灭最美新大陆的斗争中。一个会为了共和国和自由而奋斗,另一个则是为分裂和奴隶制而斗争。事实上他们经常为奴隶主反叛的正义性争论不休,不过彼此还是能保持比较友好的关系。

1860年6月,华尔带领百余名属下袭击了松江——一个有着坚固城墙的城市,里面驻守着好几千名太平军,而且从未被征服过。由于找不到在城墙上打开缺口的方法,他们便决定攀墙。然而这次莽撞的尝试失败了,这支由外国人组成的军队损失惨重。幸存者悲惨地回到上海,成了众人嫌弃的对象。他们得到补偿后便解散了。华尔决定征用那些给上海带来过麻烦的马尼拉人,以此减轻上海的负担。在这群马尼拉人中,有一位叫麦卡纳雅(Macanaya)的水手,最后成了华尔的副官。

华尔以及两位白人助手率领着这支由83名马尼拉人组成的队伍,夜袭松江城,出人意料地击败了守军。趁人不注意,麦卡纳雅带着几位特意挑选过的士兵爬过围墙来到一处城门下,制造干扰噪音,使太平军误以为整个城市都被外国人夺了下来。惊慌失措的太平军四下逃散。攻入城内的这一小支外国队伍便打开城门迎接华尔和他的队伍。守军惶恐不安,匆忙撤退,为华尔的部队留下了许多宝贵的战利品。除了缴获的金、银等战利品以外,他们还从清朝雇主那里获得了慷慨的奖赏。根据协议,华尔也因夺回松江获得了丰厚的回报。

---

[1] 杨启堂(Pang Chitang),即杨坊,字启堂,又字憩棠,浙江鄞县人。在上海东门外开设泰记钱庄,捐得候选同知头衔,又任宁波四明公所董事。后文中的"泰记"指代"杨坊"。——译者注

由于外国领事和军方仍旧想保持中立状态，华尔便尽可能秘密地将松江作为大本营。英国海军司令何伯很不喜欢华尔，因为他的士兵总是想尽办法投奔华尔。华尔随即决定进攻松江西北30英里以外的青浦，那是太平军的另一个据点。

华尔开始秘密地在上海招兵买马，共招募了30名外国逃兵，任命了其中5个有能力的人作为军官。除此之外，280名马尼拉人还配备了两门2磅火炮。他还拥有一支由5000名清朝人组成的后备军以及一支配有小型火炮的大型舰队。

2月10日，华尔开始进攻青浦。不过，太平军也雇用了一些外国逃兵，其中一位做过领航员的英国人负责守城。

华尔亲自带队冲锋陷阵。但是当士兵跨过壕沟，准备攀墙之时，大批太平军突然出现在城墙上，向他们猛烈开火。战斗持续了约10分钟。华尔身上多处负伤，最严重的一处位于下颚。华尔不得不下令撤退，战斗中，近半数士兵伤亡。华尔被送到上海疗伤，期间，受到中立势力的监视。他解散了队伍，不过仍旧维持着他的"敢死队"。尽管受到监视，但华尔还是成功购买了一门12磅火炮。这次他招募了更多的士兵，主要是希腊人和意大利人，他将他们分配到自己的部队中。因为无论是当地居民还是外国居民都受到了凶暴杀手的侵扰和恐吓，所以人们对这类冒险分子充满厌恶。这或许可以通过当日的报纸看出来：有人哀叹，为什么华尔的尸体没有在松江的沟渠里腐烂呢？

华尔再次试图夺取青浦，连续轰击长达一周之久。但他并没有意识到威猛的太平军首领忠王正带领大部队步步逼近。一天清晨，当他正在给士兵们发饷时，忠王包围了他的部队，截获了他们的枪支、船只和货物。华尔侥幸逃回松江后又到上海招募了新的成员，但随后他作为犯人被送上了一艘军舰。这让杨启堂很是失望，他命令白齐文解散洋枪队。令人惊讶的是，白齐文没有服从命令，而是带领一小撮人再一次攻击青浦。战斗的结果非常糟糕。大部分人不是被太平军杀死，就是被水淹死了。活着逃回上海的人，除了逃回松江的几个以外，其余的都被关进了监狱。尽管后来华尔被释放了，但是仍旧受到严密监视。1861年，溃散的洋枪队士兵再次在松江集结起来。华尔被发现向松江输送逃兵和一艘英国炮舰。其中几人被逮捕，虽然华尔成功脱逃，但是他受到了警告。

最后，华尔放弃了雇用外国人的想法，计划和白齐文一起训练一支由外国人担任长官的本土军队。清朝官方马上同意了这个提议。即便如此，他也需要秘密雇用英国军队的逃兵作为教官训练松江的新兵。因为受到高额薪水的诱惑，马上就有其他外国士兵加入教官队伍。第一位教官是英国人柯士（Cox）。一位叫法尔思德（Forester）的能力非常出众的美国人就是这样被招募进来的。清朝人的军队很快就被训练得非常专业。在很长一段时间内，这项工作都是秘密进行的。最后，流言传到了上海，何伯司令决定亲自带队前往松江结束这一切。华尔得知何伯进军松江的消息后，命令那些欧洲人立刻藏起来，同时安排受训的清朝士兵身着外国军服，迎接何伯。

何伯看到那些清朝士兵如此训练有素，感到既惊讶又欣慰。他要求那些藏起来的军官出来，因为他知道仅凭华尔自己是不可能做到这种程度的。所有的军官和士兵都现身了，进行了一套简单的步兵行进表演。事后，何伯赞扬了他们，承诺将支持华尔。

和何伯建立起友谊之后，华尔开始平步青云，他被视为"军官和绅士"。他的计划也变得合法了，他得到那些外国官员默许可以招募同胞为清军服务。截至1862年1月底，华尔的军队中已有8000名受过训练的清朝士兵，并且有10名欧洲指挥官坐镇。这样华尔的军队同太平军的决战也近在眼前了。

自上一次成功击退华尔的进攻之后，太平军在青浦附近的红枫林（Kanfaling）严阵以待，并且经常在松江巡逻。华尔的首要任务就是将他们驱逐出城。于是华尔率领一支500人的小分队，在没有炮火掩护的情况下，向太平军的营垒发起冲锋。太平军第一次看见自己的同胞身着外国制服，在外国军官的指挥下全力进攻，惊愕万分，纷纷逃散。李霭堂[1]将军和他手下的士兵留下来守卫这座刚刚攻下的城池。

李霭堂手下有一支军队，士兵都是百里挑一，比国家的正规军还要骁勇。在商人和上层士绅们的慷慨支持下，他们的俸禄都很高。由于最近在战争中敛财无数，李将军名誉扫地。但他却是唯一一名具有卓越军事才能的江苏本地人。在一个充满文化气息的地方出现这样一位骁将，不能不说是一大奇迹。

这次成功证明了新计划富有成效。华尔又花了几个星期的时间招募和训练新兵，还建立了军需处和医务部并任命了20余位军官。柯士和法尔思德都被任命为上校，各自统领着一支1000人的队伍。华尔成了将军。

一年前，南京的天王和驻上海的英国代表签订官方协议，双方声明为了和平，上海周边30英里范围内，太平军不得靠近。起初，双方维持了和平局面。但是太平军在两江总督曾国藩的严厉镇压下节节败退，上海城内挤满了逃亡的难民，令英国窘迫不已。南边，太平军还占领了由杭州湾和黄湾冲击形成的半岛。

英国的何伯司令和法国司令决定帮助清朝政府将太平军驱逐到上海周边30英里范围之外。在吴淞当太平军向在军舰保护下的船只发难时，何伯司令提议与华尔合作，袭

---

[1] 李恒嵩（Li Ai-tang），字霭堂，长洲人，世居油泾镇。——译者注

击太平军在高桥（Kan-jiau）的大本营。

2月21日，华尔带领近千人对高桥发起进攻。他们乘坐炮舰从吴淞出发，最后到达高桥。太平军的大本营用栅栏围了起来。舰船上的大炮把太平军击退到筑有防御工事的村子里。因每家每户的墙上都有步枪射击口，华尔的军队很难靠近村庄。他率领士兵越过重重障碍，只是推进的速度比较慢，不过有了盟军的帮助，也避免了之前的落败。6000名太平军中有数百人被俘虏，并移交至上海当局。第二天，亚士利（Ashley）代理主教目睹了这些俘虏被当街斩首，于是赶紧通知华尔制止这样的杀戮。

清朝官员为这次胜利欢欣鼓舞，于是颁布政令，称这支队伍为"常胜军"。英国海军对华尔的军队做了比较正面的评价。另有9000名南京来的清军加入了华尔的军队。

3月，华尔向松江与上海之间太平军占领的几个小村庄派遣了一个营。何伯手下的一些水兵以及士迪佛立（Staveley）手下的一些士兵也加入到华尔的部队中，发起联合攻击。

在英国军队到达之前，华尔的小分队就到达了基扎（Kipza）村，并发动袭击，但是被击退了。晚上，何伯和他的水兵带着火炮赶来救援，进攻的时间被推迟至第二天的清晨。

天刚破晓，他们就对太平军阵地发起短暂的炮击。夜晚，在胸墙的掩护下，他们的攻击更加猛烈。紧接着，对太平军阵地发起冲锋，并且迅速攻下了他们的阵地。太平军在一片混乱中四下逃窜，死伤无数。在返回松江的路上，华尔的军队惊讶地发现敌人通过排桩防波堤控制了交战地点不远处的一座桥。华尔准备跟随何伯继续前进。但是来到桥上的时候，何伯的脚踝受了伤。法尔思德和布廉年（Brennan）舰长都受了轻伤。白齐文受伤最严重。

华尔还在招募和训练他的军队，以便在盟军的支持下，频繁地利用小股部队去消耗老练的太平军的战斗力。

麦嘉湖

龙华塔
LONG-HWA PAGODA

黄浦江上游约 7 英里的地方有一座非常漂亮的塔。宝塔附近正是华尔当年训练军队的地方。关于最初建造这些塔的目的，人们看法不一，很多人认为那是瞭望塔。它们古色古香。在清朝，很少有城市没有塔。我们相信有塔的地方一定有一座与之相关的寺庙。

龙华塔
LOONG-HWA PAGODA

新书推荐
LITERARY NOTICE

我们有一份麦嘉湖博士编写的汉语册子。这本册子的主题是"溺水者心肺复苏指导,如何戒掉鸦片烟,以及如何治疗吸鸦片者"。美华书馆[1]的印书费用由热心公益的唐廷枢出资,盈利会再次投入书籍印刷中。

在清朝这样一个拥有河流、运河和各种水道的国家,溺水死亡时常发生。这样一份兼具描述性文字和简单指导、适合普罗大众的理解水平的册子一定十分实用。该书由马歇尔·霍尔(Marshall Hall)、西尔维斯特(Sylvester)博士合著,配有英国皇家救生艇协会(Royal National Lifeboat Association)出版的木刻版画。一份当地报纸建议,外国人在内地旅游时应该随身携带几本这种册子,派发到他们经过的村庄。这种册子在别发洋行(Kelly and Walsh)[2]和泰兴公司(Lane, Crawford &Co.)都能买到,一元十册。从标题来看,这本书提供了戒掉鸦片的方法,帮助那些用鸦片自我毁灭的人恢复健康。近些年来,越来越多的人沉溺于鸦片烟。以彻底戒除病人吸食鸦片的恶习为目标,书中提供了治疗吸食鸦片者的指导。清朝有很多人亟待从这种毒品的奴役中解放出来。对这些人来讲,这本册子简直带来了和平的消息、重建了生活的秩序。

上海跑马场的看台
THE GRAND STAND: SHANGHAI RACE-COURSE

额尔金专门写过中国的评茶员,认为这是一个非常不错的职业。因为每当他早起散步的时候,他总能看到这些人骑马经过。但是我们认为额尔金的这个结论并非考虑得很周全。作为英国驻华大使,额尔金只是暂时居住在远东地区。作为一个外来者,他所看到的景色、所进行的娱乐活动、所从事的职业、所经历的事情都非同寻常。毫无疑问,他乘轮船从英国第一次来到中国,当然非常愿意清晨早起,在岸边散散步,呼吸一下新鲜的空气。而那些骑马的人却几十年如一日地被限制在马场内,没有其他社会活动,也没有其他兼职。如

---

[1] 1860年由美国传教士创办。曾是美国基督教长老会在澳门开办的花华圣经书房,1845年迁往宁波,1860年迁往上海。1923年转让给了商务印书馆。——译者注
[2] 著名的以上海为中心的英语书籍出版公司,成立于1876年。日本占领上海后迁往香港,后卖给香港书商。——译者注

果让额尔金阁下每天进行马术训练，我想他一定会不情愿的。

但是对于额尔金提到的那些人，情况就不同了。他们的生活异常单调。当地人的风俗习惯已经很难再引起他们的兴趣。对他们来说，当他们经过到处是坟堆的野地时，哪里还有体会美的心情。当他们经过狭窄的街道，面对跑来跑去的野狗时，内心也只剩下了厌恶之情。

那些养得起马的绅士们大概喜欢清晨牵着马到山上去做锻炼，而不喜欢睡懒觉或者是在家消磨时间。赛马以及其他运动非常有益健康。然而，一切事情，往往是过犹不及。即使是去教堂做礼拜，也没有谁会因为害怕伪善者进教堂而把教堂的大门关上。同样的道理，我们不但不会停止运动，并且会大力鼓励发展更多的运动。我们认为运动带来的好处一定大于它的害处。

无论一个人起得多早，总有人比他还早，这是非常值得高兴的事情。看到这些人主动锻炼，身体健康，充满活力；看到他们准备田径比赛或者划船比赛；看到他们在跑道上飞奔，这些都让人开心。是什么让运动如此鼓舞人心，让生命如此充满活力？中国马在驯服前尚带有野性，是非常有看头的。

英国国内的朋友们可能觉得我们在远东不运动，成天只知道吃喝玩乐。不可否认，

上海跑马场一角
PORTION OF RACE-COURSE, SHANGHAI.
FROM THE GRAND STAND, LOOKING NORTH-EAST

上海跑马场看台
THE GRAND STAND SHANGHAI RAGE-COURSE

　　这里的很多活儿由仆人替我们做，而如果在英国的话，这些活儿则需要我们亲手来做。但是这和我们的工作以及娱乐完全不相干。郎先生曾在《上海社会》(Shanghai Considered Socially)中提到，除了赛马场，还有板球场、网球场，以及相应的俱乐部。"体育场经常会举办一系列田径运动会，且每年都设置相应奖项。很多人热爱赛艇运动，已经建立了一个赛艇俱乐部，举办过非常成功的比赛。还有一项比赛，叫小马猎纸（Pony Paper），比赛场地就在一个水道密布的村庄，冠军们都感到非常光荣。在阴冷的冬天，足球比赛能够促进血液循环。射击比赛有利于锻炼年轻人的耐性、敏捷性。而槌球、跑步、国际象棋、游泳、球类运动也很适合女性。实际上，认真思考一下就会惊讶地发现，我们居然有这么多可供选择的运动方式。"

　　郎先生所言极是。除了他提到的这些运动，这儿还有志愿团、救火队、棒球俱乐部等。大家都很认真地组织经营。显而易见，远东最不需要的就是懦夫。清朝和日本的大多数开放港口有大量外国居民，他们准备组织一次春季运动会和一次秋季运动会。今年上海的春季运动会将会在4月30日星期一举行，共持续三天。

　　这张看台的照片是清晨拍摄的，当时场上正在训练。那张跑马场局部图及周边道路的照片是从看台上拍摄的。

1877 6月

JUNE

闲话清朝（三）

CHIT-CHAT ABOUT CHINA, FOR HOME READERS: NO.3

上次我提到过一个事实，即清朝人对儿子和女儿区别对待，穷人们经常杀害或者卖掉女儿，而很少如此对待儿子。我承诺要给出一些理由：

这个国家有一个特别的习俗：一切都由男孩承担。他们很早就开始谋生，永远都逃不出父母对他们的控制，只要父母需要，他们在任何条件下都得赡养自己的父母。我们英国有句俗语：儿子娶妻之前是我的儿子，而女儿则一辈子都是我的女儿。在清朝则完全相反。女孩子一旦结婚，就成了夫家的财产。说句不恰当的话，她的生身父母对她不再拥有权力，无权要求女儿女婿来赡养自己。但对儿子来说，情况则大不相同。无论在任何情况下，儿子都无法拒绝父母的要求。在清朝没有一个英雄是不孝之子。

除此以外，清朝人认为家族姓氏兴旺绵延是头等重要的大事。世上最悲惨的事情莫过于没有子嗣延续香火。为了避免这类厄运，如果一个男人没有儿子，他可能会领养一个儿子，或者努力说服女婿改姓自己的姓氏，从而将其看作是自己的儿子和继承人。

除了以上原因，还有一个重要的、基于"国家宗教"基础之上的原因，如果我们可以将之称为宗教的话——祖先崇拜。我不敢奢求在没有解释的情况下，读者们可以完全理解。因为对大多数读者来说，这都是个非常陌生的话题。即便是那些生活在清朝的外国人，想要弄清这个问题，也是件非常困难的事情。

想用简略的语言说明清朝的宗教是件很困难的事情。名义上，他们有三种主要的宗教：儒教、佛教和道教。准确地说，与其说它们是宗教，不如说它们是哲学。对清朝人而言，每种都像是迷信。这种说法更让我相信。一位受人尊敬的神父作家告诉我："宗教之间的争论已经完全停止，整个国家都提倡'三教合一'这种皆大欢喜的说法。"如此一来，所有的清朝人同时都是孔子、老子和佛陀的拥护者，或者可以说他们什么都不是。他们反对所有的信仰、教条，仅靠本能在生活。

尽管如此，这三种宗教还是有共同点的：孝顺是最高的道德。"子不语怪力乱神"，孔子是第一个坦诚不关心上帝和未来的学者。他关注的是君主、家庭和朋友。十诫中的最后六条或许可以称作是孔子的"宗教"。儒教堪称是一套完美的道德体系。

佛教更加深邃。早期的佛教纯粹是一种哲学，后来逐渐发展出宗教的形态。佛教发源于印度，反对当时流行的维护等级制度的泛神论宗教。它本质上是无神论的，反对婆罗门教，反对等级制度，主张众生平等。[1]

没有寺庙，没有牧师，没有教条。它认为诸法因缘生，世界在众劫中循环往复。人在现世的形态比前世低级还是高级、应当接受惩罚还是奖赏，都取决于自己前世的修持。一切众生的最大目标都是为了最终得到解脱——不是基督教意义上的，而是佛教意义上的解脱。这就是涅槃，即生命超脱一切烦恼彻底摆脱轮回的境界。

但是佛教没有保持释迦牟尼最初创立它时的样子。鉴于它的理想道德体系，后来的信徒建立起一个宗教的迷信体系。最初，它声称没有神佛，因此应该是没有崇拜的。但是人类又需要崇拜，于是便建立起寺庙，主持也成了一种职业。天堂和地狱被解释为一种事实的形态。除了延续了它的道德体系以及灵魂转世的信仰以外，崇拜的对象也丰富了起来。在它的道德体系中，最初被灌输的是对父母的顺从。

据说，道教（也被称为理性主义）与佛教起源于同一时间。根据佛陀在世的时间推算，大约是公元前1000年到公元前100年。更精确的年代已无从知晓。在很多方面，道教和佛教非常相似，所以不难理解，为什么在中国儒教、佛教、道教三家能够融为一体。

对统治者以及父母的尊重是儒家首要的教条，也是受到高度赞扬的美德。没有上帝，这种尊敬就逐渐演变为宗教一般的存在。佛教声称，父母的灵魂确实存在，只是或者无所依托，或者拥有了其他生物的形态。这样，迷信就悄悄地流行开来，比如为父母守灵、供奉祭品——祭品的精神部分供灵魂食用，剩下的就让活人食用。亡灵在阴间或许需要进行打点，这也是焚烧金银纸钱的原因。于是，祖先牌位竖立了起来，人们认为祖先的亡灵住在里边，接受后代子孙的祭拜。

但是只有男人才可以承担起祭祖的责任，进行维持家族荣誉和兴旺的一切活动。在特定的时间，女人也可以在牌位面前跪拜，但她们只能吃祭祀用过的食物。祭祀只能由男人来主持。因此，就不难理解儿子在清朝人家庭中的重要性以及女孩儿经常被遗弃的原因。

纪理芬

---

[1] 英文原文为 A man's a man, for a' that.——译者注

《清朝人的社会生活》摘要

THE EXCERPT OF SOCIAL LIFE OF THE CHINESE

下面这篇精彩的文字摘录自美国人卢公明的《清朝人的社会生活》一书：

有些规则无须解释——在清朝16岁就算成年，就能脱离父母的约束。父母在世期间，儿子必须继续服从他们，这就是清朝的习惯、法律和风俗。不论一个人年龄多大、学问多高、家财几何，他都必须完全地服从父母，除非他在朝为官，侍奉皇帝。若一人成为官员，离开父母为国家服务，他就要听从皇帝的命令。虽然他依旧要遵循所有尊父敬母的固有礼节，但他已经不受父母的控制了。父母健在时，清朝人永远不可能不经父母允许就去追求自己的选择，留存自己的收入或是按自己的心意消费。工资要上交给父母。父母可以强迫儿女选择任何符合父母心意的发展路径。虽说这就是清朝的法律，但是事实上，现实生活中父母时常会照顾儿女的想法，满足儿女的愿望。

女儿出嫁后就不再听命于她的父母，而是听命于她的公婆（如果他们还健在的话）。对公婆来说，儿媳几乎与奴隶无异。儿媳大部分时候都会受到公婆残酷的对待。除非家中父亲去世得早，或者母亲十分强势，否则儿子16岁以后就要开始处理家庭外部事务。按道德标准要求："妇女有三从之义……未嫁从父，既嫁从夫，夫死从子。""夫死从子"的原则不能理解为儿子可以虐待、辱骂或伤害母亲。虽然要求母亲服从成年的儿子，但不孝行为却是风俗所不能容忍的。

遇到极为不孝的儿女时，父母有时会去官府告状，要求官府帮助他们管教或惩罚自己的儿女。不过这种情况十分少见。据说，如果父母因子女不孝将其鞭打致死，地方官员很少会起诉父母。只有不孝子的叔伯才有权介入。如果父母将不孝子告到官府要求惩处，特别是受到羞辱的愤怒的父母要求严厉处罚儿子，比如要求处以死刑时，不孝子的叔伯就有权介入或有权提供意见。但能够肯定的是，没有官员敢在缺乏被告人叔伯的意见、证词或未经同意的情况下，就接受被告人父母的煽动和要求，把不孝子打死。官府要求叔伯证实被控告的子女的品质和行为。地方官可以行使特权，向父母提供处罚建议，而且也会劝诫不听话的儿子，让其意识到自己的责任。但地方官不能执意反对执行父母要求的处罚措施。如果父母要地方官下令当众鞭打自己的儿子，地方官就要遵循实施。如果父母要求让儿子戴着写有"不孝"的木枷当街示众，地方官必须下令让不孝子接受这种处罚。如果不孝子遭到惩罚之后依旧不悔改，他的父母就会将其移送官府。地方官必须在征得不孝子的叔伯的同意后，才能命人将不孝子带到衙门前的高墙下，把他当众鞭打致死。

假如儿子杀害了自己的父母，不论父亲还是母亲，定罪之后，他不仅会被斩首，还要遭受千刀万剐。他的房子会被夷为平地，挖出地基，就连左邻右舍也会遭到重罚。他的授业老师也会被判处死刑。他居住地的地方官会被削职、颜面尽扫,知府、巡抚和总督都会被连降三级。所有这些惩罚都是为了强调弑亲罪的严重性。

一对夫妻殴打男方母亲致其重伤。地方总督上报京城后,皇帝决定用一贯的方式实施国家最基本的刑罚。事件发生地会被人们诅咒,虐母的夫妻被判处死刑,其住处会被夷平挖出地基,妻子的母亲也会受到牵连,经受竹刑、烙刑后惨遭流放。当地的学子三年内不得参加科举考试,因此也没有希望晋升,就连地方官都会被剥夺职位并被流放。法令还提到:"命令地方总督公开这一布告,将此事昭告天下。如果有任何不孝子孙反抗、殴打或羞辱父母,他们就会遭受类似的惩罚。如果人们切实了解了这项原则,他们就会惧怕并遵守皇室的意愿,不会将其视为空泛的说辞。皇帝严令各省长官严厉警告各族长以及村中长者,在每月初二和十六诵读《圣谕广训》,以彰显孝悌人伦。为人子女不可忤逆父母。以孝治天下。"

华尔、白齐文及常胜军传(二)

MEMOIR OF WARD, BURGEVINE, AND THE EVER-CONQUERING LEGION

华尔一边积极地训练队伍,一边努力为雇主提供多方面的服务。他通报李鸿章说太平军正在与美国谈判购买炮舰的事宜,并且已经预付 50 万美元的款项。李鸿章派人将此事报告给恭亲王,恭亲王就此事向蒲安臣提出交涉。华尔的警惕性受到了称赞,据说正是在他的干涉下,那笔交易才没有成功。

清朝一直渴望拥有炮舰。华尔试图说服当局斥资上万两白银,并委托自己的兄弟前往纽约落实购买炮舰的事情。对于他的弟弟是否返回清朝人们并不关心,他们关心的是怎么把银子花出去的。不过目前,还没有看到一艘炮舰停泊在清朝的海岸。

清朝士兵还算明理,所以军队的纪律勉强还可以维持,不过有时也不得不加以惩戒。最近,一名私通叛军的哨兵逃跑时被射杀了。

一支装满掠夺来的财物的小型舰队到达杭州附近的时候,突然被冰封冻了。太平军迅速在舰队周围竖起栅栏,希望以此保证安全。但华尔打了他们一个措手不及,许多太平军被杀或淹死,随后华尔下令将所有的船只以及船上的东西烧毁。像往常一样,清军与太平军交战时,村民们也会聚集起来,在各自首领的带领下,手里拿着削尖的竹竿,加入战斗。

其中一个村子的头戴蓝色顶戴的人冲上了一艘船进行抢劫。一位士兵收到枪毙他的命令却拒绝开枪，因为每个士兵都渴望拥有那顶蓝色顶戴，但主要原因是杀害官员就相当于杀父。最后法尔思德少校亲自枪毙了那位官员，目的是给手下的清朝士兵上一堂纪律课。

在学习训练方面，江苏人证明了自己在这方面很有优势。即便快速集合训练时所有的命令都是用英文下达的，他们也能够严守纪律。在号角的配合下，他们都能够很快掌握所有的命令。在实践中，教他们如何使用火炮需要很长的时间和极大的耐心。不过，他们最终都变得非常专业。他们穿着整齐，装备尚可。许多人都配备了英国滑膛枪，其余的人配备的是普鲁士步枪和恩菲尔德步枪。

另一起案例同样也是杀一儆百的性质。队伍里，一位狂暴、桀骜不驯的爱尔兰上校被带出宿舍关了起来。人们认为他大概被杀头了。总之，从此以后，就没有了他的消息。这两起事件的目的就是为了让普通士兵服从纪律。

严禁手下士兵抢夺那些他们受雇保护的人们的财物，这要归功于华尔。他的这一举措也受到了英国军方的肯定。在华尔管辖的地方从未发生过村民逃到太平军控制的城市里寻求庇护的事情。

尽管对于战争有些无关紧要，但华尔还是想让医疗分队发挥适当的作用。他的外科医生一直遭受口渴的折磨，不断地喝水不仅不管用，反而加重了他的厌水症。然而，当他摆脱了酒精以后，华尔重新接纳了他。

中医并不是一个新的概念，早在我们的"军医之父"帕雷（Ambrose Pare）诞生一千年前，中国军队就有了随军医生。军医享有官衔和俸禄，他们带着药箱与助手出现在战场的后方。不过到现在，他们最多也就是给伤员一些药膏。而且在军队服役时，只要识字很快就可以取得军医资质。所以，如果士兵愿意，可以自己找医生治疗，但费用自理。

1862年4月，华尔和他的盟军继续前进，进攻嘉定。华尔的军队分别由法尔思德少校、莫顿（Morton）少校以及本仕（Burns）少校三人带领，大约有步兵2500名，以及格拉斯哥（Glascow）和吉尼斯（Mc Guiness）上尉所属的美国产12磅榴弹炮。为了方便运输士兵和军需物资，调集了"吉卜赛"号（Zingari）、"玫瑰"号（Rose）、"蟋蟀"号（Cricket）、"冥王星"号（Pluto）以及"普安斯坦"号（Poastan）等数艘装备良好、适合运输的汽船和近39艘清朝炮舰。

嘉定在上海东北20英里处。盟军于4月26日沿苏州河溯流而上。那些受过训练的清朝士兵十分渴望攻打一座城市建功。夜晚，他们在南桥扎营，遇到一个防御工事很坚固的村庄。华尔派出的侦察队经过侦查后，第二天清晨就将村庄攻克，并一直追击到嘉定城下。接着英国人、法国人和清朝人之间展开了一场激烈的竞争，看谁能率先将分队的旗帜插到城墙上。

三支队伍都声称自己率先登上了城墙。松江小分队坚称荣誉属于他们，尽管他们由于大量掠夺金银财宝、衣物等战利品而不得入城。法国军队记录下这一切：那天非常"滑稽"，那些士兵抢走了所有能带走的东西，于是神奇的一幕发生了，他们离城时后面跟着一群牛、羊以及孩子和女人。其中一幕值得我们特别注意：法国第5军团的一个士兵拖着一头配有中式马鞍的驴子，载着满满当当、层层叠叠的衣服。这头驴子上，还坐着个年轻的小脚姑娘。实际上，法国军队树立了一个非常坏的榜样，犯下了各种各样的罪行，而人们却将这些都归咎于华尔的军队。

嘉定城由盟军和华尔手下的清朝士兵驻守。由于不能参与掠夺战利品，那些返回松江的士兵们都愤懑不满。他们设法抢到的战利品也被英国宪兵给夺走了。战后，士兵们休整了三天，之后又恢复了训练和招募。一支德国军团加入了进来，还征招了一些苦力在军需处服务。这些苦力主要是在嘉定俘获的俘虏。

5月6日，英国海军司令何伯与法国海军司令卜罗德率领一支军队将上海南部、青浦、南桥和直隶（Chihlin）等地的太平军驱赶了出去。跟以前一样，一部分太平军被送到朝廷官员那里惨遭斩首，剩下的都被释放。那些面颊刻有"太平"与"天国"的均要被斩首。令人高兴的是，英国公使的翻译发现他们都是支持朝廷的人，由于试图逃跑，才被在脸上刻了字，如果他们胆敢再跑，很容易就会被认出来从而丢掉脑袋。就这样，这四个可怜的人意外地获救了。阿查理（Alabaster）根据太平军的一本花名册，发现有四分之三的俘虏都是被迫为太平军卖命的人。毫无疑问，那些被斩首的俘虏当中，很多人都是忠于朝廷的。

5月19日，华尔加入攻击南桥的盟军阵营，常胜军在战斗中发挥了巨大的作用。

在攻占南桥的战役中，法国海军司令卜罗德被杀。法国士兵们因为失去长官而怒不可遏，对那些手无寸铁的平民们痛下杀手。他们之所以如此愤怒，还因为太平军杀死了由法国人庇护的一位意大利牧师。

1862年6月11日的《京报》上刊登了一则清朝皇帝赐给卜罗德司令的嘉奖：

关于卜罗德将军之死的圣旨

江苏巡抚李鸿章启奏，外国盟军在与常胜军联合作战中攻取了太平军的南桥营地，法国上校在战斗中负伤。

5月16日，英国司令何伯与法国司令卜罗德率领军队与华尔一同进攻南桥顽强抵抗的太平军。太平军兵分三路，驻守在三处泥堡和瞭望台中。法国司令卜罗德率领士兵到达护城河，鼓励士兵冲向太平军的阵营。太平军的士兵纷纷逃走。战斗中，卜罗德被子弹打伤，终不治身亡。这令我们非常震惊。

上述报道的细节令人震撼。令李鸿章派上海道台和一应官员代表朕表达深切的哀悼。我们还预定了100张貂皮和4卷皇家彩绸，经由恭亲王送至已故卜罗德家中，以安慰逝去的灵魂。

卜罗德享年54岁。祭祀活动由清朝官员和上海罗马教堂负责人共同主持，常胜军进行协助。清朝政府在上海租界的法国市政厅前竖立起了一座花岗岩底座的铜像，以纪念卜罗德和他的战友。

5月13日，一支远征军开始进攻青浦。华尔已经在那里被击败过三次。现在我们的军队配备有新近从英国政府手中购得的新式装备。这些装备之前属于印度军队。同时华尔也购买了1000支普鲁士步枪，组建了一支火枪队。出发之前，500名士兵登船向急需援助的宁波进发。剩下的人朝红枫林进发，他们将在那里和英法两国军队会和。第二天，联军在青浦城前集合。约2000名士兵要与一支拥有高壁深垒、由2万名士兵组成的军队作战。火枪已经架好，一切准备就绪。一艘法国舰船靠近南门，船上一门重型火炮在城墙上轰开了一个口子，令太平军乱了阵脚。

经过三个小时的连续炮击之后，步兵在炮火的掩护下冲向溃散的太平军。和往常一样，战斗结束后，常胜军和上海的盟军就回到了松江总部。此次夺回青浦的战斗，华尔获得了3000两白银的奖赏。盟军只有20余名士兵伤亡。太平军俘虏一部分被留下做苦力，另一部分被送到朝廷官员那里斩首。

现在华尔正着手增强兵力，以便在没有盟军帮助时，也能够打败太平军。在这期间，忠王率兵出现在青浦城下，以一部分兵力阻断了青浦和松江之间的通信。情况万分紧急。法尔思德上校指挥城内的少量士兵多次打退了太平军的进攻。于是忠王便改变了策略。他建造了一只竹筏，顺流漂到一座城门下。竹筏后边跟着一只有船屋的竹筏。他们藏在船屋中，想要烧掉竹筏后进入城内。法尔思德密切关注着太平军的动向，他派了一小队士兵去拦截竹筏。太平军从船屋里跳出来后，被守在城墙上的士兵击毙。慌乱中他们丢弃了竹筏，很多人逃跑时溺水而亡。那条竹筏也被法尔思德当柴烧了，这是被围困的城中急需的东西。

突然，一声巨响，火药库爆炸了。爆炸中有20人死去，包括一名年轻的英国官员、炮兵上尉桑福德（Sandford）。然而，他们很快就发现难以抵抗忠王的强大军队的进攻。当时忠王不仅重新夺回青浦，还对松江和嘉定造成了威胁，几乎要夺取松江，消灭常胜军了。他派遣2万名士兵将嘉定团团围困。华尔急忙向英国海军司令求救，描述他的危险处境。何伯先生派出"半人马"号（Centaur）前去增援。这支由水手和海军组成的增援部队在被敌人包围前迅速入城。水手们带着野炮埋伏在城墙上。爬上城墙的太平军遭遇埋伏，要么被杀，要么被击退。

此时，嘉定被太平军攻占。盟军不得不撤回上海。常胜军再次回到他们的大本营。与此同时，忠王率军攻入青浦。全城的米店被一把火烧光了。法尔思德陷入了极大的困境，不得不执行一些"有益健康"的规定，通过分发鸦片烟来防止军队暴动。在何伯的帮助下，华尔夺回红枫林的部分地区，轻松地潜入青浦城内，安排一部分士兵离开。太平军发现华尔军队正在撤离，不断发起进攻。尽管损失惨重，但华尔的军队最后还是成功到达红枫林。许多士兵在过河的时候溺水，找不到路。当军队到达松江的时候，已经是午夜了，此时他们发现法尔思德不见了。法尔思德的翻译报告说，法尔思德带着二十多人返回城中去取东西，被太平军抓住，很可能已经被杀。

事实上，当他拿到自己想要的东西后，发现太平军已经开始攻城。苦力逃跑了，并告诉太平军城中守军已经撤离。法尔思德躲藏起来，却被太平军发现了。太平军捆住他的手脚将他关在一间肮脏的屋子里，并让他吃尽了苦头。

几周后，他被转移到杭州的乍浦。转移途中，他被剥掉了衣服，光着身子，像头驴一样驮着重物走在7月的烈日下。几天后到达乍浦，他被用枪支火药赎回。

华尔一直盼望着可以不靠盟军帮助，独立出征，现在这一时机终于到来了。到8月中下旬，华尔已经储备了足够强大的兵力。再次夺回青浦的时机已经到了。一天夜晚，在夜幕的掩护下，华尔率兵将大炮运上岸，命士兵们各就各位，做好一切攻城准备。华尔承诺第一个炸开城墙的人将获得重赏。事实证明这些受过训练的清朝人都是很好的炮兵。四个小时的轰炸后，城墙终于被炸开了一道口子。但正当士兵们斗志昂扬冲锋向前的时候，却被一条护城河困住了。负责架桥的马尼拉人被太平军的枪林弹雨赶了回来，逃跑时将桥丢在了沟里。虽然一小队士兵乘坐小木船成功渡河，但却因兵力有限，起不了多大作用。他们在城墙下面坚持了一段时间，直到华尔下令撤退才退回来。

第二天，经过三小时的炮击后，他们又在城墙上轰开了另一道口子。这次，在炮兵的掩护下，架桥的改为外国军官，太平军已无力抵抗，仅五分钟就退出城去。华尔的参谋、马尼拉人麦卡纳雅成为第一个登上城墙的人，步枪队的萨顿（Sandon）领队也不逊色。在这次行动中，托塔尔（Tortal）上校身亡。随后，常胜军再次返回松江总部。

麦嘉湖

一年回顾
RETROSPECT

1876 年 7 月至 1877 年 6 月

自 1870 年至 1875 年，我们一直在日本出版旧版的《远东》杂志。我们有个习惯，就是在每期刊物上的时代（The Period）一栏，简短地收录一些当地报纸报道的事件。把这些事情集合起来，不仅可以帮助读者回顾过去的时事，也可以简洁地记录下历史，而且读起来也很有趣。我们本来打算在新版的杂志里沿用同样的模式，但是我们采纳了一位朋友的建议，头几个月没有继续这个栏目。截止到目前，我们已经在清朝出版了十二个月，在最后一期中，我们觉得有必要推出这个栏目。

因此我们简要回顾今年 6 月 30 日之前的十二个月里发生的主要事件。

在很多人看来，从去年 6 月份我们的第一期杂志发行至今，《远东》记录的最重要的事件就是中英两国因为一年前的马嘉理事件[1]而几乎兵戎相见。

英国驻华公使威妥玛于 6 月 25 日到达上海。当时报道说，他将英国公使馆的档案也带到了上海，外界不确定他是否会回到北京。威妥玛显然对清朝政府失去了耐心，战

---

[1] 有些读者也许没有密切关注清朝时事，我们有必要介绍一下。马嘉理曾为英国领事馆工作，被派遣从北京到缅甸和中国西部省份迎接柏郎（Browne）上校，同时兼任翻译和随军顾问。他已经在八莫（Bhamo，缅甸城市）与柏郎上校会合，从那儿一同前往清朝。

有人提议他先走一步，去云南官府疏通关系。在返程时，他在腾越地区的一个叫蛮允（Manwyne）的村庄被杀死。

英国驻北京的威妥玛公使听闻后，立即下令就地进行全面调查。他还组织成立了一个调查委员会，其中中方代表为湖广总督李瀚章，英方代表有英国驻北京公使馆二等秘书格维讷、翻译贝德禄，法律顾问是上海副领事达文波。

众所周知，他们的调查结果令人十分失望，威妥玛做出强硬举动，最终迫使清朝政府签订了《中英烟台条约》。

争似乎一触即发。有关方面甚至宣称，驻扎在印度的 2 万名军队，只等威妥玛一声令下，4 艘英国军舰组成的机动舰队也已经在劳利·兰伯特（Rowley Lambert，荣获三等勋章）司令的带领下到达吴淞口。这样一来，如果威妥玛决定诉诸武力，他就有了武力方面的支持。清朝政府显然意识到了事态的转变，也感受到了英方公使的强硬态度。因此，双方决定，威妥玛公使和李鸿章在芝罘举行双边会谈。会谈结束之后，双方于 1876 年 9 月 13 日签署了一项条约，条约分为三部分：

一为"昭雪滇案"[1]。
二为"优待往来各节"。
三为"通商事务"。

我们认为最好给出第一部分的全文。

第一条 "昭雪滇案"

一、威大臣另有拟作为滇案奏稿大概底本，先与李大臣商定，或由总理衙门或由李大臣具奏均可。惟于出奏之前，须将折稿交威大臣阅看，会商妥当。

二、奏明奉旨发抄后，由总理衙门将折稿、谕旨恭录知照，并由总理衙门通行各省，将此次折件、谕旨详细列入告示，一并照会威大臣查照。威大臣即照覆声明，限两年为期，由英国驻京大臣随时派员分往各省，查看张贴告示情形。将来或由英国驻京大臣行文，或扎行各口领事官转为照会，即由地方大吏派委妥员，会同前往各处查看。

三、所有滇省边界与缅甸地方来往通商一节，应如何明定章程，于滇案议结折内，一并请旨饬下云南督、抚，候英国所派官员赴滇后，即选派妥干大员，会同妥为商订。

四、自英历来年正月初一日，即光绪二年十一月十七日起，定以五年为限，由英国选派官员在于滇省大理府或他处相宜地方一区驻寓，察看通商情形，俾商定章程得有把握；并于关系英国官民一切事宜，由此项官员与该省官员随时商办。或五年之内或俟期满之时，由英国斟酌订期，开办通商。至去年所议由印度派员赴滇，曾经发给护照，应仍由印度节度大臣随时定夺，派员妥办。

五、所有在滇被害人员家属，应给恤款，以及缘滇案用过经费，并因各处官员于光绪二年以前办理未协有应偿还英商之款，威大臣现定为担代，共关平银二十万两，由威

---

[1]《中英烟台条约》的签订结束了"滇案"，但也使英国获得了入侵中国西南边境的"条约权利"。——译者注

大臣随时兑取。

六、俟此案结时，奉有中国朝廷惋惜滇案玺书，应即由钦派出使大臣克期起程，前往英国。所有钦派大臣衔名及随带人员，均应先行知照威大臣，以便咨报本国。其所赍国书底稿，亦应由总理衙门先送威大臣阅看。

第二条"优待往来各节"是指驻京大臣等及各口岸领事官等与清朝官员彼此往来之礼以及两国审办案件各官员交涉事宜。

第三条"通商事务"提到：

一、所有现在通商各口岸，按前定各条约，有不应抽收洋货厘金之界，兹由威大臣议请本国，准以各口租界作为免收洋货厘金之处，俾免漫无限制；随由中国议准在于湖北宜昌、安徽芜湖、浙江温州、广东北海四处添开通商口岸，作为领事官驻扎处所。又四川重庆府可由英国派员驻寓，查看川省英商事宜。轮船未抵重庆以前，英国商民不得在彼居住，开设行栈。俟轮船上驶后，再行议办。至沿江安徽之大通、安庆，江西之湖口，湖广之武穴、陆溪口、沙市等处均系内地处所，并非通商口岸，按长江统共章程，应不准洋商私自起下货物，今议通融办法，轮船准暂停泊，上下客商货物，皆用民船起卸，仍照内地定章办理。除洋货半税单照章查验免厘，其有报单之土货，只准上船，不准卸卖外，其余应完税厘，由地方官自行一律妥办。外国商民不准在该处居住，开设行栈。
……

三、洋药一宗，威大臣议请本国，准为另定办法，与他项洋货有别。令英商于贩运洋药入口时，由新关派人稽查，封存栈房或趸船，候售卖时洋商照则完税；并令卖客一并在新关输纳厘税，以免偷漏。其应抽收厘税若干，由各省察勘情形酌办。

四、洋货运入内地请领半税单照，各国条约内原已订明，自当遵办。嗣后各关发给单照，应由总理衙门核定画一款式，不分华、洋商人均可请领，并无参差。洋商将土货由内地运往口岸上船，条约内亦有定章，英商完纳子口半税，请领单照，即可运往海口，若非英商自置土货，该货若非实在运往海关出口，不得援照办理。……

五、……英商若将已经完纳税项洋货复运外国，禀明海关监督，发给存票，他日均可持作已纳税饷之据……今订明三年为期，限满不得将此项存票持作完纳税项之据。

六、香港洋面，粤海关向设巡船，稽查收税事宜，屡由香港官宪声称，此项巡船有扰累华民商船情事。现在议定，即由英国选派领事官一员，由中国选派平等官一员，由香港选派英官一员，会同查明核议、定章遵办。……

……

另议专条还提出：

现因英国酌议，约在明年派员，由中国京师启行，前往偏历甘肃、青海一带地方，或由内地四川等处入藏，以抵印度，为探访路程之意，所有应发护照，并知会各处地方大吏暨驻藏大臣公文，届时当由总理衙门察酌情形，妥当办给。……

这份条约受到多方批评，直到现在，我国政府也没有批准这份条约的迹象。不过它的条款已经开始在上述四个口岸生效，各个口岸都设置了领事，贝德禄成了首任重庆领事。此外，厘金的相关安排也开始实施，双方议定的公告贴在全国各地的衙门外。兰伯特上将的海军分队在条约签订后就离开了清朝。威妥玛也在去年11月离开清朝前去休假。随后清朝公使一行人来到伦敦，其中就有担任翻译的马格里（Macartney）博士。英方早已获悉他们来英的消息，女王还亲自接见了他们。湖南人为了发泄对清朝驻英公使郭嵩焘的不满，砸了他的祖宅。

* * * * *

从去年春天开始，清朝北方各省就遭遇大旱。"整个直隶、山东三分之二的地区、河南大部分地区以及蒙古部分地区"都遭遇了饥荒。早在去年，饥荒的征兆就已经出现了。虽然受灾区域位于清朝中央政府所在地北京周围，但是预防旱灾的准备措施却并不齐备，令人惋惜。最终，绝望的日子开始了：来年的种子被吃光，小麦和其他作物几近绝产。没有燃料，牛因为缺少饲料大批死亡。无数难民抛弃家园，在气力耗尽之前来到较为富庶的城郊，在寒冬里靠善人的救济过活。没有办法、没有气力逃难的人只能遭受饥饿、疾病和死亡的折磨。为了换取几天的口粮，丈夫卖掉妻子，父母卖掉孩子。饥饿的人们拆掉房顶，只为吃里面的茅草。之后，有人通过舆论大声疾呼救助灾民。发出声音的人倒不是可怜的饥民，而是在他们当中奔走的基督教传教士。清朝和日本的外国教会团体纷纷响应，许多清朝人捐出了数目不等的善款。

但是当前灾害影响范围太广、灾民人数太多，现在所做的也只是杯水车薪。饥荒还将持续数月。清朝当局已经用尽了方法。清朝私人慈善机构的运行方式虽然令人难以理解，却一直都十分活跃。不过这场灾难影响了7000多万人，清朝还没有完备的组织和相应的能力来救助这么多人。

* * * * *

与外国人关系最密切的省份中，福建和两江、江西的官员一直致力于消除官员的贪污积习。福建巡抚丁日昌、两江总督沈葆桢都做了许多工作,只是很多不为大众所知。他们二人都发现,即便使出浑身解数,也无法达成理想效果。即便如此,他们还是做了很多工作。丁日昌强烈表示希望能与外国人实现比当下更友好的关系,并且在很多方面采用了更有利于国家的现代工具。

* * * * *

1876年6月30日,清朝第一条铁路的前期工程完工通车。这就是上海—吴淞铁路!这条铁路仅长9公里,与欧美的一般线路相比简直如同玩具,但它无疑是清朝铁路交通的开端。铁路通车的路段仅长4.5公里——从上海到江湾为止。8月底,李鸿章和威妥玛谈判期间,应威妥玛要求火车暂时停止运行。不过铁路得以继续修建,整条线路最终完工。清朝当局提出难题,称道路公司拿着公路的许可修建铁路是欺骗政府。政府又假称桥梁扰乱了水路,铁路线路扰乱了公路线路和路权。虽然这些说法并非全部属实,但却可以成为政府抱怨铁路的借口。铁路应该配有栏杆以防范危险,不应该像公路那样沿途开放。

10月24日,英国公使馆中文秘书梅辉立(W. F. Mayers)和清朝政府官员达成协议。协议的主要内容为:同意中方以合理的价格买下这条铁路和机车设备,具体价格由上海道台指定的仲裁人决定;款项分三期付清:一旦确定价格,先付第一期款项,第二期在第一期付款满六个月之后给付,第三期在第一期付款满十二个月后给付。在钱款付清之前,铁路公司"可以自由管理铁路运营,并有权运输乘客"。

根据协议,火车在12月1日恢复运营。此后,交通状况令人十分满意,人们坚信政府将铁路收归国有后肯定会继续运营。我们相信,有关部门已经打算将铁路线扩展至苏州。

* * * * *

1876年6月,福州发生大洪灾。洪水所及,民不聊生。很多住在船屋里的人被洪水冲走。岸上的情况更糟,整个福州变成汪洋大海。周围山谷里的水稻秧苗都被淹没,无数房屋被洪水卷走。抚台丁日昌和其他官员为拯救遭受洪灾的百姓付出了许多心血。外国教会团体派传教士为难民派发了大量大米。抚台的公告十分有趣,值得保存。

下面是抚台丁日昌当时发布的公告。他在公告中使用了简单的短句。这样,即便是文盲也能明白公告的内容,用这种方式也能给人留下深刻的印象。

巡抚丁日昌大人公告

福建省突受此难。

洪水已经涨到十尺高。

屋墙被冲倒，卷到各处。

死者无棺材可栖，生者无房屋可住。

噫，我的百姓！为何你们要遭受这些苦难？

满目疮痍，目不忍视，心不忍思。

是吾渎职，令百姓痛苦流离。

水退之后，你们都应尽早返家。

尽己所能，维持生计。

勿忧强盗，士兵勇士将日夜巡逻，护佑百姓安全。

一艘汽船已调运大米来此，几日内就将到达。

啊，我的百姓！不要过度忧虑！你们的痛苦很快将过去。

眨眼之间，就能迎来丰收年。今后的丰收会弥补先前的不足。

我颁发此项公告，诚恳地安慰你们。

笔之所至，不禁涕零。

在清朝，一些省份歉收，另一些省份富足，几乎年年如此。所以我们会看到，总督颁下指令要求镇江、常州和通州的道台将大量大米送往福州，救济灾民。这些地方的稻谷长得很好，事实上整个江苏都极其富裕。富饶的江苏省与贫瘠的北方地区相连，所以它们经常奉命向直隶和山东的饥民供应粮食。

去年 8 月份一份当地报纸这样写道：

中国似乎像摩西时期的埃及一样深陷苦难之中，各种灾难齐发。上苍似乎还嫌她的苦难不够多。北方遭受干旱，南方遭遇洪水，中部地区逃过了水旱灾害，却又迎来蝗灾肆虐。据说蝗虫遍及江北各地，它们的身影深入地下几寸。南京附近，蝗虫数量极多。民众和官员都不禁为此感到忧虑。此前政府曾经下令限制杀害动物，但是这一限制令在雨季就废除了，现在又重新用到蝗虫上。官员们不断去庙里祈祷，百姓反倒认为蝗灾是因祸得福，他们可以抓蝗虫煎着吃。

除了洪水和干旱，还有战争。喀什的阿古柏叛乱一直牵扯着左宗棠的兵力。据我们所知，阿古柏并没有如左宗棠预想的那样遇到有效抵抗。因为清朝军队装备不良、补给短缺、薪俸微薄。虽然在这些方面阿古柏的军队也不占优势，但他们的士气明显更胜一筹。欧洲对这场战争所知甚少，也没有过多考虑，不过动乱还是对当前的局势产生了重要影响。

《华洋新闻》提到：对于当前局势，我们只有一个看法，如果阿古柏的军队穿过甘肃，就能占领清朝西部和西北部的省份。如果占领了陕西、山西和四川，就可能占领整个帝国。

现在我们无法就当前事态的走势做出准确的估量。欧洲媒体说阿古柏打赢了，但清朝方面的消息又完全相反。《京报》称，清朝军官因得胜而受到嘉奖，所以我们倾向于相信清朝方面的说法。

* * * * *

《华洋新闻》没有提及商业问题。不过数月的贸易波动十分引人注意，特别是在6月份丝绸贸易大涨，并且持续了数周。许多商人在这期间赚得盆满钵满。当地丝绸中间商的欣喜之情前所未见。不过，我们担心如果囤货太多，他们接下来的损失会十分严重。

* * * * *

在上海，有人建议造一座马嘉理纪念碑[1]。这一提议受到大众关注。最后人们决定建一座纪念性的十字架。十字架的大小将根据筹款的数额决定。其中一个人提议纪念碑应该像吉尔伯特·斯科特（Gilbert Scott）设计的那样，修一个教堂式尖顶，称之为马嘉理塔。最终这座塔可能会另外修建。

* * * * *

作为传教士和外交官（曾七次担任美国驻北京代办），卫三畏博士在清朝总共待了四十三年，所以他近期的离职也值得一提。本刊的12月刊上有一篇卫三畏的简短回忆录，还附有他的照片。他在清朝的四十三年间几乎每天都在工作，这一点很少有人能做到。

* * * * *

去年11月，清朝官方创办了一份报纸《新报》，以对抗外国人控制的《申报》。虽然《新报》为了吸引外国读者，一直刊有英文文章，但是从各个方面来说它都不够成功。《申报》真实地表现人物和事件，发行量逐年增加，后来增加到每日8000份。而《新报》只有清朝官员垂怜，靠清朝保守派的支持运作，在百姓当中没有多少发行量。

* * * * *

1877年伊始，英国领事麦华陀离开上海。他在清朝工作了三十六年。离开清朝之前，他收到一份推荐书。回国之后，他受到了英国女王的嘉奖，获颁骑士勋章。

---

[1] 1949年之后，此碑被拆除。——译者注

* * * * *

轮船招商局花费 250 万两白银买下了旗昌轮船公司[1]的蒸汽机和资产。这是今年的一个大事件。

* * * * *

北方省份遭受的饥荒也受到大众关注,激发了人们的同情心。与外国人往来密切的清朝人以及各社会团体也捐出了大笔金钱。这一善举受到了官方嘉奖。

* * * * *

6 月份在市政厅举办的"借来的画作及艺术品展览",是近几年香港最有趣的生活事件。这次展览将珍贵的欧洲艺术品汇聚一堂,不但能让大众近距离地观看欣赏,而且还向从没有机会研究艺术的葡萄牙人和清朝人提供艺术指导,促进了欧洲艺术在远东的发展。从各个角度来看,它都是一次成功的展览,展示了许多正统的英国艺术作品,这在殖民地尚属首次。

* * * * *

8 月,新任粤海关监督前往总督府(Government House)拜访了坚尼地。粤海关监督享受到各种应有的礼遇,还与坚尼地交谈了很久。

坚尼地后来转任澳洲昆士兰总督。轩尼诗(J. Pope Hennessy)继任香港总督。

* * * * *

琉球群岛的所有权着实消耗日本政府的精力。琉球人倾向于同时臣服于清朝和日本,两者享有平等权利,像往年一样向清朝进献贡品。日本严厉制止了这种行为,宣称琉球群岛是日本领土,并派驻官员进行管理。在这个问题上,中日双方达成协议。清朝政府被迫向日本远征军支付了 50 万两白银的赔款。所以我们认为两国政府的争端已经彻底解决了。不过,琉球群岛的岛民依旧对清朝有很强的归属感,听说许多名门望族不满日本的统治,从琉球迁往清朝。

---

[1] Shanghai Steam Navigation Company,又名上海轮船公司,美资公司旗昌洋行下属企业。——译者注

传教士大会人员合影
THE GROUPS OF MISSIONARIES

由于镜头无法收入所有人员，所以我们去掉了一些人。这也是照片有些地方看起来非常模糊的原因。但是，大多数人还可以看清楚。

上海传教士大会参会人员。
在清朝传教10年以上人员。
MEMBERS OF THE MISSIONNARY CONFERENCE AT SHANGHAI,
WHO HAVE BEEN ENGAGED IN MISSION WORK IN CHINA,
OVER 10 YEARS.

上海传教士大会参会人员。
在清朝传教 10 年以下人员。

MEMBERS OF THE MISSIONNARY CONFERENCE AT SHANGHAI,
WHO HAVE BEEN ENGAGED IN MISSION WORK IN CHINA,
UNDER 10 YEARS.

凤凰山的修道院
THE MONASTERY ON THE PHOENIX MOUNTAIN

上海附近有一座山叫佘山，与凤凰山毗邻。佘是一个人的姓氏，佘山就是为纪念他而得名的。山上有一座修道院，名叫圣母堂。

上海佘山罗马天主教建筑圣母堂
THE SHEN-MU T'AN, HALL OF THE HOLY MOTHER;
ROMAN CATHOLIC CATHEDRAL, SHEI-SHAN

上海英国租界内的纪念十字架
MONUMENTAL CROSS, IN THE BRITISH CONSULAR GROUNDS, SHANGHAI

上海英国租界内的纪念十字架

MONUMENTAL CROSS, IN THE BRITISH CONSULAR GROUNDS, SHANGHAI

位于上海英国租界内的纪念十字架，主要纪念以下在华逝世人员：

威廉·德·诺曼（William De Normann），生于1832年8月28日，去世于1860年10月5日。

罗伯特·伯恩·安德森（Robert Burn Anderson），费恩与普罗宾骑兵师中尉和副官，生于1833年10月14日，去世于1860年9月27日。

托马斯·威尔逊·鲍勃（Thomas Wilson Bowlby），《泰晤士报》特约记者，生于1818年6月7日，去世于1860年9月25日。

路加·布拉巴宗（Luke Brabazon），英国皇家炮兵队（Royal Artillery）队长，约去世于1860年9月19日，享年28岁。

约翰·菲普斯（John Phipps），第一骑兵警卫队（Dragoon Guards）列兵，生于1833年，去世于1860年9月18日。

卜罗德铜像
THE STATUE OF PROTET

上海市政厅前的卜罗德铜像
STATUE OF PROTET,
IN FRONT OF THE FRENCH MUNICIPAL HALL. SHANGHAI

关于已故的卜罗德的事迹，我们已经在之前的文章中介绍过。上海的卜罗德铜像是花岗岩基座，四周刻有碑文。

第三巻
1877年
7—12月

Vol.3

1877 7月

JULY

宜昌之旅
THE WAY TO ICHANG

> 我不停地旅行，旅行，旅行。但是杰克先生，我还是想对你说，比起在城里和最漂亮的姑娘一起逗猫遛狗，我更愿意和你在这里领略大自然的魅力。
>
> ——《两个旅行者》

3月15日，周四。清晨，美利坚的蒸汽轮船"莫诺卡西"号（Monocacy）从汉口进入扬子江，向着宜昌前进。汉口是外国人在清朝内陆最重要的贸易市场，距上海仅600英里，其商业发展深受上海港影响。自1861年开埠通商以来，汉口港已经成为商业船队水上航线的终点。宜昌位于汉口上游355英里，距离大海将近1000英里，是湖北省的一座重要城市。根据最近签署的《中英烟台条约》，宜昌港也成了对外通商口岸。

沿着大江向清朝心脏深处进发的航行非常有吸引力。这是欣赏变幻绮丽的陆上风光、研究这个有趣民族风土人情的良机。我相信我们还需要进一步了解清朝人。但本文只简要叙述前往新开埠的宜昌港的旅程。而且，因为轮船航行速度太快，我们很难体验到"人在画中游"的感觉。抵达目的地之后，这一旅程才算完成。

离开汉口之后，轮船沿着扬子江航道行进了150英里，途经的都是些单调的平原乡村。然后，我们抵达清朝最大的湖泊——洞庭湖与扬子江的交汇处。这里地势低洼，让人兴味索然。而且夏季泛滥的洪水经常给这里带来毁灭性的打击。从洞庭湖到石首（Shi-show）的旅途中，远处约1500英尺高的南岳（Nan-tsuin）山时隐时现。南岳山从石首延伸到了江岸，是近200英里单调的江岸边唯一的山脉，令人感到兴奋。石首，这个城墙环绕的小镇坐落在大江右岸江水急转弯处，依偎在群山之中。一些隐藏在树林深处的庙宇点缀在山巅。真是美妙的景色！

继续前行，航线变得非常曲折。春季水流汹涌、水位较低，严重影响了航行速度。直到夏季6月份，江水会上涨10至20英尺。水量急剧增加，航道容量也会变大。无论宜昌的开埠通商会带来怎样的发展，从贸易的角度来看，一定要采用大功率、吃水浅的特殊汽船（如在美国的大河中航行的那种）。

3月19日，轮船抵达汉口上游250英里处的星期日岛（Sunday Island）。由于江水变浅，船无法继续前进，只好停了下来。经过谨慎测量，发现河道最深处只有7.5英尺。急速下降的水位迫使航程延迟了一个星期。但我们也因此有时间对小岛两岸的河道进行勘察。英国炮艇"茶隼"号（Kestrel）受浅水限制，没能抵达宜昌。

在星期日岛停泊期间，附近的许多村民小心翼翼地登船参观，其中还有几名女性。

3月27日，我们告别"茶隼"号，又一次尝试冲出星期日岛前方的浅滩。最终，船员的力量、决心、灵活的操作以及轮船强大的蒸汽动力使"莫诺卡西"号安全通过浅滩，到达深水区。我们欢欣鼓舞，继续前方的旅程。第二天下午我们抵达沙市（Sha-sze），并在那里停泊了几天。

沙市是扬子江上游第一个重要的港口，距汉口285英里。城镇沿江左岸修建，大约两英里长。这里展现了清朝商业的普遍特点：舢板拥挤在码头装卸货物，身穿各色衣服的本地人无止歇地来来回回，令西方人头晕目眩。来自上游和下游的舢板以沙市为中转站，将货物转运给能适应浅水河道的小船。他们转运的货物包括：鸦片、烟草、药物、丝绸、蜡等。我相信这些货物里还有少量来自四川省的黄金。在航程中，我们看到这个国家的各种资源在扬子江上来回穿梭。在这个国家，广袤的平原得到精心耕种，所有的生活必需品都由土地出产，大米、小麦等粮食作物都被广泛种植，即使在遥远的边疆，帝国内部就可以进行大量的贸易活动。看到这些，我们就不难理解为什么清朝至今还是一个封闭的国家。

离开沙市几英里后，地势变得崎岖不平。周边森林繁茂，风景秀丽，丁香花和果树上的花朵与绿色的叶子交织在一起，美不胜收。暗灰色的古老民居点缀在大地上，它们破旧的山墙呈现出各种奇特的造型。"村民们的祖先"在高地上的土丘中安息。山丘上景色优美，没有教堂，但是有很多佛塔和寺庙，它们外观奇特而花哨，给人留下深刻的印象。沙市上游35英里处的杨家村（Yang-chi），花红柳绿，秀丽多姿，是扬子江上游最美的风景。其正北方有一个大型采矿场，那里在烧制石灰石瓦片。与江边其他的地方相似，工人们十分显眼，舢板和小船聚集在岸边。当我们驶过时，男女老少数百人拥挤在距江水10码以内的地方，注视着我们。

一路上都是这样的乡村，这样富饶的耕地。植被铺满山坡，与江水相接。沿途都是秀美的田园风光，展现了一幅辽阔的画卷。这片广阔的地区无疑是清朝最美的地区之一。它不像北方荒芜的土地和单调的海岸，也不似南方贫瘠的沿海风光。这里处处是美景，这里的景致难以用语言描述。镜头也只能捕捉到其中的一部分。

在杨家村上游12英里处，清江（Chin-kiang）自西汇入扬子江。城墙环绕的宜都（Itu）坐落在两江的交汇处，位于江的右岸。江边没有贸易活动的迹象，宜都城唯一的显著标识是漂亮的庙顶。向西看去，高耸的山峰矗立在江边。一两百英尺高的巨大砂岩构成了江岸，间或出现在长长的山谷中。这里遍地都是农作物。每一道山脊和山坡，只要可以耕作，都种上了绿色的庄稼。直到宜昌，一路上都是这样的风景。在宜昌下游3英里处，一座距离岸边大约1英里的孤立的山峰，有1230英尺高。山顶有一座寺庙，风景令人陶醉。

4月1日上午十一点，轮船停泊在宜昌。

几座金字塔型的高山面向城市，矗立在江对岸。从码头上看过去，这是标志性的风景。山谷内外，目之所及，皆是自然静谧的美景。在宜昌上游约4英里的东岩洞村（Tung-yan-tung）附近，是迷潭（Mi Tan）峡谷。它景色壮美，让人流连忘返。峡谷异常陡峭，足有四五百英尺高。山峰相接处，几乎形成了天然的拱门。在一座山崖上，距崖顶大约100英尺处，悬垂着嶙峋的巨大砂岩。那里的一个大洞穴内，建有一座祭祀仙女的神殿，还有一座充满艺术与自然气息的佛寺。在寺庙前，几百级粗糙的石阶，呈之字形路线沿着陡峭的岩石缝隙蜿蜒而上。寺庙里有四五位僧人，他们在虔诚礼佛之余，也为信徒和游客供应茶水。他们热情地接待了我们，对我们微薄的捐款表示感谢。清朝各地的僧人都能通过接待游客获取部分收入。寺庙经常接待香客，为他们留出了宽敞的客房。一个巨大的金属香炉摆放在一间茶室旁，外部铸有奇异的纹饰。香客们从僧人那里购得纸钱，在香炉中烧掉。

由砂岩和砾岩构成的巨大的天然石柱将洞穴分出两个入口。这个洞穴的周长大概有160英尺。进入洞穴后，我们沿六级台阶向下前往洞穴内部，并逐步下降到一个约30英尺高的穹顶下面。室内昏暗的光线带来奇妙的感觉。面对入口，一座神龛供奉在一个四五英尺高的基座上，里面是神像和香火。周围的壁龛里、基座上，是火神、水神和风神等神灵的彩色木质雕像。其中，有些神像大概有5英尺高，形态各异。洞穴里面到处都有文字——洞壁上、穹顶上、柱子上都有。也许汉学家们会对这些感兴趣。入口的一侧有一块巨大而光滑的石板，另一侧悬挂着一口大钟。僧人说这口钟已有上千年的历史了。

因其自然构造和独特位置，这个洞穴被视为风水宝地。但赋予此地美景的，并不是华丽的寺庙，而是高耸的山峰和深邃的峡谷，它们让这里雄奇壮美。上帝完美地创造了这里。如果去掉它们，那这里将只剩下艳俗。在附近和远处，在层层的山坡上，在大山之巅，在峡谷深处，自然风景丰富多彩。从山峰上放眼四望，壮丽景色尽收眼底。小麦、稻谷、豆子和果树填满了所有的土地。简朴的民居掩映于葱茏的枝叶间。崇山峻岭之间，一条深深的峡谷蜿蜒向西，那是扬子江通往四川的航道。东方大地连绵起伏，南北方则是富饶的乡村，山长水远，气象万千。

在宜昌上游，我们参观了当地的一家铸造厂，了解了清朝的铸铁方法。铁在瓶子形状的熔炉里熔化。熔炉由耐火的黏土和石头制成，一次大约可以熔炼 100 斤铁。一个内膛直径 2 英尺、长 6 英尺的圆柱体装置制造出强劲的气流，从熔炉侧面的两个开口处穿过。这种圆柱体装置内有类似活塞装置的连杆和空气阀，由人工推拉连杆，带动空气阀，产生气流。这种装置和欧美使用的相似，虽然颇为简陋，但很实用。尽管铸铁过程比较粗糙，但铸造件经检测都经久耐用。

如果有人记录下了驯化、利用野生动物的诸多方法，那么对于完美驯服家养动物，就几乎不会感到惊讶了。在宜昌的江边，一只拴在渔船上的水獭潜入水中，捕食猎物并叼回船上，令我大开眼界。

宜昌正式的开埠时间是 4 月 5 日。美国海军指挥官法伊夫（Fyffe）和夏普德（Shepard）司令，以及"莫诺卡西"号的指挥官访问了口岸，和宜昌道台及其他当地官员举行了会晤。上午十一点四十五分，美国国旗在新建成的领事馆上空升起。这是迄今为止第一面在清朝腹地升起的外国国旗。当旗子上升到旗杆顶点时，"莫诺卡西"号鸣响礼炮，乐队在岸边奏响了美国国歌《星条旗》。

口岸正式开放之后，数百名百姓获准参观舰船。连续多日，甲板上都非常拥挤。这些参观者看起来都很体面，他们对所看到的每样东西都十分好奇，尤为关注我们的大炮和机器设备。我们以为当地人普遍厌恶外国人，料想宜昌开埠时会有很多麻烦，然而这里的人们非常友好，相安无事。在已经开放的其他口岸，清朝人已经适应了西方的外来者，宜昌人应该也是如此。

湖北省宜昌市位于北纬 30°42'，东经 111°30'，坐落于扬子江左岸，距宜昌峡谷约有 10 到 15 英里。从下游溯流而上，湍急的水流使现有的蒸汽轮船只能航行到这里。清朝的城市在建造过程中不讲究建筑之美，宜昌也不例外。这是一个人口众多的大城市，在商业上占有重要地位，与四川、湖南和其他省份都有贸易往来，每天有数百艘舢板簇拥在港口。这里进口的商品有羽纱、布料、海草、苏木，以及派翠西（Patrici）、马尔瓦（Malwa）、四川和云南的鸦片等；主要出口当地的药品、树脂、丝绸、烟草、木蜡、小麦、粟米、大米和各种水果等。

宜昌开埠能够给外国人带来多少好处，现在还是个未知数。未来的管理者——时间，将会给出答案。构建一条穿越清朝抵达印度的和平之路，也许是我们最为期待的结果。可以确定的是，清朝必将发展，将为有开拓精神的外国人、清朝人带来新的天地。现在西方已与这个国家的腹地相连通，外国人能否与当地商人展开竞争，我们拭目以待。至今为止，对外来货物的税收、当地行会的掠夺、官员的贪婪和妒忌等，都对进口贸易造成了严重的不利影响。即便如此，领事馆的报告中断言，外国与清朝的贸易量正在增加。但是，竞争精神必然导致官方对本地商业船队的保护。外国人是否还将引入蒸汽机及必要的配套设施，应用于清朝的采矿和纺织业？外国商人对清朝内地市场终会造成一定的影响，将来是否会在清朝已经开放的最先进的港口开办制造业工厂？现在思考这些，是否杞人忧天？

G.

清朝

CHINA

很多读者认为，清朝是一个衰落的民族，既愚昧又贫穷。我们相信韦廉臣博士带来的清朝的真实情况会让这些读者感到惊讶。韦廉臣博士长期居住在清朝，对当地人很熟悉，是清朝研究的权威人士。每一个和清朝人交往过的外国人，都会赞同韦廉臣博士关于他们民族命运的结论。清朝人稳重、守法、勤奋、知足、吃苦耐劳、充满智慧，是世界上最好的拓荒者。遗憾的是，尽管清朝地大物博，但是清朝政府却无法有效利用大部分资源，只是去做开矿或是与之类似的简单劳动。

关于这片土地的方方面面

如果我有十天时间，也有精力日夜不停地讲话，我希望可以向你们宣讲在清朝所经历的一切。但是现在我只有半个小时的时间，我十分困惑应当如何与你们分享。值得欣慰的是，你们都或多或少对这片土地有所了解，或许其中有一些人更甚于我。因此，我演讲的主题很明确，不做描述，也不进行数字统计，仅仅是分享一些建议。

因此，我不会介绍细节，只是向各位展示一些事实和可供思考的话题。希望我的演讲能够进入你们的心里，而不仅仅是进入你们的脑中。希望我们熟知的伟大神迹，能深入我们的内心，唤醒我们的热情，让我们再度奉献全新的自己，投身于这项最为明智的事工。

有时我会把清朝看作一个有一千条边的多边形。当然这个比喻毫不夸张。因为在这片土地上值得我们关注的方面数不胜数，它的每一点都值得我们认真研究、详细阐述。但是今天，我的讲演仅仅关注两三个方面。

一、这片土地的地理情况

清朝的每一个省几乎都跟大不列颠一样大，所以清朝大概有 18 个大不列颠排起来那么大，再加上蒙古、东北、西藏等边疆地区，清朝皇帝的朱笔统治了一片比欧洲还要多出三分之一的土地。不仅如此，从热带到寒带，从海平面到雪线，清朝拥有不同海拔、形态各异的土地。而且这些土地上能出产从日常所需到奢侈品的一切物品。恐怕在这片土地上，没有哪种动植物找不到适宜自己生存的地方。

不过跟帝国丰富的矿产资源比起来，土地的出产反倒不值一提。在其他地方我对这个话题有过详细的描述，所以在这里只是简要提一下。

不只是在清朝的某些地区，而是在每个省份，各种各样的矿产真的都很丰富。为了更直观地说明，我们以煤矿为例。根据 1851 年世界博览会的官方记录，整个欧洲的煤田共计 20720 平方英里。而清朝的煤田估计有 419000 平方英里，是欧洲的 20 多倍。与煤矿的情况类似的还有各种各样的铁矿，这些都值得大书特书。煤矿和铁矿是地球上重要的矿物资源。如果在其他方面都一样，煤铁储量更丰富的国家在国际上将占有更重要的地位。所以显而易见，清朝的未来十分光明。

关于清朝的土地和资源的概况，我就讲这么多。可能人们认为还需要考虑其他更重要的因素。比如，土地是否衰竭？农村是否贫瘠？人口是否减少，素质是否下降？在这些方面，清朝有什么特点？

关于这个问题，我们的回答是，在整个东半球，无论如何，这片土地的多元化和富饶是无法比拟的，甚至难以企及。而且随着时间的推移，随着人们的耕耘，这块土地会更加富饶。在未来的清朝，我们看到了贸易无限的可能性。这为我们揭示了最首要的方面。所以即便现在清朝的很多方面都令人很失望，但我们仍能找到坚持下去的勇气。

因此，随着清朝人农业和园艺等技艺的提升，加上更为先进的器械的运用，清朝在各个方面都会更加进步。只看至今几乎尚未开采的矿产资源，我们便足以确信，这个国家命运的朝阳才刚刚开始升起。这些丰富的矿物储备不是平白无故地留到现在的。我认为，它们清楚地表露了上帝的安排。因为除了美国西部的几个州外，世界上没有哪个地方可以与清朝相媲美。所以我相信，未来的两个强国会是美国和这片神州大地。

清朝人的品质中有一个特点，尽管不经常被人提及，但是现在应该引起我们关注。我指的是，他们是东方强大的拓荒者。

众所周知，在陆地和海洋，有大量的土地荒无人烟，保持着原始状态，栖息着各种野生动物。如安南、柬埔寨、暹罗、缅甸、苏门答腊、爪哇、菲律宾群岛、帝汶、婆罗洲[1]、西里伯斯[2]、巴布亚、三明治群岛[3]等上百万平方英里的地区。这些地区的面积加起来几乎与地球上最大的洲面积一样大，但至今仍被密林覆盖。因为当地人都懒散无能。而欧洲人也适应不了这种不利于健康的气候。唯有清朝人能在这样的荒蛮之地保持健康和活力。我们的自然学家几乎未曾探访过这些海域，哪怕只是其中一个小岛。而清朝人早已遍布其中。每年都有数以千计的清朝人来到这些地区，而且他们的侨居地在不断扩张。清朝是世界上最古老的国家，其历史可以向前追溯四千多年。这个国家根深叶茂，文明悠久，影响深远。清朝古老而博大的文化，与她的国民一样充满力量。历经数千年的发展，清朝人已经形成了一些根深蒂固的观念和判断。他们认为那些信念过去一直盛行，维护了他们的国家，将来同样可以。

清朝各地有很多人识字。所以他们可能会反过来利用我们的武器来对付我们——报纸对报纸，文化对文化。当想到这些和我们面对的种种不利时，我们不禁高喊："谁能胜任这项艰巨的任务呢？"然而在清朝，他们只有一种书面语。一本用简单而优美的书面语言写成的书，不只学者能看懂，十八个省的众多店主和商人都能看懂。而且在清朝的东北、蒙古、西藏地区，朝鲜半岛、日本、柬埔寨、海中的小岛，以及有中国人居住的任何地方，所有受教育的清朝人都可以看懂。所以我们不用耗费精力学习清朝众多的方言。

二、清朝人的思想层面

我无须再过多地阐述清朝人的优点——他们的耐心、不屈不挠、心灵手巧、观察能力、运用能力和忍耐力。我更无须告诉你们，他们当中掌握我们的先进科学和艺术的人不在少数。众所周知，他们的智力足以胜任一切工作。所以，我们工作的范围很广，很艰辛。在所有关键的方面，他们都与我们不相上下。在外交、商业及其他很多方面，他们都证实了这一点。不过从另一个角度来说，这也给了我们希望。我们将要交往的不是一个愚笨、鲁莽的民族，而是一个机敏、好学的民族。他们乐于研究摆在他们面前的一切，准

---

[1] 加里曼丹岛也译作婆罗洲。——译者注
[2] 西里伯斯为苏拉维西岛的旧名。——译者注
[3] 三明治群岛是夏威夷群岛的旧称。——译者注

备接受西方最高等的教育并利用这一切。他们不像我们设想的那样沉湎于过去，他们尊重历史。清朝人随时可以接受一切能帮助他们省力、节约材料、提升地位的先进技术。他们与日本人一样已经准备好接受这一切。如果任他们自由发展的话，日本将被远远甩在后面。

不过清朝政府的僵化是发展的不利因素。他们与我们一样，也拥有人类的所有优秀品质。因此我们有充足的理由相信，这样的一天终将到来。那时，他们残破的道路会变成壮丽的高速公路；他们富饶的土地将得到系统的灌溉，产出更多、更优质的作物；他们粗糙的工具将被高效的机械设备所取代。尽管现在他们的劳动强度比牲畜还要大，肌肉和心灵被束缚于土地上。但是将来，他们会被蒸汽动力所解救，自由地享受工作。那时铁路将遍布整个国家，局部的饥荒将不复存在，电话干线将连通南北，电灯将点亮每一个城市和村庄，清朝将真正被其他国家所接受。我期盼清朝有一个光辉的未来，期待清朝人与盎格鲁-撒克逊人一起，推进世界的发展。

接下来，根据我们预计的工作情况，来谈谈我们的精神层面。

什么笔能书写这个话题呢？即便大天使倾尽全力也难以做到。尽管世人嘲笑这一方面，但如果你们不感谢我在会议的一开始就把你们的注意力吸引至此的话，我就看错你们了。这是我们应该思考的最庄严、最令人振奋的话题。人的灵魂是大底下最奇妙的东西。有人说，一个人的灵魂抵得过世界上的一切。有人说这是感情用事，但事实并非如此，这是最高、最不容置疑的真理。我们越了解人的奇特潜力，就越能深刻体会到这句话的正确性。我们惯于讲自己的才能有限，可这是错误的，人有无限的潜力。利用望远镜，视觉能力可以拓展百倍千倍，听觉及其他能力也是如此。工具有限，智慧无限。随着智力的不断发展，我们几乎可以做到一切事情。我们参透了自然的奥秘，知晓了事物是如何构成的。只要能够把材料放到一起，我们几乎可以造出一个世界或一个体系。目前为止，人类的智慧已经足够完成这些。当今，许多数学家可以解决一些不同寻常的问题。阿基米德曾经说过，如果有一个支点和一条足够长的杠杆，他可以撬起地球。而伟大的哲学家叙拉古走得更远。人类的智慧几乎没有界限，它只受限于物质环境。

不过这不是全部。在这方面还有一个特征，极大地增加了人类难以言表的重要性。这些多样、神秘的能力不是静止的、退化的，而是不断进步的。我们学得越多，就越懂得如何学到更多。我们经历得越多，进行的研究越多，我们的经验也就越多，也就更有能力胜任更重大的工作。我们敏感的天性也是如此，每个事实或思想都会伴有喜怒哀乐的情感。我们的知识面越广，就越快乐。而这种知识面的拓宽和加深将一直进行下去！

此时，我们面对的是一个拥有各种未开发的资源和无限潜力的国家。这里人口众多，占世界总人口的三分之一。这是一个体魄强健、充满耐心和顽强毅力的民族，他们注定要统治整个东方和海中的岛屿。他们各方面的才能都与我们相当。它刚刚觉醒，就像一个刚睡醒的巨人一样，摇晃着陈旧的锁链，揉着惺忪的眼睛，审视他的处境，感到一定要有所行动，却不知道该怎么做。他们从消逝的过去中站起，环顾四周，寻求出路。

这是这次会议的一个重要主题——深思这个国家的地位和前景。在对敌国特点、军队实力、应对战术等问题进行仔细研究之前，没有哪支军队会挑起战争。这需要各个小组承担适当的工作，每个人都分派到擅长的岗位上。这是在进行事工之前最重要的工作。这样，我们的所有力量才能得到充分利用。

在这场微妙的"战争"中，我们是否可以擅自行动，每个人只顾自己，不事先商议，也不达成共识？我们最庄严明确的职责难道不是深思熟虑、联合一致吗？我们不能擅自行动，也不能因为小小的分歧而影响做事。分裂是罪恶的，分裂是软弱的，分裂是愚蠢的。

借着在这里一起开会的机会，我们赞同这一原则。唉！这一原则被忽略了太久！所以，兄弟们，让我们尽可能地放下一切私欲和偏见，联合起来，合而为一。这能带来力量，使个体变成军队，让软弱的个体成为不可战胜的阵列。

至现在为止，我们已经浪费了太多力量。很多人都不知道其他人在做什么！两三个人做同一件事，或许还不如一个人做得好。关键岗位承担着重要职责，很多任职人员空有一腔热血却没有与岗位相匹配的才能。简而言之，我们的行动还不一致，分工还不合理。我们的力量还很弱小，绝不能浪费一点一滴。

让我们在这次会议中认真分析全局，重新估算、审视我们的工作，尽量避免互相抨击。让我们重整阵容，为每个人都找到最适合的岗位，让每个人去做他最擅长的工作。

华尔、白齐文及常胜军传（三）

MEMOIR OF WARD, AND BURGEVINE, AND OF THE EVER-CONQUERING LEGION

为了接下来更好地介绍与常胜军相关的人物和地点，两名女士的经历需要在这里简要描述一下。

在这一历史事件发生前不久，一个叫巴纳姆（Barnum）的清朝人将两名年轻美丽的女子带到了上海。她们小时候就因为容貌出众而被人买下。她们聪明伶俐，所以被培养用于公开表演。其中一位女子非常敏捷，成了熟练的杂技演员。她还精通剑术、走秀和弹吉他。而另一位则很机智，倾向于文学。她学的是猜谜、出口成章、幽默巧辩的才艺。她们去过很多城市，前者吸引平民，后者则吸引上流社会。她们的主人从这一投资中得到了丰厚的回馈。但对主人而言，她们太过聪明，甚至威胁到他自身的地位。就像他或许可以背负牛轭，但背负石柱对他来说就太难了，所以他把她们卖了。

前一位女子卖了 3000 两。买家是个地方官，因为这一身份，他才能以便宜的价钱将她买下。后一位女子则卖得更贵。因为她的买家泰记很富有，后来她成为常胜军的财务代理。这位女子被外国人称为"泰记夫人"。后来，令清朝总督、内阁大臣与外国公使、将军产生分歧的"小小的变故"与她有很大关系。这两名女子要独立自主的决心，对这位商人而言是不可容忍的，却得到了新主人的极力称赞。前一位女子成了马新贻（Léo）的妾，我们称她为马夫人。她的生活与她的才能十分一致，她承担主人侍从的角色。她的主人虽然是个文官，却有军人的头脑，参加了上海当地大大小小的所有战争。在他跟随华尔追剿太平军时，这位女子总是扮成男人，全副武装地骑马作战。马新贻并不经常与他那些外国战友和伙伴共同作战。他有时会凭自己的力量四处征战，当他获胜时，陪伴在身边的总是那位英勇又忠诚的妾。

某天的报纸上提到了一名骑马跑在一队法国士兵前面的女子。人们以为她是个法国女子，但实际上是地方官马新贻的夫人在跟外国人一起侦查。没有比当地百姓请求连任更能证明一个地方官的公义和热忱了，上海人将这种荣誉给了马新贻先生三次。他也因此被提拔为安徽布政使并参加了苏州的杀降行动，也正是这个职位导致他后来丧命。

除了那些被诱降投诚却被处死的太平军将领之外，还有四名太平军将领曾跟马新贻议降。马新贻承诺给予他们道台的职位。四名太平军将领兑现承诺后，留在城里等待任命。马新贻请他们赴宴，在宴席快要结束时，他突然发出讯号让士兵进入抓人。三名受骗的将领被冲进来的士兵杀死了，而第四位却翻墙逃走了。

几年之后，成了总督的马新贻和家人在众多亲兵的保护下，一起护送母亲的遗体返回湖南老家。在途中，他们遇到了一支捻军。经过一番交战，他和他的家人都被杀死了，包括他那位漂亮的小妾。有人说马新贻是自杀。这支捻军的首领正是在马新贻总督宴席上逃走的那名太平军将领。自逃走以后，他就一直筹划着杀掉这名背信弃义的官员。[1]

占领嘉定之后，个别太平军士兵抢掠扬子江上的货物。在嘉定与扬子江相交汇的小河口处，太平军建立了一座坚固的堡垒。这个地方却成了外国河盗们的集结点。[2] 这些河盗都是外国人。他们不分敌我，抢掠清军、太平军及外国人，威胁所有人。

为了攻克这里，华尔组织了一支远征队。他向泰记租了四条小蒸汽船。其中两条是他们共有的，价钱双方都很满意。虽然堡垒很坚固，而且充足的补给使得在堡垒中防守的太平军可以持续抵抗。但是，当华尔登陆并发起进攻的时候，太平军却撤回了嘉定。尽管有记录表明，在这次战役中华尔抓获了700名太平军，将他们交给了清朝官员处决，但这并不准确。

现在，我们来讲述被派遣至宁波的常胜军分队的事迹。他们由莫顿（Morton）少校带领，应丢乐德克（Roderick Dew）舰长的要求前往宁波。丢乐德克舰长曾收复浙江省，与法军一起从太平军手中攻下了宁波，他希望华尔能派一部分军队前来驻守。

不幸的是，华尔不在的时候，他的军队无法胜任这项职责。因为他们禁不住诱惑，掠夺他们本该保护的人民。清朝士兵即便经过训练，也很难改掉这一习惯。最后，他们的外国长官不得不想办法抵制这一恶习。

那些听命于外国指挥官、训练有素的士兵们都是这样一种境况，可想而知，那些普通百姓的生活该是多么悲惨。清朝军人并非缺乏军纪训练，曾国藩曾制定《劝诫营官四条》[3]。他以清朝人的视角看待这一问题，值得仔细研读。接替他的李鸿章称赞他为"旷世难逢之人"。

---

［1］与史实不符。马新贻是在回两江总督署衙时遭捻军张汶祥行刺而亡。——译者注
［2］清朝的这一地区引入的一种新的处罚犯罪的刑罚——一种新的环首死刑，就是源自其中的西班牙人，下文将有详细描述。
［3］以下引自曾国藩的《劝诫营官四条》：
一曰禁骚扰以安民。
所恶乎贼首者，以其淫掳焚杀，扰民害民也。所贵乎官兵者，以其救民安民也。若官兵扰害百姓，则与贼匪无殊矣。故带兵之道，以禁止骚扰为第一义。百姓最怕者，惟强掳民夫，强占民房二事。掳夫则行者辛苦，居者愁思；占房则器物毁坏，家口流离。为营官者，先禁此二事，更于淫抢压买等事一一禁止，则造福无穷矣。
二曰戒烟赌以儆惰。
战守乃极劳苦之事，全仗身体强壮，精神完足，方能敬慎不败。洋烟、赌博二者，既费银钱，又耗精神，不能起早，不能守夜，断无不误军事之理。军事最喜朝气，最忌暮气，惰则皆暮气也。洋烟瘾发之人，涕演交流，遍身瘫软；赌博劳夜之人，神魂颠倒，竟日痴迷，全是一种暮气。久骄而不败者，容或有之；久惰则立见败亡矣。故欲保军士常新之气，必自戒烟赌始。

但是，华尔训练清朝士兵的方法非常有效。在宁波的英国和法国军队都照此训练。时任宁波海关税务司的法国人日意格组建了中法混合军，并任统帅。为了确保宁波的安全，他们必须将盘踞在宁波和杭州湾之间的余姚城的2万名太平军赶走。

丢乐德克舰长带领一支部队前去攻打太平军，但他的战舰"恩康脱"号（Encounter）在距余姚城10英里的地方便无法前进了。因此，华尔的500名士兵只好坐在小船里，由"哈迪"号（Hardy）和"恩康脱"号的40名船员拖着前行。而法国人则派出了勒伯勒东参将和400名新训练的清朝士兵，乘坐"康福思"号（Confucius）前往余姚城。

除此之外，宁波的清朝商人还招募了1500名广东勇士。常胜军分队和日意格率领的中法混合军被授予了荣誉称号。

丢乐德克希望让清朝人自己来攻城，而他只需坐镇指挥，给予精神支持。但太平军在桥上给了这些拥护清朝统治的人们一通猛烈的攻击。在六小时的艰苦奋战后，华尔的军队不得不退回船上，共有150名士兵和8名军官死伤。第二天，丢乐德克和他的炮舰以及一帮英国人也参与了战斗。他们要对抗的是8000名经验丰富的太平军。上午，他们被太平军打退了。但通过午后的一次进攻，他们掌控了宁波的"咽喉"。华尔的分队和中法混合军在达耳第福舰长的指挥下，牢牢控制了这里。后来，太平军想重新攻城，最终却被击败了。但是，太平军占领了通往慈溪城的山路。那里的清朝政府官员慌忙逃走了。

在城里，那些粗暴的人开始四处抢掠。唯一能够制止这一暴行的是一位年长的富人——陆先生。在英军攻占宁波时，他因向英军提供军需补给而发了财，并得到了赦免，所以他过得很舒服。虽然由于与外国人来往，他在家乡不怎么受欢迎。不过，在这种危急时刻，人们还是把他视为"救世主"。他去与太平军会谈，稳定城里的秩序，成了当地秩序的管理者。

这时，华尔被派到宁波，指挥在这片战乱之地集结的军队。他接到这个命令时，天已经很晚了。令人惊讶的是，尽管已经将近黄昏，他还是要求军队列队操演。他们演练了不同的阵形，看上去华尔比以往更满意。

"唉！"施密特（Schmidt）上校写到，"这个人不知道这是他最后一次站在他的军队面前了。"他和随从到达宁波之后，马上准备进攻慈溪城。他带着200名士兵乘船向上游前进，受到400名余姚守军的迎接。丢乐德克舰长及其水兵们本应协助华尔，但因为太平军刚刚占领奉化，导致宁波岌岌可危。舰长突然被召回了宁波。进攻慈溪城的战役于9月20日清晨打响。在12磅榴弹炮的掩护下，华尔来到城下。他站在城外距城墙约200码的一条街道上，避到一旁，以便让库克（Cooke）上校带领的突击队通过。他对库克说："你们务必速战速决，否则我们将会失败。他们人数太多了。"他用望远镜观察突击队的进展，但在他们架好云梯之前，他却被敌人打中腹部，被带回了船上。

库克成功地登上了城墙。但太平军作战十分英勇，把他从城中驱逐了出去。库克重整部队，再次发起攻击。这次，太平军极为恐慌，望风而逃。然而常胜军跟其他清军一样，一如既往地在街上抢掠财物，既不顾及这座城市的安危，也不理会任何指挥官的命令。太平军却趁机集结，如果不是库克头脑还算清醒，那太平军就可能转败为胜了。

华尔是由一艘英国炮艇送回宁波的。在那里，他接受了欧文（Irwin R.A.）医生和医学传教士伯驾医生的治疗。他清醒地知道，他受的是致命伤，但他急切地想知道战争的结果，想确定一切是否都安全了。他希望军队将太平军摧毁，竭力劝说同僚们完成这一任务。他给他们下达了许多指令，包括希望死后埋在松江岸边孔庙院里那棵老树下。中弹22小时后，他在昏睡中死去了。

尽管不符合清朝的礼节，但他希望死后埋在至圣先师的庙里的愿望得到了满足。他的遗体于中午前到达，在遗体进城时，所有店铺都关上了门。全体守军都参加了葬礼，官员们在制服袖子上戴上黑绉纱，士兵们在辫子上束着白带，不允许佩戴任何饰物——这是清朝表示哀悼的方式。英国陆军、海军的几位军官也参加了葬礼。海军的一位随军牧师主持葬礼，而炮兵和步兵同时为他举行了鸣枪仪式。最后附上江苏巡抚、淮军统帅李鸿章的悼词：

江苏抚臣李鸿章，同治元年闰八月初六日，请恤……副将华尔，系美国部落纽约人，前充该国武弁。咸丰十年来游中土，经吴煦雇令管带印度兵，随攻嘉定、太仓，并两次克复松江府城。屡攻青浦，身先士卒，迭受重伤。旋因奉旨撤印度兵，华尔赴道具禀，愿隶中国臣民。吴煦因留令管带常胜军，协守松江。本年正月，率五百人破贼十余万于松江之迎禧浜、天马山等处。以少胜多，功绩最奇，复邀同英、法二国兵攻毁高桥、萧塘、周浦、南桥、柘林、王家寺、龙珠庵等处贼垒。据吴煦禀称，本年春前，淞沪屡濒于危，而能幸转为安者，华尔之力为多。

迭沐恩施，由四品翎顶加三品顶戴副将衔并以副将补用，一再传旨褒嘉。自臣抵沪受事以来，该副将颇遵调遣，屡次派令会剿金山卫城，进攻刘河逆匪，所向克捷。又奋力克复青浦，并有力图扫荡苏州贼匪之议。似此忠勇性成，例以中华骁将，洵已出色当行；得之外国遗臣，尤属难能可贵。

臣已督令吴煦等为改服中国冠裳，易棺收殓，葬于松江，以全其效命中朝之志。该副将华尔，于松江、宁波战功尤著，此次攻克慈溪，中枪殒命，实属可敬可悯。相应奏恳天恩敕部从优议恤，并于宁波、松江两处建立专祠，以慰忠魂。

除咨明总理衙门外，所有浙贼复陷慈溪，窥伺宁郡，新署道史致谔入城布置，由沪劝集饷银解济，并副将华尔再复慈溪中枪伤亡，恳恩优恤各缘由，理合会同协办大学士两江督臣曾国藩、浙江抚臣左宗棠恭折驰陈，伏乞皇上圣鉴训示。

同治元年闰八月十八日内阁奉上谕：

李鸿章奏副将克复慈溪中枪伤亡，恳请建祠优恤一折。副将华尔以美国部落之人，具禀愿隶中国版图，在上海随同官军进攻嘉定、太仓，克复松江府城，复能破贼于松江之迎禧浜、天马山等处，并会同外国兵弁攻毁高桥等处贼垒。朝廷嘉其战功屡着，叠沛恩施，以副将擢用。兹据李鸿章奏，浙江逆匪窥伺宁波，攻陷慈溪，华尔闻信即管带常胜军进剿，指挥兵勇登城。逆贼从城上放枪，适中华尔胸腕，子从背出，登时晕倒。当经华尔所带常胜军将慈溪城克复。华尔回宁波后，于次日殒命等语。

览奏实深嘉悯，洵属义勇性成，无忝戎行。现经李鸿章已饬吴煦等妥为殓葬，并着于宁波、松江两府建立专祠，仍交部从优议恤，以慰忠魂，而示优异。

蒲安臣向西沃德国务卿汇报了华尔去世、清朝政府抚恤的消息。西沃德回信道：对于清朝皇帝下旨纪念我们这位同胞，总统先生表示诚挚的感谢。你要把这些转达给恭亲王。

麦嘉湖

插图说明
THE ILLUSTRATIONS

本期的几幅图片都与文章中的事件有关，其中两幅图片与华尔有关。《中英混合部队》和《余姚城》两幅图均由沃森少校拍摄。感谢他热情地将底片寄给了我们。

中英混合部队——炮兵
ANGLO-CHINESE CONTINGENT-ARTILLERY

余姚城

THE CITY OF YU-YAO

1877 8月

AUGUST

华尔、白齐文及常胜军传（四）

MEMOIR OF WARD AND BURGEVINE, AND OF THE EVER-CONQUERING LEGION

　　有些外国人援助太平军，为他们补充兵员和战备物资。恭亲王对此很不满，希望蒲安臣注意一则报道。报道称华尔是被一个外国人用外国的来复枪打死的。很多人一度相信了，但慈溪的太平军中似乎没有外国人。而且，从那颗子弹的外形来推断，显然它不是从一支外国来复枪的枪膛里射出的。

　　本刊已经介绍了华尔的葬礼仪式。显然，冯道台知道美国人的仪式，他也是遵照基督教起源时的宗教仪式准备典礼用品的。

　　华尔去世后，他的父亲来到清朝索要他儿子的巨额财产。华尔在这里的账目非常混乱，但可以确认的是他大概有30万两银子，或者给了他的兄弟这么多钱用于购买炮舰。老华尔向泰记竭力争取这笔财产，但他的要求并不被泰记认可。最后，老华尔拿起一把左轮手枪抵住了泰记的脑袋。幸好泰记夫人在场，避免了悲剧的发生。后来，老华尔去了北京，向美国公使提出类似要求，但也未得到满意的答复。当老华尔还在北方的时候，泰记亡故，他的遗孀给了老华尔2000美元，资助他回家。

　　华尔去世后，在宁波的华尔的旧部再次受到来自西南方向的太平军的威胁。这些太平军占领了奉化城，驻扎在城郊的山谷中。500多名常胜军士兵从松江赶来，听命于法尔思德上校。法尔思德来自纽约，跟华尔等人一样，曾在轮船上服役。加入这支队伍后，宁波军队壮大至千人。另外，"恩康脱"号、"斯芬克斯"号（Sphynx）上的海军陆战队士兵和装备有小型武器的士兵也加入了这支队伍。这两艘炮舰由丢乐德克舰长率领，在两艘租来的法国蒸汽船拖曳下前行。

　　法尔思德带着600名配有双枪的士兵到达城市的一侧。同时，丢乐德克和伯桑吉特（Bosanquet）带着3门榴弹炮，占据了与之相对的位置。400名士兵在罗德（Rhode）的指挥下准备突击。海军陆战队士兵和装备有轻型武器的士兵为他们提供支援。当丢乐德克压制住了城墙上的炮火时，突击队开始利用云梯登城，但他们不得不在一阵枪弹的攻击下撤退。这时，英国军队冒着炮火，将云梯架在了城墙上，但他们人数太少，不打算登城。而此时常胜军却袖手旁观。次日清晨，山岭中发现了太平军的增援部队，他们显然不知道宁波的布防力量。于是整个宁波的守军倾巢出动。出乎意料的是，太平军的增援部队很快便被击溃了。当天晚上，太平军撤出了奉化城。

在收复上虞后，大部分常胜军被送回了上海。余下的士兵构成了宁波的一支武装力量——中英混合部队的核心。本文将继续记叙他们的行动，直到浙江东部的太平军被驱逐。

上虞属于绍兴，城内大约有5万名太平军。战争严重干扰了宁波的丝绸贸易。由于钱塘江南部出现了太平军的踪迹，宁波周围方圆30英里的范围内都会受到威胁。因为太平军首领曾与盟军约定，盟军的行动范围被限制在这些城市30英里以内，但后来这个范围扩大了。

在这次征战中，700名受过训练的常胜军士兵参与了战斗。除此之外，还有勒伯勒东司令训练的1000名清朝士兵、3门榴弹炮和2门发射32磅炮弹的大炮及其后备炮兵，在日意格的指挥下加入了战斗。1862年11月，他们从余姚的大本营出发，行军10英里，到达了太平军的营地。在盟军猛烈的炮火下，太平军从一个兵营跑到另一个兵营，边战边退。只用了两天时间，太平军就被赶走了。在这次战役中，盟军缴获了大量物资补给，释放了六七千名囚犯——多半是戴着镣铐、辫子被拴在一起的男人，还有一些当地老百姓和孩子。很多被释放的人脸颊上都刺了字，一边是"太平"，另一边是"天国"。这是因为他们曾试图逃跑，所以被打上了烙印。一旦被发现再次逃跑，他们就会被斩首。

占领上虞后，直到年底，镇江的联军以及被英国人和法国人训练过的清朝士兵，都驻守在那些已经占领的城市。后来，他们沿曹娥江[1]右岸前往磐安。磐安驻守着一支强大的太平军。太平军将他们的侦察部队赶了回来，却遭遇了丢乐德克和勒伯勒东率领的主力部队。经过一场激烈厮杀，联军战胜了太平军。许多人淹死在曹娥庙附近的曹娥江中。

联军驻扎在曹娥庙，准备向绍兴进军。这支混合部队中有英国人、法国人、美国人、德国人、荷兰人、西班牙人、意大利人、葡萄牙人以及黑人，还有受外国人训练的清朝人。

大约2月中旬，联军开始进攻太平军在该省的最后一个据点绍兴。他们从上虞沿曹娥江而下，晚上驻扎在一座著名的佛寺中。这座佛寺以20英尺高的释迦牟尼像而闻名。佛像是在山间岩壁上雕刻出来的。联军士兵四散开来，洗劫了邻近的所有村庄。当士气低落的部队终于抵达江边时，又有500多名士兵进行了第二次洗劫。很多军官将维持纪

---

[1] 曹娥的父亲是一个渔民，在江中淹死了。曹娥非常悲伤，日夜在江边徘徊，希望能找到她挚爱的父亲的遗体。徘徊了九天后，她把一个葫芦扔进河中，祈祷它停留在父亲陈尸的地方。葫芦停下来后，她纵身跳进了洪流之中。三天后，她和父亲的遗体相拥着浮出水面。人们为了纪念她的孝心，建起了一座宏伟的寺庙。庙中有很多壁画和石碑，图文并茂地记录了她短暂的一生。

律抛诸脑后，就像这些士兵一样，抽烟、喝酒、叫喊着分赃。他们到达绍兴城下时，根本无力与训练有素的太平军战斗。

在记录这些人的所作所为的过程中，介绍他们将要攻打的城市中的文物，好像不太恰当。将中国古代皇帝的事迹与西方探险家的手记联系起来，也不太可能。不过，此刻说一点也无妨。

在绍兴，探险者记录了中国历史的史前时期或是远古时期的传说。这里有大禹陵庙，现在由他的第131代传人看护。传说，大禹是黄帝的孙子。黄帝应上天旨意，于公元前2697年即位。五百年后，洪水泛滥，大禹开始治水。公元前2205年，大禹建立了中国第一个朝代夏。夏朝共有17位帝王。大禹的治水伟绩被广为传颂。他发布了有史以来最早的禁酒令，而且纪律严明。曾有一名贵族由于路途艰险，在约定的时间内没有到达绍兴会稽[1]，就被大禹下令处死了。大禹在会稽去世，后人在他的陵墓上建有一座碑亭，被称为禹王碑。禹王碑历史悠久。[2]

禹，姓姒，名文命。姒家的家谱无疑是历史上最为悠久的。但它并不是很准确，中间有很多空缺，后人或许可以将其补充完整。历朝历代都有人宣称是这位伟大君主的后裔。负责编纂家谱的人及其顾问既是主人也是客人，大都带着偏见看待这些记录。麦格基认为大禹及其族人生活在亚美尼亚；金斯密认为这些都是神话传说；湛约翰（Chalmers）同样对其持怀疑态度。一位法国牧师与麦格基意见相左，他认为《以斯帖书》（The Book of Esther）中的故事发生在杭州附近。通过对杭州重要历史人物的调查，我们发现没有人可以与暴君亚哈随鲁（Ahasuerus）或那个迷人的希伯来皇后的形象相对应。通过这个证据可以证明，那位杰出的法国人的理论是不可靠的。

现在我们回到绍兴城下看看"小羊羔们"。

一门68磅的重炮很快就将城墙打开了一个巨大的缺口。联军没有必要使用云梯了。冷静的太平军士兵以猛烈精准的炮火还击。太平军的炮火一直很猛。那些被新晋酒鬼指挥官率领的清朝士兵伤亡惨重。联军有一百多人负伤，包括过半的欧洲人和过半的指挥

---

[1] 今绍兴。——译者注

[2] 笔者有一张禹王碑拓片的照片，本生（Bunsen）说："自埃及罗塞塔石碑（The Egyptian Monument）后，留存至今的遗迹中，这位伟人的碑是最为真实、古老的。"1802年，拿破仑资助夏甲（Hagar）出版了其译文。现在，我们不去探讨其真实性。碑文的内容是大禹的治水功绩。

参见加德纳（C. J. Gardner）刊于《中国评论》上的《禹王碑》、理雅各著《中国经典》（Classics）第三卷第73页，以及麦华陀在《皇家亚细亚学会会刊（1868年）》（N. C. B. Royal Asiatic Society, 1868）上的文章。

官，其中还有两名常胜军军官。买忒勒[1]副将受了重伤。最终，联军不得不停止进攻，被迫撤退，等待宁波的援军和多门32磅的重炮。太平军则紧随其后，这一战很多村庄被烧毁。

德克碑率领援军迅速到来，围困绍兴城。太平军试图向德克碑将军行贿，承诺他如果将部队撤离绍兴城，就给他1万两黄金。在遭到拒绝后，太平军称已经弹尽粮绝，带着所有财物迅速撤离了。太平军一定非常富有，因为加入太平军的外国士兵，每月至少可以获得2000美元的报酬。太平军的那位法国将军每月则能拿到1万美元。目前，联军中只有两名外国士兵加入了太平军。其中一位令我感到非常遗憾，他是常胜军的文书（Historiographer），曾任职于松江司令部。绍兴城内的太平军中外国人很少。因为他们每次只能领到一些预付款，并不能拿到约定的全部报酬。如果不是太平军支付报酬的名声太差，应该会有很多攻打他们的外国士兵加入。在交战过程中，双方士兵之间的关系非常友好。在镇压太平军的十五年中，这种关系很常见。城内的外国人可以出城赌博、饮酒、闲聊，与围剿他们的士兵一同娱乐。当地敌对双方的士兵之间也很友好，通常在一起喝茶。

在告别这座古老的城市之前，我们必须提一下那里的居民。在全国所有的衙门中，担任师爷的几乎都是绍兴人。绍兴还以账房先生而闻名。历史上，绍兴还出了一位美人西施。西施天生丽质、相貌过人。据说，现在那里的女人不漂亮，是因为无与伦比的美人西施耗尽了绍兴的全部灵气。所以，绍兴再也没有美女出生，而那里的女人当然希望西施从未出生过。对于西施自己而言，超凡脱俗的美貌也是个负担。整个自然界，无论生物或非生物，都因为嫉妒她的美貌而回避她。那些骄傲自大的鸟雀们，逃出主人的掌控，在她面前趾高气扬，愚蠢地幻想着与她一争高下，却在看到她的美貌后忘记拍动翅膀，跌落在地。金银鱼（绍兴是这种美丽鱼类的原产地）羞愧于自己的外表与西施相比太过丑陋，潜入深深的水底。当这位不幸的女子在花园中散步时，花瓣立即收拢，不愿在她面前开放。当她在月光下行走时，月亮便躲藏在云层后面。男人们斗胆看她一眼，顿觉惊为天人。容貌普通的女人们都不喜欢她。因为出色的外貌，鲜有女人愿意与她来往。但是，作为一个女人，尽管已经很美了，她还是想变得更美。她想要表现出忧郁的样子，便微微皱眉。结果，这引起了众多女子的效仿。她的竞争者们也开始皱眉，至少想要在这方面与她一决高下。唉！西施已经去世了两千四百年，女人们仍沉迷于皱眉！

---

[1]买忒勒（Tardiff，1824—1863），法国军官，炮兵出身。常捷军统领，勒伯勒东的继任者。——译者注

越王聪明、冷酷、精于算计，在军事和治国方面的才能都与建都苏州的吴王不相上下。他决定利用手中的这个美人，打败吴王。他把西施作为礼物送给了吴王。从吴王接受这个令他神魂颠倒的礼物那一刻起，吴王的精明强干便烟消云散了。从此之后，他再也没有过问过朝政！越王的计谋成功了！

现在古都所在的平原已经被水淹没了。它变成了一座半岛，曹娥江和钱塘江环绕两旁，水道旁建有堤坝。这两条江都有潮汐现象。笔者之前提过，钱塘江大潮蔚为壮观。这个堤坝环绕的地方有一种特有的病——象皮肿。

随着绍兴的陷落，浙江的常胜军也停止了行动。随后，中法混合军攻占了富阳，不久后就被遣散了。由华尔的部队构成的中英混合部队约有百人，仍然留在宁波，受华尔手下的精英指挥官——库克上校的领导。

现在我们将目光转向常胜军的司令部——松江。在白齐文上校接替华尔担任指挥官后，部队迅速走上下坡路。松江的平民与常胜军首领产生了一系列摩擦。

或许，白齐文对全能风水学的反对，是一个外国人在清朝做出的最大胆的举动。他不知道风水在这片土地上有着重要影响，或许即便他知道，也会对其嗤之以鼻。白齐文认为，黄种人只比黑种人高贵一点点。当时，常胜军急需开辟一条连通军营和城外码头的军用道路。如果没有这条路，军队将不得不排成一列纵队，在复杂狭窄的街道中迂回行进。白齐文命人直接凿穿松江城墙，修建了这条路。

在城墙被凿穿后，厄运便接踵而至，蔓延至家家户户。居民们都忍受着苦痛。而白齐文在前几次交战中留下的伤口尚未愈合，他必须服用一些刺激物作为滋补品来增强体质，促使伤口愈合。于是，他在清晨啜饮鸡尾酒，白天伴着白兰地。更加糟糕的是，修建道路的时候严重破坏了风水。显然，一场危机难以避免。

如果白齐文在其他事宜上能够处理得当，风水问题就可以先放在一边。我们不知道当时的清朝人是否怀疑白齐文把自己看作他们的君主。但白齐文的行为举止令他们恐惧，因此他们决定除掉他。除掉白齐文有两种方式：或是公开直接地除掉，或是采取计谋。人们通常会选择后者，并制定一个成熟的计划。除掉一个暴躁易怒的人，给他充足的绳索就够了。因为他会自己了结自己。

白齐文上任三周后，决定于1862年10月上旬夺回嘉定。两个营的步兵携带野战炮、攻城炮，登上了五艘蒸汽船。他们当天便抵达了上海，但来不及抵达苏州湾。白齐文命令部队在船上过夜，否则他们将无法按照约定，在次日清晨与联军会合。如果命令不能得到有力执行，将会妨碍这次的作战计划。但是，命令执行起来并不容易。因为这一天他们没有定量的口粮。而当太阳升起时，士兵们没有吃到早饭。白齐文相信了一个不该相信的纽约军需官。纽约人将生火做饭的职责转交给了一个新泽西人，而这个新泽西人失职了。士兵们一整天都未能吃饭。当士兵们抱怨着要吃饭时，指挥官就让他们保持安静。夜幕降临，补给还没到，士兵们失去了耐心，想要靠岸登陆，却被指挥官阻止了。码头上的这一夜非常悲惨，饥饿的士兵哀号抱怨到很晚。岸边划过来一些舢板，士兵们纷纷逃脱。包括白齐文本人在内的指挥官们想要阻止士兵脱逃，却差点遭到这些士兵们的攻击。幸运的是，在午夜前补给终于送到了。士兵们像饿虎一样冲向载有食物的船只。在争抢过程中有几个人还被淹死了。

这支部队失去了强有力的统帅后，变得混乱不堪。这只是其中一个例子。一位指挥官在讲述这次反叛时说："白齐文不会知人善任，而是经常被他的一些参谋所控制，只任命那些参谋喜欢的人。白齐文比不上华尔。华尔总是独立决策，而白齐文过于信赖下属。如果这些人有能力履行职责，那么也无可厚非。白齐文应当明白，他们并没有与职位相匹配的能力。"

次日清晨，酒足饭饱的常胜军迫不及待地想要去攻打敌人。当天晚上，常胜军抵达南京，安营扎寨。和他们同时作战的还有英国和法国的一些军队、何伯的海军，以及第67军团的海军上尉金思立（Kingsley）所率领的经过训练的清朝士兵。

第二天中午，军队行进至距离嘉定城只有500码时，开始用12磅的重炮轰击城墙。不久，英军和法军也到达战场，做好了攻城准备。进攻的计划是这样的：英军和海军居中，法军居左，白齐文的部队居右。每一部分都有各自的任务，时机一到就可以发动突袭。同时，每隔一段距离，太平军会发射火箭和火球，以探明攻城敌人的位置和工事。

战斗一直进行着。黎明时分，攻城的炮火终于产生了效果，不久便毁掉了城墙。身着红色或蓝色外衣、包着绿色头巾的士兵冲了进去，想成为第一个冲进城的人。登上被炮火毁坏的城墙后，他们才发现，太平军已经连夜撤离，没有留下任何有价值的东西。他们非常气愤，俘虏了大约400名没有力气逃跑的战俘。法军还俘获了大约400名妇女，但遵照白齐文的命令，他们将这些可怜的人放走了。

两天后，法军和英军回到了上海。常胜军的一部分留下来驻守，另一部分在白齐文的带领下，与何伯一起沿不同方向搜索总是遥不可及的太平军。

将刚刚攻占的城池移交给清军驻守后，白齐文再次在松江集结兵力。

副统领法尔思德请了病假。白齐文需要一位受过教育的助手，他手下的少校和上校们都不适合。所以，白齐文任命奥伦（Holland）上校接替法尔思德的职位。有人对这一任命不满，认为来自英国皇家陆军的奥伦上校不足以胜任，但白齐文完全听从他的军事参谋——奥伦上校的意见。在奥伦的带领下，这支部队开始朝着另外一个方向前进。

在军官们看来，这不一定是好事。一些指挥官抱怨道：奥伦上校才是军队的实际统帅，他马上开始根据自己的想法使部队英国化。指挥官们似乎明白了，但白齐文却不明白，不久之后，军队就会习惯这种新的训练方式。军队在训练方面确实不足，这是不可避免的。因为他们大部分时间都在战场上，训练得不到足够的重视。现在奥伦要按照英军的方式重新整顿。他把华尔组建这支部队的时候，穿着统一的美式制服的要求取消了，代之以自己设计的新制服，但他居然没有要求士兵们穿英国皇家海军的红色制服。

尽管奥伦努力把这支部队变成英式的，但他却没有赢得华尔的老部下的好感。与此同时，白齐文的声望正日益消退。过去的常胜军人人平等，除了专业人士与业余人士之间经常有摩擦之外，其他人相处很融洽。士兵们也不习惯在英国"贵族"手下做事。从这个时期开始直到常胜军解散，出现的问题都归咎于"贵族"。而且混合军的指挥官们并不绅士，他们总是低估士兵的个人才能。尽管必须承认，在个人胆量方面，那些即兴演讲的指挥官一直都有着非凡的勇气。这些便是造成军队内部长久不和的原因。

而太平军中出现了一位罕见的真正有才能的将领忠王，正是他中断了常胜军的重组。他是唯一一个为双方考虑的将领，颇有骑士风度。也正是他的供述才让我们知道了常胜军的更多历史，因此我们应该毫无删减地将其表现出来。以下的摘录中提到了前文所述的事情。

我十二年（同治元年，1862年）在（苏）省住有四月之久，然后有巡抚李鸿章到上海接薛巡抚之任，招集洋鬼与我交兵。李巡抚有上海正关，税重钱多，故招鬼兵与我交战。其发兵来破我嘉定、青浦，逼我太仓、昆山等县，告急前来，此正是十二年四五月之间，见势甚大，逼不得已，调选精锐万余人亲领前去。此鬼兵攻城，其力甚足，嘉定、青浦到省一百余里，其攻城尔外无救，五六时辰，其定成功也。其炮太厉害，百发百中，打坏我之城池，打平城池，洋枪炮连响，一踊直入，是以我救不及。

接到警报，当即启兵，救之不及，失去二城。该鬼兵即到太仓，既而攻打，外有汉军而来助其之战。打入城者，鬼把城门。凡见清官兵，不准尔自取一物，大小男女任其带尽，清官兵不敢与言。若尔清朝官兵多言者，不计尔官职大小，乱打不饶。至我天王不肯用鬼兵者，因此之由也。

有一千之鬼，要押制我万之人，何人肯服，故未用他也。

那时鬼兵已至太仓开仗，我亦到来，外有清兵万余众，鬼兵三四千人，清兵自松江、泗泾、青浦、嘉定、宝山、上海连来大小营寨一百余座。

城城俱有鬼兵守把。

我到太仓，当与其见仗，两边立阵迎战，自（辰）至午，胜负未分，两家受伤千余士卒。

次早又立阵于东门，开兵大战，辰至巳，力破鬼阵，当斩数百，追其下水死者千余，当破清营三十余座，得其大炮洋枪不计其数。

次早行军，即追其尾，因其嘉定城中之鬼未得出来。

上海来救之鬼是广东调来之鬼，立即来救嘉定，这城鬼子由南翔而来，当与迎战，两阵并交，连战三日，俱是和战，两家伤二三千人。那时见不得，飞调听王陈炳文带万余众到，当即再与交锋，一战鬼兵大败，又斩千余。其救嘉定未得，其追逃，被我追杀其大半，克复定城，派官把守，即下青浦。又将青浦鬼兵困稳，外又有松江洋鬼及上海再调来救其浦县，用火舟而来解救，此之天意从事，我早架大炮等他，此正火舟来之候，不意我亦开炮打他，初一炮正中其舟，其火舟烧起，其救未由，其浦城鬼兵自行退去，自惊下水而亡数百余鬼子。下路地方，动步皆水，实实难行，有警急之事，错步性命难全，是以鬼兵惊退下水而亡，因此之来由也。

收得青浦之后，顺攻泗泾之营十余个。自泗泾至下到松江以及太仓而来，大小营寨一百三十余营概行攻破。

松江城外之营亦已攻开，独松江一孤城，城内是鬼子所守。次日又有上海来救之鬼，用舟装洋药洋炮千余条而来，经我官兵出队与其迎战，鬼败我胜，将其火药洋炮枪为我所有。那时洋鬼并不敢与我见仗，战其即败。将松江困紧。

事实上，他马上就能攻下那座城市了，却接到了天王命其立即去解救南京的命令。

麦嘉湖

方若望

MONSEIGNEUR VERROLLES

方若望于 1805 年出生于法国卡尔瓦多斯省康城。1830 年他来到清朝。从 1840 年起，他开始在四川传教。在那段时期，他步行巡回传教，从澳门海岸一直到达西藏，期间多次遇险。1840 年，他被教皇任命为哥伦比亚主教，辽东、蒙古代牧主教。他穿过辽阔的清朝，从西部来到了东部。

方若望
MONSEIGNEUR VERROLLES

上海公园中的凤尾兰
YUCCA GLORIOSA,
IN THE PUBLIC GARDEN,
SHANGHAI

上海公园中的凤尾兰

YUCCA GLORIOSA, IN THE PUBLIC GARDEN, SHANGHAI

  这个季节，公园里漂亮的凤尾兰开花了，吸引了很多人。凤尾兰是丝兰属植物，原产自北美洲的弗吉尼亚和北美南部，适应性强，即便在英格兰也可以生机盎然。但我们从未见过比在这里长得更加旺盛的凤尾兰。美洲印第安人用其叶子中的纤维制作布料和绳索。

董先生
MR. TUNG KIOH CHIN

囿于篇幅,本期无法详述这位先生的事迹,在此仅刊登他的照片。他是一位文人,多年来致力于教授外国人汉语。他有150多名外国学生。下期将进行详细介绍。

董先生
MR. TUNG KIOH CHIN

插图说明
THE ILLUSTRATIONS

其他三幅图片也无须做过多说明。永乐皇帝之墓是北京附近众多明代陵墓之一。该照片来自北京的托马斯·查尔德。他拍摄了大量北京及周边有趣的地方的照片。其余两幅照片摄于吴淞的黄浦江入海口。清朝建造的第一条铁路——从江湾镇到上海——极大地促进了当地陆海交通发展。近日清朝政府在其南部约半英里处建造了军营，以保卫扬子江和黄浦江的入海口。

北京永乐皇帝之墓
YUNG LO'S TOMB AT THE MING TOMBS, PEKING

广州的舢板
CANTON JUNKS

吴淞入海口
MOUTH OF THE WOOSUNG CREEK

1877 9月

SEPTEMBER

参观"神像"

A VISIT TO THE "JOSSES"

  1876年10月的《远东》杂志中有三幅关于清朝人一年一度悼念亡灵盛会的插图。上个月,一位朋友参加了在广州会馆举办的祭典,发来了一篇文章。从中我们发现,去年我们拍摄的祭坛、巨人、人群,是最令我们的撰稿人感到震撼的。下文便是这篇描述祭典的文章。

  我们去了苏州河畔的广州会馆,发现这里很值得一去。那里人很多,有男有女,基本上都是清朝人,偶尔也有一些日本人或者欧洲人。我们惊异于清朝人的高度好奇心。他们是一个冷静、富有探究能力的民族。当我们在小记事本上草草记录东西时,他们立即就会探过肩膀来"看看"。当然,这也很正常。虽然很不满,但我们也不能抱怨什么。

  我们看到了几件令我们震撼不已的东西。第一个是哼将(郑伦)。一个清朝人告诉我们,根据传说,他有12英尺高,有一匹日行万里的宝马。巨人像威武凶猛,一手高举着兵器,一手拿着金属盾牌,随时准备将热血倾洒在盾牌上。他巨嘴利牙,双腿直立,脖子上用丝带系着一个袋子。他的宝马外形奇特,即使在清朝也很罕见。马是用带有金粉的彩纸糊的,很像那种舞台上的马。马身上有很多装饰,马鞍和马镫的形状像摩尔人或埃及人的样式。马夫站在一旁,手持缰绳。巨人有12英尺高,而马大概只有4英尺高。我们很难夸赞艺术家们对整体的关注。

  第二个是在房间另一侧的哈将(陈奇)。他也是一位有名的巨人,他的马也能日行万里。我们猜这两个巨人不相上下。

  下一个很吸引我们的地方是一座专供女性祭祀的庙宇。孤独的寡妇在那里祭奠不久前亡故的丈夫,通过烧纸钱以拯救他的灵魂,让他摆脱恶灵和魔鬼的魔爪。管理这里的老绅士穿着黑、白、灰色的衣服,挂着拐杖,令人肃然起敬。祭坛很雄伟,桌案上摆着盛满各式供品的碗碟。这些供品用东方常见的食物做成猪、马、蜥蜴及其他动物的形状。女人们在神的祭坛前虔诚叩拜,祈求神灵保佑自己生下男孩。这样她们将来便可以由儿子们供养,而不用做无家可归的乞丐。

在茶馆里，我们看到一幅由一位香港画家所绘的中国画。这幅画画的不算太差，但远景不太好，并且明暗对比全都错了。在其中一间茶室里，门的两侧和房子中央共有五幅画，其左右两侧各有一个汉语卷轴。我们无法理解其中的意思。另一间茶室里有一幅男子的画像。他面容清秀，脖子上盘着一条蛇，一手拿着权杖，另一只手上提着一篮花。他的右侧画有一只猫，不过看起来更像只豹子，或者南印度的丛林猫。我们不清楚这个人是谁，但显然他在清朝很有名。

广州会馆中的一个房间里有清朝戏园的迷你复制品，它真实地呈现了戏园的内部结构、演员们的姿态和服装。

我们有幸看到了一位清朝贵族在祭坛前跪拜。他的两侧各有一个道士拿着乐器，在仪式过程中有规律地演奏。那个贵族站在祭坛后面，双手捧着条状的如意。参拜者一般把它放在眼前，以免东张西望或分心。他鞠了两三个躬后，接过助手递给他的一个长信封，用祭坛上的烛火将信封点燃。在点燃之前，他还像陀螺一样转了两圈，但我们不知道这样做的原因。道士们的道袍黄黑相间。他们生活清苦，看起来都很憔悴、消瘦。

一位作家曾写道："道教的创立者是老子。它纯属没有价值的迷信。它源于空想，主张退隐而非行动，像佛教一样，认为最优秀的人应退隐山林、远离尘世。"

上一段内容引自《清朝及清朝人素描册》（Sketches of China and Chinese）一书。该书的作者是一位多年前居住在宁波的教士，他还出版了当地艺术家关于中国等级制度的图解。这本书是大约二十年前出版的，那时对清朝人的描述可能和现在有些不同。因为自那时至今，清朝人也稍微进步了一些。

在一个偏僻的隔间里，有个白色的木乃伊。它的两侧是两尊小雕像，一个是黑脸，另一个是白脸。一个当地人主动告诉我，说主神像应该是个清朝官员。这尊神像有长长的头发和胡须，形态就像纸牌里的方块一样。两块大木头从他的耳朵里伸出，就像风车的翼板。他的胸前有一条围巾，手中拿着扇子。这尊神像是用纸和木头做的，令我们想起熟知的盖伊·福克斯[1]。

仪式持续进行了三天。除了笔者之外，应该有更多外国人见过。

---

[1] 盖伊·福克斯（Guy Fawkes，1570—1606），天主教阴谋组织的成员。该组织计划刺杀詹姆士一世和英格兰议会上下两院的所有成员。盖伊负责炸掉上议院，事发后被处死。——译者注

华尔、白齐文及常胜军传（五）

MEMOIR OF WARD AND BURGEVINE, AND OF THE EVER-CONQUERING LEGION

在著名的年轻将领忠王的指挥下，一队太平军重新出现在了青浦。白齐文立刻率领第二营带着一些野战炮和步枪出发了，但接到太平军逼近的第一个信号之后，他们就撤退到作战范围之外了。第二天，他们出现在了保江村（Paukiang），战斗在这里打响。太平军的阵地固若金汤。我们之前介绍过的清朝将领李霭堂，也就是李恒嵩，奉命从侧翼进行包抄。同时，白齐文从船上卸下野战炮，与步兵一同缓慢推进。当他进攻太平军的防线时，李霭堂从太平军的后方发起了攻击。太平军英勇还击，冲出堡垒来到开阔地带，与常胜军短兵相接。他们在年轻英勇的指挥官的带领下，成功地包围了白齐文的部分军队。太平军人数众多，可以从四面八方调兵遣将。有时他们冲锋失败了，也能集合起来重新发起进攻。但常胜军装备精良，很快在战斗中占了上风。太平军开始撤退。在这紧要关头，李霭堂与白齐文的部队会合了，他们彻底包围了太平军。太平军中一位年轻英勇的将领集结部队，发起猛烈地冲锋，想冲出包围，却无济于事。最终，太平军士兵绝望地跳入水中，躲避联军的子弹。

但这位年轻的将领依然英勇不屈。尽管几乎所有的步枪都在朝他开火，但他仍然毫发未损。尽管他身边的人都倒下了，可他依然不放弃，继续寻找旗鼓相当的对手。华尔以前的副官麦卡纳雅接受了挑战，扬鞭策马，向这个年轻的勇士发起进攻。两人用军刀混战在一起。但马尼拉人麦卡纳雅忘了西班牙古老的骑士风度，拔出左轮手枪射中了这位年轻英雄的头部。从此，年轻英雄的马归了麦卡纳雅所有。这匹马装饰华贵，马鞍以黄色绣花的丝绸包裹，马镫由整块的银子制成。太平军士兵见将领被杀，纷纷投降。太平军与常胜军之间的第一场野战至此结束。

白齐文听说印度叛军已经被枪毙了，随后他以同样的方式处置了几百个清朝叛军。后文我们还将探讨战争中的暴行。这个话题很残酷，人们宁愿不予探讨。

保江战役之后，掌管军政的江苏巡抚李鸿章命令常胜军准备远征南京。白齐文发现这对他很不利，想在上海求见巡抚以进行劝谏。在白齐文与巡抚会面过程中，阿查理[1]担任翻译。白齐文非常激动，巡抚则镇定自若。当白齐文提出辞呈时，巡抚毫不犹豫地同意了。这时，阿查理先生插话了。他说，何伯是白齐文的挚友，也是华尔生前的好友。尽管他已经离开清朝了，但在离开之前，他希望阿查理能尽可能地帮助这位常胜军的新首领。于是，阿查理在得到了巡抚的同意后劝说白齐文收回辞呈。白齐文只好回到松江，

---

[1] 阿查理（Chaloner Alabaster，1838—1898），1855年作为见习翻译来华。1857年广州陷落后负责押送两广总督叶名琛到加尔各答。曾担任常胜军戈登的翻译。1869—1891年间，分别在烟台、汕头、上海、广州等地担任副领事、领事。——译者注

继续统领常胜军。

新的衣服、毯子和一切军需用品都分发给了士兵们。储备物资装上了小船，准备运上蒸汽船。尽管清朝官员催促白齐文马上出发，但外国的军事指挥官们仍然认为一支3000人的小部队去攻打防守严密的太平军，是一件很危险的事情。

白齐文命令部队在1863年的第二天将一切准备妥当。一切看起来都井然有序，但是士兵们的军饷已经拖欠两个月了。大多数士兵都有家庭，他们在远征之前得给家人留下一点生活费。白齐文设法筹措军饷，却没有成功，只好告诉他们，在他们从南京回来之后才会发放军饷。士兵们听到这个消息，发动了兵变。他们认为白齐文玩忽职守，因为华尔总是能从官员们那里得到所需的资金。他们在街上张贴公告，声称如果三天之内他们还是没有领到军饷的话，那么所有欧洲人都将性命难保。白齐文试图通过发放定量的口粮进行安抚。但士兵们并不接受，他们只要军饷，他们有权每两个星期领一次军饷。没有了一个月8美元的正常军饷，他们就无法生存。因为他们不住在营房里，他们的口粮都得花钱买。一旦欠账，饭馆将不再卖给他们吃的。现在，他们中已经有很多人不得不卖掉毯子买米。

军官们发现所有安抚士兵的尝试都是徒劳的。士兵们已经做好与太平军作战的准备，不过在此之前，他们宁愿先干掉那些不愿帮助他们的军官。最后，白齐文将部队的4000余名士兵集合起来。他解释道，为了让士兵们在远征之前拿到军饷，他已经想尽一切办法，但都没有成功。不过，他会马上前往上海，继续努力要钱。他还特意说，如果这次还是不成功的话，他就带着他们前往南京之外的地方。这就意味着，他会让他们投奔苏州的太平军。只要能拿到军饷，士兵们愿意跟着他去任何地方。虽然白齐文让士气高涨起来，但士兵们对当地官员非常愤怒，如果没有外国指挥官的调停，或许他们会像公告中威胁的那样把当地官员全部杀掉。

白齐文在保镖的陪同下到了泰记的办公室。泰记像往常一样温和谦恭，他命人将钱装上船运往松江。船装好之后，离开码头前往另一个港口，并在那里靠岸。然后，钱又回到了泰记的金库。白齐文看到钱币装船之后非常满意，深信事情终于解决了，就回到了松江。然而，不久他就发现自己被骗了。他马上带着保镖回到上海，强行把钱抢走了。如果他能证明，松江的官员们已经有了生命危险，而且曾请他以武力从松江的商人和银行家那里获取所需军饷，并且在上海的军饷到位后会将钱还给他们，或许他的抢夺行为就能得到宽恕。可是，被泰记用洋泾浜英语辱骂后，白齐文打了这位官方银行家。这就做得过火了，最终导致他被撤职。

白齐文带着4万两银子回到松江，兑现了对士兵们的诺言，拯救了当地所有清朝官员和外国指挥官的性命。因为如果军饷不能及时发放，士兵们准备在去攻打太平军之前，先把他们杀掉。接着清朝政府发出了白齐文被撤职的通告：

白齐文不遵调遣，劫饷殴官，危及国家，巡抚李鸿章饬撤去其常胜军统领之职。其任期于1863年1月4日终止。

通告中的"不遵调遣"指的是他延迟出发远征南京。英法官方认为，这场远征非常危险，一旦失败将危及上海的安全，因此提出抗议。当白齐文报告他终于要重新启程前往南京时，却被无限延期了。不过清朝皇帝似乎已经得知要对南京发起攻击的消息，他期望很快就能消灭太平军。所以此时放弃远征，李鸿章需要充足的理由，他将责任推到了外国指挥官身上。

白齐文给《北华捷报》写了一封信，为自己辩解。下文是信件的一部分：

买办泰记将钱转走时，我们没有非法侵入，也没有出现骚乱，士兵们只是带着武器静静地站着。我知道在这次行动中我所承担的责任。但松江的情况万分紧急，我这样做情有可原。因为这关系到士兵的军饷、军队的存亡和欧洲指挥官们的生命，容不得仔细斟酌。一抵达松江，我就给士兵们发放了拖欠的军饷。钱已经为军队所用。在这次事件中，我唯一后悔的就是打了泰记。

至于远征南京拖延的问题，如果清朝官员们守信用，提供确保胜利所需的资金的话，远征早就开始了。让没有冬衣的士兵们带着没有弹药的枪炮来到南京的城墙下，这简直是疯了！而且，对于这么庞大的一支部队离开松江，英法两国海陆军官方都提出了抗议。士兵们因军饷迟迟拖延不发而心怀不满。我们也没有大量资金用于购买远征所需的武器、弹药、补给。所以，我下定决心，出发之前一切资金必须到位。在我合理的要求被拒绝之后，远征进一步推迟。船上的所有枪炮和物资还没来得及卸下，清朝官员就紧急调走了租赁的所有蒸汽船。我把事情搞砸了。在这件事上我不打算欺骗清朝政府。但如果不是路上有绊脚石，我确实本应照计划实行。然而，远征的失败，反而成了最令巡抚满意的结果。通过这点可看出，清朝官员们非但不团结一致，反而互相推诿倾轧。所以，对于常胜军的不断壮大，巡抚早就心怀猜忌，公然要将其摧毁；或者使用清朝将领，对其进行绝对控制。

我拒绝让清朝人参与制定作战计划，因此和清朝人之间的误会越来越大。目前，部队处于最佳状态，纪律严明，士兵们都有了衣服和武器。尤其是炮兵部队，无论是士兵还是枪炮都状态良好。

总之，导致这些麻烦的根本原因就是清朝官员们延迟提供所需的资金。

清朝官员将我被撤职的通告刊登在报纸上过于草率，因为我没有收到任何类似的照会。我是被北京的朝廷所委任的，我认为未经皇帝许可当地官员没有权力免去我的统领职位。我只承认自己是暂时停职，除非接到北京的旨令。而且清朝官员在报纸上所刊载的通告言辞过于无礼。这显然是想让公众中伤于我。

白齐文
1863年1月10日，上海

据估计，有4名军官可能成为白齐文的继任者，他们分别是：曾任白齐文的军事秘书和皇家陆军炮兵军医的马格里[1]博士、奥伦上校、在华尔原来的指挥官中等级最高的法尔思德上校、斯特维利（Staveley）司令提名的戈登上校。

清朝官员欣赏马格里，一方面因为他们觉得他是一个好的军事统领，另一方面因为他会说汉语，这样就避免了翻译人员从中介入。军队则支持法尔思德上校，因为外国指挥官和清朝士兵都喜欢他。而且何伯的继任者斯特维利司令曾举荐过他，如果不是他以无力胜任为由谢绝，可能他已担任统领了。

最终，奥伦上校被临时任命为常胜军的统领。但直到法尔思德再次婉拒后，他才接受任命。虽然法尔思德坚决不做统领，但同意仍担任副统领。[2]

迄今为止，我们都没有收到常胜军的消息。不过他们曾致函给道台，下文便是函件的内容：

道台大人：

我们，常胜军中所有在下面签名的军官，被称为"华尔手下遵守纪律的清朝人"，在此诚挚地希望您注意，我们一致同意的以下决议：现在，清朝政府不再允许白齐文将军指挥常胜军，已经任命奥伦上校为统领。我们都乐于在他的带领下效忠于清朝政府，但前提是法尔思德上校必须担任副统领。如果清朝官员们坚持让一位清朝军官与奥伦上校共同指挥，当然他们也有权这样做，但在下面签名的军官绝不认可其职权。传闻，李霭堂将军将与奥伦共同指挥。我们希望有一份书面协议清楚地表明，我们不受清朝军官的直接领导，而只听命于自己的外国指挥官。我们也诚挚地希望阁下注意，提供养老金很有必要。而且养老金要随级别、服役情况及伤情而定。因为我们及所有士兵在效命时随时可能会

---

[1] 马格里，1858年随英军来华，任第99联队军医。1863年加入淮军深得李鸿章赏识。苏州杀降事件中，劝说戈登帮李鸿章平息了此次危机。之后参与创建洋炮局，主持金陵制造局，成为李鸿章创办洋务的得力干将。——译者注

[2] 不久，法尔思德上校便由于健康原因回到了美国。中日即将开战时，他又回来了，效忠于清朝政府。如果不是因为幸运地避免了战争，他一定会得到雇用的。

受伤。我们诚挚地请求，为了军队的利益和名声，军官们急需与朝廷签订书面协议。我们将协议的主要内容呈给道台，请阁下指正：军官们需服役满十二个月；除非通过军事法庭审判，朝廷不能因为其所犯任何罪行解雇任何人。

常胜军所有军官签名
松江，1863年1月12日

其中一些军官承认，选择自己的统领的确很大胆，不过他们声称常胜军身份特殊，需要一位大家都敬佩的统领。他们说，如果"带领部队前往剿灭太平军"，他们"一定会轻松完成任务。但是，这需要花时间再去招募一支部队。或许在此期间，太平军大概已经收复所有失去的城市了"！

在白齐文继任者的任命尚未下达前，清朝将军李霭堂颇有雄心壮志。他的住所前面贴了一张布告，声称李鸿章巡抚已经任命他为统领，呼吁所有士兵都认可他的职权。对此，士兵们一致拒绝。虽然士兵们以前听命于他，认为他是勇敢睿智的军官，但为了表明他们的决心，他们将拒绝集合或驻防。这明确地传达给清朝官员们一个他们应该早已经认识到的信号：常胜军反对清朝官员。士兵们总是遵守欧洲军官们下达的命令，这不利于清朝官员树立威信。事实上，这些士兵们经常自称为外国人。

当这支军队从非专业人士指挥发展到专业人士指挥，已经经历了一百多场战斗。然而，其亲外的倾向，导致清朝军官对其很不信任，决定不允许常胜军发展成华尔设想的2.5万人那样庞大的队伍，以便进行控制。现在，常胜军总计5000余人，即便如此，还是被要求进行缩减。

迄今为止，常胜军有太多不必要的花销。为了有效节省开支，清朝政府设立了一个委员会，旨在考量并汇报他们认为应该进行哪些改革。他们请麦华陀领事和阿查理翻译进行协助。麦华陀在给驻北京的英国公使卜鲁斯的信中写道：

阿查理先生凭借其语言知识及清朝官员对他的信任，似乎慢慢地从本职翻译工作，变成了军队与官员之间的调停者，起着至关重要的作用。

从阿查理先生的报告中可以看出，首先，他要让外国军官们适应斯特维利司令在军队中推行的变革。其次，清朝文武官员的抱怨也应注意。这些都是文官依据军队指挥官所做的猜测。文武官员的职权显然也需要进行界定。还有，军队名册虚报，记录在册的人数远远高于出现在训练场上的人数。委员会在检查仓库时花费的时间过短。尽管军队呈给清朝政府的账单数额巨大，但几乎没有什么可以看的。

李霭堂将军的布告很快就有了下文。尽管他曾夸耀自己精通欧式训练，但他的能力在这次行动中得到了检验——他一败涂地。

现在，常胜军每月的开销是 8 万两银子，虽然被削减了一半，却没有影响其战斗力。比如，蜡烛的花费以前是每月 400 两，现在少了很多。但最重要的是，士兵们在情感上不再排斥清朝人。最后军队规模确定为 3000 名士兵、300 名苦力、100 名船工及少量军官，蒸汽船从 6 艘减至 2 艘，还有 32 艘小船，以及足够的翻译和文书等。

为了防止未来再发生兵变，委员会规定军饷经由海关银行按时发放。之前，常胜军只是一个地方民兵组织，由商业协会和私人捐助维持。他们随时可能停止捐赠，导致常胜军解散。现在，它归江苏巡抚管辖，成为清朝政府的正规军。

至于军官们所提的条件，阿查理在报告中说，他们一直习惯于前进，但还没有学会后退。他表扬这些不同寻常的军官们履行了不同寻常的职责。如果他们受到约束，在下次远征时，很容易溃败。"他们是打破常规的水手，如果循规蹈矩，就不可能应对那么多变故、克服那么多困难。"

1862 年 2 月初，常胜军组织了两支远征军，一支前往太仓，另一支前往福山[1]。就在他们出发之前，松江发生了一场暴乱。清朝官员们秘密逮捕并处死了常胜军中的一些罪犯。愤怒的士兵们攻击了府衙。在清朝官员逃走后，他们便在府衙进行了大肆抢掠。不过，欧洲军官们制止了他们的抢掠。

太仓失利的新闻，已经有了很多报道，此处略述。因为常胜军现在是职业军人，他们被寄予厚望。这支部队有 2000 名步兵、700 名炮兵和 22 门火炮。在进攻太仓时，一阵炮击后，常胜军很快就在城墙上打开了缺口。但太平军一直从城墙内射击，有效地阻击了常胜军。带着步枪和迫击炮的常胜军士兵与军官们，一靠近城墙，非死即伤，炮击逐渐减缓。迫击炮的火力难以持续，炮弹尚未在城墙上打开缺口就失去了效力。而且，在越过护城河的命令下达时，预备好的桥却不见了。清朝官员们曾告诉马新贻将军，河里几乎没有水了。但突击队冲到河岸边，却无法渡过护城河。其他士兵们紧随其后，全部暴露在了太平军猛烈的炮火下。十分钟后，常胜军便撤退了。这次常胜军共有四五百人阵亡，伤者不计其数。

残余的常胜军士兵集合起来，尽可能地靠近大炮。除了两门 32 磅的重炮外，他们全都登上了船。"将军带着第一批大炮出发了，其后是他可怜的英国军官们。"一位德国海军军官写道，他协助库克上校使部队免遭屠戮。实际上，如果常胜军现在的处境被太

---

[1]此处指常熟福山。——译者注

平军侦察到，大概会全军覆没。他说："军队返回时，队伍缓慢地前行，失去了往日的风采。军官们都在思考或讨论着刚刚发生的事情。每个人都认为，是因为统领的指挥不力，才导致他们失去了这么多士兵，才会遭受如此大的损失和失败。往日日落时，军营里士兵们三五成群地坐在火堆旁，或讲故事，或唱歌。今日，与往日开心的军旅生活不同，每个人都躺在床上，回想着刚刚发生的事情。"

成百上千的妇女和孩子聚集在松江城门处，打听他们的当家人。很多人恸哭着回去了。另一支远征军去解救扬子江畔的小城市常熟（Changki），也大败而归。起初，8000名太平军向清朝政府投降。但在清朝政府接手增援前，忠王又率领4万名太平军大部队占领了该城，决心惩处叛徒。

太仓之役后，忠王派了常胜军的一名俘虏劝说驻军撤回，并带着三名外国军官的头颅以彰显其战无不胜。太平军的将领骆国忠（Lo Kwo chang）非常担心自己的脑袋也会跟以前的战友们摆在一起，因此杀掉了很多摇摆不定的手下。两个前来援助太平军的法国人被困在城中，为了加入太平军，他们剃掉了自己的长发留起了跟太平军一样的发型。尽管城中粮食充足，但他们还需要其他食物。清朝的战争就是这样。如果士兵们缺少粮食，可以向市民购买。但这些粮食价格昂贵，尤其是牛肉。但是，他们不能购买弹药，市民们根本没有。在这种情况下，太平军应该很容易就能攻下这座城市，但他们似乎更喜欢将守军围困饿死，尽管他们还卖给守军们粮食。

当常胜军还沉浸在这意想不到的失败中时，军队中发生了一场暴动。这场暴动显示，由外国军官训练的军队并不尊重清朝官员，而对于外国军官则十分顺从。

一天晚上，驻军和所有市民都被街上的叫喊声吵醒了。喊声是士兵们发出的，其中三人被李霭堂将军杀掉了。李将军还鞭打了周围的几个人。这几具尸体躺在训练场上，被附近的流浪狗撕扯吞食。士兵们之所以发动暴动，是因为他们的战友因同一项罪行被惩罚了两次。虽然城里的外国军官已经惩治了犯罪的士兵，并把他们交给长官处置。但第二天一整天，那些尸体就暴露在训练场上，以威慑那群强压怒火的士兵。在下午的训练中，士兵们被命令卸下武器。虽然他们遵从了，但并未就此罢手。不久，他们就冲进了衙门，毁掉了所有能毁掉的东西。他们将在衙门中找到的清朝官员带到了刑场，显然是要在不幸的战友的残躯旁将他们杀死。有些军官静观事态变化。但随后宪兵司令到场，很快就将暴乱平息了。

与此同时，另一队人马发现了巡抚，将他带去了刑场。幸运的是，炮台副官（Fort-Adjutant）及时赶到，将他救了下来。暴动的士兵们已经冲进衙门抢掠，但一看到外国军官赶来，他们就退走了。

当天另一件事的发生，激怒了士兵们。晚上，士兵们俘获了一艘装满枪械的小船。这些武器要被运出城卖给太平军。士兵们花钱买的武器不时被偷走，现在居然发现贼人是清朝武官。因此他们更加反对清朝官员了。就在常胜军离开宁波前往上海之前，宁波也发生了一场类似的事件。当地的官员也一度危在旦夕。

意识到军队的不忠诚，清朝官员们开始找机会削减军队的人员。同时，守卫在周围30英里范围内的联军们很在意常胜军是否能让他们避免不必要的战争。法国人突然接到保护他们新占领的安南土地的命令，就将守卫上海的任务交给了英国人。他们的军队和官员都反对清朝官员裁减常胜军的企图。

马新贻在常胜军的任命一直是临时的。皇家工兵少校戈登此前曾展现出极高的军事才能，依照先前的协议，他于1863年3月26日成为常胜军统领。

戈登的第一个任务是攻下常熟。在常熟附近的福山，常胜军的一支分队在泰普（Tapp）少校的率领下，鼓动两地投降的太平军请求救援。戈登少校带领700名士兵，带着一门12磅的大炮、两门12磅的榴弹炮和一门32磅的大炮，以及包括桥梁在内的所有必需物资，在福山登陆。太平军非常忌惮常胜军，到处放置坚固的障碍物，撤退到炮弹射程之外。泰普已经带领一支人数略多的部队和大炮布阵完毕。炮火很快就破坏了太平军突击队所布的障碍物。这样，前往常熟的道路被扫清了。第二天他们便出发前往常熟。在途中的一座大村庄的外围，他们发现了24具清军的尸体。这些不幸的人是在前一天被烙铁折磨而死，被扔在岸边的一堆垃圾里。在常熟，戈登少校收服的前太平军将领热情地接待了他。他派了800名士兵驻守在此，之后便回到了松江。依照规定，雇佣军攻下一地之后，需移交给清朝政府的军队驻守。因此不久之后，一支清朝军队便接过了驻守的任务。

皇帝得知了戈登的战功，授予了他比华尔更高的军衔。

"即授戈登清朝总兵职，著李鸿章传旨奖恤。常胜军习气太坏，著戈登渐渐约束裁制，以御来寇。钦此。"由于清朝悬赏5万两取白齐文的首级，所以他一直躲在英国炮舰的保护下。在这一危险过去之后，他上岸居住了几个星期，希望北京政府为他平反。最后，他亲自去了北京，受到美国和英国公使的盛情接待。蒲安臣极力支持他进京。蒲安臣在白齐文因伤行动不便时，经常给他读书以排解忧闷。卜鲁斯也极力招待，一方面出于对白齐文的尊敬，另一方面也是因为这位前统领优雅的谈吐和举止。

在白齐文到来之前，恭亲王给蒲安臣写了一封信，告诉他李鸿章的不满，并解释了白齐文被解雇的原因。李鸿章对白齐文的指控有：不遵从命令远征南京，意图在松江抢掠，打了泰记的鼻额和胸膛，导致他吐血不止，抢夺公款。至于军饷，已经付了一部分，余款本该在他们出征南京时立即支付。巡抚最后说："至三品顶戴白齐文既隶中国版图，违反法令，应照中国之法治罪。"在信中，恭亲王简要总结了华尔、白齐文和常胜军的经历。关于以上指控，恭亲王与李鸿章说的一样，白齐文既已加入了清朝国籍，触犯了清朝的法律，应该按照清朝的法律进行逮捕及惩处。他还说，他已经下令将其逮捕并进行审判，请美国驻上海领事协助抓捕。

在回信中，蒲安臣称自己无权干涉清朝事务，也无权扣留白齐文，但他强烈要求对这一事件重新进行调查。他收到了白齐文长达四五十页的报告，并将翻译件寄给了恭亲王。他希望这样一个长期效忠于清朝政府的人能得到支持。他还指出了巡抚与前统领的报告中的矛盾之处。他认为，既然英国有奥斯本（Osborne）在海上担任指挥，常胜军应该由美国人指挥才公平。这并非是与英国人作对。而是因为英国和美国是朋友，在清朝有着共同的利益。这一事件中没有涉及国家利益。因为何伯是第一个推荐白齐文的人，他也支持卜鲁斯。白齐文在抢夺价值1.2万两的走私武器一事上有一些麻烦——这些武器原本属于一个美国人。至于殴打泰记，那是白齐文做的唯一一件错事，而且他已经道过歉了。最后，蒲安臣认为清朝人无权惩处白齐文，只能由美国领事依照美国法律审判。

恭亲王给英国公使也寄了一封类似的信。卜鲁斯回信说，他详细地调查了此事。关于对白齐文的两点指控：未远征南京、抢劫并殴打泰记，他提出异议。关于第一点，奥伦上校有证据证明，清朝人认为白齐文故意拖延，这是误解。由于当时常胜军尚未准备妥当，英国海陆军官一致反对远征，但他们听命于白齐文，白齐文是赞成远征的。遗憾的是正在准备所需的军用物资时，误会产生了。清朝官员们不了解部队需要有充足的弹药和物资才能出兵，他们认为那是在浪费时间。而实际上，这一延误难以避免。

对于第二点，卜鲁斯也有证据证明由于军饷被拖欠，士兵们发动了叛乱。白齐文在泰记的许可下拿走了钱。不过，泰记用极其粗鲁的话辱骂了白齐文，白齐文被惹怒了便打了他，虽然他的举止在整个过程中也确实不光彩。卜鲁斯还高度评价了白齐文的才能，认为他足以胜任统领之职。"他勇敢、诚实、举止文雅，渴望效忠于清朝政府，视清朝为自己的家。"在信的结尾，他还写了很多溢美之词。

在给斯特维利司令的信中，卜鲁斯除高度赞扬白齐文外，还提出了一些支持他的理由。卜鲁斯写道，白齐文是清朝军官阴谋的牺牲品，且由于军队训练有素而遭巡抚嫉妒。"因此，我诚挚地建议清朝政府恢复白齐文常胜军统领的职务。希望您向戈登少校解释一下。这不是在衡量他和白齐文谁的功劳更大，而是遵照外国人为清朝提供服务的政策，无论他们来自哪个国家。"

蒲安臣终于明白，"总之，要做的事情就是让白齐文官复原职，而且不冒犯当地官员"。至于蒲安臣，他应该写一份请求，表明应该让白齐文官复原职；如果白齐文官复原职了，还应尽力使一切进展顺利。至于恭亲王，他应该写封回信，维护李鸿章的自尊心，还应派一名军官与白齐文将军一起，私下向巡抚解释让白齐文官复原职的原因。因此，蒲安臣重新写了一遍他以前所写的内容，并补充说：

白齐文为清朝服务了将近三年。他曾负伤七次，从未因任何差错被指控；参加过上百场战斗，却从无败绩。华尔的常胜军很大程度上是由他组织的。他随常胜军的壮大而成长，知道怎样与士兵们相处。如果没有他，朝廷将遭受失败。事实上，失去他的领导后，常胜军已经惨遭失败。白齐文是清朝人和清朝政府的朋友，只要有幸获允，他希望继续效力。我作为朝廷忠诚的朋友，渴望早日平定叛乱、重建秩序，也了解皇帝陛下对我国的情谊，因此不得不请求恢复白齐文将军常胜军统领之职。我完全明白，白齐文将军所要指挥的这支部队是清朝的部队。皇帝陛下应当知晓其利害。我可以告诉陛下，英国和俄国领事跟我一样，都希望白齐文能官复原职。他们也会跟我一起在不违背条约的前提下支持他及常胜军。我保证，白齐文会尽己所能让一切进展顺利，协助朝廷平定叛乱。尽管恭亲王在回信中语意模糊，但也表示他同意此事。最终，白齐文与一名清朝官员一起回到了上海。

如果那些清朝官员一开始就表明了他们的决定：无论如何都不会启用白齐文。那么很多麻烦都可以避免，至少能让无辜的读者免于阅读如此枯燥的叙述。日报的一名主编祝贺白齐文上诉成功。白齐文不仅恢复了松江常胜军统领的职位，还进入了更高的阶层，足以摆脱上海的官员们了。

在这件事上，李鸿章大人的观点可以从给英国驻上海领事马安（Markham）的信中看出。他写道，他知道朝廷十分关心外国人，还记得皇上对白齐文事件的看法。他知道总理衙门将此事件呈报给了皇上。他本身不愿意偏袒一方而损害另一方，只希望考虑清楚怎样做对军队最为有利、对国家危害最小。他们都很佩服戈登，认为他人无法替代。他责怪白齐文偷偷去美国公使馆，但由于白齐文得到了英国和美国公使的担保，且已经就所犯错误表达了悔恨之意，所以他断然不能毁掉白齐文改正错误的机会。然而，李大人重申了先前对他的指控，总理衙门显然不愿让白齐文重新担任常胜军统领之职，这件事他无法改变。

白齐文回到北京，发现新的指控对他不利。蒲安臣说，这些指控是清朝政府提出的，以掩饰地方官的过错。的确，听说他要官复原职时，不管是外国人还是清朝人，都感到震惊。对白齐文的新指控主要有：他递交的部队军官支持他的申诉书是伪造的，他的陈述全是谎言，他是个贪心不足的恶棍，他欺骗误导了蒲安臣，并使蒲安臣误导了恭亲王。听说他抵达天津后，逮捕他的指令马上就下发了，可能要依据清朝的法律处罚他。

蒲安臣要求查看这些指控的证据。公使大人回答道：他只想了解清朝政府的态度，如果地方官员比朝廷官员更加位高权重，那他一定要见见他们。于是他们说，如果白齐文能去上海，将事情说清楚，他们一定兑现诺言。公使大人对此表示同意。但是他们又改变主意了，说有一个目击者可以与白齐文当面对质。公使大人对此也同意了。但在约定日期之前，他们拒绝让白齐文与那个目击者会面。而这个目击者不是别人，正是前任上海道台薛焕（Sieh）大人。

麦嘉湖

董先生
TUNG KIOH-CHIH

上一期中我们刊载了一位清朝绅士的肖像。他多年来致力于教授外国人学习汉语。遗憾的是，当时我们的篇幅不足以刊载这样一位杰出汉语教师的完整介绍，于是只能先刊载一张照片，并承诺在本期刊载全文。

董先生于道光六年（1826年）出生于南京一个传统的清朝家庭。8岁时，父亲开始教育他。他孜孜不倦地学习了十五年，几乎全部时间都用于钻研本国文学，积淀深厚。这些在清朝备受推崇的圣贤书，可以使人思想中庸、品德高尚，但同时也可能使得他们矜持自负、思想保守。董先生很可能已经受到了正反两方面的影响。但他22岁以后的人生经历在很大程度上使他免遭负面影响。22岁那年，他去北京考举人，在他当官的一个堂兄府上住了五年。后来，他堂兄被任命为湖北道台，他也随同前往。咸丰三年（1853年），太平军攻入南京。于是，他返回家乡，保护母亲及家人一同逃走，将全部家产都留在了南京。来到上海避难的他先是做了一个八品小官，后又决定辞官奉母，全心全意地照顾不愿与他分离的年迈的母亲。于是他在城门外开设了一所学校，招收清朝孩童。然而，这些所得的收入甚是微薄，无法为家人提供舒适的生活。于是他开始为外国人抄书以补贴家用。30 岁时，一些相熟的外国人请他教汉语和文学。他十分犹豫，担心会遭到本国人的反对，会被人说坏话。当他去咨询朋友时，一位朋友说，将孔孟之道教给外国人并不可耻。于是他放下顾虑，接受了之前的请求。这是二十年前的事了，我们不能以现在类似的迟疑来评判他当时的犹豫。自那时起至今，他已经教了 160 多名学生。学生中，有英国人、美国人、德国人，奇怪的是没有一个法国人；有公使、领事、翻译、教师，还有很多商人。

1864 年，他曾在一家英国贸易公司做买办。1872 年，他在英国皇家领事费格森（H.E.J.H. Ferguson）手下担任代笔。他告诉我们，他最优秀的学生有佩雷拉（H. A. Pereira）、纪默理（E·H·Grimani）[1]、巴尔福[2]，他们也是他最好的朋友。但百纳（J. Bryner）是唯一一个汉字写得很好的学生。他生活十分有序，夏天早上六点，他开始拜访学生教授课程，冬天则早上七点开始。教完之后，他就在家中教自己的儿子们。他的一个儿子已经考取了秀才，所以他对这个儿子寄予厚望。

他提供给我们以上信息，他的结束语同样令人动容："儿子们让我感到很幸福。我经常告诉他们，我已经 52 岁了，从未得过、也从未花过一分不义之财。我总是与明智优秀者为友，也总是得自然之趣。希望你们都按我的方法行事。"

在 7 月 28 日的《华洋通闻》上，一篇题为《老师》的文章刊登在头条，作者是他前面提到的最优秀的学生之一。我们相信，作者写作此文时，脑海中一定浮现出了这位先生的样貌。这是最为真实的记载，非常值得保存。我们获准将此文完整转载如下。

老师

在清朝的外国作家们喜欢讨论清朝人奇特而又一致的性格。有人说，你看到一个清朝人，就看到了所有清朝人，他们千篇一律。至少从外表上看，所有的清朝人都长得很像，不会让人觉得陌生。清朝人都有剃光的脑门、辫子、几乎没有毛的黄色皮肤、高颧骨。即便如此，他们在外表和智力上还是有很多细微的区别。买办精明的表情与胖官员冷漠的注视形成鲜明对比；忙碌的经纪人也明显不同于清高孤傲的学者。我们住在外国人聚居区里，只能看到清朝的少数官员和学者。但对于一位清朝文人，我们或多或少都熟悉。他的地位高于那些贪图钱财而与海外商人来往，甚至为其服务的卑鄙小人，但低于那些继承先贤智慧的杰出学者。因为他将如此神圣的语言教授给了"野蛮人"，损害了其清白

---

[1] 海关税务司。——译者注
[2] 1879 年到北京同文馆任教，1881 年返回上海担任《字林西报》主笔。后创办《沪报》，成为上海赫赫有名的英国报人。——译者注

的名声。他就是那位先生。他彬彬有礼，文思敏捷。他的外国学生觉得他拥有很多神秘的学问。但为了每月那一点微薄薪水，他不得不指导学生学习《语言自迩集》[1]。

这位老师在清朝的身份就像印度的语言教师一样，不过也有所不同。印度的语言教师往往是英语学习者，能对初学者在最初几个月中语言学习上遇到的困难进行充分解释。这位老师也有一个教学体系，能很好地掌控教程，给学生适度的作业以应对第二天的课程。这种教学方式跟法国或德国家庭教师一样，但与其他清朝教师的授课方式不同。

事实上，或许我们可以说，因为他不教，所以他是唯一一位遵循"幽暗的树林本不见光彩"原则的老师。他不认识一个英文单词，无法帮助吃力的初学者。初学者只能缓慢、艰难地自学最初几页生词表或对话，发出对老师和学生自己来说都难以听懂的声音。老师费了很大力气和口舌纠正，才能让学生发出接近正确的声音。但在整节课上，乃至整门课程中，关于这一方面，学生都得自学。这位老绅士平静地坐在一旁，泰然自若地饮茶、抽雪茄，对于学生在学业上是否取得了进步，显然完全漠不关心。如果学生天生勤勉，会在学习新内容之前，坚持将难题反复练习二十遍。这位和蔼可亲的老师的眉毛会难以察觉地抬一下，轻声说道："可以。"如果学生懒惰或浅尝辄止，很长时间练习同样的题目还是不断出错，这位老师便会轻声地批评几句："可以。"老师的声调低沉平静。学生在老师批评之后，又开始疯狂地学习。而老师则为自己的尽职尽责感到满意。他也经常回答问题，而所给的答案往往与学生所猜想的一致。这是这位老师的一大特点，但有时会导致翻译出现严重错误。有时老师到学生家时，学生还没起床，这也不会影响到他。他会在火炉旁或阳台上坐下等着，直到上课时间结束，收拾好东西，悄然离去，到下一个学生那里。懒学生从老师这里只能学到这么多。老师绝不会强迫他完成一系列课程，不会强迫他学习汉语。老师只在他认为有必要时，才会变得积极起来。如果学生想要学好基础知识，彻底掌握这门语言，在犯错时坚持让老师惩罚他，那么，老师会教给他很多知识，也会教得很好。但这都取决于学生自己。如果想学有所得，学生必须主动，必须一再追问，让老师明白，每月付给他10美元不是为了与他待在一起。

但我们还是相信，几乎没有人不喜欢这位老先生。他平静而幽默，和善而唠叨，经常不动声色地说："无妨！无妨！"如果在教授过程中出了什么差错，他便无辜地蒙混过关，而且他会讲大量奇闻轶事，不管是老文人还是学习汉语的新生，都会被他吸引住。如果哪天他未登门授课，学生们会觉得少了一位朋友。课程结束后，他会花一个小时，与学生自在友好地聊聊中国古代历史、圣人哲学理论，或是任何突然想起的话题。老师才思

---

[1] 威妥玛著。在当时是学习北京话的权威读本。——译者注

敏捷，话匣子一旦打开，便与课堂上的表现截然不同。这些都令学生们受益匪浅。有时他也会带一个小笔记本，上面写有学生们的名字、一些短小的格言警句，或是他们开始学习的日期。这个小本子是老师最珍爱的东西之一，大概已经用了20多年了。有时他会请假，举办家庭聚会，要么是为了女儿出嫁，要么是给自己过生日，要么是我们听起来很稀奇的过继。老师共有三个儿子，而他的弟弟一个儿子也没有，所以他要把他的一个儿子过继给他的弟弟。此后，这个男孩要叫他父亲为伯伯，而叫他叔叔为父亲。这在家族历史上是一件大事，需要举办一场专门的宴会进行庆祝。

总体而言，老师的生活简单而清苦。他一大早就起床，吃过最简单的早饭后，风雨无阻地去学生家里。但他对这一切很满足。他希望能攒下一点点钱，当他太过老弱而无法授课的时候，便可以退隐到乡下，找一间安静的小屋，每月花12美元左右，安详幸福地度过晚年。他将继续读他热爱的圣贤书，静静地等待天命降临。当大限来临，一座青草覆盖的小丘将他的尸骨保护在其中。在和谐吉顺的环境中，在树木茂盛的山坡上，在郁郁葱葱的柏树下，儿孙们前来祭拜他的亡魂。在更远的地方，在迥异的环境中，或许会有人想起与这位老师度过的快乐时光。

下文是巴尔福去欧洲之前，董先生写给他的一段话：

我即是尔，尔即是我。我自勤劳，尔却安妥。我知是空，尔归何所。醒我浮生，成尔因果。

从我们上一期刊载的照片上可以看到，他背后的墙上挂着一幅字体很大的卷轴。这是一张符咒，是道教天师张仁晟（Chang Tien-sze）送给他的。

插图说明
THE ILLUSTRATIONS

　　经历了七个月的漫长等待之后，我们终于收到了派往扬子江上游取景的摄影师传来的消息。必须承认，我们对于照片的数量和呈现的景致都非常失望。摄影师们展示给我们很多美景，与我们期待的完全一样。但清朝的摄影师对于如何选景完全没有概念。他们基本没有拍摄到自然风景，他们所做的工作都是在摄影棚里完成的。

　　尽管如此，我们还是找到了一些有意思的照片。本期及接下来的几期将陆续刊载这些照片。

四川的中式凉亭
MANDARIN GARDEN RETREAT, OR SUMMER-HOUSE, SZECHUEN

四川重庆

CHUNGKING, SZECHUEN

  本文刊登的这幅照片摄于城墙上。通过此处我们能看到嘉陵江对岸的城墙及扬子江对岸远处的山峦。嘉陵江在此处汇入扬子江。

  重庆是扬子江上的港口。《中英烟台条约》中规定："四川重庆府可由英国派员驻寓，查看川省英商事宜。轮船未抵重庆以前，英国商民不得在彼居住，开设行栈。俟轮船上驶后，再行议办。"

  据此，贝德禄领事来到重庆工作，同他一起前来的还有吉尔（Gill R. E.）中尉。

  在最近加入英国皇家炮兵部队的白拉克斯顿（Blakiston）上校于1862年出版的《长江沿岸五月》（*Five Months on the Yangtsze*）一书中如此描写此地：

  重庆是四川最重要的地方，位于富饶的四川省人口最多、最为繁盛的地区中心，处于清朝最重要的交通要道上，是清朝最大的城市之一。众多河流及其他陆路交通在此交汇辐射至全国各地。它是一个贸易集散中心，有大量的商业贸易。四川的所有物产在这里聚集，并由此向四面八方扩散，满足本省众多人口的需求。东至汉口、上海，南至广州等地的物产都可以在重庆进行交易。

  重庆由两座高墙环绕的城市构成——重庆（府）和江北厅[1]，前者位于嘉陵江与扬子江交汇处的左岸，后者位于右岸。两府下辖十一个县。依据罗马天主教传教士们的报告，目前重庆人口大约为20万，其中有两三千名基督徒，还有五百个回民家庭。但我找到了一份从中文翻译成法文的四川地理资料，上面说清初时，当地居民不足3.6万人。

  重庆和江北厅的地势都较高。而且，离扬子江岸越远的地方，地势越高。与其他城市一样，城墙中不止圈起了房屋，还圈起了广阔的土地。江北厅中有一座大佛塔，城中最高处还有一处景观。另外，城外宽阔之处还有一些建筑，以备战乱时使用。

  此处的扬子江宽约有800码，与伦敦大桥下的泰晤士河宽度相等，并且水很深。在重庆府南城墙附近的扬子江上游，有大片卵石滩和岩床，河道仅有300码宽，但涨潮时，这些就会被水淹没。这可以部分地验证古伯察[2]在描写此处河流时的夸大之词。嘉陵江的河口有大约130码宽，江水浩浩荡荡地汇入扬子江。我们第一次去嘉陵江时是5月底。当时水流清澈，与巧克力色的扬子江形成鲜明对比。汇合之后很长一段河流，这股清流还能被辨认出来。扬子江的上游不远处还有两条支流汇入，其流域面积占据了整个清朝

---

[1] 原文为Ho-tow。——译者注
[2] 古伯察（Abbe Huc, 1813—1860），法国入华遣使会士。1844年8月至1846年10月完成环中国旅行。——译者注

的很大一部分，甚至包括了甘肃省和西藏山区。这条水路被广泛用于商业，舢板经河运可以从重庆很快到达成都。据说，身躯庞大的内河舢板可以在扬子江上通行，一直抵达重庆，即便在河水较浅处也不受影响。

长江上游的四川重庆
AT CHUNGKING, ON THE UPPER YANGTSZE, SZECHUEN

四川的一户人家

A SZECHUEN FAMILY

生活在清朝各地的人们有着共同的特征。当然，与其他国家一样，不同省份的人们也有着差异。公正地说，从一些学者和军队中可以看出，各地的清朝人对外国人都很友好。虽然不能与日本人令人愉悦的待客之道相比，这种友好也别具魅力。我们拍摄了一位友好地接待了我们的同胞的家庭。这位绅士有三个妻子和好几个女儿。他们的座位排列方式在外国摄影师看来很奇特，但非常典型。这是一个富裕的家庭。这张照片是两个月前才拍摄的。但白拉克斯顿上校谈及与一位同僚步行去一座佛塔时，说道：

我们去佛塔的路途中所受到的礼遇没有什么不寻常的。像我们在路上接待乡下人一样，他们兴高采烈地把我们迎进家中，问我们要不要吃饭，并用他们所能负担得起的最好食物款待我们。我时常进入寺庙，与里面的僧人一同饮茶。因为清朝还没有钢笔。他们便拿出一方印度砚台和一支毛笔，供我打发时间。我草草地画出欧洲的舰艇、蒸汽船、教堂、房屋、男人和女人。这些图画似乎总能让旁观者们非常高兴。后来便经常有人给我纸笔。有时我在纸中间画画，旁边写上题词、日期、地点，甚至还有我们的名字。说不定在下一段旅程中，我们走进清朝西部地区，会发现我的几幅作品。清朝人非常喜欢题词。每栋房子的门柱或其他位置上，都题有匀称的汉字。富人们喜欢在房屋的柱子和内墙上挂长条的卷轴。卷轴上写着金色、蓝色、朱红色的圣人名言、诗歌短赋、道德箴言、孝道规范。这样，他们就可以在闲暇的时候通过这些文字，进行自我反思。这不是件坏事，如果我们的文字也像汉字一样是象形文字，或许我们也会形成这种习俗。

四川的一户人家
A CHINESE FAMILY IN SZECHUEN

禹王碑

THE TABLET OF YU

本期刊出了著名的禹王碑拓片的照片。照片中的拓片来自麦嘉湖博士。在《中国评论》（第二卷，第293—306页，1873年7月至1874年6月）一书中，有一篇加德纳对它的说明文章。我们从中摘录了以下文字。对所有对这一话题感兴趣的人而言，这篇文章非常值得一读。加德纳写道：

我立刻拍下了这块碑的照片。清朝人称碑上的特殊文字为"蝌蚪文"。这块碑是清朝仅存的几处蝌蚪文遗迹之一。清朝有很多古老的碑，但这块碑号称是最古老的。在一座山的石碑上，有37种不同字体的碑文。这些字体在别的地方从未被发现过，其中很多看上去并非表意文字，与现代有100多种书写方式的"寿""福"等字也相去甚远。

加德纳给出了禹王碑上的文字，并附有翻译：

承帝曰："嗟，翼辅佐卿，洲渚与登，鸟兽之门，参身洪流，而明发尔兴。"久旅忘家，宿岳麓庭。知营形折，心罔弗辰。往求平定，华岳泰衡，宗疏事衰，劳余伸广火，郁塞昏徙，南渎衍亨，衣制食备，万国其宁，窜舞永奔。

禹陵禹王碑旁边的碑文：

大侍郎对川公□节越中，以大禹圣德神功昭在万世，而历代□礼崇报，翊越衣冠图□□□庙貌弗□宁非省方守土者之责。当命□群工而图新焉。□庚子九月肇事至辛丑秋冬……楚人张明道谨跋。嘉靖二十年辛丑十二月朔立石。对川姓王氏名绅字（阙）赐己丑年进士，古沧州人。（明朝嘉靖时绍兴知府张明道组织重修禹庙所做的碑文，没找到原文，依照片辨认，"□"为未认出的字。）

绍兴禹王碑拓片
COPY OF "RUBBING" OF THE "TABLET OF YU", AT SHAUHING

1877 10月

OCTOBER

华尔、白齐文及常胜军传（六）

MEMOIR OF WARD AND BURGEVINE, AND OF THE EVER-CONQUERING LEGION

蒲安臣拒绝在白齐文不在场的情况下，认可薛大人的证词，并威胁如果诉讼继续，他将退出会议。这是李鸿章给恭亲王出的难题：现在恭亲王若想要讨好公使们，就会得罪曾国藩。末了，蒲安臣说，这个问题已经讨论好几个星期了。既然指控已经被驳回，他坚决主张进行最终会谈。他有权要求清朝政府雇佣白齐文。但实际上，白齐文现在彻底拒绝了他们的雇佣。公使的职责就是确保那些指控如他所愿遭到驳回，他的全体同仁都能撤离。

最终双方达成了一致：公使放弃要求清政府雇佣白齐文的权利，并声称对他提出的指控应被撤回。于是，蒲安臣先生提出，关于对白齐文抢劫公款、呈交虚假报告、侵吞公款、不遵调遣的指控都应被撤回。这些指控没有确凿证据。令蒲安臣先生惊讶的是，恭亲王非但不撤回指控，反而还重申了部分指控。

恭亲王说道："白齐文的确服务于清朝政府。但清朝政府也付给了他很多报酬。白齐文拒绝远征南京，给清朝政府造成了很大损失，因此他要为千千万万逝去的清朝人的生命及花费的数以百万计的银两负责。

那么请允许我问一下：假设一个受雇于美国政府的军官违反了上级的命令，并导致了失败或灾难，他会受到何种处罚？而且，白齐文是自愿提交申请，成为清朝臣民的。若有必要，那张有他亲笔签名的申请可以拿来作证。既然他已经加入了清朝国籍，就应该按照清朝的法律来处置。然而，阁下已经三番五次地为他求情，我也不好在这一点上多做坚持。我现在在等待把白齐文从清朝臣民中除名的圣旨。我希望阁下安排他回美国，按照贵国的法律进行处置。"

从蒲安臣的缄默中我们可以看出，在白齐文将被革除清朝国籍这件事上，他并不承认天赋人权这一理念同样适用于在清朝的美国人。可能直到美国人重新武装起来对抗国家，才能有权讨论天赋人权的问题。但如果这种灾难再次发生，无论对美国，还是对怯懦的百姓来说，都很难阻止一个人放弃国籍。国务卿西沃德和之后的国务卿菲什（Fish）

都持同一观点。

蒲安臣的下一封信意料之中的简短，相当于最后通牒。他不想再讨论这个问题了。但如果两天之内指控还没有撤回，他会认为清朝政府不肯做出公正的审判，也会在相应的情况下以牙还牙。在第二天快要过去时，恭亲王正式撤回了所有指控。这让公使非常满意。

在读者仔细阅读如此冗长的争论时，相信美国国会已经通过禁止美国公使和领事为美国人谋求他国职位的法律，即使有的国家邀请他们加入。白齐文回到上海了解情况。如果他明事理的话，应该通过公使馆的朋友们，获得合理的补偿金。他要求了7万两的补偿金。

戈登攻下常熟之后，一回到松江，就开始重整军队，以迎接新的战役。另有4名英国军官被派来协助他。英国皇家第67团的斯达克（Stack）上尉是个经验丰富的老兵，被任命为守军指挥官。克罗斯克莱（Croskely）上尉担任分部参谋。第67团的莫凡特（Moffat）博士担任医师，并马上建立了一所医院，但至今有名无实。他还组织了一队护士。鲍顿（Bolton）博士担任住院医师。华尔委任的12名军官以及所有未被任命的军官都维持现状。舰船减少到只有3艘蒸汽船和大约30艘的本土炮舰。这些舰船都受一名当地将领指挥。货船也为装运战备物资和火炮做好了准备。在这个道路稀疏的国家，使用货船很有必要。但至今军队都按清朝的习俗：货船的所有者很少能得到补偿。

戈登的第一个行动指向了太仓这个荷兰人被打败的地方。他的目标主要是惩罚太平军。太仓的太平军将领曾向李鸿章请求投降，按照约定，李鸿章派了2000名士兵前去接管。但当1500名士兵进入之后，城门被关闭了，他们都沦为了阶下囚。其中300人被斩首，剩下的人加入了太平军。李鸿章的弟弟指挥这支部队，他在逃亡中受了伤，差点被捕。按照清朝人的战术思想，这样做是正当的。下文我们将看到，在苏州太平军投降后，李鸿章对太平军的处置也是如此。

常胜军中的史密迪（Schmidt）上校说："部队以全新的面貌出发了。不论军官还是士兵们都觉得他们又有了一个值得信赖的统领。以前在远征时，军队总是很忙乱，如今则整齐有序、纪律严明，就像一支欧洲军队。"士兵们偶尔也会对改善的纪律表现出赞赏与惊讶。

到达太仓城下后，常胜军的36门大炮对着城墙猛轰，其中有一些射出了68磅的炮弹。而敌军依然火力凶猛。蒸汽船遭到1万名太平军的猛烈攻击，被迫一次又一次地后退。一阵炮弹使太平军四散开来，蒸汽船才得以继续前进，否则它们只好一起撤退了。在猛烈的炮火下，太平军四散溃逃。在逃跑过程中，很多人被击毙了。如果不是常胜军忙于抢掠战利品无暇拼杀，这支太平军大概会全军覆没。一个英国逃兵受了重伤，被俘虏了。在太平军中服务的两个美国士兵、两个法国士兵、三个印度士兵恳求饶恕，却依然被杀了。

随后，戈登带领军队回到了松江。以前，士兵们可以零散返回，每个人都可以按照自己的时间决定行程。

在清朝，不成功的背叛会受到惩罚。这种惩罚招来了英国政府的询问以及卜鲁斯向恭亲王的抗议。有人亲眼看见了太平军俘虏所遭受的酷刑，并报告给了英国主教斯密斯（Smith）和美国主教文惠廉。文主教又报告给了罗素（Russell）勋爵。但是，这种残暴行为不是由戈登的部下施行的，而是由他无权管理的清军施行的。

这种刑罚在清朝叫"凌迟"。施行这种刑罚通常要花半天时间。不幸的犯人们被绑在柱子上，不时会有大块的血肉从他们的躯干和胸膛上被零碎割剥成片。在被斩首之前，犯人会因流血过多而死去。卜鲁斯写信给恭亲王说，如果继续放任这种毫无意义的暴行，不只英国，全世界的文明国家都将不再支持清朝政府。

对清朝的佛教徒而言，死亡，除了当时的痛苦之外，并不恐怖。广东三合会的一个首领被处以斩首，他扬言说下辈子还会这样做，一方面是安慰自己，另一方面也是对官员的挑衅。我们不应急着评判清朝人的残忍。现在回到原来的话题吧。

在进行下一次远征之前，戈登觉得有必要对部队进行一些变革。变革会导致某种程度的反抗，这需要他坚决镇压。

戈登任命一个正规军中的士兵担任陆军上校一职，惹得那些老资历的少校们很不愉快。于是他们拟定了一份文件，联合起来去找戈登要求补偿。他们提出，如果得不到补偿，远征回来后就会辞职。将那份文件读给戈登之后，这些少校们问，将来他们能否被授予更高的军衔？戈登说，这完全由他来决定。他们接着问，是不是某个英国军官为部队做了什么贡献？是不是华尔的老部下们为清朝效命时不如正规军官做得好？这不是正常的服役，一个英国正规军的军人是否会考虑到各种意想不到的困难。戈登以一个手势结束了会谈。

少校们提交了辞职书后离开了。戈登批准了一些辞职书，部分地解决了困难。第二天清晨，当起床号响起，军队集合前往昆山时，只有一个团集合了。其他士兵们因原来的军官辞职了，拒绝服从命令，他们不希望被新军官指挥。最终戈登还是做出了一些让步。在下午晚些时候部队终于出发了。

他们用了两天的时间赶到了昆山。昆山城中有一座山，山顶上视野开阔。太平军从山顶上清楚地看到，他们从苏州撤退的路被切断了。最终，他们经过讨论，认为这座城市保不住了，于是一致同意趁夜色逃走。

昆山水闸
WATER GATE AT KWENSHAN

　　戈登预料到了太平军的计划。他将"海生"号（Hyson）蒸汽船调回青浦，从那里越过湖泊，到达距离昆山几英里远的一座桥，这是太平军撤退时的必经之路。许多太平军在逃走时被杀了，但更多的人聚集在桥上，遭到"海生"号上的32磅炮的屠杀。"海生"号返回时，戈登的部队安静地占领了昆山城，他决定将总部设在这里。在占领一些要塞尤其是吴江（Wokiang）之后，戈登决定直接攻打苏州。出发前夕，一些少尉和戈登上校又发生了冲突，被他镇压了下去。

　　吴江是大运河畔的一个小城市，临近太湖，在苏州以南30英里处。这个地方很重要，因为走私者就是从这里将物资和弹药偷偷运进苏州的。戈登忽视了这个地方的守卫，因此防守很薄弱。太平军在城外设置了一些防御用的障碍物。但第二天清晨，戈登正准备进攻时，却发现这些障碍物都被太平军的首领和一小股太平军在晚上撤除了。这个首领是忠王的亲戚。要塞里剩余的人都剃了头发，获准加入清军。囚犯中一些穿着全套戏服的戏曲演员和乐师，曾被叫去给首领表演，庆祝他上次的荣升。太平军非常害怕的小蒸汽船"海生"号，由苏格兰裔美国人戴维森（Davidson）上校指挥，守卫着从苏州到这座小城的路径。另一艘同样类型的船"飞而复来"号（Firefly）从旁协助，下文还将提到它。

与此同时，戈登忙于准备远征苏州。这将是一场长达三个月的战役。博纳富瓦（Bonnefoi）上尉带领一支由法国人训练的清朝军队前来增援。但这时，戈登认为最好坚持防御。他的部队人数很少，而且更重要的是，士兵们是否忠诚还是个未知数。此外，他还有一支强大的炮兵。如果不是白齐文在苏州遭遇了忠王，这支炮兵很可能会落入险境。另外，他的胜利使程（学启）将军可以在这个著名的城市里安全前进1.5英里。他派出的200名士兵，不是为了上战场，而是为了加强总部的防御。

守军将花一个月的时间准备枪械、物资等。在第三个星期快结束的时候，他们惊讶地听说，白齐文在上海组建了一支部队，加入了苏州的太平军。不久后，1863年8月2日，白齐文夺取了清军的一艘蒸汽船献给了太平军。这艘蒸汽船"高桥"号（Kaujiau）是从美国租借的。它的名字源于华尔的部队攻下的一个小镇。部队也因此被皇帝命名为常胜军。其拥有者仍在向清朝政府索要这艘船的钱。这艘蒸汽船刚从上海抵达松江，船上有松江的指挥官马格里博士和几位高级官员。在马格里博士下船没多久，他的一名欧洲军官就气喘吁吁地赶上了他，汇报说一批受太平军雇佣的外国人，在白齐文和蒸汽船的前任指挥官的带领下，登上了船，正驶往小河口。马格里博士急忙赶回去，召集士兵赶往小河口。但在这之前，"高桥"号已经顺利地进入了小河口。这打乱了马格里博士在河口将船重新夺回的计划。马格里博士不仅被前任指挥官赶下了船，还经历了死里逃生的险情。一个百发百中的神枪手原本要把他从马上打下来，却被人阻止了。

在蒸汽船被夺走几个小时后，戈登发现了几个受雇于太平军的外国人潜伏在松江。其中一个间谍被处死了。随后，一个马尼拉人、一个希腊人、一个意大利人都按照李鸿章的命令被斩首。

在这段时期，白齐文曾征募了一批外国人。据猜测，其目的可能是要率领他们重新投靠太平军。据说，他已经为士兵们准备好了港口和住所。尽管事实上他手里只有一百多人，但当时盛传他手下有一千人听从他的差遣。

白齐文还征募了一些训练有素的清朝军官。这些事引起了上海方面的警觉。人们担心他会从戈登那里夺回指挥权。而且，在数量庞大的太平军的支援下，他可能会袭击租界。原本，租界内的英国皇家第67团计划撤走，这样一来他们只好又留下了。租界内的志愿兵也整装待命。

昆山河景
CREEK SCENE INSIDE KWENSHAN

在北京，人们也惊诧地注意到了白齐文的叛变。那些曾大力支持过他的公使们听说后肠子都悔青了。卜鲁斯担心，白齐文叛变之后可能会与"阿拉巴马"号（Alabama）的赛姆斯（Semmes）合作，攻击并摧毁所有美国船舶。他的先见之明，在英国政治家中很少见。如果恭亲王对白齐文叛变之事发表过什么言论，也不会记录在外交文件里。令人好奇的是，他是否抓住了机会，质疑蒲安臣声称的"美国人宁死也不会背叛"的宣言的准确性。

李鸿章气愤地给所有相关领事写了一封抗议信。当人们谣传白齐文偷偷地去苏州拜访了太平军，并从太平军那里获得了一支部队及枪支、火炮支援时，他立即正式发函给熙华德领事，希望他马上逮捕白齐文。"如果因此对我们部队的行动造成灾难性后果，贸易便无法再安全进行。因此，无论是外国人，还是清朝人，都不能对这件事保持沉默。但美国领事在收到上文提及的官方函件后，并没有及时给出回复说明为逮捕白齐文而采取的措施。如此严重的灾难已经形成了。"

我们并不知道美国外交文件中，对于白齐文叛变一事，中美官方的相关交涉记录。但上述函件出现在英国蓝皮书里，导致美国不得不对此做出解释。熙华德解释道，关于白齐文的谣言很多，我们已经采取了积极措施力求查明真相，并逮捕相关人员。

白齐文能言善辩，道德败坏，擅长欺诈。他写信给戈登说："你可能听到了许多关于我的流言蜚语，但请不要相信。我这就过去与你长谈。再见！"这仿佛给戈登吃了一颗定心丸。他确信白齐文不会投靠太平军。这样，白齐文的计划便得逞了。

随后，人们对白齐文有了进一步的认识，也了解了太平军的情况，于是便不再担心了。白齐文虽是个司令官，却只有匹夫之勇。而太平天国的军事首领们，只知道盲目听命于他们的天王。所以即便一个像拿破仑一样的外国军事天才加入他们，也不能改变他们败亡的结果。

上海的事情余波未平，很显然，它导致了重大的意见分歧。当天的报纸中有一篇文章为白齐文的罪行开脱，声称：归根结底，每个在清朝的外国人都是为了赚钱。

"我们每个人带着商品去市场出售，都会尽最大可能地讨价还价。白齐文出售的只是他的剑。出口至外国的丝绸以前都购自清朝政府，现在基本从太平军那里购买。换句话说，既然我们已经不能从清朝政府那里购买丝绸了，那我们可以用大量的白银与太平军交换他们所拥有的丝绸。而白齐文的所作所为就是这种'必要的变通'。既然清朝政府不能为他提供他想要的名望与金钱，那他就用战斗的方式与太平军交换白银及他想要的荣誉。这两件事中的交换是相似的。问题在于：是为太平军还是为清朝政府而战，是买茶叶还是买丝绸，是追求职业还是遵从爱好，是否要做报刊编辑[1]。我们的目的只是赚很多钱，将来可以离开清朝，回家过上富裕的生活。"

让我们忽略这个逻辑混乱的道德观。白齐文犯下了如此严重、不容忽视的过错，即便美国的法律再人道，也依然要将他处以绞刑。因为白齐文手下的士兵们没有完成雇主交付的任务，给清朝政府带来了很多麻烦。戈登已经计划要解雇他们。如果白齐文不那么鲁莽，如果他迟一些叛变，就不会给清朝政府造成如此严重的后果了。如果他能满足现状，接受免职，不做进一步的抗议，那么他对清朝政府提出的合理要求无疑可以经由美国和英国公使得到满足。

白齐文及其手下的欧洲人加入太平军的条件是：按月发饷，并获准不受限制地劫掠他们攻下的所有城镇，包括上海。[2]

乘着那艘劫走的蒸汽船，在钟思（Jones）上尉的指挥下，白齐文抵达了苏州。钟思上尉原本为清朝政府效命，但因将近一年没有领到酬劳，于是便协助白齐文抢走了这艘他指挥的船。

太平军留下一支2000人的部队供白齐文训练，但其中只有250人配备了武器。白齐文想要独立指挥权，于是他去南京会见了忠王。与其他诸王一样，忠王很蔑视外国人，这是难以避免的。当时，南京只有两个外国人——一个意大利人和一个法国人。待在太平天国都城的两个星期里，白齐文受到忠王的热情款待。当时忠王可谓权力滔天，他将白齐文安置在他的一座宫殿里，在白齐文离开的时候，还屈尊降贵地送他上船。但白齐文这次无功而返，没有获得任何一支野战军的独立指挥权。他的同伴钟思说，他不觉得白齐文"投靠太平军是为了向朝廷复仇，而是他相信在太平军中他能够重新担任统领，并依靠外国武装力量，推翻当今的清朝政府，使大家认可'太平王'。"

白齐文想象中的"太平王"显然就是他自己。当他喝醉酒头脑不清醒的时候曾多次幻想过，圆明园的壮丽美景在等着他。不过即便没有喝醉，他也总是意识不清。他诚实

---

[1] 在那时的上海，报刊编辑绝对不是一份苦差事。有一位编辑曾自夸说，他从来没有为他的报纸写过一行字。这一恶习在这个商业化的大都市里一度相当普遍。

[2] 一种新的罪行——环首，就是被这些无赖们引进了上海，并有了一个新的名字"背娘舅"。好在，无论在这里还是在已经被波及的其他城镇，现在都不会频繁发生这种罪行。因为政府已经采取了预防措施，禁止行人在夜间单独通行于偏僻之处。行凶者要"背娘舅"的时候，先派一个亲信前去探路。然后，他们从后方接近受害人，用绳子把他套住，将绳子的末端从肩上拉起。这样行凶者就能把受害人拉起并背到隐秘的地方。抢走受害人所有的贵重物品后，行凶者丢下窒息而死或半死的受害人扬长而去。这就是受害人的伤口所能显示的犯罪过程。这种罪行是如何得到这个奇怪的汉语名称的我们不得而知。但在清朝，母亲的兄弟比父亲的兄弟更值得尊重。清朝人无法接受一个为了公众利益而牺牲妻子亲属的人。

背娘舅
CARRYING A MATERNAL UNCLE

地说：自己比很多推翻了一国统治的人更适合做这件事。但结果并没有如他所愿。太平军对他的判断像对其他外国人一样，认为他们价值不高。太平军最想要的是蒸汽船、武器，以及新式训练指导，而最后一项又是最不受重视的。他们认为，自己败给训练有素的外国士兵是因为外国拥有先进的武器，尤其是火炮。当他们发现，在这方面白齐文并不能提供帮助时，便非常失望。

随后，白齐文写下了在太平军中的经历，表明他之所以不再为清朝政府效命，既不是为了钱，也不是为了复仇。他说，他只希望能训练三四千人，但他想要武器却得不到，因此无法组建他梦寐以求的军队。他曾两次去上海索求补给，都失败而归。所以，他所拥有的全部军队最后只剩100名外国人和"高桥"号蒸汽船了。然而，即便只有这些，他也能保住这片土地，直到船被炸毁。那次事件的发生、戈登的蒸蒸日上、太平军的惰性，都使他确信，他站到了失败的一方。

9月中旬，戈登加入了清朝军队，并指挥清朝士兵在宝带桥（Precious Belt

Bridge）作战。宝带桥在苏州东南角2600码处，是一座古老的建筑，有72个桥拱。29日，戈登率军攻破敌寨。戴维森上校带领"海生"号以猛烈的炮火使这里残败不堪。

我们之前讲过，常胜军的一支分遣队留在松江总部驻守。他们受马格里博士的指挥，开始制造枪支弹药，建成了清朝第一座兵工厂。后来这座兵工厂迁到了苏州，最终又迁到了南京。在培养出一批当地的工匠和技师之前，马格里博士一直担任工厂负责人。现在工厂的运转都依靠这批工匠和技师。马格里博士检验了第一批枪支弹药的性能。他率领700名常胜军士兵进攻西塘（Sitang），并得到了一队清朝士兵的支援。他们以6门12磅的榴弹炮和一些迫击炮发起攻击。在两个小时不间断的炮火轰炸下，太平军只得撤退了。对一名军医而言，这次胜利是一次极大的成功。这对他来说很不容易。因为他要像那些攻城装备一样经受炮火的洗礼，却无法享受反击的乐趣。每一场战争中，都有军医死伤。马格里经常被炮火击中，所以他大概喜欢上了这一新职业。两天后，他们占领了西塘。据他的俘虏供认，在苏州，人们认为白齐文是受雇于李鸿章的间谍。清朝士兵们制造了这个谎言以损害白齐文的名誉。

此时，白齐文已经决定等待合适的时机退出太平军。在宝带桥和太平军据点之间有一座万年桥（Myriad Years' Bridge）。这座桥很高，对侦查太平军的营地十分有利。戈登的军官们经常带着双筒望远镜去那里。白齐文的外国军官们也会在破晓或者黄昏时出现在那里。曾经并肩作战的军官们在这片中立的土地上相遇。白齐文的部下来到桥下，说他们想离开太平军，但因为担心会威胁到战友们的安全，所以尚未采取行动。不久，白齐文乘夜色冒险潜入戈登的营地，跟他从前的一些下属谈了半个小时。戈登听说后，下令禁止双方来往。毫无疑问，他觉得这会威胁到他们的安全，他担心一些军官会被太平军收买。

为了重新夺回清军驻守的吴江，太平军发起了猛烈的进攻，却被戈登派去的援军打败了。太平军坚守营寨，直到看见了"海生"号——太仓一役后，只要看到"海生"号，太平军就会非常惊恐。他们慌忙逃走，丢下了两千多艘来不及带走、被烧毁的船只。

10月10日，忠王率军在北门进攻程将军的部队。白齐文和40余名外国人乘坐蒸汽船协助。如果不是因为船被河道里的障碍物挡住，这次攻击本该胜利告终，并俘获程将军的哨兵。两天后，忠王下令进攻驻守常熟的清朝军队，白齐文和钟思上尉乘坐"高桥"号跟随。在忠王忙于攻击陆上的营寨时，"高桥"号的弹药库被一门火炮或敌军的火箭击中了。船上的12磅榴弹炮爆炸，船被炸毁沉入水底。幸好人员伤亡并不严重。但这吓跑了很多太平军。匆忙之间，太平军丢下了14艘炮艇，很快，太平军便损失惨重。

几艘太平军的炮舰停泊在蒸汽船旁边。当时，白齐文正在其中一艘船上睡觉。由于他手下的士兵对他议论纷纷，钟思便带他上岸。白齐文问在背后议论他的人是谁，但钟思拒绝透露。于是白齐文拿起手枪，在距钟思上尉头部只有9英寸的地方扣动了扳机。子弹射入了钟思上尉的左脸颊，嵌进了骨头里。他大喊："你打的是你最好的朋友！"白齐文回答："我知道我做了什么。我真希望刚才直接结果了你。"后来他又威胁要对其他几名军官开枪。现在，他的残忍习性看起来好像有所减轻，因为他几乎每天都是醉醺醺的。但这次他背信弃义地说，他要俘虏戈登。戈登曾对他以礼相待，白齐文还曾请求戈登支援。而如今他的言论却证明他是蓄谋已久。这都表现出他性情的卑劣。最后，奸诈的他还要求戈登不要帮助清军，而应独立地对抗清军和太平军！

"高桥"号爆炸的第二天，白齐文派了几个军官去戈登的营寨，为自己手下的外国士兵逃走以及戈登接手城市做准备。戈登保证尽力让他们得到各自领事的赦免，如果他们愿意，也可以加入常胜军。

他们施行的计划如下：10月15日晚上，白齐文派兵佯攻逼近太平军营寨的"海生"号。当"海生"号一出现，莫顿少校就带领外国士兵们冲上甲板，高声欢呼。太平军误以为已经占领了蒸汽船，也大声地欢呼，随后他们就跑出胸墙来支援。然而令太平军惊诧的是，迎接他们的是"海生"号的枪林弹雨。最后蒸汽船掉头，载着欧洲人安全返回了营地。

很快士兵们发现，白齐文和一些军官并没有和他们一起返回。这从他的叙述里可以获得一些信息：

我和忠王最初签订的协议，是按月支付我一些钱，其中包括了军官们的薪水和其他开支。士兵是直接从太平军里挑选的，马上就开始了训练。如果我能获得3000或4000套武器装备，有一些有才干的军官，很快，我也能有一支训练有素的军队。那么事态一定与现在大不相同。之前，我竭尽全力寻找补给，还为此去了两次上海，却因为各种各样的糟糕情况而失败了。那时，我所拥有的能上战场的全部兵力，只有不到一百名欧洲人和小蒸汽船"高桥"号。但是，我仍然带领这点人马守在战场上，直到蒸汽船和炮艇不幸发生爆炸，无法再次发起进攻。我从未想过要保留一支欧洲分遣队。当时，军官们只是想保住自己的职位，其他人则想得到妥善的安排。

在人们相信我完全忠于太平军之前，他们只想保证自己的安全。

我曾向忠王提过几个建议，但没有一个能引起他的兴趣。如果他采纳了我的建议，太平军的形势应该会趋于好转。我曾建议毁掉产丝地区的所有桑树，除非欧洲部队从苏州附近撤走。如果战役一旦失败，太平军就放弃苏州和南京，将全部军队集中到北方，而不是将所有太平军集中到南方。我说这些的目的只是想带领一些欧洲人在苏州城内及其附近活动。

出于种种原因，太平军的慕王拒绝履行协议。对此，我必须说，这不能全怪他。由于情况太过复杂，我的部分计划（也许是取得武器）未能实现。因此，他们拒绝支付剩余的欠款。此后，我为太平天国服务就没有了保障，要么就这样留下来，要么就堂堂正正地离开。我选择了后者。

白齐文离开太平军的另一个理由是身体极度虚弱。他与戈登明确约定，戈登要保证他的士兵们在上海的安全，而他将从太平军那里得到的船和武器移交给戈登，但不包括"高桥"号。他打算将"高桥"号作为某种报酬留给无偿战斗的自己及其士兵们。对于他向钟思上尉开枪一事，他坦白地承认了："钟思对这件事的叙述大致上是正确的。无论在何时遇到何事，他都真诚坦率，我很高兴可以为此作证。"但他并没有解释向钟思开枪的原因。接下来，他指控美国化了的爱尔兰人莫顿少校在困境中抛弃了他们（有些是伤员），几乎将他们置于死地。但慕王怀疑他们被抛弃是个阴谋，拒绝让他离开苏州城。而莫顿、钟思等人已经设法拿到了通行证，当"海生"号出现的时候，他们并不在意行程被耽搁。

戈登担心白齐文的安全，给慕王写了封信，请求他不要杀白齐文，同时还送回了逃兵们携带的恩菲尔德式步枪。迄今为止，清朝人提起慕王，都称赞他慷慨而又英勇。一接到戈登的信，他就把白齐文和剩下的外国人送了出来，还安排了一些苦力帮他们拿行李，十分大度。

曾在苏州跟随白齐文的外国士兵对外国军官们的冷漠有很大怨言。军官们只关心利益，只求自己舒服。莫顿再次担任常胜军的少校，钟思上尉也奉命指挥另一艘蒸汽船，其他人要么成为列兵，要么成了军官。

不久，由于程将军和博纳富瓦的野心，导致了一场不幸的发生。他们分别率领一支清朝军队和一支中法混合军，决定突袭娄门（Loming）。他们并没有听从戈登的命令。因为戈登知道那里非常棘手。在一个阳光明媚的早晨，他们命令炮兵部队准备就绪，开始轰炸娄门。太平军对此没有做出任何回应。于是，程将军和博纳富瓦下令开始进攻，他们发现太平军仍然没有还击，而且几乎没有看到一个太平军。但是，当大量的士兵涌入营寨前的壕沟时，成千上万的太平军突然出现，不停地向他们射击。两支军队伤亡惨重，慌忙撤退。程将军被戈登严厉训斥，说他像以前一样多管闲事。

戈登下一次远征的目的地是江阴龙桥（Lungyin-Dragon Bride）。那里的太平军守卫森严。程将军带领清朝军队率先与太平军交战，遭到了英勇抵抗。太平军根本不惧怕清军。但当常胜军在其后方出现时，太平军只好撤退。戈登派部分士兵驻守，他则率领其余士兵回到了宝带桥。但第二天，他派了一支分遣队前往吴江。炮火给太平军造成了严重伤亡。但太平军不惧死亡，迎着猛烈的炮火英勇前进。

随后，戈登将宝带桥移交给清朝士兵把守，率军进攻苏州以北5英里左右的双泾村（Sikin）。太平军坚决抵抗，直到"海生"号的汽笛声响起。"海生"号靠近敌营时，便开始鸣笛。太平军被这陌生的声音吓坏了，或许他们以为这是新式武器，便仓促撤退，放弃了这片土地。

几天后，黄埭（Wanti）发生了另一场激烈的战斗。这是块硬骨头。常胜军的炮火似乎对黄埭坚固的土墙毫无作用。太平军勇猛地抗击了大约三个小时，最终被戈登包围。最后，太平军冲出城外开始肉搏，杀死了很多常胜军士兵，甚至在一队欧洲士兵中杀出了一条血路。

戈登回到宝带桥，安排下一步的行动。他将蒸汽船"飞而复来"号派往上海，一方面是奉命换防，另一方面是为了换掉其指挥官鲁德朗（Ludlum）上校。当戈登听说，一些外国的无赖计划抢夺这艘船时，便严令确保它的安全，但最后船还是被抢走了。李鸿章在给所有外国领事的信函中，就此做了很多说明。马安（Markham）领事将报告收录于英国蓝皮书中。

麦嘉湖

李仙得

LE GENDRE

下文对李仙得生涯的叙述会令读者满意，因为读后读者可以了解最近日军侵略中国台湾一事的详情。同时，该文还可以向日本的媒体和公众展示，他们对这篇传记主人公评价的偏颇。

李仙得起初就读于兰斯皇家学院，不过却毕业于巴黎大学。他出生于法国一个古老的家族，很多族人都曾为祖国建功立业。他的曾祖父是圣路易斯法兰西卫队的军医，外公瓦布勒（M. Wable）在荷兰并入法国后，任职于财政部。通过其舅舅瓦布勒·德阿乌（M. Wable D'Avoust），他的家族与德阿乌（D'Avonst）家族实现了联姻。德阿乌家族的创始人是法兰西第一帝国的一个亲王。他的父亲英年早逝，曾获法国骑士勋章。他的很多亲戚现在还在法国财政部和军队中担任重要职务。

李仙得 22 岁时，娶了美国纽约一位著名律师的女儿。这位律师给他们留下了大笔遗产。在 1861 年南北战争爆发时，他加入了联邦军队，在本赛（Burnside）将军手下任职。在这位杰出军官的带领下，他取得了北卡罗来纳战役的胜利。1862 年，他占领了罗阿诺克（Roanoke）岛。1862 年 2 月 15 日，在由前美国国务卿汉密尔顿·菲什、纽约市长乔治·奥普迪克（George Opdyke）、约翰·迪克斯（John A. Dix）将军、摩西·格林奈尔（Moses H. Grinnell）等杰出人士组成的委员会的组织下，纽约市民在警察学院举行集会，通过了以下决议："纽约市民将永远铭记贝茨（Betts）、波特（Potter）、金博尔（Kimball）、李仙得所做出的贡献，永远铭记他们率领英勇的第 9、第 51 步兵团所进行的罗阿诺克突袭战。"当时，李仙得是第 51 步兵团的少校，该团由时任中校、后来成为将军的宾夕法尼亚波特主教之子罗伯特·波特（Robert B. Potter）指挥。

此处我们无须赘述李仙得的整个军事生涯，只列举一些他参与的战役和主要行动。1862 年，他在攻占北卡罗来纳州的纽伯恩（Newbern）时受伤，被子弹击中下巴和脊柱。1863 年，他加入第 9 军。在伯恩赛德（Burnside）将军的领导下，他参加了弗吉尼亚战役，之后陆续参加了威尔考克斯（Wilcox）将军领导的肯塔基战役、伯恩赛德将军领导的田纳西战役、格兰特（Grant）将军领导的密西西比州维克斯堡（Vicksburgh）战役、谢尔曼（Sherman）将军领导的密西西比州杰克逊（Jackson）战役。1864 年，他当了两个月的第 9 军纽约州征兵负责人。随后，他在格兰特将军的领导下参加了弗吉尼亚战役，并在第二次威尔德内斯（Wilderness）战役的第二天受伤，他的左眼和鼻梁被步枪子弹打掉了。在安纳波利斯（Annapolis）的医院养伤期间，正值南方军在李（Lee）将军的指挥下在马里兰（Maryland）发起最后一次突袭。他被派去指挥该市的防御。当时，反对在马里兰州废除奴隶制的国会代表向他申请离开安纳波利斯，并声称对联邦军有过重要贡献。李仙得知道他们都是叛军，便回答说，既然所有忠诚的人都积极地在城外修建防御工事，那这些人也必须加入。于是他命令他们全部加入戈尔兹伯勒（Goldsborough）的民兵连。戈尔兹伯勒完全支持联邦军，已经开始带领部下修筑防御工事了。

1865年，在叛军从安纳波利斯撤退后，李仙得由于伤病已无法继续服役，于是在获得伤残证书后退伍了。1866年，李仙得的医疗顾问邀请他在温暖的季节进行一次海上长途旅行。因此，他接受任命担任美国驻厦门领事，负责厦门、淡水、基隆、台北府和高雄5个港口的事务。不过事务不多，他有充足的时间旅行。李仙得于1866年7月离开波士顿前往利物浦，转道英国，于同年12月抵达目的地。

到达厦门不久，他便有了一项重要工作。1867年初，一艘租赁给美国人的名为"圣母"号（La Vierge）的法国苦力船，载着非法货物逃离了港口。之后租赁人被逮捕，经审问被认定从事苦力贸易，因此他被处以罚款和监禁。他被拘留在厦门，由李仙得负责看管。在"圣母"号事件后，美国人就再也没有试图在厦门进行苦力贸易了。1867年3月12日，美国商船"罗妹"号（Rover）在中国台湾南端对面12英里处的七星岩（Vele Rete Rocks）触礁沉没。船长及其夫人、船员乘小船在台湾南岬登陆。但是，除了一个清朝船员逃脱并向官府报告了这次事件外，其他人全被琅峤（Koalutes）原住民杀死了。当时，英国轮船"鸬鹚"号（Cormorant）就在附近，船长布罗德（Broad）立刻试图与原住民进行沟通。然而，当他准备登陆时，原住民向他开了枪。一颗子弹从他座位下面几英寸处穿过，打伤了一名水兵。布罗德船长向原住民还击后便撤离了。

这件事情传到了厦门。李仙得立刻与清朝当地政府沟通。4月19日，清朝当地政府承诺将惩罚原住民。在此期间，李仙得在美国海军费比格（Febiger）船长的陪同下查看了事件现场。十天后，费比格船长和李仙得向美国驻清朝的海军司令及驻北京的公使汇报说，只有通过谨慎的交涉，辅以持续的压力，才能改变原住民的态度。他们说，由于该地区难以进入，如果没有西岸清朝人的帮助，外国势力将无法迫使原住民低头。原住民的弹药等装备都是从西岸清朝人那里获得的。但是两人的建议并未得到关注。鉴于清朝政府疏于此事，美国海军司令决定采取行动。他派出一支远征军，远赴台湾岛。不过费比格船长和李仙得都未参与其中。这支部队在台湾岛南端事件发生地登陆，但经过短暂的冲突之后，被迫撤退。指挥官麦克肯齐（Mac Kenzie）上尉死亡。

听到这个消息，李仙得向海军司令申请了一艘炮艇，说他会尽力解决此事。当时，美国政府已向蒲安臣公使发出指示。随后公使指示李仙得：

"希望你尽己所能，与清朝当地政府一起严惩凶手，并防止类似事件再次发生。"

由于李仙得的请求并没有得到海军司令的批准，失望透顶的他只好前往福州，向总督申请了一艘清朝炮艇。1867年9月3日，也就是他与这位高官会面十天后，一艘外国建造的清朝炮舰"志愿者"号（Volunteer）交由他指挥。9月5日，李仙得乘这艘船离开厦门，6日抵达台湾府后，他立即与当地官员展开谈判，直到10日，终于说服他们。

台湾当地官员立即命令刘把总率军出征，李仙得陪同。他们前往屏东（Ponglu）时，前进的道路被高山阻断了。而这座山被牡丹社所占领。山上没有道路，只有一条条猎人走的人迹罕至的小路。此时正值台风季节，部队无法经海路前往。一名将领建议就此折回。而李仙得建议在山上开辟一条路，继续前进。9月22日，他们终于抵达屏东。这支队伍由750名装备步枪的湖南人、一些火炮和一名军需官及后勤部队构成。他们出其不意的行动，使得琅峤山半数居民臣服于刘把总。随后，1500名勇士报名加入刘把总的军队，队伍增加至2250人。

从厦门启程之前，李仙得已将荷恩（Horn）和必麒麟（Pickering）派往混血居民的领地。这两名英国人是厦门怡记洋行（Messrs.Ellis & Co.）派来为他服务的。军队抵达琅峤时，他们前来迎接，他们从混血居民那里听说，那些原住民被官兵上一次的迅猛行动深深地震撼了。李仙得乘势向原住民传话，说如果他们同意与美国人缔结条约，保护那些遇难逃生的人，他们就可以换来和平。于是，原住民首领邀请李仙得在中立的地方商谈，声称之所以没有拜访他，是因为他跟一些伤害过他们的清朝人在一起，很难让人信任。在10月10日的谈判中，双方达成协议。汉特（Hunt）夫人的遗体及被杀者的贵重物品移交给了美方。10月21日，清朝军队从台湾岛西南部撤离，返回台湾府。李仙得返回了厦门。

1867年11月7日，对这次行动的说明迅速送到了公使馆。那时，蒲安臣已经作为清朝公使前往美国了。代理公使卫三畏于1868年3月13日将其递交给了华盛顿。对于期间的延误他解释道：

"我本该更早递交这份材料，但我上周才收到。冬季，上海和北京之间的通讯很缓慢。而且，那个背着外国邮包的通讯员在浙江被太平军杀死了，所以信件丢失了。"

早在卫三畏的信呈交给美国国务卿之前，英国驻华盛顿公使就奉英国女王之命，于 1868 年 1 月 20 日写信给国务卿，代表英国政府对李仙得在中国台湾的行动大加赞赏。西沃德在 1868 年 1 月 23 日尴尬地给公使回信道，自 1867 年 9 月 4 日以来，还未收到美国驻清朝公使馆任何关于李仙得在中国台湾行动的消息。对此，美国海军司令贝尔（Bell）在长崎写道：

"得知将军成功，鄙人深感愉悦。此事除阁下外他人难以胜任，应归功于阁下。"

从那时开始直到离开清朝，李仙得一直与琅峤原住民保持联系。他曾于 1868 年和 1869 年两次造访那里。1869 年的探访时间长达 4 个多月。他的探访所得刊登在了 1869 年的《商业关系》（The Commercial Relations）上。李仙得不但绘制了中国台湾从最北端到南端各个角度的地理剖面图，还将许多宝贵的化石、岩石、矿产、各种各样的标本、原住民所用物品的模型以及他们的衣着、武器、餐具等样本收集起来，陈列在纽约的美国自然历史博物馆（The Museum of Natural History of the State of New York）里。

以下沉船清单也可见李仙得在中国台湾的影响：

1.1869 年，22 名巴希（Bashee）岛人在月亮（Kualiang）湾失事。他们得到了原住民的保护。

2.1869 年末，荷恩的船在台湾岛的东南部失事。荷恩在船员登陆前落水，但船员们得到了保护。

3. 英国船舶"劳登城堡"号（Loudoun Castle）失事。其船员得到了保护。

1871 年 9 月 6 日，60 名琉球人在中国台湾东海岸北纬 22° 8′ 处失事，被牡丹社的原住民杀死。得知这个消息后，李仙得于 1872 年 2 月 29 日乘坐美国蒸汽船"阿修罗"号（Ashuelot）前往中国台湾。在该船的指挥官、医生、一名测量员、一名水兵、一名摄影师、一名翻译和两名向导的陪同下，李仙得直接前往琉球人被杀的地方。李仙得交涉的结果未被刊出。但据随行人员透露，结果似乎得到了美国驻北京公使馆和清朝政府的认可。据说，李仙得多次提醒美国和清朝政府，有必要承认 1867 年他与原住民达成的协议。而且在其他重要的事情发生时，可以据此为原住民提供物资，以迅速转移失事的人员。但他的请求从未得到重视。据说，如果没有美国驻上海总领事熙华德的帮助，李仙得此次是无法造访中国台湾的。因此，李仙得只能通过官方向华盛顿报告事情的始末。但这引起了美国驻北京公使镂斐迪（Low）的不满。后来，李仙得经常要承受他的报复。

李仙得
LE GENDRE

李仙得刚来清朝时因对苦力贸易和中国台湾原住民的行动，得到了清朝政府一定程度的认可。在厦门的六年任期内，只要是正当要求，他一般都会提供官方援助。

例如，他刚抵达厦门时，就发现一些美国传教士无家可归。他派人给他们在港口附近建造了豪华住所。然而他的帮助并不仅限于美国人。大北电报公司[1]的所在地是美国提供的，而公司得以在厦门建造电报站完全要归功于李仙得。关于此事有一个有趣的故事。他刚一离开厦门，大北电报公司就和当地政府发生了纠纷。大北电报公司企图用陆上通讯线路将美国领事馆和电报站连接起来。清朝当地政府要求大北电报公司拆除线缆。当时东京至长崎的电报线缆刚刚完工，但还未投入使用。为了尽快解决厦门的纠纷，让清朝南部与世界联通，已经在日本服务的李仙得申请使用日本的线缆。最终他的申请得到了批准。这是第一封从东京直接发往清朝的电报。顺便提一下，丹麦政府从未因李仙得帮助了大北电报公司而感谢他。

虽然与清朝就这些微妙的问题进行交涉时，李仙得常常与对方有分歧，但他从未使用武力。1868年，在没有美国公使介入的情况下，他通过福建总督，说服清朝政府允许英国在厦门的船厂免税进口船用物料。这个案子曾被递交给北京，在领事馆搁置了数年。在厦门的美国人史密斯（E.M. Smith）购买了这家公司的大量股份，他敦促美国领事尽快采取行动。然而，各种迹象表明，它已经毫无解决的希望了。但李仙得花了不到六个月的时间就解决了。与之类似，一项汇丰银行的请求在北京搁置了好几年，但1873年，李仙得在三个月内将问题解决了。差点演变成1870年天津教案一样的（广东）神仙粉教案（Shan-sin-fan），在李仙得的斡旋下，于1871年结束。当时在上海的报纸上有一小段文章，可以解释为什么美国政府没有公开李仙得在此次事件中的行动。据称，李仙得的确曾写信给一些当地的高官，尽管他可以凭这些文件要求惩处一些当地官员，但他承诺绝不会惩罚他们。

在收到李仙得对这件事的说明后，美国政府出版了一系列关于清朝人对外国和外国人态度的备忘录，以及一些重要事件的说明。备忘录以1858至1871年中美关系的简述结尾。英国人特别喜欢备忘录的第四篇。它讲述了1868年中国台湾的英国领事霍尔特（Holt）与艋舺（Banka）[2]当地政府之间的一些严重问题。李仙得居中调解，赢得了英国政府和福建总督的好感。[3]

---

[1]丹麦、挪威、英国等国在清朝设立的电信机构。——译者注
[2]即今台湾省台北市西区，台北市发展的起点。——译者注
[3]有关这个有趣事件的详情请见1871年的《商业关系》第169页，以及塔马格博士1871年9月在香港出版的信件。

事件经过如下。1868年11月20日,英国领事齐普逊(J. Gibson)与中国台湾地方官员发生了一系列冲突。之后,戈尔登(Gurdon)中尉炮击安平。李仙得并没有直接参与此事。他觉得在美国政府介入前他不应该参与进来。而且,这场纠纷与他的利益无关。因此他小心翼翼地置身事外。但当他看到齐普逊因此被停职的时候,李仙得毫不犹豫地选择支持齐普逊。应齐普逊的请求,李仙得为他写了辩词,呈交到了北京。美国公使及时把辩词转交给了英国女王的代表,这对事件产生了决定性的影响。阿礼国曾给英国政府写了一封长信,这封信从未公开过。但1869年,这封信的复印件在对齐普逊的故事感兴趣的人中间流传。他认为,齐普逊情有可原:

> 这也是驻厦门的美国领事李仙得的观点……他给美国公使的信中说道:自从签订了《天津条约》,中国台湾领事机构的处境变得十分困难。这里远离北京和福州,岛上的人不少都有前科。台湾的官员们认为,即使他们犯下大错也可以免受处罚。这让领事机构的管理更加困难。领事们知道,台湾的许多事情都要由省级官员裁决。而清朝人的调查过程又极为缓慢。因此,上级难以对这里进行控制。如果他(齐普逊)稍有迟疑,没人知道会产生什么后果。如果英国人走了,也许整片外国人居住区的命运都会像马雅各[1]博士那样,整个群体都岌岌可危。
>
> 显然,他(李仙得)经验丰富,熟知当地及当地人的情况,从未有过片刻的恐慌或激动,他清楚地知道危险即将来临,有必要采取行动,就像您最近深思熟虑后批准战舰来保护领事们一样。总之,这是一次意外事件。[2]

不仅仅是在这样的事件中,李仙得一直扮演美国官员这一角色。此外,只要稍有空暇,他便与当地政府一起,处理当前最重要、最微妙的问题。

1873年初,格兰特将军提名李仙得任布宜诺斯艾利斯[3]公使。由于这项提名在日内瓦会议期间递交给了参议院,所以和其他文件一起被搁置了。于是任命尚未生效,便随着休会而落空了。将军的朋友建议他回美国,并向他保证总统会给他其他任务,他们一定会促使其落实。在认真考虑之后,他决定结束在东方的工作。得知这个消息后,华南的清朝人[曼逊(Manson)、科士达公司(John Foster & Co.)、琼记洋行(Aug. Heard & Co)、奥格特·穆勒(Augt. Muller)、本顿(R. B. Benton)、和记洋行(Bryd

---

[1] 马雅各(James Laidlaw Maxwell,1836—1921),英国长老会传教医师,1865年6月16日在台南开办医馆,不久便被当地人拆毁,遂于当月下旬迁往高雄。——译者注
[2] 见1871年《商业关系》第139页。
[3] 阿根廷最大城市。——译者注

& Co.）、史蒂芬（N. C. Stevens）、水陆洋行（Brown & Co.）、依利士公司（Ellis & Co.）、巴德（U. A. Budd）、安德森（Jno. L. Anderson）]给他写了一封诚挚的感谢信，并给纽约商会寄了一张500英镑的支票。希望商会在李仙得回国时交给他。

在途经横滨的时候，李仙得第一次得知了日本政府侵略中国台湾的计划。由于上次为琉球人的事造访中国台湾，他从未见过美国驻日公使德朗（De Long），也未与日本政府有过交往。德朗对于他而言完全是个陌生人。他登上"日本"号（Japan）准备前往旧金山的时候，当晚十一点，他接到了美国驻日公使的便条：

将军：

接到日本外务大臣的非官方消息，日本政府为琉球人的事正在策划一场对中国台湾的军事行动。您曾与清朝政府处理过类似事件，对这种情况非常了解，而我对此一无所知。恳请您针对此事给我一些建议，请您暂留一会儿，等下一班船再回去。如果可以的话，请帮我劝阻日本政府不要草率地给子民及他人招致祸患。我也相信您可以帮助我们的政府。

此致

敬礼！

您忠实的德朗

美国驻日公使馆，1872年10月22日

李仙得在处理中国台湾问题时，由于没有获得美国驻北京公使的支持，只得无奈地离开。读到德朗的信时，他没想到竟然有机会可以借助日本人实现自己的想法。他毫不犹豫地答应了德朗的请求。当时，他和德朗彼此完全陌生，他也从未直接或间接地想引起日本官方的注意。日本外务大臣副岛种臣（Soyeshima）曾亲自询问如何与他取得联系，而他却毫不知情。尽管副岛种臣听说过李仙得分别在1867年和1869年两次前往中国台湾，但并不知道李仙得最近一次去中国台湾是1871年。德朗得知李仙得同意了他的请求，便告诉了副岛种臣。10月26日，德朗写道：

尊敬的将军：

外务大臣阁下邀请您和我今日六点与他一同用餐。如您同意，我便在五点半去您指定的地点接您。

致敬！

您忠实的德朗

第一次与日本外务大臣副岛种臣会面后不久，李仙得便受邀为日本政府服务，但他恭敬而明确地回绝了。对此，他有许多原因。首先，不为祖国服务对他而言不仅没有什么好处，还有很大的风险。他做了多年的美国官员，跟格兰特将军及内阁关系很好。如果他回国，一定会接到新任务。如果留在日本，他只能得到公使级的职位，薪水跟他当外交官一样少。一旦遇到难以避免的失败，他就要对此负责。其次，驻日公使想让他立刻答应。但他当时仍在担任美国驻厦门的领事，他觉得自己无权在未得到政府批准的情况下离职。但是，他答应在日本待一个月，作为日本政府的客人，提供他们所需的信息。德朗还是坚持让他留下来，12月18日，他写信给李仙得：

我知道您会……尽力维护中日两国的和平，帮助日本获得文明国家的支持。我真诚地建议您马上向美国政府辞职，接受天皇陛下的委任。

如果您同意，我相信美国政府在完全了解我们的行动和动机后，一定会给予积极支持。这将是日本历史上第一次有外国人加入政府，无论对您个人，还是间接地对我国，都是极高的荣誉。我相信您一定知道这一点。我相信，如果您同意，这也将激励您忠诚地为日本政府效力，为美国增光。

我相信我的建议影响了他们的决策。现在，我强烈希望您接受这一任命。

此致

敬礼！

您忠实的德朗

最终李仙得答应了。但是，与预想的一样，美国政府并不支持他的行为。正当他郁闷惆怅时，菲什还暗示，关于李仙得在美国的真实身份，德朗欺骗了日本政府。而且，他还利用李仙得的影响力，使日本天皇委任其要职。

菲什12月30日写这封信的时候，还未收到德朗于12月19日给日本外务大臣的信。信中明确提到了李仙得在美国的职务，内容如下：

尊敬的外务大臣副岛种臣先生：

很荣幸收到您明治五年十一月十八日关于日本政府聘用李仙得将军的信。我也给他写了一封信，强烈希望他从美国政府辞职后，接受天皇的任命。对此，近日他已答复。

首先，他已向美国驻厦门领事馆提交了正式辞呈；其次，他同意我告诉您他接受上述任命。

　　致敬！

德朗

美国驻日大使馆

1872年12月19日

（未完待续）

插图说明

THE ILLUSTRATIONS

　　本期有四幅图片与常胜军的故事有关,这些图片都由麦嘉湖博士提供。其中有两幅是昆山的照片、一幅是松江的桥,另外一幅是环首——清朝人称为"背娘舅"的木版画。从昆山水闸的照片中可以明显看出,昆山的城墙遭到了炮火的重创。这张照片由已故的坎米奇(Cammidge)先生在戈登进攻昆山后不久拍摄。松江的桥位于城外。马格里博士刚把"高桥"号蒸汽船停在这座桥下,白齐文就把它抢走了。此处距河口大约有三英里,河流最后汇入黄浦江。

　　下文引自白拉克斯顿上校的《长江沿岸五月》一书中关于重庆景观的描写:

　　从江上看过去,重庆西部的乡镇都很残破,没有什么高墙。往东,江对岸是连绵起伏的群山。山脉有的呈东北走向,有的呈西南走向。其中有数不清的小山峰和山脊,大约高于江面500—700英尺,距离城镇最近处大约有1.5英里。从重庆往东行的大路有很多级石阶,在山上蜿蜒。一座山顶上有很多寺院,其中还散布着很多其他的庙宇。面向重庆及长江的山坡上有一些漂亮的房屋。

松江的桥
SUNGKIANG BRIDGE

6月初，我们沿江而下时，在这里耽搁了几天。由于没有事情做，博士和我登上了山，参观了"尖顶塔"。我们沿着台阶爬上了陡坡，一路上经过了很多饭馆。这种饭馆在大城镇附近很常见。苦力和搬运工在长途跋涉、困苦劳顿之后，可以在这里休整一下再继续上路。他们在这里花钱买酒、消磨时间，直到必须离开为止。其中一家饭馆，穿过一座拱门，有屋顶遮蔽。这里有一大桶热茶，上面漂着一把竹勺，方便所有想喝茶的路人取用。石头上的刻字表明，此处的茶水是免费的，由某位乐善好施的人设立、维持。在清朝，这样的事情很常见。富人认为，这种公益捐助是善举。近年来，设于公共场所的喷泉式饮水器在英国很流行。但在这方面我们落后于清朝人，因为我们的饮水器喷出来的不是茶。我们还看到江上一些地方与之类似，有免费的摆渡。

扬子江上游的重庆
AT CHUNGJING, UPPER YANGTAZE

赵省伟 主编
| 第十九辑 |
找寻遗失在西方的中国史

东方历史评论·影像

西洋镜

《远东》杂志记录的晚清 1876—1878（下）

邱丽媛 李姝姝 邹静 译

SPH 南方出版传媒 广东人民出版社
·广州·

NOVEMBER

英国皇家亚洲文会北中国支会
NORTH CHINA BRANCH OF THE ROYAL ASIATIC SOCIETY

10月16日星期二晚上,英国皇家亚洲文会北中国支会冬季第一次成员会议在澳门路的文会会议室举行,会议由金斯密(Kingsmill)主席主持。

总结完日常工作之后,麦嘉湖博士展示了一个装有刺鼻鼻烟的黄铜鼻烟壶,说清朝富人为了预防霍乱,习惯随身携带这个瓶子。鼻烟由许多并不难闻的原料制成,主要成分是嚏根草,能够刺激神经。当其他救治方法,如热敷和兴奋剂不能使患者复原时,这种强烈刺激嗅觉器官的鼻烟往往可以收到奇效。鼻烟壶通过一个巧妙的装置,将瓶中的粉末注入鼻子,可以让人清醒。

博士还展示了一张台湾东北部硫气孔[1]周围的照片。泰恩托(Taintor)曾在文会上宣读过一篇类似的文章。文章中写道:这里有一种独特的建筑。这种建筑在福建省的野外和清朝其他偏远的地方也可以看到。这种环形的建筑修建在山顶上,里面分成不同的部分,住着家族的不同分支,中间安置着家畜和农用器具。博士还提到,俄国探险家佩斯彻沃斯基(Peschewalsky)写信说,他不止一次拍摄到了野生双峰驼。青海湖西部长着甜美的橘子,这一说法现在仍有待证实。他还描述了南方的蚁灾。一支出自俄勒冈州森林里的美国旗杆,立起后不久,就被这些杂食动物啃成蜂窝后倒下了。如果这种白蚁被带到美国温暖湿润的地方,它们的破坏性将比科罗拉多甲虫更大。一般而言,生长着有毒植物的不远处一定会有解毒的植物,害虫也是如此。一种小黑蚂蚁是这种白蚁的天敌。前几天,两队蚂蚁之间发生了一场战斗,死伤的都是白蚁一方。黑蚂蚁将白蚁抓住掳走,而白蚁毫无反抗能力。烟草对白蚁而言也是致命的毒药。有人带来了一盒雪茄,一打开,就发现雪茄对这些白蚁是致命的。相比吸烟的人,嚼烟草的人更该受到警告。

主席认为,是时候开始进行晚上预定的日程了。他请利特尔(Little)阅读了一篇文章。这篇文章是一位匿名绅士发给文会的,题目是《以帝王祭拜天地仪式的变化为例论述中国人的自然崇拜》(The Nature Worship of the Chinese as Exemplified in the imperial Sacrifices to Heaven and Earth, with a Translation of the Ritual),仅作为文会的内部文件。本刊随后会刊登这篇文章,在此我们只做简要说明。作者在仔细查

---

[1] 火山喷气孔会喷发出各种气体,其中喷发硫化物质的就叫硫气孔。——译者注

阅相关古代作品后，简要叙述了天、地、人（祖先）三种崇拜的历史，最后指出，中国宗教有唯物主义倾向，没有犹太人的耶和华那样人格化的上帝。文章很长，夹杂着论证其观点的引文，并详细说明了中国古代与这种崇拜有关的仪式。对研究者来说，文章中的大量研究都很有趣，但作者并未将归纳的基础阐述清楚。而且，听报告的很多人主要对祖先崇拜感兴趣，而这一点文章讨论得却非常肤浅。

宣读完文章后，慕维廉说，他对这篇文章很失望，其内容值得商榷。中国的宗教具有伦理性质，祖先崇拜早在孔子之前就产生了。而作者认为祖先崇拜在儒家、佛教和道教的框架之下产生，认为中国人只崇拜物质世界。现在，没有一个聪明的中国人会说他崇拜物质形象，他崇拜的一直是这一形象所代表的精神。理雅各博士翻译的《明代礼制》（*Rites and Ceremonies under the Ming Dynasty*）表明，在任何情况下，人们所拜祭的都是物质的化身——神灵。如果从经典古籍中寻找中国崇拜的意义，必须参考尧舜时代的作品。上帝一般被称为"皇天上帝"，"神"则稍微低一等。究竟从何时起，上帝被人们所遗忘，为"天地"所取代，我们无从考证。但是，如果人们忽视了上帝的存在，还有什么比天地更适合崇拜？中国人跟我们一样，经常用"天"来代指上帝。天高于地，而神并不比我们的天使更重要。最后他说，他认为这篇文章谈论的话题太片面，令人不满。

杜德珍（Dudgeon）医生赞同慕维廉的说法。在他看来，会上的这篇文章根本没有抓住祖先崇拜这一主题。如果你告诉一个中国人，他崇拜的是物质的"天"，他不会赞同你的意见。中国人所说的"天"指的是住在天上的"人"。这从北京人经常说的"老天爷"就可以看出来。这跟道教的"玉皇大帝"也不一样。

陆佩（S. Roberts）牧师认为前面两位发言者的批评太严苛了。文章以广阔的视野探讨了对天的崇拜。所有本土宗教系统都认可其创造和滋养的力量。在他看来，对天的崇拜的实质是生殖崇拜。中国古代的上帝跟朱庇特相当。朱庇特被称为上帝。中国人尽管有辉煌的文明和深奥的哲学，却不知道犹太人和我们的上帝。中国人的这种唯物倾向体现在唯物主义者邹（Chau）夫子对经典著作的评论中。

主席总结道，这个问题相对虚幻。来自帕米尔高原方向的周人创立了中国，带来了中亚与《梨俱吠陀》和古希腊神话相似的泛神论。乌拉诺斯和克罗诺斯让位于宙斯，伐刺拏让位于因陀罗，上帝让位于天，这是自然崇拜的最后残余。

按惯例会议以对文章作者的鸣谢结束。

李仙得

LE GENDRE

现在，日本政府已经正式聘用李仙得。李仙得的第一个建议就是向清朝派遣使节，弄清清朝政府对于台湾事务的态度。这一任务落到了副岛种臣的肩上，李仙得陪同。当时，北京正要举行会谈，日本公使正好可以及时参加。

前面讲过，李仙得发表于 1871 年《商业关系》上的系列文章，使得他与美国驻北京公使镂斐迪关系很差。[1] 镂斐迪想尽办法阻止李仙得与日本公使一起访问北京。1872 年 12 月 26 日，他写信给德朗：

"关于派公使到清朝及任命一个美国人为副使一事，很遗憾，我的意见与阁下不同……倘若派遣日本公使会对当前形势产生影响，那么让一名美国公民陪同或许不会受到强烈反对。但即便如此，还是有很多合理的反对意见，我不赞成如此尝试。"

镂斐迪坚信，副岛种臣有意打破目前的友好关系并宣战，以免吃闭门羹。这些谣言都是空穴来风，但已经传开了。而副岛种臣认为，这可能有助于他成功，便从不反驳。据说，镂斐迪已经得到批准离开北京，以免皇帝拒绝接见他。我们无从确认这件事的真假，但清朝政府肯定相信了。在这种情况下，他对总理衙门也有一定的影响。他很清楚这一点，他曾夸口说，如果不是因为他在北京，会谈就不可能实现。谈判悬而未决时，李仙得从未对这些说法提出异议。但他离开北京后，得知日本公使、法国公使以及俄国特使在解决这一问题方面最为关键，便在《字林西报》上发表了一篇文章，赞扬副岛种臣。从会谈开始，镂斐迪对李仙得的嫉妒和怀疑就十分强烈。在他给公使馆的信件[2]中，这种情绪表现得很明显。这本就很不明智。他还说，同事们也有相同的感觉。

1873 年 5 月 13 日，镂斐迪在给菲什的信中说道：

"李仙得在这件事上的行为[3]给我的同事留下了很差的印象，显然增强了他们对他的嫉妒和怀疑。如果他在与驻清朝的各国公使们打交道时还是不够谨慎的话，我担心他在场会对日本不利。"

实际上，除了华若翰和镂斐迪之外，没有一位公使表现出对李仙得的嫉妒或怀疑。相反，李仙得愉快地承认，如果没有他们的协助，副岛种臣可能不会那么成功。

尽管李仙得不会被镂斐迪这样的反对者吓倒，但他从德朗那里得到消息，他将遭到北京外交使团的强烈反对。他知道与镂斐迪讲和已经毫无希望，便建议副岛种臣更坚定

---

[1] 见 1873 年《商业关系》，第 116 至 119 页，镂斐迪先生致菲什先生。
[2] 见 1873 年《商业关系》，第 116 至 119 页。
[3] 镂斐迪指的是李仙得对西方公使们的礼节。他们只是特使，而副岛种臣是级别更高的大使。

地维护他的权力。实话实说，副岛种臣不需要这样的建议。由于他的坚定、与清朝人交涉的能力，以及一位外国公使的宝贵援助，副岛种臣达到了目的：他得到了清朝的重视，不但面见了清朝皇帝，还从总理衙门那里了解了清朝政府对于台湾问题的态度。

1873年8月，副岛种臣在李仙得的陪同下返回东京。镂斐迪去美国的途中曾路过日本，他几乎在跟所有人谈话时，都在说李仙得的坏话。由于镂斐迪的离间，李仙得不得不应对他人的算计。因此，李仙得很快就被当成最顽固的敌人，处处受排挤。然而，他当时正因事羁留于日本，只得继续服务于日本政府。副岛种臣离职时，李仙得也想辞职。但公使请他留下，协助日本政府解决与中国的纠纷。这时，他已把关于中国台湾的笔记整理好，对中国台湾各地的情况做了详细的描述。[1]

尽管上述一切都对他不利，但李仙得在东京的时候，完全漠视周围发生的一切。直到1875年，他向日本政府递交辞呈的前一天，他才应日本财政部长的要求，把关于中国台湾的手稿复印件交出来。佐贺（Saga）叛乱发生前不久，日本政府决定入侵中国台湾。由于李仙得已决意辞职，人们相信他不会参与其中。日本内务大臣大久保利通和大藏大臣大隈重信想与他会面，咨询入侵中国台湾的最佳方式，于是隆重致信：

天皇之臣大久保利通和大隈重信先生有要事望与李仙得阁下相商，如允，请于本月30日星期五上午十一点半前往岩瑞馆（Yenrio Kuan）。

同时，也希望于当日下午一点一同会见柳原前光（Yanagiwara）、平井希昌（Hirai）和郑永宁（Rei）先生。

请复。

东京，1874年1月

然而，批评李仙得的人说，由于他与日本政府的联系，才致使日本入侵中国台湾。《日本邮报》（Japan Mail）编辑豪厄尔（W. G. Howell）写信给伦敦的《泰晤士报》说："使团回国后[2]，李仙得不断向外务大臣强调入侵中国台湾的重要性。"

当时，李仙得还不认识日本外务大臣岩仓具视。在日本外务大臣从欧洲回来后，李仙得从未向他强调入侵中国台湾的重要性。在他受命参加日本入侵中国台湾的军队、要赶去

---

[1] 该手稿有500多页水彩画，描述了中国台湾岛、岛上的原住民及其生活方式。原稿包含三卷四开本，每卷300页，另外还有一卷地图和一个附录。文笔优美，尚未发表。
[2] 指岩仓使团访问欧洲。

长崎的前一天,在太政大臣为他举办的告别晚宴上,他第一次见到了日本外务大臣。当时,李仙得的确任职于外务省,但在副岛种臣退休之后,他一直在自己的房间里办公。在这次会面之前,他甚至没有机会见到副岛种臣的继任者寺岛宗则。

由于日本方面的记录难以获得,对于李仙得从1874年1月到他辞职期间在日本的经历,我们知之甚少。1874年5月当日本军队从长崎驶向中国台湾的时候,上海有传闻说,他受到了日本政府的重责。原因是他建议日本派出的日本军队数量超出实际需要,导致日军在春末才出发。这不但引起了清朝对日本意图的怀疑,而且使日军承受了6月高温的折磨。但事实是1874年1月他才与负责入侵中国台湾的官员第一次会面。而日军的行动之所以被延迟很久,是因为佐贺叛乱以及美国驻日公使的意外干涉。如果没有这些阻碍,日军本该在2月底就抵达中国台湾。

因日本人可能会面临很多突发状况,有必要做好应急准备。在李仙得绘制的中国台湾地图上,在十八社(因为他们受到威胁时,习惯听命于一个总头目,因而这样称呼他们)所在地以西,一块长长的盆地坐落于矮山之间,面积约19平方英里,被称为琅峤地区。这个地区,散落着混血居民的村庄。一旦需要,首领可以召集5244名可以战斗的勇士。他们擅长山地战,装备有精良的火绳枪、短弯刀、长矛和弓箭。1867年,经过荷恩和必麒麟仔细的人口普查,当地有2580名战士分布在约59平方英里的土地上。他们装备精良,训练有素。李仙得将这些数字提供给了日军指挥官西乡从道。

毕业于西点军校的华森(Wasson)上校参加了日军的行动。他的报告称当地配备火绳枪的士兵有2360人。但他只是探访了琅峤地区很小的一部分,因此其人数是不准确的。在日军登陆之后,在李仙得协调下,当地所有混血居民的首领被迫选择支持日本人。他们虽然没有加入日军,但告诉了日本人当地的情况。几天后,2360名原住民战士中有1673人加入了日军。这样日军要面对的敌人只有687人,而不是原以为的一支7017人的敌军,很容易取胜。另外除了子弹,还要警惕他们在水里投毒等。若没有当地首领的支持与原住民战士的加入,李仙得的计划可能会失败,如果真的失败了,从日本到中国台湾的3000名士兵中很多人将埋骨他乡。[1]

从外交函件及豪斯(House)与日军的接触中,我们了解到,1874年5月,李仙得一直陪同日军到达了长崎,待他们启航后,才奉命回到东京。从那时起,李仙得对日本政府才产生了与他能力相当的影响。当然他也受到了除《日本公报》(*Japan*

---

[1] 见《东京日报》(*Tokio Journal*)1874年6月20日关于日本首次入侵中国台湾的报道,作者是西乡从道麾下的克沙勒(Cassel)少校。

Gazette）和《日本回声报》（L'Echo Du Japan）之外横滨所有外国媒体的谩骂和指责。

　　1874年7月，他被任命为特别办务使，负责与福建总督商讨台湾事务。[1] 可是刚一登陆，美国海军就依照美国驻上海总领事熙华德的命令逮捕了他。[2] 美国国务卿在致熙华德的公文中，对逮捕一事表示了强烈谴责：

　　"李仙得是美国公民，曾为本国政府尽职尽责，最近被日本天皇派往清朝处理要事，却被本国领事馆逮捕。因此，除非事态严重，且有充分证据证实其罪行，否则不应对他提起刑事诉讼。在判断逮捕他是否合法、是否应将其羁押时，领事馆需要先明确对其的指控以及是否有证据支持。而相关部门的函件中几乎没有这方面的任何信息。……基于这些原因及上述事实，逮捕李仙得一事并无法律依据，不能得到批准。如果逮捕的是外国政要，美国方面恐怕会采取积极行动。"[3]

　　然而，日本政府未对此事采取任何行动，也没有提及不采取行动的原因。如果日本政府认同国务卿所说的领事馆逮捕李仙得并无法律依据，无疑会要求赔偿。事实上，被捕时，李仙得没有申诉。他也从来没有向美国或日本要求过赔偿。他只是以一名日本公职人员的身份提出抗议。作为一名美国公民，他对法庭的错误指令感到伤心。[4] 但美国政府不会那么好心，给他补偿。考虑到美国在日本的利益，他们可能会费尽心思公开对熙华德总领事的谴责，并将他们的行动告知日本。恐怕，他们也只能做到这些。

　　如果出于种种原因，日本不方便向美国要求补偿，那么唯一正确的做法就是自己提供补偿。但日方什么都没做。我们不得不说，与清朝人对待他们任用的外国人相比，日方对所任用的外国人是如此自私冷漠。事实上，日本才是最应受到谴责的，尤其是在这件事情上。李仙得对日本尽职尽责，却遭受如此灾祸。我们不光为此事感到不平，更为日本感到遗憾。东京外务大臣寺岛宗则犯了个愚蠢的错误，他并未对外告知李仙得已被日本政府任命为与清朝政府交涉的特别办务使。熙华德宣称，如果日本发出了这样的通告，他绝不会下令逮捕李仙得。不过毋庸置疑，如果这件事发生在中日突然爆发战争之时，寺岛宗则的这一错误则会导致致命的后果。因为如果这时李仙得前往福州，会被福建总督当成间谍而逮捕，甚至会经审判后处死。而在这种情况下，书面指令几乎没有什么作用，因为清朝人本就有

---

[1] 见1874年外交函件，第309页；另见《日本入侵中国台湾》，豪斯著，东京，1875年，自第189页。
[2] 见1874年外交函件，第331页。
[3] 见1874年外交函件，卡德瓦拉德（Cadwallader）致熙华德，第425号，1874年11月2日。
[4] 见1874年外交函件，第309页，李仙得的抗议。

权忽视这一文件。使这一意见引起重视的是宾含（Bingham）。他说，李仙得被捕时持有日本的军事委任状。[1] 我们不知道事实是否如此，但可以肯定的是，熙华德坚信李仙得前往中国台湾，很可能要参与对清朝的战争。因此，日本外务大臣的行为对李仙得被逮捕负有很大责任，日本政府有义务及时对李仙得进行补偿。

当时，很多亚洲国家都被指责"一旦不需要他们出力，马上就没有了鲜花和掌声"[2]，而清朝并非如此。对于那些为清朝政府服务的人，总理衙门相待甚厚。他们不仅获得了至高的荣誉，还得到了优厚的酬金。如果将来有人为清朝服务，他们一定会像戈登和日意格一样尽职尽责，无惧后果。因为他们知道，清朝对那些忠诚奉献的人心怀感激，分别时一定会让他们受到全世界的赞赏。熙华德在给卡德瓦拉德的一封信中写道：

> 清朝所有官员都对逮捕李仙得一事表示赞赏。……他们认为李仙得推动了整个事件的发展，而且似乎认为，如果他被免职，就有机会与日本和解。[3]

关于此事，1874年的上海报纸竞相报道。可能因为总领事的这句话，在大久保利通完成条约事宜之前，李仙得已经被责令离开北京了。尽管这并非事实，但清朝人当然希望李仙得被免职。豪斯在对日本侵入中国台湾一事的记载中指出：他们原本打算付出一定代价让他被免职，[4] 不过并未成功。

1874年10月25日，李仙得离开北京。但这是他自己的决定，其原因显而易见。大久保利通与清朝人的协商已经完成。清朝人要么接受日本的条件，要么承受两国断交的后果。如果结果是后者，大久保利通本该离开北京，而且正如他与李仙得告别时所说，他走了就永远不会回来。所有了解大久保利通的人都相信他言出必行。这些细节我们是从李仙得本人那里获知的。

北京谈判结束后，李仙得回到了东京。1875年7月7日，他关上办公室的门，递上了辞呈。太政大臣对此的答复如下：

致李仙得阁下：

明治八年七月七日，我接到了阁下的辞呈。自明治五年十二月以来，阁下在清朝台湾事务中为我国尽忠职守。自明治六年公使将前往清朝及清朝台湾的事务提上日程时起，

---

[1] 见1874年外交函件，第690页，宾含致卫三畏。
[2]《三百年来与中国的关系简史》（英文），麦里先（Baron De Meridians）著，1871年，第87页。
[3] 见1874年外交函件，第341页。
[4]《日本入侵中国台湾》，第179至180页。

阁下为我国殚精竭虑、数进忠言，成就我国佳名，事例不胜枚举。如今，对清朝台湾的军事行动已然结束，"台湾事务局"[1]业已完成使命。于此您提交辞呈。尽管对您极为不舍，政府仍将批准。然倘您完成目前从事之业务，政府将允您休假两月。此后我国政府事务将与您再无瓜葛。

　　谦恭拜上

太政大臣　三条实美（签名）[2]
明治八年七月二十七日（1875年7月27日）

　　从那时起，李仙得与日本政府的联系就终止了。后来，他曾在参议兼大藏大臣大隈重信手下任职。不过这只是临时需要，没有正式官职。尽管经常有传言说他利用与日本政府高官的交情为自己牟利，但事实上他从未如此。他从日本天皇那里获得的唯一认可就是"准二等出仕"。目前，他赋闲在东京，整理他在远东十年的职业生涯中做的笔记，修改一些重要文件的译文——这件事待他返回美国后就不好做了。

---

[1]日本为入侵中国台湾而设置的机构。
[2]见《纽约先驱报》（*New York Herald*），1875年9月22日。

华尔、白齐文及常胜军传（七）

MEMOIR OF WARD AND BURGEVINE, AND OF THE EVER-CONQUERING LEGION

前面提过，"飞而复来"号被抢走后，李鸿章气愤地向所有领事发了一封信。在此，我们摘录了那份收录于英国蓝皮书中的文件，从中可以看出清朝政府对此事的看法。

李巡抚就白齐文一事向女王陛下的领事发了一封信函。此前，戈登为白齐文说情，表示他后悔加入了苏州太平军。而现在他已经逃了出来并被送回上海，并请求不要再起诉他。清朝政府出于包容，没有坚持对他施行严厉的惩处，只是写信给美国领事，要求立即将他驱逐出境，返回自己的国家。同时，严禁他再次回到清朝，以免引起不必要的麻烦，同时也是为了保全美国人的声誉。

美国领事随后回信表示，他知道白齐文不宜再留在上海，会立即下令让他回国。李巡抚还以个人名义催促白齐文马上离开，以免引起两国纠纷，破坏双方日益增进的友好关系。美国领事也以个人名誉承诺他会照办，表示白齐文的伤一好，就马上把他送回国，并向巡抚汇报。不过，许多天过去了，巡抚并未收到有关白齐文将要离开的汇报。当他正想再次询问时，就在1863年11月15日，他突然收到消息，称白齐文的同伙劫持了"飞而复来"号蒸汽船，驶向苏州。事实上，在巡抚收到这个消息之前，负责监管这艘蒸汽船的官员就已经提醒过他，说白齐文曾跟两个外国人一起，强行登船，借口乘船去戈登总部。而且白齐文还派了一个黑人去香港，试图召集一批亡命之徒抢走这艘船，送给苏州的太平军。果然，午夜时分，三个外国人划着小船，强行登船。白齐文从船舱中走出来，想找刀子割断缆绳，让船随波逐流。懂外语的人试图阻止他，但被他打得头破血流。他还殴打了负责看管该船的官员和士兵。

接到上述报告，巡抚震惊不已。白齐文曾加入苏州太平军，罪大恶极，无论依据清朝还是外国的法律，他都犯了死罪。显然，美国领事早就有责任对白齐文施以合理的惩处。巡抚已经十分仁慈了，他并没有什么过分的举措，只是吁请美国领事将白齐文送出清朝，以免发生更多的悲剧。如此看来，白齐文之所以还能在上海自由行动，再次惹是生非，是因为美国领事并未按照约定履行他的责任。

白齐文加入苏州太平军时，劫走了"高桥"号，而此次他带人劫走了"飞而复来"号。领事的动机我们不得而知。在各国的交易之地上海，中外官员在各种事务的管理上早已联系密切。迄今为止，双方小心地遵守着各种条约，谆谆教诲相关人员遵守秩序。现在，白齐文造成了如此大的骚乱。如果不公平合理的处置他，如果双方不联合起来进行改革，那么，在各国的交往中将出现数不清的类似事件。

因此，巡抚不仅再次吁请美国领事将白齐文严密羁押并立即驱逐出境，同时给法国领事写了一封同样的信，还跟英国领事马安交换了意见。随同此信，他吁请熙华德先生严格按照法律的规定惩处白齐文，并将他立即送回国，以掐断骚乱的源头，维持双方的友好关系。

十万火急。

马安只能回信说："美国领事一定会根据情况采取相应措施。"上述来自李鸿章的信件和熙华德的回信都没有收录于外交文件中。但两年后，在讲述白齐文事件时，熙华德说："白齐文养好伤可以动身时，便被要求离开清朝。但他拒绝了，并且说戈登曾保证过他不会受到任何惩罚。据我所知，如果戈登真的这样做了，他就越权了。白齐文看上去一定要见戈登，确信他会介入此事。我原本安排"飞而复来"号的指挥官送白齐文去昆山。但他抵达"飞而复来"号的停泊处的时候，发现船已经不在了。他又上了另一艘美国蒸汽船。就在他上船之前，"飞而复来"号就被劫走了。美国官员们怀疑白齐文与此事有关，便把他逮捕交给了我。经过调查之后，我发现他与此事完全无关，这才算放了心。但是，白齐文仍然拒绝离开清朝。我便下令逮捕了他，并打算以发动叛乱这一罪名处死他。然而，在被监禁了几天之后，他决定去日本。这符合我提出的条件，我便同意了。我对他的说法深信不疑，因为那时太平军已日薄西山。而且，先前他从苏州逃了出来，不可能再与太平军搅在一起了。"

这一段时期，熙华德被白齐文弄得非常尴尬，而他却是白齐文唯一的希望。他很同情白齐文，却并不信任他，否则白齐文就不用远征了。事态紧急，但领事的权力却很有限。而这样的情况多次出现，反映出我们的行政系统的落后。戈登知道他可能会毫无缘由地被警告、驱逐，因此落入了白齐文的圈套。

白齐文"最好的朋友"钟思上尉，就是被他射了一枪的那位军官，在美国领事馆宣誓称，白齐文获得了几家上海大公司（明确提到了美国的商人）的同情，他们正积极运作，希望可以让白齐文抵抗太平军。不过商人们马上发表声明，否认曾同情、帮助、抚慰或鼓励过白齐文。

了解事件详情的人士普遍认为白齐文是无辜的。船上的一个马尼拉人证明了在这件事上白齐文是无辜的，他从被挟持的船上跳了下来游上了岸。美国人汤普森（Thompson）、英国人呤唎（Lindley）及20多名暴徒才是抢劫"飞而复来"号的真正祸首。他们强行登船，抓住刚被任命的船长、大副、轮机手和一个炮兵军官，将船开动，平安抵达了太平军的驻地。

他们得到了3万美元，并把这些钱一卷一卷地装起来，每卷是100美元。汤普森自己独吞了 2 万美元，声称这是他应得的。他说他不想听到任何相关的议论。他掏出了左轮手枪，这件事就真的没有人谈论了。这不是玩笑话，因为不久前，他刚让一个人的脑袋开了花。汤普森之所以狮子大开口，是因为前任船长在文件中否认勾结劫犯，所以失去了本应得到的份额。不过这笔钱对汤普森而言也没有什么用了，不久他就因抢劫及杀害清朝人被逮捕关押。刑满释放后他去了日本，被指控企图在东京纵火后，便去世了。那个英国人就幸运多了。他不但逃脱了应得的绞刑，还写了一本肤浅的有关太平天国的书。在书中他将自己描述成了英雄，而把那个美国人描述成了懦夫。

这一系列文章的目的是讲述常胜军的历史。其中，与华尔和白齐文相关的就是这些。下文我们不再详细讲述这支队伍的经历，而是简单总结一下其事迹。

在双方交战中，被俘的清朝士兵命运很悲惨。无锡被攻破之后，城中都是他们烧焦了的尸体。显然他们在死前遭受了残忍的折磨。太平军之所以对他们如此残忍，要么是因为俘虏不想加入太平军，要么是因为清朝政府背叛了他们的首领。不过这跟我们写的这段历史没什么关系。

1863 年 12 月 3 日，苏州的太平军向李鸿章和戈登投降。常胜军在此停留了两个多月进行收尾工作。戈登与李鸿章约定，赦免这座城中的太平军将领，然而他们却被杀了。戈登因此拒绝服从命令，直到清朝政府惩处了言而无信的李鸿章。但随后，他又觉得李鸿章并没有他原本以为的那样罪责深重。于是仕次年的 2 月中旬，他又重新踏上了战场，接连三个月不停地征战。期间，他吃了两次败仗，身负重伤。其中一次，他的 7 个外国军官被俘遭戮，还有一次常胜军死伤更加严重。

他们攻陷的最后一座城市是常州。在这里戈登吃了一次败仗。在此之前，一个在太平军中待了十四个月的美国人逃跑了，这让他们打开了一个缺口。"飞而复来"号的 32 磅重炮并没有对戈登的部队造成伤害，又被夺了回来。攻陷常州后，除了护王（The Martial Prince）府之外，士兵们可以肆意劫掠 24 小时。"飞而复来"号上的物品就放在护王府中，但大都不见了。护王成了俘虏后也被处死。常州战役胜利后，清朝军队可以独自应付接下来的战局。依照英国议会的命令，英国军官不能在清朝皇帝的军队中服役。不过，因为苏州杀降一事，军官们对此并不感到遗憾。

5 月，常胜军在昆山集结后就被解散了。李鸿章对他们很慷慨，根据军衔高低，他给了每个军官 500 至 5000 美元不等。戈登拒绝了皇帝赏赐给他的 1 万两银子。因此，他离开清朝的时候比他来的时候还要穷。

白齐文很快被逐出清朝。但在 1864 年 3 月，他又从日本回到了清朝，但被熙华德关在了监狱里。一开始他同意接受审判，后来又决定回日本。在日本待了将近一年后，他又秘密回到了上海。这时，太平天国已经被镇压了，太平军余部还在福建东南部活动。白齐文或许试图参与其中。据说，他去了厦门，也有人说船是偶然停靠在那里。而厦门不远处的漳州城为太平军所占据。有一个叫马修（Matthews）的美国黑人，曾在松江军队食堂中做过服务员。据说白齐文抵达时，他在厦门海关做水上稽查员。这个人虽然没什么知识，却能说一口流利的汉语。汉语口语跟书面语不同，通俗易懂。学习它的人不需要花多大力气，也不需要有文化基础。一些有天赋的人甚至只要听到一个词就能记住并正确使用了。因此，在清朝待了一年的印度水手有时会让汉学家们感到羞愧。这些有文化的人成年累月地试图分清汉字声调。

这个黑人为了得到赏金，把白齐文抵达厦门一事汇报给了当地官员。他骗白齐文说要带他到太平军的营地，但却把他交给了政府官员。美国驻厦门的领事申请将白齐文扣留，但没有得到批准。他马上经由陆路被押送到了福州。他写信给美国驻福州的领事，抱怨自己遭到了残酷对待。同时，一个同路的英国囚犯也写信给他的领事。但这两位领事都没有获准去见他们。福州总督回信给英国领事说："白齐文屡次犯错都得到了朝廷的赦免。他已恶贯满盈。即使依照他自己国家的法律，他的所作所为也多次违反了法律。因此，他被中外双方所唾弃，对他不该再怀有怜悯之情。此外，美国领事熙华德已经给上海的丁道台[1]写了信，表示如果将白齐文交给他的话，他不会惩罚他。美国领事明知白齐文不应再回清朝，却已经代表美国政府放过了他。但既然他已经回到清朝，那就应该为他过往的罪责付出代价，而且他又一次帮助了太平军，罪责深重。他在苏州犯下的过错也许会再次出现。既然外国官员没有约束他的能力，那就遵照清朝法律根据他所犯下的新罪和旧罪由清朝政府一同论处。至于那个英国人，鉴于这是他第一次犯错，就交由领事严厉惩罚。"

随后，这个英国人、一个国籍不明的外国人，和白齐文一起，由福建押到钱塘江上游的苏州，去见巡抚李鸿章。这一路上他们要经受的考验，对任何熟悉清朝囚犯遭遇的人来说都会觉得很痛苦。

当白齐文被捕的消息传到北京后，恭亲王和美国临时代办卫三畏博士（蒲安臣因休假不在任）进行了会谈，一致同意白齐文应该由清朝人羁押起来，等待国务卿的指令。我们认为，鉴于美国官员对白齐文的起诉以失败告终，美国政府还是少插手为妙。但国务卿西沃德的指令在这个犯人死后很久才到达。内容如下：

"尽管这个罪犯受雇于清朝政府，但他始终是美国公民，所以必须遵照美国法律来裁决。如果在审判中有明确的证据证明他的罪行，也许他应该由清朝人羁押。但这是建立在

---

[1] 丁日昌（Ting Jih Ching），著名改革家，曾任福建巡抚。

美国政府为维护国家尊严而自愿的基础上,而不是出于条约规定的清朝人的权力。"

后来,卫三畏博士在传达这一决议时,趁机就白齐文在福州的遭遇谴责了清朝政府:

"在福州,美国和英国领事接到了白齐文的便条,抱怨他遭受了残酷轻侮的对待,且没有足够的衣服和食物,请两位领事来探望他。但代理总督没有应允对他的探望。清朝官员逮捕美国公民后,应好好对待,把他交给距离最近的通商口岸的美国领事。他的罪行将由领事认真调查、合理判决。美国政府在任何情况下,都不会同意将这样一个罪犯秘密地从清朝一地带往另一地,因为这是对两国条约精神上和字面上的双重违背。"

恭亲王在回信中,表示希望不再有这样的事情发生,并希望将来美国人不要再加入清朝人的叛乱。如此一来,清朝政府便没有机会拘禁或关押美国公民了。

我们再次听说他的消息,是在浙江巡抚马新贻寄给李鸿章的一封电报中。这是白齐文事业终结的地方。闽浙总督左宗棠[1]担心福建的叛民可能与白齐文串通,认为让他长期待在福建并不安全,因此将他和另外两个外国犯人押走了。1865年6月26日中午,他们到达汇潭。汇潭是钱塘江的一个支流。此时东南风风势强劲,促使钱塘江水猛涨。猛涨的江水涌进汇潭,愈发汹涌澎湃。小船开始在湍流中倾斜。一阵狂风袭来,在风与水流的相互作用下,小船被掀翻并被完全淹没。渔民和附近的民众很快跑到事发地点展开营救。九名士兵被成功救出,但是一名中尉、三名犯人、一些小官员以及船主等十三人,被巨浪冲入水中淹死了。一艘小船立刻被派去拉网搜救,最终在湍流的下游找到了三名外国人的尸体。之后,他们又找到了其他人的尸体。经过一番调查后,他们被小心地放入了棺材。当卫三畏博士得知此事时,向恭亲王询问了尸体的处置方式。

同时,关于此事的流言蜚语在宁波传播开来。传言说,白齐文和同行的罪犯生前曾遭到无情地折磨、毒打,而这艘船的倾覆并非意外。驻宁波的英国官员在对尸体进行检查后,接受了关于本国罪犯死亡原因的官方声明,没有继续追究。熙华德却认为,这起案件还需深入调查,于是便派副领事李维斯(Lewis)和翻译官艾伦(Allen)到兰溪(Lanki)去调查这件事。

道台选派了一名姓沈的官员(此人自此以联合法庭的法官而闻名,还加入了云南马嘉理案的调查委员会)来协助李维斯。在兰溪的调查使艾伦先生确信,清朝官员关于灾难的说明是正确的。李维斯却抱有疑问,因为官员们拒绝让他打开与三名外国人一起淹死的三个人的棺材。从事件发生到报告给熙华德之间的时间如此漫长,加之这一情况,的确令人生疑。但是艾伦的结论是在仔细询问民众后,连同唐大人的证词得出的。唐夫人,这位英

---

[1] 这位年长的政治家和军事家,作为一个神话被大家广泛颂扬,名垂青史。他的正直,他在战场上的勇气,以及他作为领导者的精明,经常被人们提起。在太平天国运动期间,他在浙江战功赫赫。现在,他带领军队再度出征喀什噶尔。

国女士住在兰溪，她的参与极大地增强了这份记录的准确性。

后来，白齐文的尸体被运到上海，经约翰逊（Johnston）医生检查后，并未发现毒打的痕迹。如果他是被毒打致死，即便到这时，也能检查出一些蛛丝马迹。他的遗体被放置在新建造的公墓中，墓碑上写道：

沉痛悼念

亨利·安德烈·白齐文

将军、常胜军首领，服役于清朝

生于美国北卡罗来纳州纽伯利

溺亡于浙江省兰溪附近的钱塘江

1865年6月25日，享年29岁

熙华德领事将这件事的完整报告递交给美国驻北京公使馆。他们已经接受了关于白齐文死亡原因的官方说明，不再提起此事。几年后，出卖白齐文的马修来到上海，但他很快就去了别处。因为这里仍然有人试图寻找机会杀掉背叛常胜军的人，为白齐文报仇。[1]

本文结尾，我们简要介绍与常胜军历史有关的重要人物。在此我们对唐教授及其夫人进行简单介绍，因为唐夫人为白齐文的死亡情况给出了重要证词。

这对夫妇住在兰溪。兰溪是小船倾覆的地方，是金华下辖的一个县。金华的府学教谕由一位上了年纪的唐先生担任。他渴望了解外国事物，于是将住宅安置在距此最近的通商口岸。这位绅士的儿子，就是这悲伤而真实的故事的主人公。

他叫唐柏才（Pai-tsai），聪颖勤奋、能力卓著，他向曼哈顿（Manhattan）推荐自己。曼哈顿打算做一次环球旅行，并将旅行报告以中文出版。他相信唐柏才的能力，高兴地聘用他做文书。他们约定，每月支付一次薪水，作为这个年轻人离开期间妻子和孩子的生活费。

唐柏才确实很聪明。当这两位环球旅行者到达南安普敦时，唐柏才的英语已经说得非常流利了。他没有费多大工夫去学，看上去只是简单地背单词。他曾帮助曼哈顿准备关于日本的一系列讲座，还曾协助伦敦大学国王学院的萨默斯（Summers）教授。当时，萨默斯教授正在教一个班的年轻人学习汉语。这些年轻人将来要去清朝经商。一对学汉语的英国兄弟要求退出萨默斯教授的课堂，由唐柏才来教。因此，曼哈顿的写作计划就早早地结束了。萨默斯先生教年轻人学习汉语的计划也因此受阻。

---

[1] 上海的外国居民为纪念常胜军，在外滩公园外面立了一块纪念碑，上面记录着在大小战役中战死的48位外国军官的名字。

当两兄弟退学来到清朝后，伦敦一家报纸上出现了一篇报道，极力地颂扬他们及其老师。唐柏才被当成毕业于北京太学，在那儿曾与成千上万的人一起竞争，并力拔头筹的人才。在欧洲他被视作神童，伦敦也很高兴拥有这样一个人才。大英博物馆欣喜地雇佣他。伦敦大学因他接受了教授头衔而感到荣幸。国王学院本来就只有一个英国人担任汉语教授，现在对手居然抓住了这个聪明的过客，致使他们的汉语学生大大减少。国王学院现在肯定心存不满。曼哈顿先生也一定感到愤愤不平。

如今，唐柏才，或者说唐教授，是当地两个社团的成员，还有傲人的头衔。他穿得像一个助理牧师，打着白色的领结，在埃克塞特市政厅的舞台上，站在当时的维多利亚大主教身边。我们不讲他的宗教事业，因为那些屈尊纡贵地对待他的要人，也是这位教授的受害者。

曼哈顿不仅懊恼于自己的计划受阻，同时他还遭到了这位教授的污蔑。这太荒唐了。这件事的荒唐之处在于，很多明智的有钱人居然相信了这位教授的故事。简要说来，故事是这样的：唐柏才是北京一个王爷的儿子。王爷雇佣曼哈顿带着唐柏才环游世界。曼哈顿半是导游半是仆从，然而在旅途中他篡夺了主人的身份！这个不谙世事的天朝贵族男青年的人生遭遇，虽然有些离奇，但仍然散播开来。这个故事很容易让人相信。人们相信是曼哈顿诱拐了这个可怜的学者。因为曼哈顿是个美国人——"你知道的，他们本来就有绑架倾向！"

在伦敦大学的一次公开会议上，唐教授的名声达到了顶点。一个清朝商人和下院议员祝贺学院能够拥有这样一位优秀学者，他使教授之位生辉。但是，对于这位新晋教授而言十分不幸的是，演讲者将他的名字和曼哈顿联系起来。尽管演讲者没有冒犯曼哈顿，但在研读这份演讲稿时，曼哈顿还是觉得有必要在报纸上公开进行否认。

这并没有影响到唐教授的事业，也没有令公众怀疑他的虚夸。那时美国人在伦敦的地位并不高。当时，特伦特事件引起了人们的广泛关注。在七月四日及华盛顿诞辰日庆典上，曼哈顿非常活跃，通过演讲和写作，想要消解欧洲分离主义者的行为所带来的影响。也许他仅仅是庸人自扰，保守组织将他比作隐士彼得。因此，唐柏才在教授位置上坐了很长时间。

由于他的声明，曼哈顿先生接到了一个富商打来的电话。这位富商说一定要去拜访他，因为他所贬斥的唐柏才已经赢得了她女儿的芳心，他们很快就要举行婚礼了。当这位父亲听到曼哈顿坚持说这位教授的妻子还在清朝时，他决定惩处唐柏才的恶行。这位姑娘的个兄弟接管了这件事。结果，当这位教授再去她家时，便带着各种伤痛回到了住处，却不敢告诉任何人。无论是这个受到伤害的家庭还是教授本人，以后都没有再提起此事。

英国人最终让曼哈顿恢复了声誉。他的朋友要求进行一次彻底的调查。为此他们在一位世界知名的绅士家中专门召集了一场会议。参会代表来自国王学院、大英博物馆及一些协会。所有人都要保护他们的成员,但也不会故意损害这位美国人的声誉。尽管无论在哪里,人们都相信了这个清朝人的声明。清朝内地会的创始人戴德生站在曼哈顿一方,他证实在清朝亲眼见过唐柏才作为曼哈顿的随从。第一次发现唐柏才才华的那两个年轻人的父亲站在教授一方,他通过《伦敦清朝快报》(London And China Express)发表声明,称他的儿子现在在清朝,写信说唐柏才的确有相应的才能。曼哈顿对这场证词与现实之争失去了耐心,他在《伦敦美国人》(London American)上发表了一篇文章,声称如果举办一场国际无赖大赛(当年有很多展会),他坚信唐教授一定能拿冠军。

另一场会议是要测试唐教授是否具备作为教授的相应才能,需要他提交一份证明文件。因为他声称自己在清朝考取了功名,这话是在他某次聊天时不留神说出来的。伟烈亚力先生是伦敦当时著名的汉学家,他愿意参加第二次会议。上次关于曼哈顿的会议他没有出席。伟烈亚力先生只是瞟了一眼,就发现唐教授提交的文件是伪造的。唐教授将一张中文版《新约》扉页的花边剪下来,在中间空白处贴了一些中文便笺纸,写上一些适合当作证词的、饱含感情的句子。

在这次会议中最吃惊的人就是唐教授本人。他做了这么多不光彩的事情,却一直得到赞扬。他不明白为什么他只为自己写了几句美言,就让大家这么大惊小怪。过了一段时间,通过一件事情,他才意识到他真的被抛弃了。

那是在格雷夫森德(Gravesend),一艘驶往上海的豪华轮船即将启程。船长正在和城里的主人告别时,突然接到通知,说走廊被一个清朝人占据了。船长走下楼梯,发现有个牧师打扮的人坐在客舱里,叼着一根烟,两腿伸到前面的沙发上,正在跟乘务员要酒喝。船长发现这个闯入者是三等客舱里的清朝人,而且据他猜测,还是个免费乘客,便很不高兴。船长了解清朝人,认为他们就是上海码头的搬运工。他不能容忍这种胡闹,便叫这位前教授到面前来。但唐教授答道,他知道作为一名乘客的权利,他要维护这些权利,不会离开这个客舱。然而船长绝不让步。于是,唐教授被大副和乘务员扔到了码头上,连同行李一起坐着三等马车返回了伦敦。

我们可以猜到他回到伦敦后发生了什么。有些欣赏唐柏才的人想为他做点什么,也真的为他做了些事。一位成熟的女子住在某个广场边,因为她和家人的关系不太好。家人同意她住在广场边那个雅致的公寓里。她固执,受过良好的教育,有些浪漫情怀,而且富有魅力。欣赏唐柏才的人以他的名义在全国范围内发了求助信。有人在这位女士住的公寓里为他租下了一个房间。结果,这却给这位女士带来了不幸。

前文讲过这位前教授曾俘获许多英国女士的芳心。在此我们不会详述他引以为傲的冒险清单，否则这真实的记录会被当成浪漫的故事。但他的最后一次经历有必要讲述一下。

在林荫路上骑车、在公园里闲逛、漫无目的地远游、到简单快乐的地方旅行，这一切让我们的女士和先生相互熟识起来。面目黝黑的男主人公在这片美妙的土地上，找到了愿意听自己讲述丰功伟绩的耳朵。他向她讲述自己在北京宫廷中的生活，还乘着小船在京城清澈的河道中穿行。他拿出一块刻着"赠予唐柏才，女王"字样的金表。接下来，他出现在唐宁街，在外交部的走廊上和帕默斯顿首相聊天。恭亲王有时会通过他将信息传给首相。

爱情进展得顺利极了。婚礼最后在汉诺威广场的圣乔治教堂举行。本来应由女方家人出席婚礼的登记仪式，却由教堂司事将新娘交给了新郎。引座员作为见证人将她的名字写在登记册上。唐夫人，准确地说是排行第二的唐夫人，几天后回到她富裕的父母家中，三言两语告诉他们，自己已经嫁给了一位外国王公，然后匆忙坐上来时乘坐的马车离开了。家人们不知道她去了哪里。

"一位外国王公"，这是条线索，或许可以借此了解她这令人震惊的通知，或许能发现他们漂泊不定的女儿的踪迹。他们详细地查看了宫廷名录，特别是外国公使及其随从的名单，却找不到唐柏才这个名字。于是他们查找专家的名录，找到了一个与新娘所说的很像的清朝教授的名字。询问过伦敦大学的门房后，一个令人痛苦的事实呈现在他们眼前：这个教授因造假而被开除。他们又问了曼哈顿一些细节。得知这些消息以后，这不幸的一家人决定不惜任何代价也要救回上当受骗的女儿。终于，他们发现这幸福的一对正在里士满（Richmond）的勋章饭店（Star and Garter）度蜜月呢。但是，当这对新婚夫妻发现有人在寻找他们时，便迅速渡过了英吉利海峡。最终，他们被找到时，新娘穿着优雅的套装，新郎则追随着最新潮的巴黎时装，他们正在香榭丽舍大道上漫步。

新娘父母费尽心思试图挽救误入迷途的女儿，然而一切都是徒劳的。她不能、也不愿相信，在清朝她的法律地位仅仅是个妾。直到她经历了多年的苦难，因病而挣扎在垂死的边缘时，她的自尊心才允许她承认自己真的犯了大错。结婚几周后，他们一起坐船去了上海。唐先生，到此读者都得承认，巧舌如簧。虽然大家都知道他抛弃了曼哈顿先生，但他还是搞到了一封介绍信，进入宁波一家开业不久的商业公司工作。这个公司给了他一大笔钱去购买茶叶。他却带着这笔钱，离开了宁波，再也没回来。唐柏才带着他的妻子去了兰溪。这位不幸的女士发现，她的地位次于正妻。但她适应了这种新颖的身份，也许在唐柏才娶另一个妾的时候她也没有伤心。这时，她很难想家家里会有"贫如洗的"人。但是从杜鲁勒瑟姆公司（Messrs Truelsom & Co.）拿到的钱花光后，她体会到了饥寒交迫。更糟糕的是，唐柏才吸上了鸦片烟。而且，他加入太平军并被常胜军俘虏的事情无人知晓。然而，当他要被斩首时，他的英国妻子为他求情，救下了他。没人知道在接下来的几年，这个女人在兰溪究竟遭受了多少贫穷与屈辱。

  此后不久，这个女人就再也没吃过一顿饱饭，没穿过一件得体的衣服。她的父亲曾交给英国驻上海的官员一笔钱，足够让她返回家乡。而且每年她都可以遇到那位来兰溪传教的美国传教士，帮她传递信息。

  但是直到因穷困而病重倒下，这个憔悴得几乎认不出原本样貌的女人才想起回到她父亲的身边。唐柏才也很乐意，他认为她能在上海为自己做些什么。在她到达上海港口几个小时之后，英国领事温彻斯特（Winchester）博士见证了她生命中最后的时刻。她的临终遗言竟然是为那个使她人生如此悲惨的江湖骗子求情。"请帮助我的丈夫"，这是她最后的话语。这是一个温彻斯特博士不得不满足的要求，虽然用的是和这个忠诚的女人所想的完全不同的方式。这个真实的故事证明了：事实比虚构更离奇。

麦嘉湖

北方的饥荒

THE FAMINE IN THE NORTH

近期，驻华外国团体频频表示，清朝穷人的生存状况并未被忽视。上一季的饥荒引起了人们对山东饥民的广泛关注。我们相信，饥荒并不限于这一个省，也不只限于这一个季节。不幸的是，华北地区民不聊生，满目疮痍。山东、直隶、山西等省的收成都很差。从清朝东北地区到黄河沿岸，从长城到北直隶湾[1]，一场大范围的饥荒在所难免。

清朝人的数学概念都是十进制的，他们可以准确地估计出附近的庄稼损失了几成。这与今年的报告基本一致。在上面提到的省份中，除了极个别地区之外，这些地区的产量基本不超过五成。有些地区的产量仅三成，有些甚至只有两成，但大部分地区几乎颗粒无收。除此之外，有些地区频发蝗灾，另一些地区小麦象鼻虫泛滥，还有一些不幸的地区甚至遭遇了多种灾祸，有些地区连当柴烧的麦秸都不够用。清朝对农田的细致划分让人印象深刻，每个农民只能分到少量方正的土地。而有限的土地里只能产出有限的粮食。所以当收成欠佳的时候，农民的情况就非常糟糕了。一旦收成不好，加上气候干旱，农民就需要付出更多的辛苦。在有些地方，人们会捡起每一片树叶，就好像他们捡的是水果。在有些地方，人们将偶然埋在犁沟下面的脏东西筛选出来，以收集可以当柴火的垃圾。从6月开始，华北地区几乎没有任何降水。像这样干旱的年景，干麦穗都显得很宝贵。当榆树那又苦又没有养分的叶子被撸下来、蒸熟，作为延续生命的食粮时，即使是平时境况还不错的家庭，为了应对即将到来的苦日子，也会提着篮子去捡拾干麦穗。然而在许多地区，即使捡拾干麦穗，也不能维持温饱。尽管人们艰难地从牙缝里省下小麦，作为种子种到地里，却被沙尘暴全部吹走了，没能生长出一棵新苗。

令人悲伤的是，清朝政府解决灾难的能力和如今的灾情是成反比的。黄河北岸的山东，灾害连年，今年的灾情并没有比上一年有所缓解，甚至更加严重了。但是山东仍然有一大片能够供应粮食的区域，还有许多终年可用的海港。直隶从整体上来看更加糟糕，不但庄稼歉收，而且只有一个海港（在冬天三个月的时间不能使用）。山西比这两个省的情况更差。山西境内多是高耸的山峰，只有少量贫瘠的平原。在华北地区，没有哪个省份像山西一样，没有一条直通大海的道路。人们若要穿越崇山峻岭，就需要建设一条长度超过100英里的通道。

"山西，"李希霍芬（Richthofen）男爵说，"在某种程度上，被清朝人称为伊甸园，是一块非常富饶的土地。'十年九不收，收一年吃九秋'，这句谚语完美地刻画了山西的实际情况。然而过剩的粮食在其他时候并不能带来什么益处，只有在收成差时才管用。

---

[1] 即渤海湾。——译者注

但是人们并没有其他方法可以更有效地储存多余的粮食。"

山西商人因其活力和财富而闻名遐迩，他们似乎天生就是银行家或当铺老板，被称为"清朝的犹太人"。山西票号遍布清朝每一个大的商业中心。山西人已经将他们的商贸活动拓展至其他商团未曾到达的遥远地区。他们的商队曾到达清朝西部荒无人烟的沙漠地带，横穿清朝的东北、蒙古和西藏地区，一直把生意做到了布哈拉和西伯利亚。

山西省也是清朝最古老的省份之一，它的每一个地方几乎都有着辉煌的历史。其中一个县城曾是大禹的居住地，很可能也是夏朝的首都。另外一个城市是战神蚩尤的出生地。但是在过去的几个月里，这个省的男人们不得不卖妻卖女、啃树皮，希望能将微弱的生命支撑到新一季庄稼收获之时。然而这是饥荒的第三年，灾情很可能会比前两年加起来还要恐怖。"在所有的发明中，"麦考利（Macaulay）强调，"除了字母和印刷术以外，那些用来缩短距离的发明为人类的文明发展做出了最大的贡献。"但是在清朝，没有人意识到发明缩短距离的设备的必要性。所以当面积相当于欧洲一流大国的地区发生饥荒时，不仅不能及时解救，甚至会没有任何解救的可能性。的确，距山西不到50英里的地方有一条重要的河流，但是这条河流已经干涸很久，早已丧失了航运的能力，河床上甚至还种着小麦。所有救援的粮食只能装在马车或骡背上，通过陆路运输，耗时两个星期从天津送达山西。这么多畜力的花费非常高昂。一头壮驴，即使在直隶，最多也只能卖一两银子。然而，它若要长期保持工作状态，每四天就能花费一两。清朝人用来填补文明缺失的方法如此笨拙费力，使得千千万万的灾民不得不面对饿死的下场，想起来就让人悲伤。目前，山西商人在山西东部购买了少量粮食，用骡子驮了200英里，运到山西中部。但是现在那里已经无粮可卖了，他们只能到山东去寻找卖粮的市场。可是，这样买来的粮食将艰难地通过100英里的陆路运输至山西，其成本都可以称为天价了。

无疑，清朝亟须变革。她需要良好的政府、正直的官员、法律清明的行政机构，她需要一切都变得更好。但是当前，她最急切的需求是交通。因为交通不够发达，已经造成千万人死亡，恐怕还会有十倍于此的人悲惨地死去。在这样的境况下，政府却将有限的资源浪费在昂贵的军事装备上，故意弃绝这仅有的、有助于救助饥荒的手段，将局部短期的灾祸拖延成多地区长期的饥荒，实在令人愤慨。

同时，清朝人民一点也不了解政府或者铁路，他们只能冷静而又绝望地面对命运。在饥荒一出现的时候，人们就开始了逃荒。他们背井离乡，前路未卜。他们只能沿着官道，奔向北京、天津、济南府，以及长城以北遥远的盛京等大城市。在大多数国家，饥荒很快会引起民众骚乱，直到政府采取一些措施阻止灾祸肆虐。但在清朝，面对灾荒人们如此缺乏秩序和应对办法，着实令人震惊。整个家庭，整个村庄，人们迷茫地向前行进，不知道要去哪里，有些人甚至在行程中安静地饥困而死。

官道上的抢劫事件确实偶有报道，但相对较少。相比较而言，在灾荒年代，官道已经安全多了。据有些地区80岁的老人讲述，他不记得有哪一年的米价如此昂贵。因此，灾荒仍有可能使温和的村民走向极端。有人认为，大面积饥荒是上天为了防止人口无节制地增长而有意为之。在这一前提下，两个自然而然的推理就产生了。第一，在除清朝以外的所有文明国家，上天的计划已经完全被天才詹姆斯·瓦特所破坏。第二，只有在清朝，上天的意志是不受约束的。

可能那些不完全赞成这两个结论的人认为，是时候采取措施解决饥荒了。但是，困难是显而易见的，而且是巨大的。它不会因为孟加拉也发生了饥荒而减弱。如果事情无论如何都要做，那就应该立刻去做。"如果事情在一开始的时候就能够解决，那还是快些做吧。"[1]

在12月份缓解一部分地区的饥荒是毫无意义的，因为这些人在来年2月仍会挨饿。而在5月，活下来的人也许会在饥荒引发的瘟疫中死去。政府已经征集了相当数量的粮食运到山西的省会太原府，并让官员分发下去。然而，相对于饥荒的严重程度，政府所做的这些努力仍是远远不够的。作为清朝的朋友，我们应当提出一些解决饥荒的明智建议，并推动其施行。

11月6日于天津

台湾岛土著
ABORIGINES OF TAI WAN

下文引自李仙得的论述：

"作为一个民族，台湾岛土著目前的状况是这样的：他们忙于打猎，但跟美国印第安人不同，他们并不四处迁徙，也不完全依靠打猎维持生计。那些年老体弱的男人不适合打猎这样的重体力劳动，就和女人一起耕地、种植谷物和其他的粮食，以维持部落的生存。女人还会织布。在一部分文明地区，有些人见识广博，他们的农业知识似乎并不比东西方的其他民族差。他们以村落的形式聚族而居。他们的房屋或是模仿日本乡下人用劈开的竹子建成的，或是以他们特有的方式用石板建成的。他们的社会组织不像皇帝

---

[1] 出自莎士比亚的《麦克白》。——译者注

统治的国家那样严密,而是由部落或部落群构成的自由组织。部落成员在一个世袭领袖或者由民众选出来的首领的带领下活动,他们每个人都要为所在的群体奉献自己的力量。他们信奉至高无上的神,像其他清朝人一样,相信自然的神秘力量。但是,他们不崇拜偶像。虽然他们现在没有文字,但是十分欣赏出色的口才和智慧。通常情况下这也是担任首领的唯一条件。他们天生彬彬有礼,热情好客。但17世纪荷兰人被驱逐出台湾岛之后,有些清朝人对他们很不友善,使得他们变得多疑。一百多年过去了,他们仍然固执地封锁自己的领土,甚至会杀害手无寸铁的流浪者。

"有些清朝人说,台湾岛土著不容易统治和教化,必须要将他们消灭。其实,他们并非不易教化。不论是最近的旅行者的经历,还是从1621年到1661年占领中国台湾的荷兰人的经历,都证明这种说法是荒谬的。在荷兰统治期间,当地土著知道如何用外文字母写出他们自己的语言。荷兰作家们关于中国台湾的著作可以为此证明。另外,从一些曾受荷兰统治的部落后人那里找到的地契和其他文件也证明了这一事实。其中一份地契已经被生活在台湾岛的马雅各博士送到驻厦门的美国领事那里,并且拍下了照片。"

台湾岛土著及其木屋
GROUP OF ABORIGINES, AND HUT, TAI WAN

厦门附近的三宝寺

THE FOAMING CASCADE,AMOG PROBINCE AND LAM-POO-TOO MIAN

  大多数来到清朝的外国人，不论是来定居还是单纯来旅游，只参观了开放港口附近的狭小区域，而对整个国家知之甚少。那些只知道上海的外国人，认为这片土地完全无趣味可言。但是显而易见，那些这样评价清朝的人就像井底之蛙（比如日本人），他们认为自己所看到的就是全部。因为我们不仅有旅行者对他们所到之处的美景的生动描述，还有大量业余或专业的摄影师拍摄的风景和剪影照片。

  除了那些定居于此的外国人之外，很少有人知道厦门附近地区的美景。爱德华兹居住在这个港口多年。这位杰出的摄影师送给我们很多关于这个港口及这片地域的风景照片。这些照片清楚地展示了那里的秀美。他还送给我们一些台湾岛的精美照片。本期我们从他寄给我们的照片中至少复印了四张。那些关于台湾岛的照片与上一期及本期中刊载的李仙得的传记有着特殊联系。那些有关大陆的照片则展现了厦门及其周边地区的风貌。

厦门附近的三宝寺。
在阅兵场上,外国人很喜欢的一处独特的旅游胜地。
THE TEMPLE SAM-POO-TOO-MIAU, NEAR AMOY.
ON THE PRAEADE-GROUND;
A VERY FAVOURITE OCCASIONAL RESORT OF FOREIGNERS.

争吵的苦力

COOLIES QUARRELLING

我们不能断言清朝人比其他民族更爱吵架。但是他们给走在大街上的外国人留下的印象就是如此。至少,这种现象存在于底层社会中。在我们初到清朝时,街上似乎不停地有苦力或小店铺的店员在大声争吵;在下层阶级聚居区,我们几乎每次都会遇到几场争吵。我们曾考察过虹口的几百个院子,发现里面至少存在五个帮派,似乎在练习用俚语骂人。其中三个帮派有女人参与(确切地说是女主人),她们暴力又无礼,在这方面是高手。除此之外,这儿还有一种更为独特的争执——打架。交战双方不是拳打脚踢,而是将辫子绕到头上,各自抓向对方的辫子,一方成功抓到对方的辫子后,便毫不留情地拉扯。整个过程中只有一小拨观众观看,几乎没什么掌声,也确实没什么乐趣。这种打架方式过于温和,不能引起任何同情,所以无血可流就很好理解了。我们只希望强壮的同胞点到为止,不要伤害对手。

一场争吵
A QUARREL

台湾岛热兰遮城
FORT ZELANDIA, TAI WAN

台湾岛热兰遮城
FORT ZELANDIA, TAI WAN

　　这里有很多被修复的荷兰统治时期的遗迹。其北门入口处仍有这样的碑文:"*TE CASTEL ZELAND, GEBOWER ANNO 1630*"。[1]

　　时间的流逝和频繁的地震使中心要塞损毁严重。堡垒的外围墙壁也开裂损坏,碎石散落一地。一棵大树长在主楼墙头,在曾经坚固的热兰遮堡垒遗址上,伸展着弯曲多节的枝杈。

---

[1] 史温侯(Swinhoe):《台湾笔记》。

厦门的瀑布
THE FOAMING CASCADE, AMOY PROVINCE

1877
12月

DECEMBER

清朝皇帝的婚礼
THE MARRIAGE OF THE EMPEROR OF CHINA

婚礼前一日的仪式

秉承祖宗礼制，礼部制定了一系列仪式来庆祝新皇帝[1]的婚礼。《大婚礼节》详细记载了婚礼的全部流程。它的复印件传到上海，勾起了人们想要观看婚礼的好奇心。尽管每位皇帝的婚礼都公开进行，但从来没有哪一位皇帝的婚礼，能够这样巨细无遗地展示给大众。

虽然这份文件的大部分细节都十分无聊。但就其礼节程序而言，足以引起政治家与人文学者的浓厚兴趣。与其说它是一本婚礼流程的简介，不如说是一本"皇帝的婚礼指南"。因为它是由权威人士制定的，包含了婚礼过程中应遵守的各种礼节仪式、皇帝和皇后在公众面前的行为举止，甚至还包括两人之间的所有交流。

这份文件讲的第一件事，是新娘新婚礼物的准备工作，以及仪驾如何将这些礼物护送至新娘家。这些事项都要在婚礼的前一天完成。在这张皇家礼物清单上，有珍珠凤冠、凤袍及新娘第二天要穿戴的各类珠宝首饰。此外，慈安太后与慈禧太后共同颁布的懿旨镌刻在一本金册上面："准允皇帝迎娶翰林贤才崇绮公之女、德才兼备的阿鲁特氏为皇后"。这本金册，连同金节和金宝，都是皇权的象征，在接下来的一系列仪式中，都将放置于最为显著的位置。

第一项仪式包括准备礼物与安排仪驾，在皇宫中的某个宫殿举行。各类装饰物、凉棚、旗帜，以及由驯象、仗马、马车、马夫、侍卫、乐手、奉香者组成的仪驾队列，丰富多彩。这些在文件中均有详细的描述。仪驾围绕宫殿一周，并在北部留有缺口。在这个圆形队列的中央，有三张装饰得富丽堂皇的桌案。其中左侧那张桌子上放着一具奢华的架子，上面放置着金银珠宝镶嵌的三层匣子，里面摆放着金册。右侧桌子上放着金宝，中间桌子上放着金节。桌上的金节、金册、金宝很快将会以皇帝的名义送给新皇后。

当这些都摆放妥当以后，一位钦天监官员用洪亮的嗓音宣告："吉时已到！"在这个

---

[1]同治皇帝。——译者注

庄严的时刻，皇帝身着龙袍，在一队贴身侍卫的护拥下，从南门进入宫殿，一时间殿内鼓乐齐鸣，香气缭绕。皇帝由礼部尚书引至三张桌案前面，巡视这些重要的物件并确保已妥善安排之后，皇帝被引至龙亭就座。然后，所有朝廷命官走近桌案，面向南方，行三跪九叩之礼。音乐消歇，鸣赞官宣布所有人要"面向北方"站立。另一个鸣赞官宣告："慈安太后与慈禧太后有旨！"所有人皆下跪，不过皇帝除外，他仍坐在龙亭中。又一个鸣赞官宣告："接慈安太后与慈禧太后懿旨！"然后，一位早已预备多时的宣制官，面向西站立，大声诵读懿旨内容（此懿旨内容已镌刻于金册上，众人面向放置金册的桌案跪拜），再加上一句"卿等需以陛下名义，将象征权力之金节、金册与金宝，赐予阿鲁特氏"。

三声锣响，乐队奏《愉平之章》（The Emperor Triumphs），皇帝起驾回宫。音乐暂歇，仪驾队列开始重新排列。一位大学士来到中间那张桌子前，恭敬地双手捧起金节，将它传给正使；正使受节后，同样是双手捧节，退后并面朝西站立。大学士又将金册、金宝，以同样的礼节传递给其他两名官员。他们向后退了几步然后停下，直到手捧金节的官员向前走，他们才跟随着向前，并将他们所捧的宝物交给礼部尚书。尚书将宝物放入由高级官员护送的龙亭中。在整个迎娶队伍中，正副使骑马走在最前面，礼部官员跟随在正副使后面。这部分仪仗中有各种旗帜、装饰物品，以及皇家专用的黄盖。再后面，是放有凤袍、凤冠和其他新娘礼物的装饰豪华的轿辇；队伍的最后面是手捧三足鼎及其他形制香炉的奉香者。整个队伍朝着新娘的父亲崇绮公的宅邸前进。

崇绮公家中，早已做好了迎接准备。三张将要放置金节、金册及金宝的桌案早已按照既定规制在内堂摆好。在崇绮公宅邸门外，崇绮公以及他的父亲、儿子和家族其他男性亲属迎接仪驾。正使与副使在崇绮公的引导下经过层层庭院进入内堂。这里已然布置好了镶嵌珠宝的香案和节案，以放置金节、金册、金宝。在内堂门口，崇绮公一家后退，跪拜。载着金节、金册、金宝的龙亭从他们身边经过，后面跟着载着凤袍、凤冠和珠宝的凤舆。金册、金节和金宝像之前一样被摆放在三张桌案上，金节仍然居中。几个太监走近装有彩礼的龙亭，将这些物品恭敬地运到另一个房间门口。已经等候在此的一众女官跪接以后，将这些物品献给新皇后。与此同时，她的父亲、祖父、兄弟和家族其他男性成员（他们一直跪着）受命起身。新娘的父亲被引领至节案前，面朝北方。正使传制："接旨！"父亲行三跪九叩之礼后，一直伏跪着，直到懿旨宣读完毕，他才得到允许退下。

那扇收入凤袍与凤冠的门，此刻重新开启。新皇后已经穿好凤袍，她的脸庞被凤冠上的珍珠流苏遮盖。她由女官引导着，出现在众人眼前。一位内监来到节案前，手捧金节，向皇后出来的那道门走去，他双手高举，恭敬地迎接皇后。此时，皇后已经在引礼女官的导引下，跪在中门道右侧，待金节从身边经过后，起身行至香案前，面向南。内监手持金节，面向北停下。在内监手捧金节走向皇后的过程中，正在等待的女官及新皇后的母亲和家族的女性成员一直跪着；在内监将金节放回中间那张桌案时，她们也得跪着。

此刻四名事先指定的贵妇，走到皇后身边，帮助她完成这一阶段的任务。另外还有两名女官，一人将重新宣读懿旨；另一人则将宣读由翰林根据两位皇太后的授意撰写的颂词，解释在普天之下所有的年轻女子中，选择她作为皇帝新娘的原因等。当宣读的准备工作完成后，典礼女官宣布："跪接懿旨！"所有人都跪下，直到两位女官分别宣读完懿旨与颂词。宣读结束后，所有人仍然跪地。左边的女官首先起身，将金册从桌上拿起来，然后跪地，将金册转交给皇后右侧的女官。右侧女官再起身，将金册交给仍跪在地上的皇后。皇后接过金册，起身将其重新放回桌案上。展示金宝的礼节程序，与金册完全相同。鉴于这是婚礼的前一天，没有哪位女官可以将手放在金节之上。此刻，皇帝派遣的运送金节的官员来到桌边，双手捧起金节，将其举到高处。典礼女官宣布："跪拜！"新皇后行六肃三跪三拜礼。她起身后，她的母亲和其他命妇行同样的"叩头"礼。正使手持金节往门外走去时，年轻的新娘退后几步，就像在和明天就能正式拥有的金节说"再会"，然后退下了。

她的母亲和家族其他妇人围拢过来，从她身边走过，恭送金节出中门。正使从内堂出来后，崇绮公和家族其他男性成员迎面走来，引导他来到仪驾队伍所在的庭院。队列重新整备，跟随在金节、黄盖等之后，向着皇宫的方向返回。与此同时，两名太监走到桌案前，将金册与金宝带到新皇后的房间门口，交给正在等候的女官。庭院的门关闭，鸣赞官宣告："礼成！"这句话将由沿路一连串的送信人一直传到皇宫，在宫墙间久久回响。

这样，在"龙凤相合"的前一天应该举行的仪式就全部结束了。

第二日，婚礼

这天的第一项活动是皇帝向两位皇太后请安。虽然这个活动是在婚礼环节之中的，但更像是一个儿子在尽自己的义务，而不是一场公开的典礼。皇帝穿着龙袍，身边跟随着日常的随从和贴身护卫。他在四名礼部官员的引导下来到慈宁宫，面向西站立。慈宁宫是两宫太后议事的地方，宫殿中央有两张宝座。此时，两位太后伴随着《元平之章》（*Peaceful, Harmonious And Tranquil*）的音乐声走入宫殿，后面跟随着一众贵族命妇。她们二人坐在宝座之上，面向南方。站在门口的皇帝，此时被婚礼正使引导至宝座前，面朝北方。乐队演奏《仪平之章》（*The Conqueror Comes*）。皇帝在两宫太后的宝座前跪下，然后叩拜。他拜了三次，前额触碰到金碧辉煌的宝座前的地面，然后起身。这一跪下叩头的仪式重复了三次，称为三跪九叩。在皇帝以这种仪式，敬拜了母后皇太后和圣母皇太后之后，另一段音乐开始了。皇帝及其随从在鸣赞官宣布"仪式结束"后，从宫殿中退了出来。此后，贵族命妇的队列退下，这一日都没有再出现过。

皇帝又被引至太和殿，这里已经聚集了皇族的亲王、贵族、朝廷高官以及六部的长官。在皇帝经过时，王公大臣们全都跪着。皇帝在龙椅上坐下后，接受官员跪拜。按照官员品级，所有人依次来到龙椅前（臣子面向北，因为此时皇帝面南而坐），在典礼官的指挥下，下跪、叩头三次，起身、再次下跪、叩头三次，起身、再次下跪、叩头三次，前额须触碰到龙椅前的地面。待殿中的所有王公大臣都完成这一仪式后，鸣赞官宣布："宣慈安太后与慈禧太后懿旨！"除了皇帝之外，所有人再次下跪，一名礼部官员大声朗读懿旨，表达两宫太后对皇帝婚事的赞许。这一懿旨已经刻在金册上，在前一天朗读过三次，第一次是皇帝坐于龙亭中时，"教导"所有将新婚礼物送至崇绮公宅院的官员；第二次是读给崇绮公以及家族中的其他男性成员；第三次是读给新皇后和家族命妇。宣读结束后，乐队奏《舒平之章》（The Accomplishment of Joyful Bliss）。皇帝走下龙椅，走出宫殿，他的侍从和朝廷官员跟随着，一直护送至皇帝的寝宫。

皇帝大婚的第三项仪式就结束了。

第四项盛大的典礼是到崇绮公家中，将他的女儿接入要举行婚礼的皇宫。在皇宫正中央，迎亲队列集结完毕，规制与前一日基本相同，另外加上了凤舆和一队骑在马背上的迎亲王公。一切准备就绪后，乐队演奏起《迎凤乐》（We Come For The Phoenix）。长长的车队通过重重宫门和条条道路，通过护城河与吊桥，到达通向崇绮公家的宽阔的街道。在崇绮公宅门外，队列受到崇绮公及其父亲、儿子、其他亲属以及随从们的热情迎接。此时，只有迎亲王公与护送金节、金册、金宝的官员才可以进入崇绮公家的宅院。另外十六名扛凤舆的轿夫也可以进入宅院，每名轿夫有两位太监跟随。乐队和车队在门外停下，等待迎接新娘的凤舆回皇宫。进入宅院的一行人员，被引导着穿过层层大门与院落，进入外堂。堂内放置了一张华贵的桌案，上面盖着金色桌布。迎亲王公恭敬地将金节放在桌上，在桌子东侧，面西而立。鸣赞官宣布："接慈安太后与慈禧太后懿旨！"崇绮公面向南，跪在放着象征皇权的金节的桌案北侧不远处。迎亲王公作为今日的人司礼，又重新宣读了懿旨。这与崇绮公前一日跪地聆听的并无二致，只是增加了"圣上现迎娶其女阿鲁特氏为皇后"。之后，凤舆被放置于内堂正中。皇后的父亲三跪九叩，表示接受圣旨，然后与随从们退下。钦天监官员用洪亮的声音宣告："吉时已到！"所有人在凤舆两侧跪地。年轻的皇后身着御赐的凤袍，在母亲与姐妹的伴随下，由其他穿着朝服的命妇引导着进入内堂，来到凤舆前，安坐其中。她经过时，所有人都跪下磕头。待轿帘落下，她的母亲和其他命妇、随从也都退下了。轿夫抬起凤舆，跟在手持金节的迎亲王公身后。到门口时，崇绮公和家族其他男性成员引导着凤舆队伍穿过外庭，走到大门口。在这里，长长的仪驾队伍正等待着他们。仪驾队伍又重新集结。队伍的最前面是手持着各类旗帜、巨大的扇子、绣有金龙的黄盖、很多小黄盖的官员，以及饰有金色水果和珠宝鲜花的花树；接下来是灯笼、火炬、香炉、旗帜；再后面是乐队，他们的乐器装在箱子里或盖了起来（因为新娘第一次离开家、离开父母，一定会感到伤心，这样做以示尊重。）；后面跟着身着盛装骑在马背上的迎亲王公，之后是凤舆，最后是内臣侍卫、骑兵军官、步兵和随从们。按照这个顺序，队伍向着皇宫的方向进发，却要走与来时不同的路线。他们从与离开时不同的门进入皇宫的外围。

当仪驾到达金水桥时，由于不能骑马通过，所有人都停了下来。手持金节的迎亲王公（皇帝的一位叔叔）下马，所有骑马的人也都下马。鸣赞官宣告："凤舆驾到！"宫中应声传来气势宏大的音乐，钟声响起，锣鼓齐鸣，铃声与喇叭声响彻天际。所有骑马的人和队列中抬着嫁妆的随从都在这里停下。抬着凤舆的轿夫和跟在凤舆后面的随从穿过一系列不计其数、却都有名字的门和宫院，遵循着只有"天朝"才会醉心的最烦琐的典礼仪式。在金水桥那里，金节被放入龙亭中。最后，龙亭和凤舆都停在交泰殿前的庭院中。鸣赞官宣告："礼成！"除了那些有特殊任务的人外，所有人纷纷退下。迎亲王公手持令节、金册、金宝，进入交泰殿，将它们放在镶嵌珠宝的桌案上，然后也退下了。而凤舆被抬到了乾清宫。轿夫后退，下跪并盖住自己的脸。跟随的太监将两侧的丝绸轿帘掀开。在此等候的许多命妇走到凤舆前，服侍新娘走出凤舆，引导她来到由黄盖遮盖着的、位于宫殿中央的座椅上。新娘面南而坐，望着桌上象征皇权的宝器。

鸣赞官大声宣告："吉时已到，合卺！"随着一道门徐徐打开，皇帝身着全套吉服，身后跟着几个贴身侍卫和太监，来到中宫，走到新娘面前。他经历了所有仪式后，第一次看到这位盖着盖头的新人。他按照事先定好的会面礼仪，坐在桌子旁边。（礼部没有给出这部分仪式的细节。）

从宫中高级内侍那儿获得的另一份文件讲述了桌子的摆放情况及其装饰。另外，两个盛满酒的金酒壶第一次被这对新人享用。侍从们在两只珠光宝气的酒杯里倒满了酒，将一只献给皇帝，另一只献给皇后。之后，两个人交换酒杯，新娘喝的是献给皇帝的，而新郎喝的是献给皇后的。这个细节仍有待完善的仪式被称作合卺，是对婚姻誓言的真正认可。在合卺仪式进行时，乐队在外面奏乐相伴，屋内则香气缭绕，作为对上天的献礼。

来自宫中高级内侍的另一份文件中介绍了新娘新婚礼物的摆放仪式。两位皇太后和皇帝的礼物放置在侧殿中。朋友、亲王、附属国王公、朝廷高官的礼物，在婚礼后第三天才会献上。因此，表格中只有两宫太后和皇帝的礼物。而我们只能大致说明一下，因为详细描述需要占用很大的篇幅。皇帝送的新婚礼物中，有文马二十匹、鞍辔具间马四十匹，还有许多绣金的女式马鞍；马鞍上饰有上好的皮毛、金银点缀、金制马镫、丝绸系带，还有各种豪华装具。不论在和平时期还是战时，这些都能令皇后的坐骑穿上华丽的马衣！礼物中还有一千匹绸缎、二十套甲胄、两百盎司纯金金砖、一万盎司银条、金茶桶一具、银茶桶两具、银盆两具……这其中最令人好奇的礼物是价值难以估量的又大又长的绿色和白色翡翠，它们拥有神秘的力量——就如童话中的魔杖，会给主人带来快乐和幸福。这种玉器被称作"如意"，意为随心所愿。

此外，各式用具应有尽有，如香炉、绣金丝绸跪褥、珠宝镶嵌的花瓶和珐琅花瓶、宝石镶金酒杯，在镶有玉石和孔雀石的桌上还放着大量镶着金、银、玉的酒杯、酒壶、酒瓶等。龙凤床上各个角落都放着如意，旁边桌案上还有皇帝和皇后"和合"的睡衣、凤灯与龙灯、镶嵌着黄金和孔雀石的香炉和三足鼎、吉祥饰物、帷幔和厚重锦缎的窗帘等。另外，放着挂有宝石的金色的花果的桌子上，还有价值连城的手镯、戒指和耳环，黄金与珍珠项链，金色、绿色、白色宝石做的发饰，以及各种用于装饰头发的饰品。

在这个房间里的几张桌子上，镶金香炉里冒出缕缕烟气，上面摆放着祭祀皇天后土、欢喜佛和灶王爷的祭品。当皇帝和皇后向神灵敬拜时——这也是婚礼仪式的一部分——这一天冗长的婚礼仪式就全部结束了。

第三日，婚礼后第一天

这一日，皇后需早早地到慈安太后和慈禧太后宫中请安。经过无数礼节后，皇后向两宫太后三跪九叩。之后，侍者以两宫太后的名义将一杯酒端给皇后，皇后的侍者以皇后的名义接过来。镶金的象牙筷和一些食物也以相同的礼节，由两宫太后赐予皇后。这个仪式有点像前一天皇帝与皇后的合卺之礼，对皇后而言意味着："你已经为这个家庭所接纳，从今以后就是其中的一分子。"其他人都没有资格参加这样神圣的仪式。仪式结束后，皇后对两宫太后行二肃一跪一拜之礼。两宫太后就此离开会客厅。皇后被侍女引导至凤舆上。乐队奏起《忻平之章》（Perfect Peace）。

同一天，皇帝升殿，接见王公大臣、贵族和朝廷官员。这次会面最主要的任务是，皇帝接受"最尊贵可亲的臣下"的恭贺。贺词由礼部所写，并被大声朗读。接着，侍者又宣读了皇帝的圣旨，宣告他与崇绮公之女阿鲁特氏的婚姻，让各位王公大臣、贵族和朝廷官员们知晓，还要让全国乃至全世界都知晓。

第四日，婚礼后第二天

这一日要进行各种会面仪式。

一大早，两宫太后就举行了一场盛大的宴会（在清朝被称为堂会），接见皇帝、亲王、蒙古王公、满族王公、其他附属国王公、贵族、高级官员、文武官员、六部尚书等，并有一长串的侍卫、乐队、军官等跟随着。整个仪式的安排极其复杂烦琐，以至于很难用英语翻译出来。仪式中最为震撼的一点，就是皇帝在觐见两宫太后时所使用的绣金跪褥。主礼官拿着跪褥，走在队列的最前端，后面紧跟着皇帝、王公、贵族和一长串的朝廷官员。待皇帝一行抵达后，跪褥便摆在慈宁宫门口。

皇帝走上台阶，停在走道的东侧，面向西站立。此时，所有亲王都不能走上台阶，也不能站在放有金色跪褥的门前。他们面对面站在台阶的两侧，形成长长的两列队伍，一直延伸到庭院里，延伸到仪仗队所在的路上。正对着皇帝站立的门口，高官显贵们都垂手侍立。音乐响起，两宫太后穿着朝服，由一众贵妇陪伴，行至宝座处，面南而坐。音乐停止时，皇帝在礼官的引导下从走道东侧行至走道中间，面向两宫太后所坐的宝座站立。在下面等候的王公、贵族、执事官等，按要求转身面向宝座的方向。就他们当前的位置而言，这个动作很简单，站在东边的人只需向右转，站在西边的人则向左转，这样他们就可以面向大门、看着宝座了。台阶的空余位置马上被填满，所有人都面向宝座。鸣赞官大声宣告："跪！"皇帝及其随从同时跪下。"三拜！"鸣赞官再次宣告。所有人都叩头三次。鸣赞官的指令经沿路站立的许多鸣赞官一个接一个地传下去，传至每个人的耳中，回声响彻整个皇宫。不一会儿皇宫中就出现了一个新奇的场景：皇帝、王公大臣、贵族、高级官员、执事官和随从们，所有人都拜倒在两个女人面前！实际上，他们是向皇帝母亲这一身份致敬，而不是向这两个人致敬。鸣赞官接下来传令："起！"所有人都站了起来，然后再次跪下、叩拜，然后再进行第三次。鸣赞官传令："起！"所有人都站起身来。鸣赞官宣告："礼成！"然后，皇帝被引导至之前站立的走道东侧，面向西而立。乐师在宫内外一起奏响音乐。王公、贵族和执事官回到宫殿门口的两侧站立。主礼官宣布："慈安太后、慈禧太后回宫！"两位太后由一队侍女引导离开宝座回到各自的宫殿，太监们跟随其后。音乐停止后，鸣赞官宣告："仪式结束！"

皇帝被引导至左侧的门口（清朝以左为贵），在少数几个侍卫的陪同下回到自己的宫殿。王公和其余的仪仗队按照原来的路线，回到皇宫的中央大门外。皇帝在自己的宫殿，按照礼部制定的礼仪，接见王公贵族和高官显贵们。

同一天，年轻的皇后偕同各府福晋、命妇和高官眷属，一起去拜见了两位太后。她们觐见及接待的礼节可以写上好几页纸，但都与上述皇帝及权贵们拜见两宫太后的礼节一致。欧洲读者们知道这一点就足够了。

此后，年轻的皇后也举行了一场仪式，接见各位福晋、命妇、高官眷属及执事官。这些仪式都带有东方皇宫的盛大排场，伴着音乐和熏香。

第六日，婚礼后第四天

第六日，皇帝举行朝会。皇帝的岳父崇绮公及其父亲、儿子和家族其他男性成员都悉数出现。之后，一行人及亲王（皇帝的叔叔）、蒙古和满族王公、附属国王公、贵族、朝廷高官等受邀参加盛宴。朝会及盛宴的细节、仪式盛况都记录在《宫规》（Court Guide）中。举个小例子，崇绮公在拜见皇帝的路上，经过两宫太后的宫殿大门时，他和随从们停下来，行三跪九叩之礼后，才能继续向前去拜见女婿皇帝，行三跪九叩之礼！

两宫太后举行朝会，接见皇帝的岳母崇绮公夫人及其女儿、儿媳和家族中所有女性亲属。之后，她们同样举行了一场皇家宴会，由两位太后主持。在宴会上，年轻的皇后没有出现，因为皇家礼节中没有规定皇后与其母亲以何种形式共享欢愉！根据一般宫廷礼节，两位皇太后可以接见并款待皇后母亲这位比其他人都重要的贵客。但是，在清朝的所有规定中，依据孝道，母亲的地位一定高于女儿。但在皇家宴会中，皇后又应该是第一位的。因此，如果皇后的母亲在场，皇后就不能出现，如此一来，这个难题就得以解决了！

这场宴会的安排、装饰、仪式都与其他宴会大同小异，礼部的《宫规》中也有相关记载。

后记

前文已述，本文所讲的内容是清朝人第一次向公众公开皇帝的婚礼细节。这应该是真实的。因为它是自1674[1]年康熙皇帝大婚以来，第一场在皇帝登基之后迎娶皇后的婚礼。这个朝代的其他皇帝都是在他们还是太子时就结了婚。据说，礼部的目标是使这场婚礼的所有用度、准备、仪式的豪华隆重程度，胜过康熙皇帝的大婚仪式。据说，最终这位年轻的皇帝从他的私人金库中支出了100万两白银（等于30多万英镑），大部分花费在订婚、婚礼礼物以及装饰上。看上去皇帝对婚礼的准备很用心，典礼细节要向"天下"所有人公开，甚至还包括"天上"所有人。皇帝曾让三位亲王在恭送凤袍和头饰给

---

[1] 据记载，康熙皇帝的大婚应在1665年。——译者注

皇后的前一天，让他们携随从带着昂贵的祭品和供品焚香祭祀。其中一位去天坛焚香祭祀，告知上天皇帝将"迎娶翰林贤才崇绮公之女，德才兼备的阿鲁特氏为皇后"；第二位亲王去地坛祭祀焚香，告知这件重要的事；第三位亲王带着随从和祭品去祖庙，依据特定的礼节告诉历代祖先这件重要的事。

皇帝大婚的另一个有趣的影响是，在婚礼前一星期与后一星期，皇帝大赦天下，疆域内不得进行任何审判。这场婚礼的所有重大仪式和典礼都是在1872年5月[1]进行的。年轻的皇帝16岁，他的新娘稍微年轻些。唉，不到三年，这位天子就死于常见又令人讨厌的天花。更奇怪的是，没过多久，皇后也去世了。

在婚礼之后不久，以上内容就被翻译、印刷，尽管一部分复印件散播了出去，但仍很难说它已出版发行。编辑在研读时感觉很有意思，相信《远东》的读者们一样会喜欢，于是取得了其译者——那位优秀女性的许可（起初，这篇文章是用优雅精熟的汉语写就的），刊于本期圣诞专刊。是为补记。

1872年10月16日，北京

朱子故居

THE RESEDENCE OF CHU FU-TSZE

长江附近的群山之中有一个地方，任何了解中国历史的人都会对中国的圣贤和这个地方很感兴趣。孔子和孟子活跃于公元前5世纪。其后才智超群的人也经常出现，被人们称作圣贤。但直到12世纪，这个国家才出现了圣贤思想最伟大的继承人。朱子的声誉也许没有孔子高，但也至少与之相当。他不仅将诸位圣贤的著作加上自己的注解，大量印刷，广为传播，还创作并出版了几部重要著作。而且，为了研究及善政，他还过着辛苦劳作的生活。

朱子出生于公元1130年，他的父亲是一位杰出的官员。他在很小的时候就展现出了勤学好问的特质。据说，同窗们都在玩耍的时候，他常常一个人思考问题。18岁时，他考取了贡生；21岁时，赴同安任主簿。任职期间，他兢兢业业，坚决抵制不良风气。

---

[1] 同治十一年（1872年）二月初三册立阿鲁特氏为孝哲毅皇后。——译者注

据说，衙门里每个官员，从佐官主簿到最低等的捕快，他们的职责都必须写在门上。他去探访学校，不偏不倚地提拔那些敏而好学的学生。他还建立了许多书院和藏书楼。他这种为公众谋福利的善举广受赞誉，不久就天降好运。宋孝宗登基时，诏求臣民意见。朱子三次上书，直陈时弊，并提出了一些建议。第一次上书，他解释了"帝王之学不可以不熟讲""帝王之学，必先格物致知"。第二次上书，他反对宰相与金人屈辱议和。第三次上书他指出，宰执、台谏将圣上与百姓相隔绝，"奸赃狼藉、肆虐以病民"。这些勇敢的直言表明，这位哲学家正直诚实，但并未对时局产生影响。后来，在饥荒中，他两度帮助灾民。上一期我们讲过，一场灾难正侵袭清朝北方各省，而南方地区也遭受了类似的灾害。同样，宋朝政府的救灾物资也远远不足以应对。于是，百姓处于水深火热之中。朱子从官仓中借出了大量粮食，分发给穷人。而人们来归还粮食的时候，朱子私下命令负责看管粮仓的官员，让人们把谷物留着自己吃。对东方人而言，官员的这种行为会赢得百姓爱戴，得到他们世世代代的尊重。

文人学者因朱子注四书、论经典而把他尊为圣贤；而百姓，在七百年后，仍认为他是一个正直慈悲的好官。他可怜穷人，将自己的口粮分给饥民。即使在中国最混乱的时期，文学成就也能使人升官。在朱子任职南康军期间，他在这里度过了一生中最快乐的时光。在南康府外约7英里处，有一个隐蔽的山谷叫作白鹿洞。谷内，小溪欢快地流过，溪岸绿树成荫，掩映着这位圣贤修建的书院。他曾亲手在书院里栽下了一棵树。来自四面八方的人们前来参拜这位可敬的老师。尽管这所书院已是残垣断壁，破败不堪，会让刚踏出牛津奢华大门的学生耻笑，但我们将带着浓厚的兴趣和感情，来参观这所世界上最古老的大学，公正地评价这个世世代代敬重学问和美德的民族。【《爱丁堡评论》(Edinburgh Review)】

下页图片就是上文提及的建筑，很有必要出现在本刊中。目前这里仍用于教育。

九江附近的朱子故居
THE RESIDENCE IF CHU FU-TSZE, NEAR KIUKIANG

北京的马车

THE PEKINGESE CAR

　　正如图片中描述的一样,这种一匹马拉的马车在清朝都城北京非常常见,并且坐着非常不舒服。人们将椭圆形的盒子覆盖在车顶上,然后固定在马车轴上,再加上防止颠簸的衬垫。乘客通常从前面进去,车夫也坐在马车前面离马比较近的地方。有趣的是,尽管清朝人自己也说,因为路面的崎岖,坐在这样的马车里是种煎熬,而且他们已经体验过国外舒适的四轮马车,但是他们还是喜欢坐在这种古老的、颠簸的马车中。

　　之前的两张照片是托马斯·查尔德先生在北京拍摄的。他在清朝北方拍摄了数百张照片。

北京的马车
PEKINGESE CAR

北方冬天河流上的雪橇

SLEDGES USED ON THE NORTHERN RIVERS, IN WINTER

在清朝北方，每年都会有三个月的时间河流因为结冰而无法通行。所以这时雪橇就被用来载人或者运货。因为这儿的河流和运河众多，所以在它们结冰的时候通行条件要远远好于往日的土路。

清朝北方冬天冰河上的运输工具：雪橇
SLEDGES FOR WINTER TRAVELLING ON THE FROZEN RIVERS, NORTH-CHINA

北京女士
PEKINGESE LADY

一位北京女士
A PEKINGESE LADY

  这张照片是由一位清朝摄影师拍摄的,展示了都城北京的风土人情。在很多方面,它不同于帝国的其他地区。事实上,尽管这些风尚已经存在了数个世纪,但不论是裙子还是发型,每个省都有自己的特色。这些东西展现了人们的地域性。

清朝的尼姑
A CHINESE NUN

清朝的尼姑
A CHINESE NUN

  这里刊登了一张尼姑的照片,作为与刚才那张照片的对比。她们的身影在大街上经常出现。对不熟悉她们的人来说,她们看起来就像男人一样。她们并没有花太多的时间用于苦行。她们的脚是正常长大的,并没有被裹起来。但出于某种原因,照片里的尼姑拒绝让我们拍摄她的脚。她坚定地坐下或蹲下,用衣服遮盖住自己的脚。尽管如此,我们通过她要与桌子和旁边的花一起合照的诉求中,看到了她爱美的一面。

扬子江边的安庆

AN-CHING, ON THE RIVER YANGTSZE

就在离通商口岸芜湖不远的长江边上,有一个被墙围起来的城镇安庆。它曾被太平军占领。

扬子江边的安庆

AN-CHING, ON THE RIVER YANGTSZE

虹口铁桥
BRIDGE AND CREEK AT HONGKEW

虹口铁桥
IRON BRIDGE AT HONGKEW

　　这座铁桥建在虹口的一条小溪上,是一项实用的市政工程。这里原来是美国在上海的租界。

第四巻
1878年
1—6月
〈〈
Vol.4

1878
1月

JANUARY

郑成功父子
JUNG CHUNG-GOONG AND HIS FATHER

郑芝龙是福建泉州南安人。在安平镇[1]，有一位叫李旦的商人，他与日本人贸易往来密切，从而聚敛了大量财富。李旦的女儿成了郑芝龙的妻子，嫁妆足有万金。[2]李旦死后，郑芝龙与当时盘踞在台湾岛的日本海寇交往甚为密切。当盟主颜思齐（字振泉）去世后，郑芝龙接管拓垦台湾岛的大业。他时而旅居日本，在日本又娶了另一位妻子。虽然当时中国法律不限制男子娶妻数量，但日本规定与日本女子成婚的男子不能离开该国土地。法令或许能够约束普通人，却绝对无法束缚郑芝龙这样的盗匪首领。因此，郑芝龙带着他的日本妻子田川氏，偷偷从日本溜走，回到了自己的故乡。明朝天启年间，国力式微，朝廷日益腐败，反抗势力猖獗，叛变起义之风席卷整个王朝，郑芝龙的力量却日益发展壮大。"凡海舶不得郑氏令旗者，不能往来。每舶例入三千金"，由此也难怪郑芝龙"岁入千万计"，其岁入数目之大，令人瞠目结舌。七十年后，大不列颠的英格兰和苏格兰的岁入之和才只有550万英镑，并且在这些年间，英国货币贬值的速度远超中国货币。

1627年，郑芝龙不仅纵横海上，还占据了福建的沿海城市，四处劫掠。崇祯元年（1628年）夏季，明朝政府的兵力在其他地区受到牵制。为了避免郑芝龙再侵犯其他地区，兵部决计招安郑芝龙。他接受了朝廷的招安，但前提是朝廷承认他在海上的主导权，其余人等不可与之相争。一本文献指出，郑芝龙当时被任命为福建巡抚；另一本文献则认为他归当时的福建巡抚熊文灿管辖。虽然他表面上成了朝廷的下属官员，但这只是名义上的关系，不能作为评判其势力与影响的标准。郑芝龙凭其能力也做了一些实事。1632年，海寇刘香（又称刘香佬）劫掠福建，郑芝龙率军抗击，将其击败。三年之后，郑芝龙再一次挫败了刘香佬，并将他绳之以法。此时郑芝龙被朝廷任命为参将，1640年，他又被擢升为福建总兵，署都督同知。

---

[1] 即今晋江市安海镇。——译者注
[2] 李旦是泉州惠安人，当时旅居日本平户。一般认为郑芝龙是李旦的义子，并未娶李旦的女儿。——译者注

郑芝龙从不建造一般意义上的堡垒，他笃信，滔天的海浪是天然的屏障，疾驰的船只是坚固的城墙。不过，他在安平镇建造了一座宅邸，绵延几里，"海舶可直通卧内，可泊船径达海"。他独立建立军队，有时也会用这支军队为明王朝效力。郑芝龙最为显著的功劳，则体现于海上。陆上官兵追捕逃犯，常使叛军土匪流窜至海上。但无论人数多少，巡抚只需通知郑芝龙，这些人很快就会被交至官府，领罪受罚。由此，他获得了"海上长城"的美名。然而在这些征途中，郑芝龙绝非仅有莽夫之勇，他很少鲁莽行事，十分谨慎小心地保护自己的身家性命。他周围常有一百多位通身装束与自己一模一样的家臣，如此在战事之中，他便不会被别人认出了。

郑芝龙有三个弟弟——郑鸿逵、郑芝虎和郑芝豹，均为其麾下勇士。郑芝龙被招安之后，成为朝廷命官，自可以剿匪为名，正当地铲除所有对手。他先解决了南安一带的竞争对手苟燕。前文提及的海寇刘香佬，聚敛了大量财富，盘踞惠安。巡抚希望他效仿郑芝龙接受招安。但刘香佬对此嗤之以鼻，傲慢地拒绝了。巡抚便恳请郑芝龙剿灭海寇。郑芝龙正求之不得，于是调动全部舰队对付刘香佬。战事发生在定海和虎门，战况十分焦灼，双方一直僵持不下。多亏郑芝虎出其不意之举，战役才出现转机。年轻英勇的郑芝虎纵身跃入一艘小船，只身越过众多士兵，冲向敌军首领。刘香佬与郑芝虎皆擅使舵，力过常人，且剑术高超，二人交战激烈，扣人心弦，兵刃相击，声势浩大，震慑人心，使观者既敬又畏。二人发现比试兵刃很难分出胜负，便索性弃了武器，赤手空拳近身肉搏。他们抓住对方，搏斗厮打，并把对方摔倒在地。二人在船上翻滚厮打，最终滚入大海，沉没在汹涌的海水之中，都没能再次浮出水面。郑芝龙痛失胞弟，但却成功收编了刘香佬的舰队。明朝政府念其功劳，擢升郑芝龙为福建都督。

独眼闯王李自成推翻了苟延残喘的明王朝。此时郑芝龙名义上依旧忠于旧朝，但对于在南京拥立的南明第一位皇帝，郑芝龙并未给予任何直接支持。而其弟郑鸿逵据守镇江瓜洲，支持明福王。清军攻陷南京后，郑芝龙在福建拥立唐王朱聿键为隆武帝，自己受封为"南安侯"。此时郑芝龙可以说是权倾朝野，但他并无心北伐。至此我们就不再细说他这一时期的历史了。

1646年，清军抓住了唐王，并把他处死[1]。清朝征南大将军多罗贝勒博洛，一如之前的福建巡抚，想要招降郑芝龙。此时，整个北方以及西北地区均在清朝掌控之下。郑芝龙深知此时反抗也是徒劳，而且他在内广地区五百多处不同地点均有财产，巴不得接受多罗贝勒博洛的招安以保全财产。现在他已经不像从前那般年轻了，没有任何理由

---

[1] 一般认为，唐王被俘后绝食自杀。——译者注

以身犯险。对于郑芝龙这种海寇首领而言，倾尽家产一心支持爱国事业，实在是荒诞可笑，而且正因国家羸弱，他才有机会积累大量财富。清朝政府的招降令郑芝龙暗自窃喜，但他的儿子与兄弟强烈反对此举，满怀悲愤。郑成功因此与他断绝父子关系，含泪离开。后来，郑成功也因为抗击清朝而声名远播。郑芝龙希望军队追随自己，但手下兵卒大都不愿行此等不忠不义之举，仅有500人愿意追随他投降清朝。其余兵卒均追随郑成功挂帆起航，离开了已经改朝换代的故土。他的日本妻子，即郑成功的母亲，选择了上吊自尽。

博洛在招降郑芝龙的书信中，首先表示十分钦佩郑芝龙拥立唐王的能力，也理解郑芝龙忠心为主的行径，赞赏其对此大业的竭尽心力，虽然最终失败，实乃天意，并劝他弃暗投明，顺应时势建立伟大功业。信末又以两粤未平为由，以"闽粤总督"之职相诱，称今日相邀，乃是希望同他协商对策与人事。郑芝龙过泉州时，大肆炫耀这封阿谀奉承的信件，以此证明自己的影响力丝毫未减，还得意扬扬地声称他能给任何人任何职务，于是大肆卖官鬻爵，收费高昂。许多官员都轻易上当。

当年12月，郑芝龙抵达福州。多罗贝勒博洛接见了他，并且设筵席款待，与之畅饮三天。第三天午夜时分，清军突然开拔北上，并将郑芝龙的亲信转移至其他军营，仅准许他留下一名随从服侍。清军中断了郑芝龙与家人的所有联系，但他一直不停写信，敦促手下人牢记大清皇恩。许多历史学家猜测，这些信件的内容或许正是为了迎合清军。郑芝龙曾经势力庞大，在福建沿海根深蒂固，此时他几乎孤身前去投降，定然会引起清军的疑心。如果说他的影响顷刻间就消失殆尽了，清军是万万不会相信的。郑芝龙询问清朝将会如何处理他那反叛的儿子与兄弟，他对此甚是忧虑。清军告诉他在这件事上尽可放心，只要他归顺清朝，其他的事情都可商榷。这样的回复满足了郑芝龙的虚荣心，蒙蔽了他的理智。郑芝龙被带回北京，朝见皇帝，随后他的一些家人也北上到京。关于他的故事我们暂时先告一段落。

郑成功此时约22岁，离港出航，宣誓要诛父贼，报国仇。郑成功的叔父们均与他同仇敌忾，他们立下誓言，无论皇帝是鲁王还是桂王，大家都要齐心光复明朝。虽然复明大业仅在中国西南声势浩大，清军又步步相逼，但历史证明，郑成功与叔父们忠于旧朝，一直不畏艰难矢志抗击清朝。1647年6月，郑成功在厦门建立起抗清根据地。

* * * * * *

在郑芝龙归顺明朝之后不久，福建巡抚熊文灿与他商讨缓解福建饥荒的对策。郑芝龙非常熟悉台湾，那里土壤肥沃，未经开垦，只要勤勉的百姓耕耘土地，定能收获充足的粮食。因此，他提议给每户人家分发三两银钱，并配备一头耕牛，尽可能将灾民移送台湾。这个建议得到了采纳。成千上万的灾民移居至台湾,由此形成了明朝政府第一次有计划、大规模的向台湾移民的潮流。他们在台湾建造了一座城市,起名为京春(Jienchung)或森春(Tsienchung)。台湾物产丰富,土地极其肥沃,作物一年三熟。泉州与漳州通往台湾的道路一经开通,百姓们便成群结队地涌向台湾,一如赶集。这群移民都尊郑芝龙为首领,出于感激,每年会将自己的一部分收成上交给他。因为郑芝龙为他们解决了温饱问题,让他们过上了富裕的生活,由此移民与郑芝龙之间形成了深厚的情谊。他们的后世都以郑氏家族为尊,从未将自己当作皇帝的子民,只对郑氏忠心。

郑成功是郑芝龙与日本妻子所生,郑芝龙给他取名郑森。郑森少时追随父亲,深得南明第二位君主唐王隆武帝赏识,获赐国姓"朱",易名"成功",得封忠孝伯。公元1646年,隆武帝为博洛擒获并处死。统领着郑氏家族所有沿海基业的郑芝龙向清朝臣服。然而他的忠心令人怀疑,被清军遣送到北京。虽然清朝对他以礼相待,但像对待囚徒一样监视他。

郑成功当时二十一二岁,年轻气盛,志向高远。他的叔父郑鸿逵驻白沙,族兄郑彩据厦门、郑联据浯洲[1]。郑氏各个据点间彼此拱卫,统辖着南方沿海诸城。郑成功决心匡扶大明。郑氏家族的作为,多少是出于忠君报国,多少是图享法外自由,尚难评断。不可否认的是,郑氏一族行事确实受忠君爱国思想的影响。虽然清朝对郑氏的降服沾沾自喜。但无论是那时候还是此后的数年间,郑氏仍不改思明之情,同时也将南方海疆视为私产。但是郑氏的忠君爱国思想仅是个人性情所致,缺乏智谋。这一点在他们不愿联合行动这件事上就可见一斑。复明大业,欲争帝位者有三人:一为鲁王,身处福建,在一小岛上被拥立为帝;二是曾于广州短暂称帝的另一王;再者为永明王,又称桂王,他自身实力虽然弱小,却得强人辅佐,又有西南强省支持。而郑氏家族中,郑彩追随鲁王,郑成功辅佐永明王。倘若南方诸省的强人果真为明献忠,视明朝兴亡高于一己私利,聚在一个领袖之下,那么或许能阻止清军过长江。而清军或因无力渡江,加上已夺得原金朝所辖之地,只能甘心止步长江。然而郑氏家族的忠心以自我为重,各自为政,无法联合抗敌,队伍日渐凋零。当时,这些汉人所谓的忠心爱国,全是出于对自身传统的骄傲和受到蛮夷统治所产生的屈辱感。这种忠心爱国不外乎"自私自利",终究失败。郑成功或许是真心想要复明,因为他舍近求远,尊崇更具实力的桂王,弃弱小的鲁王。再者,他常年领兵征战、在闽守城掠地,需要巨大的军费支出。而军费只出个人,难以筹措。若他仅为短期私利,则大可止戈息战。但郑成功仍率军征战沙场,似乎想要告诉世人自

---

[1] 今福建金门岛。——译者注

己是桂王的得力干将。

郑成功兄弟六人，仅郑世忠随他一起出海。为募兵整军、制定计策，他们出海沿广东南部、东南部海岸巡弋。鲁王曾逃亡于距宁波外海100里的舟山岛。舟山岛又名翁洲，为海寇据点。但此地的总兵官黄斌卿不愿接纳鲁王。郑彩、郑联追随鲁王，前往中左所。中左所就是厦门，当时被郑氏占领，以郑成功气势最盛。他的士兵数量、气势远超拥戴鲁王的士兵。况且，鲁、桂二王素有嫌隙，常有冲突。郑成功拒绝漂泊在外的鲁王登陆，鲁王只得改往浙江长垣。

博洛贝勒返回北京前，派兵驻守各城，保卫各重要据点。郑成功开始频繁、猛烈地进攻各据点。郑成功先谋取金洲（Kinchow），未克而回，但其他地方的战事较为顺利。1647年，他率军夺建宁、诏安、兴化、福宁三府一州，并海澄、连江、长乐、漳浦等二十七县。一日，兴化的清朝驻军外出行动，回来时发现城墙上清朝旗帜已经换成了明朝的旗帜。其实，这不过是城中明朝旧吏的计谋。但是清军却以为兴化城已被明军攻占，轻率地撤退了。有人在建宁城中纵火，在混乱中打开了城门，让郑成功的部队顺利进城。这次大捷证明了当地汉人相信郑成功忠于明朝，这种声望是他当海寇的父亲不曾拥有过的。福建沿海几个关键的据点陆续落到了郑成功手上。这些消息震动了清朝朝廷。博洛贝勒命闽浙总督张存仁守卫西南方向的衢州，命陈泰、李率泰从广东、浙江进攻福建。张存仁或因无能，或因背运连连失利，遭到撤换，由陈锦代之。陈锦趁郑彩军中混乱、士气浮动，大败郑彩，并于1648年夺回了所有近期失守的城池。他率部攻下同安之后，又围困泉州，迫使郑成功从泉州撤退。比起前任，陈锦有一大优势，就是他得到了康亲王的协助。郑锦[1]曾派出2万名海寇沿乌龙江扎营，想要进攻福州。康亲王命拉哈达渡江迎战。几番激战后，海寇弃营溃逃，又被拉哈达追出40里。正是这个拉哈达，后来攻下了兴、泉、江、漳地区。当时，福州遭遇饥荒，城池又被围困，城内出现了中国历史上罕见的人吃人的惨剧。江西金声桓率领手下的一伙盗匪沿江岸长驱直入，在江上载着米麦引诱百姓出来就食。盗匪趁机将蜂拥而至的饥民劫住吃掉。李率泰当时驻扎在建宁，听闻食人惨剧，便挥军来攻。但是这伙盗匪趁夜放火烧断了洪山上的桥，掳走上千人，吃掉后逃遁。

苏松提督吴胜兆与明朝旧臣陈子龙叛清投明，欲引福建东面海岛上的海寇北上入松江。南明张名振率领水师北上，但刚从延平出发，就遇到台风，士兵大多溺死。张名振与残部逃回，与荡胡侯阮进（Yooen Dsuwun）会合后，攻下健跳所，又迎鲁王入浙。郑彩已将鲁王视若负担，于是抛弃了鲁王。南明将军王朝先（Wang Chaosien）的部

---

[1]即郑经。——译者注

队击杀了盘踞舟山岛的黄斌卿。舟山岛就是先前鲁王撤退的地方。阮进派兵驻东桥，王朝先屯南田，两者相互拱卫。张名振得以统领所有浙江的海寇，郑成功则统领了福建的海寇，其中包括金门的郑彩和厦门的刘（Lieu）氏军队。

浙江的主要军队都依附于福建总督。浙江的温、台、宁、绍等地军中也有人揭竿而起。四明大岚山、李长祥所在的上虞东山、张煌言占据的上虞平冈皆有反清明军，这些对反清军队来说都是极为有利的条件。同时舟山的明军也可登陆支援，他们已剑指宁绍。但是宁波治所鄞县城门大开，清朝军队入城一事，让各地的反清明军惴惴不安。各城的清朝驻军也立即警惕起来。所有被怀疑对反清明军心存好感的百姓均遭到抓捕。慈溪的清朝驻军奉命盯紧大岚山，姚江的驻军负责看住东山。反清军队虽多，却从未会师，未形成合力。只有舟山的反清军队从谯门推进到三江口，但眼见局势不妙，感到胜利无望，便撤兵回岛。1649年，随着陈锦带兵从福建返回，他们起义的机会也就转瞬即逝了。

次年，张名振猜忌王朝先，突然击杀了他。王朝先部下愤然离开舟山，渡海归顺陈锦。陈锦这才了解到海寇内情。他认为，这些海寇不配被称为反清军队，他们支持前朝是为了掩饰他们的恶行。他的判断也许是对的。他又发现陆上的盗匪与岛上的海寇之间存在联盟。一旦陆上的盗匪受到攻击，海寇就滋扰洗劫沿海地区，并选择性地攻击清军或者引盗匪上船、登岛。当海寇上陆劫掠时，陆上盗匪还会加入他们。他将海寇势力强大的原因归咎于福建与广东海寇势力的联合。他奏请进攻舟山，理由是趁着风力合适，只需半日即可从定关渡海登岛，出其不意，一举击溃。1651年，他接到命令，准许他整备所率军队以及下辖提督与各都统的军队。但他首先要打击山上的盗匪，在山民向导的指引下大军向四明山与其他山上所有盗匪的巢穴发起攻击，然后从螺头门出海东渡。阮进在横水洋迎击清军，并派出火船迎击清军战船。不料，风势逆转，火船反倒冲入自己的船队，船上水兵烧死者甚多。突如其来的颓势也让阮进被擒。南明张肯堂和张名扬率领岛上数千人背城力战。10月，清军掘塌城墙，占领该城，并屠杀守城士兵。张名振当时正带主力部队攻打吴淞，没有想到清军大部队会攻击舟山。由于此前认为清军不可能渡海攻岛，因此，岛上仅留下了6000名士兵。听闻舟山陷落，他本想赶回救援，却为时晚矣。鲁王只得再次前往厦门。陈锦在岛上驻留了3000名士兵。

为嘉奖郑成功的功绩，1649年桂王敕封他为延平王。在陈锦看来，郑成功没有能力攻击离他老巢太远的地方。可在1650年，郑成功却南下围困潮州，不过没有成功。郑芝龙除了拥有通过船运积累起来的财富之外，还有他在唐王身边掌握军政大权经手福建和广东军费时积累的上百万两的财富。这些财宝都被藏于安平。因此趁郑成功南征之际，福建巡抚张学圣想伙同其他人抢劫这个藏宝之地。他们攻下厦门，洗劫了郑成功的家。当时郑成功身处潮州与清朝守将王邦俊交战，并遭遇失败。郑成功获悉厦门失陷后，立刻赶回。返回后，清朝军队已经撤退。为了报复，郑成功攻下了同安、漳浦、南安、平和、海澄、长泰等城，并围困漳州。8月，张学圣与洗劫事件中的主要参与者被召往北京治罪。[1] 这一判决显示了当时福建是处于多么无序无法的状态。

1652年4月，陈锦发兵，欲解漳州之围，但在江东桥遭遇失利后，退往同安。此时，陈锦的家丁趁夜进入他的营房，将其首级作为大礼献与郑成功。郑成功大喜，先厚赏了这名家丁，随后将其斩首，让他到阴间服侍。[2] 但在11月，清军将领金砺率援军抵达，击退郑成功。郑成功退守海澄，随即被清朝大军团团围住。凭借海澄百余英寸的城墙，郑成功率军顽强固守，丝毫不惧雨点般袭来的箭矢与石头。一日，听到有人放空炮，郑成功告诉士兵，那是清朝军队将要攻城的信号。他命令每个人准备好斧头，站在城墙上和城墙破口处，等待进攻。不一会儿，金砺的军队像蚂蚁一般密密麻麻地从各个方向攻上城墙。但当他们将要登上城墙时，一斧就将他们打落到壕沟之中，城墙下满是遗体。围城之困马上解除了，郑成功也立刻率部从这座满目疮痍的城市撤退。

张名振及其部下张煌言与郑成功所奉不同，大家各事其主。当时，张名振与张煌言兵力尚足，二人自"长江"（又名扬子江）溯游直上，占领金山燕子矶[3]；又在吴淞口夺取三百艘战舰，但之后军力衰微，无力再行掠夺。张名振去世后，遗言其部尽归张煌言统领。当时张煌言的主力在西南各省，多次拒绝清朝政府招降。期间，郑成功也开始攻城略地，但这些城池后来又被清朝收复。此外，郑成功攻占舟山并派兵驻守。两年后，清军命宁海将军伊尔德再次收复舟山。他觐言舟山不难复，却难守，并请求朝廷派兵全面驻防。1654年，郑成功攻克同安、南安。当他围攻漳州时，清朝一守将献城投降。周边九城见此也纷纷献城投降，唯独龙岩不降。清朝为消灭郑成功所率明军，任郑亲王世子济度为定远大将军，赴闽围剿。济度刚一出师舰队就遭遇损失。郑成功则越战越强。第二年，先是率兵围攻泉州。泉州七城中有六城多次发生激烈战斗。郑军在前往广东援

---

[1] 在《东华录》中，浙闽总督刘清泰的奏书中给出了此事的另一种版本："厦门一窟，素称郑逆老巢。抚臣张学圣、道臣黄澍、镇臣马得功垂涎金币，乘成功他出，潜师往袭，悉攫其家赀；以致郑逆索偿修怨，海郡沦陷。按臣王应元徇隐不奏，深负巡方言官之职，请交部议罪。"于是张学圣一干人等均被免职。
[2] 这种殉葬之法在中国古代十分普遍，一如当时的非洲。依照死者的身份地位，殉葬者的数量从几十人到上百人不等。因此，现在人们便烧纸人与纸马来祭奠去世之人。还有一种比较奇特的祭奠方式，那就是花大价钱买下一人一马，把人和马扔进火中，让他们逃命——经历了一场生死劫难，逃出来的马属于第一个抓住它的人。
[3] 南京城东北临江的著名胜地。——译者注

助桂王部将时被清军大败。不过祭海之后，郑成功又攻下揭阳、澄海、普宁三城。

清朝政府对郑成功许以官职，并准其在沿海自由活动，就算郑成功不接受，也不过问他的过错。1652年，郑芝龙已在京城安置好妻妾及幼子，并获得清朝政府的许可，让其弟郑芝豹及三子郑恩入京守护家中财产。清朝政府命郑芝龙写信招降郑成功与其弟郑鸿逵，并允诺归顺后不但既往不咎，还授予官职，保留家产。同时负责搜捕海寇，管理外国船只。对此，郑成功不予理睬，继续攻城略地。次年，清朝政府正式颁发敕书，封郑芝龙为同安侯，郑成功为海澄公，郑鸿逵为奉化伯，郑芝豹授左都督。很快，清朝使臣携敕书抵达福建。郑芝豹接见了使臣并领命受封，之后随使臣一道回京。郑成功极为反感清朝的招降，但又担心拒不接受会导致清军疯狂报复。清朝政府不清楚郑成功的想法，又想招降他。于是，1655年2月，清朝政府以反清同谋之罪，削去郑芝龙爵位，把他关入监狱，并以其性命威胁郑成功。在郑芝龙入狱十一个月之后，郑成功仍然不为所动。清朝政府只好放了郑芝龙，再次责令他写信劝降。与之前一样，此举仍不奏效。郑成功坚决抗清，无意归顺。随后，清朝政府命诸岛居民剃发以示忠心，更严令禁止沿海居民与其通商，违者严惩不贷。然而此令也形同虚设，众人皆不为所动。

为了表示对清朝政府封赏的不屑并展示自己的实力，郑成功离开了福建，进军浙江东南，转攻温州、台州各县。然而，此次出征并不顺利。出发前，郑成功命大将苏茂攻取南边的揭阳。苏茂无功而返后，被治军严谨的郑成功斩首。郑成功让黄梧留守海澄，亲自率军北上。黄梧怕像苏茂一样，一旦城池失守，即使不被清军杀死，也会被郑成功处死，于是心生恐惧投降了清军。他的背叛换来了丰厚奖赏，被封为海澄公，镇守漳州。黄梧上奏剿寇五策以帮助清朝政府彻底击败郑成功：一屯沿海以堵登岸，二造小舟以图中左，三清叛产以裕招徕，四锄奸商以绝接济，五划伪坟以泄众愤。清朝政府遂命黄梧去挖郑氏祖坟，这可能是五策中最便于实施之策。黄梧为表忠心，掘了郑氏祖坟，杀害郑成功所设的五名官吏。这种残忍暴行，以及清朝屡次对郑成功剃发留辫的劝诱，不但没有动摇，反而坚定了郑成功反清复明的决心。事实上，这在1657年4月已经得到了有力的证明。当时郑成功回到福建，再次攻克数月前被李率泰占领的闽安，大破福州周边地区，转而攻克温州、台州，劫掠数县，台州官员全数归附。云南的桂王派大臣封郑成功为延平郡王，加封为王，加赐"招讨大将军"金印。在这种形势之下，济度发现班师回京是最容易之举，且不会颜面扫地。

接到桂王封赏之后，郑成功拜表辞不敢受。但此时的他正春风得意，将部下分成七十二镇，效仿六部设立官员管理民事。看到吴三桂强势进犯桂王，郑成功也许是为了效忠桂王，也可能是想巩固自己的地位，集合了17万军队，其中骑兵、步兵、水兵各5万，还有1万预备队，1万刀枪不入的盔甲兵。张煌言率领余部前来会合，并作为大军先锋，先是突袭温州、台州诸县，然后北上至羊山。此地之人以活羊为祭，信奉擅动祭品即为亵渎神灵的传说，数次祭祀之后羊群数量增加无数，因此该地得名羊山。郑成功本该留羊群在羊山安然献祭神明，但他相信自己能免遭惩罚，于是冒险食用羊山的羊肉。因这群羊从未受过任何威胁，本性又十分温顺，于是许多活羊便消失在郑军船中，成了郑军的餐食。然而郑军在羊山附近遇飓风——海上狂风大作，电闪雷鸣，摧毁数只巨舰，船只沉入水底，郑军士兵在海上到处漂流，致使军队无法再次启航。遭此重创的郑军只好折返，又听闻清军已经占领云南、贵州和永历（Yoongli），深入内地。郑军认为清军在长江以南防备空虚，欲趁机进攻。1659年，郑成功由崇明入长江。当时清朝苏松提督驻守松江，江宁提督驻守福山，分守要害。圌山及谭家洲皆设有大炮，金山、焦山江中横设铁索以阻拦来往船只。张煌言的船只屡屡遭铁索毁坏，不得前进，于是命人下水截断铁索。铁索一断，张煌言所部遂乘风破浪，17艘舰船逆流而进，一路所向披靡。攻克瓜洲后，郑军开始围攻镇江。郑军下马步行作战，与清军在北固山（Beigooshan）激烈厮杀。清军溃逃回城内，在城门关闭前，郑军紧追仓皇逃窜的清军入城。当地官员百姓相迎50里，献城投降。

郑军提督甘辉立即建议举全军之力攻取扬州，以阻断山东来军，另派一路占领京口，截断两浙漕运。当时芜湖有一人来求郑成功过江，从清军手中解救对岸百姓。郑成功或许认为听信此人太过冒失，无论如何也不肯犯险。张煌言一气之下自领金陵、孝陵所部，进军芜湖，而后攻下徽州、宁国府，周边郡县皆来归附。时值清军远在云贵内地，云南军需又使北方清军驻地守备空虚，兵力不足。郑军突袭清朝驻军地区。苏松提督马进宝暗地联络郑军，在其他驻地遭郑军围攻时，他却拥兵观望。于是郑成功一路肆意挥师进军，短期内便直取太平、宁国、滁州、徽州、广德、无为、池州等四府三州二十四县。

郑成功势如破竹，攻克大片领土，使远在北京的清朝政府为之大震。清朝政府商议让皇帝亲征，将叛军驱逐回海上。而百姓得知或许可以脱离清军管辖，无不欢喜。一清朝将军途经郑军占领地区，投宿在乡下一家客栈。他在吃晚饭时，顺便打听最近的消息。客栈掌柜是个上了年纪的老者，他不知这人的真实身份，还双手抱拳，朝天作揖，感谢上苍道："把北方鞑子都处死吧。"听罢，这个将军还没动碗筷就仓皇而逃。但是郑成功"成也萧何败也萧何"，最终毁于他的骄傲轻敌。敌军如此慷慨弃城而走，郑军如此不费吹灰之力地攻城略地，以至于两江总督郎廷佐假装通好，愿意与郑军合作并加入复明大业时，郑成功不仅毫不猜疑，还率众迎接新盟军，并在江宁仪凤门外依山为营，连亘数里。清朝江宁巡抚蒋国柱、崇明总兵梁化凤皆前来支援。梁化凤登高眺望，见郑军营垒不整，丝毫没有察觉清军的袭击意图。于是，清军精挑细选劲骑五百，夜出神策门，直取郑军驻扎在白土山的重要营地。次日，天刚破晓，趁郑军未用早饭全然不备之时，清朝大军出动，联合所有驻军，兵分三路攻其前方，另派一队骑兵绕至山后夹击。郑成功亲率舰队前往南京城外瓜洲（Kweichow）观音门，令甘辉率军攻打江宁。清军突袭时，甘辉不知所踪。营中军士见山上麾盖不动，即便眼看清军来袭，仍不敢擅动。幸而部分军队未奉号令，按兵不动，因而未遭袭击，若得令救援受袭之处，他们也必遭重创。此次不单甘辉被清军杀死，很多守将也被擒，死伤更是无数，接下来郑军军心愈发涣散。清军因胜利而大喜，于是梁化凤又派兵烧毁郑军船只五百艘。郑成功收到溃败的消息，遂率剩下的船只扬帆出海，一路受到水、陆两路清军的追击。清军又占领了镇江、瓜洲，而张煌言只得解散军队，隐姓埋名逃到海边。此战清朝政府以梁化凤为首功，封其为江南提督。然而此役的成功很大程度上亦得益于贵州军队的到来。由于桂王被驱逐，大批清军沿江而下，联合城内外的清军，逼退郑军。

郑成功此役虽败，但仍统领数万大军，并在撤退的路上攻下了崇明。郑军在攻击崇明一带之后，被游击（武官）刘国玉击退。1659 年 6 月到 8 月，郑成功仅仅占据崇明三个月。9 月，郑成功遭遇重创，不得不以最快的速度整顿恢复。同年 11 月，他又受到两军围攻。当时，以广东降将为向导，引清朝达素、李率泰领兵分别从漳州、同安两路来攻厦门。郑成功亲自擘旗督战，奋力击杀。清军不习海战，数千船只毁于泥沼，李率泰不得已迅速退兵。

1660 年，吴三桂逼桂王退走缅甸，桂王麾下主将纷纷逃窜，郑成功开始担心自己功勋将灭。此时，邻近吴三桂军队控制省份的军事压力减轻了许多。清朝政府下令让三藩之一的南靖王耿继茂从广东入福建，又命清朝宗室罗托贝勒带兵援助。10 月，清朝严令福建沿海百姓内迁 30 里。南方沿海八十八堡瞬间空无一人，这片区域划归海澄和同安境内。农民和其他所有住在城墙外的人都被迫搬迁，浩浩荡荡，成千上万。这一政策使百姓苦不堪言，但李率泰则认为实施坚壁清野的策略十分合理。因为不管清朝如何严厉禁止和海寇相通，此类事件也不会减少。这也难怪，由于很多海寇就出自当地，为当地带来了很多实利，当地居民很难割舍与海寇的联系。所以我们在很大程度上也能理解清朝所采取的这种残忍措施。《东华录》记载，清朝政府所颁布"免除失去住宅和无家可归者的赋税。但不管是商舟还是渔舟，大小船只一律不许下海"的条例给当地民生带来了更大的伤害，尤其是以鱼盐为利的福州深受其害。很多百姓强烈反对迁离之策。于是张煌言力劝郑成功把百姓迁到岛上，说"台湾沃野千里，可以立国"，如果这一举措由清朝政府施行，将来厦门和金门必定失守。但最终，沿海百姓都被清朝政府迁至内陆，沿海海岸空置四年，荒无人烟。这被称之为"靖"。

哪怕一个能力不及郑成功的人都会明白，这个从甘肃到云南、从广东到山东，把所有对手都踩在脚下、把所有强盗头领都一一处死的清朝政府，即便尚处在兴盛初期，也远比已经覆灭的明朝要强盛得多。所以，当郑成功眼看无数大军从他的南面、西面和北面汇集起来向他发起攻击时，当厦门失守、永无再收复之希望时，他心中焦急，却束手无策。直到有一天，他们看到对岸"红毛番"的一艘船过来了。郑成功的安南翻译或商人问他，既然台湾一直是郑家祖上财产所在之地，为何不取台湾？郑成功采纳了这条建议，于是将荷兰人逐出父辈的领地。

郑成功无所畏惧，不愿意投降清朝政府，也不那么关心父亲的生死。在北京的郑芝龙和郑成功的两位兄弟，以及其他郑氏族人虽然未参加郑成功的军队，但均被公开处死。三年前就有官员试图处死郑芝龙，但那时皇帝更倾向于将他放逐到宁古塔。

不久，清军在南田悬岙岛捉住了张煌言，广东最终也被曾参与沿海居民内迁的尚可喜平定。

罗约翰（John Ross）牧师

苏州园林

THE PLESSURE GARDENS OF SOOCHOW

《哈姆雷特》中有一段："是它迷惑了我们的意志，使我们宁愿忍受目前的折磨，不敢向我们所不知道的痛苦飞去。"这表现出人们对死之恐惧与对生之留恋。

许多年前，我曾经诊治过一位富甲一方的商人。然而这位商人的人生态度却并非如此，他吸食了大量的鸦片，只为结束自己的生命。

来到他家里，我才知道什么是真正的富丽堂皇。厅堂里摆满了精雕细琢的家具，墙上挂着卷轴。卷轴上的书法风雅至极，无人能比。商人的家人可能觉得他还有救。我只能劝说他们，可以准备后事了。这个时候我注意到屋子里有一位十八岁左右的少女。一身丝质衣裙，摇曳轻垂，衬托得她身材纤细、姿态端庄优雅。衣物镶边的刺绣鲜艳美丽，衬托得她双目盈盈、面若桃花。她的双眉纤细平滑，宛如细柳。她的发色乌黑，宛若鸦翼，她的头发分向两侧，在脑后绾了一个简简单单的发髻，一丝不苟。即便是最为挑剔的雕塑家也定然会为她着迷。多么完美无瑕的一位模特啊！少女明眸皓齿，透露出冰雪聪明与蕙质兰心。女子什么时候最美呢？恐怕是梨花带雨之时。此时此刻，少女柔软的内心掀起狂澜，最为真挚的悲恸与最为深沉的亲情化作泪水，涌出眼眶。屋子里的清朝少女，视线紧紧追随着我的动作，嘴唇微微颤抖，目光里充满焦虑不安，期盼我能够挽救她父亲的生命。然而我所做的一切努力，已然无力回天。她的脸上写满悲恸，悲伤之中蕴含着浓厚的亲情，泛出对亲人的无限温柔。没有人可以否认，此时的她，美得摄人心魄。当然，清朝少女之美与西方少女之美大不相同。西方少女发色金黄，瞳孔湛蓝，雪白的肤色中混入了一抹红晕。这两种美丽之间虽然相隔天堑，但却各有特色。

同样，苏州花园与西式花园也相去甚远。苏州园林的美独树一帜，令外国游人百看不厌。西方国家的大城市中也点缀着各式各样的公园与广场，其中居民颇感自豪。曾经拜访过西方大城市的人，在进入城市花园时，首先会见到高大庄严的雕像，威严耸立；汩汩流淌的喷泉，永不停歇；树木郁郁葱葱，成排成林；马匹高大俊美，马车华丽气派，车上坐着淑女与绅士，他们衣着优雅，笑语盈盈；孩童在宽阔的草坪上嬉戏奔跑；流浪的音乐家动情演奏，旋律迷人，听众瞬时就能感受到演奏者的功底，于是纷纷将钱币投进他的帽子；还有大型的玻璃彩绘窗，画着各种飞禽走兽，画中鸟雀盘旋、蝴蝶飞舞，如梦如幻；走进巨大的温室之中，奇珍异草欣欣向荣，仿佛囊括了整个世界。然而，在苏州园林，旅行者并不会见到这些。那么，游人能看到些什么呢？

亲爱的读者，想象一下，假如日本海面忽然升起了围墙，将内海中的几座孤洲与外界隔离，将世界的喧嚣都挡在墙外。而各座孤洲之间则由架起的桥梁相联通。这些桥有的是大理石桥，有的是木桥，全都染上了斑斓的色彩，营造出欢愉畅快的气氛。想象一下，《一千零一夜》中的精灵在海面上筑起了高墙、孤山、桥梁，以及万事万物，然后将它们缩小至比例适宜，再把它们安安稳稳、完完整整地置于苏州城的东北角上。这便是苏州园林了。

这些园林给人的大体印象便是如此，构思精巧、宛若仙境、引人入胜。接下来我将讲述园林的一些细节。一座假山的顶端伫立着一座亭子。亭子的飞檐"栖息"在四根石柱之上，亭子四面设有玻璃窗。如此主人便可透过玻璃环视四周的风景。山脚下还有一座小亭子，同样为石柱支撑，但却四面通风。亭中置有一张大小约三平方英尺的黑色大理石桌，抛光上釉，下有砖砌基座。鼓状瓷凳立在桌子四周，素胚青花，人物花草跃然其上。在桌子上方，从亭子顶端垂下一个水晶玻璃球，球面如镜，将四周风景映射其中，球中形态扭曲怪异，却又不失为奇。另一座假山之上伫立着一座两层高的茶楼。茶楼底层是一间宽敞的聚会厅，一面墙上挂着一面巨大的镜子。主人对此十分自豪，客人也连连赞叹。镜前有一排椅子，上面置有靠垫，每两把椅子之间放置了一张精致的小茶桌。房屋的另一侧则摆着一张张立满柜架的长桌，架上置有精工刻成的石雕，形态各异、巧妙绝伦。茶楼二楼的房间里摆满了桌子。其间茶香氤氲，身着名贵丝绸衣衫的客人们在细细品茗。

假山周围堆叠着各种各样的奇石。石隙间、角落中，暗香疏影、草木丛生。时节恰好之时，园中绿树成荫，四季流转，秋菊春兰，与周围灰色的岩石相映成趣。假山脚下有一棵巨大的柳树，枝条向水而生。园中还有其他树木，所种的位置都恰到好处。园中到处都种着竹子，微风吹过，竹叶总会微微点头。山石叠嶂、亭台楼阁、曲径石桥，这样的景致一眼望去，毕生难忘。倘若有人走进这座园林，还不能被这等美景所打动，那他的审美标准也太过于苛刻了。

在苏州园林中，定然有怪石林立。一到十立方英尺大小的石块相互黏在一起，垒叠成巨大的石山、石柱，布满园林。这些石柱顶端一般较为粗犷。观赏之人随意一瞥，可能会觉得它们是半成熟的艺术品，但是如果仔细观察，就会发现这些石柱虽然奇形怪状，却都很像动物。大象、狮子、鳄鱼，以及其他各种各样的四足动物，它们形态夸张、特点鲜明，很容易就可以辨别出来。只要观赏者稍微开动脑筋，展开自己的想象力，就会发现，环绕自己的看起来是一群冷酷凶残的野兽，实际却毫无危险。一些花园里，曲折的小径与迂回的走廊被布置在这些怪石假山之中，在夏季它们凉爽宜人，是避暑的好去处。但是其布局宛若迷宫，有时路的尽头是光线昏暗的洞穴，有时则是一堵挡住去处的高墙，还有的时候却是一汪碧水，形式多样，变化莫测，令游人同时有宏伟壮观、幽静阴暗与荒诞怪异之感。其中一座园林因园中石柱的形态大多像狮子，得名为狮子林。现在这座园子有些破败，亟须修缮，但是近期看来是不可能了。因为园林的主人是个瘾君子，身体状况很差，经济拮据，与园中的石狮一样，处于荒废之中。

大多数园林需要缴费才能进入参观，但是费用相当便宜。参观最大的园林需要花七分钱，而参观其他的园林大概只需要两至三分。清朝游客很多，到处都是车水马龙，如此倒也能弥补单价较低的缺点了。前段时间，清朝人常常拜访这些园林。尤其是年轻的男孩，瞒着他们的母亲，跑到园中猎鸟，一如到索多玛城[1]摘苹果一般。如果母亲们知

---

[1]《圣经旧约》记载，索多玛位于死海的东南方，已沉入水底，是一个不忌讳同性性行为的性开放城市。——译者注

道了孩子的去处，定然会来此寻人，于是园中便多了年长女性的身影。而一些年轻女子，常在园中徘徊，仿佛在等待什么人。后来，园林的入口处贴出了一位高官的命令：禁止女子入园。自此，这些少年也不再常往这个园林中跑了。

陪同游客参观园林的导游具有所有导游共通的特质：聪敏机智、滔滔不绝，似乎无所不知。我所参观的园林中大多都有用餐的厅堂。有一次，我在厅堂里看到几个人正在享用丰盛的食物。当我在另一处房屋参观时，我问导游这些客人是谁。"他们是地位很高的官员——抚台、藩台和制台"，他回答的漫不经心，仿佛这就是事实。当然他完全就是在胡扯，答案的正确与否对他来说无关紧要。他觉得只要游客提问，那么导游就必须回答。就像在耶路撒冷的导游一样，有游客问耶路撒冷的导游，"这座坟墓是谁的？""是亚利马太的约瑟[1]之墓"，导游答道。"那另一座呢？"游人又问。"那一座啊，"导游回答道，"就是亚利马太自己的墓。"

在这些园林中，最大的一座园子里，有一间非常别致的陈列室。这间陈列室的面积大约二十平方英尺，几乎是清朝上流社会高雅生活的缩影。陈列室里摆有一张长桌，桌上有一个一面靠墙的玻璃箱子，因而人们可以从三面观察到箱子里面的情形。箱子大约十英尺长，四英尺宽，内部被分成了三个部分，代表着一名富人的三处屋院。最外面的院子里有一顶八抬大轿，轿子上盖有上好的锦缎。锦缎青绿为底，上面又用金丝线绣了许多人物。轿子扶手的横木上装饰着精雕细琢的玉石。这座院子中，有长长的红色牌匾，上面用金笔写着园主人的封号与荣耀。在清朝官员坐轿出行时，这些大概有两英尺长、五英尺宽的牌匾就成对地出现在轿子的前列。对于旁观者而言，队列中的牌匾着实壮观。匾额一般离地大约五英尺，两侧有细窄的木撑，便于随从撑起牌匾顶端的匾额。这些匾额和轿子是对照实物按一定比例缩小制成。轿外有护卫，仿佛一声令下队伍便会前进。其中一个护卫还牵着一匹马，马身上有鞍座与缰绳，仿佛在等候主人发号施令。

在第二个房间中，一对老年夫妻坐在华盖之下。他们虽然年长，但是保养得很好，头发雪白，面色红润，体现出两个人的健康长寿。儿子们在老夫妻的面前围成了一个圈。年纪最大的儿子留着很长的胡子，看起来大概五十岁左右。最小的儿子没有胡子，年龄在二十五岁左右。中间位置还有几个儿子，他们胡子的长短与整体的面容体现出他们处在人生的不同年龄阶段。这一场景旨在体现儿子们的孝顺，他们正在为一家之主的老父亲祝寿。从中我们可以看出清朝人的幸福观念——入仕、富贵、长寿、多子、子孝。这间屋子里有一张桌子，上面摆着十六种不同的水果。这些水果由黏土烧制而成，经过细致描摹，惟妙

---

[1]亚利马太城里的约瑟是一名犹太议会议员，最后服侍死亡的耶稣的人。——译者注

惟肖，栩栩如生。橘子、苹果、桃子、梨、李子等各种水果，数量很多，看起来香甜可口，似乎是在邀请这幸福的一家来品尝这上天赐予的美味。桌子四周有几把椅子，椅背上有刺绣雅致的缎垫。房间里的其他物品也透露出主人高雅的品位与丰裕的财富。

最靠里的第三个房间中，地板上铺着的布鲁塞尔地毯色彩柔和却丰富斑斓，与整个房间的秀雅交相融合。立在一旁的拱形木架，经过细致抛光，摆满了各种稀世珍玩。木架对面是一张桌子，乌木的桌框与抛光的细纹大理石桌面相映衬，显得庄严肃穆。桌子两侧各有一把椅子。房间中还有一些像这样的桌椅，桌子上放有线装书，装帧雅致，书页上放置着象牙镇纸。书的一旁还有几个茶盏，杯盖由玉石制成。古典的青铜器具恰到好处地放置在房间的各个角落。房间内所有这些物件的尺寸都是严格依照实物按比例制成的。这个玻璃箱中还有很多我没有提到的东西。如果游客千辛万苦到达了这个园林，却对园林的景致不感兴趣，那么这个小箱子就足以让他赏玩一阵了。

西班牙人曾经非常简洁地评价过马德里的天气："这里有三个月的冬天，九个月的酷暑，如同地狱。"老实说苏州的天气倒并不是十分恶劣，但是在盛夏之时会让人觉得暑热难耐。如此就会让人想起马德里的天气了。这时，苏州园林，尤其是东北方向的那一片，就成了人间天堂。溽暑天气，苏州狭窄的街道拥挤吵闹，有时还会漂浮着难闻的气味。园林里面却凉爽安静，将暑热与喧嚣隔绝在围墙之外，绝对是避世消暑的好去处。

中美贸易

AMERICAN COMMERCE WITH CHINA

第一部分 贸易简史

在中美贸易展开伊始，中英贸易总额已经超越了欧洲其他国家与中国贸易的总和，但中欧贸易整体还是走向了衰落。此时，船队的到来可以说是毫无征兆，当时这个东方帝国，无论是普通百姓还是政府官员，都从未听说过船队旗帜所代表的国家。

三个世纪以前，葡萄牙人达·伽马在航海史上烙印下了自己的名字，谱写了远东航海史新的历史篇章。时隔二十三年后，麦哲伦扛起西班牙的大旗，一路向西，穿越以他的名字命名的麦哲伦海峡，横跨大洋，并时隔十年后，重返葡萄牙旗帜屹立的故地，遥望着摩洛加群岛与马六甲海峡。之后，荷兰航海家也不甘示弱，踏上了航海的征程。他们在美洲与非洲大陆的南角、新荷兰与范第门，开拓了新的地理坐标；在东部海域最富饶的爪哇及其附属群岛，收获了财富。

德雷克[1]首次在东亚绮丽多姿的群岛上竖起了英格兰旗帜。此前八十年的航海历程中，航海先驱们创造了一个个传奇，使世界地理版图不断扩展。十年之后，英国的第二位环球航海家，托马斯·卡文迪什（Thomas Cavendish）抵达菲律宾群岛。在了解了中国的情况后，他踏上了寻觅东方的漫漫征程。[2]

从此，英国航海家和商人开始与对手西班牙、葡萄牙、荷兰在世界范围内展开商业利益和探索发展的竞争。这种两败俱伤的竞争最终导致了对立。但是，内部的动乱和纷争使得英国无法与亚洲进行贸易往来，直至1689年光荣革命，这一状况才开始改善。

在葡萄牙、西班牙、荷兰、英国开拓了东部与西部海域航线后，法国也加入到航海竞争者的行列。丹麦、瑞典、奥地利等国也抓住这个契机。1727年，中俄在北京缔结条约。此后，俄国传教士与留学生在中国大地上建立了第一所俄国教堂。但是，其贸易请求却一再遭到拒绝。直至1858年，新条约签署之后，俄国才取得在华的贸易权。

为了更好地介绍中美贸易，我们首先谈谈中英贸易的主要特点。

1637年中英第一次展开贸易。英国东印度公司命威德尔（Widdell）船长带领5艘商船从印度出发前往中国，并且满载而归。之后，中英贸易停滞了数年。到了1680年，从英国直达中国的条件已经成熟，"快乐"号（Delight）于1685年抵达厦门。但是，迟至1699年，东印度公司才在广州建立了第一座工厂。

有趣的是，茶叶作为英国日常生活的必需品，并不在威德尔所带回的货物之列。1669年，第一批仅重143磅的茶叶，由爪哇班塔姆运抵英国。英国东印度公司虽在班塔姆设有一家工厂，但过去从未引进过茶叶。葡萄牙公主凯瑟琳嫁给英王查理二世后，十分喜爱茶叶的香气，便将其引入英国。诗人沃勒（Waller）有感而发，写下了一首颂词，赞美凯瑟琳王后的贤德，歌颂英国的荣誉：

贤德绝世的皇后，芬芳极致的草叶，英勇与荣耀归于我国！
阳光眷恋的沃土，富饶多产的果实，上天将路指引给我们！

从此，茶叶开始在英国流行，但由于价格昂贵，在民间的销量增长缓慢。1710至1810年间，东印度公司的茶叶销售总量为750219016磅。1721年，英国的茶叶进口

---

[1] 德雷克，英国著名的私掠船船长、航海家，也是伊丽莎白时期的政治家，曾进行过两次环球航行。——译者注
[2] 英国人的片面之词。这其实是西方殖民之路。——译者注

量仅为 100 万磅。关税的调整导致茶叶价格大幅波动，销量也随之发生显著的变化。下文摘取 1850 年纽约出版的《茶叶与茶叶贸易》中的图表加以说明。

这张图表展示了在关税税率与商品价格的影响下，茶叶年销量的变化。

1782—1833 年英国茶叶年销量统计表
符号说明：£ 英镑、s 先令、d 便士、b 磅

年份	关税税率（每磅）	年销量（磅）
1782	当税率为£55. 15s. 10d 时，每磅茶叶收税 1s. 1$\frac{4}{5}$d	6202257
1783	同上	4741522
1784	税率将至£12.10s.0d（年销量增长了 13%）	10150700
1785	同上（年销量增长了 46%）	14800932
1786	同上（年销量增长了 7%）	15851747
1795	变化 20%（较 1783 年，年销量增长了 350%）	21342845
1801	增长 50%，税点升高 2s. 6d. 或更多；降至 20%，税点降低。（贸易紧缩）	23730150
1803	增长 95%，税点升高；降至 65%，税点降低。	24877450
1821	增长 100%，税点升高；降至 96%，税点降低。	26754557
1833	12 年持平（年销量增长约 1%）	31829620

通过图表可看出，1783 至 1795 年间，茶叶的年销量增长了 350%。数据虽然直观明了，却未能如实地反映现实情况。因为这张图表反映的仅是东印度公司的销售情况。那段时期，关税税率极高，导致大量私茶流入英国，而这些茶叶也使得实际年销量更大。此外，茶叶售价的上下波动，也对实际销量有所影响。

在 1803 至 1834 年贸易特许权废止前夕，英国东印度公司获利颇丰。1834 年，英国开始施行自由贸易政策。但由于关税居高不下，茶叶销售商只得降低售价以保证销量，很难获得丰厚的利润。在 1834 至 1846 年间，茶叶的年销量平均每年只增长了约 3%。

在简要介绍了英国施行自由贸易政策前后，英国茶叶贸易的显著特征之后，我们返回1721至1773年的美国。当时，美国已成为茶叶贸易中不可或缺的一部分。1721年，茶叶在新英格兰风靡一时，销量可观。随后，饮茶热逐渐席卷了所有的英国殖民地，茶叶成为人们日常生活中必备的饮品。

从沃勒、约翰逊、佩皮斯等作家的作品中，我们可以了解到茶叶在英国及北美殖民地逐渐普及并广受欢迎的历史过程，也能够探知英国政府遏制茶叶贸易背后的动机。英国政府独断专行，严格控制茶叶贸易，强行征税，招致殖民地的不满。1773年，波士顿倾茶事件爆发，加速了北美脱离英国的进程。一番痛苦、一阵欢呼，一个崭新的国家诞生了。

随着英国茶叶贸易的扩展，东印度公司在英格兰工厂贮存的茶叶量达到了1700万磅。在北美，英国一边对征税之事不依不饶，一边源源不断遣来满载茶叶的商船。这一举动激起了波士顿人民朴素的爱国主义情怀。一些热血的当地人，虽然喜爱茶叶给北美社会带来的欢愉，但仍然怒气冲冲地将茶叶倒入了大海，宛若印第安人盛装举行神圣而庄重的仪式。这不仅仅是"新茶商"公然反抗"老茶商""老茶霸"的一场怪诞喜剧，其间还掺入了复杂的政治因素。引爆火药的岂止是这几箱茶叶。闹事者看似冲动过激的行为，却有着可爱幽默的一面。随着时间的流逝，历史的变迁，旧的伤疤已然抚平，鲁莽的行为也得到了谅解。当时，纽约与费城的民众也同样义愤填膺。他们将英国商船驱赶出境，高喊约翰·亚当斯（John Adams）慷慨激昂的誓词："纽约与费城誓死不作奴隶！"

于是，美国独立战争爆发了，一个年轻的国家就此诞生。他束腰系带，整理行装，踏上了由大西洋西岸通往远东地区的征程。开展自由贸易，弊除宗主国专横的贸易控制，是美国独立运动的一大动因。因此美国必不会走欧洲垄断贸易的老路。他不是专制垄断的代言人，更不需要特权赋予远东征程任何荣誉。他怀揣着朴素的理念，倡导自由贸易。在经济沉睡的旧夜天空，这种崭新的贸易形式已初露曙光。他笃定地宣称自己已成为自由贸易的践行者，即便不能与欧洲老牌垄断资本家共享财富带来的荣光，至少也可以与他们并驾齐驱。

伊莱休·耶鲁（Elihu Yale）出生于纽黑文，资助了当地以他名字命名的大学。他曾经踏上前往中国的旅程，并抵达印度的圣乔治港（即马德拉斯），担任东印度公司驻当地的代表。如今，美国的代表突然到来，而这个国家还不知道美国的存在。

这位探路先锋并未申请政府资助或政府批示，所以没有获得政府徽章或委任状，也没有携带公文。他唯一的通行证就是一面国旗！

当时，基于垄断贸易原则，欧洲国家纷纷与中国建立了贸易关系。英国、法国、荷兰、西班牙、瑞典等欧洲国家在广州建立了稳定的贸易站点。这些贸易站点由各国政府授予贸易特许权的公司运营。其中，只有英国东印度公司在某些方面享有特殊权利。中国法律规定：各国贸易人员在每年东北季风结束之际方可转港澳门，欲返航的外国人需由澳门政府官员汇报给皇帝，方可离境。葡萄牙与俄国在澳门与北京均设有办事处，政治条件可谓得天独厚。

作为"自由贸易"的倡导者和开拓者，美国面临的是从欧洲大批涌入的垄断资本家的竞争。这些资本家资历深厚，具有开展贸易的各项条件。而中国贸易制度受到专制制度的影响，采用十三行制度。这就是美国初到中国时所面临的贸易环境。美国在中国的贸易，从萌芽阶段发展到壮年时期，需要一个历史契机。

美国政府致力于挑选最佳人选，委以远东事务的重任。这个人处理贸易要务须深析洞察、管控有方，负责外交事务则要沉着冷静、独当一面。他就是马萨诸塞州的大陆军少校山茂召[1]。他与华盛顿结下了友谊，与诺克斯等名流也往来甚密。

五十年后，他的私人信件得以出版，其中囊括了从独立战争至他逝世前的见闻、远航中国与印度的旅行札记，以及向美国政府提交的报告，内容翔实。

然而，美国不仅只有山茂召少校。他的继任者，很多人返回美国后，成了伟大的商人或业界精英。随着中美贸易逐渐占据了美国贸易的核心，中国成了美国杰出人士建功立业的理想地点。

山茂召少校作为贸易先锋、贸易专员、外交领事，他的人生历程就是中美贸易早期历史的生动写照。这段历史由一系列事件串联而成，为之后我们介绍中美贸易的继续扩展及美国的经济发展做了铺垫。现在我们先以山茂召的领事身份反观这段历史。美国商船第一次造访时，只能以旗帜作为美国的徽标。在第二次造访时，山茂召少校才被任命为广州领事。下文我们来介绍美国商船初航中国时的装备、航线及成功抵达的情况。

在展开山茂召少校的札记之前，笔者不禁猜测，航海事业所涉事务如此庞博繁杂，航海家们长途跋涉，勇气确实可嘉，读者一定有不少感慨。而据海员们的经验：航海必须要考虑海洋季风的变化规律及与之相应的中国法律，即所有外国人每年必须返回自己的国家。这一点正好佐证了笔者的上述猜想。

让我们回到美国初航中国的历史。出发一个月后，商船抵达了佛得角的普拉亚港，

---

[1] 山茂召（Samuel Shaw，1754—1794），美国独立战争时期的杰出将领、著名商人，美国驻中国广州第一、二任领事，成为首批来华通商的商人，并写下旅居中国的日记——《山茂召日记》，是美国商人和来华传教士进行中国观察的先驱。——译者注

在那儿停留了 6 天。之后，山茂召少校立即通知其他商船在此地停靠。他说：从北美驶往中国的商船最好在这儿或周边的一些岛屿停靠休整。期间，船员要对商船稍作检修，补充淡水、新鲜的食物和水果，这些食物有助于增强船员的体质，帮助他们安然度过温热的海区。我们在 6 天的时间内完成了所有工作，期间，船上的 10 门大炮被藏了起来。商船耗时 146 天从纽约抵达桑达海峡，后来又历经 6 个月抵达澳门，赶上了广东秋冬的贸易季。下面是此次航行的整个过程。

1784 年 2 月 22 日是华盛顿诞辰纪念日，"中国皇后"号（Empress of China）商船踏上了征程，驶离纽约。这艘商船的主人是费城著名的金融家罗伯特·莫里斯（Robert Morris）以及纽约的丹尼尔·帕克（Daniel Parker）。山茂召少校应邀担任贸易专员。他邀请好友大陆军上尉兰德尔（Randall）担任商务专员。山茂召少校记载了商船的人员组成：

船长：约翰·格林（John Green），

副船长：彼得·霍金森（Peter Hodgkinson），

船员：罗伯特·麦克卡夫（Robert McCaver）、埃布尔·菲奇（Abel Fitch），

船务长：约翰·怀特·斯威夫特（John White Swift），

医师与医师助理：罗伯特·约翰逊（Robert Johnson）、安德鲁·考德威尔夫妇（Andrew Caldwell），

后备船员：约翰·格林（John Green）、塞缪尔·克拉克森（Samuel Clarkson），

船长助理：弗雷德里克·莫利纽克斯（Frederick Molineaux）。

另外，船上还有 1 名火枪手、2 名木匠、1 名桶匠以及侍童，共 34 人。

商船行驶到桑达海峡，发现两艘悬挂法国国旗的船停靠在爪哇岛与王子岛之间。夜色渐深，法国船为美国人点起了灯笼，好让他们安全停靠。翌日，山茂召少校、兰德尔上尉与船长格林登上了那艘较大的法国船，发现它是法国皇室麾下的"海神"号（Triton）。该船为轻型战舰，配有 64 门大炮、16 座轻型炮台、184 名水手。长官为圣路易斯爵士兼海军准将德·奥德林（D'Ordelin），贸易专员为特罗利兹（Trolliez）。两人既礼貌又友善。停靠了 4 天后，美国商船决定在"海神"号的带领下前往中国。德·奥德林往返该航线多达 11 次，经验丰富。格林船长正好可以向他请教。体形较小的法国战舰"菲布琉丝"号（Fabrius），则驶往了巴达维亚。法国国王将 3 艘战舰拨给了一家贸易公司，曾穿越马六甲海峡的"海神"号便是其中之一。第 3 艘战舰跟随"海神"号穿越了桑达

海峡。两艘战舰护卫的货物价值共计600万里弗尔[1]。

山茂召少校写到，他从这些法国绅士们那里听说，这些法国人离开巴黎的前一天，德·拉·法耶缇（De La Fayette）侯爵收到美国辛辛那提学会（The American Society Of The Cincinnati）的致谢。法国军官代表国家接受这一荣誉时，深感欣慰。作为辛辛那提学会积极的创建人之一，山茂召少校也感到格外高兴。他是该学会机要委员会的秘书长，起草了学会章程。

临行前两天，美国商船与"海神"号偶遇一艘路过的大型荷兰舰船。两舰成员每日在"海神"号上聚餐。每次聚餐约有二十位先生落座。晚宴氛围愉悦优雅，宛若在海滨举办的欢快聚会。其中一名先生是一位年轻的教士，他想离开法国，定居北京，开始一段崭新的生活。山茂召少校写道："他精通科学知识，拥有全套的科学仪器，对法国德·蒙高尔费（De Montgolfier）发明热气球的原理和方法十分了解，加之他温雅的举止，很容易在中国立足，融入中国的社会和教友团体。"他做出了巨大牺牲，因为根据中国法律，住在首都的外国人，不能返回祖国。在欢快的晚宴之后，山茂召少校、兰德尔上尉、船长格林、船务长斯威夫特，以及"海神"号的副长官和两名军官，在鸥岛登陆。他们一起种植玉米、燕麦、豌豆、豆角和土豆。菜园竣工后，他们开了一瓶马德拉白葡萄酒和一瓶香槟庆祝。

在桑达海峡航行了两天后，商船再次靠岸。山茂召少校等人登上了塞里尼翁·爪哇岛（Serignyon Java）。逗留期间，发生了一件趣事。当地的首领以一副倨傲的姿态迎接了他们："我是班塔姆的酋长！"此后，俗语"趾高气扬的像只班塔姆公鸡"便被英国人用来讽刺那些虚伪做作的年轻权贵。

写到此处，札记穿插讲述了爪哇与北美殖民史、美国独立战争、中英贸易、山茂召少校结下的深厚情谊。班塔姆是英国商行的所在地。第一批运往英国的茶叶就是在这里装载上船的。在山茂召少校此次航行的四年后，荣誉上校卡斯卡特（Cathcart）在前往中国的旅途中不幸离世，安葬在了班塔姆。研究上校家族史的史学家告诉我们："这位开拓中英贸易的先锋离世后，国王与东印度公司授予了他最高荣誉。"当我们经过桑达海峡的南角时，每每于甲板远远眺望那座写满历史回忆的墓碑。半个世纪过去了，它依然矗立在班塔姆。卡斯卡特上校的离世虽然令人沉痛不已，但从历史学家的口中我们仍可获得一些安慰。"卡斯卡特上校超凡脱俗的才能、举世瞩目的成就，带给英国人民前所未有的希冀。"卡斯卡特上校是格陵诺克（Gleenock）家族女方的亲眷约翰·萧（John

---

[1] 法国古代货币单位之一。里弗尔最初作为货币的重量单位，相当于一磅白银。该名称来自于拉丁语"libra"，约等于12盎司。——译者注

Shaw）的孙子，参与过美国独立战争。他的弟弟卡斯卡特伯爵，全名威廉·萧·卡斯卡特（William Shaw Cathcart），于1779年6月在纽约与安德鲁·艾略特（Andrew Elliot）先生的女儿成婚，育有八个孩子。

极有可能，在刚刚结束的美国独立战争中，山茂召少校曾与尊贵的兄弟俩在战场上对峙。美国独立后，卡斯卡特伯爵与他的儿子在美国的军事外交生涯，值得美国与英国人民共同铭记。这不仅因为他的伴侣是贤妻良母，更因为他的儿子是加拿大总督兼总司令官。在克里米亚战争中，卡斯卡特伯爵全家付出了沉痛的代价。每当我们回顾这段历史时，一种忧伤惋惜之情便油然而生。

我们回到对"中国皇后"号的叙述中。在远航中，对加斯帕（Gaspar）海峡的地理发现是另一件重要的事情。山茂召少校将自己的经历叙述如下："我们决定与'海神'号结伴而行。船长德·奥德林听取了加斯帕先生的建议，决定绕开班卡（Banka）海峡，向东行驶，从班卡与勿里洞（Billiton）之间的海域穿过。加斯帕先生曾乘坐一艘吃水12至25英寻的西班牙舰船往返中国，他可以确定这条航线是安全无忧的。"出发前，双方仔细测量了船的吃水深度。美国商船没有制定严格的航海计划。在参照了法国提供的一张航海图，并经过一番磋商之后，美国商船决定率先通过桑达海峡。待吃水深度达到常规值之后，商船继续航行十小时，在加斯帕岛北岸停靠。两船间隔两英里。于是，8月4日两船结伴而行，23日抵达澳门，向该城市鸣枪致意。

根据1784年的原始航海记录，以及加斯帕海峡的航海记录、航海报告与海难记录，结合我们的实地观察，我们发现旧的航海图并没有对这条航线存在的潜在危险做出足够的警示。在一次航行中，我们不幸困在了经常席卷这一地区的高强度风暴中。虽然风暴仅在普鲁利特岛（Pulo Leat）沿岸掀起了15英尺高的浪头，但是当看到水中的暗礁时，我们还是捏了一把汗。然而此后，大型舰船在此罹难的消息不时传来。数年前，媒体不断刊登在这一地区发生海难的新闻，提醒航海者注意，但海难还是不断发生。由此我们推断，那些陈旧的航海图仍在流通使用，而且其中的错误并未纠正。

英国与美国的部分贸易改走其他航线。与穿越加斯帕海峡和桑达海峡的旧航线相比，新航线的安全性有所提高，因而旧航线的价值相对降低。不过，随着海上贸易总量的大幅度增长，旧航线发生海难带来的实际经济损失依旧较两年前显著增加了。

商船抵达澳门后的历程将分三部分讲述：早期贸易中显著的政治特点、东西贸易概况、《南京条约》的缔结。山茂召的札记中略过了这样一笔，暗示了《南京条约》的缔结并非无因之果：商船靠岸后，"向这座城市鸣枪致意"。作为海外贸易的开拓者，西方商人的舰船自然带有半军事化的性质，所有船只都需全副武装，而且东印度公司的很多船只还习惯性地留有甲板。第一次鸦片战争爆发前，中国海域罕有英国战舰的身影。《南京条约》签订后，英国战舰获得了在中国领海自由航行的特权，战舰的存在成为合法的行为。安森（Anson）勋爵的"百夫长"号（Centurion）战舰于1741年驶入珠江，这是第一艘进入中国内河的战舰。

鸣枪致意是那个年代舰船必须恪守的规则。从军事防御角度出发，以下这个规则与之异曲同工：舰队每年都需要在黄埔港集合，任命或推举资历最老的人来统领舰队，以应付航海途中可能遇到的重大危机，维护海上的秩序等等。

山茂召少校描述了商船抵达时行礼的程序："8月24日，商船抵达澳门。法国领事在多名先生的陪同下，拜访了我们。在领事离开时，我们鸣九枪致意。我陪同他们到了岸边。领事欲将我引荐给葡萄牙总督，但恰巧总督不在，领事便留了一张便条，告知总督我们来造访的消息。随后，我在法国领事处与法国、瑞典、英国的贸易专员以及来自'海神'号的几名先生共进晚餐。我们（兰德尔等人也在场）将旨在维护美欧和平共处的澳门协议副本分发给在座诸位后，便告辞返回我方舰船。

"25日是圣路易斯纪念日。'海神'号鸣二十一枪致意。当太阳升起时，我方鸣十三枪致意。中午我们照施此礼。到了下午两点，驾驶员已在甲板上就位，我们要出航了。与德·奥德林的商船擦肩而过时，双方互相鸣九枪向对方致意。

"船上的先生们举止温和有礼，相处十分融洽。甲板上的英国人不由自主地谈起了刚刚结束的美国独立战争。他们承认战争的罪魁祸首是英国，表示非常开心战争已经结束，很高兴能在世界的这一端与我们相会。希望英国和美国彼此放下所有偏见，联合起来，称雄世界。

"特罗利兹及法国其他贸易专员邀请我们前往广州，等待美国政府的指示。于是，8月30日，我们与法国人结伴前往广州，驻扎在法国商行。直到9月6日，我方的商行才投入使用。在抵达广州当天，中国各大商贾、芬兰与荷兰的贸易专员及随从人员拜访了我们。第二天，一些英国人拜访了我们。翌日清晨，英国贸易专员皮古（Pigou）先生与六名随从人员到访。昨天一名中国商人在河对岸宴请了他们，所以他们推迟了到访时间并向我们致歉。

"在我们依照受邀的次序回请了所有造访者后，又收到一些贸易专员的邀请，并依次接受了他们国宴级别的款待。他们希望我们以后可以友好往来。在离开商行时，皮古先生感谢了我们的陪伴，他说：'您今日能够到访，我们感到很荣幸。欢迎您经常来访，我们会十分开心。如果您有需要帮忙的地方，我们随时乐意伸出援手。'

"在自己的商行安顿下来后，我们便时常举办宴会，从法国开始，依次宴请欧洲国家的贸易人员。"

那段时期,所有在华的外商都相处得十分融洽。这些欧洲的贸易专员代表自己的国家与远东国家开展贸易往来。以上就是美国贸易先锋初到中国时,受到的热情欢迎。

吉迪恩·奈伊(Gideon Nye)

鼓浪屿和厦门
KOOLANSOO AND AMOY

1842年签订的中英《南京条约》,将厦门港向外国人开放作为通商口岸。虽然从未有人将厦门与中国沿海的其他港口同等看待,但厦门却是一个理想的商业中心,也是所有通商口岸中最容易到达的港口。厦门港位于富饶的福建省东南端,有着得天独厚的气候与丰富的物产,而且是东部沿海诸多小岛中一个叫厦门岛的中心。

从厦门眺望鼓浪屿
VIEW OF KULANSOO FROM AMOY

据记载，早在 8 世纪时厦门就是一个大型贸易港。到 16 世纪，厦门成为葡萄牙与中国人最早建立联系的地区之一。后来，早期中外贸易史上的一件大事发生了。当地居民将残暴的葡萄牙人逐出了厦门。在这次突袭中，当地官员烧毁了葡萄牙人 13 艘船舶，杀死了 450 名葡萄牙定居者。随后，英国人便和厦门建立了贸易往来，将近 1730 艘英国船只定期驶入港口。但从那时起，广州作为唯一的海外贸易中心，接待各国商队。只有西班牙获得了官方认可，可以在东部沿海开展贸易。我们得知，"虽然其他国家的商人仍然和厦门保持了多年的往来。但是直到 1841 年 8 月 27 日英国中将郭富和海军少将伯驾率军攻占厦门之后，他们的存在才被承认。"

厦门岛方圆 40 英里。驻扎于此的中国海军，担负着巡视整个福建沿海和台湾岛的责任，这使它尤为重要。

厦门岛上的人口据说有四十万人左右，其中四分之三居住在城市中。民众对于外国人普遍非常友好，他们多数从事贸易或手工业。他们主要的贸易对象，包括特有的缔约国、包括台湾岛在内的中国其他港口和马六甲海峡及其周围的所有岛屿和港口。厦门城周边的区域，相对来说比较贫瘠。如果不是与台湾岛相邻，厦门的繁荣程度会大打折扣。然而"中国没有哪个地方能聚集如此众多的财富和有进取心的商人了"。

鼓浪屿是个小岛，和厦门城隔海相望，上面建有外国人聚居区。而且外国人已经在岛上修筑了平坦的道路。它方圆不足三英里，沿海分布有标志性的巨大花岗岩，海岛上也几乎到处都是。总之，它是中国最为干净，也是对外国人最为友好的地方之一。

厦门赛马场的神像

IDOL AT THE RACE COURSE, AMOY

就像中国其他拥有足够大的外国社区的城市一样，厦门也有一个赛马场。赛马会每年举办一次。本期杂志收录的图片，是靠近赛马场的一尊神像。我们并不知道它是谁，只知道它在当地非常有名。

厦门赛马场的神像
IDOL AT THE RACE COURSE, AMOY

台湾的糖厂和马车
SUGAR FACTORY AND CARTS, TAI WAN

台湾的糖厂和马车

SUGAR FACTORY AND CARTS, TAI WAN

台湾岛是中国沿海最大、最有趣的岛屿。我们在此感谢爱德华先生。他来自厦门,是位聪敏的摄影艺术家,给我们提供了厦门和台湾的照片,使我们能够在本期和接下来的几期中将它们展示出来。我们希望以后能够不时地从各个角度为读者展示这一"海洋上的美丽岛屿"。

四年前,日本军队侵入中国台湾东海岸,与当地原住民发生冲突,中日两国差点开战。自此以后,身在远东的外国人无不关注台湾岛的情况。据中国史书记载,中国迟至15世纪初才发现台湾,但这一说法并不可信。东部沿海,尤其是厦门和福州两地的中国人,此前不可能完全不了解台湾岛,因为据说当天气晴好的时候,在大陆可以清楚地看到台湾岛上的山脉。这一期的第一篇文章我们讲了中国人最早是怎样大规模迁移至台湾岛的。然而,在1620年,日本人企图对其进行殖民统治。在1634年前后荷兰人来到中国台湾,发现已经有大量中国人在那里生活了。台湾南部大移民发生的原因,罗约翰牧师在前面的文章中已经介绍过了。迟至1680年,清朝政府才在当地建立稳固的统治。卫三畏博士说:"种种原因使得那里成为一个治理不善的混乱地区。半开化的当地人、焦虑的福建人,以及政府官员的敲诈和残酷压迫导致的反抗活动混合在一起,成为当地混乱的最主要原因。大量

台湾原住民部落：1872年李仙得的军营
IN ABORIGINAL TAI WAN, GENERAL LE GENDRE'S CAMP IN 1872

移民不断从大陆来到台湾,而土地又被资本家攫取。这些资本家不仅鼓励人们来到这里,而且利用大量的穷人来圈占土地。"

台湾岛土地肥沃,灌溉便利,气候宜人。大米、糖、樟脑、盐、硫黄、玉米、水果、原木,以及新开发的煤炭,都是台湾岛的主要物产。

现任福建巡抚、同时兼管台湾的丁日昌已经对帝国这片重要的领土给予了极大关注。他积极促进台湾地区的开发,不仅支持台湾东北部的基隆地区发展煤炭开采业,而且在清朝政府购买了吴淞铁路公司之后,又接到两江总督沈葆桢将已经拆除的吴淞铁路的铁轨铺设在台湾并适当延伸的命令。淡水是台湾岛上较好的港口,如果铁路从淡水铺到基隆,将对煤炭业的发展带来实质的帮助。然而我们相信,这里不是铁路该铺设的地方。我们不确定丁巡抚是否已经确定了铁路铺设的具体地点,但清朝政府声称他们已经将铁轨运到了岛上。

台湾岛上农村的建筑比不上大陆的,大多数都不太好。但是有些地方已经出现了利于货物运输的轮式交通工具,如照片上的马车,也修建了可以供轮式交通工具行驶的优良道路。关于这个漂亮的岛屿,我们还有很多要说的。下一期我们希望能看到高雄。

香港律师伍廷芳先生

MR.NG CHOY OF HONGKONG, BARRISTER

如今很多中国人已经认可并接受了西方专业学科体系中神学排第一位的事实,排第二位的是药学,但这些还远不是他们引以为豪的治疗的艺术。有一位思想活跃、能力卓著的王先生,在爱丁堡取得了学位,早期教育却是在香港的马礼逊教育会进行的。这个机构存在的时间不长,但培养的几个中国学生却对中国产生了很大的影响。而香港圣保罗学院则以它的毕业生伍廷芳先生——中国第一位律师为荣。

当这位绅士来到圣保罗学院时才 14 岁,但他所掌握的古典知识超越了同龄的其他孩子。这一点和大多数成为优秀的英文学者的华人有所不同,因为他们几乎没有人能够掌握一般水平的汉语知识。

在圣保罗学院学习七年以后,伍廷芳先生被任命为香港警察局的译员,随后他应召来到最高法院。在最高法院,他接触并掌握了英国的法律体系。经过十余年的耳濡目染后,他选择去伦敦,进入林肯律师学院学习。在第三学年结束时,他成功地获得了正式律师资格。在律师资格考试中,他获得了罗马法考试的第二名,接下来的各科考试,他的表现也非常出色。

首位华人律师伍廷芳先生
MR. NG CHOY.
THE FIRST CHINESE GENTLEMAN, ADMITTED TO THE ENGLISH BAR

1877年夏天，在访问了法国和美国之后，他回到中国。在香港，他被英国皇家最高法院录用，他的法律专业实践在这块远东领地上开启了。

在去英国之前，伍廷芳为当地媒体贡献了很多文章，其文章议题主要集中在法律层面的质疑或者阐释清朝的国体方面。在伦敦，他为自己争取到讨论清朝事务的优先权。他立志成为一名国际法学家，而那些文章可以证明他是"国际法学会"的一员。换句话说，他很快就显示出自己对于清朝政府的必要性。他几乎拥有中国目前最需要的外交活动家的各种品质，而且已经被李鸿章总督聘为法律顾问。

麦嘉湖

清朝的万里长城

THE GREAT WALL OF CHINA

这幅图片由北京的查尔德先生拍摄的大幅照片缩小而来。他拍摄的照片完美地诠释了长城的非凡气质。而长城也以自身的雄伟壮丽，使人们确信它一定是这个世界上少有的奇迹之一。这张照片拍摄于距北京约50英里的长城南口关附近。为了描述这一伟大建筑，我们引用了卫三畏博士的话，我们经常能从他那儿得到各种知识的馈赠。他在《清朝》第一章中提到：

清朝公共建筑无论放在任何地方或者由任何人来评判，大概都是无与伦比的，因为它所调动的劳动力数量远在别国之上。这个国家的自然景观也因此而发生改变。长城之所以令人记忆深刻，是因为他是唯一一个在地球表面掠影中能被清晰捕捉到的人工建筑。但是它的用途或者科学价值，远逊于它本身。长城，在中文里被称作万里长城，是公元前220年由秦始皇下令修筑的，目的是保护内地的人民不受北方草原部落的侵扰。有丰富的证据可以证明，长城的原始结构非常坚固，因为直到现在，即使在霜冻和潮湿地区它依然完好地矗立着。英国远征军的船只曾经来到辽东海岸的山海关，坐标为40°4'N，120°2'E。这里是长城的开端，也是一个适合贸易的场所，这里的关城被称作山海关。约瑟林（Jocelyn）描述道：从船上向山海关望去，"剥落的碎片和高耸崎岖的山脉，给这片绵延不绝的海岸制造出一副极为荒凉的面孔"。

山海关在海岸上绵延数英里，终结于海滩边的一块迤长的礁石。整个长城的墙体便从这长礁石开始向西铺展开去。它先是稍向北折，沿着直隶省旧有的防线，然后到达山西，直至黄河岸边，坐标为39.1°N，111.5°E。这是整个长城最好的一段，包括了最为重要的关城，以及关城中修筑的要塞和商贸市场。直隶范围内有两道城墙，一道围绕在北京西部怀来（Hang-ho）盆地两边的外侧。内侧的一道长城则由明代一位皇帝修建。从长城遇到黄河的那个地点向西，就形成了陕西省的北部边界，直到它再次于37°N遇到黄河。这一段包围着内蒙古。从这里出发，向西北方向沿着甘肃省的北方防线，到达整个长城的终点嘉峪关附近。通过嘉峪关，一条大路一直深入中亚，坐标为40°N，99°E。

连绵的木栅栏从直隶省接近长城的起始点处向东北方向延伸，它们形成了辽东和吉林之间的边界。这条线在地图上经常被视作长城的延伸。这界栏是满族人建造的，并建有十二座带城门的要塞。道路穿越城门，将盛京和蒙古联通起来。

长城的整体长度，包括支线部分，据麦卡洛特（McCulloch）估计应该有1250英里。这样庞大的建筑，多少也要与它所穿越地区的自然环境相适应。西部地区的墙体没有东

清朝的万里长城
PORTION OF THE GREAT WALL OF CHINA

部地区修建得那么完善，有些地区是泥土包裹着砖块，有些地区几乎是土墙或碎石墙。东部地区的墙体内部大多是泥土混合卵石，外立面再垒上砖石，墙的两面都有石头保护。整个墙体底部厚约25英尺，顶部厚约15英尺，高度则从15至30英尺不等。墙体顶端有石头铺成的平台，两边有较小的城垛。单薄的城垛可以证明那个时代加农炮尚不存在。城墙上每隔一定距离便修建有砖塔，有些高于40英尺，但大多都略低于40英尺。这些砖塔不是修筑在城墙上，而是独立的建筑，通常底部为50英尺见方，顶部30英尺见方。在一些重要的地点，砖塔有两层，约50英尺高。

    毫无疑问，这样令人印象深刻的建筑，在很长时期内，是抵御北方游牧民族入侵的防御工事。但是历史事实已经明确证实，它虽然起到了一定的作用，但终究挡不住野心勃勃的草原民族南下的步伐。如今，它只是简单的地理边界，除了一些通道之外，其余墙体没有人来维护，大部分的关塞都建在这些通道的节点上。据张诚[1]所说，越过黄河，一直到最西边的终点，长城基本只剩一堆大约15英尺高的泥土或碎石，偶尔还留有砖塔或者石头铺设的关道。在当地的气候下，这类建筑上很快会长出大大小小的树木。不过，曾经走过这片地区的人都没有讲述这样的情形。我们将此情形公之于众，希望可以引起大家的注意，阻止长城上各类植物的生长。

---

[1] 张诚（Gerbillon Jean Franois，1654—1707），法国人，康熙帝时供职于宫廷，在中俄尼布楚边界谈判中充当译员。——译者注

1878
2月

FEBRUARY

从九江到芜湖
FROM KIUKIANG TO WUHU

船屋中

7月16日，午时过后，我们从九江码头的一处航标出发，前往芜湖。此行顺风顺水，航行速度大约每小时六到七节左右。对于7月而言，这样的天气真是凉爽宜人，正宜出行。我们出发的时候遗落了寒暑表，因而无法记录气温的变化。望着远处的城市围墙，从上到下覆满青苔，郁郁苍苍。原本难看的建筑，在青苔的装点下十分清新悦目。在城市的后面，山峰隐隐约约，连绵起伏，在阴暗多云的天空中兀然而立。

快两点的时候，我们途经一处按照西式建筑原理建造的堡垒。堡垒四周环绕着铁甲，几乎正对着城市北面的城门。堡垒正处于建设阶段，但是因为盖上了帐篷，工程进展得如何我们不得而知。堡垒外壁凿出了几个炮孔，我们能数出来的至少有六个，从河边望去，令人胆寒，至于今后的防御效果，现在也不好定论。过了堡垒，再往前航行约半英里，有一座佛塔的残垣废墟，周边杂草丛生。佛塔有七层，因为经年的风吹日晒，塔身都变黑了，而塔内的阶梯、地板和平台，早就无迹可寻。靠近佛塔处有一座清朝军营。沿军营往远处看去，是一座正在修建中的堡垒，与之前见到的那座十分相像。在这座堡垒和佛塔之间有一片洋人公墓，由英国领事馆募捐修建。河流的对岸是一个叫沙坑（Shao Tse Ko）的小村庄，周围的地区地势平坦、耕作良好。而九江这边多是地势较高的丘陵，林木茂盛，郁郁葱葱，较为平缓的山坡上划出一块块梯田，以供耕作。放眼望去漫山遍野皆为深深浅浅的绿色，肥沃的土地上一派生机盎然。

之后，我们抵达了九江岩（Kiukiang Rocks）。但是在一年中的这个时节——夏季，水位会上升三四十英尺，没过岩石，所以岩石自然是看不见的。为了标记出岩石所在位置，九江海关在距离低海拔航标以上五十到一百英尺的峭壁陡岸上建造了一座灯塔，与岩石位置平行。我们上岸待了一会儿，隐约瞧见灯塔管理员的居所，看起来凉爽宜人。事实上，灯塔的另一侧或许为了采光与通风，是完全通透的。附近的清朝人很多，他们的脸上都洋溢着欢乐之情。有的人坐在阴凉处，悠闲地抽着烟、聊着天；而有的人却在田野里繁忙地劳作。有的人倾尽全力，仿佛一生就靠着这几锄头似地挥动锄头锄一会地，劳作一会休息一下，锄地、休息，如此循环往复，直至日落回家。中华民族本是知足常乐的民族，他们的幸福如此简单，本该十分快乐。倘若没有起义暴动、洪灾饥荒，或者其他天灾人祸，让他们背井离乡、颠沛流离，他们也的确是快乐幸福的。不过极有可能，他们并不知道在这片天地之外正在发生什么。地里的水牛一边悠闲地吃着草，一边摇晃着粗短的尾巴驱赶着恼人的牛虻与蚊子。喜鹊和其他小鸟也来帮忙捕捉害虫。这些鸟雀一点儿也不害怕这些庞然大物，时而落在水牛的头上、犄角上、身子上，时而在水牛的腿间蹦来蹦去，似乎兴致盎然，只等它们的猎物苍蝇现身。

我们继续航行，便到了江州镇（Olyphant Island）。河流在此分成两条河道，北边支流深约二到八英寻，主流水深约四到七英寻。在洲头（Lay Island）主流再次被分开，形成南边的支流。这条支流少有船只往来，只有运输茶叶的货船偶尔从鄱阳湖驶来经过此处继续前行。江州镇的岛上有几个小村庄，林木葱茏，其间偶尔探出几间茅舍。人们驱赶水牛犁地，水牛懒洋洋地拉着原始的犁。江州镇和洲头地势低洼，在夏季河水上涨时，部分岛屿多少都会被水淹没。

再往前航行，就到了岙岸站（Point Otter）。这里是一座灯塔，由此往南就是湖口。湖口城墙之内，除了繁荣的城市，还有几座山丘。城墙之上耸立着瞭望塔与驻守台，相隔距离各不相同。城市的西侧，在悬崖峭壁之上，建有一座防御型塔楼。在阳光下，这座白塔熠熠生辉。这也是海军将领在扬子江上游的避暑之地。这位海军将领掌握生杀大权，不分阶层、无论贵贱，所做决定无须请示北京政府。鄱阳湖的河流入口处便是湖口。大部分从九江出口的茶叶都在这里装船。鄱阳湖入口两侧各有一座堡垒，都装备了最新式的火炮。湖中有一岛屿，为大孤山，上有一高高耸立的宝塔，远远便能望见。从湖口顺流而下沿岸几英里地势很高，有些地方山水相连。这些山岭被称为沙山（Sand Hills），因为有些完全没有植被，有些仅有零星的树木。江州镇的岛屿一直延伸到岙岸站后方。

此处往后，河道又宽阔了起来。沙山脚下栖居着两个村庄，在汛期的时候，部分村庄会被河水淹没。在河的中央地带我们进入三江口（"Chow-Chow" Water）。北部支流、主流和鄱阳湖汇流于此。很快我们便通过了这段水域。与此同时，"江远"号（S.S.Kiang Yuen）也航行至此处。船上的人们挥舞着帽子和手帕，希望陆上的人能够认出自己。蒸汽船驶过，掀起巨浪，巨轮击打水面发出隆隆巨响。船驶过之后，回声依旧回荡在山间，我们的船也随着水面颠簸起伏。此时已经快到下午六点了，龙塘湾（Loong Tang Creek）是距离最近且最方便的停泊点。于是伴着微风，我们向龙塘湾驶去，决定在那里停靠过夜。在港湾附近我们发现一具面部朝上的尸体，仔细看是个女子。尸体浮在水面上，显然已经在水里泡了一段时间。我们在天黑前到达了龙塘湾。这里水流湍急，一侧河岸地势起伏，另一侧低矮平缓。这一侧河岸上有个小村庄，曾经的规模比现在略大，因为去年的一场大火几乎烧掉了整个村庄，现在村里都是竹棚小屋。在满足了口腹之欲以后，我们漫步河岸，想欣赏风景，却略感失望。这座小村庄只有一条路。竹棚小屋的生活条件十分糟糕，整个村子看起来很脏。好在港湾宽阔辽远，我们沿湾而行，随即抵达一片田野。在回去的路上，我们吸引了田间劳作者的注意力。他们用"洋鬼子"这样的字眼向我们致敬。对于这样的玩笑，我们自然不予理会，继续我们平静安定的行程，但我们不禁觉得他们与"老恶魔（Old Cloven Foot）"的联系更为紧密。

在我们回到船上不久，村长或小官吏便过来打听我们的消息。我们邀请他上船。显然他觉得上船十分冒昧，但仍接受了我们的邀请。我们拿出茶叶和雪茄烟，款待这位客人，并给他展示了一些照片和图画。他看起来很高兴，想要了解这些图画和照片的含义。他最喜欢《图片报》（Graphic）上的图片。有些图片上是铁路和火车、铁甲舰和飞艇。他听说过上海和吴淞铁路，但从没亲眼见过。当我们向他描述热气球时，他更是吃惊不已。他想知道我们的职业，当我们告诉他之后，他说这里的人不会干扰我们。因为他的随从们在雨中等他，所以他便向我们告辞离开了，走之前还邀请我们早上去拜访他。我们说如果他早上起得够早的话我们就去转一转，因为我们在早晨四点钟就要出发。

晚上，我们又下了船，去离船不远的茶店和鸦片贩售店看了看。这些店铺看起来生意红火。年轻的清朝姑娘们十分漂亮，打扮时髦，极力邀请我们进店享乐，但我们谢绝了这份殊荣。我们又来到了另一家商铺。店里的男人和女人们都形容枯槁、肮脏放纵，沉醉于赌博。这倒真是消磨时光的最好方式。当我们踏入店内，他们满脸狐疑，或许是觉着我们扫了他们的兴致吧。村庄里的女人远比男人多。因为大多数男人并非此地的居民，他们主要在河上讨生活，只有风力过强或入夜之后才会光临这个小村子。一群女人告诉我们的佣人晚上会去拜访我们，但当得知船上有条巨犬后，她们便打消了这个念头。

次日凌晨两点左右，我们听到附近的港湾入口处有海豚拍击水面的声音，然而此时天色太黑，我们没能亲眼看见。早上四点之后天色已然大亮，朝霞色彩斑斓，明丽绚烂，景象十分壮观，值得欣赏。太阳升起，金色的阳光透过厚厚的云层，光线越来越亮，云朵慢慢消散。我们在五点之前就在甲板上集合了，收起铁锚后，船在水面上轻快地向前航行。此时，天气凉爽，四周生机勃勃。南方吹来晨风，推动着我们的小船。六点的时候，我们抵达了东北渡口——九江海关管辖下的第三座灯塔。待我们在这里上岸后，本地人围拢过来，虽不是围观野兽觅食，却都在打量我们以及我们的随身物品。其中有一位面容阴郁的削发僧人，对我们很感兴趣，无论我们去哪儿他都跟着。直到我们启程离开，他还一直盯着我们远去。这里的人一个月左右才能见一次外国人，自然对我们的一举一动都十分好奇。

直到此时，一路的航程中我们都十分开心，可现在却遇到了一些恼人的东西——苍蝇、蚊子。它们不停地骚扰我们，落在我们的鼻子上、耳朵里、脸颊上，以及其他一切能落下的地方，没有一刻消停的时候，真是无比折磨人。在旅途中，派特饱受蚊虫折磨，于是他把蚊子引到蚊帐中，自己则躺在地板上睡觉。最后我们都到了甲板上，把这些蚊子苍蝇留在船舱中。当风速增强的时候，苍蝇四散而去，但不一会儿就又紧跟上来。

我们继续沿江前行。这时河面变得更加宽阔，水面波浪起伏。快到小孤山时，一阵强风袭来，船摇晃得厉害，令我们头晕目眩。南岸山坡上吹来一阵阵狂风，河水拍打着背风一面的船舱窗户。我们的船向一侧倾斜，桅杆绷紧，嘎吱作响，船上下剧烈摇晃，使我们不得不降低船帆。河流的南岸都是山石与丘陵，北岸却相反，都是平地。这种地势连绵好几英里。我们路过了桐梓山（Kung-tse-shan）和一座城市。从城外看围墙环绕，墙内还有很多小山。不过城墙看起来并不坚实。民舍都建在三面环山、一面为河的峡谷中，所处地势低洼。桐梓山之下便是小孤山。小孤山靠近北岸的岩石岛。岩石岛兀然独立，高耸于水面之上。这座岛与南岸山丘相分离，岛上的泥潭却向北连绵数英里。这景象颇为奇特。

我们在小孤山抛锚停泊。由于当时水流湍急，我们花了不少时间才把船停靠到泊位。接下来我们打起精神，准备登山。我们看到从岸边到山顶铺设了台阶，便边爬边数，发现从岸边到山顶共有四百级台阶。山的顶峰上有一座寺庙，庙前还有十六级台阶。此处的景致蔚为壮观——南边有桐梓山，东南有 250 到 300 英尺高度不等的山丘，群山之间点缀着湖泊、港湾和运河。在我们的脚下，扬子江混混沄沄，惊涛拍岸。仰头望去，群鸟盘旋，展翅高飞，尖锐的鸟啼声回荡在空中。偌大的山林中，鸟鸣声不绝于耳。岛屿部分悬于河水表面，倘若未与坚实的主岛相连，可能就倾覆在河流之中了。几座庙宇散落在山上，我们参观时，均香火鼎盛。在山顶寺庙的院墙上，一些胆大的外国游客刻下了自己的名字。我们也在此刻下了自己的名字，又在墙上刻了四个"7"用以标记日期。这里有很多奇怪的昆虫，而且种类奇异罕见，即便在上海博物馆也不一定有所收录，值得我们采集研究。但因为缺少装昆虫的容器，我们只捉了一种十分特别的毛虫。现在没有办法采集标本，我们内心着实为此感到遗憾。

我们参观了所有寺庙，其中三座寺庙里有大钟，据说已有一百多年的历史了。我们撞了钟，敲了鼓，与僧人饮茶，给了一些香火钱，又拜了拜庙里的神像。大部分寺庙里都有一些黑漆的牌匾，上面用金字刻着一些捐赠香火的香客姓名。他们将名字刻在这里，渴望得到神佛的庇佑。在台阶周围的一些竹子上，很多清朝人也刻上了自己的姓名。此举或许和之前我们在寺庙墙壁上刻下标记的初衷一样吧。后来我们累得浑身酸痛，终于返回泊位，得以满心欢喜地上船歇息。之后我们收锚扬帆，迎着徐徐清风向下一站出发。我们的下一站是九江的第四个灯塔——鸽子塔（Dove Point）。

在鸽子塔和小孤山的中间水域，河道被鸽子岛（Dove）、福思岛（False）、白鸽岛（Pigeon Island）几个岛分开了。目前为止，我们见到的面积最大的岛是白鸽岛。与白鸽岛平行的是马同（Ma-tung）城。这儿往来的舢板船只密密麻麻，看起来是个繁忙的港口。靠近城市是一片广袤的密林，再远处便是一座大约300英尺高的悬崖峭壁。山脚下波涛汹涌，水流湍急，流速几乎一小时几节。在这里蝉鸣声不绝于耳，外国人称它们为"剪刀研磨机"（Scissor Grinders）。或许是因为蝉在树上栖息进食的时候，会发出奇怪的噪音。在鸽子塔附近有一片10到12英尺高的芦苇荡，非常茂密，人们很难从中穿过。另外，鸽子塔附近的水域还有不少漩涡和暗流。我们几次尝试穿过芦苇荡，但都没有成功，于是只得回到了船上，继续旅程。岸边，一群苍鹭在嬉戏，虽然我们与苍鹭非常接近，但它们并没有注意到我们。我们沿江驶入铜陵水域。远处伫立着一尊佛塔，再远处就是焕元池（Whan-yuan-chin）。此处江面辽阔，停靠着许多船只。之后我们看到了一些砖窑，但是似乎并没有砖匠在工作。再近些，我们看到一个男人正在迎风扬谷，他身上落满了筛出的尘沙。或许他的祖父便是如此劳作，一代一代地传给了他，如果这个男人有儿子，想必也会如此继续流传下去。

我们继续沿江前行，路过斯本塞岩（Spencer Rock），江南岸便是铜陵。两座佛塔矗立在远处，一座立在城镇的最高处，另一座则立在城镇的洼地处。靠近圣诞岛（Christmas Island）时，"汉阳"号（S.S.Hanyang）在一侧峭壁的衬托下，显得很小，正隆隆驶过圣诞岛。圣诞岛南端有一处灯塔。我们沿岸漫步，并没有发现值得观赏的风景，便决定继续航行。接下来，我们穿过了舢板通道（Junk Channel），很快就到了红石渍（Hung-shih-ki）。微风习习，水波潋滟，约下午三点钟，我们抵达了鹰岛（Eagle Island）。灯塔管理员们在附近开辟了一个小农场，种植的蔬菜种类繁多，管理得井然有序。看守灯塔的生活想必既孤单又无聊，方圆几英里都找不到一个说话的人。

随后我们从这里前往安徽省的省府安庆，但当时风势不错，我们就没有在安庆登陆。这座城中的佛塔保存完好，塔身七层。的确，我们在清朝所见到的大多数佛塔均为七层。或许通晓清朝风俗的读者们，会知道佛塔都是七层的原因吧。下午六时，我们路过乔斯林岛（Jocelyn Island），抵达了木吉灯塔（Hen Point Light Station）。这个站点设立了两盏灯，一盏灯设在岸边，另一盏则设在"江龙"号（S.S. Kiang Loong）的残骸之上。"江龙"号于1873年沉没。沿河而下我们到了距离木吉灯塔3英里远的台渍（Tai-tze-chee）。这是一座孤岛。一座寺庙建在岛上，海关会拨一些经费给寺庙住持，让他们在夜晚一直亮着灯。因为孤岛四周的水流非常湍急，在木吉灯塔与台渍之间还有很多漩涡。我们参观了寺庙，发现庙里很脏也很潮湿，方丈和他的弟子们打理着一切。我们四处转了一会儿便离开了，途经一座三层的寺庙。早晨时，日出江边，霞光万丈。到黄昏时，落日熔熔，云霞万里。这便预示着明天天气会十分炎热。此时晚风渐歇，船帆无力地垂在桅杆的一边，船只顺水漂流而下。于是，船员和仆人们便借此良机下水洗澡。

尽管天色昏暗，但是星星点亮了天空。岸边偶尔传来各种声响，划破了夜晚的静谧。青蛙鸣唱着夜晚的颂歌，许久都不曾停歇。可能是因为陌生人靠近的缘故，各种各样的家畜也提高了声调：犬吠不歇，水牛低哼——这只"四腿尖耳的动物"也想要告诉邻里陌生人的到来。村里的男男女女大声谈论着家长里短。而在我们的船上，船员们沐浴完毕，正自娱自乐打发时间。他们唱着歌，让别人重复绕口令，一如我们年轻的时候，被骗唱了很多遍"罗伯特爬上了梯子，带着个血淋淋的肝脏"。我们自己则背靠着桅杆，悠闲地抽着雪茄烟，陷入了沉思。合上双眼，我们的思想开始天马行空，恍若在空中建起了亭台楼阁，映衬着我们往日的回忆，觉得极其幸福。一束蒸汽船的强光打破了我们的梦境，原来是"清江"号（Kiang Ching）正朝我们驶来。它在提醒我们要在船头上挂个灯笼，以免"清江"号看不到我们，撞翻我们的船。不一会儿，罗伊岛（Fits Roy Island）上的光亮便进入我们的视野，大约在十点钟，我们抛锚靠岸。

从早晨四点钟，一直到现在，在之前的二十四小时中，我们仅仅睡了两小时，因而是夜我们都睡得很沉。第二天起床之后，船员早已把锚收了起来。天气炎热，我们尽可能穿得轻薄，所以一天过去了，我们也被晒黑了不少。风逐渐平息，轮船只能依靠水流的速度继续航行。早上七点，我们仅仅抵达塔同（Ta-tung）。沿江两岸崇山峻岭，但是塔同一侧的山更多，其中野猪山（Wild Boar Hills）有1500英尺高。路过一个小镇，我们看到山丘上有一处寺庙残垣。的确，长江两岸的许多地方都有寺庙佛塔，但大都破败不堪。驶过野猪山附近河段的时候，成千上万的蝗虫飞越河流上空，还有不少蝗虫撞上了我们的船帆。就在我们旅行的这段时间，安徽省境内爆发蝗灾，当地的粮食蔬菜牛产遭到极大破坏。

八点半，我们抵达巴克明斯特岛（Buckminster Island）的一端。这里有一座海关维护的灯塔。风速突然加强，我们只得降低船帆，在巴克明斯特岛与神指山（Seaushan-nean）之间抄了近道，随后抵达了腾江（Teih-kiang）村。往远处望去我们又发现一座小岛，海拔约有80英尺，上面有一座小寺庙或佛塔。岛屿背面，群山环绕，宛若圆形剧场，高约1500英尺，其中一些山岭已被开发利用。中午时分，我们与蒸汽轮船"大公"号（Pao kong）相遇。下午一点，我们到达了海恩斯（Point Haines）灯塔。这也是九江地区最后一座灯塔了。在这里我们目睹了可怕的蝗灾——成千上万的蝗虫正大块朵颐，啃食着青草与芦苇。蝗虫实在是太多了，我们每走一步都会踩死好几只。这里天气异常炎热，我们并未在此久留，而是收起了锚，赶往芜湖。

几个小时之后，我们终于抵达芜湖。现在，我们这段旅程终于告一段落。这段航程全长195英里，包括停泊休息时间，前后共用了不到51个小时。我们上了岸，受到很多生活在芜湖的外国朋友的热烈欢迎。芜湖岸边有一片小屋，关于这片小屋，有一段浪漫的传说：很久以前，一位来自镇江的将军，奉命去驻守其他地区。在他离开的这段日子里，某个好事者骗他妻子说将军对她不忠。妻子不堪谣言的日夜折磨，最终跳河自尽了。奇怪的是，她的尸体却逆流而上，来到了芜湖附近的岸边。于是，人们便建了一座寺庙来纪念这场悲剧。

芜湖附近城镇的运动比赛都比较乏味。运动员要是来这儿肯定能大放异彩。在芜湖目前只有轮船招商局（C.M.S.N.Co.）有一艘废旧的船。因而公司并不在港口来往运送货物，只搭乘游客。我们发现，这里的很多女人并没有像清朝其他大部分地区一样缠足。据说是因为太平天国占领附近地区时，曾严令禁止女子缠足。因此，父母们便再也不能为了让女儿们的脚看起来优雅小巧，就禁锢她们的双脚了。其实所谓的优雅，不过就像残废的水手踩在假肢上，摇摇晃晃，跟跟跄跄。

W. R. K.

中美贸易
AMERICAN COMMERCE WITH CHINA

第二部分 早期贸易纷争
"休斯女士"号（Lady Hughens）事件

上个章节介绍了中美贸易的开端、美国领事山茂召与欧洲贸易专员的友好往来、山茂召受到的热情欢迎及其表达的由衷感谢。翻看这段历史，各国对华关系及贸易的大环境对美国十分有利。山茂召少校在这个开拓贸易与外交的重要时期为美国赢得了尊敬与瞩目。下文将介绍一件重要的政治事件。因为这一事件直接涉及将来我们与清朝政府的关系，及相互的贸易和禁止移民问题。所以在叙述这一政治事件之前，笔者先对事发前广州的社会环境作一简单介绍。

清朝政府出于一种排外思想，限制臣民与外国人互通往来。外国人的活动受到严格限制，他们只能在城市周边的郊区活动。外国人了解清朝法律及风土人情的机会并不多，信息渠道狭隘。因而，我们在广州的考察未能采集到充足的数据，无法对一些问题做出正确的回答。外国传教士写下的在华见闻总是笼罩着一层神秘色彩，很多记录甚至接近于传奇。可以确定的是，中国是一个古老的国度，悠久的历史足见中国历朝政府过人的智慧。中国现在依然为世界各国所尊崇神往。

以上文字言简意赅地介绍了外国人在中国的地位，以及他们对中国的看法。然而，一件因鲁莽行为导致的意外事件发生后，中外关系开始变得严肃复杂。这件事处理起来困难而棘手，引起了所有外国人的关注。山茂召少校作为事件的参与者，生动地描述了整个事件的经过（英国人德庇时的文字也记录了这一经过）。

"11月27日星期六，大约上午十点钟，缉捕英国'休斯女士'号的大班史密斯（Smith）的新闻传遍了广州。三天前，史密斯与一些人在甲板上用餐。离开时，舰船鸣炮致意。结果，火炮不幸击中了旁边清朝官府的小船，造成一死两伤。根据清朝法律，致人死亡必须以命抵命。此前发生过这样的事件。比如，大约四年前，同船的一名法国人与一名葡萄牙人发生争执，后者被杀死。有人告知清朝政府，前者属于正当防卫。清朝政府虽然吩咐暂不抓捕，表示对反映的情况予以理解，但他们需要当庭审理此案，并且表示这一程序必不可少，只有审理结束后，才有可能将当事人释放。随后，人们将肇事者移交给清朝政府。第二天早上，清朝政府将其押解至代理商行旁边的河岸边，执行了绞刑。外国人对这件事仍记忆犹新。因此，在'休斯女士'号案件中，英国领事拒绝向清朝政府交出开炮者。理由是这场事件只是意外，而且作为英国在华的领事，他无权代表英国政府管理船务。

"随后，清朝商会要员潘启官（Pan-ke-koa）请史密斯到他的住处商谈贸易。结果，史密斯被士兵抓住，移送城内。消息传来，清朝商人停止了一切贸易，撤入城内。欧洲人则聚集在一起商讨对策。欧洲人一致认为，应该火速采取措施，每艘舰船都应当拨出一只武装好的小船，保护本国人员的生命财产安全，直到事情妥善解决。随后，清朝买办、仆人及其他人员也撤离了商行。几艘清朝军舰在商行对面集结，虎视眈眈。大约晚上七点钟，欧洲人的武装运输船抵达。其中一艘在日落后经过清朝的堡垒时，被炮火击中，一人受伤。武装人员上岸后，进驻商行，将武器上交给贸易专员统一管理。欧洲人达成一致意见，决定联合起来，一致对外。倡议发起后，欧洲人邀请我们加入。于是，美方也派出了武装船只。随即，英国送信至城内，解释了事件的原委并表示不可能交出炮手。当晚，欧洲人派出警卫巡逻，一晚上相安无事。翌日清晨，买办返回了商行，继续供货。当天晚上，一名清朝人前来通知所有清朝人撤离。调查后发现，此人是总督衙门的官员，他奉总督之命向英国领事下达敕令，翻译如下：'两广总督依照大清律法，下令逮捕史密斯。一旦交出炮手，史密斯有望立即获得开释，但武装船只一事，令总督颇感愤怒。欧洲人应清楚自己在华的地位，不得逾矩。总督已经下令，广州所有军事力量进入战备状态，如遇任何抵抗，就以武力扫平。大清律法不容侵犯。'

"大约两点钟，法国领事卫雅（Vieillard）通知我，他与翻译官加尔伯特（Galbert）在寺院同一名清朝官员会面。这名官员称总督下达了命令，除英国外，允许其他外国人随时撤军。丹麦、法国、荷兰均有撤军之意，法国领事劝我方也采取同样的行动。我谢绝了。未达目的之前，怎么可以撤离呢？当晚，两名清朝官员在翻译的陪同下下达指令，称总督欲在议事堂召见除英国之外的欧洲各国代表。临行之前，英方召集各国代表开会以统一意见：史密斯被捕，威胁的不仅是英国人，而是所有外国人的生命财产安全。会议地点选在了欧洲人鲜至的郊区寺院。一位军官在那里迎接我们。议事堂外两队挎刀的侍卫静静侍立。军官先入堂叩见总督，方才将我们引入。总督表示，我们能来此地，表现了一定的诚意。史密斯的安危无须挂心。只要英方交出炮手，他就会被释放。我们答复道：炮手已经逃逸。他说：'没关系，他藏不住。'加尔伯特解释了武装船只一事，称他曾劝说过英国人，后来之所以参与进来纯粹是为了维护各国在华人员的安全和利益。我们谢绝了总督的请茶。他便送给我们每人两匹丝绸，以示友好。之后我们便散会了。

"我倍感失望。会上各国代表根本没有统一的说辞，态度变化不一。卫雅应是接受了打点。因为正是他召集大家参加总督的会议的。清朝人心里清楚，只有把英国从欧洲阵营里分离出来，才能很快解决这件事情。而与会前的短会，是我建议召开的。虽然没人拒绝参会，但当时对是否支持英国、在多大程度上支持英国，各国并没有达成一致意见。之后大家就去会见总督了。第二天，事态保持稳定。但商行对面集结的清朝军舰已超过40艘。2艘法国船、1艘丹麦船、1艘荷兰船要出航，只得请清朝人站在船头举一面红色小旗示意。一艘英国船也照此出航。英方收到史密斯的来信，要求交出炮手。我们来到了总督的住处，只有六人得到接见。总督馈赠我们每人两匹丝绸。30日早晨，布朗（Browne）、莱恩（Lane）、兰斯（Lance）及菲茨休（Fitzhugh）代表英方来我处拜访。原来，传闻非虚。当天，英国代表确实应约到黄埔港谈判，只不过事先未与他国商议，而今天特意派人告诉我们谈判的进程。

"当日，清朝政府派出信使将史密斯的信件送至威廉姆斯（Williams）船长处，要求交出炮手。然而送信的翻译抵达海港后，目睹战舰林立、枪炮密集，心生恐慌，就转身折回了。中方随即诏令英方派船只接送信使。英方便派出了麦金托什（McIntosh）船长，同时称，若未找到，信使返回时便不能交出炮手了。此外，英方想重新召集各国商议，发表一份联合声明，请求总督恢复英国在黄埔港的贸易。

"七点钟，兰斯再次拜访我，称他代表英方在寺庙会见了一名清朝官员。官员称事情已经讲清楚了，贸易随时可以恢复，只要船长麦金托什交出炮手。兰斯说，要恢复贸易必须交出炮手。如果不找或者找不到，抑或找到了藏匿，那么东印度公司就只能听任中方处置了。这名官员答应下午给予回信。大约三点钟，5艘挂着清朝旗帜的英国船返回黄埔港。日落时分，船长麦金托什将炮手带回了商行，几分钟后，在寺庙交给了中方。当时，各国代表都在现场。中方表示：今晚就释放史密斯，并将炮手扣押起来，等待皇帝发落，而贸易可以恢复了，大家散去吧。晚上，我接到翻译的通知，海关把我们登记成英国人了，而英国船明天才能开走。经过询问后，我发现是潘启官误导了海关，便在兰德尔的陪同下向法国领事递交了一份说明。他承诺明天就转呈海关，有消息便通知我们。12月1日，黄埔港恢复了往日的宁静。英方贸易专员与史密斯前来致谢。中午，各国代表应粤海关监督的邀请，在商会大厅集会。监督首先表达了对广州秩序恢复如初的喜悦之情，随后，嘱咐我们必须严格管理手下的海员。我们答道，欧洲人与清朝人发生争执，都是因为商人之间的误会。他承诺，未来特派官员会每月在寺院集中听取商人之间的误会和纠纷，并协助解决。欧方可以用自己的翻译。这时，我请法国领事向监督说明我们的国籍。于是，受领事嘱托，翻译官加尔伯特清楚地陈述了我们与英国人的不同。监督答道，昨晚听石琼官（Shy-kin-koa）汇报过了，对情况已经了解了，返航许可昨晚就下达了。原来，误报的事情，是因为我们没有打点潘启官，他还曾如法炮制用到普鲁士身上。结果第二年，普鲁士就改旗易帜了。当晚，我们的军舰悬挂美国国旗返回了黄埔港，两艘货船则驶向了美舰。

"这件麻烦事开始时一片混乱，毫无头绪，结束时让欧洲各国颜面尽扫。若欧洲各国能团结起来，舍小我而利大我，结局肯定会大有不同，或许还能争得更多特权。但既然已经结束了，我也只能补上一句清朝人的看法，'这回再见可无人啦。'"

这就是"休斯女士"号事件的整个经过（在中美关系的萌芽阶段，此类事件一共发生了三起）。此处将略去后续的笔记。山茂召少校的外交部报告足以说明中美贸易的概况。这里附上他回国前的最后一份笔记。12月26日，在兰德尔的陪同下，他向各国领事及人员道别，"再次感谢他们的帮助以及美好的祝愿"。第二天，他登上美国舰船。第三天，舰船起航。兰德尔则留在了中国，继续处理各种事务。

以下是约翰·戴维斯对"休斯女士"号事件后续情况的叙述。在山茂召少校离开后十余天，他最担心的事情终于发生了。

"28日，外国人发表联合声明，声援史密斯。当晚总督召见各国代表。代表们返回商行后说：'总督十分恼怒，想尽快了结此事。'清朝人对骚乱颇感不安。若我方态度坚决一些，应该能挽救史密斯。

"很快，商行的翻译赶到工厂，将史密斯的信件交给船长，希望他能交出炮手，或者其他什么人冲抵罪名。29日，英方回复了信件。事态有了新的进展。30日，肇事的炮手——一名老人被带回广州，由各国代表联合签字，押入城内，被一位高官接管。他说，史密斯的生命已经无忧了，就等皇帝下旨放人了，诸位不必担心。大约一个小时后，史密斯返回了商行，说扣押期间得到了礼遇。1月8日，肇事者被施以绞刑。"

山茂召少校的札记一直由他的家人保存，直至62年后的1847年才得以出版。而德庇时札记的出版年份要早些。我们有充足的理由将山茂召少校的笔记原文呈现出来。第一，札记详细地记录了《南京条约》签订以前，美国贸易人员的任期、各国对华贸易的时间长短。第二，在中美贸易中，山茂召少校的表现优于资历深厚的外国领事，其中也包括英国人。德庇时称正是山茂召少校支持将炮手送交中方，才挽救了史密斯。继"休斯女士"号事件之后，1821年又发生了黄埔港商船"埃米莉"号（Emily）事件。两者性质相同。德庇时用两个段落指出了当时美国代表在"埃米莉"号事件中的失当之处。在"埃米莉"号事件中，海员德兰诺瓦（Terranova）被放弃了。德庇时以此事指责美国代表处事有所偏颇。不久，"土巴资"号（Topaze）事件发生。"土巴资"号事件发生在伶仃洋（Lintin），是因护卫舰"土巴资"号上的海员与岸上的清朝人发生了争执。

我们按时间的先后顺序回顾这三起事件及事件发生的背景，再将"休斯女士"号事件中山茂召少校的表现与美国其他代表作比较，并综合考虑美国代表在"埃米莉"号事件中支持英国代表放弃炮手德兰诺瓦所带来的影响，我们认为德庇时对美国的指责玷污了美国在世界上的声誉。德庇时将"埃米莉"号事件与"土巴资"号事件发生的地点与背景作了比较，以批判的口吻指出了两者的显著不同。

出于这个原因，我们选择重提"休斯女士"号事件。德庇时在他的专著中反复宣称，在"埃米莉"号事件中，美国声誉受损的原因是为私利牺牲个人。因此，我们坚定地认为德庇时对美国的指责是不公正的，我们必须更正三十余年来世界对美国的误解。

首次探险返航

"休斯女士"号事件严重干扰了贸易的顺利进行。确凿的证据与有力的对比证明了约翰·戴维斯对美国的指责有失公允。让我们重拾山茂召少校的日记,回到"中国皇后"号返航的时刻。

12月31日,船驶过澳门。荷兰舰艇"德克勒克将军"号(General De Klerk)的总指挥官为海军准将班克斯(Banks)。班克斯与山茂召少校决定结伴出航,走班卡海峡航线。格林船长对这一航线十分陌生,他带领船只穿过前方的二道滩,越过班卡海峡,决定把苏门答腊岛东南岸的北岛作为第一站。班克斯与山茂召少校于1月19日抵达北岛,发现了另一艘荷兰舰艇、两艘英国舰艇、两艘葡萄牙舰艇停泊于此,它们的目的地都是欧洲。储备好木材与淡水后,两名船长于22日驶离北岛。26日,两舰从距离爪哇岛东部10里格远的海域经过,于3月9日成功抵达桌湾(Table-bay)[1]。那里停泊着1艘美国舰船和18艘他国舰船。大家向班克斯将军鸣炮致意。美国舰艇是德比(E.H. Derby)从塞勒姆(Salem)派出的,名为"大土耳其"号(Grand Turk),船长为英格索尔(Ingersoll)。他带着医师莱维特(Leavitt)登上了"中国皇后"号。14日,班克斯与山茂召少校离开了开普敦。25日,他们意外发现了圣巴塞洛缪岛,但没有停靠。5月11日,他们抵达纽约,鸣炮向城市致意。整个航行过程中,往返路程分别为18248海里与14210海里。

5月19日,山茂召少校向美国外交部长递交了一份报告。报告"叙述了航行中的重要事件,即我方在桑达海峡与法国人的会晤、我方在中国的待遇、广州人与驻扎广州的欧洲代表对我方的态度。国会当众宣读了报告,经国会议员一致同意,部长对我说:'美国首航中国圆满成功,中美得以建立贸易关系,国会对此深感欣慰,应对航海者致以崇高的敬意。'"此次航行获得的净利润高达25%以上,合12万美元。山茂召少校回国后,面对父亲与兄长的离世,打消了继续出海贸易的念头,转而接受国防部长诺克斯将军的任命,担任陆军部的第一秘书。同时,兰德尔乘坐约翰·欧·唐纳尔(John O'Donnell)船长的"帕拉斯"号(Pallas)满载茶叶,从中国返回美国。"此次航行共计投资5万美元,船主罗伯特·莫里斯获利50%。莫里斯打算再次派船前往中国,仍想聘用兰德尔和我。这次的航海计划周期更长,出航者预计会在中国待上数年。但因为我们开出的条件过高,莫里斯决定另聘他人。"

11月,莫里斯的"希望"号(Hope)准备就绪。船长兼总指挥官为詹姆斯·麦

---

[1]位于南非开普省西南部,好望角以北。——译者注

基（James Magee），船员有艾萨克·希尔斯（Isaac Sears）及其他纽约人。同时，山茂召少校辞职。不久，国会任命他为广州领事、兰德尔为副领事，搭乘"希望"号到广州。1786年2月4日，"希望"号满载货物从纽约出发，前往巴达维亚和广州。7月4日，他们抵达巴达维亚，并在此逗留了5个月。7月23日，他们穿越了加斯帕海峡，8月10日抵达澳门，8月15日抵达黄埔港。

山茂召少校在1784年12月的笔记中记录了其他国家的贸易情况。1783至1784年，"除却返回印度的舰船，去年仍有45艘舰船从广州与澳门驶往欧洲，其中16艘为英国舰船。今年各国出航的舰船数量如下：（12月27日）驶往欧洲的25艘舰船中，有英国9艘、法国4艘、荷兰5艘、丹麦3艘、葡萄牙4艘，此外，加上驶往美国的1艘，英国的8艘，丹麦的1艘，今年出航的舰船共计35艘（此处略去舰船的名称）。1785至1786年与1786至1787年的出航记录如下：1785至1786年，出航的舰船共计34艘，分别是英国18艘、荷兰4艘、法国1艘、西班牙4艘、丹麦3艘、瑞典4艘，目的地是欧洲。此外，一些葡萄牙舰船从澳门驶往欧洲；1艘英美合作的舰船以英国的名义驶往欧洲与美洲。另有10艘英国舰船返回印度。

"今年（1787年）截至1月27日，出航记录如下：广州出海的舰船中，英国有29艘、荷兰5艘、丹麦2艘、西班牙2艘、法国1艘、瑞典1艘，还有5艘从澳门出发的葡萄牙舰船，共计45艘，目的地是欧洲。此外，还有5艘美国舰船，它们分别为：纽约出发的单桅帆船'冒险'号（Experiment），船长为迪安（Dean）；费城出发的'广州'号（Canton），船长为特拉克斯顿（Truxton）；纽约出发的'中国皇后'号、'希望'号，船长分别为格林、麦基；塞勒姆出发的'大土耳其'号，船长为韦斯特（West），他们先到法国附属岛屿，然后去广州。"

往返印度的英国舰船共计23艘。山茂召少校说："与往年相比，今年的船只数量最多，自然会对贸易产生影响。除了武夷茶，每个茶叶种类的贸易量都比1784年至少高出了25%，中国其他出口产品的价格也变得十分昂贵。

"英国商船数量的增加、吨位的提升，源自国会的减税政策。东印度公司决定提前储备一年的货物，以防止其他国家出现的茶叶走私现象。这一贸易惯例对丹麦、瑞典及法国产生了深远影响。英国对茶叶的大量需求，迫使英国商人使用大批金银来平衡贸易收支。"

为了详尽地展现在那个特殊年代各国从事贸易活动的历史背景，以下将介绍山茂召少校向美国政府提交的一份成熟的贸易报告。这份报告客观真实地叙述了中美贸易与政治关系渐进的过程，向读者展现了一幅宏大的历史画卷，其价值不言自明。现摘录如下：

"先生，很荣幸能为您撰写这份报告。通过第二次出航中国，在了解了中国与其他国家的贸易状况后，我梳理了思绪，将所闻所想付诸笔端。这份报告不见得尽善尽美，但各国贸易实则彼此相通，殊异甚少。我以中肯平实的笔触书写，希望能道出其中一二。至少，我可以确信无疑地担保以下叙述真实可靠。如若读者对报告能褒赞数笔，我就心满意足了。

"贸易算是个直白明了的行当，中欧贸易自然也是如此。丹麦、西班牙、普鲁士、瑞典、法国、英国、荷兰等国都在广东设有商行，指派固定公司负责运营。葡萄牙的商行虽然都设在澳门，但是没有固定公司运营，只能依靠代理商来回往返。因为平时商行货物的装卸都在澳门的港口进行，而商行在外地的商人需要额外开支，所以这一独特的地缘优势，大大降低了葡商的贸易成本。

"英国向中国出口铅与大量布料。在国内羊毛产业的带动下，东印度公司根据贸易特许权，每年向中国出口羊毛布料。剩余的货物供应印度。这种欧洲商品在周边沿海地区销路同样很广。处理完这项大宗贸易后，商船会装载棉花以及之前的铅和其他布料，前往中国。而凭借正当贸易所获得的毛利，不管是现金还是中国商品，需悉数上交东印度公司财务部。然后，英商可以获得一张支票，12个月后方可兑现，1元可兑换5先令6便士。驻印度的英国商人获得了个人贸易许可，可以凭借运营商船获得丰厚利润。他们除了向中国销售从沿海购买的棉布、檀香木、软木塞、黑檀木、鸦片、鱼翅、燕窝之外，还向马六甲群岛及周边地区的荷兰商人和土著走私鸦片、服装、武器等。对方则向他们出售胡椒、锡锭和其他香料。以上贸易加上从印度走私白银所获得的净利润共计约占商品总额的三分之一，而利润又变现为商品返销印度。通过这种贸易，数年来，英国商人获利颇丰，金银贸易就不那么重要了。而且不管是走私贸易还是顺差中的英中贸易，英国都极尽扩张之能事。去年，英国对英中出口贸易特别依赖，因为这直接关系到英中进口贸易。因此，当年英国向中国出口的商品中，仅金银的价值就达300万元。除了英中贸易，东印度公司的商船（而非'英国人的商船'，此称呼带有政治含义，因为东印度公司是英国政府麾下的海外贸易公司，受到政府庇护。当时，通往印度洋的便捷航道已经被英国控制，东印度公司的商船不必再绕道好望角了。）有时也会载着各种棉布、丝绸制品以及大量硝石，驶往巴达维亚。返航时，自广州出发的船舶会运回胡椒与锡锭。不过，所有返航的船舶都毫无例外的会运回蔗糖。这可是一批价值可观的货物。

"荷兰在爪哇、苏门答腊、马六甲与印度的贸易据点，与中国的贸易关系比其他民族相对占据优势，即便不出超，至少也维持了贸易平衡。

"其他欧洲贸易公司主要靠出口铅和银获利。有时驻扎印度的英国商人会从印度走私白银以赚取钞票。虽然英国东印度公司明令禁止走私，一经发现，就剥夺贸易权，投入英国监狱。但这一处罚几乎从未执行过，形同虚设。英国商人既然不能通过东印度公司的财务部将财产在欧洲变现，就只能另寻其他渠道。他们有时以1便士，有时以2便士，大多以1元短期汇票来实现目的。

"当美国独立战争结束之际，法国还未成立自己的海外贸易公司，国内多篇论文都主张开展中法贸易。1783年，法国国王派出4艘舰船，远航中国。1784年，国王划拨给商贸公司3艘大型舰船。商贸公司随即按规定将一定份额的股份出售给航海者。去年，国王只派了1艘舰船。这些海外探险的尝试，很大程度上促成了法国海外贸易公司的建立。今年，法国国王共派了8艘舰船，6艘前往印度，2艘前往中国。但其中1艘舰船在返航时，错过了好望角的季风，改道去了毛里求斯。派去印度的船只载着各种货物抵达了毛里求斯岛与波旁岛以及印度半岛的法国贸易据点，又从这些地方载着胡椒、咖啡、药品、硝石以及平纹细布、粗面印花布、光面印花布等布料和其他丝绸与纯棉纺织品，返回法国。法国领事则留在了当地。国王为他建造了宅邸与办公处。领事的年薪为6000里弗尔。如若当地的法国人发生争执，领事会主持庭审，并做出裁决。若当事人不认同判决结果，可请求国王与议会重新审理。

"1783年，普鲁士与中国的贸易因诸多不便终止了，同时也停止派遣商船。此外，普鲁士还拖欠了中国15万元的货款。普鲁士代理商里德（Reid）也返回了欧洲。

"瑞典与丹麦的海外贸易据点，主要依靠在印尼海峡地区与英国沿海地区从事走私贸易获利。自从英国议会免除茶叶的进口关税后，瑞典与丹麦的走私生意受到很大冲击，利润大幅下滑，与中国的贸易也有所衰退。

"西班牙靠代理商运营了一段时间的海外贸易后，斥资800万元，在马尼拉成立了一家海外贸易公司。他们当时有2艘货船，从广州装载货物后，又返回马尼拉卸货。这批货物部分经阿卡普尔科（Acapulco）运抵美洲，部分运回欧洲。西班牙对白银出口十分依赖。

"在海外贸易领域，葡萄牙的辉煌已然消逝，只剩下代理商的船只在澳门与仅存的印度据点之间往来奔波，像极了英国驻印度的走私商。就连葡萄牙在欧洲的贸易也依靠代理商运营。他们在印度获利不多，主要依靠对中国的出口贸易来维持国内的进口贸易。事实上从欧洲返回的葡萄牙商船很难筹集到充足的资金，要不是倒卖中国商品有利可图，而且驻印度的欧洲商人能帮助他们变现财产、避开本国财务审查，中葡贸易早就关闭了。

"除了欧洲人，美国人与摩尔人也与中国开展了广泛的贸易往来。他们主要出口珍珠等商品。商品从葡萄牙及英国在红海、波斯湾、印度半岛沿岸领地的海底采撷装箱。

"自 1783 年开始，一些驻印度与澳门的商人乘坐小型舰船，前往堪察加半岛与美国西北海岸从事毛皮进口生意。这一生意斩获了丰厚的利润，迫使从欧洲进货的商人大幅降低了售价。"

吉迪恩·奈伊

骗子
TRICKSTERS

如今奉天的城门上贴着一则通告,提醒善良的人们注意提防那些冒名行骗的骗子。他们衣着光鲜,出入豪宅,结交权贵,不仅骗取一众地主的钱财,而且通过信用借贷骗到了大量珍贵的货物,如皮毛、珠宝等。到头来,人们才发现这些骗子的信用一文不值。

我曾听说过一个这方面的巨骗——湖南人李应泰(Li Ying-tsai)。虽然从未指挥过士兵,但他买到一顶军官的红顶戴,带了许多随从,从北京来到奉天,派头十足。许多地主都非常愿意结交他,给他提供住处和食物。他谎称来这儿是要指挥一支将要成立的军队。他拜访了清朝的图将军,并向对方展示了自己的名帖,理所当然受到良好的招待。他回到自己的住处,发现奉天本地的一位皮货商正等待向他推销货物。皮货商希望他买下自己的皮货。半天前,这些勤奋的商人正为存货犯难,当时奉天城里还没有这样一位显赫的陌生人。这个骗子确实需要一些皮货。地主告诉皮货商这位贵客刚刚得到了图将军的礼遇,所以当这个骗子向皮货商暗示他刚去了城里,现款还没有到账时,商人表示不用急着付款,并将自己手里上好的皮货留在了骗子家中。就这样,一个又一个皮货商来了。如往常一样,他如此这般囤积了足够的紫貂皮、狐狸皮等。他把这些货物放在房间中的一些皮箱子里。骗子外出时戴着红顶戴,乘坐马车,拜访那些更加富裕的商人。在奉天戴这样一副顶戴的军官十分受人尊重,这些商人在短时间内借给这位军官一大笔钱,并为此感到非常自豪。在北京的汇款到达之前,这个骗子必须偿付一些账单,不过,他发现不止一个商人愿意帮助他。于是,他带着借款回到住处,将自己的欠款单分给众位商人,然后用这些钱买来组织军队的必需品。

经过一段时间的采购后,有一天早上,他带着他的侍从和车夫早早离开了住处。经常上门走动的皮货商来到他的宅院里,他们并不担心未偿付的银子,只是想看看这个军官是否需要更多的皮货。门房(奉天旅馆的每个套房都有专门的人值守)告诉商人们军官一早就动身了,说他已经走了一段时间,也不知道具体去了哪里——也许是去了满族将军那儿。商人们继续等待,直到他们意识到军官离开的另外一个原因。但是不断增加的皮货商都确信他只是去拿当日答应给他们的货款罢了。而且,在看到他平日里就放在桌子上的许多箱子和饰有流苏的军帽后,他们更加确信他不会离开这座城市,于是都安心地继续等下去。然而这种信心却一直在减弱。也许是由于午间的饥饿,他们走进了他的房间,近距离观察了他的官帽,发现顶戴上珍贵的红宝石没有了。此刻不安和怀疑占据了他们的脑海。他们命令门房打开那些箱子,以确认他们的皮货是否安全。门房打开了一个,发现这是个空箱子,再打开第二个、第三个,结果都是一样的。所有箱子里的剩余物加起来也值不了一个钱。众多商人卖给这个骗子的皮货，总价值数千两银子，借出去的银子也有数千锭，就连门房也得到许诺说要在富裕的地方给他一个大公司。但是现在，这只鸟儿已经飞走了，连影子也没留下，只余一堆空空如也的箱子和一个破烂帽子。皮货商的哀号令人不忍听闻，因为他们要为从店里拿出来的这些皮货的货款负责。他们交给骗子的皮货货款，远远高于现在所有剩余物品的价值。

当然，满族将军已经有所警醒。他在听说这些皮货和银锭的故事之前，已接到从北京发来的一封电报。电报内容是提醒并命令他在看到这个骗子时尽快将其抓获。然而这个骗子出现后很快又消失了。可以确定的是，他到了牛庄。虽然急速赶来的信使追上了他，但商人们和将军没有追上，因为他听到消息之后就登上了一艘汽船，离开了这个港口。迄今为止，唯一令人宽慰的是，人们知道他的众多亲戚都非常有钱，还有好几个亲戚在北京做高官。他们偿还了被骗的北京商人的损失，但是他们的同情心并没有泛滥到奉天商人那里。

几年前，当陈将军在清朝东北的东南部镇压叛乱和偷盗时，一个戴着官员顶戴、后面跟着一队随从的高级官员，率领着他那缓慢的军队在东北地区南部从一个城市辗转到另一个城市，以求在战争中争得一席之地。他到了开州，在那儿待了好多天，从地方长官和商人那儿骗够了路费。这一招他在西边和北边的城市都用过，屡试不爽。现在他来到东边的城市，盛气凌人地来到凤凰城，并在城里住了一段时间。有一天，他在随从的引导下来到陈将军面前，隆重地介绍了自己。陈将军想，他是否在自己的队伍里见过这个人。毕竟与现在相比，当时的他要瘦小很多。然后陈将军问这个官员："谁派你来的？"由于这个官员带领的士兵都是李鸿章手下的天津人，他就回答说："宝王（Po Wang）"。陈将军马上下令逮捕了这个官员，经过一番严刑逼问之后，他发现这个人就是骗子，于是下令砍了他的头。

不久前，另外一个聪明人在奉天也被砍了头，因为他在辽阳装扮成一个王爷招摇撞骗。他打扮得体，威吓当地官员和民众，要他们捐一大笔款以供养他的随从。顺便提一句，真正的王爷是不会这样威吓民众的，不过他的随从也许会，因此骗子才会有更大的操作空间。

一桩高明的乔装案例发生在我们所在的半岛上。一个地方官奉命到南部去"清丈土地"。这看上去是一个从土地所有人那里敛财的好机会。但是当他走在那条通往南部的官道上并开始以惯常的速度缓慢行进时，突然接到消息说有个大人已经到了那里。于是他拒绝接受任命。他一再声明，自己并不愿与人相争，最终却不得不面见这个"真正"的大人。结果这位"大人"却是他的一个同窗，以前两人关系十分亲密，这人"借用"同窗的名号和职务，在那段时间积累了大量财富。骗子见到他的同窗很高兴，听到同窗的告诫时，骗子回答道："我想我可以帮你解决这个麻烦。虽然我冒用了你的名字，但咱俩是同窗，万一事发，你也脱不了干系。另外，清丈土地这个工作，我可以做得比你更好，你最好让我来帮你完成。"话已至此，这位官员也没有任何办法！

不过还是回到奉天吧——据说与北京大同小异——我听说了很多令人捧腹大笑的故事。

几年前，一个山东人揣着不少钱来到奉天，想在这里买一块土地开店铺。一个人领着他去看地。这是块空地，旁边有一面很漂亮的墙。卖家急需用钱，所以要价合理，并要求付现金。对这个山东人来说，200两银子买这么一块好地已经很划算了。于是，双方的交易很快达成，并签署了必要的文件。在正式手续办完后，买家立刻将钱款付给卖家。如通常程序一样，交易双方和见证人一起吃了一顿开心的晚餐。

跟卖家道别之后，山东人来到他买的那块地上准备规划建房。令他惊讶的是，他被逮捕入狱了，罪名是侵夺皇家土地。因为这块地原来是社稷坛，即国家神庙的所在地。地方长官审理此案时，这个山东人承认自己犯了错，但他希望自己的遭遇能让其减轻罪责。最终的审理结果是无罪释放。虽然买地的钱已无法追回，但这个山东人很高兴自己能够重获自由。在这里类似的案件很多，许多人被骗，买了不属于卖主的财产，而这仅是其中一例。

也许接下来这个案例更不可思议。某个住在奉天的人要搬家，他请求邻居，希望能借用一下他家的锅。北方所有人家的锅都是大锅，固定在灶台上。他承诺就用一两天，用来烘烤家中的火炕。他告诉邻居自己的新家在某某处某某街上。邻居同意借锅给他。他拿着锅开心地走了，一两天后带着所有的家当消失了。邻居还在想，为什么他没有按时还锅，于是就去拜访了这位老邻居的新家。

这个屋子有两个客房，应该是老邻居的新家，但房子却是空的。他拜访了住在隔壁的房东，询问他的老邻居是否要长期住在这里。房东说他从来没听说过这么个人。于是他就讲述了老邻居跟他借锅的故事。房东听后非常感兴趣，他往门外看了一眼，正好看到自家门上贴着一张纸条，纸条上还粘有一张当票，上面显示当掉的东西是一口锅，共半两银子。两个人琢磨了半天，一致认为锅的主人被坑了，他的锅被邻居当掉了。但是他们必须以这张当票为依据才能赎回那口锅。房东想往当票上浇些热水，把它取下来。但是锅的主人害怕当票会被弄破，那样他就赎不回自己的锅了，于是他请求房东让他把这个门板扛到当铺，房东同意了。锅的主人把门板卸了下来，扛到了当铺。当他扛着门板来到当铺门口时，年轻的当铺伙计大声喊道："我们不收门板！"经过一番解释，他们总算将问题说清楚了。锅的主人付钱赎回了他的锅。当然，他是付了两倍，甚至三倍的钱。不过，他始终也不知道他的邻居到底搬到了哪里。

罗约翰牧师

英国驻上海总领事罗伯逊

DANIEL BROOKE ROBERTSON, C. B., H.B.M. CONSUL-GENERAL AT SHANGHAE

英国女王派到清朝工作的官员中,罗伯逊不论是工作能力还是服务时长都十分出色。以下是他在外交部的简历:

1840年6月16日在林肯法学院成为一名正式律师。1842年被混合委员会聘用,参与解决英国皇家军团对葡萄牙政府的索赔问题。1843年12月21日,被任命为英国驻上海副领事。1850年7月1日,被任命为驻宁波领事。1851年2月20日,返回上海,继续担任副领事。1853年8月2日,被任命为厦门领事;1853年5月1日一度被派往广州担任代理领事;1853年10月14日,继任厦门领事。1854年5月,调回上海;1854年7月13日,被派到广州,担任代理领事;1854年9月,在香港总督缺席期间,临时接任港督职务。1855年3月9日,进入上海领事馆工作;1855年5月,再一次被任命为驻宁波领事。1858年11月22日,调任广州,但仍留沪工作。1859年9月3日,进入广州领事馆任职。1860年12月20日,被任命为赔偿接收使,根据《北京条约》规定的赔偿方式,在广州港和汕头港接收清朝政府的赔款。1861年1月19日,任九龙界英国专员。英法联军占领广州期间,担任委员会委员。1865年8月9日,受封巴斯勋位。1872年6月8日,受封为爵士。

这个简洁的履职经历给出的都是些头衔,但它们却承载着英国与清朝交往史上的一些非常值得铭记的事件。特别是在早期相当长的一段时间里,广州曾是所有西方国家与清朝政府屡次交锋的地方。罗伯逊曾在这里处理了不少重要而棘手的事务。现在罗伯逊要离开广州了,在简短的致辞之后,到上海担任英国总领事。我们欢送他离开的最好方式,就是发表这样一场演说。这篇演讲稿虽然已经在《德臣西报》上登载,但是作者还是专程交给了我们一份。罗伯逊的肖像画也在一位朋友的帮助下送至我处。这是复制品,在启程回家之前,罗伯逊抽不出时间来摆姿势拍照。

在罗伯逊爵士离穗返英前夜广州外国社团的送别演说

致大不列颠女王的总领事——罗伯逊爵士:

先生,在您将要离开广州之际,我们这些在广州的常驻民,希望向您表达我们最深挚的敬意。在您驻留广州期间,不论是行政事务方面,还是与当地建立良好互动关系方面,您都给予了我们的社团许多帮助。从您首次到广州担任领事开始到现在,二十五年的时光已匆匆流逝。您在各项工作中逐渐练就的谨慎、适度与和善,塑造了您认真负责和熟练自如的管理风格。这让我们对您的事业充满尊重。同时您一贯的礼貌、热心和不断提升的内在修养为您赢得了自信，也赢得了中外各国民众的尊敬。

我们为您的离开感到深深的遗憾，希望我们的祝福将会伴随您回家的旅途，也会伴随您登上更广阔的舞台。期待您的归来。[1]

我们同在，先生，
您最深挚的朋友和祝福者
（此处为签名）

上文这份承载了大多数广州外国侨民社团（General Foreign Community）成员签名的演讲稿，于当天下午四点在协和厅（Concordia Hall）呈献给了罗伯逊。海关职员柏卓安（J. Meleavy Brown）代表社团成员宣读了这份演讲稿。随即部分社团成员送上定制的纪念品。这是一组极富韵味且精工细作的银盘，第一个大托盘里盛放着仪式的献词。

精明的罗伯逊绝不是一个优柔寡断的公职人员。他的组织协调能力也使他赢得了当地官员和民众的认可。作为执行额尔金伯爵和他的继任者卜鲁斯制定的"和平维持政策"的典型代表，罗伯逊在广州的履历验证了这一政策的成功。卜鲁斯在一定程度上巩固了新关系。而罗伯逊为这一成果的实现，贡献了最为基础和必要的力量。为了缓解因罗伯逊的离开而产生的遗憾之情，还是让我们一起祝愿罗伯逊在新的环境里、在更广阔的事业中，获得更多的幸福和满足吧。

1878 年 2 月 28 日于广州

---

[1] 此处为英文杂志的片面之词。罗伯逊所为主要还是维护英国的利益。——译者注

罗伯逊
SIR BROOKE ROBERTSON, C.B

台湾高雄

TAKAO: TAI WAN

高雄又称猿山港，猿山得名于山上数不清的台湾猿猴，它的最高峰高达1710英尺，前坡直插入海，后坡山脚即为大平原。猿山茕茕孑立，突出于海岸之上。在稍远的内陆，向北延伸的鲸背碛和两三座小山，与猿山共同组成了互不相连但又断续可见的山峦。它们被来自中央山脉的大片平川分割开来。猿山南面有一道防波堤，将这一地区分为南北两部分［南部被称为旗后山（Saracen's Head）］。这道防波堤大约有80码宽，形成海港的入口。靠近海港的一侧是陆地，另一侧则是长而低平的沙质海滩。猿山脚下有大量的漂白土，但山体的主要成分是黏土和石灰岩，以及大量裸露的黑色火山岩。很多岩石已被烧成石灰，跟已成为化石的石灰岩混在一起。山顶附近散落着贝壳和海中的鹅卵石，远高于海面的土壤中随处可见牡蛎壳。种种现象表明，猿山这座相对年轻的山脉曾经历了剧烈的动荡。这一点也能从山上的植被看出来。几天以来我一直都在采集那些正在开花的植物，但并没有发现什么新物种。实际上，猿山上的物种都能在清朝大陆的平原和小山上找到。火山活动留下的唯一痕迹，是海港内侧一条含硫的小溪。但在海浪大的时候这条小溪会被淹没。孤独的猿山将会形成一道防波堤，沙子不断沉积，毫无疑问将形成一条长长的沙质海滩，并不断向南北延伸。那些由内陆小河汇集而成的浅水塘则会被掩埋。从山顶往下看，海岸线几乎已成为一条直线。南边的海岸线已经将两三条小河填平，与海港融为一体，而河水通过防波堤上的缺口进入大海。北边的海岸线上，河流汇成池塘，水流从浅浅的出口渐渐流出，汇入大海。而南面的沙洲逐渐向万寿（Mong-soa）山扩展，形成另一道防波堤。万寿山正好处在一条河流的入海口处。如果这条河流不是特别浅，且又被山体隔绝的话，不论从宽度还是长度来看，它都可能成为一条重要的水道。

高雄附近人口众多，土地肥沃。移民聚居区位于村落中间，周围是大片的竹林和榕树林。这些人大部分是从厦门和泉州迁移过来的，他们相处和睦，悠然自得。

台湾高雄
TAKAO, TAI WAN

苏州北寺塔

PAGODA AT SOOCHOW

无论从哪个方向穿越广阔的清朝，你都能在震撼人心的风景中看到塔的存在。旅途中被问得最多、答案最让人满意的问题，莫过于最初建塔的目的是什么？人们普遍的回答是为了瞭望远方，而更普遍的回答则是为了纪念某些佛教的高僧。所以塔不仅是宗教遗迹，更具有重要的纪念意义。艾约瑟（Joseph Edkins）博士在他有趣的著作《中国的宗教》（Religion in China）一书中告诉我们："高高耸立以纪念佛祖的宝塔，也兼具占卜之用。这些宝塔保佑着周边地区的繁荣兴盛。外在的装饰画和雕刻层层环绕着宝塔，直到塔顶。每层的檐角都有一圈小铃铛，微风徐来，叮当作响。每逢起风后，铃声便响起。高僧说，这是无生命的自然向佛祖贡献的赞美。"

苏州的北寺塔[1]是清朝最美的塔之一。在这里，我们也可以清楚地看到清朝其他地方常见的现象。这种现象在习惯于节省的清朝很突出，即很多建筑亟待修补。正所谓"小洞不补，大洞吃苦"，从来没有一个国家像清朝这样粗心大意。我们见过的所有大型的单体公共建筑，或多或少都存在这个问题。这在宝塔上体现得尤为明显，也许是因为宝塔本身高大挺拔，吸引了更多的注意力吧。宝塔一般都有好几层高，但绝不会低于五层，有的甚至有十一层，总之层数一定是奇数。塔的每一层都形成了一个带有装饰屋顶的房间。从塔基到塔顶，这些轻柔的装饰使整座宝塔呈现为一个非常协调的整体。

---

[1] 原文拼写是 Lo-mun-ta。——译者注

苏州北寺塔
PAGODA AT SOOCHOW

苏州外城

OUTSIDE THE WALL, SOOCHOW

清朝有大约 4500 座由城墙围绕起来的城市。距离上海约 70 英里的苏州城，因其庞大的面积和辉煌的古建筑物，成为最著名的古城之一。苏州的城墙大致呈长方形，总长 12 英里，高 30 英尺。城墙外环绕着护城河。大运河从城东流过。城外有虎丘山，那儿曾一度成为全中国文人推崇的雅集胜地。

苏州外城
OUTSIDE THE WALL, SOOCHOW

苏州青铜香炉
BRONZE CENSER, SOOCHOW

苏州香炉

THE CENSER, SOOCHOW

  香炉真应该有个更好的名字。每一个寺院都有一个或多个香炉，里面燃烧着银色或金色的纸，或者朝拜者制作的其他可供焚烧的物品。朝拜者燃烧这些物品，是为了敬奉已故祖先的在天之灵。香炉里还有一炷炷香，插在灰烬里，吐着缕缕青烟，产生的香气成为供奉祖先和神灵的献祭品。

福建土楼——全族人居住的地方

CIRCULAR HOUSE, INHABITED BY THE MEMBERS OF ONE CLAN. FUHKIEN PROVINCE

中国的一些地区还存在着一些大家族。虽然整个中国大约只有四百个家族,但家族成员并非聚居一处,他们分散各处的状态让整个家族群体日益庞大。卫三畏博士在他的《中国总论》一书中讲道:"家族制度的种种习俗和规则,使得整个社会长期处于压抑状态,它给城市和乡村带来的不是平静,而是持续的混乱和麻烦。"

《京报》经常出现关于"家族械斗的可怕描述,以及冲突造成严重的生命和财产损失"的报道。"家族间的争斗经常出现。当地官员们不敢镇压,只能纵容他们通过打斗分出高下。"我们了解了这样的社会背景,再去理解图片中展示的房屋,就能明白它是出于安全目的才建成如此模样。一个巨大的圆形庭院仅能通过一扇门进入,庭院外的建筑围成一圈。相比中国的其他地方,福建是十八个省份中最为混乱的省份之一。因为这里的家族械斗更加频繁,更加血腥暴烈,也更难以镇压。说句实话,如果所有的中国人都和福建人一样喜欢争吵、行事粗鲁,那么这个国家绝不会获得礼仪之邦的赞誉。

福建土楼——全族人居住的地方
CIRCULAR HOUSE, INHABITED BY THE MEMBERS OF ONE CLAN

1878
3月

MARCH

中美贸易

AMERICAN COMMERCE WITH CHINA

第二部分

山茂召少校的报告接着写道：

"这就是中欧贸易的概况。国际贸易制度建立在自由的基础上。在欧洲的海外贸易中，贸易专员负责管理一座干净整洁的工厂并享受免费食宿，期间的一切花销由公司支付。他们的薪水与贸易的情况挂钩，根据个人的资历而定。英国一位年轻的先生，因父亲或其他近亲在工厂工作，他在十四五岁就进入工厂。

"五年后，他成为贸易专员，薪资也转归这个部门管理。薪资的数额取决于管理商船的数目。今年，英国一共派来30艘商船，其中25艘已经到达，5艘会在晚些时候抵达[1]。照此计算，今年贸易专员与贸易副专员的年薪可达1.2万至1.5万英镑。

"东印度公司下属的船长得到了政府颁发的贸易许可。每当船停靠黄埔港，船长便会从自己在广州的工厂取货。商品主要是中国人极其喜欢的各类钟表、西洋餐具、玻璃杯、皮裘、一些银制品及西洋参等。除此之外，他们在印度沿海港口也设有工厂，也可以取货。一船货物，船长的私货大约可占60吨。他会充分利用这个份额，采购优质茶叶、肉桂、丝绸、瓷器等。船一进入英吉利海峡，走私贸易就开始了。海关官员对此心知肚明，不过采取了默许的态度而已。商船由私人建造装配，按吨位数租给海外的公司。绝大部分商船的吨位从800至1000吨不等，每年最多出海4次。船长采用聘任制，有人甚至花费5000至7000英镑买下这个肥缺。船长也可以出让这个职位。如果船长不幸丧生大海，其职位及财产会由他的合法继承人或者指定继承人继承。船上管理人员享受的待遇不变。此外，船长在广州设有工厂，便于开展私人贸易。这种贸易机制实现了公司与个人的互利共赢。

"在其他国家，船长没有贸易许可，只能根据级别获得一定数额的酬劳。但在广州船长在工厂有公寓，在公司有办公地点。远道而来的其他贸易专员在公司也有办公地点。

"欧洲人不必整年都待在广州。在商船驶离、与中方的款项结清后，他们便会返回澳门。每个国家在澳门都有贸易据点。待下次商船返回时，他们也会回到广州。

[1] 其中4艘已于2月24日到达。

"进入黄埔港的商船,无论是公司的还是私人所有的,必须通过当地的保商[1]或者担保人查验才能卸货。查验人员既是公行要员,同时也是这批货物的交易人。他代表海关向商船收取入境关税,平均每艘约合4000至5000美元。此外,每件进出口商品还需缴纳商品税。外商会如数缴纳这笔税款,因为有了这些,他们与中国人的买卖交易就不会有麻烦了。中国的海外贸易由一群商人组成的公行管理,一定意义上说就像我们的贸易公司。[2] 公行由十或十二个商贾组成,专门负责接洽外商。在享受贸易便利的同时,他们会从商人们获得的优厚利润中抽取一部分,上缴北京政府,数额不菲。非公行成员,除小商小贩外,即便获得了政府的贸易许可,但没有公行的同意,也不能插足这个行业。公行要员经常会根据需要召开会议,交流市场信息,商定商品的进价和售价,作为回报,他们可以优先处理自己的商品。"

如若遇到商船并未携带多少货物、利润较少的情况,公行商人一般不愿意亲自作为保商来接洽,唯恐商船的利润不能支付税款。在这种情况下,公行通常会委派一名保商前去接洽。商船的交易则在他们的共同账户上完成。通常情况下,公行商定的买进价格不会有显著的波动。每艘商船、每座工厂都需要一名买办,负责为商船提供给养和其他必需品。他与外商谈妥条件、商定价格,并签订合同。这些条款有很强的约束性。如果是载货量很小的商船,买办在支付完所有给养的款项后,还可以将剩余的100或150两银子作为小费,但货物还需缴纳税款。买办还需依据政府规定,按经办的船只,向政府缴纳税款。公司的商船抵达黄埔港后,每艘船在岸边都有专属的接待处。里面可以摆放淡水桶、桅杆、船帆、木材等,还配有专门的疗养室。接待处是用竹子搭建的大型建筑,屋顶覆盖着草席。建筑工人是中国人。外商一撤离,他们就会将建筑推倒,以便在下一次接到新活儿。每个接待处的售价约为200美元。法国的接待处单独设在一座小岛上,这座小岛便得名法国岛。其他欧洲国家的接待处设在大陆上,与小岛遥遥相望。不过接待处的面积有限,因为其他地方都是稻田,且经常灌溉,不能侵占。法国岛景色宜人,是各国代表的休闲胜地。岛屿在大陆对面,往返十分随意。至于普通海员,只有法国人与美国人才能进入。为了使用小岛作为接待处,每艘法国商船需额外花费100两银子打点海关监督。

除了保商与买办,每艘商船还需花费大约120两银子聘用一名通事。这个人必不可缺。因为各国在与海关交涉贸易事务时,必须要通过通事。海关部门设在广州城内,不准欧洲人进入。因此,外商会为通事提供船只。通事必须随叫随到。

---

[1] 鸦片战争前夕,广州十三行充当外国商船的保人。保商担保到达广州的外国商船如实缴纳税款和船上人员奉公守法。《南京条约》签订后,保商取消。——译者注
[2] 但是他们没有共同交易账户。

"每逢来了三四艘还未查验的商船时,海关监督就会在公行要员的陪同下亲临查验。这时,船长会拿出钟表等各种稀罕物什,呈给监督。监督会挑出自己中意的放在一边。商船的保商随后会将这些珍玩送至监督的住处。过些时候,监督会问起价格,表明他不会无偿受礼。商人会意,只会报出原价的十二分之一左右,甚至更少,然后结款。

"待查验完货物,保商拿到卸货的许可,船就可以卸货了。通事会带两艘船取货,两名官员会在旁边监督。货船抵达广州后,海关高级官员会对货物进行称重、估值、记录。之后,货物就可以投入市场销售了。保商或公行商人不中意的货物会转给其他采购商。通事与保商负责从中协调,并向采购商收取一定酬劳。而回程货物转船时,其流程与参与人员与之前相同。

"商船的吨位平均为700吨,其中一些则达到1400吨,但一般不会低于500吨。

"当季,各国商船数量如下:欧美赴广州的商船:英国29艘、荷兰5艘、法国1艘、西班牙2艘、丹麦2艘、瑞典1艘、美国5艘;欧洲赴澳门的商船:葡萄牙5艘。英国还有23艘商船的目的地是印度。与往年相比,今年商船的总数达到了顶峰,这对贸易的影响不言而喻。除了武夷茶,其他茶叶的销售量比1784年至少高出25%。其他出口商品也利润不菲。

"通过对中欧贸易的详细介绍,我相信这会有利于从本质上观察我们国家的贸易情况。

"美国人的生活离不开茶叶,对茶叶的需求会随着人口的不断增长而增加。欧洲国家进口茶叶需用现款。美国则可以以更优惠的价格获得这种商品,否则还不如在本国闲置的山川森林中自己种植这种精致的饮品呢。在这种情况下,美国的优势是惊人的,她的商业活动开展的方式,以及现在与这个国家的关系,并非没有让欧洲人警觉。首次出航,美国只派来1艘商船,但结款时,所用现款不到货款的五分之一。而欧洲国家结款时,现款占绝大部分。不过两者享受的其他贸易条件却是对等的。美国依靠出口本国商品获得的钱款进口茶叶。第二次出航,美国派来的商船又增加了4艘。而结款时,现款只占一小部分。欧洲人就这样看着美国商船使用少量现款就满载而归。这就是西洋参给美国带来的益处。中国对西洋参的需求给美国人民带来的益处,就如同美国的金矿、银矿给全世界人民带来的福祉。只是,各国都错估了中国西洋参市场的潜力。美国刚涉足这一市场时,人们普遍认为西洋参的年需求量约为40或50担,但事实已经颠覆了人们对西洋参需求量的认知。1784年,美国人第一次来到中国,运来440担西洋参,数量不如欧洲商船多。但欧洲运来的西洋参,大部分也是从美国进口的。今年,西洋参共售出1800多担,其中一半来自美国商船。自1784年,中国对西洋参的进口量显著增加，销售量也居高不下，似乎西洋参在中国市场的热度永远不会消退，利润能永葆长青。

"它的种植在多大程度上是可行的，以何种方式更好地提升品质，以及美国是否有兴趣只允许美国货船直接向这个国家出口，这都是值得关注的问题。

"除了西洋参贸易，美国还在出航途中与沿线国家展开贸易。在第二次出航中国时，美国商船停在了巴达维亚。荷兰人礼貌地招待了我们，允许我们平等地参与当地的贸易。在铁器商店，我们售出了本国的商品。我们将沿途收购的商品转卖给荷兰商人，又从荷兰商人手中采购商品，运到广州出售。途经马拉巴、科罗曼德及马六甲海峡沿岸时，我们也是这样贸易。美国在与中国贸易时能享受的优惠待遇，即便不能涵盖方方面面，至少也与其他国家处于平等地位。"

以上是山茂召少校递交给美国政府的一份综合报告。内容之翔实完整，恐怕在当代无人能及。不过在与中国的贸易中，报告中将美国西洋参在贸易中的重要性与英国和荷兰在印度领地的优势相比，对所占据优势的估算也有失实之处。但总的来说，回顾1833年以来其他作家对美国贸易发展的叙述，山茂召少校著作之准确翔实，足以尊他为观察家与编年史学家。轮船返航时，兰德尔随"希望"号返回纽约后，山茂召少校留在了中国。大约在一年后，1787年12月21日，山茂召少校又向美国政府提交了一份简短的报告，现摘录如下：

"1784年以来，欧洲在中国的贸易逐渐失利，进口获利仅抵成本，出口则大量增加。

"据保守估计，除了武夷茶，市场上每种茶叶的价格都增长了40%，而且仍在上涨。市场需求如此旺盛，中国人却未曾想到调整价格。如果茶叶热潮持续到下一年，价格恐怕要翻倍了。我统计了黄埔港的商船数量，发现虽然英国商船的数量没有超过上一年，但从商船庞大的体积可以看出，它们的吨位显著提高了。

"观察家敏锐地指出，英国不仅妄图垄断欧洲的茶叶贸易，还妄想独霸全球的茶叶贸易。英国在孟加拉及其东西各附属地区出台新政，一改之前盛行的宽松政策，禁止当地的英国人向外国人出售船只。这个举措给英国贸易带来的影响非同小可，被英国人奉为丰碑，以至于东印度公司后续制定的贸易政策都得到了当地英国人的支持。这些政策的制定显然是针对竞争对手荷兰的。作为我们的伙伴，荷兰还能支撑多久呢？胜负于数年后便见分晓。英国随后占据了槟榔屿（Pulo Penang），控制了印度半岛、马六甲与苏门答腊岛附近的航路，此时荷兰的贸易已经十分艰难；后来英国又占据了新荷兰东南岸的博塔尼湾（Botany），荷兰就焦头烂额了。

"我们接着来看西洋参贸易。这一年西洋参的销售依然为美国收获了丰厚的利润。

1787 年抵达黄埔港的船只数量及西洋参货运量统计表

国家	船只数量	西洋参货运量（担）
英国	28（本季增加 2 艘）	$500\frac{38}{100}$
荷兰	5	$25\frac{5}{100}$
瑞典	2	$19\frac{51}{100}$
丹麦	2	$9\frac{48}{100}$
法国	3	$115\frac{90}{100}$
普鲁士	1	$3\frac{69}{100}$
托斯卡纳	1	-----
美国	1	$52\frac{68}{100}$
合计	43 或 45（经过好望角）	$726\frac{69}{100}$

这也证实了我之前的看法。统计表显示了西洋参的货运量。最优质的西洋参价格维持在每担 130 至 200 美元。不过，根据目前的态势，在最后一艘商船驶离前，即贸易尾期，每担西洋参的价格可能还会上涨 20 或 30 美元。

"东印度公司的商船共 31 艘，不经过好望角。停靠澳门的葡萄牙商船有 4 艘，目的地是里斯本。"

1787 年 7 月 28 日，来自纽约的双桅帆船"哥伦比亚"号（Columbia），船主为班克（S.Bunker），贸易专员为海顿（Haydeen）先生。海顿与他的朋友高顿（Goden）先生，住在山茂召少校之前的公寓。山茂召少校则将一批造船用的建材及工具运回美国，为在波士顿附近建造一艘大型商船提供了帮助。12 月 29 日，1000 吨级的"同盟"号（Alliance）商船意外抵达了广州，船长是里德（Reid），贸易专员是乔治·哈里森（George Harrison）。"'同盟'号曾经是一艘小型护卫舰，现在归罗伯特·莫里斯所有。此次航行，

'同盟'号运来250担西洋参,捎来一封给瑞典贸易专员查尔莫斯(Chalmers)的信,根本无暇顾及我。"

"同盟"号的到来增加了山茂召少校所做的1787至1788年贸易统计表上的数字,即上表统计的数字。

1788年1月17日,山茂召少校登上了"宝石"号(Argyle),从广州出发,驶往孟加拉地区。英国人霍斯利·帕尔默(Horsley Palmer)也搭乘该船一同前往,而他半个世纪后成了英格兰银行的行长。正如那些在贸易早期出现的人物一样,在贸易后期他又以崭新的身份出现。由于当时新加坡还未被开发,"宝石"号停靠的第一站是荷兰占领下的马六甲。他们在这里遇见了1艘大型荷兰战舰与2艘小型护卫舰。由于荷兰海军准将昨天离世了,所有船只都降半旗致哀。2月12日,"宝石"号抵达槟榔屿。山茂召与当地的总督莱特(Light)共进晚餐。莱特总督与奎达(Quedah)国王的女儿成婚了,国王便把槟榔屿作为嫁妆赐给了他。因此,这片岛屿弥漫着一种馥郁而浪漫的芬芳。之后,"宝石"号抵达加尔各答。山茂召少校有幸与德高望重的康沃利斯(Cornwallis)将军共进晚餐。1781年约克郡战役时,山茂召少校还有意嘲讽了康沃利斯将军。"此次,康沃利斯总督奉命在此执行改革政府管理、查办渎职、削减开支等艰难的任务。他不仅忠实地完成了各项任务,还获得了当地居民及公司民事、军事人员的爱戴。他的品行无可指摘,正如莎士比亚所说'他任职期间清正廉洁'。与那些贪污受贿的总督相比,其操守赢得了一致的崇敬。"

山茂召少校此次的印度之旅还有其他趣事,他面见了很多要员,包括首席法官罗伯特·钱伯斯(Robert Chambers)及他的夫人、夫人的表兄弟威尔顿(Wilton),以及爱迪生(Addison)。爱迪生的父亲曾任52军团上尉,在邦克(Bunker)山坠落而亡,爱迪生的亲兄弟也是在美国战役中阵亡的。在距加尔各答约30英里处,山茂召访问了荷兰领地钦苏拉(Chinsrue)。之后,在法国港口昌德纳格尔(Chandernagore),山茂召从当地的军事指挥官赤门(Trimon)那儿得到消息:"最近在荷兰的纠纷中,荷兰共和党人对法国伙伴的做法感到极其不满。'我们确实,'他说,'已竭尽所能。但是,既然俄国与英国决定不遗余力地支持奥兰治王子。若双方继续僵持,只会导致战争。因此,我们决定以宽容大度之心,放弃支持荷兰共和党。'"

之后,山茂召少校抵达丹麦领地赛兰布尔(Soramporc),会见了工厂厂长及其他人员。第二天,山茂召少校穿过河流抵达了英国军队驻地贝尔克(Barrakpur)。随后,山茂召少校等人在陆地上跋涉了14英里抵达加尔各答。不久之后,他乘船前往马德拉斯(Madras),然后前往广州,并于9月份抵达广州。他收到了纽约商人史密斯(P. N.

Smith）的来信，以及随附的1787年11月兰德尔的来信。他见到了三艘美国商船，分别是从费城始发的"亚洲"号（Asia）和"广州"号，船长分别是巴利（Barry）和特拉克斯顿，以及从纽约始发的"珍妮"号（Jenny），船长为汤普森（Thompson）。来信提到，另两艘美国商船——罗得（Rhode）岛始发的"华盛顿将军"号（General Washington）与纽约始发的"杰伊"号（Jay）会晚些抵达。1787年12月，这两艘商船驶离美国，经由马德拉（Madeira）群岛，前往印度与中国海岸。"华盛顿将军"号驶离马德拉后，于次年的10月28日才抵达黄埔港。而由兰德尔担任船长的"杰伊"号，错过了季风。另一艘商船，与一艘单桅帆船结伴，驶离波士顿，穿过合恩角（Cape Horn），在美国西北岸装上皮袄等货物后前往中国，随后绕道好望角返航。"利奥诺拉"号（Eleonora）也从波士顿出发，停靠马里亚纳（Ladrone）群岛时，因调度不善、遭遇海盗，耽搁了行程。

1789年1月20日，山茂召少校这样描述："这一年分别有英国21艘、荷兰4艘、瑞典2艘、丹麦2艘、法国1艘、西班牙2艘、美国4艘舰船抵达广州，葡萄牙的7艘舰船抵达澳门。这43艘船都走好望角航线，其中24艘商船抵达中国后又返回了印度。澳门附近停靠了5艘英国商船[1]。另有4艘英国商船因反向季风，要迟些抵达。去年，一艘英国商船走东部航线，于1月19日抵达。较前两季，茶叶的产量提高了，优质茶叶品种的收购价格降低了15%或20%。但价格降低只是一种假象，实际上中国商人在茶叶中掺了假。西方的茶叶消费量直线飙升。1787至1788年，仅英国东印度公司的商船就售出21507066磅茶叶。而去年，丹麦与瑞典大部分的优质茶叶只出售给了俄国。"山茂召随即提到了当时英国与荷兰在茶叶贸易中遭遇的不利事件。英国的不利事件是因为关税突降，茶叶需求量骤升引发的；荷兰是因为对印度及东印度群岛物资的错误估算导致的采购资金不足。两者应对的方法就是建立一个非法集资渠道，在短时间内疯狂扩张。于是，改革成为一致的呼声。

报告结尾处，山茂召少校提及了东印度公司改革前的境况。"英中贸易规模的不断扩大，成为英国在亚洲的贸易中利润最丰厚的部分。这促使英国人思考如何改革东印度公司现行的贸易体制。"他转而谈及美国贸易。他生动地描述了美国贸易的背景，以及商人浩官（Houqua）的老道精明和英国贸易专员皮古先生的友善。我们摘取了他写于1789年1月23日的两页札记："'亚洲'号7月7日抵达，又在当天出发。贸易专员乔纳森·米夫林（Jonathan Mifflin）及约翰·弗雷泽（John Frazier）将信带给瑞典贸易专员查尔莫斯。查尔莫斯借机将他们引荐给中国商人浩官。他们便将西洋参以每担

---

[1] 在此停靠的船只携带鸦片等商品。

120 美元的价格卖给浩官,并给了查尔莫斯一些钱——我不清楚具体有多少。在我抵达后不久,弗雷泽告诉我,他欲将总价值 4 万美元的西洋参以单价 70 美元售出。老浩官(Chowqua)与石琼官都拒绝了交易。当英国人皮古从澳门赶来时,我国人员也携带皮古从英格兰寄来的推荐信,乘坐'珍妮'号抵达了广州。皮古听说了米夫林与弗雷泽和浩官达成的交易,说还不如把货物倒入大海。我是从皮古先生、米夫林与弗雷泽处得知事情的来龙去脉的。皮古先生的话不久得到了印证。浩官以 120 美元的单价买进西洋参,缴纳关税 60 美元,再以 100 美元的单价售出。市价比成本低了 80 美元。浩官延期履行合同,疏于管理他的商行,还吸食鸦片,又于 12 月 24 日逃遁。公行只得宣布其破产并收缴其财物。

"以下是 12 月 27 日发生的后续事件。'昨天下午米夫林拜访了我。交谈数分钟后,他陈述了自己在浩官事件中的处境有多么不幸。12 天前查尔莫斯还让他把钱悉数交给浩官。我十分震惊。他肯定了这个事实,又说这才 7、8 天的时间,浩官就不见踪影了。然后他说,虽然浩官欠了他们 6000 美元的债务,但他们从'同盟'号贸易专员哈里森的担保信中得到了安慰。原来,去年他从浩官那儿取走的货物金额是现在的三倍。哈里森希望他们尽快忘掉这件不愉快的事。米夫林请求在我们的工厂寄放一笔钱。因为石琼官会帮他们完成交易,但他不想让人知道他顶替浩官与米夫林的工厂交易。我当即就同意了。'米夫林与弗雷泽随后获得海关监督恩准从公行追回了货物。作为回报,他们将哈里森先生的担保信交给了浩官的上司,证明如下:'1789 年 1 月 7 日,在茂官(Mouqua)处,米夫林与弗雷泽分别开价 18605 与 1310 美元,共计 19915 美元,作为交出哈里森担保信的回报。当时浩官也在场,他同意此次转让,并宣称他无意冒犯他们或他们的上司。我见证了整个过程。'山茂召,美国领事。"

随后,山茂召少校描述了"广州"号的贸易情况:"停靠巴达维亚后,'广州'号与'亚洲'号结伴同行,于 8 月 10 日抵达了广州。'广州'号的船长与'亚洲'号的弗雷泽曾来过这里。'广州'号的贸易专员威尔考克斯(Wilcox)和迈克尔(McCall)与益官(Equa)和李行商(Ly-sing-sang)做了交易。他们以 80 美元的单价出售了西洋参。至于他们用这笔资金采购了哪些货物,怎样支付,就不得而知了。我一直恪守一个原则,就是不打探别人的生意。不过,米夫林与弗雷泽,威尔考克斯与迈克尔,都向我表达了对皮古的感激与敬意。若不是皮古出面帮忙,他们还不知何时能返航呢。"

"8 月 29 日,'珍妮'号抵达广州,但没有任何贸易专员跟随,现在已经准备起航。船长兼医师考德威尔(Caldwell)经引荐,会见了英方的帕金(Parkin)与史密斯。'广州'号上次来中国时,经人称黑大夫(Black Doctor)的李行商置办了一批茶货,付款时将账目挂在了英国人名下。如今，考德威尔受林奇（Lynch）与斯托顿（Stoughton）所托，向英方支付这笔款项。帕金与史密斯虽然无意担任贸易专员，但却坚决表示：如果考德威尔需要帮忙，吩咐他俩就好。他俩究竟做出了多大贡献，等'珍妮'号顺利返航时，林奇与斯托顿就可做出公正的评价了。他们将重6万磅的西洋参以每担70美元的价格出售给李行商，拿到了3万美元的货款。李行商并不是公行的成员，只是益官的手下。益官才是受海关监督委派，负责外商与海关之间接洽的公行成员。他派李行商前去查货征税。但是，李行商私务缠身，总是接洽不到，还被困在市内。如考德威尔所说，整个交易过程，李行商编造了各种借口推脱，最后，终于潦草结束，把货物给了我们。"

以上就是山茂召少校为描述美国贸易状况所举的几个事例。当时，我们的贸易专员缺乏经验，英国贸易专员给予了我们弥足珍贵的帮助。因此，在叙述美国早期贸易史时，理应把他们的事迹囊括进来。当然，我们也应不偏不倚地指出，欧洲贸易专员们怀着怎样的妒忌心理，不允许下属帮助初来乍到的美国在中国开展贸易。这听起来或许有些夸张。但是，美国在贸易上取得了成功，如"广州"号贸易专员帕金和史密斯以及纽约的林奇和斯托顿达成的交易，前两人为我国海外贸易公司的人员。大概我们的成功，就是这些欧洲贸易专员内心焦躁不安、下令排挤美国的真实原因。皮古克服困难三番两次向我们施以援手，有效解决了贸易争端。山茂召少校于1787年4月写到，在过去的一年中，贸易专员布朗一直对美国商人抱着冷漠的态度。这倒不是有意为之，因为他对美国一贯持轻视态度。山茂召少校1789年1月离开广州时将这些话留给了美国官员："回顾在广州期间欧美之间的友好往来，不论是站在国家还是个人的角度，我们都由衷感到满意。至于我方与英国之间的关系，我们很高兴地看到最后得以缓和。沃德（Ward）与我在英方官邸共进了告别晚餐。"

此外，再来说说引人遐思的西洋参贸易事件。浩官与李行商不惜赔本匆匆从"亚洲"号与"珍妮"号购进西洋参，竟然没有遭到道德谴责。对我们来说，这还真是稀奇！

"这一年西洋参的供货量为：'亚洲'号400担、'广州'号300担、'珍妮'号450担、'华盛顿将军'号140担、英国商船'猎狗'号（Talbot）200担，共计1490担。'猎狗'号的船长将自己全部的资金用来置办西洋参。如此一来，这一年的供货量增加了500担或者510担，供货量将达到2000担，虽然比1786年高出200担，但他仍将从中获得不菲的收益。"

"大概是因为西洋参的购入量提高，所以西洋参的进价降低。但由于前三艘商船是在我离开加尔各答抵达广州前成交的，具体情况不明。但可以肯定的是，公司派往中国进行贸易的商船，从来只带现货，现金很少。"

浩官与李行商故意给美国找麻烦的行为，足以证明西洋参贸易在中国市场竞争之激烈。旺盛的市场需求是西洋参在美国进价走低的一个主要因素。这一点，在谈及浩官与李行商事件之前，就已在山茂召介绍西洋参贸易的篇章中提到了。

至此，山茂召少校的札记已接近尾声。1789[1]年1月25日，山茂召少校与"华盛顿将军"号的贸易专员塞缪尔·沃德（Samuel Ward）结伴离开了广州，踏上了归乡的路。28日，"华盛顿将军"号经过澳门。2月14日，"华盛顿将军"号停靠桑德海峡入口处的北岛，偶遇"珍妮"号，听说了他的朋友兰德尔及其兄弟所在的"杰伊"号的消息。令人欣喜的是，17日，在喀拉喀托（Krokatoa）岛附近，"华盛顿将军"号与"杰伊"号相遇。山茂召少校带着自己的兄弟与兰德尔会面，商议制定未来中美贸易的航线。2月20日，"华盛顿将军"号继续踏上行程，4月14日，抵达好望角，与从加尔各答驶往奥斯坦德（Ostend）的英国商船"审判者"号（Prudentia）相遇并互致问候。山茂召少校提到，"审判者"号的船主与船员都是英国人。26日，"华盛顿将军"号遇到了"珍妮"号；30日，停靠在圣海伦娜（St. Helena）。在那里，他们听说瑞典与丹麦爆发了战争，英国国王乔治三世患上了不可治愈的精神疾病。5月8日，"华盛顿将军"号停靠在阿森松岛（Ascension）；6月7日，停靠在圣尤斯特歇斯岛（St. Eustatius），并一直待到了16日。7月5日，"华盛顿将军"号穿过纽波特（Newport），于当晚六点钟停在了"上帝"号（Providence）后方5英里处。9月，山茂召少校成功抵达目的地。"华盛顿将军"号又称"麻省"号（Massachusetts），是迄今为止美国建造的最大商船。回国后，华盛顿总统重新任命山茂召少校为美国领事。1790年3月，山茂召少校第三次踏上了前往广州的旅程，船长为约伯·普林斯（Job Prince）。抵达中国后不久，他将"麻省"号出售给葡萄牙政府的代表，然后，带着货船前往孟买。在孟买，他将一部分货物运回美国，又租了一艘丹麦商船前往奥斯坦德。1792年，山茂召少校返回了美国，为再一次远航带来了新的信息。1793年2月，山茂召少校接受委任，第四次踏上了经孟买前往中国的旅程。这次出海的船只，船主是山茂召少校本人。虽然通往中国港口的航线向来繁荣顺遂，但这次航行不幸遭遇了台风。"山茂召少校的第三次及第四次旅行，"传记家写道，"没有专门的记录保留下来。"唯有1794年8月兰德尔写给山茂召少校妻子的一封书信，告诉她山茂召少校于5月30日返航前死在了"华盛顿"号的甲板上。

在中美贸易萌芽时期，成熟的贸易体系还未形成，如山茂召少校一般记录如此详尽准确者，实属罕见。在叙述中美贸易第一个十年的真实状况时，我们大可放心引用山茂召少校的札记。这一时期，中美贸易的叙述集中在了对美国商船往返中国的描述中。直

---

[1] 此处原文为1879年，根据上下文疑为1789年。——译者注

到蒸汽船替代了帆船，中美贸易的性质才发生了翻天覆地的变化。到那时，商船的航速显著提升，往返时间大幅缩短；季风不再是航海不可逾越的障碍；广州政府也逐渐放松管制，向外商开放了居住权。

1794—1816年，美中贸易先后因美国与法英两国的交恶而进展不顺，但不论世事怎样变迁，美中贸易从未停滞过。特拉克斯顿与巴利将军在海军将领中脱颖而出，创下了功勋。其他人则撑起了美国的荣誉，充当铁手，打破了英国护卫舰对广州河道的封锁，抓捕驻印度的英国人。

一名英国作家曾写到，1814年，美国"猎手"号（Hunter）商船在澳门附近被英国护卫舰"多丽丝"号（Doris）控制。"多丽丝"号随后又追捕一艘美国多桅纵帆船，并在距离广州港10英里处控制了它。正当英国人把船往岸上拖曳时，黄埔港的美国海员火速出击，夺回了这艘船。作者还提到，1802年，美国国旗第一次在广州升起。1832年，英国的执行领事从当地雇佣英国商人砍倒了美国国旗，报复美国海军上尉的失礼行为。

山茂召少校的札记中并没有关于美国国旗的记载。结合以上事件，我们可以推断出当时悬挂国旗的惯例还未引入广州。

吉迪恩·奈伊

收复台湾
THE CONQUEST OF TAI WAN

澎湖官署最早设立于元朝，称为澎湖巡检司，后于明朝废除。嘉靖年间（1522—1567年），海寇林道乾占据台湾岛为大本营，后被琉球人逐出台湾岛。明朝时期日本人常常侵扰中国沿海地区，他们把琉球人赶出了台湾岛，想把台湾岛据为己有。跟随这群日本海寇，郑芝龙不仅收获了纵横海上的经验，还发现台湾岛沃野千里，且均未开垦，是片风水宝地。后来台湾岛在他的开拓之下，逐渐繁荣起来。

此时，"红毛番"荷兰人在东方的贸易正处于鼎盛时期。他们请求中国皇帝将香山赐予他们，无果；后又求澎湖，依旧无功而返。于是荷兰人向日本人赠与厚礼，想要进驻台湾岛。随后，他们在台湾开始了货物贸易，通过天主教控制当地人的思想令其屈服。后来荷兰人驱逐了台湾岛上的日本人，就此占据了台湾。郑芝龙曾在台湾岛建城开荒，后又离岛。趁此机会2000名荷兰人占领了城区，迫使原中国居民转移至周边地区，居住在小村庄或农场里。而中国居民的生计以农业为主，对荷兰人构不成威胁。

后来，郑成功察觉自己在大陆气数将尽，于是启程前往台湾岛。他发现荷兰人控制了台湾岛上的两座城市，交由揆一[1]管理。这两座城市与吕宋岛（西班牙殖民地）以及南海的占城之间有着商贸往来。

荷兰东印度公司的通事何斌（Chung-goong）主事热兰遮城，造成了二十万匹丝绸的亏空，无力补缺。他怕被荷兰人察觉，因而秘密投奔郑成功，并且主动提议担任向导。何斌献上台湾岛防御图，郑成功看了之后，不禁感叹："这真是外海的馈赠。"

因此，1661年，郑成功率领一百艘战舰至澎湖，随后又至鹿耳门。此地海岸连绵二十多里均港门狭窄、沙石淤积、航路迂回、水位极浅。而郑成功的战舰只适用于深水区，难以向岸边推进。港阔水深的南航道却停泊了多艘荷兰人的大型战船。幸亏一次异乎寻常的涨潮，海水骤涨丈余，郑成功的战舰趁机抵达了海岸。强攻之下，荷兰人败退，郑成功遂收复赤崁城，继而进攻王城。王城的城垣是石头一层层堆起来的，并用石灰烧制使之黏合在一起，固若金汤。城中驻扎着一千名荷兰士兵。这样一座石城，用大炮轰击一年半载也无法攻破。当地人告诉郑成功，该城的水源来自城外一座高山，泉水从山上流至城内。因城内并无井水可饮用，故而只要切断水源，王城便只能坚守三天。得此良策，郑成功立刻采取行动。水源被切断之后，城内驻守的荷军终于投降。郑成功允许他们带着所有的金银珠宝等私人财产归国[2]，不可谓不宽宏大量。他只想收回属于他的土地。签订降书之后，郑成功离岛三天，荷兰人也乘坐他们的船离开了台湾岛。当时城内外国人的数目无从考计。郑成功认为采取激起民族仇恨的残忍报复行为是不明智的。但是如果郑成功想以仁慈的态度与荷兰人为友，那么他注定要失望了。

郑成功很快便收复了他的王国。台湾变成了厦门和金门最好的后方。他任命陈永华为谋士，为自己出谋划策。他们在台湾先建设城镇和农村，再生产武器，寓兵于民，又编写法令，任命地方官员，兴办教育。尽管当时桂王在缅甸已经成为阶下囚，但郑成功依旧忠于故主，故而万事皆例行明制。他改赤崁城为东都明京，设一府二县，一府为承天府，二县为天兴县和万年县，采取各种措施鼓励福建人民移居到台湾岛。

此时，清朝的战事几近平息。1661年2月清朝的顺治帝去世，康熙帝继承了皇位。

---

[1] 揆一，荷兰东印度公司在中国台湾岛的最后一任长官。——译者注
[2] 奥格尔比（Ogilby）对此事件的记叙为："有些荷兰人被十分残忍地处决了，尤其是荷兰长官，例如安东尼·汉特伯（Anthony Hantbroel）、奥尔·林西列斯（Aren Vincenius）、伦纳德·凯本（Leonard Campen）、彼得·马斯（Peter Muts）等等。"在此我无从考证控制中国台湾岛的荷兰人的姓名，对于何斌的故事我也没有找到依据。

他是中国历史上在位时间最长的帝王，被人们称为"千古一帝"。但对于如此高度的评价，我却有充足的理由质疑其真实性。或许中国民间那些口口相传的野史戏说并非毫无依据，但在此我们就不做讨论了。

1662年6月，郑成功的堂弟郑成祖在厦门被俘虏。郑成功攻打台湾岛时，让长子郑经留守代理厦门。不久之后，郑经与乳母私通生下一子。郑成功听闻后勃然大怒，认为此等丑事有违人伦、令家族蒙羞，遂遣户事洪有鼎和礼都事黄昱处死郑经及其母董氏[1]。与二人同去的还有将军周全斌，奉命逮捕厦门的所有高级将领，并处以死刑。郑经年少无知，所犯之错，身边将领亦有管教不严之责。然而罪罚连坐，所牵扯的人物均位高权重，绝非束手待毙之人。信使尚未抵达，厦门将领却早已得知。故而诸将拥立郑经继承延平王位。经过一番争斗，他们杀死了行刑官，将周全斌下狱。此等情形出乎意料。惊闻此变，郑成功不胜愤怒，咬牙切齿，骤然之间疯癫发狂，急火攻心，遂于五月八日啮指而死，年仅38岁。

郑成功死后，台湾的官员推举郑袭承其兄位。但郑经不服，遂进攻台湾，挫败郑袭，夺取了王位。郑袭逃至泉州，投靠清朝，被封为荣禄大夫头等兼管内阁大臣。[2] 因郑成功已死，靖南王耿继茂和总督李率泰借机敦促郑经归顺清朝。但郑经要求台湾岛采朝鲜、琉球之例不削发、不更换服制，如此便承诺归顺，永不犯大陆。但对此回应清朝政府未作表态。

南明鲁王在台湾岛去世。郑经在金门处死了父亲的堂兄郑泰。郑泰的弟弟郑鸣骏带着郑泰的儿子郑缵绪逃到泉州，投靠清朝。清朝政府任命郑缵绪为荣禄大夫，授予郑鸣骏爵位。

1663年7月，配备荷兰舰船的清军开始清剿海寇。耿继茂、李率泰、施琅和海澄公黄梧调官兵从漳州和同安出发，提督马得功、郑鸣骏偕荷兰水师从泉州出发。11月，在清军的进攻下，厦门陷落，郑军败走。施琅指挥荷兰水师乘胜追击。此外清军中还有一支本土水师。清军追击郑军的途中，攻陷金门。金门尚有郑经的军队百姓一万八千户。郑成功的旧部黄屿在南田象山（Huen-shan）被俘虏。郑军首领赵琨（Dookwun）在广东南部投降清朝，被授予荣禄大夫。周全斌随郑经撤退，途中率兵投降，被封承恩伯。郑经寡不敌众，与永安伯黄廷退守铜山。1664年4月，耿继茂和李率泰率众攻打铜山。在绝望之际，黄廷无奈只得率家眷及官兵三万余人投降清朝。清军铜山之役不战而胜，后又放火烧光民居建筑。数之不尽的船只和财富被清军纳入囊中。而郑经携带家眷渡海

---

[1] 虽然乳娘也被唤做娘，但是作者认为此处所指应为他的生母董氏，婢女是不会有如此名分的。
[2] 另一史料称，郑经杀死了自己的叔叔，此言并不可信。

入台，此时他名义上依旧忠于桂王，但桂王其实已经逝世，他也没有了可以扶持的南明君主。直至此时，大陆东南沿岸终于没有了郑军的踪迹。

1664年8月，施琅受封靖海侯，奉命出海攻台。进攻中，精良的荷兰水师充分发挥了辅助作用。因为逆风而行，舰船难以靠近台湾岛，故而施琅只得返回大陆。依照最初的计划，次年清朝试图招降郑经。但郑经仍提朝鲜事例决不削发，否则誓死不降。但是清朝绝对不会同意这样的条件。郑经认为清朝无力攻打台湾岛，故而也无意投降。此时他虽不能直接侵扰沿海地区，但却开始暗中行动。郑经开始对所有沿海百姓进行的商贸活动收取重税。不久，施琅察觉此事，但无力追查，故而上表清朝政府，称若不尽早扑灭，使郑经休养生息，聚敛财富，汲取教训，则必留后患，故正应趁此时机进攻澎湖，直捣台湾岛。两年后，施琅被召回北京，商议攻台方案。但清朝政府一致认为，基于风向等因素，攻台劳民伤财，耗时耗力，成本巨大，而收益甚微，故而所做计划均限于纸上，未曾付诸实施。只要郑经没有明目张胆烧杀劫掠，清朝政府便纵容他对沿岸贸易施加重压，无视海上远洋船只间的各种摩擦。在随后的十年里，郑经便安于自己的海上特权。清朝政府表示，如果郑经仅仅在台湾岛内沿用明朝旧制，便可任从其便，只要不再妄图迫使清朝政府承认他们的割据政权，便不追究。

但是，1674年清朝爆发了一场政治风暴，这是对清朝国力的一次试炼。这场风暴很快就摧毁了清朝政府曾经制定的不切实际的计划。这场风暴即为三藩之乱。为首的吴三桂曾助清朝平定天下，封地跨越三个省份，手握藩王大权，而今他在南方举旗起兵，与清朝分庭抗礼。短短的几个月间，扬子江以南地区尽数沦陷。另一位藩王耿精忠为耿继茂的长子，其父已故。近日耿精忠在福建起兵，为了巩固自己的地位，他决定与郑经联盟，求他出兵协助，并许之漳、泉二州。如此承诺对于台湾的百姓而言，可谓意外之喜——终于可以正大光明地重归故土了，于是郑经出兵助其反清。他们分秒必争，启航出台，驶向福建。但耿精忠很快就反悔了，他不愿兑现自己割让土地的承诺，致使双方交恶，发生冲突。而且从长远来看，此事对耿精忠极为不利。因为福建东部地区散落着郑经的追随者，众人皆期望清朝政府在南方垮台。而郑氏那些曾经的追随者依然忠于故主郑成功之子，因而向郑军分享情报，誓从旧主。是时邵大春（Shao Dnachung）守海澄（Haichung）。他麾下有刘国轩，以及广州东北的潮州地区总兵刘进忠，均与耿精忠一起起兵叛清，又皆降于郑经。于是郑经很快便拿下了泉州和漳州。耿精忠和尚之信（其父尚可喜抗击耿精忠，后被清朝软禁，尚之信则起兵反清）以吴三桂为南方反清运动之首，唯其马首是瞻。吴三桂亟须郑经忠于反清大业，因而敦促尚之信奉上泉州，以确保郑经的忠诚。但是耿精忠与郑经二人，一方背弃诺言，一方武力强夺，关系完全破裂。因此当耿精忠与清军在福建西部与西北部地区交战之时，郑经未与清军交战，转而袭击耿精忠后方。当时郑经确实攻下了一些城池，其中包括闽南的汀州府，但是此举实则目光短浅，倒是助了其真正的敌人清军一臂之力。即便如此，倘若耿精忠性格坚毅，的确配得上帝王宝座，战况肯定会大不相同。但是显而易见，此人懦弱狡猾，此时又腹背受敌，无力抵抗清军与郑经的前后夹击，故而向清军投降。清朝政府接受了他的投降，仍保留其靖南王之爵位，命他助康亲王爱新觉罗·杰书征讨郑经。此时吴三桂的反清势力如日中天，撼动了北京城。清朝政府此刻亟须增强实力，所以对于耿精忠的投降十分欢迎。

联军人多势众，郑经难以抵抗。1677年，清军收复了漳州、泉州、邵武和兴化。刘进忠看到手下将领战事颇败，耿精忠降清后依旧封官晋爵，于是决定开城投降，献出潮州城，保全自己的身家性命。如此总好过让清军击破城门，推倒城墙，自己身死敌手。当清军相距尚远之时，刘进忠便投降了。接着，惠州也效仿潮州降清。郑经发现他在大陆的据点岌岌可危，只得再次败走台湾岛。

战争的刺激和掠夺的快感令郑经又建立起一支军队。翌年，他又挥师进犯南方沿海，一如旧日，攻下十几座城池与军事重镇。但因为沿海居民给郑军提供了极大的帮助，所以清朝政府重新实施迁界禁海的措施，沿海三十里内禁止居住。内迁四年之后，清朝政府才准许他们重回自己的家园。此时刚好是当年郑成功最终离开大陆进驻台湾岛的日子。对清朝政府而言，迁界禁海对清除郑军十分有效，但此举却令沿海居民流离失所，生活困苦。

1679年，郑经的大将刘国轩与其他将士兵分几路进犯大陆。福建总督郎廷相分兵四路，阻击敌军。一场恶战打响。刘国轩围困海澄，大败海澄公黄芳度（Fang Shu）。清朝守将提督段应举、都统穆黑林自缢而亡。当清军前来增援解围之时，刘国轩命将士们从另一侧城门转移，防止自己与援军正面交锋、腹背受敌，因而故意放援兵入城。进入城内的清朝援兵加快了城内食物的消耗速度，饥饿之下，城中清军不得不重开城门。刘国轩便顺势合围聚歼。此战中，刘国轩俘获了三万名军士与一万匹战马。他处死了所有官职位于提督和都统之间的官员。尽管此举极不可能发生，但史料就是如此记载的。此祸之后，清朝政府罢免了郎廷相，任命姚启圣为总督，吴兴祚为福建巡抚。

刘国轩顺利攻下海澄之后，又攻取漳平、长泰和同安，后又乘胜围困漳州，同时分兵进攻泉州。为防止清军增援，刘国轩截断了清军必经之路——漳州江东桥和泉州万安桥。但康亲王按兵不动，不敢率兵出福州。而新任提督杨捷夺回了惠安。赍塔和吴兴祚合兵夺回了漳平。福建总督自安溪出同安，巡抚吴兴祚自仙游出永春，提督杨捷自兴化下惠安，总兵林贤、黄镐、林子威自闽安出定海，共同围攻刘国轩。

杨捷又派兵袭击陈山坝，从此处出泉州，转至万安桥背后，再与正面的清军夹攻，夺取万安桥，又用大炮击沉郑军船只。由此，泉州之围立解。

刘国轩率五万兵马兵分数路，汇集于蜈蚣岭与龙虎山之间，直逼漳北。漳州城防不坚，兵力不足。哈拉达（Halada）和耿精忠均极力主张弃城以避其锋锐。而总督姚启圣关闭漳州城门，不准出入，偃旗息鼓，随后乘大雾派出精兵五千冲至刘国轩阵中，乱其阵脚，破刘军十六营，歼敌四千。然而江东桥守军顽固，直至杨捷从另一侧带兵迫近之时才开始撤退。刘国轩撤兵至海澄，该地三面环海，刘军在其陆地一面又挖掘壕沟，引潮水至此，以此阻碍清军。刘国轩不时进犯江东桥诸营，谋取漳州。

清军商议之后，决定集结舟师，水陆夹攻，一举歼灭郑军。当时吴三桂已死，叛军群龙无首，对清军而言不足为惧。很快，清军舟师破岳州，随后参战的舟师与步兵便空闲下来，听候朝廷命令。朝廷随即命水师提督万正色赴闽。他率领二百艘战舰，从海路到达厦门。清军又邀荷兰军舰助阵。而总督姚启圣与巡抚吴兴祚重新集结三百艘战舰、三万名兵士。总督姚启圣等又策划收买郑军军士，重赏购募，先后招降刘国轩军中四百余名军官以及万余兵士，又将他们分至各支水师，指挥军队进攻。当时海澄守将也收了清军的钱款，故而不等荷兰军舰到来，姚启圣与杨捷便收复了海澄。1680年2月，万正色指挥水师收复了海坛，击沉郑军战舰十六艘。郑军士兵溺水而死者三千余人。郑军溃败，余者逃至莲澳（Namo）、崖澳（Yiao）、梅澳（Meiao）、周澳（Chowao）等地，被万正色追剿直至平海屿。郑军虽占据崇武屿，但风向有利于清军，故而万正色大败郑军，遂扫清湄洲、南日、平海、崇武诸屿郑军。郑将总督朱天贵再次弃船舰予清军，仓促逃遁。

郑军复败于大嶝、小嶝诸岛，遂渡海转至玉州（Yüchow）。刘国轩再次逃至厦门。与此同时，郑军主力已经撤退。清军步步紧逼，郑军遂弃厦门与金门，又退回台湾岛。赉塔和其他清军将领收复厦门、金门，于此筑造工事。当年9月，清朝政府下令康亲王班师回京。

攻打台湾岛举步维艰，赉塔上表康熙，力促议和，答应郑经的条件：不必剃发，不必易衣冠，依照朝鲜和日本事例。称臣入贡可也。不称臣，不入贡，亦可自便。但郑经要把自己当作天朝臣子，不再心怀敌意，而沿海生灵将永息荼炭，如此这种无休无止的对抗终可停息。至此，郑经又提出添加一项附加条款：索取海澄作为互市，便于大陆和台湾进行贸易。清朝政府本欲毫无犹疑地采纳和议条件，但总督姚启圣强烈反对，他认为议和不能急于一时，因此议和之事又被搁置。

沿岸战事平息了一段时间，总督姚启圣和巡抚吴兴祚奏疏皇帝让沿海的居民回归故乡重操旧业。然而，此时的福建依旧处于极其混乱的状态。许多官员内领朝廷俸禄，外又被郑氏家族秘密收买。当年郑经与耿精忠之间战事一起，当耿精忠占据上风时，这些官员则追随耿军；在郑经势力壮大之时，他们又随郑军掠夺耿精忠的地盘。因此，这群人究竟忠于何方，属何人之兵，难以辨认。但是清朝政府若想撤换这些官员，无异于将这群墙头草推向郑军。因此清朝政府依旧留他们在任当差。但是清朝政府颁布严令，命将领和都统要将手下兵卒限制于营房内，禁止他们四处游荡、强住民居，不许他们抢夺百姓的粮食，不许强抢百姓妻女，不许强役百姓丁壮。为维持秩序，朝廷在福建留驻一王，一贝子，一公，一伯。但因不明原因，沿海居民再次被迁往内陆，于是他们便选择了新的方向，向北迁移，一路掠夺。这也不足为怪。姚启圣请康亲王杰书下令禁之，并募集了2万两白银让他们返回。姚启圣轻财好施，体恤患难百姓，但福建省难以支撑。姚启圣在全省安插间谍，耳目遍布海岛。他与同时期的欧洲官员一样，为达目的不择手段，尤其擅长反间。郑经在厦门的时候，姚启圣密书郑经的亲信施亥，想以他做内应，骗郑经至海口生擒之。但郑经大将刘国轩及早发觉，通报郑经先擒斩施亥，由此郑经逃过一劫。

郑克臧为郑经长子，但为婢女乳娘所生。他因为母亲身份卑微，遭郑氏族人冷眼，被视作孽种贱货，有辱家门，但他年纪轻轻，才华横溢，品格出众，无可挑剔。郑经常年在外用兵，听从陈永华所言，以郑克臧留台监国。后郑经败北归台，但是他或许已经厌倦了国家大事，归台后不理政务，日日以醇酒妇人为乐。郑克臧依旧任监国，将政务打理得井井有条。然而两年的纵欲生活戕害了郑经的身体，他很快便去世了。

郑经死后，其弟极力反对郑克臧继位。于是他首先设计罢黜了陈永华的兵权。随即，陈永华郁郁而死。后世猜测其死因可能为自尽。如此郑克臧痛失得力助手。而郑经之弟的计划便可顺利实施。郑克臧才华出众，却为乳娘之子。当时郑成功的遗孀董夫人尚在，她下令击杀郑克臧。在郑克臧被杀之后，众人立郑经的次子郑克塽为延平郡王。然而郑克塽年幼势弱，不善经营贸易。因此军政大权皆落于侍卫冯锡范之手，万事皆由他做决断。事实上，也正是在冯锡范的教唆之下，陈永华才被罢黜兵权。随后，此人继续谋划陷害续顺公沈志祥，取其性命，占其家业。郑氏王朝人心尽失。此时刘国轩虽然人在台湾，却也无力回天。

姚启圣听闻台湾内乱，狂喜不已，于是派人前往北京，将台湾的混乱情形告知皇帝，并主动请缨，乘此机会出师台湾。内阁学士李光地，同请出兵。二人均知水师提督施琅通悉水路，力主他马上行动，出海征台。于是此战便交付水师提督施琅与福建总督姚启圣。正如所有的同事一般，他二人在重要事件上也有分歧。战事伊始，姚启圣欲候北风，自尾头（Weitow）出发，直取台湾。而施琅欲乘南风，出铜山，先取澎湖。双方争执不下，不肯相让，故而该季清军按兵不动。

施琅上疏："澎湖不破，台湾岛势难拿下。澎湖失，则台湾不攻自溃。请以战舰三百，水师二万，独任讨贼；而留总督等人于厦门济饷。"康熙皇帝批准了他的请求。

1683年春，刘国轩遣使询问姚启圣，自己能否作为使臣从泸州进京纳贡。姚启圣征询皇帝的意见，康熙拒绝了刘国轩的请求。澎湖有刘国轩两万守军，驻守所有港口，不准出入。6月，施琅率军出铜山，趁南风将战船进泊八罩湾，以此为据点进入澎湖，斩杀郑将一人，兵卒七十人。施军乘潮进入水坟澳（Chitan）。

刘国轩沿岸筑起短墙。其阵地壁垒环绕，长二十余里，其外炮船排列整齐。是夜，飓风起，官船皆四处漂散。刘军趁此时机乘潮四合，将施琅的水师团团包围起来。流窜的箭矢射伤施琅的一只眼睛，但他依旧亲自英勇督战，没有丝毫胆怯。两军酣战，施军最终成功突破刘军包围。刘国轩亲自率一众将士停泊于牛心湾，此外又在鸡笼屿屯兵上万，一攻一佯。两地分别派出五十艘战舰，呈合围之势夹攻清军。施琅命五十六艘战舰直入敌阵中心，又亲自率领八十艘战舰居后策应，聚结船只、集中兵力，以五艘战舰攻刘军一艘战舰。一整日战事激烈，声震寰宇，几里之外都能听到。这一天风雷大作，鏖战之中，忽见天边乌云骤起，刘军甚为欣喜，以为即将起风。但随后忽闻雷声惊起，刘军错愕，士气一泻千里，海上风行，以云气为风兆，闻雷则风止。此役清军击沉郑军船只百余艘，歼灭郑将三百人，士兵一万二千人。

清军如叶，遍布各处港口。刘国轩突出重围，走吼门港撤回台湾岛。郑军幸存的残兵败将则悉数投降。刘国轩逃往台湾，清军尾随其后，追至鹿耳门，却因浅滩暗礁无法登台。清军只得停泊此处十二[1]天。一日忽天降大雾，水涨丈余，清军舰队长驱直入，登上海岸。此时台湾百姓或许已经做好投降的准备了，他们说："先王得台湾，鹿耳门涨，今复然，天也！"于是郑军决议投降。

8月，郑克塽遣使议降。施琅亦奏疏皇帝，请他既往不咎，接受郑氏的投降。

康熙降敕谕一则，谕中严词批驳郑氏一族以往的行径，但结尾处写道："朕体上大好生之心，普海内外，俾各安全"，表明虽然清军攻打台湾将不费吹灰之力，但决定接受郑

---

[1]《清代通史》中为二十天。——译者注

氏投降，并既往不咎。

至此，台湾岛最后一批汉族人，也削发续辫，归降清朝了。9月，施琅收到郑克塽代表台湾岛民众的正式降表。郑克塽上缴延平王册一副、金印一颗，及桂王授予郑成功的明延平王招讨大将军金印等五枚公伯爵印。同时他也上缴了台湾岛库银和军队的清单，以及土地与人口的数据。在郑氏家族于台湾建立起独立政权后的第二十三年，郑成功坐镇台湾岛之后的第三十八年，清朝终于收复台湾岛，在此设立一府三县，即台湾府和台湾、凤山、诸罗县。

七天后，施琅将台湾投降的消息通过水路送至北京。其后两天，姚启圣的奏疏走陆路送达宫廷。郑克塽前往北京，受封汉军公。施琅受封为靖海侯。而刘国轩与冯锡范，一个是郑室王朝的守护者，一个是倾覆者，却皆被封伯。

我曾经向最熟悉这段历史的史书作者咨询过台湾岛收复的过程，他说倘若郑克臧继位，倘若继位者略有胆量，清军将无法收复台湾岛。台湾岛孤悬于海洋之中，只有叛徒与兵变才能撬开台湾岛的大门。从明安出发，历经三十六座岛屿，抵达澎湖，再行一百里才到中国的左膀右臂——台湾岛。或许历史上曾有争端战乱，但是一旦收复台湾岛将永远不可分割。

康熙在位的最后一段时间，台湾岛再次发生叛乱。清军在镇压这场叛乱中耗费了大量人力财力，战事持续时间很长，很多人死于这场战乱。在乾隆末期台湾岛又爆发第三次叛乱。这场叛乱是继日本人在中国台湾岛挑起战乱之后，最为严重的一场动乱。

罗约翰牧师

官方承认的乞丐
IMPERIALLY LICENSED BEGGAR

尽管外国人对清朝常见的习俗还是会带有偏见，并且对看上去有些奇怪的事情每每说三道四，但清朝政府还是有许多政策让外国人感到惊讶和钦佩。对老年人极其尊敬，是帝国中非常具有代表性的习俗。它几乎被从上到下各个阶层的人所遵守。清朝地大物博，可以满足民众的各种需要。同时，民众的需求又是那么微小，所以人们一般认为这里不会有

官方承认的乞丐
IMPERIALLY LICENSED BEGGAR

人穷困潦倒，也没有几个人会到处行乞。但现实正好相反。清朝乞丐人数众多，几乎每个地方的贫穷都比富裕更为明显。受人尊敬的人士讲道，像他们这个阶层，年轻人没有必要乞讨，因为无论如何都能生活下去。但总有人不愿工作，为生活所迫不得不去乞讨。也许出于懒惰并不应该被如此责备。因为穷人们根本不知道要去做些什么，即使是最低贱的工作，雇佣者也已经满员了。而且清朝没有像修路、采石这样的公共工程。许多人依靠朋友、亲戚或者其他人，通过各种方式做些活计，虽然没有太多收入，但至少有饭吃、有地方住。这就是清朝最贫弱群体的生存状况。

跟大多数国家一样，乞丐在中国自古就有。虽然对于每个自称乞丐的个体来说，他人的施舍并不算多。但乞丐的数量如此庞大，在某种程度上讲施舍的总量也是相当可观的。人们通常会给每个乞丐一点小钱——半便士的十分之一，或者叫一分。这是货币里最小的单位，是按日给予的补贴。我们恐怕很难意识到，靠着这点钱，一个人就能顺利地活下去。我们听说，尽管处境艰难，但对于十四五岁的年轻人来说这种施舍肯定不够。大部分乞丐每天都会尝试去敲三十到四十户人家的房门，以获得稍好些的食物和某种庇护。对乞丐来说冬天是最难熬的。他们身上的破衣服仅仅能遮蔽身体，其他则无从顾及。对他们来说，在冬天能穿上抵御寒冷的衣物是一种奢侈的愿望。他们的衣服上打满了补丁，又有许多破洞，说不清到底是遮住的皮肤多，还是露出来的皮肤多。但年老的乞丐待遇就好多了。我们不知道这个国家有没有对年龄的特殊规定。但是不管发生什么，当他们不能工作后，如果没有后代赡养，其中一些人就能从政府那里领到一张证明乞讨合法性的证件，开始合法乞讨。在前一页就有这样一张图片。证件是个木制标签，挂在乞讨者的脖子上。乞讨者手里拄着一根竹棍，上面刻着他的年龄和境况。他向人们乞讨时，人们都会立刻给他两个大钱，不会让他久等，就像通常对待一般乞丐那样。这样他就能过得舒服，并能得到体面的衣服。如果有人对他不敬，乞讨许可证和相关工作人员将为这位年老乞讨者制造的"很多麻烦"撑腰。当然，这种境况并不经常出现。因为人们很快就能知晓他是得到政府许可的行乞者，而且尊重老年人是整个社会的一贯风气。

台湾高雄

TAKAO, TAI WAN

由于我们的疏忽,上期出现了一个错误,在此我们真诚地恳求读者的原谅。在上期中我们本想展示的是高雄,而标明为台湾高雄的那张图片,作者本来提供了正确的名称,但是我们忽视了他的标注。如果将上期展示的图片和高雄的图片放在一起,很容易就发现他们的取景是何其相似,于是我们毫不怀疑的将那张照片作为高雄发了出来。实际上那张照片拍摄的是厦门。本期我们将提供一张高雄的照片,展示一个与众不同的高雄港。

台湾高雄
TAKAO, TAI WAN

北京的白塔

MARBLE PAGODA, PEKING

　　北京自15世纪起就享受着中国的首都这一殊荣。1421年之前，扬子江边的南京城曾是帝国的都城。北京位于直隶省靠北的位置，一片多沙的平原上。直隶往北几乎都是沙漠，人烟稀少。

　　关于北京的人口数量，各方并没有统一的意见，有些人认同杜赫德[1]的说法，有300万人，有些人认为应该是200万，克拉普洛特[2]的估计则低至130万。甚至对北京的面积人们也有不同说法。有个作者说是27平方英里，另外一个说是14平方英里。也许后者所言并不包括郊区，但前者的数据包括。威廉博士告诉我们：北京城的第一层是由一圈城墙包围起来的，环城共有九个大门，所以有时也被人们称为九门城。后来它将南部郊区的一部分也纳入进来，所以这个城现在就分成两部分，北部被称为内城，占地面积大约12平方英里，里面有皇室宫殿、政府办公衙门和军队，南部称为外城，是民众居住的地方。北京城墙有30英尺高，底部有25英尺厚，面向城内的墙体斜度很大，所以城墙顶部的道路只有12英尺宽，两边筑有城垛。城门附近的城墙有16英尺宽，表面由石块垒成。其他地方的城墙则是巨大的砖块，砖缝处填充着石灰和黏土混合而成的砂浆，经过一段时间的风化，其坚硬程度与石头无异。城墙内部填充的是从护城河中挖出的泥土。50英尺高的方塔突出于城墙之外，而且每隔60码就会出现一座。这种墩状的防御工事在每个城门两侧都会有一座，其前方会有一个半圆形的堡垒。但进入这片区域的大门是在侧面而不是在其正前方。城门走道上方的拱墙十分坚固，每个城门的上方都建有数层高的木质建筑，还有为大炮设置的缺口。

　　城门之间，是通向顶部的宽阔大道。北京护城河的水引自通惠河，河水也流入了所有穿城而过的沟渠。从通州到北京有一条修筑良好的大道，但在路上是看不到任何城内建筑的。在北京，只有黄色、绿色和红色等不同颜色的琉璃瓦在屋顶上展示出五颜六色的风景。如果不是有众多巍然耸立的高塔，这个城市更像是个由高墙围起来的大墓地，而不像是一个大都会。因为除此之外，这里没有教堂的尖顶或高塔，没有柱子或纪念碑，没有屋顶或清真寺的光塔，甚至没有稍微高耸些的居所，来打破北京城或是任何清朝城市的这种单调无聊的天际线。但能解救这种无聊的，通常是大片大片的树林，还有每个官府衙门门前的那一对旗杆。而唯一可称为卓越的建筑，通常是一座高大的宝塔。

　　我们给出的图片是位于北京玉泉山的大理石宝塔，是圆明园的一部分。圆明园被外国

---

[1] 杜赫德（Du Halde，1674—1743），法国神父，著名汉学家，著有《中华帝国全志》一书。——译者注

[2] 克拉普洛特（Heinrich Julius Klaproth，1783—1835），德国著名东方学家。——译者注

北京玉泉山的白塔
MARBLE PAGODA, YU CHUAN SHAN, (JADE SPRING HILL) PEKING

人称为夏宫。这个地方之所以出名，是因为它曾在1860年被英法联军占领并破坏。额尔金在1860年10月7日的一封信中曾间接提到这一事件：

> 早上我们听说法国人和我们的骑兵已经占领了这个帝国的夏宫。北京城内所有的清朝大人物都跑了，可是除了房子以外什么都没留下。我们听说犯人都在北京……下午五点，我刚从夏宫回来。那儿真是个好地方，像一座英国花园——数不清的建筑、漂亮的房间，里面放满了清朝古董，还有精致的钟表、青铜像。唉！如今那里的场景是如此凄凉。每个房间里至少有一半的物品都被带走或打碎了。我曾试图联系过我们的一个军团去保护这个地方，然后将掠夺的物品通过拍卖卖掉。法国将军也带着一肚子不满出现了。他曾试图阻止军队抢劫，希望军队能够平等地分配这些掠夺来的宝物。但在这种情境下，我们根本无法组织起任何有序的行动。所以有些装了两到三辆马车的金银财宝、准备拉去卖掉的官员就被扣留下来……掠夺和毁灭这样一个地方真是太差劲了，但更糟糕的是浪费和破坏。若这儿有价值超过10万英镑的财产，那么我猜测至少有5万英镑将不能兑现。法国士兵们用尽各种方法去撕扯最美丽的丝绸、打碎玉石装饰和瓷器。战争是门讨厌的生意，看见它的人越多，憎恨它的人就越多。
>
> 10月7日 星期日

另外，还有几天后的一封信也提到了此事：

> 根据我的判断及对这个问题进行了各方面的考量之后，我得出了以下结论：对于圆明园的毁坏是我所知道的几个事件中最令人生厌的一个。除非我能忍受英法联军犯下的罪行，不去追究责任，让这件事和我的责任感和解。此外，我有理由相信这个行动早有预谋，主使者就是要在清朝制造影响巨大的事件，特别是能对皇帝产生重大影响的事件。
>
> 这（夏宫）是皇帝最喜欢的地方，这场破坏肯定会对他一贯的骄傲和自我良好的感觉产生巨大冲击。据说，皇帝曾将我们那些同胞带到这个地方，并对他们进行了最为严酷的折磨。因为这儿曾经发现了我们军队的战马和装备、一件从法国官员胸脯上扯下来的装饰物，以及其他属于战俘的物品。鉴于北京城内所有值钱的物品几乎都被带走了，因此军队去那儿最冠冕堂皇的理由不是为了劫夺，而是"为了通过一场严酷的复仇行动，铭记由一场严重的冲突而激发出的恐怖和屈辱"。希望惩罚不会落在那些无辜的人民身上，而是直接落在皇帝身上。因为他要对此负主要责任。人们传说，他不仅在圆明园残酷对待那些战俘，而且他颁布的法令中明确规定了对献上外国人头颅的人将给予金钱上的回报。听说他已准备投入他所有的财富去支付暗杀外国人的费用。

1878
4月
APRIL

中美贸易
AMERICAN COMMERCE WITH CHINA

第二部分

在上述章节的结尾部分，我们已经知道了四十年前的《中国丛报》中记载的一些数据是具有权威性的，进而结合士诺（Peter W. Snow）近期被任命为美国驻广州领事的事实，便能得出一个结论，即"在1798年士诺的父亲成为驻广州领事以前，没有美国外交官在中国"。该结论已在约翰·戴维斯所做的关于美国在广州升旗的评论选段[1]中表现得十分明显。

我们在同一篇文章中还能看出，从美国航行至广州的第一艘货船名为"中国皇后"号（Empress），而不是"老佛爷"号（Empress of China）。后面这个错误虽然无伤大雅，但它与我们现在可以更正的更重大的错误一同表明了山茂召少校的日记并非百分之百可信。然而日记出版的时间是如此之晚，让我们明白这完全是一位与昆西总统[2]同样伟大的人，出于莫大的热忱而完成的事业。因此对其记录的准确性的指责，就不免吹毛求疵了。

但我们已经将之前的结论逐字逐句地放在了脚注中。这一结论不仅会让我们的读者十分惊讶，我们自己也几乎不敢相信它。这一结论在一份大体可信的刊物上发表之后的四十年内，居然无人对它的真实性产生怀疑。一则不够准确却又被人看作是毋庸置疑的历史报道是有害的，因为它与事实相悖，仅仅是记录人根据传统与习惯做出的臆测。而当编辑看到它的时候，并没有甄别信息的来源和真实性，对与它不符的相关记载视而不见，而是想尽办法将它保存下来。

---

[1] 约翰·戴维斯关于升旗的表述确实十分清晰易懂，但很有可能是个错误。山茂召少校并没有理由忽视这项被戴维斯暗示为其他所有外国"工厂"都保留的传统。据奥斯贝克（Osbeck）记载，这一传统最早在1751年就已经存在了，而我们在1833年抵达广州的时候也确实见到了这种传统。我们能从历史记载与老照片中河边工厂上空飘扬的不同国旗看出，这一传统实际上从很久以前便被传承下来。能证明这一点的不仅有山茂召少校，1798年退休的士那领事也不会对这一点产生任何疑问。

[2] 美国第六任总统约翰·昆西·亚当斯，1825—1829年就任。——译者注

我们首先要挖掘出整件事情的真相。这真相显然就在华盛顿的政府文件里，却与山茂召少校一道长眠了半个世纪之久。其次，我们要通过1847年波士顿出版的一系列文件，用一种清楚明白、具有权威性又避免吹毛求疵的方法，来颠覆广州及其他地方的读者对一些事情真相的认知。在他们的父辈中，这些真相人尽皆知，但是他们自己并不熟悉。这样我们便能改正我们之前提到的错误。既然那份四十年来无人质疑的记录已经不能再被看作是对史实的记录，那我们现在便要举出一些关于山茂召少校的资料来说明。本质上，这些资料与记录具有更高的价值，具有真正的历史意义。这些资料包括一份公文以及他在1790年12月7日写给华盛顿总统的信件及其附件。而且，至少在写下这些信件的时候、在他于1786年任广州领事及其之后的几年，以及1794年他过世之前的几年，他一直都住在广州。这一点我们可以从昆西总统为他撰写的回忆录中看出。

献给美国总统

尊敬的先生，鉴于贸易对于一个国家的统治者来说是需要考虑的最主要的事务之一，我亦不愿玩忽职守，辜负了您的厚望，故在此谨向您呈上一些关于美国公民与荷兰公民之间贸易上的事件。该事件发生在巴达维亚，即荷兰在印度尼西亚的产业所在的城市。

去年3月底，我乘着一艘全新的美国船，从波士顿出发，于8月30日到达了我航行的第一站巴达维亚。然后，我被海关总管告知：荷兰方面下令禁止一切与美国人的贸易，而我们只能补给供继续航行至广州的必要物资。我十分惊讶。既然港口总督已经下达了这样的命令，我别无他法，只能行使我请愿的权力，希望总督大人与议会能够听取我的建议，像他们以前所做的那样打开关口，允许贸易。第二天早上我见到了总督大人，两个小时之后，我向他表达了我的与会诉求，然而我的诉求被驳回了。

我从总督先生处得知了巴达维亚禁止与美国贸易往来的理由。我认为作为一位外交官，我有必要将这一情况报告给地方长官与议会。因为这是与我们国家的繁荣昌盛息息相关的大事。在与总督大人交涉的过程中，他对我的看法表示了赞同，并且暗示我：虽然这一禁令对美国人民和巴达维亚人民都是有百害而无一利的，但如果美国人不向更高的权力机关申诉这一问题，那么荷兰方面理解的可能性便微乎其微。因此，我于9月4日，周六，在写给总督先生的信件里，夹带了一份写给地方长官与议会的备忘录，请求总督先生尽快将它呈给上级机关。他向我保证在下周二这份备忘录就会被上级机关的人看见，而他们也会接受我的提议。因为这不仅是巴达维亚人民的期望，更是当地政府的期望。巴达维亚的贸易应该像对其他国家一样对美国开放。对于上述的文件，我也擅自在呈给您的信件中附了副本，我真诚地祈求您相信我所做的一切都是为了美国人民的福祉。

> 您忠诚与谦卑的属下
> 山茂召
> 1790年12月7日于广州

致尊敬的巴达维亚港口总督，昂格哈尔德（Englehard）先生

尊敬的先生：上月30日，我乘坐从波士顿出发驶往广州的、载货820吨的美国"马萨诸塞"号（Massachusetts）货船到达巴达维亚。我本满心期待您会在检查我的货船以后，给我下达一份通知，允许我享有至今为止所有美国人都拥有的权利——在巴达维亚进行贸易活动。

我请求您将我这封信呈至总督大人与议会面前，让他们能在百忙之中处理一下我这些关于市场的报告（这些报告是遵循当地的风俗与法律而作）。我在1786年时曾经到访过巴达维亚市场，并且与当地居民有贸易往来。

先生，您可以想象当我听到所有与美国的贸易往来都被禁止的时候，是何等惊讶。我对法律的尊敬告诉我，在这样的情况下，完全服从法令是一项美德。而我们随后自然便会离开巴达维亚。我特此向您报告，在这段时间，我们没有卖掉船上的一件货物，也不会卖掉货物，同时除了对水与蔬菜等一系列航行至广州所需的必要物资进行补给外，我们也没有购买任何商品。与此同时我也写下了这一诉求。先生，请允许我向您说明，我有充分的理由证明这道禁令是由于一些恶意的负面报道而产生的，是由对两国人民都不友好的人蓄意推动的。因此，我作为一名美国领事，便有必要为此向政府做出一份报告与请愿。这份请愿已经附在了信件里，请求您尽早将它交给上级机关。作为一位公职人员与守序的市民，我为我的国家感到骄傲；而作为一名商人，这份禁令极大地损害了我的利益。先生，我希望这些动机足以解释我写这封信叨扰您的原因。我希望您能过目，并且对此事进行思考。对于您对我们的友好帮助，我在此向您表达衷心的感谢。

> 敬仰您的
> 山茂召
> 1790年9月4日于巴达维亚

呈给巴达维亚总督与议会的请愿书

该文件的签署人，即美国驻广州领事，谨向巴达维亚总督与议会提出以下请愿。

1786年7月于纽约出发的美国货船"希望"号抵达巴达维亚。签署人作为该船的贸

易专员与所有人之一一同抵达巴达维亚。在巴达维亚停留了二十天以后，他起航继续向广州航行。正如港口总督勒克雷（Le Clé）先生所指出的那样，在这二十天内，他与他管辖的任何人均未触犯当地的贸易法，未走私胡椒、咖啡或者其他香料，亦未做出其他任何与政府的法律法规相违背的行为。而他作为美国领事于1786年抵达广州以后，在广州居住至1788年。1789年1月，他起航返回美国，于当年7月抵达。对于1786年以后其他途经巴达维亚抵达中国的美国船只，他相信它们的船长与所有人都将沿着相同的路线航行。

或许我们能发现，美国人可以通过一些抵达广州的英国商船购买法属岛屿出产的咖啡与波本红酒、马拉巴尔海岸与印度其他地方出产的胡椒，以及巴达维亚的香料。中国人也将是这些商品的客户。这些都可以为这些商品的原产国带来不少的利润。而他以为，这为数不多的货物也正是通过这种贸易模式被运往中国的。

签署人在此需要十分抱歉地指出，鉴于对他的同胞的一些不当的误解，他们不仅被禁止在巴达维亚开展贸易，而且也不受巴达维亚政府的欢迎。政府将他们看作走私犯，将他们看成为逐利而不惜一切代价、会动用一切手段的野蛮人，而不是来自拥有高度发达的商业传统与文明国家的公民。而签署人本人对自己国家的荣誉与他本人和他的同胞的荣誉向来都是最为看重的，他本人与他的同胞从未触犯这一政府的任何法律法规，他们已经到达或者将要到达巴达维亚。但由于恶意报告的误导，政府禁止他们在此地进行贸易活动一事，他们并不知情。

签署人准备了许多文件，其中也包含了他自己的经历。他从美国合法地运来大量特别为巴达维亚市场准备的货物，但因为他无法出售这些货物，所以蒙受了为数不小的损失。他只好将它们运往广州，但在广州，他将无法出售这批货物。

鉴于以上原因，签署人有十足的必要行使他作为领事的权利，尽他所能地反对这一因恶意中伤而导致的不公禁令。他满怀信心地认为，取消这项禁令只在须臾之间。因为他相信荷兰总督与巴达维亚地方政府一定会秉公行事，而他的同胞们也能与其他任何国家的人一样享受开放的贸易政策。在签署人的井蛙之见中，这一事项在当下美利坚合众国与荷兰共和国还在保持友好邦交的情况下尤为重要，是促进两国公平贸易，互利互惠的大事。

抱着以上的态度，签署人在此庄重地写下自己的名字，并且对荷兰共和国及其在全球的各机构表达诚挚的敬意与祝愿。

山茂召
1890年9月4日，巴达维亚

第三部分

在前述章节里我们已经谈过了中美贸易的起源，同时说明了在那个年代国际贸易的一般运作机制与模式。由此我们可以看出，对接近垄断模式的西方贸易的介绍完全是建立在与众不同的基础上的。但这些贸易模式并不包括以下情况：例如15世纪的探险者需要绕开教宗诏书对西班牙、葡萄牙提供保护的领海[1]，例如16世纪的航海家则直接违抗教皇的命令[2]，再或者像18世纪的安逊[3]那样引起在墨西哥与马尼拉海域航行的珍宝船的额外注意，甚至像之后的海盗或者合法的商人兼冒险家那样，以一种独立的灵魂与值得称道的野心赋予这些贸易鲜活的生命力。这些坚定的公民来自新世界，他们之中有一部分人意识到自己身上的本能，正是这种与先知相差无几的本能让他们成为自由贸易的先驱。[4]

这些"新人"的心中并没有15世纪卡博特（Cabot）的科学探索精神，也没有16世纪德雷克在他战争一般的航线中的"慷慨激昂"，他们也不受后来的布洛获得的极其诱人的巨大财富所诱惑[5]。他们心怀着山茂召少校谦卑地提出"美国人要喝茶，同时美国人也在为他们的西洋参寻找最合适的市场"的要求来到了中国。

至此，我们已经部分地回答了一个似乎一直困扰着政治家们的问题，即这些商业活动包含着什么？它形成的基础是什么？简单地说，促进这些商业活动的契机是什么？他们首先能意识到的是不同国家之间的共同需求。这种需求与不同国家之间的物质资源结合起来，便构成了贸易往来的基础、动机与往来的要素。

同时伴随着贸易活动，思想文化也会在交流中产生新的道德影响。我们确实将商业活动看作文明的主要力量之一。商业的重要性不仅体现在其巨大的范围上，也体现在它对不同地域的人多种多样的吸引力上。我们看到商业发生了几乎可以被称作革命的、翻天覆地的变化。商业的变化不受政治变动的直接影响，它主要随着思想交流领域、工业

---

[1] 一位名为约翰·卡博特（Jonh Cobata）的威尼斯人，于1496年带领两艘船从英国出发，专程从西北方向绕路航行，只为不违反教宗诏书里为西班牙与葡萄牙在其东部、南部与西部海域、亚速尔群岛以西划出的约370里格（约1110英里）长的领海线的规定。
[2] 教宗诏书规定的西班牙与葡萄牙的领海面积在这一时期达到了一个近乎荒谬的程度。
[3] 安逊于1741年在中国沿海被一艘从阿卡普尔科开往马尼拉的珍宝船俘虏。
[4] 美国国会对山茂召少校被委任为驻广州领事一事十分嫉妒，便在他提出回到广州的申请时，条件中加了一项条款，即"无权获得任何薪水、政府拨款、津贴等物质报酬"。
[5] 1593年约翰·布洛（John Burroughs）爵士俘获了一艘大型葡萄牙帆船，上面有1600吨货物、700名船员与36门青铜火炮。这些货物包括黄金、珍珠、象牙、丝绸、药物、香料与印度棉布等。这是英国人见过的最大的帆船，极大地刺激了英国人积极投身于这一高回报行业的热情。

竞争、科研开发利用等方面的变化而变化。而在自然商品的交换中我们同样也可以看到这种变化。

我们在探究从山茂召少校去世后到现在这段时期的美国贸易时，会发现这些变化就体现在航海贸易的航线与机制中。在这其中，最为显著和突出的变化发生在棉制品（包括棉线和棉纺织物）等产品的贸易中。它几乎重构了整个棉花贸易行业。这一变化的重要性或许能与1492年圣萨尔瓦多（San Salvador）的原住民给了哥伦布一些棉线相提并论。另一个重大的变化是1788年左右棉籽首次从巴哈马群岛被运往美国南部。

在1760年，英国的棉制品产值约为20万英镑。在此之后，英国棉纺织业的原料主要来源于黎凡特地区。

1791年，美国的棉花产业也参与到这一贸易活动中来。在惠特尼发明了轧棉机之后，1795年美国的棉制品产量达到了500万磅。而这一逐年扩大的贸易量超越了人们之前对产量的任何预测。1858年，美国棉制品的出口量超过了10亿磅，而与此同时，内销量也达到这一数量的三分之一。在出口目的地方面，四分之三的美国棉制品都出口到了英国。而1808—1815年期间因为战争，彼此通商往来被禁止；在1861—1866年期间美国的内战也影响了彼此的贸易往来。在这些时期里，美国的原材料大部分来自黎凡特与印度洋地区。

在南北战争期间，中国的原棉被运往英美两国。而在1842—1843年间，整船的棉花从亚拉巴马州被运往中国。这就是原材料贸易的有趣之处。但是我们谈论的重点在于棉纺织品和棉线，尤其是前者。这些货物包括印度的印花布、方格布、绉布和平纹细布，及中国的土布（这种布料是在刚开始与英国通商的时候被发明出来的，后来在运回欧洲的货物中占有一席之地）等。它们在美国与东方进行贸易的前四十年中，地位十分重要。而在之后它们所表现出的倾向则完全相反，即使英国的贸易地位与美国原料生产国的地位几乎同等重要。不过，这两项了不起的发展也确实离不开彼此。

因此，作为东方棉制品的消费大户，英国进行了一场彻底的贸易革命。这一革命的结果便是，在1858年以前，英国便开始将棉纺织品运往印度和中国了。这些货物的价值每年有数千万英镑之多。而在1853—1854年间，单是美国运往广州一地的织物就长达五千万码。

在丝绸贸易方面也有一些类似的变化，不过这方面的变化没有那么明显，即使丝绸贸易的价值同样高昂，也没有发生革命意义上的变化。虽然在很久以前丝绸原料就已经从中国运往英美两国，但外国产的成品丝绸在中国没有市场，中国人更喜欢自己国内出产的丝绸。而在印度则是恰好相反，1876年他们从欧洲进口的丝绸比他们自己出口的丝绸要多。

在二十年以前，虽然欧美人对丝绸的品位已经向法国人靠拢了，但美国人依旧从中国运回了大批的丝绸。而当国内战争爆发、关税提高以后，从中国运往美国的丝绸数量则缩减到几乎可以忽略不计，这一贸易分支从此没有了复兴的可能。但美国本土受到保护的纺织业则因此被刺激从而发展了起来。然而那时的关税并没有现在这么高昂。当今的关税如此之高，极易诱发走私活动。

在很长一段时期内，运往英国的丝织品数量都远远超过了美国。尽管在这段时期内运往英国的数量同样下降了，但是鉴于美国偏高的关税，在这段时间内英国的丝绸贸易依旧超越了美国。[1]

在前面我们已经对中国与其他国家的贸易往来有了更加详细的观察，同时我们注意到在18世纪有一种贸易倾向，即中英贸易即将取代中欧贸易。英军占领印度后，英国的权力在印度体现得淋漓尽致。显然，这一权力为英国带来了一种压倒性的优势与整体的影响，同时也为英国在亚洲的贸易带来了更多的物质保障。另外，在19世纪之前，英国人对茶叶的嗜好更加速了这一倾向。茶叶在英国的传播速度比在欧洲任何一个国家都要快。之前我们已经说明了影响欧洲大陆与中国贸易往来的一个重要因素归因于英国失衡的金融体系。英国人对茶叶征收过高的关税，导致了走私猖獗。走私贩子们从中国购买茶叶，然后偷偷摸摸地将它们运往英国。这一胆大包天的违法行为同时也刺激了艺术家们的创作灵感，成为他们许多虚构作品中的素材。

1784年英国的税制改革将茶叶的关税降到了12.5%，从根本上遏制了这种打着其他国家名号非法走私的行为，并将供给英国人对茶叶为数可观的消耗的权力直接给予了英国直属的东印度公司。因此我们在第一部分中的数据才会显示出，东印度公司的货运量在第一年出现了高达113%的增长，第二年又继续增长了46%。与之相对应，中国出口至欧洲大陆的茶叶数量由1784年的1900万磅骤降至1791年的约233万磅。而这一明显而长期的变化也能在1780年之前九年的数据中看出。这些数据显示了在这些年里有1.18亿磅茶叶从中国被运往欧洲大陆，而运往英国的茶叶只有5000万磅左右。

---

[1]从这段时间一些更加细微的变化中我们需要提到一些织物的名字，以及这些名字的起源与变化，因为这些织物的名字经常被弄错。例如"bombazin"或者"bombycina"。有一位作者曾经写道"斜纹布（bombazine）是一种丝绸，最初产自米兰"。而这一称呼来自布哈拉，实际上是西方人对东方丝绸的最早的称呼之一，后来这一词汇被拉丁语吸收，写作bombax，意思是一种棉纺织品。但是最能引起我们兴趣的其实是打着斜纹布、毛呢、羽纱和厚斜纹布等名号的赝品，这些织物的原材料多为羊毛，而它们被大量地运往中国，从而导致了另一场规模较小，也没有那么直接的贸易革命。

但当时英国真正的茶叶年平均消耗量已经超过了1300万磅，同时欧洲大陆的茶叶消耗量并没有超过550万磅。这也就说明，每年约有750万磅的茶叶是通过欧洲大陆走私进入英国的。

贸易航线因此开始发生改变，而且这种改变逐渐加速并呈永久趋势。加之欧洲各国接连发生了一系列事件，对中国的贸易伙伴都造成了影响。即使因为战争英国又悄悄地为茶叶加上了高昂的关税，但没过多久新的航线还是固定了下来。

法国大革命与之后一连串的战争几乎完全中止了欧洲大陆各国与中国之间的贸易往来。在战后，各国寻求和平与重建的时期，美国人开始参与到中国与欧洲大陆之间的茶叶贸易中来。而在中国公行几名成员的鼎力协助下，伦敦最终成了整个欧洲的中转港。

这一时期的贸易关系显得如履薄冰又反复无常。我们无法得知更多具体的数据，但还是可以找到一些零星的记载。即在1818—1829年间的十年里，有约1900万磅的茶叶被美国商船从中国运往荷兰。而从这之后到1839年的十年里，运送茶叶的船只都插着美国国旗，美国人继续在中国与英国、汉堡以及其他港口之间运送茶叶。期间，偶尔也会有荷兰船只直接将茶叶运往荷兰，但是绝大部分运送茶叶的船都会首先停在爪哇。

在茶叶贸易的飞速变化中，澳大利亚人对茶叶的消耗量的快速增长是最为惊人的。1850年澳大利亚的茶叶消耗量为350万磅，而到1859年这一数字飙升至1000万磅。而在1859年之后澳大利亚对茶叶的需求量尽管没有了之前超乎寻常的涨幅，但依然在逐年上升。

在这一时期，关于中国的贸易发生了另一项惊人的变化。美国人取代了西班牙人在中国与墨西哥、智利和秘鲁的贸易中的地位。起初西班牙人从广州与澳门出发，取道马尼拉与阿卡普尔科进行贸易。但后来这些附属领地开始反抗西班牙的统治，寻求独立，影响了西班牙与中国的贸易。而在这些领地独立的过程中，中国与这些地区的贸易便逐渐由美国商人掌控。美国人直接将货物运到这些地方，扩大了自己的贸易范围，直到法国时尚界占据了这些贸易中利润最为丰厚的一部分——丝绸为止。随后，旧金山成为太平洋沿岸的贸易中心，直航贸易便成为可有可无的一部分了。

美国统治的加利福尼亚地区，在1848—1849年发现了黄金以后，这一地区便愈发繁荣，贸易量也飞速增长，一跃成为中美贸易中的重要部分，其重要性是不可估量的。这一地区贸易的重要性不仅体现在不断增加的贸易总额上，同时还体现在它不停地修订通用的贸易航线上，这一点带来的影响是无可估量的。在澳大利亚发现的黄金同样让美国商人部分参与了与墨尔本方面的往来。而他们从墨尔本回到美国的时候，会经过中国。

以上就是美中贸易进程中发生的一些重要转变。我们了解了这些大方向上的变化以后，现在要将目光重新转回中美贸易的现状。

吉迪恩·奈伊

鲍若瑟

PERE BOYER

1824年7月，鲍若瑟出生于埃克斯（Aix）镇，在镇上的基督兄弟会开办的学院里接受了教育。他16岁开始学习人类学，24岁成为牧师，同时被任命为该学院的修道院院长。后来，海军上将维伦纽夫（Villeneuve）看中了他，让他做自己孩子的家庭教师。

在做家庭教师的日子里，他在罗讷河（Rhone）的入口处成功地发现了一片基督教区。教区取名为马提顿（Matieterh），是以一位虔诚的、曾捐助过学院的教徒的名字命名的。1853年，还在见习期的约瑟（Joseph）[1]被派到巴黎。第二年，他由塔廖内（Taglitone）神父（如今是直隶西境的主教）和贝特（Biet）神父陪同，在教皇的命令下离开法国，带着特殊任务来到黑龙江南岸的民众中。因为他们身穿鱼皮而来，所以被称为"鱼皮鞑子"（Yen-pe-tai-tsu）。1855年初，他们到达上海，塔廖内神父由于严重发烧，无法继续前行，贝特神父和鲍若瑟便一起乘坐一艘当地的帆船离开上海，想到牛庄去。牛庄那时还未对外开放通商。在他们从上海出发十八天以后，帆船在山东和娄提山（Lo-ti-shan）岬之间被迫停船，他们遭遇了海盗袭击。帆船上的水手拼死抵抗，但最终还是被海盗全部杀害。海盗跳上帆船，朝着贝特神父走来。贝特神父奋力反抗，却不幸被利器刺伤，直至死去。临死之前，贝特神父看到鲍若瑟神父跳到海里，不见了踪影。鲍若瑟神父游到船尾，死死抓住船舵。直到夜晚降临，他才又重新爬到船上，将自己隐蔽在船底板下，一直在那儿藏了整整三天，只敢在夜里出来找些食物。而在这期间，海盗们几乎一直在帆船上进行各种劫掠。好不容易挨到第四天，海风渐强，海盗们不得不离开。趁着夜色，海盗抛弃了帆船。鲍若瑟神父支起仅剩的一点船帆，在海风的助力下，跟跄地出发了。到了白天，他成功地和当地渔船取得了联系，渔民们引导着这艘船向牛庄驶去。

[1] 即鲍若瑟。——译者注

鲍若瑟
PERE JOSEPH ANDRE BOYER

两天后，他们到达了牛庄。

在接下来的一年，他被召回上海接受培训，为担任中国东北地区的主教做准备。两年以后，他从上海回到牛庄，徒步穿越了东北。1858年，他终于来到设立在离牛庄300里的金坑（Choko）布道站。他在那儿建起了一座教堂，如今依旧矗立着。1859年，鲍若瑟遭受了许多磨难。1864年，他又徒步从金坑旅行至庙街，然后沿着黑龙江的河岸返回，路程长达1500英里。途中他被俄国人以涉嫌间谍罪逮捕，但经历了几个月的艰难困苦后被释放，并在帕克亚提（Pak-iah-tszu）建造了另一座教堂。1869年，在万若望主教的安排下，他被派到奉天担任中国东北地区的专职牧师。

1875年奉天的教堂建成后，他一直居住在距离奉天约200里的小村庄沙岭（Sha-leen）。

买到高官的广州商人

A CANTON MERCHANT WHO HAS PURCHASED A MANDARIN'S BUTTON

在清朝的外国人多半会笑话那些通过各种渠道搞到官衔的人,以及他们那奇特的虚荣心。官衔是官员身份的象征。许多人都很迷恋这个头衔,并非常愿意成为官衔的买家。

顶戴花翎是官员一个非常显著的标志。几乎在所有地方我们都能看到戴有顶戴花翎的人。在如今饥荒肆虐的时期,捐官成为筹集资金的一种特殊方式。我们从《京报》上就能看到相关报道。《北华捷报》上也经常刊登这些摘要。

买到高官的商人
A MERCHANT WHO HAS PURCHASED A MANDARIN'S BUTTON

1877年10月29日，在山西巡抚曾国荃的请求下，清朝政府下达指令，批准成立专门机构售卖直隶、江苏、安徽、四川、浙江和江西几省的官衔，以缓解饥荒造成的严重困境。毕竟即将拨付的资金并不足以弥补现有的缺口。几省政府已经通过特定的方式就这一计划向清朝政府做了报告。同时，不论是实职还是虚衔，户部都直接做了2000份空白执照发给山西巡抚，让他酌情处置。

　　随后，出现了以下请求：

　　11月15日，山西巡抚曾国荃报告了省内饥荒造成的巨大财政缺口，并征求清朝政府的允许，希望能扩大卖官范围，以筹集资金解决难题。曾国荃的请求得到了朝廷的重视。但捐纳只是辅助措施。清朝政府从税款中划拨了20万两白银，此外，还将从海防资金中拨出24万两，从户部拨出14万两，并要求从江北和安徽运送5万担粮食给山西。然而，不断蔓延的饥荒还是令政府难以承受。几乎整个山西省都受到了饥荒的冲击，而极端高昂的运输成本让粮食的匮乏达到触目惊心的地步。在目前的饥荒状态下，76个衙门和地区已正式恢复常态，只是地方官员人数有所减少。但等待政府救济的饥民却不少于300万到400万。在即将来临的冬季和春季，如果救灾资金达不到300万到400万两，粮食供给则有可能中断，那么整个山西省的南部地区将面临千里饿殍的可怕境况。因此，在这样的情况下，政府就必须利用现有的渠道寻求解决的办法。巡抚希望以捐纳的方式增加救灾资金，并恳求户部能够给他2000张空白执照，允许他在各省通过卖官增加财政收入。原文参见《京报》1月29日版。

　　1878年1月的报纸上刊出了如下文章，由此我们得知这个系统也不是全无腐败的。在一篇后记中，同一个审查员将目光集中到为解救灾荒而售卖官爵这一过程中的腐败现象上。省里的要员一向只负责将发到他们手里的空白执照分发给下属。但下属们想将这些执照卖出去却并不容易，所以他们又以相同的借口，将这些执照强制分摊到各村社。如果村社里没有人有足够的钱财来购买官衔，整个村庄可能会被强行派款。而当地最有影响力的人的名字早已登在这个文件上了。对捐纳资金的贪污和弄虚作假等各种违法行为，也是人尽皆知的。审查员希望能采取严厉的措施来杜绝这些违法行为。原文参见《京报》1月28日版。

　　本期我们提供的肖像，展示了买官者全副穿戴的模样。

广州妇女
CANTONESE WOMAN

我们计划刊登一系列照片,来展示清朝妇女的服装,特别是头饰。清朝妇女的头饰繁复多样,而且都很灵巧。实际上这是因为那些不劳动的妇女整日无事可做,有大把的时间用来梳妆打扮。

广州妇女
CANTONESE WOMAN

上海的外国公墓
THE FOREIGN CEMETERY, SHANGHAI

每个稳定的组织都无法逃避埋葬死者这样一个悲伤的职责。早年间，由于肮脏透顶、臭气熏天的恶劣环境导致人口大量死亡，上海变得恶名昭彰。如今，情况已大为改观，居住区的排水做得非常好，卫生状况也得到极大关注，与我们知道的其他任何地方一样卫生健康。

我们关注的这座公墓，是上海三座公墓之一，里面埋葬的都是外国人。这三座公墓中，位于居住区中心的那座已经完全废弃了。位于黄浦江对岸浦东的一座，主要埋葬海员。黄浦江是世界上最危险的水域，公墓中埋葬的大部分海员是在这条江里淹死的。如今，图片上的这座公墓是一个可爱而宁静的地方，其中陈设美好且植物繁茂，距离外国人居住区很远。当然，就像周围其他社团的场地一样，这里也没有什么特别漂亮的地方。

上海的外国公墓
IN THE NEW CEMETERY, SHANGHAI

1878
5月

MAY

中美贸易

AMERICAN COMMERCE WITH CHINA

第三部分

近期，山茂召少校先生为我们展现出的这一问题，给英国与荷兰在广州的贸易造成了一些影响。尽管这两个国家在相邻的印度都有属地与工厂，且物资种类多样，数量丰富。然而有一项商品在中国永远不会过剩，那就是白银。欧洲国家通过在印度洋与爱琴海地区的港口取代其他国家与中国的舢板贸易，获得了在广州进口中国原材料与商品的机会。中国人对白银、铅、武器、钟表、西洋参与羊毛制品的需求量一直居高不下。这些商品被英国法律特许，用于填补英国在与中国贸易中的巨大贸易逆差。这是中国与其他国家的贸易常态。然而，当法律发生了剧烈的变化，或者发生了一些突发的事件时，必将影响贸易的往来。山茂召少校记载了发生在1786—1789年间同时影响了英国与荷兰的事件：一项不正常的金融政策阻碍了他们的贸易，即使中国方面给了他们相当宽松的信贷政策，并能接受汇款日期相当长的英国汇票[1]，也不能补偿这种经济政策造成的损失。

在与欧洲开始贸易以前，中国已经自给自足了无数个世纪。因此在半个世纪以后，钦差大臣林则徐在一个重大的场合宣布"中国本不必与外夷通商"。[2] 因此，在上世纪的那些年代里，确实是存在着一些用林则徐的话来说是"反复无常"的事情发生。

这就是在这个世纪的前二十五年，或者说特许即将到期的1833—1834年，西方

---

[1] 这些票据期限长达一年。
[2] 1839年5月8日包括义律在内的所有外交大臣都尚被关押于广州的监狱里。钦差大臣与两广总督向英国方面的负责人义律、美国驻粤领事士那与荷兰领事番巴显（Van Basel）发表了联合声明，将扣押的护照还给他们，让他们能够回到各自的国家。声明中写道"……据此，当批。查中国本不必与外夷通商，因尔等航海远来，不忍拒绝……此次（鸦片）呈缴足数之后，即如所禀，听尔等全行回国，不许藉故耽延。而既回之后即不许再来，毋得反复无常，自干究办。……凡尔各国夷人不来则已，若来至天朝地方，无论何国夷人，但有夹带鸦片，均照新例，人即处死，货尽入官。毋谓言之不预也。"

国家与中国的贸易往来降到谷底的原因。虽然俄国并不是这些西方国家中的一员，但俄国的工厂主也在尽力打开他们的羊毛制品的销路，尤其是中国市场，但其与中国的贸易也仅限于陆路贸易上。我们或许要提起当时俄国驻伦敦大使沃伦佐（Woronzow）亲王的例子。他告诉贝茨（Bates）（后者在1846年告诉我们这一史实），他们将大批的羊毛制品从莫斯科运往中国，但因出现了与英国类似的税制问题，经营情况不甚理想。俄国人希望依靠从中国购买的茶叶等商品赚回损失。而亲王本人便是生产这些商品的工厂的合伙人。

现行贸易的总体状况让山茂召少校为自己与美国政府感到庆幸，因为美国产西洋参为中国人所喜爱，被看作是除白银以外中国人需求最大，几乎接近刚性需求的商品，这一商品被用于避免贸易逆差。这一优势足以让人庆祝，但西洋参的价格却在飞速下跌，因为西洋参的进口量太大，它的产量与质量都不尽人意。

但是改变正在悄然接近，或者说这一改变已经逐渐开始了。人们已经看到中国与其他国家的战争给它带来了多么深重的灾难。同时，一场瘟疫正在这片土地上蔓延，这个年轻、阳刚的国家正慢慢沉沦成一个贫瘠的国度。中国人需要一种破釜沉舟的决心才能摆脱这种梦魇，但这种决心首先需要摆脱天朝上国的美梦。

有许多潜在的因素正暗暗地颠覆中国的金融与经济地位。在这一颠覆过程中，印度的毒品功不可没。清朝皇帝听从了谋臣的意见决定采取严厉的镇压手段，并委派钦差大臣去连根拔除这些毒瘤。钦差大臣林则徐满怀着爱国热情对所有的外国人都下了拘禁令。最终这件事以清朝政府与英国代表的笨拙协商作为收场。林则徐还亲自收缴了中国海岸线上的所有鸦片。

之后，按照常理，这种解决方案必然导致中国与英国在政治上的正面交涉。因此，中国必须加强其神秘感来掩饰自己几个世纪以来积累的弱点。但是在这里我们要指出一个奇怪的现象，即中国在暴露出经济与政治上的弱点时，同时也表现出了一种崇高的道德力量。清朝政府拒绝了英国驻白河的全权大使的请求，随后战争便爆发了。

在此我们无意在道德方面指责中国或者英国。作为研究贸易的历史学家，我们的重点在于历史事件及其结果，而不是道德批判。如果1840年中英达成了共识，形成一种互惠互利、遏制鸦片在中国传播的合作机制。这一机制能够帮助检查运往中国的数量巨大的货物，同时逐步改善两国关系，帮助中国在各方面恢复繁荣，自然是最好的结果。

当然，笔者的这一观点是建议性的。在此我们还要提起235名英国商人与工厂主向当时的首相罗伯特·比尔请愿抑制鸦片贸易一事。

鸦片是造成这一系列动乱的原因之一，因为鸦片是危害人民健康的一剂毒药，并且它曾经是、现在依旧是两国贸易中占支配地位的货物。鸦片是交易的媒介与手段，同时作为出口量最为稳定的货物，也在极大程度上帮助英国扭转了贸易逆差。

因此，我们不得不考虑政治因素及其所包含的道德因素，从实际层面与未来层面探讨它是如何扩张的，以及如何限制这一占支配地位的商品。而前一个问题对我们来说更加急迫，因为这些因素的存在增强了贸易中的投机成分，对其他所有的商品贸易都造成了不良影响。

最终，英国凭借鸦片迅速解决了之前在所有贸易往来中关键的金融地位问题，即寻找并提供与从中国进口的商品等价而合适的交易商品。这一问题已经困扰欧洲国家与美国许久，也为我们所熟知。中国对鸦片需求的增长几近不可抑制，其需求量已经超越了西方人对中国的茶叶与其他商品的需求，为英国带来了巨额的贸易顺差。

作为唯一与中国进行鸦片贸易的国家，英国成为其他所有国家与中国交易中的债权人。这一贸易成功地创造了史上最大的双边贸易成交额，还为英国带来了巨大利益，为印度平衡自己的"国内支出"提供了帮助。作为来源于世界各地、汇聚于伦敦的无数贸易支流中的一个源头，印度成了一个十分重要的贸易中心。

很早以前美国就开拓了环绕世界各地的航海线路，以此来补偿他在东方属地的市场劣势，同时也让他在与中国的金融贸易中占有了一席之地。我们已经知道山茂召少校与他的同僚兰德尔船长乘坐不同的船经过印度洋与爪哇回国。而其他的早期美国航线也都通过美国的西北海岸，经过开普敦、毛里求斯或者印度群岛与爪哇。所以，我们的船只满载货物驶往智利与秘鲁，在那里装上硬通货与铜，驶往中国。铜主要被转卖给印度的商人。

在其他许多途经英国、加的斯或者直布罗陀的航线中，船上装载着棉纺织品、毛纺织品、铅、汞与西班牙银圆。小型的船只在海岛边搜寻檀香木、海参与龙涎香。总的来说，这个敏锐又富有商业天赋的民族利用所见到的一切自然资源与精巧的产品，将其运往中国以避免贸易逆差。而这所有收入都需要向伦敦缴纳税款。

虽然美国人对中国丝绸制品的需求量减少，但是美国人对中国的茶叶与其他商品的需求日渐增长。而中国对鸦片的需求仍持续增长。所以，在这一贸易过程中，即使加利福尼亚州的贸易起到了一定的调节作用，但美国人对作为媒介的中英贸易依旧是依赖的。而美国人对丝绸制品的需求量之所以下降，是因为被生丝需求量的上升抵消了。[1]

在对这些事实的讨论中，我们需要考虑关于合法性的问题。即如果在1839—1842年间中英两国建立了用于逐步减少以至最终消灭鸦片贸易的合作机制的话，两国之间的整个贸易模式都会发生变化，最后会发展成为一种更加直接、规模更大的商品贸易模式，从而让美国人不用再依赖英国的援助。这一合作机制的形成一方面能极大地促进美国的制造业与整体工业的发展，另一方面也有利于中国的繁荣复兴，进而增强中国人民的购买力，让他们能够购买、使用我们生产的更多有益无害的产品。简单来说，比起伦敦看上去过分诱人、却在某种程度上增加了中国人对鸦片的消耗量的信用制度而言，我们应该做的其实就是在这一投机贸易开始显现出畸形的、吸引某一类人的诱惑力的时候，摆脱它所带来的"波动利益"，从而形成一种稳定的、逐步增长的互惠贸易关系，以满足中美两国人民的根本需求，并给予他们支持。

如果这样的合作机制形成了，中国出口的货物价格也不会一路上涨，而是恰好相反。消灭鸦片贸易带来的投机思想有助于在中国与西方国家之间形成一种平等健康的贸易关系，而这种平等健康的贸易关系会避免战争与人民叛乱。因其非法性鸦片的价格波动极大，并在1858年时达到了一个顶峰[2]。而政治上的争端与变化同样会影响这一货物的价格。在所有的投机贸易中都顽固地潜伏着的不稳定因素，使各国勤奋、机敏而睿智的商人们都饱受这些因素的困扰。

对于非商业领域的读者而言，这些结论也十分明显，即如果一件商品的价格波动像鸦片这样时间短幅度大的话，相应的就会导致交易双方的总体金融状况与贸易进程受到突然而强烈的冲击。这一风险进而会影响到其他所有商品的市场价格，最终影响到每一位商人的利益。无论他是否洁身自好，是否从不参与直接的鸦片贸易，是否拒绝这种投机思想的诱惑。

---

[1] 在中国，很多情况都会对商品的税费产生影响，我们要意识到问题的复杂性。这种复杂性一方面体现在中国人拒绝南美洲国家的货币，而另一方面他们又对卡洛斯四世在位时期的西班牙银圆大为赞赏。这就导致了在某段时间内，同等面额的两种货币之间出现了不等值。北方的生丝商人与茶商用的货币比后者的价值高出10%—20%，而我们只能将后者折价5%—10%后售往印度重铸，或者售往马尼拉。马尼拉的统治者曾经将叛乱归咎于这些货币。在经过长期的封锁，并且被打上"比索暴动（Pesos Insurjentes）"的标记之后，马尼拉终于有了贤明的统治者相信这些"坚硬""干净"的货币不会为他们带来叛乱。在广州方面则有更加令人惊讶的反常现象：同样是西班牙的领地不同地方货币之间的差价是如此之大，与真实汇率相去甚远，但共和国本身的货币价值却与其他国家货币的价值相等。然而直到1853年，我们才与邻国协力共同请求并获得了当地政府以共和国货币作为通用货币的批准。

[2] 鸦片的价格曾经创下过一天内（或者一小时内）在100美元/箱与15美分/箱的范围内波动的记录。

在这里我们用了"向伦敦呈贡"[1]的说法，但这一说法中不包含任何贬低的意味，只是单纯地表达了美国人民的根本愿望——希望获得经济上的独立地位。但是除去这种值得称赞的冲动以外，我们同样有更加实际、更有说服力的理由：产生这一愿望的根本原因在于促进国家的繁荣富强。

贸易活动中的投机倾向往往是有害的。而同时我们或许要怀疑，如果我们的贸易继续依靠金融中心的信贷机制，而不做出改变的话，是不是能够获得与更加缓慢的双边贸易模式相同的利益。所谓一种更加缓慢的双边贸易模式，就是在这种模式中，两国可以直接就各自的商品、工业制品进行往来。如果认为在机器纺织行业中的所有工业进步都能有效提高产品质量的话，我们也会产生严重的谬误。因为实际上，这些机器纺织的布料在耐用性指标上与我们的设想完全相反，所以即使中国人如此重视商品价格，但他们对欧洲机器生产的似乎十分迷人的棉纺织品依旧不感兴趣。

但如果我们要说到美国已经存在了大约半个世纪的贸易机构的话，就要向巴林兄弟公司（Baring, Brothers & Co.）的创始人们致以最崇高的敬意与最诚挚的感谢，因为他们是形成这一债务机制的资助人。在这之后施普莱公司（Brown, Shipley & Co.）将他们的生意扩展到了中国，同时也与他们在纽约的合伙人布朗兄弟公司[2]（Brown, Brothers & Co.）合作，在他们的业务中都有一种相似的、具有启发性的自由。而巴林与布朗两家公司成功地控制了这一行业。接下来我们会引用其中第一家公司的一封信用状作为一项未被人注意的有力史实证明。而笔者恰好拥有这封信用状。在四十年以前他们就开始采用这种形式，并在此之后贯穿了美中贸易的大部分时期。布朗公司同样也用这一模式来给他们最高级别的客人发函件。

在此授予广州坭兄弟公司（Nye, Brothers & Co.）与上海同珍洋行（Bull, Nye & Co.）向伦敦巴林兄弟公司开具汇票的权力。汇票的交付期是六个月，开票地点是广州或者上海。对于单笔价值不超过五千镑标准纯银的汇票，算在纽约格林奈尔与明顿公司（Grinnell, Mintum & Co.）名下。巴林兄弟公司在此与出票人、背书人、善意持票人分别就这些汇票所取金额达成协议。这些汇票在开具日期之后的十二个月内，伦敦方面的公司将有按时提供同等款项的义务。

写给巴林兄弟公司

---

[1]原文为"paying tribute at London"，指纳税，但字面意思是呈贡。——译者注
[2]又译为源吕洋行。——译者注

价值五千镑标准纯银的汇票
萨缪尔·G·瓦尔德（Samuel G. Ward）
1854年6月22日写于波士顿。

请在账单上填写如下字样"依据开具于波士顿，1854年6月22日的信用证明，请同时将同等款项汇往纽约格林奈尔与明顿公司诸位代表的账户S"。

但在此我们会做出一个预设，或者说我们要先简单提起在这张具有完整形式与系统化机制的信用证明以前，美国已经相当积极地参与到了货运与船货抵押贷款中了。当时，美国商人用船货的销售额来还贷。在这里我们指出官方记载的进出口贸易数据总量是不齐全的，因为它们只包含了即时交易的总量，而不包括或者至少不完全包括通过伦敦信贷系统运作的贸易与通过船货抵押贷款运作的贸易收入。而美国人正是依靠这种信贷系统逐渐扭转了对中国的贸易逆差。

一系列的变化标志着新时代的开始。这些变化见证了由蒸汽机作为动力的全球航行与各国之间贸易往来的迅速发展。这两项加起来便构建了一种崭新的机制，从总体上来说这增强了贸易的灵活性。在这些变化之中，许多公司与银行（作为借贷方）陆续加入了这一机制，同时西方国家与中国的贸易中对电报通讯的使用也加速了这一机制的构建。

这些变化被当作一种崭新的、充满活力的文明受到了人们的欢迎，它们证明了商业活动并不是一成不变的。与此同时，这些变化也在发展中表现出它们并不完全健康的一面，它们在发展过程中伴随着外交关系的破裂。而这些外交关系正是国与国之间相互尊重的基础。随着时间流逝，由此而导致的人员伤亡事件增多，并逐渐引发一种不可避免的结果。这一结果可能由私人关系引发，也可能由个体经验导致。

在前面我们已经展示了美国与中国贸易的基本特征，尤其指出了中美贸易与中英贸易是相互依存的。

在山茂召少校的日记中，直到1842年《南京条约》签订，美国人在广州进行贸易的模式都没有变化。实际上，在这一贸易机制中掌控贸易大局、调控与别国贸易局势的都是公行。而且，直到17世纪末中国的贸易中心从厦门转移到广州之前，这一机制都占有支配性的地位。

公行被委托掌控贸易大局，从中得益。同时，他们也担负着维持和平的责任。18世纪中期旅居广东三年的旅客描述了当时的大体情况，尤其是保商的地位。保商所做的事情和山茂召少校在三四十年后所做的十分相似。而我们已经知道公行或者十三行的管理人都是皇帝指定的家族中的传人。在这些被指定的家族中，一些特别繁荣的家族从贸易中心还在厦门的时候，他们的商行就已经世代相传。直到1842年《南京条约》订立以后，他们的垄断地位被废除，他们世代相传的商行最终被打散了。

就这一情况我们有必要记录一些洋行商人的家族史与事迹。我们会了解这些人，但同时会隐去一部分人的名字，以免引起他们后人的不快。

首先来看看我们在山茂召少校的记录中读到的第一位商人。他鲁莽地大肆投资西洋参与其他商品，最后落得破产的下场。而继承商行名号的子孙却成了公行的首领，将家族带入了上层社会，在去世的时候家财万贯。而他的大部分资产则被家族的许多分支占有。这些资产在1843—1863年间因为两次鸦片战争与广州的动乱缩水了许多。当然，这其中也受清朝政府决策的影响，例如政府将大部分的对外贸易都转移到了其他港口。但是在上一个十年，这些资产又借助本省和本地贸易的重新繁荣实现了倍增。笔者在这里可以直说，我们指的是浩官行。浩官行的祖宅就在笔者居住地附近。这栋建筑巍峨壮观，自然会引起笔者的注意。

我们从一本外国杂志里找到了关于这些兴盛于不同时期的家族的记载。

诸位读者或许会对这篇文章感兴趣，它记载了中国的社交礼仪与一些家族的历史，同时展示了这一帝国的教育系统缔造的近乎传奇的结果。

在这些家族中我们要先提起一个来自福建的家族。一个世纪以前，这个家族的首领还是一位富有的行商，同时也是公行的实际掌权人。那时清朝政府将对外贸易全权委托给公行。而在他于1790年左右去世后，他的儿子继承了公行的权利，并在一位作为贸易伙伴的亲戚的帮助下，利用已经积累下来的财富和少有人能达到的地位（即使在保商中也具有较高的地位）将他们的洋行发展得更为红火。1834年那位亲戚去世，留下了经时人估值价值约400万两白银的财产。

1845年这一家族的族长依旧是洋行的管理人，他被认为是当时最富有的洋行商人之一。但他除了遵照政府要求照料洋行以外，已经淡出了商界。笔者曾有幸在返航的前夕受邀至这位先生在河南（Honan）[1]的家里共进晚餐。因为那时外国人在河南行走并不安全，于是他派了他的商船与长子前来，将我从老旧的工厂直接接到了他在运河边的住宅。他的房子与花园都十分壮观，他的家族子弟规模同样宏大。他共有八位妻子。而他的长子和他一样身材修长、风度翩翩，是笔者见过的最高尚的中国绅士。这位先生非常隆重地招待了我们。他带我们看了他的花园与占地数英亩的休闲场所，以及他们家的祠堂、作为装饰的石桥、如迷宫一般错综复杂的庭院游廊、葡萄园与凉亭。另外我们还

---

[1] 河南指今广州海珠区。广州人习惯上称珠江南岸为河南。——译者注

透过精细的竹屏风与刺绣帘子瞥到一两眼景色。这些帘子是用一种细薄的织物做成的，半遮半露，能够充分勾起人的好奇心。

即使过了五年，笔者在环游世界的过程中，依旧记得这幅引人入胜的景色与主人奢华盛情的款待，依旧记得那位杰出的年轻绅士。他是他父亲理想中的样子，也是他父亲的希望。然而笔者在1850年回到这里的时候，却发现这位年轻人已经死于鸦片的荼毒，而他的父亲因此郁郁而终！

自那时起到去年，这一家族的生意便日渐衰败。家族里一位又一位的年轻男性无法抵抗鸦片的诱惑，直到他们的家族衰落到要将他们庄严而奢华的巨大祠堂（对于中国人而言，祠堂和祖坟是一样神圣的）用于茶叶交易。后来，家族中的一位后人带领自己的子孙成功抵制了鸦片的诱惑，从而挽救了一些家族财富。

现今，距这一家族掌管公行的全盛期已经过了一百年。它现在的族长，在见证了三十年来逐渐加速的家道中落后，明白前路生事微渺。他靠着自己的德行与教子有方，终于时来运转，有了能够阻止家族衰落并且重振家业的机会：他的儿子考入了翰林院，这就意味着他能在清朝政府中担任要职。由此我们可以看出，清朝的教育系统能够挽救一个破败的家族，让它声名远扬。关于教育的这一作用，我们在中国的史书与各类家族志中都能找到相关的记载。

广州十三行中最后一行——天宝行（King-qua）的覆灭

最后一位洋行商人在这座城市活到了88岁高寿，前不久才驾鹤西去。在19世纪早期他继承了他父亲的事业。他的父亲曾担任公行在清朝政府部门的领导者之一【林冲（Linchong）是他们当时主要的商业伙伴】。他与公行的另外一到两位成员一同作为清朝政府与外国官员交流的媒介，身居高位数年。与此同时，他所处的位置也十分尴尬，经常让他左右为难。但对于政府安排的任务，他似乎都能耐心且高质量地完成。身处高位成了他的优势，即使他的家族已经相对没落了，但他的父亲依旧受皇帝看重，而他的兄长也成了翰林院的高官。

在写下本文的时候，他同时是翰林院学士与红顶商人的侄子（他兄长的儿子）正主管礼部，这一家族的祖宅坐落于黄埔，而家族的后人都居住在这座城市中，包括他的儿子、孙子、曾孙、侄子与侄孙等，族中男丁共计四十九口。

他的性格与同孚行（Pwan-ting-qua）的商人几乎完全相反。同孚行的商人们在当上高官以后就肆意挥霍自己的财产。而这一家族最后在1874年销声匿迹。总的来说，经官（King-qua）是一位杰出、明智而温和的官员，他为自己的家族与整个中国社会都做出了不小的贡献。

潘仕成之死

一位为外国人熟知、在中国国内也享有盛誉的名人过世了。他就是潘仕成，通常被人们称为潘德畲。而最近他离开了人世，享年约七十岁。

四十多年前，他与浩官的长子一同在北京学习，他们都中了举人。尽管他们的父亲给朝廷送去了许多贿赂，他们依旧没有中进士。不过他们最终也都升了官，成了红顶商人。在父亲死后，潘仕成继承了家族的大笔财富，并且因为他乐善好施，尤其是自费重刻《佩文韵府》（一本中文词典，据说费用超过三万美元）一事为世人所知。

在1844年他陪同耆英与美国、法国签署了《望厦条约》与《黄埔条约》，而在1847年他被委任为两广盐运使。当他从这一职位卸任的时候，皇帝想让他在北京的其他部门任职，但他似乎并不想接受这些委任。而在此之后，他被卷进了盐商的关系网中，这几乎耗干了他的家底。

在动乱频繁的年代，或者说是1853—1854年间，他的知名度已经达到能够影响各地力量平衡的程度了。太平军曾邀请他担任他们的首领，于是他只能逃往香港和澳门来躲避他们的强邀。

他人格高尚，博古识今，心胸宽广。他生前曾慷慨资助艺术与文化的发展，同时也为国家的建设捐献了很多钱，所以他经常能够与总督和其他朝廷高官相互往来。而对于外国人来说，他是最为和蔼亲切的清朝人。在促进中外贸易发展的过程中我们也总能看到他的努力。

潘仕成无疑受上天眷顾，有着鲜明的个性。他当然也不是完人，他的不足与他的美德是并行的。但他的不足更倾向于是一种弱点而不是恶行，他为人慷慨，喜欢挥霍他数之不尽的财产，但他从不沾染赌博或者鸦片等恶习。对于他像南方某国家的国王一样既骄奢淫逸又乐善好施，我们又有什么理由批判呢？

国内动乱与别国的战争也对他的生意造成了一定影响。它们开始蚕食他的财产。再加上朝廷方面的复杂事项，他的收入逐渐变得微薄，随后入不敷出，落魄到需要出卖住所的地步。又过了五年，他中风了，从此半身不遂。

在诸位对昨天发生的事情发表的评论中，笔者见到了一些对每三年举行一次的科举考试报告的评论。这些评论可能会让读者对清朝的教育系统产生一定的误解，所以这一点要提出来单独说。因为在很大程度上，清朝的教育系统是与政府的官僚系统相吻合的。

笔者在此引用评论如下："考试的竞争一定很激烈，因为在一万余名秀才中，只有89位能中举人，录取率仅仅稍高于千分之八。"

这句话暗示了翰林院有一套严格的、预先设置的评定系统。而事实上在评判与录取举人的过程中他们更加看重的是应试者诗文的质量，因为录取人数事先就定好了。录取名额每届不等，一部分名额是各省固定的，例如笔者所在的省份通常有72个名额，而另一部分就按照清朝政府的额外需求来定。因此今年的举人共有89名，其中有14个名额是因为清朝政府的额外需求添加的。而在去年新皇帝登基时的大型考试中，则有108人中举，另有28人为副贡。副贡的人数并不是随意定下的。

我们在举人的名单里发现了那位梁经官的玄孙。梁经官的其中一个儿子很早就做了翰林院大学士，在北京身居要职。同时笔者也在这份名单里发现了一位曾经的红茶富商经官的孙子，而他的家族依旧富有。

最近，清朝的一个士绅家族里发生了一些有趣的事情。我们可以从这些事情里看出清朝人的社会状况与家庭生活。笔者与这一家族的三代人都十分熟悉，并将他们视为值得提起的人。尤其是在三十年前发生的一件致命的事情令笔者印象深刻。在此笔者应避免提起这些不被当事人认为是天命的轰动又令人惋惜的经历。

关于这一家族的最新记载如下：家族第三代的一位成员唯一的妻子去世后，这位成员的母亲又为他娶了两位新妻来安抚他。

而之前的一篇则记载了他的父亲遭到雷击，当场身亡。

吉迪恩·奈伊

清朝妇女的缠足
FOOT BINDING OF FEMALES IN CHINA

  清朝有许多普遍存在的奇怪习俗，其中让外国人尤为好奇、又特别不解的一项，就是缠足。缠足是在女孩双脚尚小时将脚趾骨掰折，使其看上去就跟未成年的小孩的脚一样小。之所以说看起来小，是因为这并非双脚的实际大小，而是被扭曲的结果，双脚的关节和骨头被压迫着改变了正常的形状。当被掰折的双脚没有缠上裹脚布时，简直别提有多痛苦和难看了。如果拿掉裹脚布，那么不仅仅是感到疼痛，有时候，脚上的关节甚至有可能会脱臼。而且，除非搭配漂亮的衣服，并且穿上精致的小鞋，否则这双小脚真是丑得无以复加。

  去年在上海传教会召开之前，娲西利小姐在一篇论文中已经谈到了这个问题，还引起了一些有趣的讨论。今年在杭州召开的会议上也提出了相同的议题。这个问题几乎直接就被提出来。也许我们应该相信当地传道者的报告，但他们几乎都反对承认这个问题的重要性。虽然他们中有些人有勇气承认这是他们妻子的事情，却没有勇气反对它，因为如果不缠足会让他们的女儿在和别人的比较中落入下风。鉴于在上海的会议上关于缠足的论文和讨论内容已经整理成书并顺利出版，在此我们就把娲西利小姐的文章再一次展示出来，希望能客观的展示给读者：在清朝习俗的力量是多么强大。缠足是一件痛苦的事情，遭到了许多人的反对，但却没有希望完全废止。因为它触碰到了女性的虚荣心，也触碰了上天的权力。尽管教会提出了废止缠足的建议，皇族也为不缠足提供了榜样，但仍然不能阻止缠足的盛行。虚荣是没有疼痛的，但缠足过程中她们遭受的疼痛却是极度难忍的。女孩在小小年纪就要开始缠足，此时她们还不知道虚荣为何物，抽泣和痛哭声时时传出。但随着时间流逝，当她们的虚荣心占据上风后，持续的疼痛就会被完美地克制住。让我们看看娲西利小姐是如何讲述的：

  首先我要说明的是，作为这次报告的开场白，我仅仅讲述福州地区的缠足情况。刚接触到这个课题时我就开始了观察。现在将我观察的结果汇集于此，对这次考察做一次详细的描述。也许在清朝的每一个地方，我们都能看到两种极端的对比，那就是小脚的女人和大脚的劳动妇女。在稻田里劳作的大脚妇女们，她们将裤腿一直挽到膝盖，进行撒种、犁地，用自己粗糙的双手为农业生产出力。小脚女人们则坐在一边，为自己的小鞋子做装饰，或者八卦、赌博，或者什么也不做，除非她像瘫子一样贫穷。但如果那样的话，她将难以维持生计。

  提到裙子，这是女人们心头的最爱。劳动妇女一定会满足于自己那套粗糙的蓝色的，或者是黑色的、装饰有蓝色花纹的衣服，而难看的耳环因数量众多弥补了质量的缺失，插在头发里的令人尴尬的牛角和不优美的发簪，被巨大鲜艳的花朵分隔开来，超短的裤子让她们没穿长筒袜的双脚显得十分笨拙，尽管脚上的鞋子经过一番修饰并缀有流苏。系着小围裙、穿着短而黑的百褶裙，上面点缀着她能够拥有的所有华丽装饰。与"三寸金莲"的拥有者多么不同啊！那些小脚女人拥有精致的花朵、漂亮的发饰，数不清的指环和项链，丝绸、锦缎、绉纱和皮毛，猩红色的衬裙上饰有华美的刺绣和金色针脚，衣服上的小饰物叮当作响，以及奢侈的护甲。总之，人们根本看不出她的脚是包裹在比幼儿的脚还短小的鞋里。疼痛是肯定的，而且小脚全无用处，但却是女人的标志，有时候甚至是唯一的标志。尽管我曾见过一个穿戴考究的女人，其举止跟最野蛮的大脚女人一样粗鲁；我也见过有的大脚女人举止谦逊得体，与最优雅的小脚女人没有任何差别。

一部分小脚女人和她们随之而来的经历几乎是代代相传的。这不禁让人想问，如果不多面地提高她们自身的条件，她们的地位又要通过何种渠道获得提升呢？她们一直梦想着避开暴露的环境、粗糙的生活与繁重的工作，享受安逸的生活和他人的赞赏。她们想让自己的孩子也能延续这样的生活，因此必须要帮助女孩度过缠足时的极大痛苦，并安排好她们随之而丧失自由的人生。

虽然缠足不是法律规定，但却是积重难返。现在已经形成的规律是，她们的地位越提升，就越会倾向于缠足。我们听说过一些成功的特例，她们是人群中的哪些人呢？这种加诸自身的束缚，对有野心的穷人打击最为沉重。她们不仅要服从社会底层代代相传的必然选择，从事繁重的劳动，还要白白忍受双脚变形带来的巨大痛楚。设想一个高大的女人没有仆人的肩膀可以依靠，仅靠着她的三寸小脚蹒跚而行，又或者她长得不够结实，或者上了年纪，需要一个强壮的帮手，这场景将是多么可笑又可怜。假若一个缠足的贫苦妇人在巨大的场院里脱粒、到山上捡柴，或者穿着破旧的衣服、背着孩子，为维持烦琐的正常家庭生活而奔忙于各种活计之间，该是多么悲伤。

清朝社会中有多少贫困和肮脏要归结于这一百思不得其解的恶习啊！一位船妇，虽然她的小船上的"三块板子"就是全部面积，并没有多少回旋余地，但她还是保持了船上的干净和清洁。我曾见过一位女摆渡人和九位懒散的乘客。这女人在摆渡的同时，还照看着她脚下的孩子。我还见过在采石场工作的妇女，以及抬着轿子或拉着纤绳拖动逆流而上的船只的妇女。这虽不是每天都能看到的景象，但可以肯定的是，如若缠足这一难以忍受的习俗能够废除，那么这个国家有工厂的地方肯定会实现财富的迅速增长与经济的高速发展。

让我颇感疑惑的是，作为一国之母的皇后并不需要缠足，但整个社会却并不怎么赞同女人有一双自然长大的双脚。也许让人吃惊的不只这些，我们更应该思考的是，为什么满族人入关后要求平原地区的男人剃头梳辫以表示对满族统治的顺从，却从不要求解放妇女们的双脚呢？

也许我们应该听一听几位当地传道者的说法。有一位文人娶了一位大脚女人，他的女儿们和母亲很相似。他说："清朝有许多我叫不出名字的习俗，其中一个有悖常情的就是缠足。在兴化，大约有十分之三到十分之四的女性是小脚。那些没缠足的女性身穿黑色的裙子在田野里犁地、锄草，或穿着蓑衣、戴着毡笠、扛着扁担，和她们的丈夫从事相同的工作。这才是符合上帝指引的方式，他让女人成为男人的劳动搭档。上层社会往往瞧不上这些大脚的劳作妇女，并把她们当作奴隶。因此缠足的妇女说，虽然我的小脚扭曲疼痛，但这表明了我是优雅的女人。她们从不承认小脚的丑陋，反而以此为美。这个有着千年历史的习俗，真是难以移除。"他又从学术角度讲述了这一习俗的起源，重复着古代歌曲中的糟粕，用以表明缠足的开端也许比他讲述的还要早。讲到那些遵从这一习俗的人时，他说："他们背叛了上帝的意志，残害了他们女儿的双脚。他们真是铁石心肠。""唉！这个习俗如此糟糕，但人们却没法改变它。我想有所变革，但却没有这个权力。"

另外一个传道者强调说福建福清（Hok-ch'iang）的女孩出生后，能顺利活下来的有十分之七八，而这些女孩中缠足的有十分之七。

第三个传道者给出了父母强迫女儿缠足的七大理由。

第一条，如果女孩不缠足，人们就会说她不像个女人，而像个男人。他们会笑话她，叫她的名字，让其父母蒙羞。

第二条，女孩就像花朵，像柳枝。缠足让她们的步态更加袅娜，小碎步和优雅摇曳的身姿，彰显她们值得尊敬的身份，人们也会赞扬她们。如果不缠足，人们会说，这女孩的母亲没有认真教导自己的女儿，让她走起路来粗俗不雅而被别人指摘。所以那些认真的人会缠足。

第三条，一个体面的家庭不愿意娶一个大脚的女人进门。因为双脚的不完美，会使她失去人们的同情。如果订婚后，她双脚的尺寸直到结婚也不为人所知，那她的丈夫和婆婆就会很不高兴，她的姑嫂们也会嘲笑她，让她非常难堪。

第四条，大脚的女性需要做粗活，她们出门不坐轿子，光脚走路，不仅没有锦衣玉食，还要经受风吹日晒雨淋。如果不想做粗活，这个女孩就会被大家批评好吃懒做。也许她会决定到外面去做个仆人，但不会得到名誉和尊重。为了避免以上这些情况，她的父母一定会给她缠足。

第五条，那些没有缠足、不需要做繁重劳动、穿朴素衣服、出门坐轿、让别人等她的女性也是存在的。虽然生活不错，但她们却被认为是下贱和刻薄的。如果女孩不缠足，她就无法与别人区别开来。

第六条，女孩像黄金，像宝石，她们应该被珍藏在自己的家中。如果她们没有缠足，和一帮不规矩的人东走西逛，就会落下坏名声，如同被人拒收的残次品。

第七条，父母都是贪婪的。他们对待女儿就像对待商品。他们认为小脚的女孩更受人欢迎，在结婚时也会要到更高的彩礼。然而，这样非常糟糕，接下来我会谈到它。

他讲述了这种习俗的种种缺点，并且注意到小脚女人有很多闲暇时间阅读有害文章，更容易陷入争吵中。如果强制她们工作，她们又会因为双脚无力而不得不频繁休息。他说："挤脚的鞋子即使仅仅穿一会儿就会疼痛不已，那么被扭曲掰折的双脚，在每个日日夜夜又将疼痛到何种程度。即使一个犯人都希望有哪怕一天的自由，一个女孩终其一生都要经受的惩罚又是何其的残酷！"

另一个传教士，他的妻子有一双极小的脚。他说："在延平（Yeng-ping），不论城市或者周围的乡村，除了从别处来的女性，其他的全都裹了小脚。男人们向往特别的事物，他们热衷有悖常理的习俗，缠足就是其中之一。年纪越大，就对此越是坚定，而想得越多，这件事便越不可理喻。这样的不幸如今已然来临，女性在做那些必须要做的事情时，其困难就大大增加了。"

"虽然历代皆有圣人、帝王和哲人建立起来的明智法律，但他们从未谴责过这一恶习。因此他们的继承者也不知该如何改变。不论社会地位高低，人们一致遵从。如果一个孩子失聪、失声、有腿疾，或者有任何疾病，当父母听说有个医术高明的医生能医治自己孩子的病时，那么无论这位医生远在何方，他们都会立刻带上孩子去寻求医治。那些强迫女儿缠足的父母并不认为缠足是对女儿的伤害，也不认为缠足的人身怀残疾。在女儿还没长大时，他们就强迫她缠足。如果女儿不愿意，父母就打她。女儿哭喊着寻求能够拯救她的人，但是没人能救她，没有任何援手。她必须耐心地接受这个现实，直到脚上的肉腐烂结痂，静脉也因压迫时间太久而失去知觉。在别人看来，她们的父母真是铁石心肠。虎毒尚且不食子，毒蛇也不会噬咬幼蛇，为什么人类却要如此残忍地对待自己的孩子呢？他难道还不如老虎和蛇更有同情心？他改变了上帝赋予女孩的完美双脚，将它弯折成高高隆起的、像三角形一样的形状，以此来证明他的能力大过上帝。这罪过是何其深重。或许母亲并不爱自己的女儿。或者女孩子愚蠢地期待一双美丽的小脚，甘愿忍受疼痛，用布条将一双小脚每天紧紧地裹住，生怕它不够小、不够优雅。她希望人们夸赞她。"

经过这番痛苦而略显冗长的陈述后,他说:"缠足的妇女既无法帮助丈夫,也无法照看孩子。她无法探访病人,而且一旦突发灾难,她也无法逃脱。她那双好看的脚就跟坏掉的脚一样全无用处。我希望所有的小脚女人都能听到我的话语——立刻抛弃这丑陋的习俗吧!"

一个既不是基督徒,也难以称为无神论者的人说:"各位父母,请你们扪心自问,为什么要去残害女儿的双脚。有人说是为了让她们更美丽。但是当她们的双脚被扭曲后,她们不能行走,不能站立,后面还有一系列的难题。她抽咽着,紧握自己的双脚。脚上的皮肤已经破裂,肉也露了出来,它们在流血。她整晚不能入睡,不能吃饭,随之而来的是疾病和虚弱。不知道事情原委的人,还以为这个女孩犯了什么罪,以至于她的父母不让她安静地死去。然而,事实却并非如此,正因为他们希望女儿漂亮,所以才强迫她缠足。"

皇帝允许宫廷中的女人不缠足,皇帝的母亲在整个国家范围内对此事做了规定。皇帝和宫廷中的所有人都要遵守这一规定。既然她们都不缠足,为什么缠足仍受到广泛推崇?

但话说回来,对此我们应该做些什么呢?在我们的寄宿学校经营了一段时间之后,教会成员说:"从现在起,我们学校里不能有缠足的学生了。"然后将几乎半打的传教士和有影响力的人物召集起来。但几天后我们仅有的六个女学生中有三个离开了学校。其中一个是大脚班的孩子。第二个是一名传教士的女儿,她的脚裹得太小,根本没有希望重新舒展开来。第三个是这个传教士的妹妹。在通常情况下,我们会给她们穿上白色长筒袜和外国拖鞋。但这些外国拖鞋和长筒袜根本没有解决任何问题。一年以后,母亲偷偷将小孩抱走,给她们缠足。虽然她现在有一双"新月一般"的脚,但她发誓绝不让自己的孩子再忍受这样的疼痛。我们立刻就得出了结论:这双脚不是最重要的。如果它们是,那也超出了我们可以控制的范围。

即使知道缠足是错误的,我们也很难期待所有人都能认识到对于劳动阶层来说脚是多么重要。所以这个社会必须要尽快兴起一个第三阶层——一个值得尊敬的阶层。他们可以穿着令人羡慕的衣服,却仍然拥有自然生长的双脚。如今,这样的社会阶层据说已经兴起了,福州的三个教会中各有一些这样的群体。

几年前,学校保育员主动来跟我们说,她认为缠足是错误的,她不打算如此对待她的女儿。鉴于之前失败的经历,我们没有建议她立刻这么做,而是让她自己认真思考这个问题,如果一旦决定不让女儿们缠足,就必须永远遵守诺言。她是一个个性鲜明的人,自己就没有缠足,穿了一双大约六英寸长的鞋。尽管因为这个决定,在双脚获得自由后她需要忍受的苦难超过了缠足的疼痛。但她收养了两个女儿，且从未计划给她们缠足。

在福州的三个教会里，至少有两个教会的牧师和教堂人员没有给自己的女儿缠足。在其中一个教堂里，第一任牧师坚持给自己的女儿缠足，但最后在教会的要求下，他放弃了。在卫理公会，一位出色的传教士给女儿缠了足，也许是他的妻子所为，这件事很快成为他们夫妻二人争吵的主题。一位教会姊妹告诫这位母亲不要再给女儿缠足，最终她听从了建议。这件事发生之后没多久，传教士们制定了一项禁令，教会成员不得为女儿缠足。但接下来他们面临的困难是，如何找到合适的鞋子。很快，这些女孩的父亲们就开始感叹，如果能选定一双合适的鞋子，他们将非常愿意自己的女儿不再缠足。

但是在福州的郊区我们发现，让小脚女孩白天上课要比大脚女孩容易得多。因为大脚女孩随时准备去工作，而小脚女孩由于她们天然的劣势，反而有更多的阅读时间。虽然小脚淑女有机会阅读，但她无法到教堂去，因为那里无法保证隐私，而且小脚也无法支持长时间的行走。

苏州服饰

CHINESE COSTUMES, SOOCHOW

在缠足一节中我们约略提及了富人和穷人的穿着。社会各类人群的服饰差异之大，在清朝或者世界各地都是一样的。但我们认为清朝女性在爱慕虚荣方面，应该是世界上绝无仅有的。她们的烟斗，通常是银质的并镶有宝石。她们的小首饰盒盖上镶有小镜子，里面装着各种随身物品，且通常不由女主人自己携带。小脚贵妇不论走到哪里，都有女仆始终跟随左右。她们的责任就是让这些随身物品随时出现在主人的视野中。在清朝人的客厅里，家具摆放十分讲究。靠背笔直的藤椅或者木椅成排放置，两两相对，每个椅子的侧面都有用来摆放物品的小方桌。

几乎每个清朝人的照片都脱离不了太师椅和方桌构成的背景。条件不错的家庭通常都有许多院子，最里面和最中心的院落通常是为家人集会或者接待客人准备的。两边的房间则多由女眷、儿童、管家或其他人居住。除非特殊场合，否则女眷很少会走出家门。大部分女眷自娱自乐的方式，除了装饰打扮，还有其他一些简单的劳动。然而很多女眷会选择学习乐器或声乐、作诗、绘画，还有一些人在她们能力范围内探讨一些深奥的学问。她们的房间是不允许男性进入的。因此，除了极少数外国女性有幸进入外，还没有哪个西方人曾进入到她们的家庭生活。从曾拜访过这些女眷的女士们口中得知，这些女眷的闺房实在没什么吸引人的地方。她们所有的时间几乎都被梳妆打扮占据了，这与严肃的拜神者花在敬拜神灵上的时间没有差别。而西方世界的女士不会如此热衷于在祭坛前祈求神灵赐予她保持年轻美丽的圣水，也不会花费如此多的心思和时间在自身装扮上。

苏州和上海的女性头饰风格非常简洁合宜。头发集中在脑后，紧紧地攒成一个髻，从额头上中分的两缕头发分别覆盖在太阳穴上。此外，两边还插着黄色玫瑰花一样的奇怪发饰。脑后的发髻上插着金簪或是宝石发卡。在本期我们描绘了一位年轻女性。她头戴王冠，在王冠上的两朵花饰之间用一条无比美丽的珍珠链来回环绕了三层，营造出雍容华贵的气息。图片上的女子看上去似乎戴了一顶帽子，但这些华贵的黄花、光彩夺目的珍珠与她乌黑发亮的头发、柔美的脸庞相映生辉。她是一位任性的年轻女子，她不喜欢外国家具，但因为眼前没有中式家具只好将就，她不愿仅用桌子当背景，坚持要在桌子上摆放花盆、烟斗、茶壶和首饰盒。这仅仅因为她喜欢这样。接着，她从仆人手里拿过书，摆出坐在那儿看书的样子。如果我们的读者朋友愿意阅读娲西利小姐关于缠足的论文，一定会发现这位任性的年轻女子的穿着在那里有着相当精确的描述。

身着苏州服饰的年轻妇女
YOUNG CHINESE LADY, SOOCHOW STYLE

人力车
A JINRIKE-SHA

　　如今清朝人所谓的东洋车，在上海的运营景象和在日本已经没有多大差别。据说它起源于一位在日本的美国传教士果伯（Goble）的提议。一名日本工匠，将果伯的设想变成了现实，而且获得了人力车的发明权。十年时间里，日本的人力车全面取代了清朝各种老旧的出行方式，只有多山地区还在使用滑竿（Cango）和轿椅（Norimon）。上海的情况也是一样，老式的轿椅已被取代，只有在个别情况下还能见到，比如官员、一部分清朝商人、经纪人还在使用，许多大人物已经适应了人力车。

　　清朝的人口数量比日本要多得多，劳动力似乎也应该比日本更多。但如果为人力车夫设置一场比赛，结果大概不会支持这一观点。在两国车夫的比赛中，清朝车夫会被远远落在后面。日本车夫可以从早上开始持续不断的工作，小跑前进，即使在丘陵地区也能轻快地跑一整天，日复一日，没有任何疲惫的迹象。对于清朝车夫而言，全天都工作几乎是不可能的。此外，除了外国人聚居区以及附近区域外，清朝其他地方的道路并不适合轮式交通工具。但是只要在适合轮式交通工具的地方，人力车都受到了极大的青睐。东京的人力车大约有两万至三万辆，上海大概有两千辆。鉴于日本和清朝都拥有数量庞大的人力车队伍，可以说他们的交通方式已经从脚步丈量跃升到了"自备马车"的阶段。

人力车
A JINRIKE-SHA

街上的冷饮摊
THE STREET ICED-DRINK STALL

　　供应百万人的街头流动摊贩是了解一个国家文明程度的重要途径。在清朝，这些给底层人民提供吃食的小贩数量非常庞大。但奇怪的是，在清朝没有人喝凉水，他们喝的即使不是热水也得是温水。但街头总有提供冷饮和冰块的小贩。更令人印象深刻的是，我们从未在当地的商店里见到任何街头食物。东京的冷饮店非常多，顾客也很多。另外，每个街道都有抱着冰桶的小贩，高喊着："冰块、冰块！"人们听到叫卖声就跑出来买冰块，买完直接就吃掉。清朝的小摊贩也给顾客提供一些冰冻的甜味饮料，通常放在茶碟里，拿勺子一点点啜饮。我们看到当喝冰镇饮料的苦力们靠近摊贩时，他们脸上似乎带着羞怯和好奇。这很有趣。我们也注意到，他们只要尝一下这些冷饮，就会衷心地爱上这些食物。

街上的冷饮摊
THE STREET ICED-DRINK STALL

洋泾浜的清朝商铺
CHINESE SHOPS-ON THE YANG-KING-PANG

洋泾浜的清朝商铺
CHINESE SHOPS-ON THE YANG-KING-PANG

　　洋泾浜是英国租界和法国租界的分界线。在这儿的杂货铺里你可以买到各种东西,"从绣花针到锚"都有存货。在外国人聚居区,有大量的商店售卖各种外国商品,它们主要为居住在此地的外国人服务。然而,在这样一个有局限性的社区里,商店的客流实在不能支持商店的运营。需要指出的是,我不记得在当地的城市里曾见过类似的商店。所以他们的销售活动至少需要面向当地居民。现在,外国聚居区的部分街道上,已经出现了由清朝人经营的坚固而美观的商店。那里的每样东西都是产自当地,好像方圆百里都没有外国人一样。但是多数拥有商店产权的清朝房东都会花费一百至二百两,有的店主甚至会出双倍的钱来加盖房屋,然后以每月五两到十两的价格出租。

灵门

THE GATE OF THE COFFIN

图片展示的是关于冯道台葬礼的三张照片之一。其他两张将配合一篇长文在 6 月份刊出。

灵门
FUNERAL OBSEQUIES-THE GATE OF THE COFFIN

1878 6月

JUNE

中美贸易
AMERICAN COMMERCE WITH CHINA

第三部分

我们没有必要继续就中国在中美贸易中的角色做更多论述，我们决定在最后一章讲述另一部分杰出的美国参与者，同时结束关于商业的评论。我们通过一些商人的税额来展示这些贸易的细节。

首先，让我们假设刺激中美贸易的首要元素是购买茶叶。而山茂召少校出售我们的西洋参，购买中国的丝绸、南京棉布、草药、瓷器与其他的商品都是次要的。山茂召少校在他的记录中除了与西洋参贸易相关的数据以外，没有提到任何其他贸易数据，无论是进口数据还是出口数据。对此他确实也说明了，他有意不去打听关于美国商船生意的秘密。从这一点与国会对他在驻华领事任上的限制来看，在这背后或许有一些商人在暗暗地嫉妒他，便想方设法阻挠这位高官打探或者改变他们生意的行为。

但我们还是能够从其他人的一些记录中找到零星的数据。同时我们会在这里附上一份表单，并根据上面记录的瑞典东印度公司一艘从广州开往瑞典的、名为"查尔斯亲王"号（Prince Charles）的大货船的贸易情况，来说明1750—1800年间从中国驶往欧洲的货船的普遍情况。

该船于1752年1月4日从广州驶往瑞典，船上装载的货物无疑是这个时代从中国回国的货船上的典型货物。从那时起直到1842年，中国与欧洲之间的贸易被限制在广州与澳门两地。以下内容就摘录自瑞典东印度公司所属的"查尔斯亲王"号货船的提货单。

茶叶

武夷茶：1030642磅，共2885箱

功夫茶：96589磅，共1071大箱与288小箱

小种茶：67388磅，共573大箱与1367小箱

白毫茶：17205磅，共323大箱

龙井茶：6670磅，共119大箱

皮茶：7930磅，共140大箱

熙春茶：2206磅，共31缸

其他茶叶：3557磅，共计1720罐

丝织品

花绫：961匹

双色花绫：67匹

家具用锦缎：143匹

绸缎：673匹

双色绸缎：15匹

花色绸缎：16匹

菱纹花绸：681匹

高哥纶（Gorgoron）：192匹

塔夫绸：1291匹

彩花细锦缎：16匹

南京黄棉布：5319匹

生丝：5047磅，共计33箱

杂项

南姜：35314磅

瓷器：6359磅

珍珠母：2165磅

篾丝：6352磅

西米：10709磅

大黄：4171磅，共计24箱

画纸：9314磅

花卉等：1250件

贝壳制圆筹码：3400件

漆盒、漆板等：188件

烧酒：6吨

共计222箱，70缸，52小箱与瓷器包装919件。

该船船尾宽21英尺10英寸，船头宽20英尺5英寸。

我们幸运地从美国获取了一份非常有趣的对茶叶贸易的说明。这一说明的时间与上述提货单上所标注的时间在同一时期内，它出自一部家谱，是这部家谱中的一部分。这一记载本身便具有一种天然的吸引力。而且它还是我们同胞的经历，这对于我们来说就更具有吸引力了。在一百三十三年前，楠塔基特岛（Nantucket）的斯塔巴克（Starbucks）家族成员中，出现了一位中美贸易的先驱者。

我们将把手中的资料全数展示于此。这份资料颇具史料价值，因为它不但真实地记录了殖民地时期新英格兰家庭的快乐生活与生活方式，同时也能够说明不停地移民所带来的无法避免的家族分散。这些特征都能够引起大众的兴趣，同时它们笔调平实，贴近生活。例如其中有一位天真的女孩将她与母亲的秘密通信泄露了出去，而另一位大龄未婚的阿姨对她产生了嫉妒。这似乎是这一愉快的记录中唯一一件不愉快的事情，这也体现了亘古不变的人性。每周，当这位少女在给母亲写信的时候，她绝对想象不到自己自然地写下关于表哥，关于未来的丈夫，关于自己第一次在群岛地区喝茶的生活琐事，都是在记录这一段时期的历史，并且还在为它润色。而这些细节对于中美贸易史的研究都是弥足珍贵的。

老纳桑尼尔·斯塔巴克（Nathaniel Starbuck, Senior）也是这位少女的通信人之一。他是她的叔叔，同时也是笔者的曾外祖父杰瑟罗·哈萨维（Jethro Hathaway）的叔叔。杰瑟罗的父亲托马斯·哈萨维（Thomas Hathaway）与赫普舍巴·斯塔巴克（Hepsibah Starbuck）结了婚。赫普舍巴的父亲是当地种植园的主人，他的妻子叫玛丽·格芬（Marry Coffin），是岛上的一位富商崔斯坦·格芬（Tristram Coffin）的女儿。所以这位年轻漂亮的女作家与她的表哥小纳桑尼尔·斯塔巴克（Nathaniel Starbuck, Jr）也是笔者的曾外祖父杰瑟罗·哈萨维的表亲。

莫里斯船长已经在公开场合极力赞扬这一家族的名声。而我们在后面也做了一个脚注，里面包括那一时代的家族记录。

楠塔基特岛的第一次茶会

摘自当地报纸《调查者与镜像》（The Inquirer And Mirror），1877 年 11 月

这是一封纸张泛黄、满是褶皱的信，在佛蒙特州显赫的家族里代代相传。它记录的其实是一个离奇又有趣的小故事。我将它写在这里，是因为它无疑是真实的。在这信件的作者——一位虔诚的新英格兰少女，已经在古老的波士顿教堂的一厢后院里安息了一百多年后，这封记录了她纯洁而甜美生活的书信，走出了她的家庭，第一次来到了笔者这里。

安妮·普瑞思顿（Annie E. Preston）

我亲爱的母亲:

您与我尊敬的父亲、敬爱的兄弟们一道前往新家似乎已经过去很久了。但我猜在我写下这些的时候,你们还没有到达目的地。我每天从早到晚,都像沿着一条小路走进无尽森林一样地想念你们。有时我会抱怨为什么父亲会觉得将新家搬到那么远的地方是有利的。但是祖父告诉我说,这样的情绪并不适合一位开拓者的女儿。既然我必须在这里多逗留一个季度,我就要充分利用我的时间,尝试着高兴地度过每一天。而康腾特(Content)阿姨也非常热心地让我在她家工作,做一些家务活与纺织活。

我的信件或许会让你们感到迷惑。因为我每次只在有时间的时候写个一两段,而且一旦我想到了想要告诉你们的事情,就会立刻到叔叔的桌子前把它们写下来。亲爱的母亲,我这么做是为了能够和你们分享我的日常生活,我愉快的想法。同时我的兄弟姐妹们也可以分享我的快乐。

我要说的最大的一件事情是——我的表哥小纳桑尼尔·斯塔巴克将要回来了。他已经从上一次前往中国的远航中回到波士顿了,现在正赶回这里。我们已经为他准备好了房间。祖父拄着拐杖,在花园里不安地走来走去,时不时就抬头看一眼他来到这里的必经之路。纳桑尼尔叔叔说:"这小子肯定有许多故事要讲。"康腾特阿姨一直在轻快地打扫屋子、做纳桑尼尔以前喜欢的菜,她虽然笑着,但其实眼睛里含着眼泪。而老祖母一直坐在那儿编织东西,因为她说:"坦尼尔(Than'el)[1]从来没穿过别人织的袜子,我得给他多打几双,他下次好带走。"阿姨还给了我一条蓝色连衣裙。这条裙子是用岛上最好、最柔软的法兰绒制成的。

* * * * * *

我表哥回来了。他身材高瘦,头发和眼睛都很好看,但他的皮肤已经被东方的太阳和海风磨黑了。他说我还跟他离家以前一样小,似乎还是那个可以被他扔到天上的小女孩。这就像一个童话故事一样。但是得知你们都离开了,他觉得很难过。而他现在正在安排一场狩猎旅行,目的地应该就是我们的新家。

晚上,邻居们都聚集在我们的火炉前听他讲冒险远航过程中那些引人入胜的故事。而他也从早到晚都在说这些,毕竟他也是几乎走遍了全世界的人,当他回到楠塔基特岛上的种植园的时候,就像小孩子那么开心。我们都很高兴。即使我们在不同的地方,也都打心底里高兴。我们偶尔会想起这位漫游者,而祖父每日每夜都会在施恩宝座前想念你们。

* * * * * *

表哥为我们带来了许多礼物,也勾起了我们的好奇心。他给我的其中一件礼物是一

---

[1] 小纳桑尼尔的昵称。——译者注

条奶白色的丝绸围巾，上面绣着美丽的花朵。另一件礼物是一条用广东绉纱做成的轻飘飘的裙子，白的像雪。它们简直太好看了。或许我永远不敢在大庭广众下穿上它们。祖母说我可以把它们留到我结婚的时候穿。但是艾斯特（Esther）阿姨说让小女孩太早想结婚的事情不太好。然而后来有一天，康腾特阿姨给了我一整匹去年漂的白亚麻布，她说："把它保存好，将来你会用得上的。"后来不管在什么场合，我的外国衣服都和外国的橡胶制品与香料一起被保存在一个外国储物盒子里。现在让一个傻姑娘想更久远的事情也确实不合适。

表哥已经回波士顿了。昨天他又派了一个信任的人给我们送来了一箱海外货——一大盒清朝茶叶。这是我们岛上的人第一次见到真正的清朝茶叶，是纳特（Nat）[1]自己从清朝买来的。这些茶叶是绿色的，叶片很小，似乎枯萎了，干嚼茶叶的时候会散发出一种令人愉悦的苦涩味。或许当我把这封信寄出去的时候，我能附上一点让你们也看看它是什么样子。同时他还送来了一封信，说当他再回楠塔基特岛的时候，莫里斯船长会和他一同从波士顿来拜访我们。

* * * * * *

我们又在为迎接客人做准备了。你们可能不敢相信，自梅西塔博勒（Mehitable）阿姨结婚以来就再也没有打开过的那间大客厅又被打开了。地板被重新打了蜡，抛了光，上面还铺上了表哥从国外带回来的漂亮地毯。你们绝对想不到这个房间现在有多么精致。墙上挂着很多有趣的东西，桌上和壁炉架上都摆放着各种各样的小物件。因为现在外面的天气很冷，壁炉里的圆木烧得正旺。今天早上我在欣赏这个房间的时候，艾斯特阿姨严肃地指责我说："这世上美好的东西都长久不了。"但是后来亲爱的老祖母笑着说："年轻人欣赏美的东西是自然又正确的。"艾斯特阿姨似乎就不高兴了。我有时候觉得因为我年轻，所以她不喜欢我。但原因一定不是这样的。我依旧不能理解，为什么艾斯特阿姨是我亲爱的母亲的姐妹，她们却有这么大的差别。

* * * * * *

我们刚收拾完屋子，就听说表哥和莫里斯船长打算在12月31日到来。纳桑尼尔叔叔说我们要开一个茶会，然后邀请马西（Marcey）中尉一家、爱德华·斯塔巴克（Edward Starbuck）叔叔一家和其他一些人来见见这些尊贵的客人，同时要"辞旧迎新"。

* * * * * *

客人都来了。我们准备了一顿丰盛的晚餐。我穿上了那条蓝色的新裙子，脖子上系着祖母给我的一点花边，以及我亲爱的母亲的金项链。表哥不让我编头发。我把我的头

---

[1] 纳桑尼尔的昵称。——译者注

发用表哥在伦敦买的一条蓝色的丝带扎了起来。艾斯特阿姨说男人不会喜欢表现得像我这么大胆的女孩子。但是祖父吻了我，叫我"铃兰姑娘"。

康腾特阿姨最近总是心神不宁，因为她不知道怎么做茶。而我们的邻居聚到一起以后，她就向他们吐露了自己的秘密。他们都聚集在茶箱前，用鼻子闻，然后用舌头品尝这些茶叶。马西中尉夫人说她曾听说茶叶要煮熟了才会好吃。而爱德华叔叔家的阿姨说，波士顿一位喝过茶的女士曾对她说泡一杯茶需要很多茶叶，所以茶叶才会如此贵重。最终康腾特阿姨把那把五加仑的铜水壶挂了起来，在里面放了些茶叶和许多水，就把它放到火上烧。而艾斯特阿姨与莉迪亚·安·马西（Lydia Ann Marcey）留在厨房里以保证这水是一直烧开的。

我在布置餐桌的时候听到莉迪亚·安说："我听说茶能让眼睛更加明亮，也会让皮肤变得更好。我不知道我嫂嫂有没有往水壶里放足够多的茶叶。"然后艾斯特阿姨又往水壶里放了一碗茶。茶叶煮了一个小时。这时表哥和莫里斯船长也到了。茶水被煮到了只剩一加仑左右，然后我们把它倒进祖母的大耳杯中，搬到了桌上。每一位客人面前都有一只小汤碗，旁边放着奶油和方糖。

吃饭前船长跟我聊了聊。我问他，为什么不在他们忽然离开之前告诉我这些事情。他说这个新兴的国家需要商业活动，但让楠塔基特岛的所有人都和斯塔巴克家的人一起离开并不是个好主意。也就是说，我之所以被留下来，是不想让他们担心。如果我姓温特沃斯（Wentworth）的话，事情就会简单得多。他高兴地看了一眼斯塔巴克家的宾客们。我猜我或许也是其中一员吧。我看到艾斯特阿姨严厉地看着我，然后想起她总是对我说和男人说话不好，就闭上了嘴。但当晚饭开始以后，船长让我坐在了他旁边。

祖父问有没有人要做饭前祈祷，康腾特阿姨对她的儿子与船长说："我为你们煮了茶，但我不能确定我是不是按照正确的方法煮的，所以我需要你们的评价。"于是我表哥和船长都看了一眼茶水，闻了闻。表哥随即答道："既然我亲爱的母亲想听我的意见，我就必须对她说，她如此热心地为我们准备了这样的饮料。但是这杯中的一勺就几乎能使在座的诸位升上天堂。"随后船长笑着说康腾特阿姨或许可以把这次的茶汤留下来染羊毛。他又说如果阿姨执意要学的话，他可以亲自教她。"而这位年轻的女士，"他转向我，继续说道，"将要做出楠塔基特岛上的第一杯茶。"

晚餐结束以后，除了莫里斯船长和我以外，所有人都留在桌前。因为阿姨拜托我去帮船长煮茶。我们先一起寻找适合装茶叶的容器，后来我看见了纳桑尼尔叔叔用玄武石做的水罐。船长让我按人数计算应放入茶叶的数量，每增加一个人，就往罐子里放一份用拇指和食指能抓起来的尽可能多的茶叶，然后再往罐子里面额外放一点茶叶。

接着，他让我往茶叶上浇足够我们所有人喝的开水，再把罐子放在煤炉上，等水变得微滚就可以了。

然后我们把茶水倒进康腾特阿姨准备好的水罐里。船长把罐子端上了桌，帮我给每个人都倒了一小碗茶。这位船长真的是非常好的人，他说这是他喝过的最好喝的茶。

我们享用了一顿丰盛美味的晚餐。纳特表哥讲了故事，唱了许多歌。船长也和他一起唱了起来。当我们的邻居回家的时候，我们互道新年快乐，而不是再见。

最近我没有编织活做。而且拜访客人、在厨房做饭和吃东西就已经占去很多时间了。我表哥的朋友还留在这里，因为他也要参与狩猎。他是个很和蔼的人，他称呼祖父为"楠塔基特岛的迈尔斯·斯坦特迪什（Miles Standish）"。我也听到他告诉纳桑尼尔叔叔说我们的血统很高贵。自从他跟纳特表哥熟识以后，他就对纳桑尼尔·斯塔巴克怀有崇高的敬意。[1] 他还提起了想要成家的事情。他留在这里可能是因为艾斯特阿姨。但是我的天啊，她是如

---

[1] 在这两位纳桑尼尔的祖先直属的斯塔巴克、格芬家族中，我们要在宗谱里摘出一些人放在这里。因为关于玛丽·格芬的一些记载至少对黑奴贸易的研究是有历史价值的。
1. 爱德华·斯塔巴克和他的儿子纳桑尼尔都是楠塔基特岛的本地富商，他们于1659年在岛上定居。爱德华·斯塔巴克在1643—1646年间是新罕布什尔州多佛市的代表，他于1690年去世，享年86岁。
2. 爱德华的儿子纳桑尼尔娶了崔斯坦·格芬（岛上另一位大富商）的女儿玛丽·格芬，他们有许多子孙，如下所示：
玛丽（Mary），1663年3月3日出生，嫁詹姆·斯加德纳（James Gardner）。
伊丽莎白（Elizabeth），1664年出生，嫁彼得·格芬（Peter Coffin）。
纳桑尼尔，1666年出生，娶戴安娜·格芬（Diana Coffin）。
杰瑟罗（Jethro），1667年出生，娶多雷亚斯·戈耶（Dorcas Goyer）。
尤尼斯（Eunice），1668年出生，嫁乔治·加德纳（George Gardner）。
普莉希拉（Priscilla），1670年出生，嫁约翰·科尔曼（John Coleman）。
赫普舍巴（Hepsibah），1671—1672年出生，嫁托马斯·哈撒维（Thomas Hathaway）。
巴拿巴（Barnabas），1673年出生，终身未婚。
安娜（Anna）和保罗（Paul）在小时候就死去了。
他们住在我们所说的国会大厦。丈夫纳桑尼尔曾经拥有三块土地，并死于1719年，享年83岁。妻子玛丽则是朋友社团的一位著名传道者，他们的几个孩子也成了公开的传道人。一个楠塔基特的历史学家形容她是一位"有才华的女人，像一等星一般闪亮"。她在1717年的时候去世，享年72岁。她的名声远扬，因为在她的公开传道中，她鼓舞朋友社团奋起反对奴隶制，这是历史上的头一遭。关于这件事，马萨诸塞州的前州长华盛本（Washburn）曾这样说过："在1688年费城的年会上，朋友社团开始讨论这个问题，却没有任何的实际行动。而楠塔基特岛的朋友社团却在这位铁齿铜牙的杰出女牧师的鼓舞下行动了起来。在崔斯坦·格芬的女儿、纳桑尼尔·斯塔巴克的妻子的引导下，楠塔基特岛的朋友社团开始了公开抗议，并且起草了一份声明，即'朋友社团的人认为真理并不允许购买和终身奴役奴隶'"。
崔斯坦·格芬的家谱可以直接追溯到于1060年与征服者威廉（William）一起前往英国的理查·德·格芬（Richard De Coffin），威廉赐予理查一座位于伯特雷格（Portlege）的庄园。此后的700年里这座庄园都为这家人所拥有。

此端庄而严肃。亲爱的母亲，我是满怀着对她的尊敬写下这些的。而他是如此快活的一位绅士，我不明白这样的结合要如何变得和谐。如果他真的对她有好感，这一定是因为他对斯塔巴克家族的人都有好感。

* * * * *

哦，我的妈妈，我该怎么开口呢？莫里斯船长并不是因为爱上了艾斯特阿姨才留在这里的。他是因为我，您的小女儿，才留在这里的。除了艾斯特阿姨以外，所有斯塔巴克家族的人都同意我们结婚。如果可以，我将乘坐未来丈夫的船，跟着他去国外的港口，亲自去看那些最近一直听人讲述的美好的事物。艾斯特阿姨冷冷地对我说，我该穿回我的女佣围裙。但这件事在获得您和父亲的同意以前，我不会表态。所以在这之后纳桑尼尔表哥和船长会穿过冬天的暴风雪前往我们远方的新家。

而在这之后，这封信将由这位被我描述了这么多的新朋友交给您。亲爱的母亲，您是如此明白女儿的心思。您一定不会觉得贤明的主不会让您和父亲对这位优秀的绅士产生好感。首先他确实声名在外，而且他为人真的很好，也很喜欢我。如果我能得到您和父亲的允许与祝福，我一定会非常高兴，并且欣然同意成为他的妻子。

船长笑着对我说，这是我派给他的、为了证明他对我的爱的任务，就像古代骑士神圣的任务一样。我总会觉得他想娶我很奇怪。而当我有一天这么说的时候，他严肃地回答我说，是因为茶的作用我才会觉得奇怪。可能确实是这样，因为我在喝完茶的当晚感觉轻飘飘的，完全没有睡意。即使是亲爱的老祖母都说她不能确定如果每天喝茶会有什么结果。

我给你们寄了一些茶，以及一些其他的东西，其中包括一点白绉纱。如果我尊敬的父母同意的话，我会将其装饰在我的结婚礼服上，并在一个盛大的场合穿上它。

这里的所有人都向你们问好。

我永远是孝顺你们的女儿。

露丝·斯塔巴克·温特沃斯（Ruth Starbuck Wentworth）
1745年9月20日，楠塔基特岛
马达科特（Maddaket）附近，斯塔巴克种植园。

吉迪恩·奈伊

广州
CANTON

  倘若从公元元年开始算起，那在这一千八百余年的前一半时间里就已经有阿拉伯人、波斯人、亚美尼亚人与其他穆斯林在广州逗留了。在清朝政府更加严格的通商政策下，在《南京条约》签署前大约一百五十年左右的时间里，除了澳门被允许用作与西班牙和葡萄牙的贸易港口外，广州变成了帝国与其他所有国家通商的唯一港口。这座城市承载着悠久的历史，她的编年史脉络清晰，城市里的某些建筑遗迹年代更为久远。而它在这接近千年的时间里经历了剧烈的政治动荡。这些战争和动荡包括公元8世纪阿拉伯人与波斯人的入侵、9世纪安南人的入侵。而17世纪清朝政府的统治则彻底毁灭了这些记录。

  在这之后的历史虽然也不乏世界各国人民都关心的事情，但也没有那么悲惨了。而现在我们将目光转向这一地区得天独厚的自然条件与引人关注的各种要素，它们构成了这个南方城市中的主城。

  广州坐落于三条河流汇合处冲刷形成的三角洲上。其中两条大河和许多细小却长达数百英里的支流，经由各自的路径向南汇入大海。广州四周被丝绸、茶叶、蔗糖产区所环绕，风景如画，位置优越，气候宜人。靠着自然赐予的优势，在之前的漫长岁月里广州一直都是东方对外贸易的大港口。但是在《南京条约》签订以后，随着上海等港口城市的开埠通商，广州逐渐失去了这一主导地位。因为上海离茶叶与丝绸的产地更近，同时蒸汽动力轮船的发明使得商人能经上海沿长江将商品运往内陆。随后，这一进程又被外国人始料未及的太平天国运动大大加速了。而在1856年清朝与外国的外交关系全面破裂以后，这一进程就变得更加迅速了。

  除了贸易逐渐由广州转移到上海的总体趋势以外，太平天国运动也直接导致了经厦门与福州出口的福建茶叶贸易停滞。从1850年开始，广州的对外贸易以肉眼可见的速度在衰落。或许我们可以将在此之后的十年看作是一个过渡阶段。在这一阶段，清朝的国内贸易也遭遇了严重的破坏。在1856年的战争之前，随着中部地区持续的动乱与政府强硬地把通商口岸限制在广东一地，清朝与其他国家的贸易额一直呈不稳定地波动。而在1856年开始的那场战争期间，便有大批茶叶从北方和福建被运往广州。从那时起，清朝国内动乱被逐渐平息。而广州的贸易也被长江沿岸与福建省的贸易分散，广州与内陆之间的往来就变得几乎不值得考虑了。

即使遭遇了长江流域的蒸汽轮船的竞争和打击，广州的地理优势在清朝政府的政策扶持下仍然得以保持。这一政策可以说还了广州人一个公道。广州人最注重商业，他们脚踏实地，又勤劳能干。他们跟随外国人开发其他所有的市场，从而让其他的新港口也能为他们的城市所用。但若想让广州繁荣起来，就要运用西方国家的科学技术，克服城市周围的一些自然障碍修建一条铁路。这条铁路将在很大程度上重新开拓广州走向繁荣的道路，而这一点对于广州附近内陆地区的发展也尤为重要。这些地区包括城市西北方被称作"清朝花园"的广袤而肥沃的土地，例如四川、湖南的茶叶产区与其他商品产区。这种外在而实际的帮助除了会带来诸多物质上的好处，还能带来更多意识上的变化。在广州与湖南之间修建一条铁路，再将它延伸到四川，能够带来一种有效的、便捷的系统化管理体系。清朝可以利用这一体系来管理国内事务，政府的管理能力也会因此提升到一个前所未有的水平。

在这一时期，内忧外患削弱了政府的权力，让帝国的人民陷入了恐惧。因此，修建一条铁路就显得非常必要了。从铁路修建的最初阶段开始，它就能产生与促进一种高效而自由的管理体系，能够通过重新赋予被压迫人民以希望，来重新建立他们对国家的信任。取代老旧的、行进困难的交通系统，建立新的、快速的商品贸易交通系统和新的贸易路线，并以完成运输为目标。这将带来更快捷的贸易往来与合作，并以一种新的精神主导民族复兴、恢复政治秩序与重塑社会信心，由此也能促进政府集权与社会繁荣。

广州的外国代理商行

前文提到的关于广州的介绍或许可以用于解释1784—1843年间的贸易活动。而在1843年后，这些贸易活动就逐渐从广州分散到清朝其他各个港口了。

而与之相对应的，我们还需要介绍外国的工厂与配套设施，它们影响了当地贸易活动的范围与发展。同时，我们还要介绍清朝与各国在早期的巨大贸易量。

顾名思义，"代理行"这一名称自然指代理人与中间商的居住地。在欧洲历史上也有与之类似的机构，例如英国派商人前往西班牙商人的居住地黎凡特，以及欧洲的其他地方，最后扩展到印度洋与爪哇群岛。但是我们并不能说这一名称能够指代所有类似的商品贸易模式，也不能指代"老行"的贸易模式。除去随意往来、居留时间不定的货运监督官员以外，还有一些居住时间较为固定的官员。这主要指两种更特殊的职位。第一种是许多欧洲国家设立在远东公司的货运监督。这些货运监督住在远东，以私人的名义做生意，我们称他们为代理商。还有一种则是更早的个体商人，他们活跃于印度洋与中欧贸易中，其中一些公司在东印度公司特许经营权到期以前就已经有了非常大的影响力，积累了许多财富。而在美国的贸易中，最初货运监督能从他们售出与购买的商品中直接获得提成。到了后来，货运监督成为一个行业，他们作为与美国有共同利益的商人的合作伙伴来操控贸易。在东印度公司退出市场后，他们最终接手了英国的一般贸易。他们建立了公司，专门代理商品贸易，他们中有些人作为经纪商，也有些人作为佣金代理商。然而纯粹作为普通经纪商的人并不多。他们中间有许多富商，例如操办英国贸易的威廉·渣甸（William Jardine）[1]与操办美国贸易的约翰·库欣，都是比较典型的例子。

如果我们从这些"老行"的占地面积来看它们的历史的话，就能看出这段历史是很典型的自由贸易与垄断之间的斗争。同时我们也能看出，这种过渡期间的贸易模式即使不是由来到远东的美国商人开创的，也是由美国商人来到远东之后促成的。下文我们要提到一些洋行。或许这些洋行的记录会与它们的照片（如果1854年的时候它们还存在的话）、插图一同唤起读者对一个时代的记忆。在那时，广州还是清朝对外贸易的最大港口，也是上演着引起清朝与整个西方世界的关系发生巨大变化的事件的剧场。

清朝人非常看重名字，他们不仅注重人名的意义，也注重街道、居所、商行、仓库、商店与船只的名字和意义。这一点也在江边的整个洋行区体现得淋漓尽致。这一洋行区的商行被当地人称作"十三行"[2]，用当地的方言念作"Shap-sam-hong"，意为十三所代理商行或者普通商行。它们一直沿用建立之初的名字，直到我们下文将要提到的1842年的战乱。这些洋行在照片里所处的位置，从观众视角看处在教堂的右边，它们被称作"新英国馆"。现将这十三所代理商行的大致情况列举如下。

1. 怡和行。以"小溪馆"之名为欧洲人所知。它坐落于小河的东岸，其建筑延伸到东西走向的十三行路街边。在很长一段时间内，洋行中的所有人都是怡和洋行（Jardine, Matheson & Co.）的代理人与他们的后代。

2. 集义行。欧洲人称它为荷兰行。而在荷属贸易公司退出市场以后，荷兰驻粤领事与他的商人们便接管了这一商行，但也有一两位英国商人与其他商人在此进行贸易活动。

3. 保和行。在1834年东印度公司特许经营权到期以前由东印度公司运作，后来则由东印度公司的金融代理人与众多英国公司在自由贸易体系下运作。

---

[1] 又译为查顿。——译者注
[2] 十三行指的是清朝人开办的商行，此处洋行应为十三夷馆，但原文为十三行。——译者注

以上三家洋行在1842年被彻底摧毁了[1]。而在1845年，"新英国馆"的大楼才重新建起来。笔者怀着保护这些商行的决心，也成了第一批在这些建筑的遗址上重建的担保人。

接下来的六家洋行地处野猪巷与老清朝街之间，除去个别商行部分受损外，它们在1824—1856年间都完好无损。

4. 丰泰行。欧洲人称它为巴斯行或者炒炒行。这一商行的所有人是帕西人与摩尔人。丰泰行在野猪巷的最北端有一个侧门。直到第一次鸦片战争之前，它都是公行的首领伍秉鉴（又称浩官）专门留给帕克先生当作医院用的。

5. 隆顺行。欧洲人称它为旧英国馆。在1834年以前东印度公司的第二任和第三任货运监督、秘书、茶叶检察员、牧师与其他人员都曾在这里居住过。在1834年以后这里的工作人员相继退休，商行里的六家不同代理商就开始各自操办贸易。笔者在1834年曾经住在这家商行的4号房间里，在1839年搬到了最靠前的1号房间，窗外能够看见智利国旗。在这之后笔者一直住在这里，直到1856年10月的第二次鸦片战争。期间共计二十二年。而在笔者离开的六个星期后，这些洋行都被清朝人毁掉了。

6. 瑞行。即瑞典馆。该行起初由瑞典东印度公司的负责人及其下属所有，但它后来落到了美国商人与货运监督的手中。他们分别是约翰·库欣、詹姆斯·斯特吉斯（James P.Sturgis）、托马斯·福伯（Thomas Forbes）、萨缪尔·罗素（Samuel Russell）等。罗素在这里建立了旗昌洋行（Russell & Co.）。大约在二十五年的时间内这家公司开办了两家以上的分公司。而这些分行都在1856年被毁灭了。

7. 孖鹰行。欧洲人称它为帝国馆，因为德意志帝国公司的工作人员都曾在此居住。但是这一商行最近被英国与美国的商人，以及马克威客（Markwick）的酒店与百货商店占据了。一家名为哗地玛洋行（Wetmore & Co.）的美国公司在此处活动的时间最长，共有二十二年。

8. 宝顺行。这家商行主要由英国颠地洋行（Dent & Co.）与连治加行（Lindsay & Co.）控制，帕西人与摩尔人也参与其中。

9. 广源行。欧洲人称它为美国馆。在很长一段时间内主要由奥利凡特公司（Messrs. Olyphant & Co.）占据。

10. 中和行。走过旧清朝街以后，在西边则是潘文涛（Mingqua）在公行成立的第一家商行，即中和行。中和行也是公行的一部分，直到1839年，清朝方面的货物都被

---

[1] 怡和行在1842年从广州迁到了香港，之后经历诸多变迁，兴盛至今。——译者注

广州的老洋行
THE OLD FOREIGN FACTORIES, CANTON

运送到那里。但是1839—1856年期间，中和行将许多商行租给了外国人，同时也将整个滨江地区租给了其他外国人供其建房居住。这就导致了我们照片里的景色与传统印象中的"复古风格的老洋行"形成了鲜明对比。

在这之后还有三家洋行，分别是法兰西馆，西班牙馆与丹麦馆。

11. 法兰西馆。这个商行归法国驻粤领事与法国公司的职员所有，而当法国公司规模缩小的时候，商行里的大部分房间则被帕西人与摩尔人占据了。

12. 西班牙馆。约建于1833年，主要由英国特纳公司（Messrs. Turner & Co.）占据。

13. 丹麦馆。丹麦馆为理查德·亨利·考克斯（Richard Henry Cox）医生与安德森（Anderson）医生的居所。两位医生分别隶属东印度公司与怀特曼公司（Messrs. Whiteman & Co.）。丹麦馆的许多商行都为货物监督与不同国家的船长提供服务，直到1843年丹麦馆毁于大火。

在一两年后，法兰西馆与西班牙馆也遭到了严重损坏。但是在这段时间内一些知名人士也在中和行所属的土地上建立了自己的居所。例如美国的彼得·帕克（Peter Parker）博士、帕克博士的继任者威尔斯·威廉博士（S. Wells Williams），另外还有卡洛维茨（Carlowitz）男爵、威廉·冯·普斯道（William von Pustau）、现居巴黎的亨特（W. C. hunter）与来自汉堡的谢木森（Siemssen）。

在插图中我们还能看到两座气派的建筑物。它们或许能够在视觉效果上补偿东印度公司失去的精美大厅、礼拜堂、钟塔等建筑所带来的缺憾。其中一座是教堂，当时清朝政府决定关闭野猪巷，同时建造教堂与牧师住所。受到1838—1848年间猖獗的盗窃与暴力行为的影响，教堂在1847年的一场动乱中被占领了。在左侧面向河流的则是另一座惹眼的建筑。它由会议室、图书馆与台球室组成，楼上是弗雷·梅森（Free Mason）公司，而楼下则是船库。

在东边与这些洋行毗邻、只隔着一条小溪的则是保商的公行。公行的会议大厅依旧坐落在旧清朝街的街头。在1860年，所有商铺与代理行都被叶大人下令烧毁了。叶大人还下令在这片土地上撒盐，使这片土地散发出淡淡的苦味。

吉迪恩·奈伊

冯道台
FENG, TAO-T'AI

道台[1]是仅次于督抚的官职，名称由他所管辖的区域决定。冯焌光是上一任上海道台。杂志接下来的几篇文章都与他有关。我们翻译了刊登在《每日新闻》上的讣告。讣告由冯道台的家人撰写，从中我们会读到很多罕见而有趣的东西。

讣 告

我们尊敬的父亲克己奉公，忠诚仁孝。年纪尚轻（20岁）时，母亲吴夫人不幸谢世。其时祖父在京师奔走以求上进，无法及时回家。父亲主持祖母丧礼，日夜为其守灵。奠仪结束后，父亲疾走京师，伴祖父左右。京师数年，得现今为总理大臣李鸿章的亲自启蒙。父亲奋发图强，于咸丰二年（1852年）得中举人。第二年祖父因小人诬陷，发刑部监禁。父亲再三请求代祖父坐牢，但终究为法律所不容。祖父隐藏怨恨与伤心，为求得释放殚精竭虑共六载，直到他耗尽心力，最终被判流放伊犁边境。咸丰八年（1858年）二月，父亲与四弟，以及祖父小妾卢氏，陪伴祖父踏上前往伊犁的行程。彼时，父亲已年过三十，我们的母亲常夫人还未过门。到达伊犁后，祖父命父亲立刻回京参加科举，并与常氏结婚。虽然父亲不愿离开祖父，但祖父严厉的重申利害让父亲不敢违背父命。

---

[1] 根据清朝的官阶制度：道员（道台）是职位介于省（巡抚、总督）与府（知府）之间的地方长官。——译者注

涕泪交零，父亲踏上了回京之路。第二年，父亲落榜，并很快结婚。就在那时，曾文正（Tsang Wan Ching，曾国藩）在安徽设立衙门。父亲入幕，助其打理军队行政事务。在那里，父亲任劳任怨，勤于政务。同治元年（1862年），父亲突然接到消息，称祖父在伊犁去世。父亲连忙请辞，奔赴新疆。父亲一路日夜兼程，餐风饮露，穿越千里蒙古草原，越过归化城界。在他尚未到达库车之前，叛军就已攻入。前路受阻，父亲悲愤交加，捶胸泣血，不得不往东稍作回转。同治五年（1866年），父亲得到总理大臣李鸿章的任命。同治十二年（1873年）6月，母亲常夫人去世，父亲痛彻心扉却绝口不提。同治十三年（1874年），父亲被任命为江苏省苏松太兵备道，得到朝廷重用。朝廷之命不可辜负，父亲很快便走马上任。此时父亲仍感伤于祖父的去世，毕竟祖父被流放到边境，如今尸骨未归。但在日常政务处理方面，父亲从未因个人情绪导致任何疏漏。每日傍晚回到居所，父亲总是暗自伤怀，第二天却仍旧按时起床。虽然从外表看来父亲并无异样，但内心却疲惫不堪。他多次告假请辞，想到边境将祖父的尸骨接回家乡，但是所有的同僚长官都安慰并劝阻他，西部战事还未结束，如今情况不稳，且交通困难，最好推迟些时日再去。

　　光绪二年（1876年），父亲听闻西部军队已经攻下乌鲁木齐，于是立刻再次请求休假。次年春，父亲得到朝廷的批准，准予休假一年，保留官职。3月，父亲完成职务交接，命不孝子启勋留在上海等候三叔，同时带领启钧一路向西，冒着酷暑穿越湘江、汉江，穿越陕西。9月，父亲到达巴里坤。此时，父亲的叔叔沛卿首先到达了伊犁，抬着祖父的灵柩返回。父亲接到消息后，在风霜雪雨中日夜兼程到达安西州，见到灵柩，伏地大哭，悲伤不已。祖父的小妾和父亲的四弟于1860年在伊犁去世，他们的尸骨却无处找寻。父亲的悲痛之情因此更甚一重。父亲到达肃州后，突然严重咳嗽，夜晚噩梦不断。但父亲没有为自身考虑，继续坚持赶路，且每日都祭奠祖父的在天之灵，以此表达对祖父的敬爱之情。父亲经行之地，受到朋友和同僚的盛情接待，父亲亦对他们十分尊重。但终日长途跋涉使他的身体迅速衰弱。今年1月到达西安后，父亲推迟了行程，因为他接到来自朝廷的命令，要求他立刻回京觐见。朝命紧急，父亲不敢拖延。但无法完成祖父葬礼的悲伤，忠孝不能两全的压力，使父亲日夜焦虑。他只得快马加鞭，一路向南。

　　不孝子启勋，陪伴三叔到汉口迎接祖父的灵柩，一番商议之后，决定将灵柩暂时停放在九江。同时父亲（冯焌光）到南京与总督见面，希望能延长休假以完成葬礼。从此以后，他将一心一意、竭尽所能投入到政务中去，即使赴汤蹈火，也在所不惜。

　　但谁能预料，3月9日，即刚刚到达九江之日，父亲患上疟疾，多痰的症状让他不堪其扰，加之这些年来经历的种种伤痛和困境，他的身体已大不如前。病情急转直下，但父亲还是亲自到祖父灵柩前照料。24日，他的病情越发严重，父亲登上一艘汽船准备东去，25日到达松江口。当时父亲已经不能站立，他数次让人把他扶到椅子上，希望能到岸上走走。他尝试了两次，却因为头晕不得不重新坐下。对此状况我们都无能为力，父亲口述了自己的请求，令三叔写出来交给朝廷，仅仅希望朝廷能够宽限他的假期，让他能够带着父亲的灵柩回乡下葬，却只字未提自己的病情。当晚，父亲的神志逐渐昏迷，因为船上没有任何医生或药物，我们两个不孝子居然没有任何办法，只能盼望尽快到达松江请医生来医治。谁能想到，27日下午一点，马上就要到上海时，痰液使父亲的呼吸愈发沉重。他手足痉挛，嘴角惊厥般的抽搐。周围的医生都震惊地发现，疾病已经进入他的心脏，同时扰乱了他的内风，他的病已经无法可治了。医生开了一剂昂贵的药，同时还有泻药。父亲已经准备好接受这一切了。夜晚降临后，父亲的喘息越来越吃力，他汗如雨下。28日夜间十一点，父亲终于带着他未能尽孝的遗憾，永远离开了人世。唉！悲哉！父亲离去的如此突然，不幸就这样降临到他的身上。我们悲痛万分，哭天抢地，即使舍身相报，也无法救赎我们的罪过。祖父的尸骨还在江西，安葬祖父的丧礼还未准备妥当，而父亲又弃我们而去，这双重的打击是如此沉重，让我们痛彻心扉。四顾茫然，在这苍茫的天地之间，只有伏地祈求父亲的在天之灵能够怜悯我们。

不孝子冯启勋和冯启钧，泣血叩头。

冯道台的葬礼

冯道台的葬礼也许是在上海的外国人见过的最为壮观的典礼，甚至很少有清朝人目击过如此壮观的仪式。"瞻仰遗容"的仪式在本月2日和3日举行。将父亲或母亲的尸体停放在房间内满七七四十九天再下葬是中国的传统习俗。每隔七天亲人都要为逝者的灵魂献上祭品，最亲密的朋友也会前来吊唁。最隆重的祭奠仪式通常安排在第三十五天，即五七的最后一天。这一天将会有特别的祭奠，众亲友也要在这一天对死者的家人表示特别的慰问，对死者表示崇高的敬意。同时，许多条约签订国的领事、停泊在港口舰船上的官员和冯道台在外国使团中的一些私人朋友，也会到场向其家人表示慰问。这一天是家庭成员给逝者献祭的日子，对前来致礼的每一个人都不可拒绝。在庭院里，仪仗队仪容整肃，他们在冯道台的家中充当军队代表，并以军乐来迎接外国友人。冯道台善于打破生活中各种保守的规矩，令很多人印象深刻，所以当他去世后，外国友人自发前来吊唁也是合情合理的。仪式过程中不可避免地要叩头，这些外国友人用进献鲜花的办法优雅地替代了。用鲜花表明心意是外国的习俗，同时带有向上帝诚心祷告的意味。作为感谢，葬礼的主持者给每一个前来参加葬礼的外国友人发放了一张冯道台的石版肖像画。

第二次拜访冯道台家，我们有了更严肃、细致地观察这场仪式的机会。前门廊檐上垂着斜纹布幔,白布做的垂饰和球形垂花点缀其间。官署或其他公共建筑前的风水墙上常见的"欢喜(Hung-hi)"二字,此时在帘帐的遮盖下几乎看不见了,感伤的阴云正笼罩在冯家上空。通常由官府差役扛着走在前列的红底金字的牌子,表明了这位官员的官阶和职位。而此时,它们正竖立在第二道门口两侧的支架上,上面盖着蓝布,蓝布上的白字表明了冯道台的官阶和官职。大门内的祭堂上悬挂着白色的灯笼,还有菱格纹的布幔,在其下方竖立着一个白底黑字的牌子。这和葬礼牌的作用相同。向左转,正对着第三道门的是文书办公室,上面悬挂着蓝色和淡褐色的条幅,写着四个烫金大字,以颂扬死者曾经的功绩。条幅两侧皆是白色或蓝色绸缎的挽联,上面有墨笔或金粉书写的以称赞冯道台的忠诚和孝顺为主的颂词。冯道台私人书房的主座上方,悬挂着一幅蓝底白字的绸制挽联。挽联的内容讲述了一个非常著名的故事:

相传,一位高官的琴声无人能解。有一天,在一个偏僻的小村庄,他遇到了一位村夫。这个村夫听到琴声,不禁流下了感动的泪水。这是天才遇到知音的故事。抚琴者承诺,只要他日后发达了,一定会帮助这位知音。许多年后,抚琴者终于获得了他希冀的权力,成为国之重臣。到他回报知音的时候了,他给这位村夫传话,但一切已经太晚了,这位知音已经辞世。当这个悲伤的消息传到高官那儿,他悲伤欲绝,把琴摔成了碎片,此生不再弹琴。因为在这个国度里,再也没有人能够听懂他的琴声了。

李鸿章在冯道台葬礼上所引用的这个"高山流水"的故事基本是真实的。当李鸿章在京城以文学家的身份闻名于世时,冯道台就在李鸿章的帮助和指导下学习。冯道台不俗的能力和独立的人格,很快就在其父遭遇陷害时显露出来。在中国,保荐和能力都是晋升的必要条件,在李鸿章强有力的提携下,未蒙皇帝赏识的冯大人终于登上了李鸿章大人能给予他的最显要的位置。然而这一切还是来得太晚了,冯道台的整个人生就在最光辉的时刻被切断了,由此才引出挽联上关于"高山流水"的这个典故。

众人送给冯道台的挽联,挂满了大厅和院落,特别是李鸿章的这一副,被挂在了显要位置。从接受众人吊唁的大厅后堂穿过,通过一扇写着"灵门"字样的小门,就看到一条装饰着白布幔和白布花球的大路笔直地通向祭台。祭台后面有一面巨大的白布帘,遮挡着冯道台的灵柩。祭台之上,陈列着正在燃烧的香烛,供奉着食物、酒和其他祭品。一幅冯道台的水粉画像悬挂在上面。这幅画像尽管没有那么出色,但只要熟悉他的人都可以轻易认出来。前一天外国友人送来的花圈,此刻仍然在灵堂中陈列着。由日本总领事品川(Shinagawa)先生送来的珠串屏风,为葬礼增加了不少意趣和雅致之感。藏在布帘后面、架在两张长凳上的棺材由楠木制成,没有任何雕花或修饰,它的坚固和简洁让它看上去庄严肃穆。

冯焌光葬礼的入口门廊

FENG'S FUNERAL OBSEQUIES, THE ENTRANCE PORCH

照片上展示的是求志书院的第二道门。在冯道台远赴伊犁，扶其父灵柩回乡期间，求志书院是其家人的居所。冯道台回乡后没多久就因劳累而死，他的葬礼也在求志书院举行。大门的两侧各立有三块牌子，表明死者的官阶和职务。官员外出时，这些牌子一般由差役扛着，走在官轿之前；回到衙门后，则要竖立在按帝国规范建造的官衙第二重门前两侧。这些牌子通常是红底金字，但作为悼念礼仪的一部分，此时牌子上蒙着蓝色的布，文字也被涂成白色。这些文字是"江苏苏松太兵备道""海关监督""加二品顶戴"。鼓是官府的常规摆设，任何遭遇不公的人，即使在下级官员的干预下，也可以以此引起高级官员的注意。在门框侧面悬挂着灯笼，每个灯笼上都有六字联语，这也是葬礼礼仪的一部分。一副对联上的两句联语如下：

纵然梦中得见，其人离开已远。
长城关山远隔，风声阵阵堂前。
风入林间轻响，闻言复增悲伤。

门内是灵亭。这是一个布制的罩子，下面覆盖着一块写着家族悼词的木牌。内容如下：

不孝子启勋悲痛陈言：

我辈虽罪责深重，但未敢擅自毁伤。父虽雁难，发奋中举，诰授资政大夫，二品顶戴花翎。官至任江苏苏松太兵备道、江南海关监督，捐内阁中书，咸丰二年，于京师参加科举考试，得中举人。生于道光十年八月三日，光绪四年三月二十八日午夜，因病卒于家，享年四十九岁。

不孝子启勋与家人依照朝廷法令着孝服。
签名。失孤冯启勋与冯启钧伏地，泣血叩头。
冯焌光弟冯瑞光服丧服一年，抹泪伏地，叩头。
侄子冯启孙、冯启周，服丧服一年，抹泪伏地，叩头。
族叔冯玉志，着丧服一年，主持葬礼仪式，抹泪，致敬。

冯焌光葬礼的入口门廊
FUNERAL OBSEQUIES-THE ENTRANCE PORCH

灵门 [1]

THE GATE OF THE COFFIN

冯家的亲戚已在灵堂集结，其中四个是悼词的署名人。左侧站着身着孝服、头戴麻帽的冯启勋和冯启钧。坐在他们旁边的是冯焌光之弟冯瑞光。站在右边的年轻人是冯瑞光的儿子冯启孙。长者李大人是翰林院官员、著名诗人，他的孙子将要娶冯焌光的女儿为妻。但因为丧礼的缘故，婚礼必须要延后了。

照片同样展示了令人好奇的精制菱格纹布和这种布料做成的垂饰，环绕在大门到灵堂的厅堂两侧。白色布幔垂在碑文两侧，如同边框构成了一扇引人入胜的小窗，与灵堂里的布幔有异曲同工之妙。悼词显示了死者尊贵的身份与孝顺的品德。灵堂的背景是一道白布做的遮帘门，上面有两个粗体大字"灵门"。两侧挂着一副对联。对联的作者是李大人，即图片中的长者。用英语精确表达对联的含义太过困难，不过这副对联意在描述冯道台的人格。冒险一试的话，其含义如下："才长其代，至德过人"。

[1] 图片见 480 页。——编者注。

葬礼——祭坛
FUNERAL OBSEQUIES-THE SACRIFICIAL ALTAR

祭坛
THE SACRIFICIAL ALTAR

  当你打开灵门，就会看到第四进院落中棺材前面的祭坛。死者的两个儿子和他们的叔叔身着孝服，前者要穿三年，后者要穿一年。祭坛正中放的是冯道台的画像。他的外国朋友进献的花圈和由日本总领事品川送来的珠串屏风，显示了这位已经去世的先生得到了许多外国友人的尊敬。

上海法国租界的圣约翰教堂
ST. JOSEPH CHURCH, FRENCH CONCESSION, SHANGHAI

上海有三座巨大的罗马教会教堂，一座在上海老城区董家渡，笔直矗立在本地民居中间。另外两座在外国人聚居区，一座在虹口，另外一座在法国租界。图片上展示的正是这一座。三座教堂都有大量的清朝人参与。但后两个也常有欧洲人参与，他们通常是来自澳门的葡萄牙人。

唐景星（廷枢）先生
MR. TONG KING SING

也许唐景星先生是华北地区最杰出、最显赫、最具有商业追求的清朝人了。唐景星先生的照片由桑德斯先生为本刊专门拍摄。简单来说，他的经历如下：1832年他出生于广东香山。1842—1848年，他在香港马礼逊教育会接受早期教育，后来进入伦敦教会学校。1851年，担任香港英国总督府的翻译助手，两年后成为首席翻译。1856—1857年，担任香港最高法院首席中文翻译。1858年，以高级翻译的身份进入上海海关。1859—1861年担任首席翻译。接下来的一年，他有了一个新的身份，怡和洋行长江旅行代理。1863—1873年，担任怡和洋行的买办。在这段时期，他同时担任公正轮船公司（The Union Steam）、北清轮船公司（The North China Steam）、华海轮船公司（The China Coast Steam）的负责人，并在公司初创期承担了重要工作。此时，唐景星还肩负着广州茶叶协会（The Canton And Tea Guilds）主席的职责。1873年，承直隶总督之请，担任轮船招商局经理。同时，其身份还是清朝政府的候补道台，领二品官衔。

通过唐景星的履历，我们可以看到他早年的成就是多么伟大，以及他是如何利用这些身份来做事的。

愚蠢的人们总是试图阻止清朝商业的发展，让它延续老旧的方式。但没有人比他看得更远、更有商业上的远见卓识。唐景星主持创建的公正轮船公司、北清轮船公司和华海轮船公司都采用了外国管理体系，而且大部分股东是清朝人。这不但体现出他对国人需求的判断，也显示出他在同胞中拥有的影响力。他现在掌管着由清朝人实施的最富有野心的项目。轮船招商局不仅由清朝人直接开办，而且几乎全由清朝人来管理。清朝政府为其提供了大量资金。他们在一些需要特殊知识和技能的部门雇用了一批欧洲人，汽

上海法国租界的圣约翰教堂
ST. JOSEPH CHURCH, FRENCH CONCESSION, SHANGHAI

唐景星先生
MR. TONGKINGSING

  船也由欧洲人来操纵,但是公司主权是属于清朝的,纯粹而简明。总之,公司在全部采用欧洲管理体系之后,运转得非常好。

  唐景星先生非常幸运地找到了李鸿章这位帝国最有实权的人物作为公司的赞助人。只要这两个人还活着,正如我们希望的那样,他们就能为整个国家引进、构建一个强有力的、健康的商业体系。最近,由唐景星牵头的项目是成立了一家采用最先进的西方技术进行煤矿开采的公司。总之,唐景星是我们见过的头脑最清醒、眼光最锐利的商人之一。他能够直接抓住问题的关键,并且在第一时间内就计算出实现它的各种成本,加上他丰富的文化知识和自由开放的观念,让他成了最让人尊敬的清朝商人之一。

第五卷
1878年 7—12月

Vol.5

1878
7月

JULY

上海道台冯焌光
THE LATE FÊNG TSÜN-KWANG

　　上海道台冯焌光，字竹儒，1830年9月初即道光十年农历八月初三生于广州。他的祖辈二十几代几乎代代为官，属于官宦世家。和其他家族一样，冯氏家族可追溯的历史远远早于欧洲最有名望的贵族世家出现的时间。而冯焌光所在的这一家族分支最远可以追溯至11世纪，当时他们举家从江西迁至广东。

　　他母亲的先祖是著名的广州商行的商人伍秉鉴（Howqua）。伍秉鉴在19世纪早期中西方的商贸往来中具有举足轻重的作用，他在商业方面的惊世之才至今仍影响着后代，以至于一位长居广州的外国人曾经认为冯焌光也继承了这位先辈的非凡才能，可以在任何环境下跟任何人打交道。冯焌光第一次见到外国人是在伍秉鉴的花园里。当时那些外国人或许已经注意到了这个有些鲁莽却很聪明的男孩儿。大约20岁时，冯焌光随等待任命的父亲冯玉衡到了北京。此前，冯玉衡为了辅助在山东任职的父亲，已经好几年没有见到自己的儿子了。中国文人学士素来喜欢拜在某人门下，因此冯焌光到达北京后，便拜在现任直隶总督李鸿章的门下。虽然当时李鸿章以其才气名满京师，但在1851年，谁也不敢确信他会取得现在的高位。1852年，冯焌光在京参加会试考中举人，但他的文人之志很快就遭遇了挫折——父亲冯玉衡被刑部审问，他以前衙门里的手下对其提出了一系列指控。这个下人是他祖父在山东任职期间的仆人，当时他父亲作为长子协助，这在中国很常见。对这个案子我们只需说明，这个仆人曾在北京的某大街上公然辱骂冯的祖父，结果遭到一些马夫和随从的毒打。他对此事怀恨在心，报复在旧主的儿子身上。后来经过一场将近六年冗长烦琐的调查后，冯的父亲最终被流放。我们可以想象当年冯道台的悲惨经历：父亲入狱，自己仕途受阻，而且婚期也被无限期推迟。他为解救父亲四处奔走，甚至不惜为父亲顶罪，但一切都是徒劳，最终的审判结果已经不可逆转。1858年春，他送父亲到流放之地伊犁，然后父亲又辗转到更偏远的荒芜之地。到那里后，父亲催他赶快回京继续自己的事业。离别之际，父亲写了一首诗，表达对儿子前途的殷切希望，还配有一幅他擅长的水墨画。冯氏家族中至今仍保留着这首诗，冯道台也曾多次向朋友展示。

这些在仕途上的寄望注定成为失望。这时他终于完成了推迟许久的亲事，必须想方设法另谋生计。在李鸿章的引荐下，1860年他充当曾国藩幕僚。当时，曾国藩正在安徽省镇压太平天国运动。但是次年他父亲的死讯再次影响了他的仕途。他必须要将父亲的尸骨带回广州祖坟下葬。他带着一副棺材再次踏上了前往伊犁之路，但是这次他最远只到达库车。时值西北喀什噶尔回民起义，西路堵塞，冯焌光无法迎父遗骨归乡尽人子之孝，只得返回上海协助李鸿章。当时李鸿章署理两江总督，已经消灭了上海的太平军。这段传奇至今仍为很多上海的外国人津津乐道。

因为冯焌光曾在军队中负责过军火事务，并得益于当时著名抚台丁日昌的引荐，最后他被派往虹口管理一个小型兵工厂。太平天国起义被镇压后，清朝政府开始重视加强国防。清朝政府认为虹口的兵工厂太小，于是在冯焌光的指挥下，从1866年开始在上海以南十几公里外建造更大的兵工厂，这就是后世熟知的江南制造总局。江南制造总局无论在规模上还是在生产各式武器、战舰及蒸汽机方面都远近闻名。但是这个制造总局及其博学多才的总办给中国觉醒带来的不可估量的影响，却鲜为人知。通过大批量的生产，制造总局向清朝政府展示了机器的运转有恒久的定律，子弹及炮弹的弹道要遵循必要的条件，而推动它们的动力来源于某些固有原理。中国古书中对这些知识介绍得少之又少，而外国人早就在著作中简要地介绍给了中国人。因此，江南制造总局专门设立了一个翻译馆来翻译西方的科学类书籍，以便清朝人更好地学习一些物理定律。应该说，翻译馆的设立是冯焌光与曾国藩做出的最重要的决定之一了。这比在制造总局内建造高大的烟囱需要的魄力更大，而且会给当时愚昧落后的中国带来海量的先进知识。制造总局的烟囱终究会蒙灰坍塌，而这些知识则会给清朝带来延绵不息的影响。之后，清朝政府缓慢而坚定地发展煤炭业和冶铁业，并不断建立以机器生产为主要业务的工厂。可以说冯的这一伟大创举起了无法估量的作用。

1874年，正值日本人入侵中国的台湾岛，冯焌光代表李鸿章驻守上海。为了使清朝人能够使用西方的设备，他先后致力于使用机器开采台湾岛上的煤矿、在台湾岛上建立电报站以及吴淞铁路的修建工作。而这些设备能够被清朝人和平接受不得不归功于冯焌光。外国人想在上海建设吴淞铁路，想当然地认为人们不会反对。但那些诋毁冯道台的人可能没有意识到，正是由于冯焌光超乎常人的眼光和毅力，铁路才得以继续修建而没有遭到大规模反对。在他的影响下，1875年他的智囊团里的一些人被派遣到日本学习采矿及其他工业分支学科。和其他一系列措施一样，他这么做是为了增强自己祖国的国力，然而这些事情都鲜为人知。

1875年1月至1877年4月冯焌光任上海道台。其任期本应到1878年初才结束。

但是当他听到天山北部的回民起义被镇压,通往伊犁的道路得以开通后,便立刻告假前往伊犁去寻回父亲的遗骸。他在出发前数月就拜托当时跟父亲同样被贬的叔父先他一步去寻回父亲灵柩。1877年5月他正式踏上尽孝之旅,为父亲终于可以魂归故里而备感激动。他赶到甘肃安西州(Ngansichow)时,路上恰巧遇上带着父亲灵柩回程的叔父。这些遗骸对当时信奉祖先崇拜的清朝人是尤为珍贵的。他专门组织了一支从伊犁出发的送葬队伍,本计划一路穿越甘肃、陕西、湖北、江西直到广东,但是没想到这唯一的愿望也被打破。

当他到达西安的时候,圣旨传来命他即刻进京。他若将送葬队伍转交他人,匆忙上京,此为不孝;若弃皇命于不顾,将家族之事摆在国事之前,此为不忠。因此,他竭尽全力带着父亲的灵柩辗转至汉口,然后乘船沿江到达九江。他本打算如果几天的假期无法获准,那么便在那儿将父亲的葬礼委托给兄长。但是由于操劳过度,再加上旅途的辛劳及长期忍饥挨饿,在到达九江后他的身体被击垮了。尽管在离开九江时他已疾病缠身,但仍然希望参拜两江总督以获准几天假期,从而可以亲自参与完成父亲的葬礼。但是在路上他病情恶化。当船快到南京的时候,他已经病得无法起身了,而且连说话都极为困难。很明显他得了风寒,很快他的意识也开始不清楚了。他的兄弟即刻下令让船尽可能快地驶向上海,希望在上海能有办法救他。但是,一切都为时已晚。4月29日[1]中午他们到达上海,当天半夜冯焌光便离世了。据记载他的遗体告别仪式在6月3日举行,26日他的棺木被送葬队伍抬上"江湾"号(Kiang-kwan)驶往九江。在九江连同他父亲及妻子(1873年去世)的棺木一起经过鄱阳湖和梅岭峡谷被亲人带回广州。

可以说,放眼清朝政府官员,冯焌光对外国人及外国事物应该是最了解的。他师夷长技,但绝非仅仅照搬,而是将外国思想与中国传统思想融合起来。他极其爱国,但绝不像那些狭隘的人那样,认为最好的东西都在中国。他希望中国可以通过持续不断的进步,引进那些曾惠及欧美等国的先进设备和技术,但在此事上他坚持改革而非革命。他任江南制造总局总办的十年间,有机会接触到大量国外机械及其生产原理。同时,他还尝试使用了一批先进的机器,这些机器对于缺少劳动力的西方国家来说无疑可以带来巨大利益,但是对清朝这个劳动力过剩的国家来说并非如此。经过慎重考虑后,他有保留地引进了一些机器到清朝。吴淞铁路一事一度给他的道台生涯带来威胁,他也被冠以妨碍进步之名。但是实际上在整个清朝没有人比他更支持铁路建设,他一直坚定地认为铁路应该建在合适的地方。即便是那些称他妨碍进步的官员也很敬重他的人格,在他离开

---

[1] 原文为4月29日。另外,上一卷中有关冯焌光的去世日期与此不同,未作修订,遵从原文。——译者注

后希望他能回归,可以让清朝的铁路建设起死回生。

  他对朋友非常慷慨,即使受到中伤也不会怀恨在心,而且随时准备帮助那些贫困痛苦的人。在往返甘肃的路上遇到灾民时,他慷慨解囊救助无家可归的难民。他很开明,支持办学,甚至自己出资办了一所学堂,支持家境贫苦的秀才们不断追求自己的抱负。试问世人有谁可以代替他呢?难怪后来有人感叹:"世上再无第二个冯大人了!"

雪莲花(Snowdrop)

祖先崇拜
ANCESTRAL WORSHIP

  祭祖,是为了表达对逝去先人的尊敬和缅怀。尽管古代典籍中有对于首次祭祖的记载,但迄今为止,祖先崇拜仍未被纳入中国的宗教系统中,其重点仅在于提倡孝敬父母、潜心尽孝。

  依据古代典籍对祭祖的阐释,自然会得出以上结论。然而,典籍中所说的是古代意义上的祖先崇拜,经过两千年的发展,祖先崇拜的内容已经有了很多改变和增减。因此,典籍中的记载不能完全适用于现在的祖先崇拜体系。

  儒家所倡导的孝道,要求子孙孝顺、尊敬父母及家中长辈,但现在情况已然大不相同。如今,人们只是以供奉祭品和跪拜的方式,在先祖的灵位前、墓前表达哀思,以及祭拜负责掌管逝者魂魄的城隍。

  我们要避免被"孝"这个词所误导。据我们所知,中国的子女并不孝顺,他们不听父母的话,自己想要什么便会千方百计得到。中国人的孝表现在父母去世以后,如果遵照习俗完成了所有仪式,人们就会说他孝顺。

  如果我们一定要把现今人们的一些信条和风俗看作当今宗教体系的代表,那么所有深入关注这件事的人们都将被引导并得出一个结论——即祭拜祖先才是中国主要的宗教。而且,它还是唯一可以把各个阶级凝聚在一起,激发人们深厚感情的一种教派。从这个角度来看，实际上，中国其他所有的教派都可以看作是它的附属，因为这才是孔子及其弟子一直灌输的理念。道教和佛教拥有各自独特的教义系统，而且教徒绝大多数时候都把时间和精力用在祈求生意兴隆、告慰亡故者的魂魄以保佑生者和亡者之间的和谐相处。而祭祀，既可以使信徒相信疾病及各种灾难是由于对祖先不敬而遭受的惩罚，又可以让他们做些必要的事情改善逝者的状况，从而保佑生者的安宁。

中国圣人的教育为这个人口众多的国家的永久统一做出了巨大贡献。但是同时在历朝历代这也使数百万民众持续地被束缚在这种制度上——一种生者被死者奴役的体系。作为一个独立的派别，祖先祭拜尤其强调让人们"盲目"崇拜，没有具体的神明可以让人与之直接联系。或许有人会问，难道对逝者的尊敬就属于被死者奴役吗？对他们所有偶像崇拜行为的分析表明，这种崇拜行为包括跪拜和敬献祭品，以讨好那些人们畏惧的、想象中的神明。这些神明生前也是一些名人或英雄，人们认为他们死后灵魂还在，便祈求他们消灾解难。一人敬拜，则万人效仿。实际上，我们在寺庙、私邸，以及街上见到的所有祭拜，都与祭拜死者有直接或间接的联系。祖先崇拜作为一个体系，与那些崇拜和死者无关的神祇相比，可以更有效地将人们禁锢在黑暗之中。其精要之处在于风水观念，风水本是无形之物，但那些反对改变现有习俗的人，无论贵贱，都可以把它当成强有力的武器来反对文明和进步。

长期受到风水观念的致命影响，人类止步不前，沉迷于回味过去而不是展望未来。由于害怕被人们嘲讽，读书人对这一话题或避重就轻或避而不谈。这也给我们对这一神秘主题的调查研究增加了许多难度。一些人强调说他们祭拜祖先只是为了凭吊和缅怀先人，而只有无知的百姓才有那些迷信思想。但是现在有足够的证据可以证明，对死者的敬畏和崇拜其实已经渗透到清朝社会的各个阶层，从而影响和控制人们生活的方方面面。社会中的固有习俗、衙门的判案、政府人员的任命，甚至皇位的承袭都受到它的影响。

例如，发现一个人犯了严重的罪责，依律应受到极其严重的惩罚。但是在判决前，县令常常会问犯人的父母是否健在。如果犯人的父母已经去世，他还会问去世多久，以及他有几个兄弟姐妹等问题。如果县令发现犯人的父母去世不久，而他又是家中的长子或者独子，那么惩罚则会减轻很多。如若他父母都健在，他又在家中排行第三或者第四，那么则依律判决。如果判决会使承担祭祀义务的人无法祭祖，那么县令的判决一般都会或多或少地产生偏颇。

同样，立志向上晋升的道台，不愿意成为臬台。因为做过那个职位的人一辈子都成不了首辅大臣。人们普遍认为由一个处决死刑犯的人来掌管政府重要职位是不安全的，因为那些被处死的犯人的鬼魂会回来报复他，会在他管理期间给社会带来不安和灾难。

再如，祭祀祖先对于皇位继承也存在很大影响。皇位的承袭可以说是最重要的事情。人们都渴望由一位强大而贤明的君主来治理国家。尽管皇族中不乏此类佼佼者，但是皇帝驾崩时，一定会选择自己的儿子来继承皇位，即使他驾崩时非常年轻。因为继位的皇帝必须要祭拜先人，而这种对祖先的祭拜从来不会在兄弟之间传承。尽管这种皇位继承的方法有很多坏处，但是规矩就是规矩，不是一朝一夕就可以废除的。光绪皇帝的继位就是一个很好的例子。同治皇帝驾崩时很年轻，没有留下子女。以当时的局面来看，承袭皇位的最合适人选自然是能力非凡、为政经验丰富的总理衙门大臣恭亲王，即使退而求其次也应该是由一名成年的皇子或者亲王继承皇位。但是这种选择虽然满足了生者的需求，对死者却是大不敬的。因为皇位继承人必须要比同治皇帝年幼，而当时皇亲国戚中符合这一条件的恰恰只有一个三四岁的小男孩。[1]

于是这个小男孩被推上皇位，年号定为光绪。但是由于帝王年幼，治理国家的权力自然落在慈禧太后手中。为了使同治皇帝安息，并保佑他的子孙顺利治理国家，虽然不得不忍受这一决定所带来的不便，但是举国上下都认为这么做是必要的。同时，皇族历代世袭中仍存在两个问题。同治为咸丰之子，驾崩时没有留下子女，这就导致他后继无人，无法满足他在阴间的需求，为避免引来灾祸，光绪皇帝即位时被过继给了咸丰皇帝。当时做的所有事情都是为了满足死者的利益，而且名曰为了国家的太平安宁。这些例子都足以证明对死者的敬畏遍布清朝社会各个层面，就连皇家也逃不掉这种命运。如果这个年幼的皇帝在执政期间不幸驾崩，族中又没有比他更年幼的皇子继承皇位，毫无疑问清朝政府会站出来任命一个继承人，并给予这个继承人相应的身份，使他可以满足先皇的需求，从而避免给国家带来灾难。

如何定义祖先崇拜？它不仅包含了对死者的直接敬拜，还包含以任何形式对死者进行直接或者间接地告慰。他们认为做这些是为了避免当生者对死者不敬时，死者的鬼魂给生者带来灾难。

我们来深入分析一下中国人在祖先崇拜中所信奉的一些信条和规矩。

一、对于死者及其未来的生活，他们都信奉什么？

1. 他们相信存在两个世界——阳间和阴间。阳间为现世的世界，阴间为死者的世界。人死后会在阴间待七七四十九天。

2. 他们相信，人死后依然可以享受生前享用的东西，比如说房子、衣着、食物以及金钱等，所以亲属们要为他们提供这些东西。

3. 他们相信死者死后化为灰烬，所以除了供奉的食物外，死者在阴间需要的其他所

---

[1] 此处关于光绪皇帝继位原因的描述与史实不符，但遵照原文，未做修改。——译者注

有东西都要烧成灰。

4. 他们相信死后的人能够看到活着的亲朋好友，而且他们拥有可以自己回家的超能力，并根据子孙对他们的敬畏及孝敬程度来进行惩罚或者奖励。

5. 他们相信，如果一些魂魄没有子孙敬拜或者子孙后代已经灭绝，那么这些魂魄将在阴间以乞讨为生，境遇落得像那些死于战乱、洪水、饥荒甚至客死他乡的孤魂野鬼一样。还有一些魂魄因死后的坟冢不为人知，或者因为没有家人祭拜，而完全依靠一些社会的施舍度日。因为这个信条，生者每年三次会给死者烧纸钱或者元宝，以便让他们在阴间炼狱里可以度日。

6. 他们相信继承人所遭受的病痛、灾难甚至死亡，皆是因为那些恶鬼纠缠。它们报复心很强，而且还会迫害一些无辜的人。因此，同乡人去外乡或外国做生意时，为了躲避天灾人祸，便不约而同在当地修建会馆，以收留客死异乡的同伴。有时他们会帮助逝去的同伴或朋友装殓尸体，帮助客死异乡的人保存尸骨或者骨灰，以便日后他们可以和家人合葬，受到后世的敬拜。

7. 他们相信灵魂永生。灵魂会以各种形式存在于阴间接受各种奖赏或惩罚。奖赏即他们渴望在阴间的炼狱接受各种试炼后有机会再次投胎到阳间，投生到一个显赫的家族或者是富有的家庭。中国所有的宗教系统都没有提及天堂或者休息地可以让魂魄免受惩罚。而阴间的惩罚其实也是依据阳间的法令制定，属于最残酷的刑罚。关于这些事情的描写可以在上海广福寺的记载中看到。此处的记载还向人们展示了什么是凌迟、炮烙及鞭笞等刑罚。但是，由于中国人没有一个全能的主，也就没有统一的标准。他们只知道官员每次使用的那套标准，因此除了这套官员使用的标准外，根本无法想象阴间应该如何划分权力等级，所以他们就把阳间的这套规则照搬了过去。因此这些寺里的符画看起来对邪恶的鬼魂有制约作用，就好像在阳间竹板和刽子手手里的刀能对付惯犯一样。他们都相信恶鬼有很多机会可以逃脱正义的审判。

8. 他们相信，人有三魂。人死时，一个魂魄留在了身体里，一个去了祖宗牌位里，一个被囚禁在阴间。因此，我们发现，中国人为告慰死者或者试图改变死者在阴间的生存状况而献祭时，一般会选在三个地方进行：坟墓、祖宗灵位以及具有审判和惩罚权的城隍。祭拜城隍的方式和供奉地方官的方式有些相似。通过供奉金钱及其他值钱的物品和无比虔诚的祈求，往往能保佑被囚禁者的灵魂得以安息。供奉神仙也与之类似。

9. 他们认为，阴间官场的人事安排和人世间是一致的。他们对上帝及启示录完全不了解，只是带着对死者的恐惧和敬畏，自然地认为人间的判官死后到地狱里依然是判官。所以他们认为在阴间也有一套完整的官场体系，而这套体系和阳间清朝政府的上至皇帝下至最小地方官的官僚体系完全吻合。

因此，管辖一地并对州官负责的县官有与自己对应的神职——城隍协助，以便他维持地方的安宁。可以说，城隍是阴间管理地方的最高级别官员。他是地方的判官，等同于阳间专门管理地方的县级官员。作为地方监护官的城隍，自然成了人们祭拜的对象。

州级政府由几个县级政府构成，每个区级政府有自己管辖的一片区域，同时，州级官员受省级官员管理。他们的级别相当于阴间的府城隍，管辖着阴间所有的县城隍，正如阳间所有的州级政府管辖着所有的县级官员一样。

省级官员直接管理州级官员，间接管理所有地方官员，同时他们受皇帝直接管理。阴间的省城隍相当于他们的级别，管理着阴间的府城隍和县城隍。

而中国的皇帝，通过省、州、县的官员直接统治整个国家，他的地位无人能及。同时被神化的先皇也会保佑皇家和整个国家。先皇的魂魄通过省城隍、府城隍以及县城隍来管理整个阴间世界，如同皇帝管理现世世界一样。他们一个管人，一个管理鬼魂，因为阳间和阴间的管理体系如此相像，于是对生者和死者的管理得到了一个统一的整合，除此以外别无他法。一般来说一些高级官员不会祭拜地位等级比他低的城隍。因此，当时的社会迫切需要建立一系列县级、州级和省级以及帝王级的祠庙来满足文人学士和官员管理及祭拜的需要。

人们固有的观念认为，有一定地位的文人和在政府机构任职的人死后，到了阴间他们的地位也不会改变，仍然像生前一样在阴间担任相应的职务。活着的亲朋好友维持着他们受人尊敬的名声，而且这个名声也被大众接受。死者坟前也会树立石碑，向后人说明死者的这些功绩。另外，在死者的丧礼上，丧轿的颜色和配饰也能显示出死者的社会地位。地位高一些的官员，甚至官员的妻子，死后都要在城隍庙里受到地位等级比他们低的官员的敬拜。最近我亲眼见证了一件类似的事情。在上海，一位地位相当高的将军的小妾去世了，她的尸体就摆放在我住的地方的隔壁，等待七七四十九天的吊唁和超度。上海当地的高级官员每七天都要携带随从来到逝者的灵位前叩头敬拜。敬拜方式和他们月初叩拜祖先的形式一样。

人们通常认为中国所有官员的等级以及他们对各个地方的管辖权都是由皇帝决定的，同理，他们死后在阴间的地位和对鬼魂管辖的权力也是由皇帝决定的。而且，诸神在阴间的权力和职位是由同一个皇室家族来赋予以及晋升的。这和现世的官员因为勤于政事而升官是一个道理。

为阴间的死者建立的这一套完整的官僚体系，原封不动地将现世官场中的一些礼节、品位、习惯甚至贪污受贿都照搬了过来。因此，官场往来的方法是可以互用的。尽管所有高级官员的职务与他们相对应的神职一样，但是实际上因为神化的关系，使得这些鬼神的地位明显高于现世的官员，所以官员还要敬拜这些鬼神。政府各个部门中数以千计的官员都可以找到跟他们相对应的鬼神。但是在此我只介绍可以和祖先崇拜相联系的县官和城隍。

前面我们提到所有的城隍都有专门配备的师爷、随从、管家、传信人、衙役，以及行刑的人，这和当代清朝官员所配备的人员是相对应的。过年的时候，他们和阳间的官员一样不再受理任何事务，但同样会有人在庙里轮流值班。他们手下的人如捕快等则需要到全国各个重要的地方执勤，以保护生者的魂魄不被一些恶灵、怨灵侵害，从而维持各个地方的安宁，为人类祛病消灾。我们在一些地方可以看到这些守卫的雕塑、画像以及其他一些印记。比如一些护卫或者位于城隍的旁边，或者位于衙门的大门上，或者位于城门上。一些出现在全国各个地方的桥上、大路上，还有一些守卫在城中。当一条南北走向的街道因为一面空白的墙的突兀存在不得不拐弯时，守卫像就会被镶嵌在墙上用来抵御灾祸。一些要道和人多的街道上，通常会建立一些供人们上香敬拜的神龛。据说鬼魂一般直线行走，若遇到空白的墙的阻碍，他们便会动怒。这时如果遇到比他们权力大很多的守卫神灵，就能遏制他们邪恶的一面，从而阻止他们将怨气撒在无辜的路人身上。所以这些都是为维护社会安定而采取的必要的防范措施。

中国人在建造房屋的时候，事先会充分了解神灵的一些比较显著的特点，并根据这些特点设置房屋结构，使鬼怪无法进入屋内。人们会建造曲径小道，以避免完全相向的门和窗户；如果前厅处无法避免，那么人们会在后门处放置一个屏风，出入都会绕过屏风。此外，人们也会在没人看管的房子里布置一些其他物件，以阻止鬼魂带来的不良影响。

这篇文章的主要目的不是为了确定这套运行有序的体系存在了多长时间。然而，几乎所有人都会把它上溯到2000多年前秦统一列国之时。对于先秦时期，由于流传下来的详细可靠的资料的缺失，我们对相关一切事物持不确定的态度，包括当时人们对这件事情的看法以及我们自己对这件事情的记录。因为我们无法窥探历代词典编纂者及注释者的思想，再加上或多或少受翻译者个人见解的影响，我们无法通过观察和实地探访来证实年代如此久远的体系。

如今运行的这套体系，和他们所遵循的理论有很大差异。然而这个体系实质上未曾改变的可能性很大，只是它的形式和名称有可能由于时间的流逝发生了变化。因为一般来说，中国人不会随着朝代的更迭及统治者的变更而改变一直以来他们所重视的宗教体系。古史中也有记载，在中国的上古时期，舜就曾向他的祖先和神明敬拜，只不过形式比如今的简单得多罢了。

二、为了对上述理论做出解释，下文专门讲解中国人关于死者死后的一些风俗习惯。

当家中有人得重病时，家人和亲戚会到祖宗牌位前跪拜上供，他们认为是因为平时给祖先上供不足才导致这个人得病。如果在祭拜后病人还不见好转，那么他们会请一位通灵师（通常是女性），来占卜疾病是由自家的鬼神引起的还是由野鬼带来的。如果是由自家鬼神引起的，那么家人会在祖宗灵位前烧大量的金银纸锭；如果发现是由野鬼带来的，那么家人则会在门外烧大量的金银纸锭以抚慰那些流浪的怨鬼。（纸锭，是一种纸钱，被认为通用于阴间，在纸的外面裹上一层薄薄的锡箔，做成常见的元宝形状粘到一根木棍上。这是在阴间公认的通行币种。因为人们认为死者用的东西必定都是无形的，所以一般将纸锭烧给死者。金银纸锭的制作也给民间的妇女带来了一定的做活赚钱的机会。）如果做完这些还不奏效，他们会请来法师在家中作法，在门上贴上神符。如果病人已经变得神志不清，或者他的四肢已经开始发冷，那么家人便认为他的一魂已经离开躯体了，或者小鬼已经抓走了他的魂魄。这时，家里的某个人会提一盏灯笼，站在门外，不断呼唤这个人的名字，给他照亮回家的路。这是一种独特的呼喊，呼唤中要充满深情的焦虑和盼望，一直持续到深夜。

人们相信，人一死就会被阴间的判官抓走。所以在他生病时，家人会不知所措也不知道该为他做些什么。一旦他死后，每个人都不再纠结该做什么才可以使他走得安心，就好像没有人纠结于如何安慰被囚禁在地方衙门里的朋友一样。大家对这些步骤已经耳熟能详，以至于已经成为一种惯例。

接下来我会按照顺序一一描述人死后家人一定要做的每件事，以及他们这么做的原因。

1. 人死后的第一件事，要立刻在门前放一杯凉水，以便在他的魂魄上路前再喝最后一口水。一般来说中国人不喝凉水，但没人能解释得清为什么要放一杯凉水。

2. 第二件必须要做的事情是，为了告慰刚去世的死者的灵魂，让死者看上去体面一些，要烧一套上好的衣服。这样待他到了地府后，那些阴差带他去审判时会因体面的着装而对他客气一些。众所周知，在清朝的衙门里一些衙役在对待犯人时，如果犯人穿着好一些，会被客气对待；如果犯人穿着破烂，那么受到的待遇也会很差。城隍掌控的阴间的那些"衙役"也会根据鬼魂的穿着而对其区别对待。

3. 第三件事是烧大量的金银纸锭。这么做的目的是让死者身上可以有足够的盘缠以贿赂那些阴差，这样在他们被带去审判之前还有机会可以跑回人世。因为在清朝的地方衙门里，有时候官差便会因为收受贿赂偷偷放了犯人，然后谎报犯人找不到了。所以，人们认为在阴间这个办法也行得通，所以就准备好足够的盘缠。

4. 接下来就是给死者烧床、床上用品以及他所有的衣柜、衣物、靴子、鞋子及其他个人用品，使他在阴间无论是在狱中还是自由时都可以有一个安稳舒服的落脚点。另外，清朝官员死后还有一个惯例，那就是死者的亲戚、邻居和朋友也要烧大量的金银纸锭给死者。万一死者在阴间不幸被囚禁，便可以有足够的钱来贿赂狱卒和官员，这样他们在被审判或者受惩罚时可以少吃点苦头。实际上，这些都源于人们内心的恐惧。他们害怕人死之后，死者的鬼魂会返回阳间为他们生前受过的苦或者受到的不公正待遇进行报复。因此这些朋友和邻居，甚至所有觉得死者可能会回来找他们的人都会烧大量的纸钱供奉给死者。在社会中，死者有权决定活人的生死这种观念如此普遍，影响如此深刻，以至于经常出现以下这种情况：当一个人和别人发生不可调和的矛盾冲突时，为了先发制人，他会选择自杀。这样他就有权力去报复那个和他发生冲突的人。如果一个人在别人的家里或者宅子里上吊自杀，那么这家的主人就变成了害死那个人的罪魁祸首，依律当斩首示众。如果在阳间他被当成罪魁祸首，那到了阴间也会被判为有罪。如果女人受到不公正的待遇，这种方法通常是她们最后的撒手锏。不幸的是，即使她们最终冒着这些危险选择自杀，但是丈夫也不会因为妻子的自杀而担负任何责任。

5. 棺材和出殡的衣物是死者在阴间过得体面舒适所需物品清单上最重要的部分。死者身上的衣物必须是全新的，需配有帽子和缎面的靴子。即死者应该被打扮成和阳间时一样，身着盛装，犹如奔赴一场宴会。因为和在现世中一样，在阴间一个人的地位以及受尊敬的程度跟他的坟墓奢华程度息息相关。因此如果家中长辈得了重病而去世，那么为了使他在阴间过得体面一些，亲朋好友常常会为了给他举行一个像样的葬礼而省吃俭用好多年。这件事如此重要，以至于那些有钱人在生前就常常亲自监督他们自己的棺材制作和刷漆的工作，以便死后能有个适宜的住处。

很多有钱人甚至会为了泽被后人，避免不幸的事情发生在家族里，在死前会找一些风水先生为他们选好墓地，建好墓穴，给整个家族建好坟冢。这些墓穴在一个长长的土堆下面排成一排，但是顶部又各自分开，这样每个墓穴都可以有顶。这也是我们在上海看到部分空墓穴的原因。

6. 人死后有七七四十九天的超度期，每七天为一个时间段。从头七到七七，家中的女辈每次都要在那天呼唤着死者的名字，号啕大哭，将他的品德和良好品质说上一遍又一遍。好像她们这样表达对死者的悲痛之情可以改变死者在阴间所受到的惩罚。这和衙门在审判犯人时，亲友向地方官呼喊要求减刑一样。因此，一些有钱人会请人在出殡那天或者祭拜时专门来坟前吹羊角号或者海螺号。

7. 款待鬼魂。据说人死后的九天到十七天之间（根据去世的月份来确定是哪一天），鬼魂会回到他生前住的地方，而且还会带着一群其他的鬼魂。按照流传下来的习俗，家人要款待死者，以消弭死者带来的怨气。当天家人还会请道士或者僧人来家中作法。这整个仪式称为功德，一方面可以抚慰他们的亲人，另一方面也可以抵挡其他鬼魂进入家里，保护家庭的平安。死者的亲戚朋友也受到邀请和他"见面"，同时参加这个家族的招待活动。为了准备这个盛大的活动，房子前厅的所有家具都被撤出去，并用各种绣花的挂饰装饰屋子。这些装饰都象征阴间的权势，用来吓唬其他鬼魂。这时房子看起来倒像一个皇家住宅而不是普通的小商小贩的房屋了。

死者的牌位和画像被恭敬地摆在前厅中间的一张桌子上。家里的成员站在桌子前恭敬地鞠躬，向死者忏悔自己的过错，并承诺以后一定会更虔诚地敬拜。穿着黄色袍子的法师，围着这张桌子边走边念念有词，不时地向主持仪式的住持或者大师手里摇晃的铃铛点头鞠躬。整场活动实际上是一场最谦卑的认罪忏悔。伴随着敲锣打鼓，这场仪式会持续一至三天。主人会邀请所有的客人来家中吃饭，同时在一个空房间里将一张桌子上摆满各种食物和筷子，以招待阴间来的客人。待所有东西准备好以后，大师会来到这个空房间，念一串咒语，然后撩一下手中的拂尘，命令所有的鬼魂可以吃饭了，同时命令他们要保持安静。在仪式接近尾声时，他再次进入那个屋子，念动咒语，再次撩一下手中的拂尘，拿剑戳一下罗盘的四个角，命令所有鬼魂离开并不得打扰这家人的清净。这些鬼魂害怕法师手中的剑和其他法器，所以都乖乖地回到本该属于他们的地方。家属则相信了法师所说的没有小鬼会再来骚扰的谎言，并施以重金感谢。

8. 最后一件事，也是最重要的事，就是为了让死者能够在另一个世界安息，家人一定要选一处风水好的地方建造坟墓。风水这个词，只有在死者无法安息或者死者打扰活人的幸福生活时才会使用，作用是在死者和生者之间维持比较平衡的状态。因此，借助风水为家族选一个合适的地方作为坟地至关重要，这直接关系着生者和死者能否过得安宁。要选一处好坟地，必须考虑周全。这只能求助于风水先生，因为他们专门看风水，可以很熟练地帮人选定合适的地方。在蒙骗人这个把戏上，很难说是风水先生厉害，还是那些做法的大师更胜一筹。

中国人最早懂得选择合适的坟地，源于对自然规律的观察。人们注意到在整个自然界，虽然在冬天所有的植物全部凋零，但是一旦夏天临近，它们便会千呼百应地争奇斗艳。人们还发现，这些生机勃勃的植物会给动物界也带来生机和喜悦。人们认为这种渐变的过程是由来自南方的阳气带来的。人们还发现冬季来临时，整个自然界都处于冬眠状态，而这种变化是由来自北方的阴气带来的，人类进而发现这与善恶带来的影响相似。这个发现促使人们认识到，既然人类是万物之尊，那么必定有一种来自南方的促进生命的正气保佑他们。如果这股气息中途不被自北方而来的邪气阻挠，那么定会给人类带来一些和自然界中动植物运行规律相似的东西，比如物质和精神上的活力、子孙的繁荣、家族在商业和仕途上的兴旺。据说，死者的灵魂如同自然界的树木、植物和动物一样敏感，很容易受阳气的影响。如果把他们葬在一个合适的地方，可以受自南方而来的阳气的影响，并祭之以礼，常常敬拜，他们会保佑生者兴旺发达。同时，生者也把这一切归功于家族坟地风水好，所以给死者献祭时会更加积极。相反，如果死者被葬于一个无法接触到阳气反而暴露在阴气之中的坟墓，那么死者的魂魄便不会保佑家族繁荣。因此，人们在为死者选择坟地的时候，会不惜代价选择风水最好的坟地，从而使死者可以接受自南方而来的正气的影响，避开自北方而来的邪气的入侵。由此可以看出中国人是多么重视墓地位置的选择，也可以理解让一个有钱的中国人出让一处被认为风水非常好的墓地为何如此困难。以上大致介绍了中国人刚去世进入阴间所必经的几个步骤。如果家族里一位地位极其重要的人去世，这对整个家族来说无疑是一场灾难，他们为此所背负的责任极其重大。

耶茨（Yates, A.S.B.C）博士

中美贸易

AMERICAN COMMERCE WITH CHINA

第四部分 商业背景

前面我们简要回顾了1794年至1816年间，美国的政策逐渐向限制贸易自由扩张的方向进行调整。同时，还专门论述了法律变化对美国财政系统造成的影响[1]，这是影响贸易量扩大或缩小的重要因素。

在现任政府统治下，我们有必要考虑不断爆发的经济危机带来的负面影响，虽然这些经济危机大都不是由政治因素直接导致的。

从华盛顿政府档案馆的数据记录中，可以清楚地发现类似上述的特点。但这些数据需要重新核查，其中可能存在一些谬误；我们也不会不经调查分析，就采纳民间贸易财务报告。

常言道，"数字不会撒谎"，按照字面意思理解，这句话从某种程度上来说确实有道理。通常来说大家对数据都有一个共同的印象，那就是枯燥无味。它们常常被看作是个人一生的指数，盈还是亏，幸福还是痛苦，在人的一生中戏剧般地此消彼长。但是实际

---

[1] 由于资料搜集得较晚，所以未能放在最为合适的第三部分。这是美国政府财政变化的详情，将以附件形式呈现。

情况远不止如此，这些规规整整地排列着的密密麻麻的数字，陈述着整个国家的历史变迁，记录了经济的兴旺和萧条以及依靠政治影响经济发展的非常时期。

对于商人来说，这些数据是研究商业发展的里程碑和指示灯。政客或者精明的商人可以从字里行间读出很重要的信息。对于"数字不会撒谎"这个说法，他们也深谙其道，并且能准确地发现突然出现的数字波动背后暗藏的玄机。然而只有精明的商人凭借多年的经验，才能察觉出一列列看似准确无误的数字背后潜藏的错误。

各种各样的考量直接影响着我们对工作永久价值的评估，也因为这些考量引出了下面表格中的早期贸易数据。这对任何一个试图解说历史总体进程的人来说都是极其珍贵且有趣的。因为近期的一些贸易数据商人们很容易找到，已经激不起其他读者对历史的兴趣。所以我们不会大量罗列这些数据，而是通过每十年的数据对比来了解贸易变化的特点。同时，我们也会对下列部分数据进行说明，纠正表中的一些错误。因为除了多年从事贸易的商人，没人可以解释清楚这些差异以及财务上每年虚假的结算余额。

如果想要追寻具有轰动意义的信息，这些数据可能会使一些人失望。但是追溯一些重大政治事件对贸易的影响，比如在英国、法国、德国、西班牙、俄国等国之间战争初期以及英美之间短暂的蜜月期对贸易的影响，可以通过这个表格中大量反映货物囤积的数据来说明。

就整体而论，在1790年以前的直接数据缺失的情况下，我们在此首先将华盛顿官方数据信息列出。这些数据包含了1790年至1842年美国进出口商品的总体价值情况，但是不包含铸币和黄金。

1790—1842年美国进出口贸易额汇总表

年份	进口总额（$）	美国消费进口额（$）	出口外国商品总额（$）	出口总额（$）
1790	23000000	22460844	539156	……
1791	29200000	28687959	512041	19012041
1792	31500000	29746902	1753098	20753096
1793	31100000	28990428	2109572	26109572
1794	34600000	28073767	6526233	33026233
1795	69756268	61266706	8189172	47989172
1796	81436164	55136164	26300000	67064097
1797	75379406	48379406	27000000	56850026
1798	68521700	35551700	33000000	61527097
1799	79069148	33546148	45523000	78665522

续表

年份	进口总额（$）	美国消费进口额（$）	出口外国商品总额（$）	出口总额（$）
1800	91252768	52121891	39130877	70971780
1801	111363511	64720790	46642721	94115925
1802	76333333	40558362	35774971	72483160
1803	64666666	51072594	13594072	55800033
1804	85000000	48768403	36231597	77699074
1805	120600000	69420981	53179019	95566021
1806	129410000	69126764	60283236	101536963
1807	138500000	78856442	59643558	108343150
1808	56990000	……	……	22439960
1809	59400000	……	……	52203231
1810	85400000	……	……	66757974
1811	53400000	……	……	61316831
1812	77030000	……	……	38527236
1813	22005000	……	……	27855997
1814	12965000	……	……	6927441
1815	113041274	……	……	52557753
1816	147103000	……	……	81920452
1817	99250000	79891931	19358069	86691569
1818	121750000	102323304	19426696	93281133
1819	87125000	67959317	19165683	70142521
1820	74460000	56441971	18088029	69691669
1821	62585724	43796405	10824429	64974382
1822	83241511	68395673	11476022	72160281
1823	77579267	51310736	21170635	74699030
1824	80549007	53846567	18322605	75986657
1825	96340075	66395722	23793588	99535388
1826	84974477	57652577	20440934	77595322
1827	79484068	54901108	16431830	82324827
1828	88509824	66975505	14044578	72264686
1829	74492527	54741571	12247344	72358671
1830	70876920	49575099	13145857	73849508
1831	103191124	82808110	13077069	81310583
1832	101629266	75327688	19794074	87176943
1833	108118311	83470067	17577876	90140433

续表

年份	进口总额（$）	美国消费进口额（$）	出口外国商品总额（$）	出口总额（$）
1834	126521332	86973147	21636553	104336973
1835	149895742	122007974	14756321	121693577
1836	189980035	158811392	17767762	128663040
1837	140989217	113310571	17162232	117419376
1838	113717404	86552508	9417600	108486616
1839	161092132	145870816	10626140	121028416
1840	107141519	86250335	12008371	132085946
1841	127946177	114776309	8181235	121851803
1842	121746686	100427694	9791865	132807027

* 1808—1816年（含）期间出口外国的商品总额未记录。

依照商人的理解，这一列列的数字展现了那段时期因欧洲各国之间的战争给贸易带来的恶劣影响的凝缩史，其中包括英美之间的小规模战争、美法之间的短期战争，以及半个世纪中美国多次遇到的商业危机。但是除了政治因素的干扰，作为对这个表格的阐释，我们不得不指出，首先，出口总额与外国商品出口额间的差额为本国生产的商品出口额。其次，消费进口额应考虑连续几年的数据，而不是实际消费的反常表现，因为实际上，消费进口额的持续增长通常为接下来的出口做好了准备。

我们现在看1790年至1794年的数据，会立刻想到当年美国腹背受敌，一边是和法国政治敌对的混乱局面，另一边是来自英国的疏离。两者都限制了外贸增长。因此，那段时间进口总额增长缓慢，到1794年才达到3460万美元，而出口基本保持均衡增长。接下来的一项英明的政治决策改变了当时的窘况。1794年11月，《英美友好、通商与航海条约》[1]由美国首席大法官约翰·杰伊（Hohn Jay）和英国外交大臣格林威尔（Grenwille）在伦敦签署。条约产生的影响如同变魔术一样，一年后，美国进口总额突增至将近7000万美元，下一年达到8140多万美元；1795年出口总额增至将近4800万美元，1796年达到6700万美元。这种大幅增长还在继续，一直持续到1807年，进口总额达到13850万美元，出口总额达到10830多万美元。在这段贸易极度繁盛的时期，一位英国发言人曾说道：" （英国）和美国的商业往来已经变得非常重要。1805年至1807年，我国将近1/3的对外出口贸易都是和美国进行的。"那段时期除了和英国进

---

[1] 又称《杰伊条约》。——译者注

行互惠互利的贸易往来外，很多欧洲国家的殖民贸易也转向了美国这个还处于发展初期的国家。那时，美国还处于联邦制试行的痛苦磨合期。经济和贸易的自然增长以及有利的对外贸易环境使美国诞生了一代诚实乐观的人，并在事业上成就突出。

当时美国和法国已经处在战争边缘，双方都蓄势待发。法国的巡洋舰队扣押了我们几条大船。我们的"星座"号（Constellation）护卫舰在英勇的舰长特拉克斯顿（最早的广州领事之一，我们曾经见过）的指挥下，成功俘获了法国的"起义者"号（Insurgente）护卫舰。双方于1800年9月30日签订了停战条约，美法战争终于结束。1803年，美国从法国手中买下路易斯安那。另外，两国间还出现了其他促进双方外交关系好转的事件。但是，1812年欧洲大陆上又爆发了一场大战，影响了美国因保持中立而获得的利益，最终卷入与英国之间新的战争旋涡。这场战争的过程可简单概括为以下这些事件的发生。

1806年，英国以搜寻本国轮船为名侵犯美国的主权。

1807年，美国"切萨皮克"号（Chesapeake）护卫舰队准将拜伦（Barron）遭英国战舰"金钱豹"号（Leopard）袭击，并因拒绝接受搜查被英军逮捕。

同年，美国国会颁布《禁运法案》[1]。

1808年4月17日，《巴约讷法令》（Bayonne）宣布所有美国轮船都有可能被征用。

1809年，《禁运法案》撤销，国会颁布新的禁止对外往来法令，切断了所有和英国的商业往来。

1810年3月18日，拿破仑颁布《朗布依埃法令》（Rambonillet），下令扣押所有在法国港口的美国轮船。11月2日，美国恢复和法国之间的贸易往来。

1811年，英国赔偿对于"切萨皮克"号护卫舰所造成的损害。

同年5月16日，美国"总统"号（President）护卫舰和英国"小贝瑞特"号（Litte Belt）战舰发生冲突，后者首先开火。

1812年2月25日，英国政府特工约翰·亨利（John Henry）在秘密执行破坏美国联邦团结的任务时被发现。

4月，英国派战舰封锁美国海岸，美国所有港口被禁止贸易长达90天。

6月1日，美国总统向国会发布战争消息，阐述了英国的敌意和阴谋。

6月19日，美国对英国宣战。

1815年2月17日，《英美休战条约》[2]由美国总统正式签署生效。

---

[1] 此处的《禁运法案》又称为《1807年第一次禁运法令》。——译者注
[2] 应是《根特条约》。——译者注

通过以上事件可以看出，欧洲列强之间的战争突然爆发导致英国和法国侵害了美国的权益，因此这次战争也被称为美国第二次独立战争。虽然我们不能精确地衡量因为政治剧变导致的经济损失，但是贸易数据一针见血地显示出因美国执行持续的防御政策而导致的经济大崩溃。

1. 1807年《禁运法案》的颁布导致1808年商品进口总额下降至不足5700万美元，出口总额降至2240多万美元。而1810年的数据可以准确地体现出，这一年的进口总额和出口总额都有所回升。这是由于那一年英国和法国的关系改善所致。

2. 1812年战争不可避免地爆发了，再次阻碍了贸易的发展，美国进出口贸易总额接连倒退。1813年进口总额仅剩2200万美元，1814年不到1300万美元。而出口总额在1813年不足2800万美元，1814年还不到700万美元。

进出口贸易在经过一段时期的低迷后，突然步入到一种新的状态。通过数据我们可以看出，休战的第一年进口总额就达到11300多万美元，出口总额达到5200多万美元。到1816年，进口总额已经增长至14700多万美元，出口总额达到近8200万美元。

从上述国家危急关头时的数据中我们可以看出，"数字不会撒谎"是多么正确。就像聋哑人为了生计使用手语一样，尽管数据不会说话，但它们明确地表现出全国人民对和平的渴望。

值得庆贺的是，这种意愿从此得以实现——美国享受了长达四十年的和平时期，直到1854年俄国与土耳其爆发战争，英国外交大臣克拉林顿（Clarendon）在议会上宣布与法国正式结盟。

吉迪恩·奈伊

聚众吸食鸦片

OPIUM-SMOKING IN A PRIVATE HOUSE

吸食鸦片是一种罪恶的行径吗？对酒精饮料的使用需要设置这么多条款吗？答案是肯定的。使用和滥用一直是一个古老的话题。100多年前在英国，过度酗酒的行为曾经被认定为是一种犯罪。英国人也是直到后来才成了自诩的"英国人"。当然，在清朝吸食鸦片的人口比例还没有达到之前英国人酗酒那样的规模。我们确实看到很多清朝人的身心已经完全被鸦片所控制，走向彻底的毁灭。因此，我们不能没有原则地痛斥清朝人，因为其中有些人的举止是因为吸食了令人上瘾的药物才会变成那样。这种不幸还会扩展至他们的家人及其他所有依靠他们的人。

清朝政府一直在谴责吸食鸦片的行为。我们有理由相信，如果他们行动的坚决程度与谴责的严厉程度一致的话，一定会取得更大成绩，或者至少他们的失败会得到更多同情。

和中国进行鸦片贸易应该说是最令人不齿的一段历史。当不计其数的鸦片源源不断地从产地流入中国的时候，根本无法指望消费鸦片的中国和在印度种植鸦片的英国会立法或采取行动解决这一问题。鸦片已经彻底融入人们的生活当中，无论什么举措都无法抵达根源，清除这颗毒瘤。

我们相信酗酒带来的罪恶也差不多如此。清朝也有许多适量吸食鸦片的人，正如欧洲的很多人会适量地喝酒寻求刺激一样。阻止人们蒸馏烈酒、制造白酒和啤酒是不可能的。同样也不可能抑制清朝这么大的市场对鸦片需求的增长。对他们禁烟的目标，我们深表同情和理解。但是这恐怕治标不治本，只会浪费人力物力。实际上，当时清朝的各个省份已经大量种植罂粟。在四川、云南、山西、湖南，罂粟的产量居高不下，同时其他省份也在不断扩大种植面积。虽然清朝政府能禁止外国输入的鸦片，但国内很快会提供足够的货物。虽然政府颁布了极严厉的法令禁止种植罂粟，严惩抗命之人，但因为种植罂粟带来的利润是普通农作物的二至五倍，所以在某些偏僻的地方仍然有人偷偷种植，政府也无法彻查。当时清朝东北地区的鸦片年产量非常惊人，使得一家一直从印度进口鸦片的外国供应商最终输给了当地的商贩，不得不关闭其在通商口岸牛庄建立的公司。

在当时的清朝，吸食鸦片已经成为一种普遍现象。这些人不喜欢喝酒。他们的酒也很普通，种类和质量比我们的雪利酒和苦艾酒差远了。但是给客人敬上一口大烟却成了一种极其常见的习俗。通过图片我们可以看到，图片中的两个年轻人都在吸食鸦片，但是看起来精神尚佳。在清朝，大多数人在吸这种比较奢侈的东西时还是比较节制的，以

聚众吸食鸦片
OPIUM-SMOKING IN A PRIVATE HOUSE

免影响身体的健康，让自己入不敷出。少数人已经变成鸦片的奴隶，这种人基本上无可救药了。

接下来我们会致力于拍一张在小黑屋里聚众吸大烟的照片。这些小黑屋里聚集了最没有自制力的吸食鸦片的人，就好像那些低矮的公共小酒馆里聚集了所有最没有自制力的酗酒的人一样。值得欣慰的是，除了一些基督教徒努力帮人们戒烟外，清朝本土也有很多乐善好施的人在竭力帮助这些吸食者，让他们认识到鸦片的害处并劝诫他们停止吸食，避免陷得更深。他们成功地挽救了很多人。可以说，他们的最终目标是让这些人像教会里的信徒那样严于律己。

做零工的针线娘
ITINERANT SEWING WOMAN

　　清朝有一群四处流动做针线活的女子,她们的技艺比容貌更胜一筹。她们中的很多人每天徘徊在上海租界区的清朝人聚居区。在街上你可以看见这些针线娘在到处找活儿或者坐在小板凳上干活儿。她们带着装满针线的小筐,而这些就是她们的全部家当。事实上,在上海做生意的男人大部分都是外地人,他们把妻小留在家中,衣服破了没有人帮他们缝补,所以他们就找这些针线娘缝补衣衫。这些针线娘的口碑一般都很好,她们都是当地一些船工或者是身份与船工差不多的人的妻子。她们住在船上。这些船已经基本不能用了,都被穷人当作避难所了。

　　其实,不管从哪方面来说这些人做的活计都谈不上精致,对欧洲人来说看起来很不实用。她们只知道飞针走线,但是却不知道什么是真正的缝纫和封边。她们的缝纫技术非常粗糙,根本不知道欧洲人的那些礼服应该怎么缝制。这样的礼服一般都必须交给专门的裁缝来做,而这样的裁缝其技艺可谓巧夺天工,但是实际上外国人只是把衣服交给侍童修补。侍童却粗心大意,忘了这件重要的事。所以单身的外国人到了中国,会觉得买一件新的远比送去修补要划算。说实话,我很少看到那些体面的清朝男人会在交际中向人炫耀穿着。所以对于清朝人来说,这些针线娘的手艺就足够了,她们的能力也被人们普遍认可。

做零工的针线娘
ITINERANT SEWING WOMAN

上海公济医院

THE SHANGHAI GENERAL HOSPITAL

  上海最初没有公共医疗设施，医疗卫生状况极差，被称为远东最不健康的地区。要改变这种状况，急需建立一家公立医院。于是，1852年第一所海军医院应运而生。不久，人们发现这家医院的面积太小，于是"柏维克·华尔斯"号（Berwick Walls）船的残骸也被这家医院改造利用。但是这些仍然无法满足病人的需求。因此政府建立了上海公济医院。这家医院在上海法国租界的一座大宅中，规模远超其他医院。之后它又搬迁至苏州河附近一所豪华的大楼里，也就是我们去年拍摄照片的地方。这家自给自足的医院成为当时最有价值的机构，医院里还有修女作为护士看护病人，给病人带来了极大的心理安慰。

上海公济医院

THE SHANGHAI GENERAL HOSPITAL

苏州河上连接江北的河南路铁路大桥
HONAN ROAD BRIDGE TO THE RAILWAY,
OVER THE NORTHERN RIVER
(SOOCHOW CREEK.)

河南路大桥

THE HONAN ROAD BRIDGE

  从医院向西观望，就可以看到这座桥。因为它直通居民区和吴淞铁路，这座桥曾是苏州河上的交通咽喉。但遗憾的是，时过境迁，吴淞铁路后来被拆除了。

  我们现在所熟知的苏州河之前是一条宽阔的河流，人们称它为吴淞江或者北河。当时，黄浦江很小，而吴淞江"至少有5英里宽"。渐渐地，吴淞江消失，黄浦江变宽，直到变成如今的样子。

黄鹤楼
WUCHANG PAGODA

黄鹤楼

WUCHANG PAGODA

这座巨大的"看起来像被削掉一块"的楼位于长江边,与汉口隔江相望。

1878
8月
AUGUST

九江的传说
LEGENDS OF KIUKIANG

　　清朝所有的地区和城市都有各自的传说，有些地方的传说尤其多。这些传说有些是基于一定的事实，但是绝大部分都是对一些神秘事物所做的夸张荒谬的描写。以九江及其周边地区为例，各种各样的寺庙，以及山川河流都有各自的传说被世人传颂，再掺杂上几分事实以增加这些荒诞故事的真实性，既渲染了这些传说，又使传说听起来更有趣味。我计划尽最大的努力搜集尽可能多的传说，在合适的时间和机会呈献给读者。

　　首先，我们要介绍的第一个故事是靠近九江南城门附近的一个香火鼎盛的寺庙——能仁寺。能仁寺修建于公元 915 年，在后梁皇室的支持下修建[1]。参观这座寺庙时，住持接待了我们。当时他一直在数他的念珠。寺内其他僧众都以一种低沉和谐的旋律念经。我们此行的主要目的是参观一座有着八百年历史的铁制佛像。这是寺中最吸引人的佛像。为了不打扰其他和尚的修行，住持邀请我们去了他的待客间。他尽其所能地为我们讲解了那尊佛像的全部历史，中间不时加入一些他自己的见解，并向我们谈及一些他本人和其他人对传说抱有怀疑的地方。

　　据我们了解，在北宋哲宗元祐年间（1086—1094 年），这个寺庙的住持做了一个梦，梦到一尊铁佛站在石船上顺着扬子江漂流而下。在梦中铁佛告诉他，让他于第二天的某个时辰在北城门外和佛祖见面，并将船赠予能仁寺。第二天一早醒来，这个住持一再回想那个梦，最后决定向城内的长官咨询此事。结果，他惊奇地发现那天夜里，不管是官员还是平民百姓，城中所有人都做了类似的梦。因此，大家一致认为应该集合起来，一起到北城门外迎接铁佛。当民众到达约定地点后，发现梦境成为现实。他们真的看到铁佛驾船向码头靠近。铁佛从容不迫地下了船，登上城楼的最高处，和住持讲话，要求住持将他带回新的住处，同时他告诉人们他是接引佛，以后就住在能仁寺中。尽管后来寺庙遭遇诸多变故，但是铁佛一直安居此处，直到太平天国运动爆发。众所周知，这些太平天国的农民军既不敬佛也不尊重僧人。在他们到达能仁寺之前，当时的寺庙住持逃到了深山中，寺中那个铁

---

[1] 据记载能仁寺始建于南朝梁武帝年间（公元 502—549 年），唐朝大历年间重建。原文说法有误。——译者注

佛和其他佛像无人看管。太平军占领九江后，摧毁了城中所有的佛像和寺庙，能仁寺也没能幸免，惨遭浩劫。

从1853年到1858年，太平军一直占领九江。在太平军离开后，一位来自庐山的云游住持来到此处承担起复兴能仁寺的重任。因为这时能仁寺已经是一片残垣断壁，铁佛也消失了，所以他没有太多要照看的东西。但是，他坚持做一些力所能及的事情，并且相信寺庙一定会被重建，也一定会找到铁佛。但很多年之后，能仁寺仍是一片废墟。一天晚上住持做了个梦，梦中有人告诉他，如果铁佛无法回到这里，那么能仁寺的香火就不会兴旺。然而当时他一点线索也没有，寻找铁佛无异于大海捞针。住持在废墟中竭尽全力寻找，仍然不尽如人意。虽然他找到了佛像的头和一只胳膊，但是这就像人的身体一样，只有头和胳膊是无法组成一个完整的佛像的。好在接下来发生的一段小插曲解决了住持多年的困扰。一个苦力挑着担子经过一块空地（现在这块空地已经建成了道台慈善学堂）时，突然被什么东西绊了一下摔倒了。百姓遇到这种事一般都会骂上几句进行宣泄，那名苦力也是如此。他骂过几句后，收拾东西继续上路，就把刚才的事情忘在脑后了。他干完活后按原路返回，奇怪的是他又被绊倒了，受伤的位置也和之前一模一样。这次他没有再忽视这件事，决定移开这个东西，于是就向附近的人家借了一把镐。没挖一会儿，他就发现原来绊倒他的是一块铁。这更加激发了他的动力，因为他觉得卖掉这些旧铁可以赚点儿小钱。把铁块周围的东西清理干净后，他发现挖出来的是一尊佛像。他害怕寺庙里的和尚状告他偷了他们的佛像，便把佛像丢在旁边的一个水沟里，直接离开了。

但苦力挖地的时候，旁边聚集了很多看热闹的人。因此挖出一个铁佛的消息很快传到了那个主持的耳朵里。他觉得这肯定是能仁寺丢失的那尊佛像的一部分，因此急急忙忙赶到了现场。现场的景象证实了他的猜测，他高兴极了。但佛像看起来如此破烂！佛身锈迹斑斑，全身满是泥土，头部、右臂、双腿和双脚都不见了。俗话说人穷志短。他实在没有办法，只好求助当地的官府，向官员诉说先前受人敬仰的铁佛现在的状况。经过对比寺庙以前的记录，官员发现这些部件确实是铁佛身上的，因此判定能仁寺的住持可以拥有这些残件。听完判决后，住持走进脏乱的臭水沟里，将铁佛的残件打捞上来带回寺中。因为寺庙里没有可以遮风挡雨的地方，他不得不将残破的铁佛安置在院中。佛身是中空的，所以他用一根木棍把头部固定在佛身上，夜以继日地供奉。但每天早上敬拜的时候他都会发现佛头要么掉落在地上要么不在原来的位置。原来因为寺庙周围没有围墙，所以马会跑进来在佛像身上蹭来蹭去，因此佛像的眼睛和耳朵里都是马鬃。每天早上他都会将佛头放回原位，但是这些马确实让他头疼。然而，他没有钱，所以没有能力给佛像提供一处更合适的住所。

夏季的一天，孙道台的儿子（我猜后来他也成了上海道台）到能仁寺修行，发现了这尊饱受风吹日晒的残缺的佛像，于是就向住持打听这尊佛像的历史。住持非常高兴，给他讲了所有关于佛像的信息。这个年轻人被打动了，为佛像的遭遇感慨一番后，他承诺会请求父亲为这尊佛像做一些必要的修补。回家后，孙道台的儿子向父亲诉说了这件事。孙道台似乎曾经做过一个梦，梦中一个金身人向他借钱，并且承诺如果他答应这个要求，那么他的妻子就会生一个儿子，而且这个儿子以后会成为一位显赫的高官。所以当他的儿子提出整修佛像、代住持向他募捐时，他当时还在思量这个住持是否就是他梦中的那个金身人。此时，他妻子正好生了个儿子，这更加印证了他的想法。所以他为寺庙捐了一大笔钱。住持重新修缮了寺庙，还请一个铁匠把佛像的头部安回了佛身上。然后他又做了一个胳膊并用铁丝固定在佛像上。但是佛像的腿却找不到了，铁佛还是不完整。他又陷入了困境，心想如果有几块铁的话他的心愿也许能完成。于是他试着去周围的铁匠铺里询问。一个铁匠说他有住持需要的东西，于是就做了两根非常坚硬的铁棒（可能是钢）问住持能不能用。住持一看，这正是自己需要的东西，他非常激动，与此同时他也注意到这类金属比原来的要坚硬得多，所以就追问店主是从哪里买到这种铁的。店主说是1866年旗昌轮船公司（Shanghai Steam Navigation Comany）一艘叫作"湖广"号（Hu Qwang）的船被烧毁后留下的。住持连忙带着东西返回寺庙，把两根铁棒安到佛像上，并找了两块石头固定在下方，以防止佛像摔倒。然后他又用陶土给佛像做了两只脚，最后将佛身刷上一层金色。这样信徒就看不出佛像哪部分是铁，哪部分是木头，哪部分是陶土了。

寺庙重建的消息不胫而走。几天前，一位来自牛庄的官员向寺庙捐赠了千金用于寺庙的修缮工作。

有一点值得提及，当时铁佛乘坐的石船目前仍然存在，石船大概有15英尺长，2英尺高，船的两端呈圆形。当我们看到这艘船的时候，船上都是泥土和污水。住持告诉我们，他本人是不相信铁佛从水里走上岸的。他认为很多年前，长江中曾经存在过一座寺庙，后来河水改道将原来的寺庙冲垮了，于是寺里的僧人便把佛像都移到了高处，这尊铁佛就在其中。这就是这个传说的结尾。

祖先崇拜
ANCESTRAL WORSHIP

前文我们提到了人死后的初步安排。待所有这些都认认真真地完成后，接下来家人会按照习俗供奉祭品、在坟前和祖宗灵位前诚心敬拜，有时还要努力帮助他们逝去的亲人脱离炼狱的折磨。

上供，这个仪式必须由家中的某个男性来操持才会被死者接受。通常这个仪式会落在家中长子的身上或者他的儿子身上。为了确保长子愿意履行这项义务，通常他会比弟弟们继承更多的家产。如果他自己没有儿子，那么可以从他兄弟的孩子里挑选一个作为自己的养子。如果他不幸英年早逝，没有留下任何遗嘱，那么他的弟弟有责任在自己的孩子中挑选一个来继承大哥的财产，并让这个孩子履行子女的义务。即使刚出生不久，他也要在祭祖仪式上担当重任。所以，这件事无疑会给他带来很大的压力。祭品是否生效取决于负责祭祀的人的血统是否延续。因此，对于一个清朝家庭来说，儿子的重要性是无与伦比的。虽然这在我们看来无法理解。但由此我们大概可以理解为什么清朝人喜欢儿子比喜欢女儿多一点，为什么一家人生了儿子后会高兴地接受大家的祝贺，而生了女儿后的情况却截然相反。如果一个人有好几个儿子，那么他会被认为是非常幸福的，因为死后他在阴间的生活就有了保障。而如果一个人只有女儿没有儿子，那么他常常会收获很多同情。

冬至过后105天，大概在公历4月6日之前，是清朝人扫墓的日子，而且一般会持续两三周的时间，这就是清朝人熟知的清明。每年这个时候的第一天，人们会去家族中的各个坟墓祭祀，在坟墓周围抛洒大量纸钱。不能去上坟的人则会在死者的灵位前烧些金银纸锭。

祭拜期间，家中所有成员无论男女老少都肃穆着装前去扫墓，并将其看作一项必需的工作，以表示他们一直知道祖宗在看着他们。然后，他们给死者献上祭品，像往年一样行礼祭拜。在仪式进行过程中，家族的族长会亲自或者派一个代表来献上各种各样的祭品。祭品通常包括鸡和鱼，有时会有猪或者含着尾巴的猪头（代表一只完整的猪），还有酒、蜡烛以及香火，以便鬼魂在阴间照明；一个稻草编成的篮子或者微型的小房子，里面盛满了金银纸锭；一个带有纸做的钥匙和锁的纸箱子，里面也装满了金银纸锭；一把纸做的轿椅，带着排成一排的杆子，以方便那些喜欢坐轿的人随时乘坐；给武将做一匹纸马，给文人准备一些写字的材料；给划船的人准备一艘纸船……以及其他各种各样的东西。根据逝者的辈分，祭拜者将所有这些纸或者稻草做的祭品在各自的坟前放好，然后点燃，同时浇上烧酒，借此产生大量浓烟。这样酒就成了看不见的东西，可供鬼魂饮用。当所有东西燃尽的时候，祭奠者跪在祭品前的一块红布上，九叩头。整个过程和他们在庙里祭拜神明时的礼节一样。所有在场的家族成员都要效仿族长行礼，连最小的孩子也不例外。人们相信，这些祭品可以送到死者手中。

所有的鬼魂都要来品尝一下供奉的菜肴，当然他们也吃不到真正的东西。祭拜结束后所有供奉的食物都会被带回家，供大家在这个节日宴会上尽情享用。每年这个时候，家家户户都会举行这种祭拜仪式，只是各自祭品的数量和种类会有差别。当然已经成为基督徒的家庭除外。穷人一般除了给死者烧点金银纸锭以外，只准备少量的祭品。所有人都要在清明节当天准备祭品，在祖宗牌位前敬拜，接下来每个月的初一和十五也是如此。有时他们也到城隍面前祭拜，因为死者的鬼魂都在城隍的管辖之下。高级官员都亲自或者派人上供来履行他们的义务。

对死者的关怀其实更像是一种责任，除了清朝人再没有哪个民族的人民对死者这么心怀感激了。只要这种信仰仍然存在，那么每个清朝人都将经历这些事情。因为，不管他们通过何种方式被划分，比如方言、宗教信仰、受教育程度或者财富，但每当进行这个仪式的时候，他们就是一个群体。他们祭拜的时间相同，祭拜方式也相同。就算是一个劫匪，如果他是家里唯一的儿子，那么清明节那天他必须回家尽孝。其他的事情可以推迟，唯独这件事拖不得，而且必须在既定的时间内去完成。政府官员无论职务大小，如果因为履行孝道而严重失职，那么他们在为自己辩解的时候，一般都会被原谅。这个责任优先于其他任何事情，而且在这件事情上尽责被视为一种美德，抵得过失职的过失。一个人可以抛弃所有其他的宗教仪式，唯独这个他不敢。他个人的命运、家族的永久延续和幸福、祖宗的安息都紧系于此。有这么一种说法，清朝人的思想里活跃着一种敬畏尊崇的情感，他们把父母之爱、自我关爱以及恐惧这三种最强烈的情感置于其他情感之上。最后一种情感无疑占据主导地位。避免恐惧的发生，是从皇帝到百姓各个阶层毕生致力于解决的事情。因此，每个清朝父母都觉得自己有义务努力使家族姓氏延续下去，于是在儿子们很年轻的时候就催着他们赶快结婚生子。尽管这种习俗有很多的弊端，却是为了延续家族姓氏、保护更多的家人。他们认为生者的幸福和死者的灵魂能否安息息息相关。这种观念由父到子一代代传承下来，在某个时刻会深深地烙印在还未成年的儿子们的心中。而且长期以来，僧道们千方百计、不断地向百姓灌输这种观念。因此，这种认知已经自然而然地深入了他们的生活，成为他们生活的一部分，也渗透到社会的各个阶层。

但是人们还是要借助通灵的法师，来了解他们的祖先在阴间的生活状况，以及当他们的祖先遇到苦难时，他们该怎样助其脱离苦海。这些法师深谙清朝官场的规则，抓住每一个机会压榨富人来牟取利益：法师们虔诚地在神灵前祷告时，毫不费力地发现死者被带到了阴间，却过得非常不好，但是死者的家人一切安好。法师们会把这些信息反馈给死者的家人。死者的家属开始焦虑起来，因为他们认为自己已经做了所有能做的事情来安抚逝者。于是他们派人请来法师进行调查。通过调查，法师发现那个不幸的魂魄被囚禁在一个深坑中，周围布满了剑和矛。他告诉家属必须准备不少于三天的功德以及一大笔钱才可以把那个魂魄从炼狱中解救出来。家人急切地想知道需要花多少钱才能解救被困的魂魄。而这个问题的答案，一般都是根据这个家庭的地位和支付能力决定的。比如说，法师一开始就要1000两银子，家属们听到这个数字时感到震惊并请求说他们没那么多钱，不知道是不是可以少付些。法师并不赞成，而是提醒家属让死去的亲人继续待在那个地方所引发的后果要由他们自己承担。于是整个家族聚集起来迅速地商量一番，决定他们最多可以付多少钱。最后家属决定付500两银子，但是法师不接受这个数字。于是他们再次商量以后，决定付700两银子。法师犹豫一下，勉强接受了这个数字，同时告诉家属付这些钱很难完成任务。

和法师约定进行法事的时间后，家属们将前厅的所有家具都搬了出去。法师用法器装饰了一下屋子。这些物品在阴间是权力的象征。

那个不幸者的灵位被摆在大厅中央的桌子上，周围摆着象征权力的小塑像。五个、七个或者九个法师穿着黄袍，嘴里念着咒语，步调一致地围着桌子走动。这种超度仪式要进行一天一夜，中间休息时会有乐曲和锣鼓活跃一下气氛。

被请来帮忙的亲戚朋友以及法师都会住在逝者的家中。第二天下午，法师会故意告诉家属那个不幸者的状况没有任何变化，700两银子不足以让阴间的判官们释放他们的亲人。家人和亲戚们只好想办法凑够剩下的钱，于是法师们又热忱满满地继续超度。此时他们诵经的声音更有力气，脚步更快，僧人摇铃也更频繁。而死者的家人仍在心疼他们的钱。时间到了，仪式的主持宣布阴间发生暴动，那个不幸者就要被放出来了。这证明了那多花费的300两银子物有所值。对这个焦虑的家庭来说这是一个安慰。第三天，仪式主持会对那个不幸者的状况重新做一次检验，然后极其激动地告诉家属，那个不幸者马上就要从牢笼中逃出来了，急切地需要帮助。但是看管他的人不想放他走，除非贿赂看守。现在问题来了：到底该怎么办？

这个情节很像清朝衙门中的官员收到贿赂释放人犯时，看管犯人的狱卒还要顺便再捞一笔。家属们紧张地褪下他们手腕上的镯子、手上的戒指以及其他珠宝首饰，在典当行换了 200 两银子，付给了法师。法师们盘算着搜刮得差不多了，便带着更大的热情回到仪式当中。等太阳落山后，随着震耳欲聋的锣声和鞭炮声（此处的锣声和鞭炮声是为了提醒那个魂魄离那个恐怖的牢笼远点儿）响起，最终法师宣布那个不幸者获得了自由。大家互相道贺，家属们也终于从焦虑和损失了大笔钱财的痛苦中稍稍解脱。如果法师们一直在寻找发财机会，那么这种所谓的施功德还会出现。法师会将这种事情变成亟待解决的问题摆在家属面前。这个家庭的经历极好地阐明了这一点。

施功德这个过程，不管是由道士还是和尚来操作，有一点都值得提一下。在清朝，解救那个不幸者脱离苦海只是暂时的。他们觉得将他从苦海中解救出来之后便没有义务再把他安置到一个比较安全的地方了，便功德圆满了。实际上，清朝任何一个宗教体系都没有提到过诸如天堂或者安息的地方。他们没有仁慈公正的神明掌管天庭，因此也就没有向上天求助的欲望。这也跟清朝现世官僚体系中没有这样的职位有关。恶魔和鬼神掌管阴间，那里没有仁爱可寻。被囚禁的魂魄必须依靠亲人和朋友的帮助才能被释放。这一点和阳间的规矩一样。因此祭拜祖先就显得非常有必要，而且大家都将这一期望寄托在儿子的身上。

在这种情况下，如果一个家庭中只有一个男丁且五代单传，那么他的存在和孝心对于祖先的"幸福"是多么重要。如果他去世时没有留下一个儿子，或者他成为基督教徒，又或者他拒绝祭拜祖先，那么他家中所有在阴间的祖先都会被打发到那些流浪鬼生活的地方。所以可想而知，如果家中的独子或者长子要成为基督徒得需要多大的勇气，而且他还会被家人和朋友称为"叛徒"，甚至连他的祖先们也不会"放过"他。我曾经听说过一件事，一个独生子希望成为基督徒，但是他的父母用跳河自杀的方式来威胁他放弃这个想法。如果一个儿子的行为将父亲逼到以自杀的方式来阻止他，那么从清朝的律法来看，他已犯了十恶不赦的罪行。在这种情况下，儿子会被判谋杀父亲，要受到最严厉的惩罚。在这件事情上，父亲通过自己的死亡使儿子在人世间受尽侮辱，死后他也要受到最严厉的惩罚。

如果鬼在阴间变成无头鬼，那么他就不会得到善待。这样我们就能理解，对于在战争中不幸失去头颅的将领们，他们的朋友为何会设法寻找到他们的头颅，然后安放到他们身上。我知道一些军官出价高达 600 英镑，悬赏寻找他们的朋友的头颅。因此，如果某位官员允许一个被判斩首的部下带着金叶子或者以其他文雅、体面的方式死去，那么这个官员对部下算是很仁慈的。基于同样的原因，把砍下的脑袋示众是为了激起人们对另一个世界的恐惧，就好像面对刽子手手中的屠刀时一样。

由此，我们就能理解在太平军撤离上海后，城中的清朝政府官员下令砍下每个太平军的头颅的原因。那些太平军高级首领的棺木很容易辨认，他们的头颅被砍下后被当作某种邪恶的东西扔了出来，他们棺材上那些上好的木料也被拆下来铺在路上。这样他们不止在阳间受尽侮辱，在阴间也不会好过。也许有人会问，既然儿子对于一个家庭如此重要，那么那些家中没有儿子的人在阴间会怎样呢？法师已经给这些人找到了解决办法。那些没有儿子的人，生前就可以预先支付他们在阴间的花费。许多年前，我曾在住所附近的一块空地上见过往阴间钱庄存钱的仪式。举行仪式的场地中央有一艘长25英尺、宽7英尺、高5英尺的船。船身和桅杆由芦苇制成，纸做的甲板和风帆粘在船上。很多没有儿子或者指望不上儿子的人，将大量金银纸锭交给法师。法师记录下每个人带来的金银纸锭的数量，然后扔到船上，并且给每个人写下收据证明他们存了多少钱。当然法师会因此收取一大笔佣金。船上堆满了大概10英尺高的金银纸锭。随后，法师就绕着船走上几圈，边走边念咒语，然后从船的两端点火并快速退开。几秒钟后，这艘满载着金银纸锭的船化为灰烬。法师叮嘱这些来存钱的人一定要保存好他们的收据，将来等他们死后找一个朋友将收据烧给他们，他们在阴间就可以去钱庄取钱了。仪式结束后，众人都心满意足地散去了。

另外，很多祭拜死者的仪式都是以公益慈善为名的。这样的节日一年有三次，与每家每户祭拜祖先完全不同。它们分别是清明、阴历七月十五（盂兰盆节，俗称鬼节）、阴历十月一（寒衣节）。这些节日不是自古就有，而是在14世纪末15世纪初的时候由明朝第一位皇帝下令开始实行的。据说，在乱世时期，朱元璋不幸丢失了双亲的遗体。他因为无法祭拜父母使他们得到安息而日日悲伤，同时也害怕不祭拜父母会影响他的皇运。因此他下令每年所有人都要向死去的人祭拜三次，希望通过全体百姓自愿贡献祭品以安抚那些孤魂野鬼，从而保佑整个国家的安宁。这就是这些献祭的起源。但是时光荏苒，人们逐渐将它淡忘了，只给那些死后无人祭拜的鬼魂或者他们一直害怕的鬼魂上供。他们视这些鬼魂为恶魔并希望他们走得远远的。这就像他们打发那些上门乞讨的乞丐，施舍给他们一些东西，将其尽快打发走。一些商人不希望每天都被乞丐骚扰，便定期付给乞丐头子一些钱。乞丐帮主就会在这家商店的门口做一些记号，其他乞丐看到记号后就不会来骚扰这家商店了。因此人们也希望，通过每年定期给这些流浪鬼烧纸钱，以阻止他们上门打扰。

每逢这种节日，人们便在大街上排成一队，敲锣打鼓，焚烧大量金银纸锭。这种场面使人不由得觉得清朝人对死者反倒比对生者更尊敬、更宽容。在节日那天，游行队伍会抬着神像在街市中游行。全国各地都会进行这种游行。在上海,人们用轿椅抬着五个当地人信奉的保护神的塑像,游行场面极其壮观。游行时会照顾到所有人的利益,所以游行队伍会经过每家每户。神明所乘的轿子由八个轿夫抬着。它的前面是一群哭喊的人、敲锣打鼓的人、持着象征权力的旗帜的人以及走在最前面传信的人。队伍后面跟着一些师爷、文人的代表、坐在小轿子里的人,以及骑在马上的保镖。后面跟着一群苦力,挑着装满纸锭的扁担。队伍的最后面,跟着很多忏悔的人,有蓬头垢面、衣衫褴褛、脖子上戴着枷锁的女人,手上、脚上戴着镣铐的男人,甚至还有由奶娘领着的小孩子,他们的身上同样戴着镣铐。这些来忏悔的人,一些遭受了灾祸的,会跟在队伍后面一整天。他们把自己遭遇苦难的原因都归结为对祖先的失敬,或者受到流浪鬼的影响,希望通过这种方式将他们的忏悔之情传达给神灵,因为神灵知道他们受苦受难的原因。他们戴着沉重的枷锁,希望得到神灵的怜悯。家家户户都要出钱来分担节日期间的花费,每家至少要出一百钱(约等于十美分),或者出银子也可以,有钱人则出的更多。在接下来的几天里,来自四面八方的法师们敲着铜锣、排着长长的队伍,举着灯笼和火把来吸引鬼神的注意。他们挑着金银纸锭穿街走巷,在路过的每个十字路口、巷口以及小路的交叉口都要烧一些金银纸锭。另外,经过桥梁、堤坝、河岸、护城河岸的时候也不例外。总之,他们会在任何一个可能有孤魂野鬼游荡寻找祭品的地方烧金银纸锭来安慰它们。人们知道,如果他们的祭品被一些在阴间管钱的鬼差收走了,那么这些钱便很难送到他们想供奉的人手中,所以他们也会在自己家门前烧很多金银纸锭,希望通过资助阴间的孤魂野鬼来增添自己的功德。我之前提到过,每年为流浪鬼祭拜的节日共有三个,如果有人对这类仪式感兴趣或者要证实我上面的描述的话,可以选择其中任何一个节日去看看。

每年18个省都要斥巨资告慰那些长眠者。我努力搜集过这方面的数据,虽不是完全准确,但是也能概括人们每年在这些事情上的花费。仅上海一个县,每逢这种节日清朝人给死者花的钱估计至少要6000两。这样一年三次节日一共花费1.8万两。清朝共有18个省,平均每个省有90个县,那么一共有1620个县。有些县的花费比上海多,有些比上海少。如果以上文的6000两作为平均数,那么每年人们敬拜县级神灵花费的银钱就多达2916万两。而清朝每个省平均有8个府,每个府还有府级的神明。给高级神明祭拜所花费的钱自然要比县级的多。在此,我们先忽视这其中的差异,假设给府级神明祭拜的花费与县级相同。那么,人们每年敬拜另外144个府级神灵的花费就高达259.2万两。和祭拜县级神灵的花费加起来,清朝人每年花费在安抚那些流离失所、无人敬拜的孤魂野鬼身上的银钱至少有3175.2万两。至于祭拜省级神灵的花费,因为我们缺乏相关的数据就不作估算了，但是肯定也是一笔不小的数目。

但是这并不是花在死者身上的所有费用，因为其中还不包括每家每户花在自家祖先身上的银子。清朝总人口有4亿，若平均5个人一个家庭，那么共有8000万个家庭。我们估计每个家庭一年花费1.5两。按这样计算，所有家庭每年花费在自家祖先祭拜上的银钱共有1.2亿两。再加上之前的公共祭拜，那么清朝每年共有15175.2万两银钱用来安抚死者的灵魂。这也就意味着，虽然每天有成千上万的乞丐在和这些看不见的敌人竞争，但无疑乞丐会失败。如果足够了解清朝人，我们就会知道他们每年花这么多钱并不是出于同情或者为了行善，而是出于恐惧。生者成了死者的奴隶。他们常常把棺材摆在屋里，选一个良辰吉日花重金运到另外一个城市，以便让那里的死者可以享用祭品。活着的一代总是摆脱不了逝去一代的影响。他们一直活在过去，局限在一个小圈子里，止步不前，思想狭隘。那些思想独立的创新者在仕途上却没有升迁的机会。保守主义者一直居于统治地位，他们反对革新，因为革新会严重危害他们同那些看不见、却令人恐惧的鬼神之间的关系。没人了解清朝人的这种思想，也没人明白他们做这些事情是受什么驱使，更无法感受到他们对生活在另一个世界的灵魂怀有的深切同情和强烈恐惧。他们害怕鬼魂，也同情鬼魂，因此每天要做一些特定的事情来防止自己遭受灾祸。总之，只要疾病和灾难仍然存在，那么人们对于鬼神的祭拜就不会停止。尽管每年在特定时间进行祭拜后，人们可以暂时松一口气，但是其他时间也常常有人煽动人们进行祭拜。一旦某个地方发生瘟疫，当地的一些法师就会告诉人们，若要祛除这些灾神，必须宴请他们。于是，人们便在瘟疫区的中心地带搭起棚子，准备好纸锭，邀请法师做三天的功德。其实，这些行为对那个村庄甚至附近的小村子毫无益处甚至会雪上加霜，而法师是唯一获益的人。

人们常常会将法师请到家里帮他们驱鬼。一旦有鬼魂出现，法师会第一时间察觉。他们来到求助者的家里，先把这些小鬼喂饱，然后念一些奇怪的咒语，再用随身佩戴的剑在东南西北四个方向各指一下把鬼驱逐出去，最后把一张符贴在门上，防止那些鬼去而复返。符纸有三条，分红黄两种颜色，上面画满了驱鬼的咒文，以震慑那些鬼魂。这些法师为了设计各种驱鬼的方法真是无所不用其极。他们会在求助者家里的每张床上也贴上符，并将符做成剑的形状。为了能有一个安宁的夜晚，家属要在一个空旷的地方烧一些纸锭。用来驱鬼的成串的贝壳或者琉璃在风中摇曳，发出轻微的声响，来召唤那些饿死鬼或者穷鬼。我们常常可以看到有人在船上或者在大街上祭拜，目的就是为了保证夜里家宅安宁。以上这些足以证明，清朝人无论阶层高低，都会祭拜鬼神。这也成了基督教在清朝传播的最大阻碍。

这片浸淫于习俗教化的土壤遭受了很多不幸，这多少都和人们信奉祖先崇拜有关系。这些痛苦和不幸主要有：

1. 指腹为婚或者从小就定娃娃亲，让成千上万的人陷于痛苦之中。

2. 一夫多妻制成为众多痛苦和自杀的根源之一。和定娃娃亲一样，这两者都是为了延续家族兴旺。

3. 完成这个仪式要花费数额庞大的金钱。

4. 给社会生产带来不少损失。因为要花费大量时间来制作那些用于祭祀祖先或者死者的东西，据估计，有大量女人专门做纸锭和其他祭拜祖先的东西。

5. 清朝人迁移到一个地方后，不喜欢开垦土地。他们害怕对祖先的坟墓不敬会给自己招来灾祸。结果整个国家越来越拥挤，随之产生了贫穷、罪恶、盗窃、抢劫以及暴乱。他们与祖先的坟墓紧紧束缚在一起却又相互毁灭。

对于前面提到的理论和风俗，我们做了详细的研究，结果发现这就是他们极其排斥外国人以及外来文明的原因。为了满足需求，我们很可能会打破清朝人和鬼神之间的平衡。这给生者和死者的安宁和幸福都带来了巨大的影响。因此他们开始排斥外国人所有的、带有侵略性质的举动。即使当清朝人被迫投降、签订条约，并答应引进新设备、新机器，为社会带来革新的时候，他们也从未停止改变协议中他们最不能接受的部分。他们思想保守，不轻易接受改变，对于已签订的贸易条约，他们的应变也比较机械。

M.T.Y

中美贸易

AMERICAN COMMERCE WITH CHINA

第四部分 商业历史回顾

上一期表格里的数据包括了截至 1842 年的贸易发展情况，从中我们发现，由于国家之间交往加深、新发现及其他各种因素导致竞争加剧，引发了商业危机，造成贸易平缓波动，伟大的信用体系逐渐发展，体现本国生产的商品出口额稳定增长。

关于 1820 年以前中国进出口贸易的信息，目前我们只能通过一些零散的资料来分析研究。正如我们看到的，早期的数据反映了社会的动荡变迁。由于统治阶级的小心谨慎导致我们没能搜集到领事馆留存的当时一些商人的贸易数据。但是我们有必要到美国财政部的犄角旮旯里去深挖一下1784—1820年的数据，作为补充添加到我们之后的报告中。

同时，我们发现1784—1785年，茶叶的运输量达到880100磅，主要由"中国皇后"号和英国的"雅典娜"号（Pallas）运输。后者由山茂召少校的合伙人兰德尔领导。[1] 而在1785—1786年间，只有"同盟"号（Alliance）运输过695000磅。1786—1787年，茶叶的运输总量达到1181860磅，分别由特拉克斯顿船长带领的"广州"号、格林船长带领的"中国皇后"号、麦基船长带领的"希望"号、威斯特（West）船长带领的"大土耳其"号，以及由迪恩（Dean）船长带领的"试验"号（Experiment）运往美国。

另外，我们还搜集到以下这些数据：1805—1806年，广州出口到美国的商品总额达到5127000美元，从美国进口的总额为5326358美元，包括铸币和银行转账。1811年初，从费城到广州和加尔各答的货物运输总额为2950000美元。1815年至1816年，从广州出口到美国的货物总额为4220000美元，从美国进口的货物总额为2527500美元，如此，要通过转账或信贷支付近200万美元。

除了上述残缺的数据之外，我们还从华盛顿政府档案馆获得了以下表格，表格中记录了1821年至1841年美国至中国的货物运输总额以及其中以铸币支付的金额。

表格中明显的差异充分证明了对我们之前的结论有必要进行分析与解释。前几年的数据表明，出口到中国的商品运输总额和同时期美国收到的商品运输总额是基本持平的。

1821—1841年美国运输至中国的商品数量情况表

时间	总运载量	金额	总支付	金额
1821	总运载量	$ 4290560	总支付	$ 3391487
1822	,,	,, 5935368	,,	,, 5075012
1823	,,	,, 4636061	,,	,, 3584182
1824	,,	,, 5301171	,,	,, 4463852
1825	,,	,, 5570515	,,	,, 4523075
1826	,,	,, 2566644	,,	,, 1651595
1027	,,	,, 3848135	,,	,, 2513318
1828	,,	,, 1482802	,,	,, 454500
1829	,,	,, 1354862	,,	,, 601593

---

[1] 实际是由唐奈尔（O'Donnell）船长掌控，他结婚后定居在巴尔的摩。

续表

时间	总运载量	金额	总支付	金额
1830	,,	,, 742193	,,	,, 78984
1831	,,	,, 1290835	,,	,, 367024
1832	,,	,, 1260522	,,	,, 452119
1833	,,	,, 1433759	,,	,, 290450
1834	,,	,, 1010483	,,	,, 378930
1835	,,	,, 1868580	,,	,, 1390832
1836	,,	,, 1194264	,,	,, 413661
1837	,,	,, 630591	,,	,, 155100
1838	,,	,, 1516602	,,	,, 728661
1839	,,	,, 1533601	,,	,, 987473
1840	,,	,, 1009966	,,	,, 477603
1841	,,	,, 1200816	,,	,, 426592

但是 1825 年以后的数据表明年交易总量出现滑坡，接下来的几年持续下降，直到后来美国棉纺织品的出口扭转了贸易逆差。在这个转折出现之前，山茂召少校曾经乐观地认为我们的西洋参产量足以支持我们购买中国的货物。为了更好地解释这个表格和贸易差额，我们需要参考之前的一些评论。这些评论是关于美国绕道英国、直布罗陀海峡、南美洲、美国西北海岸、爪哇和印度等国家或地区进口中国货物的情况。而且需要再次说明的是，最终的贸易余额是通过伦敦借贷中心以汇票的形式支付的。

除了表格中提到的美国直接出口至中国的大量商品和货币外，美国的船只还会带来其他国家的一些货物，比如来自英国的货物，从直布罗陀来的水银、铅和西班牙银圆，来自印度和爪哇的香料、大米和罐头，以及来自智利、秘鲁和墨西哥的铜和珍宝。

为了更明确地阐释我们的观点，我们还收录了截至 1837 年 6 月 30 日中美贸易的完整记录，在此也增添了一些数据和项目。1825 年至 1826 年，中国出口到美国的贸易总额达 4363780 美元，从美国或者使用美国船只进口的贸易总额达 3843717 美元，包括铸币、转账和信贷。而 1830 年至 1831 年，中国出口美国的贸易总额达 5999731 美元，进口总额达 5531807 美元，进出口贸易的差额越来越小。

1832 年至 1833 年，美国的远洋贸易船只增至 59 艘，出口中国的商品总额达 8372175 美元，进口货物的现款金额加上在伦敦的预付汇款金额，进口贸易总额共计 8362971 美元。至此，进出口贸易的差额缩小至 1 万美元左右。

下面的表格是从华盛顿财政部得到的，展示了从 1821—1839 年美国从中国进口的茶叶数量，时间截止至 1839 年 9 月 30 日。

1821—1839年美国从中国进口的茶叶数量表

年份	茶叶重量（磅）	年份	茶叶重量（磅）
1821	4973463	1831	5177557
1822	6636705	1832	9894181
1823	8208895	1833	14637486
1824	8919210	1834	16267852
1825	10178972	1835	14403458
1826	10072898	1836	16347344
1827	5868828	1837	16942122
1828	7689305	1838	14411337
1829	6595033	1839	9296679
1830	8584799		
19年间进口茶叶总数共计（磅）			195106124

19年间，美国从中国进口的茶叶总量为195106124磅。

这个表格对之前的一些章节做了最好的说明。更为有趣的是，如果与同时期整个英国的贸易变化做对比，我们不难发现，随着英国东印度公司的贸易垄断被打破，一个贸易的新纪元开启了。同时，中国对鸦片的需求量明显增加，将导致贸易逆差逆转。但是由于我们对中国茶叶和其他商品的需求也在增加，以及西班牙银圆的短缺和英国对中国市场的虎视眈眈，再加上信用系统的使用使我们和英国建立了直接的贸易依赖关系，这无意间为我们的分析研究增加了很多困难。而这些数据都是值得深入研究的，所以我们需要列举更多的数据。

因此，我们接着列出从1821—1834年的十四年间，广州从英国及其殖民地进口的商品汇总表。

广州从英国及其殖民地进口货物汇总表

年份	工业品价值总额（$）	原棉		鸦片		鸦片和原棉价值总额之和（$）	进口总价值（$）
		数量	价值总额（$）	箱数	价值总额（$）		
1821	8024606	193850	3239931	3337	6486000	9725931	1537
1822	5165897	390456	5004432	2774	4166250	9170982	14336579
1823	2919739	225448	2981383	5968	9399900	12380383	15300121

续表

年份	工业品价值总额（$）	原棉		鸦片		鸦片和原棉价值总额之和（$）	进口总价值（$）
1824	5959089	254543	4080375	5930	7288600	11368975	17328064
1825	5310013	297483	5174786	7170	5515000	10685786	15995799
1826	5597579	368521	6047618	11050	9782500	15836118	21427697
1827	5323869	475783	7207545	9969	9269826	16477371	21801240
1828	3323517	411127	5329011	10271	11243496	16582506	19906023
1829	4800348	494955	5864155	11409	10908852	16773007	21573355
1830	4381991	376005	5075512	15643	13468924	18544436	22926427
1831	4110441	498197	5617564	17721	12222525	17840089	21950530
1832	4348448	443180	4927775	13946	11304018	16231793	20540241
1833	4644711	427050	5472575	18579	12185100	17657675	22302386
1834	4820453	442639	6726740	17613	11618710	18345456	23165909

表格中的数据首先传递出一个明显的信息。1823年广州进口工业品价值总额和原棉进口数量骤降，原因是1822年11月初广州十三行发生的那场世界闻名的大火。当时，大火烧了整整三天，烧毁了西部郊区最重要的地方，摧毁了一万多所建筑房屋以及绝大部分的国外工厂和产品，导致当地的贸易瘫痪了一年多。但从表中我们可以看出，这期间鸦片的交易量却没有受到影响。这主要归因于两个方面：一方面，当时英国东印度公司把鸦片列为禁运品，将鸦片严格区分并单独运输；另一方面当时中国商行的商人以及一些交易商习惯性地把鸦片存放在虎门外鸦片交易站点的外国商船上，或者通过他们特制的走私船把鸦片运来后立即分赃。正因如此，鸦片贸易才未受到火灾的影响。

表格中的数据说明，鸦片并非像传说的那样，直接由英国大批量运到广州，而是从一开始便由交易双方在彼此信任的基础上进行买卖。在贸易早期，鸦片所得收益也算作总体贸易收益的一部分。但到了这个时期后面几年的时候，它的年交易总量已经相当于工业品价值和原棉价值的总和。自1821年到1834年，它的交易量翻了两番，交易总价值达到最初的两倍还多。表格中展示的工业品交易价值的不断下降以及鸦片交易的大幅度上升，也成为当时英国讨论的主要话题。不久之后，由鸦片问题引起的政治争端也引起了人们的注意。毫无疑问，这种发展趋势是非常不健康的，我们也怀疑后世对这件事情的评论带有夸张的成分，存在一些谬误。

1. 我们怀疑的第一个谬误是，这张表格可能没有包含后期英国从美国商船进口的一些工业制成品。尽管约翰·库欣（John P. Cushing）和伍秉鉴联合起来开拓这块市场，但是从1828—1834年这部分的年平均交易额一直没有超过100万美元。

2. 我们察觉的第二个谬误是：实际的铸币外流量要比评论者陈述的少。这个结论一半基于事实一半基于推理。评论员似乎忽略了美国和英国之间不断深化的合作关系。除了茶叶和丝绸外，他也没有把出口到英国和印度的其他货物算进去，也没有将工业品、原棉和鸦片以外的其他进口货物计算在内。我们还认为从其他货运站出口到印度的大量铸币没有报告给广州，自然也没有包括在内。如果计算中国铸币外流量时取平均值，或既包含之前的流入又包含当时积极的进口，展现出中国由贸易顺差到贸易逆差的转变，这样的评论才算基本符合事实。当时他只是把自己的推测当作事实记载了下来。如果该评论员不是用外流，而是用更准确的词，那么读者应该会对当时的情况和贸易逆差有一个更清晰准确的理解。

数以百万计的中国人愚蠢地把钱花在了抽大烟上，这给他们带来了灾难性的影响。合法的贸易如果毁坏了人们的健康，那么双方有必要在道德层面上进行共同约束。总的来说，通过这张表格我们可以看出，十四年间英国的工业品贸易下降了一半。清朝只用茶叶和丝绸来换取他们需要的东西，而同时由于每年要在鸦片上消费1100多万美元，导致清朝的白银外流非常严重。

毫无疑问，这个表格中的数据向我们传达了贸易差额的逆转过程。这种变化无疑是对英国有利的。同时，表格中的数据印证了我们之前的推测——鸦片交易在整个贸易活动中扮演着举足轻重的角色。它不但影响了每个商人的金融交易，而且在整个进出口市场上也投机了一把。上文我们引用的那位评论员的话，虽没有夸大贸易逆差的重要性，但是却忽略了一点：通过伦敦借贷中心以汇票支付的部分，中美贸易能够大致实现平衡。

因此，前一段时间对中国有利的贸易余额的增长，后来变成不断借贷才能维持贸易平衡，最后演变成贸易逆差。到了后期，鸦片和原棉两笔贸易的总额可以达到1600万美元。通过对比那段时间前期和后期的贸易数据，我们发现同时期美国贸易额和英国贸易额都出现增长，而中国的贫困却在不断加深。归根结底这都是由鸦片造成的。

此处提及的中国、美国和英国之间的贸易依存关系，我们会在下一章节中做更明确的说明。现在，通过下表我们再来总结一下鸦片在贸易中表现出的随机性。在此之前，我们先假设印度产的所有鸦片质量都相同，鸦片出现的价格波动与质量无关。为了解释我们之前暗示的鸦片市场的投机性，请大家注意表格中鸦片的箱数和总价值。

通过下表，我们发现，第七次每箱鸦片的交易价格和第六次差不多。而后来的第八次贸易中每箱比之前贵100美元；第九次的交易价格和第八次差不多；第十次共交易

鸦片贸易中每箱鸦片单价对比表

贸易次数	鸦片箱数	价值总额（$）	每箱单价（$）
1st	3337	6486000	1943
2nd	2774	4166250	1501
3rd	5968	9399900	1573
4th	5930	7288600	1229
5th	7170	5515000	769
6th	11050	9782500	885

15643箱，平均每箱单价约861美元；第十一次共交易17721箱，平均每箱大概为690美元；第十二次共交易13946箱，每箱单价为810美元；第十三次共交易18579箱，每箱单价为655美元；第十四次的交易总量达到17613箱，每箱单价为660美元[1]。由此我们可以看出，鸦片交易的数量比1821年和1822年的平均3055箱增长了四倍多，但每箱鸦片的价格也比第一年降低了1283美元，只是1821年价格的三分之一，甚至比1821年至1824年的平均价格还低900美元。

吉迪恩·奈伊

---

[1] 第七次及以后的鸦片贸易数据原文中并未注明。——译者注

1878 9月

SEPTEMBER

中美贸易

AMERICAN COMMERCE WITH CHINA

第四部分　美国财政体系对贸易过程及成交量的影响

我们发现，如果不考虑战争的直接影响、财务平衡的维持、双方消费需求的刺激，在影响中美贸易过程及成交量的众多因素中，最重要的便是美国政府财政制度的变化。[1]

受美国财政制度变化的影响，首先，之前自由买卖的茶叶交易开始纳税，而丝绸和其他货物，因为消费者对这些东西没有硬性需求，它们受到的影响相对较小。

为了进一步向大家解释相关细节，我们收录了从第一部关税法颁布至今的税收法案中的一些关键条例。

1789年7月4日，美国第一部关税法推行了以下征税条例：

对由美国建造并属于美国公民的船，或由外国建造但在本年5月16日至进口之时属于美国公民所有的船装运的、从中国或印度进口的茶叶，征收以下关税：武夷茶，6美分/磅；小种红茶或其他红茶，10美分/磅；熙春茶，20美分/磅；其他绿茶，12美分/磅。

对由美国建造并属于美国公民的船，或由外国建造但在本年5月16日至进口之时属于美国公民所有的船装运的、从欧洲进口的茶叶，征收以下关税：武夷茶，8美分/磅；小种红茶和其他红茶，13美分/磅；熙春茶，26美分/磅；其他绿茶，16美分/磅。

对以非上述方式进口的茶，征收以下关税：武夷茶，15美分/磅；小种红茶和其他红茶，22美分/磅；熙春茶，45美分/磅；其他绿茶，27美分/磅。

对非由美国建造、非完全属于美国公民的船，或由外国建造但在本年5月16日至进口之时非完全属于美国公民所有的船装运的、从中国和印度进口的所有货物、商品和杂货（除茶外），征收12.5%从价税。[2]

---

[1] 清朝政府的财政支出较为稳定。
[2] 有趣的是，上述第一部关税法颁布后，新政府便无法解释共和制的基本原则——"为大多数人带来最大程度的幸福"。因为向茶叶等生活必需品、丝绸等免税的奢侈品征税，实际上是对低收入人群的歧视。

1790 年 8 月 10 日，第二部关税法颁布（前一部就此废止），并于 1790 年 12 月 1 日开始执行：

对属于美国的船从中国和印度进口的茶叶征收以下关税：武夷茶，10 美分/磅；小种红茶和其他红茶，18 美分/磅；熙春茶，32 美分/磅；其他绿茶，20 美分/磅。

对属于美国的船从欧洲进口的茶叶征收以下关税：武夷茶，12 美分/磅；小种红茶和其他红茶，20 美分/磅；熙春茶，40 美分/磅；其他绿茶，24 美分/磅。

对其他船或从其他地方进口的茶叶征收以下关税：武夷茶，15 美分/磅；小种红茶和其他红茶，27 美分/磅；熙春茶，50 美分/磅；其他绿茶，30 美分/磅。

1795 年 1 月 29 日，国会通过法案，对关税法作了如下补充：

自 3 月 31 日起，贡茶、珠茶和贡眉茶的征税标准同熙春茶。

1797 年 3 月 31 日，新法案又在原来的基础上新增了以下征税条款：

对属于美国的船从任何外国港口及其他地方进口的武夷茶，征税 2 美分/磅；如果为外国的船进口，需再加 10%。

由于与北非巴巴利地区的战争，1804 年 3 月 26 日，国会颁布了新的法案，为所谓的"地中海基金"（Mediterranean Fund）提供支持：

对美国商船进口的商品在原关税基础上加收 2.5% 从价税，外国商船加收 10% 从价税。根据需要不定期执行，至 1815 年 3 月 3 日终止。

1804 年 3 月 27 日，新法案规定：

对美国商船进口的中国肉桂征收关税 4 美分/磅，外国商船加收 10%。

1812 年 7 月 1 日颁布的法案规定，"与英国战争期间及战后一年内"，实行双倍紧急税率：

对美国商船从任何港口及其他地方进口的所有商品加收 100% 关税，外国商船再加收 10%。

1816 年 2 月 5 日的法案规定，上述条款延续至 1816 年 6 月 30 日，此后双倍紧急税率取消。

关税税率较之前上浮 42%，"直到新关税法通过"。1816 年 4 月 27 日，新关税法规定如下：

自 1816 年 6 月 30 日起，对美国商船从中国进口的茶叶征收以下关税：武夷茶，12 美分/磅；小种红茶和其他红茶，25 美分/磅；贡茶、珠茶和贡眉茶，50 美分/磅；熙春茶和雨前茶，40 美分/磅；皮茶和其他绿茶，28 美分/磅。

对其他船只或从其他地方进口的茶叶征收以下关税：武夷茶，14 美分/磅；小种红茶和其他红茶，34 美分 / 磅；贡茶、珠茶和贡眉茶，68 美分 / 磅；熙春茶和雨前茶，56 美分 / 磅；皮茶和其他绿茶，38 美分 / 磅。

对中国肉桂征收关税 6 美分 / 磅；瓷器征收 20% 从价税。

1815 年 3 月 3 日，对美国贸易停止采取区别性或对抗性关税政策的国家，美国对其商船也停止区别对待。但 1824 年又进行了调整。

1824 年 5 月 22 日颁布的法案规定，以下条款针对从好望角以外地方进口的商品，自 1825 年 1 月 1 日起生效：

对从好望角以外的地方进口的所有棉麻制品和丝绸制品，征收 25% 从价税。对美国商船进口的粗制樟脑，征收关税 8 美分 / 磅；外国商船加收 10%，条约豁免者除外。

1828 年 5 月 19 日颁布的法案规定如下：

对从好望角以外的地方进口的所有丝绸制品，征收 30% 从价税。自 1829 年 6 月 30 日起，加收 5%。

1830 年 5 月 20 日颁布的法案对茶叶所征关税有所下调：

对美国商船从好望角以外的地方进口的茶叶征收以下关税：武夷茶，4 美分 / 磅；小种红茶和其他红茶，10 美分 / 磅；贡茶、珠茶和贡眉茶，25 美分 / 磅；熙春茶和雨前茶，18 美分 / 磅；皮茶和其他绿茶，12 美分 / 磅。

对外国商船或从非好望角以外的地方进口的茶叶征收以下关税：武夷茶，6 美分 / 磅；小种红茶和其他红茶，18 美分 / 磅；贡茶、珠茶和贡眉茶，37 美分 / 磅；熙春茶和雨前茶，27 美分 / 磅；皮茶和其他绿茶，20 美分 / 磅。

该法案自 1832 年 1 月 1 日起生效。

1832 年 7 月 14 日颁布的法案对各种茶叶的关税规定如下：

自 1833 年 3 月 3 日起，对美国商船从中国或好望角以外的地方进口的咖啡、肉桂和樟脑免税。

对非美国商船或从好望角以外的地方进口的所有茶叶征收关税 10 美分 / 磅。

对从好望角以外的地方进口的丝绸制品所征收的从价税从原来的 30% 降至 10%。

1841 年 9 月 11 日颁布的法案规定，自 9 月 30 日起，对茶叶和咖啡免税。

1842 年 8 月 30 日颁布的法案规定，对美国商船从原产地进口的茶叶和咖啡免税，从其他地方进口的征收 10% 从价税。

对外国商船从好望角以东的地方进口的茶叶和咖啡，若该船 1842 年 9 月 1 日前未离开装运港，则征收 20% 从价税。

除原关税外，以下商品也要加税：

对未印染的茧绸和白绸，16 盎司为 1 磅，加收 1.5 美元/磅；缝纫丝线，2 美元/磅；未注明的丝绸制品，2.5 美元/磅；生丝，50 美分/磅。对瓷器，加收 30% 从价税；席子，25% 从价税；甜食，25% 从价税。肉桂，5 美分/磅；粗制樟脑，5 美分/磅；精制樟脑，20 美分/磅。

外国商船加收 20%，条约规定区别对待者除外。

1846 年 7 月 30 日颁布的法案规定，自 12 月 1 日起，对下列商品征收的关税改为从价税：

粗制樟脑，25%；精制樟脑，40%；肉桂，40%；桂蕾，20%；血竭，15%；香精油，30%；陶器、瓷器、石器，30%；地毯，25%；生丝，15%；大黄，20%。

对美国或条约豁免的船从原产地进口的茶叶和咖啡免税；其他情况征收 10% 从价税。

1857 年 3 月 3 日颁布的法案规定，1857 年 7 月 1 日及之后抵达的商品征收从价税，上述 1846 年颁布的法案废止。具体规定如下：

粗制樟脑，8%；精制樟脑，30%；肉桂及其他香料，4%；香精油，24%；陶器、瓷器、石器，24%；丝绸制品，19%；地毯，19%；大黄，15%。

生丝和血竭，免税；美国或条约豁免的船从原产地进口的茶叶和咖啡，免税。

其他情况征收 10% 从价税。

1861 年 3 月 2 日颁布的法案规定，自 1861 年 4 月 1 日起，此前的关税法废止，实行以下新规：

肉桂，4 美分/磅；桂蕾，8 美分/磅；丝胶，15% 从价税；每平方码价值小于 1 美元的丝绸，20% 从价税；每平方码价值大于 1 美元的丝绸，30% 从价税；缝纫丝线和未注明的丝制品，30% 从价税；瓷器，根据质量好坏分别征收 20% 和 25% 从价税。以下商品征收 10% 从价税：茴香、藤黄、糖姜、大黄。以下商品征收 20% 从价税：地毯、朱砂、香精油。以下商品征收 30% 从价税：扇子、炉围、鞭炮。

以下商品免税：美国商船或互惠条约豁免的外国商船从原产地进口的茶叶和咖啡、棉花、血竭、檀香油、生丝、蚕茧、废丝。

1861 年 8 月 5 日颁布的法案规定，自法案颁布之日起，此前的关税法废止。此前免税的以下商品：

所有茶叶，15 美分/磅；咖啡，4 美分/磅；肉桂，10 美分/磅；桂蕾，15 美分/磅。

糖姜，15% 从价税；丝胶，25%；每平方码价值小于 1 美元的丝绸，30% 从价税；每平方码价值大于 1 美元的丝绸，40% 从价税；缝纫丝线和未注明的丝绸制品，40%

从价税。

对非条约豁免的外国商船从好望角以外的地方进口的所有商品，征收10%附加税；对所有商船从非原产地进口的商品同样征收10%附加税。

1861年12月24日颁布的法案规定，自法案颁布之日起，此前的关税法废止，实行以下新规：

所有茶叶，20美分/磅；咖啡，5美分/磅。

1862年7月14日颁布的法案规定，自8月1日起，此前的关税法废止，实行以下新规：

粗制樟脑，30美分/磅；精制樟脑，40美分/磅；茴香油，50美分/磅；大黄，50美分/磅。

下列商品加收10%从价税：糖姜、地毯。

下列商品按照新规征税，此前规定废止：棉花，1.5美分/磅；陶器及普通石器，20%从价税；精制瓷器，40%从价税；粗制瓷器，35%从价税。

亚麻布、扇子和炉围，加收5%附加税。

对从好望角以西的地方进口的产自好望角以东的地方的茶叶及其他产品，在原来税率的基础上加收10%从价税。

1863年3月3日颁布的法案规定：

自法案颁布之日起两年内，对从好望角以西的地方进口的产自好望角以东地方的棉花和生丝，免收附加税。

1864年6月30日颁布的法案规定，自7月1日起，此前的关税法废止，实行以下新规：

所有茶叶，25美分/磅；绢丝，25%从价税。

丝胶及丝绵，35%从价税；缝纫丝线，40%从价税；所有真丝衣服、丝巾，60%从价税；瓷器，根据质量好坏分别征收40%和50%从价税。

肉桂，20美分/磅；桂蕾，25美分/磅。

糖姜，50%从价税；鞭炮，1美元/箱；对从好望角以西的地方进口的产自好望角以东的地方的商品，加收10%从价税。

除原棉以外，对本国及条约豁免的商船与其他商船仍区别对待。

1865年3月3日颁布的法案增加了以下附加税：

绢丝，10%从价税；原棉，5美分/磅。

1866年7月28日颁布的法案规定，自8月10日起，此前的关税法废止，实行以下新规：

原棉，3 美分 / 磅。

1868 年 2 月 3 日颁布的法案规定：

自 11 月 1 日起，原棉免税。

1872 年 5 月 1 日颁布的法案规定：

自 7 月 1 日起，茶叶和咖啡免收进口税。

1874 年 6 月 22 日颁布的法案规定，自法案颁布之日起，对从中国进口的以下商品实行新规。对以下商品完全免税：茶叶、原棉、粗制樟脑、土茯苓、麝香、大黄、茴香油、肉桂油、八角、锡、血竭、砂姜。对以下商品有条件地免税："由普通棕榈叶制成的"扇子、"未折叠、搓捻及以任何形式加工过的"的生丝（"若在原产地以外再度缫丝则需收税"）、蚕茧、废丝、蚕卵。对以下产品依据其他条款征税：瓷器、石器、陶器，根据质量好坏分别征收 40%、45% 和 50% 从价税；马尼拉蕉麻，25 美元 / 吨（相当于 20 英担另加 112 磅）；亚麻布，30% 从价税；白米，2.5 美分 / 磅；糙米，2 美分 / 磅；糖，根据质量征税 2—5 美分 / 磅；上等糖果，10 美分 / 磅；丝胶、生丝、经丝、纬丝、加捻生丝，35% 从价税；绢丝、丝绵，35% 从价税；缝纫丝线、马海毛丝，40% 从价税；真丝衣服、丝巾、丝缎、丝绒、丝质背心布料、茧绸、披肩、围巾、丝制服装，60% 从价税；丝制扣子、装饰品及其他无另行规定的丝制商品，50% 从价税。黑胡椒，5 美分 / 磅；肉桂皮，20 美分 / 磅；肉桂和桂枝，10 美分 / 磅；桂蕾和地桂，20 美分 / 磅；橄榄，5 美分 / 磅；肉蔻皮，20 美分 / 磅；肉豆蔻，20 美分 / 磅；木材和橱柜类家具，35% 从价税；精制樟脑，5 美分 / 磅；糖姜，35% 从价税；各种扇子和炉围，35% 从价税，由普通棕榈叶制成的除外；鞭炮，每箱 40 包，每包不超过 80 支，1 美元 / 箱；其他各种鞭炮，30% 从价税；胶水，20% 从价税；皮毛，根据质量征收 10%—35% 从价税；稻草或者其他材质的帽子，30% 从价税；用于娱乐的象牙制品，50% 从价税；瓷器及其他地毯，30% 从价税；用于吸食的鸦片，1 美元 / 磅；其他所有鸦片制剂，6 美元 / 磅；半加工藤，25% 从价税。

对从好望角以西的地方进口的产自好望角以东的地方的商品，加收 10% 差别关税；非条约豁免的商船进口的商品，加收 10% 从价税。上述两种条件均符合者，加收 20% 从价税。

备注：上述法案更改很琐碎，我们只列出了其中与中国贸易相关的内容。

吉迪恩·奈伊

上海关帝庙门前的守门石卫
THE GATE-KEEPER OF THE KUAN-FU-TSZE TEMPLE

照片中为关帝庙门前的一尊石像，中国人告诉我们他是关羽的马童。传说他身高 12 英尺，他照料的那匹马可日行千里。

关帝庙门前的神龛及守门石卫
KUAN-FU-TSZE MIAU MEN-SAN SHEN-KIAN,
THE GATE-KEEPER OF THE KUAN-FU-TSZE TEMPLE

上海关帝庙暨箭台
KUAN-FU-TSZE MIAU,
TEMPLE AND GUARD-HOUSE ON THE CITY WALL,
SHANGHAI

上海关帝庙

THE KUAN-FU-TSZE MIAU, SHANGHAI CITY

照片中的关帝庙构成了城墙上一道亮丽的风景，它位于宁波会馆对面，外国人一般认为它是个警卫室。这座关帝庙非常特别，从照片中可以看出，其正面非常壮观。

与中国的很多建筑一样，它的窗户是由打磨过的贝壳而非玻璃制成的。屋内可以透进一些光线，但仍然很昏暗。前面说过，这座庙是建在城墙上的，可以沿着台阶从地面走上来，但似乎鲜有人来参观。虽然神案前一直燃烧着蜡烛和香，但是我们经过寺庙时从未看到有人敬拜。

登州府

TUNG-CHOW-FOO

这是一座古老的城市，距离芝罘有一段距离，稍后我们会对它做详细的介绍。听说在亚伯拉罕时代这个城市就已经存在了。树丛掩映中有一座教堂的方塔，表明这里有传教士活动，我们相信他们取得了一定的成功。

登州府
GENERAL VIEW OF TUNG CHOW-FOO

登州府蓬莱阁
THE TEMPLE OF PUNG-LEI KO, AT TUNG-CHOW FOO

芝罘
CHEFOO

芝罘是中国北部的一个开放口岸,对来自南方口岸的人来说这里是中国最适宜居住的沿海城镇。每年夏天和秋天,大批南方人都要来这里旅游。

芝罘
CHEFOO

囚笼
PUNISHMENT OF THE CAGE

囚笼

THE PUNISHMENT OF THE CAGE

　　这是一种极其残酷的刑罚，让囚禁其中的犯人慢慢死去。犯人被关在囚笼中，双手被绑，脖子上卡着一块木板，下巴可以放在木板上，而头只能昂着，脚尖刚刚够到囚笼底部。这个可怜的人一直保持这个姿势，不能吃东西，也不能休息，直到饿死。

清朝私塾
A CHINESE SCHOOL

清朝私塾
A CHINESE SCHOOL

照片一览无余，在此不做赘述。

1878 10月

OCTOBER

中美贸易
AMERICAN COMMERCE WITH CHINA

第四部分　商业背景

现在终于谈到我们从广州开始调查的那段时期了，那时恰逢东印度公司的垄断地位即将终止。1832年颁布的美国关税法规定从中国进口的茶叶全部免税。自1833年3月3日生效后，中国运往美国的茶叶数量有了显著的增加。

这项关税法颁布之前，贸易领域经历了一段动荡时期，一方面由于1827年爆发了经济危机，另一方面由于之前关税绑定条款下形成了长期借贷的恶性体系。这场动荡造成了纽约和费城几个著名的交易所关闭。

与此同时，美国各商业领域普遍呈增长趋势。新兴的美国银行的英国对手紧随其后，扩大了对中国和印度贸易的信贷规模。由此导致的一系列结果可想而知。虽然合法的既得利益者谨慎地只投入了一小部分，但在1837年大规模经济危机导致上述新兴银行陨灭之前，一些具有冒险精神的"闯入者"却将自己完全套牢。

这些动荡带来的各种影响，从美国进口茶叶的统计表格中也可以明显看出来。而且，通过茶叶进口量的变化，我们也可以窥测到通货膨胀的倾向：1821—1825年茶叶进口量从500万磅增至1000万磅；1826年仍是1000万磅，到1827年突然降至600万磅以下；1830年又增至850万磅；1831年降到500万磅；1832年增至将近1000万磅；1833年继续增长至1450万磅；1834年超过1600万磅；1835年又跌到1450万磅；1836年又反弹到1600万磅；1837年增至将近1700万磅；1838年和1839年由于受中国禁烟的影响，贸易额有所下降。

现在我们将关注点转向1833年我们到达广州后搜集的一些贸易数据。在这不久之前，普林斯顿大学一位极其慷慨的捐赠人约翰·格林（John C. Green）编辑整理了一份完整的美国贸易报表。我们有幸获取了这份报表的数据。但是由于与这份报表相隔四年的数据更有价值，因此对于格林先生的报告，我们只是介绍一下大概的框架，以避免出现重复。

截至1833年6月30日止，广州进出口贸易共涉及59艘商船，共运输以下种类的商品：

1、进口：水银、铅、铁、锌、智利生铜、镀锡钢板、人参、土耳其鸦片、胭脂、檀香木、珍珠贝壳、钟表、手表、宽幅细毛布、羽纱、印花棉布、天鹅绒、哔叽绒[1]、细棉布、细亚麻布、家用棉织物、亚麻布、棉屑、精纺毛呢、棉纱、印花布、獭绒、海豹绒和狐狸绒等。

2、出口：茶叶、丝绸、肉桂、樟脑、大黄、陶瓷、朱砂等。包含运费在内，出口商品金额共计8372175美元，和进口金额基本上持平。其中大约50万美元是通过铸币直接或间接付款，另一半是通过英国伦敦交易所汇票转账实现。

我们注意到一件有意思的事情。同一年英国在广州的贸易共涉及74艘商船，商品进口总额共计22304753美元，出口总额共计18332760美元。这样看起来，英国和印度需要付给中国的钱和美国的差不多。但四年后，英国的贸易顺差达到900万美元。

另外，自从印度鸦片贸易获得法律保护以后，一批商船的首领或者官员冒险在澳门港口外的船上私售鸦片。而这部分可观的交易额显然没有归入广州的进口记录里面，当然这笔钱也没有回到印度。在相当长的一段时间里，澳门港口仍存在一支由葡萄牙人操作的独特的交易支流。这些交易者主要是英国人，他们在来往于果阿和达曼的船上交易，有时候也在来往于孟买的船上交易。因此，从中国实际流出的铸币比统计数据显示的更多，可能每年达100万美元。

广州官方的进出口报告也显示出同样的漏洞。当时总会有大量的货物通过小船不断出入。这些都是在那些在外国工厂附近工作的海关工作人员的默许下操作的。这就造成每年有价值上百万的进出口贸易额白白流失，因此后来政府不得不成立海关调查处。

既然政治因素直接影响了一些比较重要的商业贸易，而且也大致勾勒出英国和美国之间贸易的相互依赖关系。在此我们必须指出这段时期的特别之处，即政治问题已经成为威胁商业贸易正常开展的严重问题。我们曾经说过，英国东印度公司给清朝政府和百姓带来了很大的信心；另一方面，在和中国之间的贸易关系不明确的情况下，它或多或少地为其他贸易提供了一些保护。当时既没有签订政治公约，也没有经济条约，中外关系的维持只能依赖于皇帝的个人喜好或预见性，以致数年之内中外关系出现了多次剑拔弩张的时刻。

尽管在孟加拉地区占据垄断地位，但是英国东印度公司早已决定不再向中国运输

---

[1]也称单面绒。——译者注

鸦片。从与政府关系的角度来讲，这是一个重大的政治转变，这样他们就无须直接与清朝政府打交道。如果在这条交通要道上发生什么不快，清朝政府就没办法用以往惯用的方式——中止该公司在广州的合法贸易——来处罚他们。不过，盼师夫人（Lady Baynes）及其朋友罗夫人和罗小姐（Mrs. and Miss Low）从澳门来到广州，跟她们的丈夫住在了一起，这件小事导致了整个对外贸易中断，直到她们离开才得以恢复。

在这个尝试进行之前，东印度公司的领导者已可以自如应对各种不规范行为。因此当英国政府下令禁止商船运送鸦片给那些开设在远离河口的小岛上的私人商铺时，他们没有任何的担心，而且其中有些商铺还不是英国人的。公司中的管理者还需要遵守一个严格的规定，那就是禁止他们的妻子和孩子跟他们住在一起。这就导致他们和家人不得不痛苦地分开，同时也意味着他们向皇家法令表明了自己的忠心。

但是在中国人尤其是中国商人心目中，东印度公司的地位并没有因此下降，反而增强了对它的信任。其商品因质量可靠而被大众喜欢，这些商品甚至远销到中国最偏远的省份，而且通常不需要查验。在商界，东印度公司的哔叽绒或者其他一些货物质量堪比黄金。

自由贸易如果达不到它所宣传的效果，就会变得声名狼藉，而实质上它宣传的是"在贸易竞争中，混合是正当办法"。

上述决定表明，该公司的管理转向保守，而这种变革遭到了皇帝和大臣们的反对。

就算不考虑对既得利益的潜在威胁，商行也不喜欢这种可能会带来财务安全问题、降低商业道德标准的变革，这也不奇怪。以往，该公司的大班进行贸易活动时，双方大都遵循惯用的商业标准，摒弃一切贸易诡计和小市场中粗野的讨价还价。但是当时恰巧出现了这样一件事。东印度公司流失的利益很大一部分落在了几个最重要的人物手中，剩余的利益绝大部分被声誉良好的商行控制。当地官员和行商不仅担忧与印度的贸易，更为整个贸易环境担忧，害怕贸易中断的时间比他们预期的时间要长。这种中断不是由贸易自身的问题造成的，而是因为中英两国高官的礼节不同。直到其他因素发酵到要将一些旧的贸易规则彻底废弃，并且把商业发展置于一个极其不稳定的位置，且随时有翻船的可能时，保守派的担心才说得过去。

在第一部分，我们就提到1784年商业往来中出现的一次意外，通过这个意外我们能够明白当发生任何异常棘手的事件时，广州所有的外国人都会一致行动。另外，在后面的章节中我们也介绍了美英贸易在财政上的相互依赖关系。但是在那之前，我们必须提到半个世纪后第一次正式的政治联合事件。这次事件的意义更为深远，但也是更严重的对抗。直到1842年《南京条约》的签订，中国对西方国家的政治和贸易态度才有了一个新的开端。

在讲述政治小插曲导致当前贸易中断的状况前，为了更精确地重现当时真实的场景，我们先介绍一下当时的历史背景。我们于五六年前受到一个委员会的邀请对这些情况做过粗略的描述。那时在广州的外国人都受到了影响。我们重现了当时到达中国的情景（1784年，美国商船"中国皇后"号首次抵达广州黄埔港），记得我们当时说："我们到达广州后，叙述的角度从个人扩大到大众，看问题的视角变得更加全面。尽管当时的贸易仍处于英国东印度公司和公行的垄断时期，那天的广州向外国人展示了地理上的思想局限，同时向政客展示了政治上的思想局限。但是对商人来说，他们感受到了一种开放的商业思想。这是中国唯一开展对外贸易活动的场所，也是远东地区最好的交易地，注定会成为一些历史性事件的大舞台。演出开始之时喧嚣，结束之时落寞，中国的骄傲不再。"

这一时期也是政治、经济利益最丰厚的时期。同时，英国下议院中支持垄断的一方和支持自由贸易的一方的斗争已经进入白热化阶段。该事件每天的进展都会随着英国商船传来。东印度公司在远东的贸易垄断权马上就要到期了[1]。所以是否继续延长其特权的议题，深深牵动着双方代表的神经，同时也吸引着世界的关注。在1833—1834年英国下议院的选举中，是否批准东印度公司在远东贸易上保持垄断特权一直是个热点问题。不管英国代表是继续像以往一样做商船上的大班还是成为大使，都将在这一刻决定。最后，英国宣布取消东印度公司在贸易上的垄断特权与管辖权，从而于1846年顺利地废除了《谷物法》。这具有划时代的意义，对东西方世界来说都极具历史意义。这将打破两国交往一直由垄断支配的局面，不仅影响了中英两国关系的走向，而且对中国和世界的关系也有深远影响，最终开创了国际关系的新纪元。

这就是1833年我们到达广州时的状况。对于远在英国的议会对这个问题进行讨论的消息也传到了北京的皇宫里。但是清朝皇帝坚决维护自己的皇家特权，拒绝做出任何改变。正如埃德蒙·柏克（Edmuund Burke）描述大革命时期的美国人那样："他们在任何腐败的风气中都可以嗅到暴政的味道。"也许中国皇帝也从远处传来的消息中嗅到了对他的权力的侵犯。

---

[1] 1813年，英国议会取消了东印度公司对印度贸易的垄断权，只保留其茶叶贸易和对华贸易的垄断地位。国会又于1833年完全取消了该公司的贸易业务，把它变成了一个"受国王委托的"在印度进行殖民统治的政治、军事和行政机构，期限为20年。——译者注

中国政府没有向世界其他地区做出任何让步，反而实行新的贸易管制措施，增加了对个人的限制约束，但对鸦片贸易却没有采取直接的限制措施。1832 年，李鸿宾发布公文反对鸦片贸易，其中有些内容明确指出了鸦片的坏处："鸦片流毒内地。既经厘定章程，自当认真查察，绝其来路，禁其分销。"尽管这份公文谴责的口吻十分严厉，但是继任者卢坤在发布新的颇具争议的公文时，没有提及鸦片贸易的发展情况。随着 1834 年律劳卑（Napier）去世，这个法案也告一段落了。

由于中国皇帝和大臣们对不受他们控制的改变怀有天然的恐惧感，致使他们没能针对鸦片问题制定一个切实可行的政策。这使英国也不确定该如何应对，促使英国政府出台了一些试探性和安抚性的政策。这样，英国新任使者到中国后便不再服务于东印度公司，而直接代表英国皇室，称为"英国驻华商务总监、副总监、第三副总监"，表面上相当于原来东印度公司的大班、二班、三班。这样，中国政府就不会怀疑这是一场蓄谋已久的变革，而与此同时，变革在中国政府和人民中已悄无声息地产生。两位原东印度公司商船大班步楼东（Plowden）先生和德庇时先生进入新的委员会，律劳卑勋爵出任首位英国驻华商务总监。

但致使外国和中国关系长期不稳定的因素一直存在。1834 年 7 月 15 日，律劳卑携家人登陆澳门，刺激了这些不稳定因素的集中爆发。同时，在东印度公司的临时安排下，自由贸易从广州正式开始。4 月份，第一艘商船"莎拉"号（Sarah）载着贵重的生丝直接驶向英国。这件事情由渣甸及其朋友促成，因为船上运载的所有生丝都是他们购买的。这跟当时欧洲谷物的大量减产有直接关系。巴林兄弟公司和旗昌洋行也效仿了这种模式。

尽管 1833 年秋天中国发生了严重的洪涝灾害，但当年的冬天和第二年的春天，中美贸易还是朝着繁荣的方向发展。这一状况一直持续到律劳卑提出一个重要的问题，那就是外国人的地位是否完全取决于皇帝的旨意。当时广州是三条江河的汇集地，洪水灾害严重。据说当时的洪水给广东省尤其是广州市带来了罕见的灾害。虽然总的财富减少了，但美国商人因为从爪哇、马尼拉及其他地方购买大米支援广州而获益匪浅。而且，它还推动了一个新的吨位费体系[1]的建立。根据这个新的体系，所有运输大米的船只都免征测量费。由此，船主增加了收益，主动将大量粮食运送到广州，帮助人们顺利度过洪灾。这项对旧制度的修改适用于所有外国商船，而且一些其他税费的变化也被强行写入到后来的《南京条约》中去。它明显体现了洪涝灾害骇人的特点，而且对如何应对灾

---

[1] 按照船舶的运载量征税。——译者注

害也提供了对策。1877年清朝又发生了一场类似的灾害，对此大部分的清朝人应该都记忆犹新。在此我们将两场灾害稍作比较。

据当地的年长者说，1877年发生的洪涝灾害是自1833年以来最严重的一次。但是从各方面来说，发生于1833年的那场洪灾更为严重。当时整个广东可谓满目疮痍，百姓的生命财产遭受了毁灭性的打击。

广东东部连绵不断的雨水致使当地河水暴涨。该地区的36个村庄被淹没，潮州府几乎被冲垮。西部和北部从7月份到9月份一直洪水泛滥。受洪灾的影响，河流水位持续高涨。9月5日至6日，河流水位达到最高峰。当时西部河流的水位高出水平线10英尺。根据呈给皇帝的奏折记录，当时广州东城门的水位达5英尺。但是据当地人说，其实当时水位已经高达9—10英尺。周边大部分地区和城市都被淹没了。

当时，清远市的堤坝全被摧毁，田地全部被淹没。广州和澳门之间的所有地方，包括土地上种植的桑树全部遭到毁坏。在长达一周多的时间里，黄埔地区禁止商船航行。流经城市的洪水湍急迅猛，冲击着城市里的一切，城门一时无法关闭。很多房屋被冲垮，接连倒下去。4000多座房屋倒塌。很多人到城墙上寻求庇护，但是部分城墙也倒塌了。在一座庙宇里，逃难的人和很多等待下葬的尸体都被洪水冲走了。这场洪灾导致1万多人失踪。当时为了解燃眉之急，政府强制募捐了100万两白银，而灾后的修复和重建工作直到两年后还在进行。

这就是1833年那场洪灾带来的后果。我们没有其他确切的记录用以考证。但是山茂召少校的记录提到，五十多年前受洪水的影响米价曾涨到每担8美元。同样我们能想象得到，那场灾难应该也导致了同样的后果。1834年6月广东又发生了一次洪灾，但是洪水消退的比前一年要快得多。

现在，我们大致将律劳卑从澳门赴广州任职后发生的一系列事件总结如下：他到达广州——向两广总督致公函——两广总督发布谕令——贸易中断——律劳卑张贴告示——中国工人撤出英国商馆——英国海军舰队到达英国商馆附近——两艘护卫舰"伊莫金"号（Imogene）和"安德洛玛克"号（Andromache）强行闯入珠江口——中国出动军队应对——中国官员上书朝廷——皇帝回应——律劳卑病重——英国护卫舰离开黄埔，英国海军退至澳门；两广总督第三次上书皇帝，并收到皇帝的回复——律劳卑去世——英王任命新的驻华商务总监。

作为一个外交事件，尽管中国政府在7月份宣称，他们和英国代表谈判的目的是对在广州的外国人加以优待。但是实际上他们此举必然会破坏整个港口贸易，而且不是每个人都能意识到，在拥有共同利益的情况下这项提议是无用且不明智的。

如上所述，当时整个港口的贸易都停止了一段时间。在这段时期直到《南京条约》签订前，准确地了解外国人的行动范围是非常重要的。因此，我们在此列出当时两广总督的谕令和律劳卑的告示书。前者生动准确地描述了在旧体系的控制下外国人该如何行事，因此大家阅读起来会觉得很有意思。

1834年7月27日两广总督谕令（节选）：

> 至该夷目来广，系为贸易事物。天朝设官，文以治民，武以御暴。贸易细事，向由商人自行经理，官不与闻其事。该夷贸易，如有更定章程等事，均应该商等会同查议，通禀粤海关监督暨本部堂，应准应驳，听候批示。若事关创始，应候恭折奏明大皇帝，奉有谕旨，再行饬遵。
>
> 天朝大臣，例不准与外夷私通书信。若该夷目投递私书，本部堂概不接阅。至省城外公司夷馆，为来省交易夷人暂住之所，只应在馆食宿买卖，不准携带妇女，亦不准出外游行。凡此皆有一定制度，不容紊越。
>
> 总之，国有法度，各处皆然。即英吉利本国，亦有法度。何况天朝煌煌令典，严于雷霆，尤天之下，莫敢不遵。庵有四海，抚育万邦。该夷目数万里航海而来，查理事件，自系通晓大礼之人。且身为官门，必需事事合理，而后方能约束夷商。……
>
> 即日禀复，一面谕令即速回澳居住，听候本部堂具奏请。切遵行。不得在省逗留。倘有抗违，惟该商等是问。切切记此谕。

然后律劳卑发布了以下告示书：

> 为指明大清与大英两国相关紧要之事，现今实情如何，通告各商等知之。
>
> 1831年1月16日，经各洋商会议禀明。前督宪李大人，奉饬令公司大班写书回国，如果公司散局，英国仍应派命官员来粤省，总管贸易人等，免致事乱，意甚为可誉。因此去年公司贸易完结之时，本大英国主特命本监督来此接斯要任，到时就与督宪照会。六月十九日，本监督到省，即时照会。二十日将会书送至城门，欲由城官转递，惟到门，各官皆推辞，不肯转递。洋商虽欲代递，本监督既系本国主特命之官，未能俯由商人照会，不能准其代递。至外人所言带书之员欲强至衙门递书，无属非真。大督宪大人不记前督宪批谕之意，又不思自将同品官员会书推辞，不肯接收之事，今云不知此国何事来省，并谕令远居澳门。且七月十四再发谕云："该商等请停止该国交易，本部堂故再暂时

从纵等因"。惟发谕之先两日，业经洋商等自行停止贸易，其事督宪未必不知。且此后广州府会同广州协同潮州府三位奉派来至公馆，欲问明本监督因何事来省，当何时回澳，且有无职分如何等语。本监督回言来省之原因。前督宪十年十二月初三日批谕洋商之情，及何时回澳，必随自便。至所问职分如何，倘若接开会书，即可明知。要事未能口述，惟府协列位，皆不肯将书拆开，亦不肯转递，而空然回去。兹想督宪固执不明，以致大宪但吓将要停止贸易之时，洋商自行停止，又致派员来馆，而伊等不肯将照会转递，空空回去。如此固执之极，必将令数千勤劳的华人生意皆在外国，贸易事者一旦失望，受害不小。虽大英国商人特愿以两国相益之理，在大清各地方交易实为两国之要事。英国商等定必勉求得之。大宪若要阻滞，欲以洋行狂妄会读之处为例。其宁可搁阻大河流水之船，比阻滞英等更为难也。告白。

正商务总监律劳卑
1834年8月25日于广州

律劳卑发布告示之后，紧接着两广总督又于9月2日发布了一封紧急的谕令。下文我们摘取了部分谕令，足以证明当时事态的严重性。

1834年9月2日谕令（节选）

且该夷目律劳卑既不禀请奏明，突如其来，自逞意见。节次传谕，本部堂可谓曲体夷情。而该夷目若周闻知，定属愚昧无知。虽以理喻，似此谬妄之人在粤管理贸易，将来商民亦必不能相安。自应照例封仓，除未经停止以前买卖已定各货，仍准发生外，兹本部堂及属下会同酌议，自本月十二日起，将英吉利国买卖一概停止。除谕饬各洋商遵循，各夷馆买办、通事及雇役人等一概撤出，并咨明粤海关监督及查擎汉奸究办。并将历次扎谕刊发以示外。合行出示此谕，为此示仰关属军民商贾人等及各国夷商知悉。

自示之后，内地商民一切大小货物均不许与英吉利国买卖，诸色工匠、船户人等，亦不许受该夷雇佣。如有私自交易被雇者，地方官即行查拿，照私通外国之罪。此系该夷目律劳卑自绝于天朝，非本部堂及属下好为己甚也。其余各国夷商，仍准照常贸易，不必疑虑。各宜禀遵，毋遵特示。

道光十四年九月二十九日

"国有法度，各处皆然。即英吉利本国，亦有法度。何况天朝煌煌令典！"清朝总督如此向外国人表明他们的态度，实在发人深省。

当时一批活动在广州和澳门之间的商人被抓，随后被囚禁在黄埔附近的一艘船上，其中恰好有我们的一位亲戚。据说当时船上的生活非常不便。1834年7月25日一早，律劳卑在两个副总监、秘书、军医和其他随从的陪同下到达英国的公馆，并且天一亮就在公馆升起了英国国旗。8月16日中国停止和英国的贸易，自9月6日起禁止和黄埔有任何往来。律劳卑病情加重后，乘坐一艘小船于9月21日离开广州，并于9月26日抵达澳门。10月18日他的外科医生郭雷枢[1]和安德森（Anderson）正式宣布他因为染上疟疾去世。同时两艘护卫舰于9月24日离开黄埔经过虎门撤退至澳门。9月23日和9月27日，英国和其他国家的贸易重新开放，中英贸易在中断三个月后又重新开始了。在贸易中断期间，公行外的商人也被禁止和外国人进行买卖，数千人的生活受到影响，有些人甚至到总督府门前要求撤销该谕令。

在收到两艘英国护卫舰闯入内河的消息后，清朝皇帝回复一道朱批："看来各炮台具系空设，两只夷船不能击退，可笑可恨。武备废弛一至如是。无怪至夷轻视也。另有旨。"

随着律劳卑的去世及英国护卫舰的撤退，皇帝龙心大悦，不但恢复了省级官员的职位，同时为了完全掌握中外贸易的主动权，又下达了如下命令："英国夷商可在内陆交易，但不可与当地官员互通往来。"

清朝皇帝机智地将两国往来限制在经济方面，使得自己将来在政治上不受约束。1834年秋天，遭受损失的英国商人向英国枢密院递交了一份请愿书，申诉"所遭受的不公正待遇、当前限制法规造成的损失、清朝政府责任不明导致当前及未来关系不稳定等"。但是枢密院未作理会，只想尽可能维持现状。1839年中国的禁烟运动发生后，事件逐步走向高潮。

在接下来的两年中没有重大的事件影响贸易的发展。我们在此列出前文提到的截至1837年7月30日止美国、英国商船在广州的贸易报表。需要注意的是，1837年美国和英国的经济危机并没有影响到中国。

下表是截至1837年7月30日止英国、美国商船在广州的贸易报表，由美国总商会提供。

---

[1] 郭雷枢（Colledge），又译为加律治、哥利支。——译者注

英国商船在广州的贸易报表

进口产品	数量	均价	单位	总价格（西班牙银圆）
细毛布	1295279	1.2	码	1554335
羽纱	16257	25	匹	406425
粗斜纹呢	89124	9	匹	802116
精纺毛呢	4613	11	匹	50743
粗纺毛纱	165	100	担	16500
法兰绒	2400	0.33	码	792
毯子	1322	4	对	5288
棉绒	4996	0.20	码	999
棉纱	18431	40	担	737240
白细布	5629849	$0.12\frac{1}{2}$	码	703730
家用棉织物	7286	0.10	码	729
手帕	35620	1.50	打	53430
印花棉布	119808	$0.12\frac{1}{2}$	码	14976
麻纱	22850	$0.12\frac{1}{2}$	码	2856
亚麻	10920	1.0	码	10920
帆布	198	12.0	匹	2376
金丝线	167	40	斤	6680
胭脂虫红	349	180	担	62820
大青玻璃粉	166	38	担	6308
人参	52	60	担	3120
水银	2054	115	担	236210
镀锡铁皮	1200	7.50	箱	9000
锡	15732	19	担	298908
粗锌	2955	5.50	担	16252
铅	14961	6	担	89766
铁	16238	3	担	48714
铜	54	20	担	1080
假琥珀	42	20	箱	840
槟榔	23755	3	担	71265
食用海参	134	6	担	804
燕窝	373	20	斤	7460

续表

进口产品	数量	均价	单位	总价格（西班牙银圆）
樟脑	121	40	斤	4840
结转				5227522
孟加拉棉	240192	9	担	3002400
孟买棉	347580	8.5	担	4103375
马德拉斯棉	89579	9	担	1119738
红玉髓	-	-	总价值	135700
丁香	198	28	担	5544
乌木	9796	3	担	29388
象牙	532	85	担	45220
花胶（鱼肚）	1501	55	担	82555
玻璃珠	10	18	箱	180
拜药乳香	3820	3	担	11460
含昆虫化石树脂	157	4	担	628
没药树胶	205	5	担	1025
柯柏胶	67	20	担	1340
芳香树胶	1234	4	担	4936
犀牛角	20	20	担	400
独角	63	40	担	2520
卡亚卜蔻木（Kayabuco）	33	5	担	165
母丁香	46	10	担	460
珍珠母贝	1619	4	担	6476
巴特那鸦片	7192	778	箱	5595376
贝勒那斯鸦片	2575	683	箱	1758725
马尔瓦鸦片	17687	675	箱	11938725
土耳其鸦片	292	611	总价值	178412
珍珠	-	-	总价值	120000
胡椒	12311	8	担	98488
甘椒	30	10	担	300
土木香	357	18	担	6426
藤	8155	3	担	24465
大米	218949	1.5	担	328424

续表

进口产品	数量	均价	单位	总价格（西班牙银圆）
硝石	10031	7.5	担	75233
檀香木	10325	22	担	227150
苏木	142	3	担	426
海马牙	44	40	担	1760
鱼翅	4650	26	个	120900
陆地水獭皮	7376	6	张	44256
海獭皮	834	40	张	33360
尾皮	713	4	根	2852
兔子皮	9980	0.5	张	4990
麝香	4735	1	张	4735
肥皂	162	3	担	486
鳕鱼干	1195	5	担	5975
杂货			价值	77224
珍宝/黄金			价值	5912
银饼			价值	87393
银条			价值	70226
美元	--	--	总价值	307409
合计（西班牙银圆）				34900662

1836年5月1日至1837年4月23日东印度公司提前预付4186663西班牙银圆，等同于968236英镑8先令10便士。

出口	数量	均价	单位	总价（西班牙银圆）
明矾	35632	2.50	担	85080
八角	383	11	箱	4213
砷	114	10	箱	1140
手镯	66	50	箱	3300
玻璃球	1345	18	箱	24210
假金箔	231	45	箱	10395
结转（美元）				128338
砖块	100000	5	密耳	500

续表

出口	数量	均价	单位	总价（西班牙银圆）
樟脑	863	33	箱	28479
长穗姜花根	78	6	箱	468
肉桂	11675	5	箱	58375
瓷器	--	--	总价值	16346
土茯苓	665	3.5	担	2328
胭脂虫红	153	180	担	27540
铜	11	20	担	220
锌白铜	49	50	箱	2450
铜器	--	--	总价值	830
假珊瑚	124	40	箱	4960
棉纱	5643	40	担	225720
爆竹	3762	4	箱	15048
高良姜	266	3.5	担	931
纱布	--	--	总价值	300
金器皿	--	--	总价值	4450
麻布	--	--	总价值	4120
本杰明胶	38	40	箱	1520
雌黄	612	14	担	8568
帽子	56	50	盒	2802
象牙丝	--	--	总价值	2200
蚕茧（Kittisalls）	2007	11	箱	22077
蚕丝	61	13	箱	793
漆器	--	--	总价值	3630
大理石板	3856	5	箱	19280
垫子	--	--	总价值	4532
麝香	--	--	总价值	17600
南京棉布	--	--	总价值	108718
香料油	78	30	担	2340
白纸	2338	13	箱	30394
彩纸	237	12	箱	2844
镀金纸	287	15	箱	4305
纸牌	19	30	箱	570
人工珍珠	--	--	总价值	13991
种子	--	--	总价值	105
果酱	1050	4	箱	4200
大黄	922	58	担	53476

续表

出口	数量		均价	单位	总价（西班牙银圆）
丝棉等	6635		T.200（电汇）	担	1843056
南京布	13762		455（电汇）	担	6261710
布匹	--		--（电汇）	总价值	338212
银器	--		--（电汇）	总价值	4645
糖	63803		5.2（电汇）	担	460800
冰糖	31377		T 7（电汇）	担	305054
茶	担	单价	两		
广东武夷茶	720	14	9828		
福建武夷茶	447	16	7152		
功夫茶	183509	32	5872288		
马槟榔茶	5094	26	132444		
小种茶	19100	50	955000		
拣焙茶	287	30	8610		
乌龙茶（Ankoi）	1274	21	26754		
红梅（Hongmuey）茶	3989	32	127648		
白毫	2952	71	209592		
橙黄白毫茶	7088	31	219728		
以上红茶总数	224442 担		7569044 两	总价值	10512562
熙春茶	19923	61	1215303		
雨前茶	5118	38	194484		
皮茶	12613	26	327938		
结转					20556610
屯溪茶	31448	29	911992		
珠茶	4578	58	266046		
贡茶	3149	55	173195		
以上绿茶总量	76838 担		3088958 两	总价值	4290220
未分类	6925	34	235450 两	总价值	327013
瓷砖	21000		10	密耳	210
烟草	409		25	担	10000
行李箱	320		22	套	7238
雨伞	200		20	箱	4000
天鹅绒	119		70	箱	8330
朱砂	1096		63	箱	69048
杂货	--		--	总价值	62615
黄金珠宝	43919		23.5	两	1032096
银锭	2058754		每块5开	Pre	3002350
西班牙银圆	--		--	--	728395
南美货币	68304		每枚3开	Dct	66255
					30164380

续表

出口	数量	均价	单位	总价（西班牙银圆）
海损平均支付费用： 77艘商船在黄埔港以每艘损失6000美元计算，总计损失462000美元。 38艘运米商船在黄埔港以每艘损失1500美元计算，共损失57000美元。 56艘商船在伶仃港以每艘损失750美元计算，共损失42000美元。 海损总计561000美元，盈余4175282美元，合计34900662西班牙银圆。				

美国商船在广州的贸易报表

进口	数量	均价	单位	总价格（西班牙银圆）
宽幅红毛布	263344	1.2	码	316013
羽纱	5042	25	匹	126050
粗斜纹呢	34472	9	匹	310248
精纺毛呢	6344	11	匹	69784
粗纺毛纱	76	100	担	7600
毯子	1251	4	对	5004
棉纱	4232	40	担	169280
白细布	3605826	$0.12\frac{1}{2}$	码	450728
染色细布	391117	0.14	码	54756
家用棉织物	489520	0.10	码	48952
手帕	20783	1.5	打	31137
印花棉布	194964	$0.12\frac{1}{2}$	码	24370
麻纱	3000	$0.12\frac{1}{3}$	码	375
棉绒	4400	0.20	码	880
亚麻	5726	0.1[1]	码	5726
帆布	420	12	匹	5040
人参	1509	60	担	90540
胭脂虫红	132	180	担	23760
水银	501	115	担	57615
锡	834	19	担	15846
粗锌	3049	5.5	担	16770
铅	9946	6	担	59676
铁	3490	3	担	10470
铜	2288	20	担	45760
槟榔	2005	3	担	6015
丁香	122	28	担	3416

[1] 此处原表数据为0.1，根据前后数据疑为1。——译者注

续表

进口	数量	均价	单位	总价格（西班牙银圆）
珍珠母贝	449	4	担	1796
肉豆蔻	39	120	担	4680
刺班土（贝勒那斯鸦片）	5	683	担	3415
土耳其鸦片	446	611	担	272506
胡椒	2292	8	担	18336
藤	3781	3	担	11343
大米	577578	1.5	担	866367
海狸皮	1465	4	件	5860
狐狸皮	1198	1.2	件	1438
陆地水獭皮	6773	6	件	40638
海獭皮	560	40	件	22400
海獭尾巴	310	4	件	1240
麝鼠皮	410	1	件	410
杂货	--	--	总价值	8450
财宝/美元	--	--	总价值	428485
银条	--		总价值	35485
				3678696
盈余				4524173
			西班牙银圆	8202869

进口	数量			均价	单位	总价格（西班牙银圆）
出口	箱数	担	单价	两		
武夷茶	2183	1266	11	13926		
小种茶	29139	17483	20	349660		
包种茶	4644	2322	25	58050		
白毫	1604	802	30	24060		
以上红茶共 37570 箱		21873 担		445696 两	总价值	619022
熙春茶	19986	9993	45	449685		
雨茶	93056	63278	28	1771784		
熙春茶层	24557	12524	22	275528		
屯溪茶	5211	3181	28	89068		
珠茶	9373	7790	50	389500		
贡茶	8051	5722	47	268934		
以上绿茶总计 160234 箱		102488 担		3244499 两	总价值	4506248
茶叶总计 197804 箱		124361 担		3690195 两	总价值	5125270
布匹				美元		

续表

进口	数量	均价	单位	总价格（西班牙银圆）
黑纱披肩	38962	2	件	77924
绣花披肩	44017	5	件	220085
绣花锦缎	40150	2	件	80300
利凡廷里子绸	4360	3	件	13080
黑纱围巾	17549	2	件	35098
锦缎	7950	0.90	件	7155
黑手帕	41629	4.75	块	197738
茧绸手帕	36310	7	匹	254170
里子薄绸手帕	1791	5.5	匹	9850
光亮绸手帕	100	10	匹	1000
利凡廷里子绸手帕	48	10	匹	480
绉纱	1282	8	匹	10256
生绡（Senshaws）	11814	10.25	匹	121093
黑色绡	475	10.25	匹	4869
里子薄绸	8242	7.5	匹	61815
白色里子薄绸	3014	16	匹	48224
普通的里子薄绸	3166	13.5	匹	42741
彩色的里子薄绸	1719	12	匹	20628
利凡廷绸	2332	9	匹	20988
利凡廷缎	2572	14	匹	36008
绸缎	6582	15	匹	98730
彩缎	1250	18.5	匹	23125
锦缎	1031	20	匹	20620
羽纱	1254	10	匹	12544
白色茧绸	40154	11	匹	441694
四川茧绸	22267	4.5	匹	100202
光亮绸	1476	8	匹	11808
混合光亮绸	499	7	匹	3493
闽绸	200	4.25	匹	850

续表

进口	数量	均价	单位	总价格（西班牙银圆）
康肯布	225	9	匹	2025
花绸	290	20	匹	5800
丝绸服装	100	15	件	1500
塔夫绸	592	34.5	匹	20424
夏布	12330	8	匹	98640
手帕	1325	4	匹	5300
纱布	2525	4	匹	10100
南京布（蓝色）	44956	0.65	匹	29211
南京布（黄色）	4950	0.70	匹	3465
缝纫丝线	410	450	担	184500
生丝	125	400	担	50000
杂货				
明矾	10	2.5	担	25
八角	20	10	担	200
竹篮	--	--	总价值	120
樟脑	1980	35	担	60300
肉桂	5800	10.5	担	60900
桂蕾	30	14	担	420
墨汁	231	1	斤	231
瓷器	--	--	总价值	32179
爆竹	21700	1	箱	21700
血竭	6	60	担	360
屏风和炉围	161143	$0.1\frac{1}{2}$	件	2417
羽毛扇	2200	0.40	件	880
高良姜	127	3.5	担	445
藤黄	13	55	担	715
象牙制品	--	--	总价值	5528
漆器	--	--	总价值	5990
竹席	26342	4	卷	105368

续表

进口	数量	均价	单位	总价格（西班牙银圆）
竹垫子	--	--	总价值	33
珍珠母贝纽扣	184300	0.1	总额	18430
珍珠母贝板	--	--	总价值	50
纸	10	20	担	200
劈开的藤条	100	20	担	2000
大黄	95	40	担	3800
辣油	173	120	担	20760
糖	15469	8	担	123752
冰糖	40	7	担	280
糖果	2225	14	担	31150
木箱	157	23	套	3611
杂物	--	--	总价值	2287
总计				8025869

海损平均支出费用：

11艘商船在黄埔港以每艘损失6000美元计算，共损失66000美元。

63艘运米商船在黄埔港以每艘损失1500美元计算，共损失94500美元。

22艘商船在伶仃港以每艘损失750美元计算，共损失16500美元。

海损总计177000美元，盈余8202869西班牙银圆。

吉迪恩·奈伊

宁波附近的瀑布
WATER FALL, NEAR NINGPO

很多人仅了解上海及其周边地区,而对中国其他地方一无所知。这就导致在他们的印象里整个中国全是平原,没有一丝秀丽的风景可以参观。大部分中部沿海城市确实有这种特点,但是我们相信其他地方有着令人叹为观止的风景。长江上游和北方地区的某些优美风光历来为人们所称颂,南方开放口岸的一些地方也值得赞扬。汕头、厦门和福州的风景很优美,但是其周边风景都抵不过宁波附近的雪窦山。在此我们向大家展示的是宁波附近一条美丽的瀑布[1]。

---

[1] 即千丈岩瀑布。——译者注

宁波附近的瀑布
WATERFALL, NEAR NINGPO

宁波的中英大炮

THE ANGLO CHINESE ARTILLERY, NINGPO

往期我们刊登过该部队中一位军官拍摄的照片,而本期的这张照片由凯米奇(W. Camidge)先生拍摄。这些官兵穿戴整齐、训练有素,我们毫不怀疑战争来临时他们所能迸发出的作战能力。他们仍然受库克上校和沃森少校统领。自从十四年前常胜军解散后这两位军官就一直和士兵们在一起。这和反复无常的日本军队形成了鲜明的对比。日本人也雇佣国外的军官来训练本国的陆军和海军,但他们经常更换军官。除非特例,否则外国军官通常只能在他们服务的部队任职三年。

宁波的中英大炮
THE ANGLO CHINESE ARTILLERY, NINGPO

安庆道台及其家人
THE TAOTAI OF ANCHING AND HIS FAMILY

安庆道台及其家人
THE TAOTAI OF ANCHING AND HIS FAMILY

安庆府位于长江江畔，曾经被太平军占领，后来又被曾国藩率领的湘军收复。一个城市的管理者一般被称为道台。这张照片是由清朝摄影师公泰奉命拍摄的。因为对照片很满意，所以道台盛情款待了他一番。

镇江
AT CHINKIANG

镇江
AT CHINKIANG

  镇江是长江上第一个通商口岸，距上海仅 175 英里。有人认为它是外贸的重要场所，事实并非如此，生活在当地的外国人主要为本国领事馆提供服务或者在清朝海关工作。这个城市的地理位置极其重要，因为它位于大运河和长江的交汇处。镇江后面是大片的乡村，适合运动，除此之外，当地对外国人而言便没有什么吸引力了。1842 年，镇江被英国人占领。1853—1857 年，太平军占据镇江长达四年之久。

上海金利源码头

THE KIN LEE YUEN WHARF, SHANGHAI

金利源码头紧靠黄浦江，之前属于美国旗昌轮船公司的财产。去年该码头的所有财产被受清朝政府大力支持的上海轮船招商局购买。外国人驾驶的豪华游轮穿梭在金利源码头和汉口码头之间，构成了一道独特的风景。这些游轮是人们旅游的绝佳搭乘工具。图中所示即为其中的一艘游轮。不管购买这个码头是否能够给上海轮船招商局带来利润，仅从客轮可以有规律、有秩序地向百姓开放这一点来看，就已经值得大大赞扬了。

上海金利源码头
THE KIN LEE YUEN WHARF, SHANGHAI

1878
11月

NOVEMBER

中美贸易

AMERICAN COMMERCE WITH CHINA

第四部分 商业背景

我们在不断回顾中国外贸史的过程中，也发现了贸易往来中一些重要的时局变化。中国购买力的减弱，导致购买需求不断减少。同时西方工业的发展以及技术创新推动了经济的改革运动，也改变了国家之间的贸易往来和商品流通情况。最近，我们发现在贸易上美国对英国的依赖程度逐渐增强，前文提供的报表也证实了这一点。我们还需要注意有些报表反映出来的已经发生的或者即将发生的细节。而且我们将中、英、美三国的贸易商品清单和八十五年前瑞典公司旗下的"查尔斯亲王"号商船的提货单作对比，也是一件很有意思的事情。在美国的报表中，我们发现珍宝的进口额缩减至 50 万美元以下，人参的进口额仅有 9 万多美元，各类皮毛的进口总量仅 1 万张，总额只有 7.2 万美元。在早期贸易中，皮毛的交易总量大概如下表。

这种变化一方面归因于美国的商品诸如纺织品等的交易量逐渐多了起来；另一方面，中国受洪灾的连续影响，大米也随之紧俏起来。而土耳其鸦片在贸易中几乎最后一次承担起重任。英国的毛纺织品和棉纺织品等连续多年在中国进口货物中保持优势地位。这些商品有些是从北美的一些荒凉森林中搜集到的，有些来自南美洲的矿井，有些则来自东部群岛的土壤中，还有些来自于土耳其的非法交易或者是由英国众多的工厂生产的。这些原材料被美国商人集合到了一起。报表显示美国从智利、秘鲁和墨西哥进口以及出口的金额每项都达不到 50 万美元。上述所有商品的价值尚不及美国商船从广州运往美国和拉丁美洲的商品价值的一半。这样贸易的余额就需要由出口港的船货抵押贷款或者

早期贸易中皮毛交易总量表（单位：张）

年份	数量	年份	数量
1805 年	270000	1819 年	163000
1807 年	300000	1822 年	17000
1812 年	356000	1827 年	70000
1816 年	140000	1833 年	46000

由伦敦的信用中心来汇款支付，最后交易余额总量大约为 450 万美元。

我们之所以用"大约"，是因为任何一个时期记录的余额数据都是一个概数，是由各州根据当时的情况估算出来的一个数值。另外，常常有很多进口的货物积压在仓库中，而出口货物的款项还没有入账。英国的报表同样也是如此。

至于出口到美国的货物，在 1837 年之后相当长的一段时期内，茶叶的相对价值以及生丝和杂物的相对价值都没有出现大的变动。这种情况一直持续到 1861—1864 年美国南北战争的爆发（战争期间美国出台法案提高了关税）。另外，那段时期法国社会女性衣着的颜色和品位出现了一种前所未有的变化。这种风气也渐渐影响到这些货物的相对价值。

尽管英国商人上报的运输总额达 4829096 美元，但由于英国的负债与美国对中国的负债基本相当，因此英国报表中的贸易差额很小。进口货物的一些细节并没有公布出来。但是我们发现那年鸦片的价值总额高达 19471238000 美元。东印度公司关闭之前还有大量的茶叶存货，至少可以满足英国国内一年的需求量。到 1835 年东印度公司关闭前夕，英国的茶叶年消费量为 35000 磅，而当时公司的库存仍有 25000 磅。所以那段时期英国没有大批量地进口茶叶，公司也因此招致其他竞争者的不满和抗议。这在一定程度上阻碍了自由贸易的发展。此外，英国自由贸易发展的一个长久的、更大的阻碍是对茶叶征收高额的关税：不管商品本身价值多少，每磅茶叶一律征税两先令。这就导致中下阶层要上缴沉重的茶叶税，而上层贵族则在享受最好的茶叶的同时，交的税只占下层人士缴纳税金的三分之一、占中层人士缴税金额的一半。也就是说，下等茶所收的税是它本身价值的三倍，中等茶所收的税是它本身价值的两倍，上等茶所收的税是它本身价值的一倍。

为了解释得更清楚，我们从英国东印度公司对华茶叶贸易的数据中选取了其中一小部分来观察分析。这些数据显示了东印度公司在贸易垄断期间及垄断结束后的一段时期内英国人均茶叶消费的数量，具体详见下表。

图表依次展示了每年进入英国海关的茶叶的总价值、征收的税额、扣除税后的价格、每年英国的人口数量，以及人均消费的数量。1801 年至 1830 年每十年记录一次，1833 年至 1856 年开始每年记录一次。

从表中可看出，每年的茶叶人均消费数量差别很大。值得注意的是，1839 年至 1842 年每磅茶叶的均价波动最大，这也与当时中国不稳定的供给有关。通过后续数据的记录，到 1875 年英国人均茶叶消费量已经达到 1 磅 1 盎司了。

去年，英国东印度公司投入 26 艘商船，运载茶叶总量达 2.8 万吨。从 1834 年 4 月东印度公司对华贸易的垄断特权终结后，到 1835 年 3 月 31 日，共有 67 艘商船从黄埔装载茶叶，运载总量达 3.5 万吨。第二年共投入 83 艘商船，运载量达 4.2 万吨。

1801—1856年英国人均茶叶消费数量统计表

符号说明：bs 英镑，s 先令，d 便士，b 磅，oz 盎司

年份	英国消费总额（英镑）	总税额（英镑）	平均税率	每磅均价	英国人口总数	人均消费量
		1bs.	s. d.	s. d.		1b oz
1801.	23730150	1423660	1. 2$\frac{1}{2}$	3. 0	15828000	1. 8
1810.	24486408	3647638	2. 11$\frac{3}{4}$	3. 4	17841000	1. 6
1820.	25712935	3526912	2. 9	2. 9$\frac{1}{4}$	20705000	1. 4
1830.	30046935	3387097	2. 3	2. 3$\frac{1}{4}$	23834000	1. 4
1833.	31829620	3444102	2. 2	2. 2	24561000	1. 5
1834.	34969651	3589361	2. 0$\frac{3}{4}$	2. 1$\frac{1}{4}$	24820000	1. 7
1835.	36574004	3832427	2. 1$\frac{1}{4}$	1. 11	25104000	1. 7
1836.	*49142236	4674535	1. 10$\frac{3}{4}$	1. 7	25390000	1. 15
1837.	30625206	3223840	2. 1	1. 5$\frac{3}{4}$	25676000	1. 3
1838.	32351593	3362035	2. 1	1. 7$\frac{1}{2}$	25895000	1. 4
1839.	35127287	3658803	2. 1	1. 8$\frac{1}{2}$	26201000	1. 5
1840.	32252628	3472864	2. 1$\frac{3}{4}$	2. 7$\frac{1}{4}$	26519000	1. 3
1841.	36675667	3973668	2. 2$\frac{1}{4}$	2. 1$\frac{1}{4}$	26730000	1. 6
1842.	37355911	4088957	,,	2. 0$\frac{1}{4}$	27006000	1. 6
1843.	40293393	4407642	,,	1. 4$\frac{1}{4}$	27283000	1. 8
1844.	41363770	4524193	,,	1. 2$\frac{3}{4}$	27577000	1. 8
1845.	44193433	4833353	,,	1. 1$\frac{3}{4}$	27875000	1. 9
1846.	46740344	5112005	,,	1. 1	28189000	1. 11
1847.	46314821	5066494	,,	,,	28093000	1. 10
1848.	48734789	5329992	,,	1. 0$\frac{1}{4}$	27855000	1. 12
1849.	50021576	5471422	,,	1. 1	27632000	1. 13
1850.	51172302	5596961	,,	1. 3$\frac{1}{4}$	27423000	1. 14
1851.	53949059	5900625	,,	1. 2$\frac{1}{2}$	27529000	1. 15
1852.	54713034	5984172	,,	1. 0$\frac{1}{4}$	27570000	2. 0
1853.	58834087	5683791	1. 11$\frac{1}{4}$	1. 3$\frac{1}{4}$	27663000	2. 2
1854.	61953041	4780149	1. 6$\frac{1}{2}$	1. 3$\frac{1}{2}$	27778000	2. 4

续表

年份	英国消费总额（英镑）	总税额（英镑）	平均税率	每磅均价	英国人口总数	人均消费量
1855.	63429286	5310275	1.8	1.3	27899000	2.4
1856.	63278212	5536626	1.9	$1.2\frac{3}{4}$	28154000	2.4

* 此处数据突然升高是由当时新税费的增高导致。

这其中有一个很明显的变化就是自由贸易商船的平均货运量有所下降。这是因为东印度公司的商船运载量都在 1000 吨以上，其他的船平均也在 500 吨以上。这些船一般用来运茶叶，如果算上印度的船，那么平均运载量将会有很大的上升空间。因为孟买运载棉花的商船承载量非常大。

为了更好地反映那段时期的外贸发展情况，我们看一下截至 1834 年 6 月 30 日止国外商船到达中国的一些细节。

这段时期既有东印度公司的商船也有自由贸易的商船，当然前者的船已经是最后一批了。所有抵达中国的商船，包括到达澳门、伶仃洋上的小岛、金星门的船只总共有 264 艘，其中 101 艘来自英国，81 艘来自美国，6 艘来自法国，6 艘来自荷兰，5 艘来自丹麦，3 艘来自德国汉堡，1 艘来自瑞典，1 艘来自墨西哥，另外还有 37 艘来自西班牙，23 艘来自葡萄牙。但是西班牙和葡萄牙的船基本都停泊在澳门。

英国最大的一艘商船可以容纳 100 名船员，其他中型的商船可以容纳 50 人，最小的商船可以容纳 20 人。另外，24 艘大型商船上各配有 2 名外科医生。264 艘商船上共有 6000 名船员。3/4 的英国商船抵达黄埔。那段时期以及接下来的二十年里，印度的棉花贸易使用了很多大型商船。而我们在广东的四十年里也亲眼见证了印度棉花贸易的逐渐萧条，这也成为当年众多变化中比较显著的一个。

我们还注意到，英国、美国、中国与印度在贸易方面发生的显著变化，以及美国棉纺织品的相对增长对棉花和丝绸制品的交易走势产生了深远影响。印度和中国之间原棉交易的下滑标志着国际贸易另一个阶段的到来。虽然引起变化的原因并不明显，但是我们认为一方面是由于英国机械工业的发明创造促进了本国制造业的发展，另一方面是因为美国原棉的大量生产。先不管美国的制造商为了满足国内外市场消耗了多少原棉，但大量数据显示 1876 年英国和欧洲大陆进口了大量原棉。英国进口了 1303500000 磅，欧洲大陆进口了 1044460000 磅，其中 3/4 都是从美国进口。

美国内战期间，中国棉花的出口满足了欧洲对原材料的需求，对印度棉花的出口形成冲击。中国中部和北部省份生产的棉花大量出口，而且这种趋势还不断扩展至中国南方。印度棉花则因为质量低劣导致出口份额锐减。

交通与交往方式的改变与商业活动中物质方面的改变一样具有革命性。这些改变促进了文明进程中一些实际工具的运用。下面让我们通过远程视角从欧洲的思想活动中心观察广州，观察新旧世界之间的较量。那个时期，蒸汽机的发明和电力的应用极大地缩减了地理空间距离，而且有一天这种距离可能会被消除。这个振奋人心的消息不胫而走，远至中国。我们举例来说明其重要性。这一时期，蒸汽动力在铁路和轮船上的运用，推动着西方国家的创新发展。这与中国闭关锁国的原地踏步形成鲜明对比，而且这种差距还在不断扩大。它加速了双方政治上的决裂，形成了一场可悲的政治经济灾难。为了进一步了解中国皇帝颁布命令的根据，以下的例子或许更形象一些。当时的一些保商、通事，甚至是仆役被判为卖国贼。其中一个案子与律劳卑乘坐孟买的商船到达黄埔有关。另一个案子中的一位行商被怀疑在其同胞处于危险之中时，仍在向外国人讲解杀人的法律规定，被判刑死于狱中；而另一位行商因为帮助外国人买了一顶轿子，被判流放至伊犁，直至死在那个地方；当时甚至为外国人投递信件的邮差都会被斩首。简单地说，中国书籍被禁止卖给外国人，已经发出的告示也被扣留，任何官员及百姓不得与外国人会面，更不用说教他们学习语言了。总之，外国人只是作为货物经管员管理运输，而且必须住在外国会馆中。会馆里面有中国的行商、通事、买办、厨师和苦力。后三者会向中国政府报告外国商馆中的任何不法行为。在气氛如此紧张的环境中，必然会催生一些变化。正如在经济困难的情况下，人们渴求能解决任何困难的"万灵丹"一样，这丝毫不令人感到奇怪。

我们很难解释为什么会发生如此大的变化，更不用说理解当时英国社会中的一些人为什么会如此强烈地反对商业往来中比较激进的新规定。我们在谈到《南京条约》的条款时会详细介绍这些情况。

广州本来拥有适合成为远东商业中心的社会关系和人际关系，但是遗憾的是这两种关系都破裂了。虽然有些是限令带来的客观影响，比如禁止外国人携带妻子和孩子入境，人为地剥夺了这些家庭的天伦之乐，让人无法忍受。尽管在后来的《南京条约》中这些限令有所改变，当地政府默许外国妇女可以入境。但是她们仍然会受到当地官府的限制，即使走在公馆的花园里也可能会遇到这种情况。而商人之间的交易则因为相互的敌意、反抗和干扰而中断。因此，没有多少人愿意来广州，同时在澳门和香港的外国人也感觉与世隔绝。尽管目前看来在某种程度上清朝政府稍占上风，但是却为将来的种种不利埋下了祸根。

新的自由贸易口岸的即将开放以及公行垄断地位的取消，将给中国商业关系带来一场彻底的革命，打破中国现有的不合理的进出口贸易机制。只有精通广州地区现行商业运作模式的商人,才能觉察出人们呼吁的这一根本性变化的重要性。因为清朝政府犹疑不决的政策和英国难以捉摸的意愿,人们很难预测事件的发展走向。伦敦到北京的遥远距离不一定疏离了两国政府的友好关系,却有效地展现了事态令人尴尬的不确定性。

鉴于以上情况,一些常年居住在广州的外国商人自然会怀念那即将湮没的过去的辉煌。1838年,渣甸辞职离开他常年居住的广州,整个外国社团在东印度公司的餐厅里招待他时,他也发出了类似的感慨。不过这种情况很快就发生了翻天覆地的变化。

在欧美国家,少数商人以不为人知的方式轻松便利地掌控着大型贸易,在交易中变得越来越重要。

对于当时的商人来说,出现变动的不只是特殊的信任关系。大批的外国商船带着一些随行小船在河面上慢慢靠近,使这个素有"南方皇后城"之称的商业中心附近的三角洲周边一派繁忙。广州拥有最便利的水道交通,宜人的气候,以及勤奋进取的人民,在对外贸易中独占鳌头,汇聚其他省份的资源出口到国外,同时把西方的商品运送到各省。我们仍然记得它曾经的辉煌,一如既往地欣赏它曾经拥有的东西。

虽然广州这个曾经盛极一时的商业中心将其贸易地位及盈利机会拱手让给了新的港口,而且当地的商人也将这次向外国人的妥协理所当然地认为是对他们既得利益的损害,但是基于它天然的地理优势以及周边的旺盛生产力和秀美的风景,广州不会变得落魄。回顾一下它曾经处于垄断地位的黄金时代,或许广州可以通过引进蒸汽动力和电力而变得更加繁荣。因为西方国家在蒸汽动力和电力的推动下已经改变了原来陈旧的商业体系和社会交往方式。

在蒸汽船到来之前,广州山明水秀,风景美如画卷。蒸汽船是由蒸汽机和电力结合制成的一种机器,喷出滚滚浓烟,污染水和空气,破坏了自然的平静。那段时期水面上每天有数不清的船只往返穿梭于港口和大海之间,它们向海风和潮汐优雅地弯腰示意,仿佛也在顺从自然的规律。轮船无休止的呻吟声和尖叫声交替进行,不舍昼夜,造就了我们今日的不安和仓皇。

这些逝去的景象恍若再次出现在我们面前。时隔多年,我们乘坐帆船"矛盾"号(Paradox)从伶仃洋经入海口到达河口,船上装备充足,同行的旅客给我们的旅行增添了不少乐趣。其中一名旅客还给我们讲了一个和秋天有关的有趣谜语[1]:为什么伶仃港的朋友远远看到我们的船扬帆,会把它比作飞翔的野鸭呢?因为它像一对鸭子[2]。

东南风徐徐吹拂,推动着我们的船前进。这时我们也明白了那个谜语的意思。当接

---

[1]此处背景为秋天候鸟南飞。
[2]"一对鸭子"的英文 A Pair O'Ducks 发音与该船的名字 Paradox 相似。——译者注

近河口时，朋友们渐渐淡出了我们的视线。我们顺着第一股潮汐在几小时后到达了穿鼻。无论船只大小，穿鼻的大炮总是习惯于在外国船只行礼前发射一两次。我们的船只成为1841年之后第一艘安静地穿越那个迷人海角的船只。然后我们穿过安逊湾。这片水域因一百年前"百夫长"号在此停泊而得名。接着我们进入虎口岛。这个小岛被人们称为虎口岛，但实际上它的形状看起来更像一只大象而不是一只老虎。然后我们朝着河边最显著的地标莲花塔（Leen-hwa）前进。我们右边是有老虎出没的流浮山[1]，通过辨别我们发现左边是四确（Si Chue）山。在我们前方30英里处，连绵的山脉与遥远的云层相接，向东延伸与南北走向的流浮山相交，这样就形成了盆地北部和东部的边缘。穿过林华塔以及发源于福建的东河河口，我们发现了东北部那个闪耀着琉璃光彩的马可·波罗（Marco Polo）寺。寺中至今仍矗立着主人公的雕像。它提醒着我们关注早期的航海史，很快我们到达一处难以形容的带有传奇色彩的地方。这里空旷清幽的风景吸引了每个人的目光，即便是画家看到这样的景色也难掩嫉妒之心，更别说对此持不屑的态度了。它犹如画家克洛德[2]手中的画笔在地中海岸边肆意飞舞所作。即使是画家特纳（Turner）手中古老的画笔在威尼斯宏伟古老的水道中作的画，也远不及此处的自然之魂。总之，这里的景色是世界上其他任何地方都无法比拟的。云海脚下静止的城市为画卷的背景，高高的城墙围绕在寺庙和佛塔的周围，墙上拥有角塔风格和棱堡风格的门。前方显眼的位置是巨大的帆船以及数以千计的小型帆船，船上桅杆密如森林，彰显出商业的繁荣；帆桁犹如树枝，上面的旗帜和条幅犹如花朵和绿叶在风中摇曳。所有的美景聚集在一起共同奏响了生命的乐章。而此情此景只有在今天这种欢快的氛围下才能看到，更巧的是还有一大批商船参加了这场典礼。

将所有美好的事物汇聚在一起后，我们的目光沿河流向着阳光洒落的方向延伸十几英里，只见美丽的彩虹点缀着天空，光线集中在一片金色光辉中，渲染出整个秋天的壮丽。我们被这热带的日落带来的无与伦比的美丽所震惊。克劳德和特纳的笔下从未渲染出这种美丽，拜伦也未曾吟唱出如此绝美的篇章，他曾如此描写希腊令人伤感的海岸：

    Slow sinks, more lovely ere his race be run,（夕阳洒下余晖）
    Along Morea's hills the setting sun;（沿摩利亚半岛的山丘缓缓落下）
    Not as in Northern climes obscurely bright;（虽不及北部明亮）
    But one unclosed blaze of living light,（却是清晰的生命之光）

---

[1] 位于香港新界西北后海湾畔。
[2] 克洛德·约瑟夫·韦尔内（Claude Joseph Vernet，1714—1789），法国著名的古典主义绘画大师，创作了众多地中海沿岸主题的风景画。——译者注

在这个划时代的时刻,从 1834 年东印度公司垄断地位被废止到 1839 年 3 月中国禁烟运动的开展,整个中国的海外贸易都受到了限制。这期间共有以下这些公司(机构)参与了中国的对外贸易。

第一,英国贸易公司(机构)(按照英语的字母顺序排列):

永福和洋行(Messrs. Bell & Co.)
毕比亚当贸易公司(Messrs. Bibby, Adam & Co.)
东印度公司金融委员会(Honorable Company's Finance Committee.)
加辣洋行(Messrs. J. & W. Cragg & Co.)
单耶厘公司(Messrs. Daniell & C.)
宝顺洋行(Messrs. Dent & Co.)
裕记洋行(Messrs. Dirom & Co.)
德忌利士公司(Messrs. Douglas Brothers & Co.)
墨记连洋行(Messrs. Eglinton, Maclean & Co.)
拉森洋行(Messrs. Fox, Rawson & Co.)
杰麦尔家族贸易公司(Messrs. Wm. & Tho. Gemmell & Co.)
仁记洋行(Messrs. Gibb, Livingston & Co.)
汉弥敦洋行(Messrs. James Hamilton, Esq.)
利华药行(Messrs. William Henderson, Esq.)
因义士洋行(Messrs. James Innes, Esq.)
健美生郝乌贸易公司(Messrs. Jamieson, How & Co.)
怡和洋行(Messrs. Jardine, Matheson & Co.)
公义洋行(Messrs. Arthur S. Keating, Esq.)
理顿洋行(Messrs. T. H. Layton, Esq.)
培林洋行(Messrs. Lindsay & Co.)
志大洋行(Messrs. Middleton & Co.)
乔治·戈登·尼克尔贸易机构(Messrs. George Garden Nicol, Esq.)
华记洋行(Messrs. Turner & Co.)
罗伯特·怀斯·霍利迪贸易公司(Messrs. Robert Wisw, Holliday & Co.)

另外,这期间还有九类副业贸易,涉及钟表商、仓库管理员、拍卖师、旅店店主、编辑和医师。

第二，美国：

同珍洋行（Isaac M. Bull, Esq.）
顾发利公司（Messrs. Gordon and Talbot, Francis S. Hathaway, Esq.）
同孚洋行（Messrs. Olyphant & Co.）
旗昌洋行（Messrs. Russell & Co.）
罗素·史特吉斯洋行（Messrs. Russell, Sturgis & Co.）
斯诺咨询机构（Messrs. P. W. Snow. Esq. Consul.）
詹姆斯·斯特吉斯机构（Messrs. James P. Sturgis Esq.）
哗地玛洋行（Messrs. Wetmore & Co.）

第三，葡萄牙：

佩雷拉贸易公司（Messrs. Pereira & Co.）

第四，荷兰：

范巴臣洋行（Messrs. VanBasel, Toe Laer & Co.）

第五，法国：

杰纳尔特机构（Messrs. B. Gernaert, Esq.）

第六，瑞士：

播威洋行（Messrs. C. Bovet. Esq.）

第七，帕西人的公司：

阿斯萨尔·弗罗登吉机构（Messrs. Arsaseer Furdonjee）
波马吉·耶姆塞吉机构（Bomajee Jemsetjee）
波曼吉·曼内克吉机构（Bomanjee, Maneckjee）
布尔乔吉·曼内克吉机构（Burjorjee Maneckjee）
柯塞吉·海纳吉和诺瓦吉机构（Cursetjee heerjee and Nowrojee）
杜杰·布霍伊机构（Dhunjeebhoy Byramjee Rana）

达布霍伊和曼切克机构（Dadabhoy & Maneckjee Restomjee）

杜杰布霍伊·芒切吉机构（Dhunjeebhoy Muncherjee）

弗兰吉·杰姆塞吉机构（Framjee Jemsetjee）

纳努·万基机构（Junnoojee Nasserwanjee）

纳巴比·弗兰吉机构（Nanabhoy Framjee）

1834年至1839年间，英国委员会由以下总监及部属组成：

律劳卑勋爵

步楼东（William Henry Chicheley Plowden, Esq.）

德庇时（John Francis Davis, Esq.）

罗便臣爵士（Sir George Best Robinson, Baronet.）

义律上校（Captain Charles Elliot, R. N.）

詹姆斯·纽金特·丹尼尔（James Nugent Daniell, Esq.）

约翰斯顿（Alexander Robert Johnston, Esq.）

爱德华·艾姆斯里秘书（Edward Elmslie, Esq., Secretary.）

韦切尔牧师（Rev. George Harvey Vachell, A. M. Chaplain.）

郭雷枢医生（Thomas R. Colledge, M. D. Surgeon.）

安德逊医生（Alexander Anderson, M. D.）

罗伯特·马礼逊翻译（John Robert Morrison, Esq.）

郭士立（Rev, Charles Gutzlaff）

关于这个委员会，曾经有一个编辑在1837—1838年写道："自1833年该机构成立之日起，它注定要在中英贸易史上谱写下奇特的篇章。这段历史被反复改写，有人说它曾到过广州，后被广州官府驱逐；有人说它曾到过伶仃，到过广东省城的城门处；还有人说它曾从澳门到广州请愿，然后又退回澳门，和当地政府的所有交往全部被终止。不管怎样，我们很欣慰事情在向前发展，希望它可以让商业往来建立在一个新的基础之上，以实现双方互利共赢，同时也不辱没大英帝国的名声。"

在此我们也列出当时和名单上的人员交涉、管理外国贸易事务的中方官员和商人的相关信息。自1830年起至林则徐从邓廷桢手中接任两广总督期间，分别有李鸿宾、卢坤、邓廷桢担任过两广总督。历任两广总督都习惯通过广州府、粤海关等衙门任命保商，并由他们全权负责处理对外贸易中出现的违规行为。而且一旦出现问题，通事、船员，以及房屋买办甚至销售丝制品的小商小贩也要受到责问。

这些公行的商人被称为"洋行商人"，以和别的商人加以区别。其中四位级别最高的公行会长分别是九十年前公行四大家族的后代，我们在第二部分也介绍过他们。下面是一份完整的公行主要商行的名单表，表中的顺序是按照各商行的等级和资历排列的。

广州主要商行名单表

行商名字及英语称谓	所属商行	正名
伍浩官（Howqua）	怡和行	伍绍荣
卢茂官（Mowqua）	广利行	卢继光
潘启官（Puankhequa）	同孚行	潘绍光
谢鳌官（Goqua）	东兴行	谢有仁
梁经官（Kingqua）	天宝行	梁丞禧
孙青（Sunshing or Hing Tae）	兴泰行	严启昌
潘明官（Mingqua）	中和行	潘文涛
马秀官（Saoqua）	顺泰行	马佐良
潘海官（Puanhoyqua）	仁和行	潘文海
吴爽官（Samqua）	同顺行	吴天垣
昆官（Kwanqua）	孚泰行	易元昌
林官（Lamqua）	东昌行	罗福泰
达官（Takqua）	安昌行	容有光

同时，商行还雇用了一些通事来协助处理外贸事务，但他们主要是海官税务司的代表，负责进出口商船的查验、登记等工作，同时还负责估税。

通事名单表

私称	关联名称	正名
阿涛（Atom）	富特（Footo）	蔡墨（Tsaemow）
阿唐（Atung）	恩特利（Unetly）	胡威（Howuy）
阿坤或小阿涛（Akung or Young Atom）	伍行（Woshang）	黄昌（Hwangchang）
阿兰西（Alantsei）	成和（Chengwo）	吴特西（Wootseang）
阿恒（Aheen）	顺和（Shunwo）	谭威森（Tsoy Tsun）
霍斌（Hopin，1834年被驱逐）		
杨运恒（Yaungheen），一般称呼为杨阿恒（Yaung Aheen）		

在重新整理好思路前，我们先来看一下截至1838—1839年贸易混乱前美国方面的表现。在此之前清朝官员一直把美国看作一个商业集团，因此美方行事一直很顺利。实际上，中美在贸易过程中没有遇到任何政治猜疑。美国几乎没有参与18世纪的海盗活动，因此没有留下不好的名声；更不必通过大篇幅解释"威德尔，安森，以及德鲁利"之类的人做的事情。

我们之前讲过1812—1815年战争期间，英国指挥官引发的一些事件，也详细解释了"特拉诺瓦案"（the surrender of Terranova）。我们知道，自交往以来，美国一直呼吁自由贸易，尽管核实交易时要请领事帮忙，但他们对大班和民众的事务没有任何监督权。我们也知道，发生政治纠纷、所有外国人联合对抗不合理的要求时，美国人不会背离其自身的独立性。有一个难忘的事件，发生在东印度公司的许可证到期之前。

之所以令人印象深刻，是因为美国公司忠于自由的原则，同时反对英国东印度公司和中国公行联合带来的特权，这代表自由贸易战胜了垄断。一开始美方试图进行自由贸易的商品种类包括丝制品、土布等。经过多年的特许经营，这些商品的出口已由商行少数人掌握，这对他们来说已经变得非常重要。一些商行的商人之所以生意失利，是因为之前明文规定的那些原本属于他们的贸易领域，现在即使是花大价钱也无法拥有。单就中国方面来看，公行内的商人由于政府特许可以享受外贸中的特权，但公行外的商人却需要在大门外喊叫、请愿，要求获得这种世袭的特权。为此，美国也向清朝官员请愿支持这些商人。这样公行的垄断地位被渐渐打破了，非公行的商人也有权经营这些商品的贸易。不难看出，英国东印度公司对华贸易的垄断地位逐渐被削弱，直至英国议会给它最后一击。

官方对自由贸易发展的默许，有助于建立一种和谐的贸易关系基础。但是由于清朝政府仍然对当年英国和印度之间那场血腥的冲突心有余悸，因此英国政府提出的和解提议最终未被采纳。这样国际关系的走势也变得难以预测。但是，正如我们所了解的，一方面，过去的影响和当前的急切需求共同向清朝皇帝施加了压力，促使其尽快就相关问题做出决策。另一方面，律劳卑去世的消息也引发了英国议会的不合，大部分英国居民也请求政府采取有力措施。这就导致了英国对商务监督处做出调整，而且实行了一些尝试性的政策。与此同时，英国最新法律规定，洋行的财务代理必须撤离中国。

这样改变的主动权就落在了清朝皇室手中，我们不得不对这个积贫积弱的帝国怀有敬畏和期望。

提到渣甸于1838年离开广东，我们再次回想起阿司迭（Astell）。他是最后一位在华的洋行代表。他也参加了马地辰（James Matheson）的送别晚宴，在我们向他敬酒的时候他也宣布即将离开这个团体。这样洋行的负责人和商会的两位负责人相继离开了中国，他们两人在各自的领域中都代表了旧时的规则。当时在场的人没有谁意识到他们的离开是多么合适，也没有人意识到随着他们的离开，另外一个充满暴力冲突、商业贸易中断以及战火连年的时代会如此迅速地到来。

吉迪恩·奈伊

九江传说

LEGENDS OF KIUKIANG

琵琶亭

在九江以西距英租界约三分之一英里处的河岸上，你或许能看到一座古老建筑的废墟。废墟里到处是料石和碎板石石碑，石碑上面的碑文或许仍有待破译。这个传说的主人公是白居易。琵琶亭就是为纪念他的浪漫史而建。

白居易是唐代著名诗人之一，祖籍山西太原，生于唐代宗大历七年（公元772年）。据说他七个月时就知晓"之""无"二字。那么这样一个早熟的孩子成年后在唐朝扬名立万也是理所当然的。后来，他27岁时考取了进士（当时应试者可以取得的最高学位），位列第四。同年，他被任命为秘书省校书郎。他先后就职于六部和翰林院，受皇帝赏识，逐级提拔。元和九年（公元814年），白居易任左赞善大夫（皇位继承人太子的导师）。唐宪宗赏识他的才能，常与他商讨治国之策，而他常用诗歌斥责高官陋习。皇帝对他的高度推崇使他遭到许多竞争对手的嫉妒，同时他的无情批判也给他树立了大量政敌。他们不择手段地在皇帝面前诋毁白居易。在白居易任左赞善大夫的第二年，宰相武元衡被政敌派遣的刺客刺杀身亡。白居易上表恳求皇帝彻查此事，将刺客绳之以法。他的政敌抓住这个机会，指责他越职言事。他们声称白居易是宫廷官吏，所以在御史大夫同意他可以直接面见圣上之前，无权上表议论朝事。更恶毒的是，阁僚们决定除掉这个危险的对手。为此他们隐瞒了白居易的政绩，在唐宪宗面前诋毁他虚有其表、华而不实。他们说白居易或许能写出优美的诗歌，但参与政事既不可靠，也不合适。

另外，白居易的母亲在赏花时坠井溺亡，多年后白居易因写下赏花诗、新井诗被攻击为不孝之人。这些阁僚质问道："这个人在知道母亲死因的情况下还能写诗歌颂花，怎能是孝子？这种不孝子又怎能成为忠臣？"所以他们劝谏皇帝远离这样的人，皇帝听信了谗言。白居易被降职为刺史，并被遣往另一地区。但他的政敌还不满意，在白居易被降职后再次上表声称白居易犯了此等违背人性之罪，不配成为刺史。因此，元和十年（公元815年）白居易再次被降为司马，并被遣往江州，即现在的九江。那时九江还是个小镇，位于极偏远之地。第二年秋天的一个晚上，白居易送客人至浔阳江头（如今入口已被填平扩建）。待客人登船后，白居易也准备骑马回衙门，此时他听到了音乐声。

仔细聆听，他发现声音是从船那边传过来的，乐器是琵琶，曲调优美。演奏者技艺高超，悠扬而响亮的音符摄人心魂。他去打听演奏者的消息，得知是来自京城的歌伎。歌伎曾是穆、曹两位大师的学生，年轻时因技艺红极一时，年老色衰之后嫁给了江州的商人。如今商人去浮梁（现在仍是产茶地）买茶，把她留下独守空船。

江州司马白居易命令手下靠近船只，并带他去见琵琶女。但是琵琶女并不愿相见，在得知来者的身份后，琵琶女才现身。她犹抱琵琶半遮面，随手轻弹，却惹人沉醉。歌女礼貌地请他上船，且言行得体。

白居易先为自己的鲁莽邀见致歉，解释称对方迷人的琵琶声使他沉醉。他感叹道："同是天涯沦落人，相逢何必曾相识。"

经过再三相邀，琵琶女终于同意为他弹奏。此时琵琶好像被赋予了灵魂、感情和智慧，诉说着她的情感。她的琵琶声"大弦嘈嘈如急雨，小弦切切如私语。嘈嘈切切错杂弹，大珠小珠落玉盘"，简直是天籁之音。

她一边弹奏，一边即兴歌唱。乐曲讲述的是她以前的生活，内容如下：她自幼住在京城，在大家族中长大，家境富裕。十三岁时学成琵琶，名贯京城，人被称为"长安美女"，与西施齐名。因出身高贵，相貌出众，琴艺高超，她被人嫉妒，遭人暗中陷害。妒忌她的人收买了青楼女子，使用阴谋诡计，让她堕入风尘。风尘路上，她辗转流离大半个国家，在白居易就任的第二年，来到了江州。当年华老去，容颜不再，门庭逐渐冷落，她只好嫁给一个茶商，决心改变不幸的生活。她刚刚接到来自家乡的噩耗，她弟弟在战争中牺牲了，她的母亲也因儿子的离世与女儿的漂泊悲伤过度而亡。她有感自己命运多舛，每晚梦到家乡以及年少时的无忧无虑，令她更加悲伤。她只能通过弹奏琵琶消愁解忧。

用心聆听后，白居易告诉歌女自己被贬的事，还说他十分厌恶江州这个蛮瘴之地。这个地方粗俗得根本听不到音乐。他在这儿居住的一年里，被黄芦与苦竹围绕其中，早晚听些杜鹃悲啼和猿猴哀鸣。他没有意气相投之人消遣寂寞的时光，只好独自饮酒，独自歌唱，无人附和。白居易告诉歌女自己听到她的琵琶声，是多么振奋、多么兴奋，并请求她再演奏一曲，如果她愿意，或许他将为之填词。歌女答应了，但刚开始的时候她踌躇不前，过了一会才正式开始。琵琶曲调凄凉哀伤，打破了月夜的静谧，在座的人都忍不住哭泣起来。白居易感慨良多，写下了《琵琶行》，后被收录进《唐诗三百首》。这首诗深受人们的喜爱，成了江州的民谣。后来，人们决定建亭立碑纪念白居易，于是建造了琵琶亭，并在石碑上镌刻此曲。琵琶亭在经历了时间和自然的考验之后仍然屹立，直到太平天国时期被太平军摧毁。而现在的琵琶亭早已失去往昔的辉煌，只剩下一堆残垣断壁。

唐穆宗（唐宪宗的继承人）继位后，对白居易的才能十分推崇。长庆二年（公元822年），他被任命为杭州刺史。在任职期间，他修筑西湖堤防。据说现在西湖的著名胜景之一白堤就是以他的名字命名的。后来继位的三位皇帝对他继续施以恩泽。白居易去世前曾任刑部尚书，去世后被追封为尚书左仆射。

W. R. K.

清朝官兵
CHINESE SOLDIERS AND OFFICER

常有人问清朝政府是否有常备军，答案是肯定的。虽然真实人数不太可能精确查明，但是清朝政府在全国 18 个省肯定建立了一支庞大的军事力量。封建统治下的清朝士兵与外国人对士兵的认知截然不同，他们更像是去参加滑稽表演而不是去保卫国家或维护国内的和平与安宁。

首先，清朝官吏很少靠俸禄维持生计，这是心照不宣的，他们大多收受贿赂。在重大场合展示的士兵不过是一群穿着军装、拿着武器的苦力，缺乏军人气概。

清朝官吏隐藏在光鲜外表下的可笑行为是因为他们的角色使然，而不是任何不能成为战斗民族的借口所致。

如《郭士立游记》记载，1832 年艾摩斯特市（位于美国马萨诸塞州）的林赛先生试图与上海开展贸易。有一次他们"发现清朝军队正在进行大型军事战备活动，原计划排出强大的阵容，但是清朝士兵却上演了一出荒谬可笑的闹剧。虽有 6 门大炮布置在河边的泥岸上，却没有炮架。他们用泥土堆成营帐的样子，给人有大片军队驻扎的假象。但当局并未意识到他们威胁的对象可以用望远镜清楚地看到所发生的一切"。

此外，我们读到一则报道，英军第一次登陆乍浦（Shapoo）时碰到了一支军队。这支军队"由满族将军率领，装备有火绳枪。但我们知道中国枪炮几乎没有杀伤力，他们的火绳枪命中率很低，因此我们顺利地通过了他们的防线。那些士兵撤退了，后方的人群密密麻麻，他们互相踩踏、压倒了大部分营帐"。

1853 年，《麦华陀回忆录》中曾记载，在吴淞，"一支上百人的军队正列队向经过的将军致敬。将军来检阅部队与装备。事实上这支军队非常糟糕低效。但将军并未怪罪，因为官吏们回答，皇帝没有提供更好的装备。"

清朝军队在应对中英之间的冲突时也是虎头蛇尾。刚开始清朝军队鼓角齐鸣，红旗招展，但是被袭击之后，这些反击行为就销声匿迹了。

当然清朝本土士兵也有在英明将领领导下展现战斗力的时候，他们训练有素，自律自强，使其免于遭受可能的耻辱。他们也有一支按照 19 世纪的战术训练出来的武装力量。

考虑到清军的表现，我们并不惊讶为什么会一直有反对他们的叛军、土匪，以及这些叛军、土匪对镇压势力的强力反抗。我们承认当得知左宗棠军在喀什噶尔取得胜利时确实感到意外。尽管我们知道这支部队装备有一批精良的枪炮，但这也仅仅表明叛军没有更好的武器。训练不佳才是叛军失败的最根本原因。

名义上，清朝政府确实有常备军，但是其编制和兵力却不被外国人知晓，也不被其国内民众知晓。

我们承认清朝人含蓄、爱好和平，但他们之中也一定会有不安定因素。要控制这些人，政府在各省打造一支常备军十分必要。如果这支常备军表现良好，那么在面对侵略时他们才能真正值得信赖。

清朝官兵
CHINESE NATIVE SOLDIERS WITH OFFICER

苏州河上游
UP THE SOOCHOW CREEK

苏州河上游
ON THE SOOCHOW CREEK

许多去过苏州河的人都会认出这幅漂亮的河上风光图。

清朝戏服
CHINESE STAGE COSTUME

清朝戏服

CHINESE STAGE COSTUME

照片很好地展现了清朝戏曲演员的盛装。通过照片就可以发现,这些服饰非常华丽昂贵。

北京天坛
THE TEMPLE OF HEAVEN, PEKING

宁波附近的陨石
JOSS STONE, NEAR NINGPO

以上这些照片都会在后面的文章中详细介绍。

1878
12 月

DECEMBER

中美贸易
AMERICAN COMMERCE WITH CHINA

第四部分 贸易回顾

我们要注意，从 1837 年 6 月 30 日到 1838 年初，受 1837 年经济危机的影响，各国的政治关系具有不确定性，贸易也趋于停滞。直到 1838 年 1 月 29 日，从利物浦出发的"奥丽莎"号（Orixa）经过 145 天的旅程，带来了振奋人心的消息：历经 10 个月的萧条后，商业终于开始复苏回暖，广州的贸易形势由此改观。很久都没有收到英国和美国方面的消息，此前的消息又多是两国的贸易争端，如英国公司拒付美国汇票等。因此，"奥丽莎"号带来的这一喜讯唤醒了人们的希望，短短 10 天内，一直平稳的茶叶价格突然大涨了 30% 至 50%，运输价格也从每吨 4 英镑涨到 8 英镑。这段时间经济的突然波动与政治因素无关，接下来的政治冲突则完全搅乱了经济体系的运转。

第五部分 1839—1842 年的政治事件

危机在即，但是关于事件的走向，人们大都茫然不知。几年前，有一位作家曾在当地的期刊上通过重述 18 世纪的加尔各答黑洞事件预测我们的命运走向。另外，也有人心怀愿望，希望一向行事谨慎的清朝皇帝会限制这些对洋商不利的措施，或者说最坏的结果只是停止双方的贸易往来。但这种愿望逐渐落空，因为 1837 年那些坚决反对鸦片贸易的人上书皇帝，向其陈述外国人也会绝对服从他们的一些规定。上书内容如下：

1831 年，携带枪支和亲眷的英国人来到广州，打算在公馆常住下去。他们私下建造码头，出行时乘坐极尽奢侈的轿子。广东水师提督朱伟庆亲自调查此事，查明后即刻拆除了他们的码头，并将其亲眷赶回澳门。1834 年，该国船只试图进入内河，但是两广总督卢坤率军堵住河道，并列队与敌军对峙，使得对方很快陷入悔恨和恐惧之中。由此可以看出，律法以军队来维护终会令外国人臣服。

前任礼部尚书许乃济，后来任广东运司盐政使，曾向皇帝上书支持鸦片进口的合法化，但是前提是物物交换而不是直接用钱支付。同时当地政府连同行商联名向清朝皇帝上书，希望皇帝慎重考虑此事，而且提出最实际的办法便是将其合法化。他们认为政府肯定会同意鸦片贸易的合法化，因此抱着一种投机心理开始买卖鸦片。他们其实将其作为维系当前关系的一种措施。而且省级官员于1837年10月上书皇帝，请求将广东商行减至13个。但是广东6个商行的负责人联合请愿急切要求将几个外国人驱逐出境并采取强制手段将外国商船驱逐出伶仃岛。于是10月17日当天强硬派带着军机处的命令以及圣旨到来。

很明显，局势变得越来越紧张了。11月20日，两广总督及其下属联合发布命令责令英国驻华商务总监义律带领驻扎在伶仃岛上的商船及走私船一个月内撤离中国，中英贸易往来暂时停止。以下为该命令后半部分：

应即钦遵谕饬遵照，合执谕令。谕到该商等，立即谕读领事义律遵照。务于一月限内，饬遵谕告，将寄泊外洋各船全数遣令回国，禀报查核，以凭覆奏。倘敢再涉逗留，则是天朝怀柔已至悉无可加。惟有示以天威，用彰法制。除奉明大皇帝，货船不准开仓，执法以与蕃船从事外，该领事职司约束，坐视奸夷恣行不法，至于谕令达，尝离保无庇护情。定行驱逐回国。本部堂执法如山，绝不故容。切切特谕。

11月29日，义律向在广州的英国人致函，信件如下：

先生们：近期我有幸收到大清国指示，命令我就礼仪往来一事向两广总督作沟通。鉴于期间种种困难，与总督的沟通不得不终止。事已至此，我只能向各位保证在我职责范围内尽可能向大家提供帮助，或者提供咨询，或者从其他方面提供帮助。

此信完结之际，我必须带着敬意和诚意衷心建议各位一个权宜之计，何不以此事为契机，要求广东省政府就你们反对兴泰行（Hingtae Hong）一事做出一个合理的解释。若你们的主张严格遵守政府的要求并获得政府批准，定将被人牢记。

从这封信函可以看出，表面上两国政治关系陷入僵局是由于礼仪差异引起的，但实际上两广总督的回绝使双方都明白清朝皇帝封闭排外的心理。

双方各执己见。极富才智的观察员汉儒牧师布里奇曼（Bridgman）博士对这些公开的文书以及当时的总体形势进行了评价。他指出：

中英贸易的停止其实是中止鸦片交易的最终手段。这场以文字交锋为主的闹剧已经到来。港口之间的正常贸易有可能停止。但是就目前情况来看，这种事情发生的可能性是非常小的。

一个月以后，他又发表了如下评论：

销毁鸦片！鸦片贸易几个月前早该被禁止！将从事鸦片贸易的商人驱逐出广州，接货船也遣送回家！事情本该如此进行，而事实却大相径庭。走私犯被抓了，而且当地的官员也加入到焚烧鸦片的运动中去，这种处理办法很快被报告给了当地的府衙，而且会永远记录在案。但荒诞的是，如今没有人相信清朝人会销毁哪怕一磅鸦片。

这段评论一针见血地指出，清朝统治阶级的革新不过是个幌子，而且几乎没有人怀疑这位观察员的立场以及其证据的真实性。实际上，清朝政府的政策也诱发了外国人的贪婪以及没有法律意识的本国人的不忠。接下来，外国商人的公然挑衅达到顶峰。几个月前，布里奇曼博士如此评论这件事："高压政策的结果很快便见分晓。但是当地官员甚至不能将极个别人驱逐出境，更别提将15至20艘商船驱赶到外海了。根据来自印度的消息，当年将会有19000箱鸦片投放到加尔各答市场上，25000箱从孟买运到达曼。这比前一年的35000箱增加了9000多箱。根本没有人去查运入和消费的税率是多少。几百箱鸦片被带入珠江三角洲，甚至当月还带到了黄埔。"

后来，他又提到："事实上，伶仃岛地区的贸易仍然在距澳门岸边一定距离的停泊处进行着，数千箱的鸦片被运输到珠江口。很多外国商船载着货物到达黄埔，还有一些小船到达广东。"各种问题交替出现，贸易不可避免地陷入停滞。在这种情况下清朝政府根本无力抵抗外国人的入侵，也没办法防止当地腐败的发生。这种刻板保守的运作方式后来被清朝皇帝所了解，随后他便推出激进的改革。在毫无预兆的情况下发生这种变革，外国商人虽觉得突然却也在预料之中，还可以勉强接受。因为1838年夏天，清朝官员们收受贿赂允许鸦片贸易，议定每箱鸦片的税率已高达75美元。当然，这些都是私下进行的。随后，道光皇帝任命他的心腹林则徐为钦差大臣，入广东查禁鸦片。道光皇帝嘱托他，若有人抗旨，依律严惩；若予以配合，则可给予适当的安抚。

同年12月初，就在渣甸启程回英国不到一个月的时候，当地政府下令绞死一名鸦片商。为了震慑其他鸦片商，他们打算在公馆前的中心广场执行绞刑——公馆被关闭后，那里成为著名的美国后花园，原本要树立绞刑架的地方就在美国旗杆附近，但是胡夏米[1]和查尔斯·金（Charles W. King）[2]以及另外两个商人察觉到了他们的意图，于是跑到广场上抢先占领了那里，迫使行刑官和他的随从离开。随后，他们便押着犯人乘坐一只小船到了茶行前的一处空地上，并在那里处决了犯人。实际上他们处决的只是犯人的替身。为了养活穷困的家庭，这个替身收了那个要被绞死的商人的银子代他赴死。

我们察觉到了胡夏米先生和金先生的行动，很快也跟随楼先生（A.A.Low）去了茶行，因为茶行距离处决犯人的地方很近。在回公馆的路上，我们看到大街上人头攒动。当我们靠近的时候，发现气氛变得更加紧张。一群百姓聚集在公馆前的广场上，他们警告我们赶紧通过明官行的后门找一处地方回避一下。随后我们登上商行屋顶的楼台，看到了这混乱的场景。

中外关系现在极度紧张，百姓们对外国人日益不满，而当地的外国人也因为官员不诚恳的态度而愤愤不平。这样，这起处决鸦片商的事件，就成为压在骆驼身上的最后一根稻草。

这场戏剧性的事件持续酝酿，迅速发酵！担忧开始笼罩在人们心头。一些有识之士开始思考一个问题：一场巨大的悲剧是否即将上演？这场悲剧涉及每个人，悲剧的结局则是外国人联合起来发动一场针对中国的战争。这至关重要，迫使所有人都不得不面对这个尖锐的问题。3月10日清朝皇帝派遣的钦差大臣到达广州。3月18日钦差大臣发布了第一道谕令：一方面致所有外国人，一方面致广东十三行。清朝政府直接和外国人打交道着实让人吃惊，因为这是史无前例的。他将谕令直接张贴在位于广场空地两侧的英国公馆花园以及明官行的墙上，吸引了一两万名百姓到公馆门前观看这些指控。谕令以愤怒的口吻严厉要求外国人三日内将所有鸦片全数上缴至海边，并签订保证书，声明以后不再贩卖鸦片到中国，并且保证"一经查出，货尽没官，人即正法，情甘服罪"。

商行中的个别商人想方设法地逃避上缴鸦片。三日期限一到，3月21日当天，钦差大臣下令拘禁所有违抗命令的外国人，甚至扣留了拥有离港许可证的美国商船上的货物管理员、船长等。外国商会（The Chamber Of Commerce）称因事关重大，需要详加商议，借机拖延。与此同时，其他烟商仅上缴了1000—1100箱鸦片，并声称位于外海的鸦片不在他们的管辖范围，因此无法上缴。

钦差大臣极其气愤，认为这违背了皇帝圣旨，限令烟商必须按时交出鸦片，否则会京

---

[1] 英国东印度公司广州商馆职员林赛的化名。
[2] 美国奥利芬公司的老板。

自到十三行审判外国烟商。但是冷静下来之后，他命令兰士禄·颠地（Lancelot Dent，著名鸦片走私商，宝顺洋行主要负责人）到广州，并将他拘捕以逼迫外国人上缴鸦片。此前其他外国人都不同意颠地前往，因为那可能会给他带来杀身之祸，但他决心已定。一位清朝将领威胁称，若这些洋商再不服从，便会使用武力迫使他们屈服。3月22日当天，很多人日夜轮流看守颠地以防止他逃跑或者发生意外。23日一早，知府带领属下闯入十三行，逮捕了两名会长，除去他们的顶戴花翎，并给他们戴上枷锁，然后把他们带到了颠地的房间，让他们劝说颠地遵照钦差大人的命令行事。现在所有人都开始意识到事件的严重性。在不断的请求和断然拒绝的戏码接近尾声之时，双方都开始意识到，清朝政府已经对外国人的不配合态度失去耐心。这样就陷入一种僵局。

那个周六的下午和晚上，现场紧张的气氛已经无以言表了。外国人和当地百姓在颠地的住处周围一直对峙到午夜。就在大家紧绷的神经即将断裂的时候，突然有人记起来周末是外国人做礼拜的日子，行商和一些代表顿时松了一口气。不过他们急切需要一个人来处理这一切。这个人需要有丰富的外事经验，特别是和中国人打交道的经验。当时身在澳门的查理·义律深知欧洲外交政策以及广州被困外国人对破解难题的需求，于是他奉命前往广州。

他直接来到宝顺行看望颠地，并把他带到了英国公馆，同时召集英国人以及其他国家的外国人一起举行了一次会议。但钦差大人显然不知道广州有荷兰和美国领事，直到领事们为自己和本国人员请求发放通行证。

很明显清朝官方主要针对的是鸦片贸易。尽管美国、葡萄牙、法国、荷兰也都参与过鸦片贸易，但罪魁祸首是英国，大家心知肚明。因此，在义律踏进广州，和林则徐正面交涉，为他自己及其同胞开脱的时候，得到的是"外商立刻上缴所有鸦片，若任何人再抗拒将依法处置"的回应。

因此，英国人只有弃卒保车方可保证他们性命无忧。于是，1839年3月27日无计可施的义律发布了一则公告，内容如下：

致英国国民的公告

我，查理·义律，忝为英国驻华商务总监，连同我自己的同胞以及他国国民被广州政府扣押，没有粮食供给，没有仆人照应，与本国的联系全部中断。当前钦差大臣下令，我国臣民的所有鸦片须悉数上缴。

目前我身为商务总监，出于保护在广州的全体外国人的生命安全和自由考虑，以及其他非常重要的原因，谨以不列颠女王陛下的名义并代表政府，命令目前所有在广州的女王陛下的臣民，将各自手中控制的鸦片悉数交出，以便由我转交至中国政府。所有涉及鸦片交易的英国商船应即刻转交我一份各烟商手中持有鸦片数量的清单。而本总监以英国政府的名义承诺，必会将所有交到我手中的鸦片毫无保留地转交至中国政府。本总监尤其敬告所有在广东的洋商，所有鸦片持有者或管理者务必于六点之前将鸦片交到我手中。我宣布英国政府对英国鸦片无半点责任。同时，还须特别强调，根据这份公告上缴给我的鸦片，其英国财产证明及价值将由英国政府决定。

英国驻华商务总监查理·义律
1839 年 3 月 27 日早六点于广州

  在义律从澳门出发至广州之前，他曾向英国臣民发表过两份公告，表明自己不信任清朝政府，他还指示烟商要提前做好预防措施；并且在 3 月 23 日的那份公告中，他宣称将向所有在中国的外国人提供帮助。3 月 24 日，他向所有外国人致辞时再次宣读了 23 日的那份公告作为补充。

  在 27 日的公告中，他也提到了接下来发生的事情与钦差大人的要求之间出现了偏差。义律意识到危险迫在眉睫，因此紧急召集所有在英国公馆中的外国人召开会议，讨论对这件事情的看法。

  一旦鸦片上缴，危险便可缓解。但是只要钦差仍心存疑虑，就不会放松管制和降低要求。所以，未来仍是个未知数。走错任何一步，都有可能突然招致灾祸。也就是说，像我们这样集体策划"拉恩"号（Larne）及外海的商船潜逃的行为，或者英国派军队来，都会导致灾难的发生。由于义律突然出现在广州，当然会让钦差大人心存疑虑，怀疑是否有一些隐藏的势力在帮助我们逃跑。不得不指出的是，义律之前虽和钦差大人达成共识暂时稳定了局面，但还绕不开一个附加因素：他要求获得赔偿，否则将对清朝政府实施报复，他原来用来约束烟商上缴鸦片的赔偿声明也将会失效。4 月 3 日，当义律发表公告，宣布他跟清朝政府的谈判已有重大进展的时候，其他外国人很快意识到了这个附加因素。

  应钦差大人的要求，当时外国总商会的主席魏德卯（Wetmore）提供了美国、荷兰以及法国领事的名字，分别为士那、范巴塞尔（Van Basel）和范洛夫特（Van Luffell，当时不在广州）。据此，钦差大人分别于 3 月 28 日和 30 日颁布两道谕令，指责他们无视之前下达给所有外国人的缴烟谕令，他说到他们"必闻此谕"，又说，"现英吉利国领事义律禀称，英吉利人所有鸦片共 20283 箱，准备呈缴。本大臣已明确批复示其收缴在案。迄今,米利坚等国商人之鸦片买卖不少于英吉利国,为何该领事、总管仍未开单禀报?"士那回复:"美国政府已经上缴1540箱鸦片,并由义律转交至中国政府。"收到这一回复后,钦差大人怒火中烧,并回复说这纯粹是借口和托词,并命令美国领事严格遵照之前的谕令上缴全部鸦片。

3月27日,另一封谕令贴在了美国商人查尔斯·金住处的大门上。他当时也是奥利芬公司的长官。之前他应其他烟商的请求于3月25日向钦差大臣致函,实际上他也有意测试一下此次官方的严厉程度。我们在此呈现他的原文:

所有洋商均已收到钦差大人所发来的谕令,经与行商交谈后他们愿尽快上缴鸦片,因此现恭敬地恳求大人释放他们。在意识到大人禁烟的决心后,他们恳求可以代表以下所有签名的烟商发誓停止鸦片贸易,并永不再将鸦片带入中国。他们已经记录下这一庄重的承诺,并且希望大人理解作为外贸商人,他们没有权力控制大人谕令中所提出的要求。他们相信大人定会通过各国代表为他们做妥善的安排。

1839年3月25日于广州

金先生本人致钦差大人的请准如下:

米利坚国远商禀钦差大人,为禀请敬报事:

远商几年在广东做贸易,从来不贩卖受交鸦片泥一斤,亦丝银都不买,又随时到处勉劝各人,以此项毒物万不应做矣。现在禀明钦差大人知道,远商应承后来更不贩卖鸦片、丝银,若有时做,就受刑罚。而此次忖想钦差大人宪仁政,必不忍将远商之货船买办事件阻留为难也。亦禀明过限期,因为远商想望各商,一齐禀报顺从。谨此,禀赴钦差大人台前,查察允准施行。

1839年3月25日

钦差大人给美国商人金先生的回复如下:

本大臣到粤,访知该商人平日不卖鸦片,殊为出众可嘉。但本大臣早颁谕帖,令众洋商人缴土,何以该洋商不能迅速劝导?昨因多日未据呈缴,是以照案封舱。且奸商有欲逃脱者,商馆中四通八达,防范难周,是以将买办工人一概暂撤,以杜指引。今据禀有各商一齐顺从之语,如果速缴鸦片,何难事事照常?第该洋商一面之词,恐不足据。一时开仓等事,尚难准行。仰广州府转饬洋商,明白谕知,仍催各商人即速缴土可也。

义律的到来对双方关系产生的影响表现在钦差大人缓和的语气上。3月27日,林则徐就义律上缴鸦片一事回复如下:

据禀遵谕呈缴鸦片,具见恭顺晓事,查现在洋面趸船,共有二十二艘,所载鸦片若干,本大臣早已访知悉总数,该领事无难向馆中夷众,立刻查明细数。即日缮送清单,以便本大臣会同督部堂和抚部院即示确期,亲临收缴。但不可开报不实,致干隐匿欺饬之咎,慎之!

接下来二人之间书信往来不断,但是4月3日义律的一封公告足以让人明白谈判的结果:

本人宣布,奉英国政府命令,已做好将鸦片上缴至本人的安排。钦差大臣已经保证,上缴四分之一,所有仆人归还(佣人可以恢复服务);上缴二分之一,渡船可以允许行驶;上缴四分之三后,与中国的贸易可以重新开放;上缴全部鸦片后,所有事情回归原状。

三日为期,若不配合,则开始断水;再加三日,开始断粮;再加三日,所有后果本人自负。此为钦差大人本意,绝无半点虚言。但根据当前情况判断,若执行此安排后,可使女王臣民及其他外国人得以释放,本人便甚感欣慰。国家形象的维持以及赔偿声明的有效,皆因本人对同胞的一丝不苟的忠诚所致,深感应向英国政府履行自己应尽的职责。待本人手中所有鸦片交给清朝官员后,必将向各位再次汇报。本人向所有外国人民的耐心和善解人意致以敬意,谢谢大家与我共渡难关。

同时向本国同胞致以真诚感谢,感谢你们对于我的努力的肯定,让我能够带领你们脱离危难。接下来的困难,大家也不必担忧。

英国驻华商务总监查理·义律

吉迪恩·奈伊

(未完待续)

插图说明
THE ILLUSTRATIONS

镇江港有三个特点：一是长江第一个开放口岸；二是位于大运河北面汇入长江的位置，在大运河下游约 8 英里处南部入口穿过镇江和焦山之间的山间峡谷；三是除了长期被太平军与清军轮流占领，这里还是鸦片战争的战场。镇江被英军司令卧乌谷攻破以后，南京也危在旦夕，战后中英签订了《南京条约》。

尽管过去和现在的镇江都是大运河贸易中转的港口，但它并未如人们所预期的那样成为对外贸易的中心。因为饱经战乱，镇江一带未曾恢复曾经的繁荣。镇江附近的村庄几乎草木不生，只剩突兀的废墟。人们只有在银岛（Silver Island）上才能看到树木，好像只有那里尚有生机。

镇江的外国居民很少，包括清朝海关总税务司的外籍员工、领事代表以及传教士在内，可能不超过 50 人。

镇江焦山
KIUN SHAN, CHINKIANG

镇江海关
CUSTOM HOUSE,-CHINKIANG

  关于镇江我们没有更多的资料，只能提供 1865 年 10 月《中日论丛》中萨道义（Ernest Satow，现任驻东京英国使馆秘书）翻译的日本人对"镇江府失陷"的描述。镇江失守后这本书很快在江户出版。这个诚实的历史学家这样告诉他的同胞们：

  镇江是长江入海口的一个大型城镇，而且是中国的重要水路枢纽之一。如果镇江失守，英军就能够轻松摧毁南京，南北之间的联络也会被完全切断，中国政府也有可能陷入困境。皇帝对此了然于心，召见所有文武官员商讨对策。于是他们在全国上下征兵，送往镇江，并在城内外扎营，其数量如此之多，地面几乎寸土难见。山坡上各式各样的军旗随风飘扬。成排的火炮指向长江对岸，威武而强大，好像即使 12 个西洋同盟国同时进攻也无法取胜。

  1842 年 7 月 20 日中午，20 艘冒着白烟的轮船迅速靠近镇江，后面跟着 80 艘大型战舰。随着船只逆流而上，它们在离镇江不远处的河面上建立了战线。再看看这些战舰，加农炮就像蜂巢一样，而缆绳的影子就像巨型蜘蛛网那样倒映在河面上。

第二天早上，迷雾散去之前，2000名外国士兵登陆镇江，企图在西门强行进入。紧接着，莫名的恐慌在城外扎营的清军中蔓延，约2000名士兵没做任何抵抗就逃跑了。城墙上的士兵向敌人猛烈开火，消灭了500名敌人。

此时，驻扎在镇江南岸的清军炮台试图击沉敌舰。但英军数十艘战舰同时开火，清军营帐起火，炮台也被炸得粉碎。每次开火，清军都有数百名士兵倒下，空气中弥漫着刺鼻的血腥味，黑暗笼罩着战场。炮击声比雷鸣声更可怕，仿佛天地都要崩溃。瞬间，5万多名清军被炮火吞噬。而幸存者则万分恐慌，他们被炮火震得耳聋，被烟雾迷得失明，已无法站立。而英国士兵抓住清军的弱点，放下数千艘小船，约有2万名英国士兵火速

镇江鸟瞰
CHINKIANG,-GENERAL VIEW

镇江金山寺山麓
TEMPLE AT FOOT OF CHIN SHAN SZU, CHINKIANG

登陆镇江。他们分成两队开始攻城。这时候，城外驻扎的清军不战而溃。于是，英国士兵越来越近，他们往城内投射火箭，想要烧毁这座城市。火箭像豪猪刺那样插在塔楼和城垛上，城内火光冲天。清军费尽气力，挑着成捆的湿棉布去灭火。

尽管驻守镇江的参赞大臣齐慎下令继续开火。但英军越来越近，他们开始尝试用云梯攻城。趁城中骚乱英军爬上了城后的北固山，居高临下向城墙上的堡垒开火。炮弹摧毁了城门后，英军蜂拥而入，随后遇到了由齐慎和海龄率领的500名精兵的阻击。这些精兵分布在大门附近的钟楼上。但是英军不断地从北固山上开火，导致清军的防线崩溃了。直到最后，北门的英军举起了十字旗，宣告他们是首批成功入城的部队。

此情此景让骁骑祥云[1]感觉战况危急，于是他与步兵一起勇猛地杀向英军，虽消灭

---

[1]疑为骁骑将军。原文备注"Hiau-ch'i-ts'iang-yün"为骁骑祥云。——译者注

了约500多人，但收效甚微。同时，南门的英军也一直在进攻。攻陷南门后，他们像潮水般冲过来。到处都是混乱的景象。齐慎感到镇江会很快落入敌军手中，于是他抹掉身上的鲜血，仰天长啸准备以身殉国。这时，一个士兵跑过来阻止了他："将军，如果您自杀，我们不但不能击退凶残的敌军，您患病多年的母亲也会痛不欲生。自古以来忠孝为大，所以趁敌军混乱我们先逃出去。一旦转危为安，您再设法全部消灭他们。"说罢，他抱着齐慎冲出战场，撤到丹阳县，并把他藏在一个破庙中疗伤。

就这样，清军在血泊和绝望中勇守镇江、对抗四面八方不断来袭的英军。其中（副）都统海龄最为英勇，他像发疯了一样，双手握剑，到处厮杀，砍倒一切阻拦他的敌人，至少有20名英军士兵死在他的剑下。

骁骑祥云担心自己死于敌军之手，于是跳进沟渠自杀了。之后，百余名幸存者纷纷效仿自溺身亡。对于这样悲壮的场面，我们应该致以深深的哀悼。

从扬子江观金山寺
CHIN-SHAN-SZU,-CHINKIANG;
FROM THE YANGTSZE RIVER-GENERAL VIEW

英军就这样夺取了长江下游重镇——镇江，他们为此欢呼雀跃，弹冠相庆。但对清军可能发动的反击，他们并未忽视战备。在镇江的13个城门外以及麻学东门，英军埋设了地雷，还从战舰上卸下所有大炮，布置在城墙上，以有效地击退清军的进攻。

几天后，英军首领璞鼎查登上北固山慰问死伤人员，据说伤亡人数达1802人。为了弥补兵员不足，他们从附近村庄强征了许多农民，并在城外扎营。西至甘露寺东至金山寺，这个地区就像一盒四处散落的西洋跳棋，到处布满了黑人士兵与白人士兵。无人知道他们将于何时离开。

附 录

1876年7月至1878年12月《远东》杂志中的日本题材图片

江户的旧驻日美国公使馆庭园
（善福寺）

GARDEN AT THE OLD AMERICAN LEGATION,
YEDO, JAPAN

江户的旧驻日美国公使馆成员
在庭园（善福寺）的集体照

GROUP IN THE GARDEN
OF THE OLD AMERICAN LEGATION, YEDO

日本的轿子
JAPANESE KAGO (CANGO)

长崎的寺院入口
TEMPLE PORCH, NAGASAKI

东京御浜御殿之二景

TWO VIEWS IN THE GROUNDS
OF O HAMA GO TEN,
TOKIO, JAPAN

日本的农妇
FEMALE FIELD-LABOURERS, JAPAN

日本茶馆的女主人和服务员
JAPANESE TEA-HOUSE HOSTTESS AND ATTENDANT

东京寺院的入口
APPROACH TO A TEMPLE, TOKIO

鼓楼
SHO-RO-DO, OR DRUM TOWER

几名日本僧人
GROUP OF JAPANESE PRIESTS

大佛的铜像
THE GREAT BRONZE IDOL, DAIBUTSZ'

日本皇后
H. I. M. THE EMPRESS OF JAPAN

日本天皇
H. I. M. THE MIKADO

东伏见宫殿下
H. I. H. HIGASHI FUSHIMI NO MIYA

京都最受欢迎的艺伎——阿梅
O KAYO-SAN—THE MOST POPULAR GEISHA(CANTATRICE) IN KIOTO

在长崎港入口处远望帕堡岛（高色岛）
DISTANT VIEW OF PAPENBERG, AT THE ENTRANCE OF NAGASAKI HARBOUR

长崎的神社
TEMPLE IN NAGASAKI

长崎
NAGASAKI

日本艺伎——唱歌的女孩
JAPANESE GEISHAS—SINGING GIRLS

日本东京附近大治市茶室
THE TEA-HOUSE, AT O-JI, NEAR TOKIO, JAPAN

肥后清正公的神社

SHINTO TEMPLE OF SEI-SHO-KO, HIGO, JAPAN

肥后白川上的长六桥
CHO-ROKU BRIDGE, HIGO; OVER THE SHIRA-KAWA

熊本的肥后城堡
HIGO CASTLE, KUMAMOTO, JAPAN

日本熊本肥后

KUMAMOTO, HIGO; JAPAN

日本熊本肥后城堡的入口
APPROACH TO THE CASTLE, KUMAMOTO, HIGO; JAPAN

日本佐渡相川的金矿
AT THE GOLD MINES, AIKAWA, ISLAND OF SADO, JAPAN

驻扎在朝鲜的美国舰队——中国船员绘制
AMERICAN SQUADRON IN KOREA—PAINTED BY A CHINAMAN, ON BOARD ONE OF THE SHIPS

长崎大德寺军人墓
THE MILITARY CEMETERY, DAI TOKU-JI, NAGASAKI

京都金阁寺
KINKAKU-JI.—KIOTO

京都方广寺大佛殿外的大钟
GREAT BELL AT THE TEMPLE OF DAIBUTSZ, —KIOTO